智库成果出版与传播平台

权威·前沿·原创

皮书系列为

“十二五”“十三五”“十四五”时期国家重点出版物出版专项规划项目

中国省域经济综合竞争力发展报告（2020~2021）

REPORTS ON CHINA'S PROVINCIAL ECONOMIC COMPETITIVENESS DEVELOPMENT
(2020-2021)

“双碳”战略下中国区域经济发展探索

Exploration of China's Regional Economic Development under the Carbon Peaking and Carbon Neutrality Strategies

主　编 / 李建平　李闽榕
副主编 / 李建建　苏宏文
执行主编 / 黄茂兴

社会科学文献出版社
SOCIAL SCIENCES ACADEMIC PRESS (CHINA)

图书在版编目(CIP)数据

中国省域经济综合竞争力发展报告．2020～2021：“双碳”战略下中国区域经济发展探索/李建平，李闽榕主编．--北京：社会科学文献出版社，2022.8
（中国省域竞争力蓝皮书）
ISBN 978-7-5228-0340-1

Ⅰ.①中… Ⅱ.①李… ②李… Ⅲ.①省-区域经济发展-研究报告-中国-2020-2021 Ⅳ.①F127

中国版本图书馆CIP数据核字（2022）第109809号

中国省域竞争力蓝皮书

中国省域经济综合竞争力发展报告（2020~2021）

——“双碳”战略下中国区域经济发展探索

主　　编／李建平　李闽榕
副 主 编／李建建　苏宏文
执行主编／黄茂兴

出 版 人／王利民
责任编辑／黄金平
文稿编辑／刘　燕　孙玉铖　李艳璐
责任印制／王京美

出　　版／社会科学文献出版社·政法传媒分社（010）59367156
地址：北京市北三环中路甲29号院华龙大厦　邮编：100029
网址：www.ssap.com.cn
发　　行／社会科学文献出版社（010）59367028
印　　装／三河市东方印刷有限公司

规　　格／开 本：787mm×1092mm　1/16
印 张：46.75　字 数：706千字
版　　次／2022年8月第1版　2022年8月第1次印刷
书　　号／ISBN 978-7-5228-0340-1
定　　价／298.00元

读者服务电话：4008918866

入选 2013 年“十大皮书”

全国经济综合竞争力研究中心 2021 年重点项目研究成果

全国中国特色社会主义政治经济学研究中心（福建师范大学）2021 年重点项目研究成果

教育部科技委战略研究基地（福建师范大学世界创新竞争力研究中心）2021 年重点项目研究成果

中智科学技术评价研究中心 2021 年重点项目研究成果

福建省“双一流”建设学科——福建师范大学理论经济学科 2021 年重大项目研究成果

福建省首批哲学社会科学领军人才、福建省高校领军人才支持计划 2021 年阶段性研究成果

福建省第一批重点智库建设试点单位——福建师范大学综合竞争力与国家发展战略研究院 2021 年研究成果

福建省首批高校特色新型智库——福建师范大学综合竞争力与国家发展战略研究院 2021 年研究成果

福建省社会科学研究基地——福建师范大学竞争力研究中心 2021 年资助的研究成果

福建省高校哲学社会科学学科基础理论研究创新团队——福建师范大学竞争力基础理论研究创新团队 2021 年资助的阶段性研究成果

福建师范大学创新团队建设计划（项目编号：IRTW1202）2021 年资助的阶段性研究成果

中国省域竞争力蓝皮书
编　委　会

主要编撰者简介

李建平　1946年生，教授，博士生导师。中央马克思主义理论研究与建设工程、国家社科基金重大项目首席专家，国家有突出贡献中青年专家，享受国务院政府特殊津贴专家，福建省优秀专家，2009年被评为福建省第二届杰出人民教师。曾任福建师范大学政教系副主任、主任，经济法律学院院长，福建师范大学副校长、校长。现任全国经济综合竞争力研究中心福建师范大学分中心主任、全国中国特色社会主义政治经济学研究中心（福建师范大学）主任、福建师范大学习近平新时代中国特色社会主义思想研究院院长。兼任福建省人民政府经济顾问、福建省习近平新时代中国特色社会主义思想研究中心学术委员会委员、中国《资本论》研究会副会长、中国政治经济学研究会副会长、全国马克思列宁主义经济学说史学会副会长等社会职务。长期从事马克思主义经济思想发展史、《资本论》和社会主义市场经济、经济学方法论、区域经济发展等问题研究，已发表学术论文100多篇，出版著作和教材100多部（含主编）。科研成果分别获得教育部第六届、第七届高等学校科学研究优秀成果奖（人文社会科学）二等奖1项、三等奖1项，八次获得福建省社会科学优秀成果奖一等奖，两次获得二等奖，还获得全国第七届精神文明建设“五个一工程”优秀作品奖，专著《〈资本论〉第一卷辩证法探索》2012年获世界政治经济学学会颁发的“21世纪世界政治经济学杰出成果奖”。

李闽榕　1955年生，经济学博士。福建省新闻出版广电局原党组书记、副局长，现为中智科学技术评价研究中心理事长，福建师范大学兼职教授、博士生导师，中国区域经济学会副理事长。主要从事宏观经济学、区域经济竞争力、现代物流等问题研究，已出版著作《中国省域经济综合竞争力研究报告（1998～2004）》等20多部（含合著），并在《人民日报》《求是》《管理世界》等国家级报纸杂志上发表学术论文200多篇。科研成果曾荣获新疆维吾尔自治区第二届、第三届社会科学优秀成果奖三等奖，以及福建省科技进步奖一等奖（排名第三）、福建省第七届至第十届社会科学优秀成果奖一等奖、福建省第六届社会科学优秀成果奖二等奖、福建省第七届社会科学优秀成果奖三等奖等10多项省部级奖励（含合作），并有20多篇论文和主持完成的研究报告荣获其他省厅级奖励。

李建建　1954年生，经济学博士。福建师范大学经济学院原院长、教授、博士生导师，享受国务院政府特殊津贴专家。主要从事经济思想史、城市土地经济问题等方面的研究，先后主持和参加了国家自然科学基金、福建省社科规划基金、福建省发改委、福建省教育厅和国际合作研究课题20余项，已出版专著、合著《中国城市土地市场结构研究》等10多部，主编《〈资本论〉选读课教材》《政治经济学》《发展经济学与中国经济发展策论》等教材，在《经济研究》《当代经济研究》等刊物上发表论文70余篇。曾获福建省高校优秀共产党员、福建省教学名师和学校教学科研先进工作者称号，科研成果分别荣获高等教育国家级优秀教学成果奖二等奖（合作）、福建省社会科学优秀成果奖一等奖（合作）、福建省社会科学优秀成果奖二等奖、福建省社会科学优秀成果奖三等奖和福建师范大学优秀教学成果奖一等奖等多项省部级和厅级奖项。

黄茂兴　1976年生，教授、博士生导师。现为福建社会科学院党组成员、副院长。主要从事区域经济、技术经济、竞争力和国际贸易问题研究，主持教育部重大招标课题、国家社科基金重点项目等国家、部厅级课题70多项；出版《国家创新竞争力研究》等著作80多部（含合作），在《经济研究》《管理世界》等权威刊物发表论文220多篇，科研成果荣获教育部第六届、第七届高等学校科学研究优秀成果奖（人文社会科学）二等奖1项、三等奖1项（合作），福建省第七届至第十四届社会科学优秀成果奖一等奖8项（含合作）、二等奖5项等近30项省部级科研奖项。入选文化名家暨“四个一批”人才、人社部“百千万人才工程”国家级人选、教育部新世纪优秀人才支持计划等多项人才奖励计划。2015年获得人社部授予的国家有突出贡献的中青年专家和教育部授予的“全国师德标兵”荣誉称号，2016年获评为享受国务院政府特殊津贴专家。2018年1月当选为十三届全国人大代表。2018年9月获聘为最高人民法院特约监督员。2019年7月获聘为福建省监察委员会第一届特约监察员。

摘要

省域经济作为中国经济的一个重要组成部分，在中国经济社会发展中发挥了中流砥柱的作用。省域经济综合竞争力是衡量一个省域或区域在激烈的市场经济竞争中能否占据优势的关键因素。在当代中国经济发展实践中，中国要增强经济发展的内生活力和动力，就必须大力提升省域经济综合竞争力。

全书共三大部分。第一部分为总报告，旨在从总体上评价分析2019～2020年中国省域经济综合竞争力的发展变化，揭示中国各省域经济综合竞争力的优劣势和变化特征，提出增强省域经济综合竞争力的基本路径、方法和对策，为中国省域经济战略决策提供分析依据。第二部分为分报告，通过对2019～2020年中国31个省份（不包括港澳台）的经济综合竞争力进行评价和比较分析，明确各自内部的竞争优势和薄弱环节，追踪研究各省域经济综合竞争力的演化轨迹和提升方向。第三部分为专题分析报告，专题报告开辟了“‘双碳’战略下中国区域经济发展探索”这个话题，聚焦“双碳”战略下中国区域产业转型升级、中国碳金融发展现状及政策展望、中国区域能源结构调整转型、中国区域科技创新、中国区域生态环境优化等五个专题研究内容，深入分析了“双碳”战略下这些领域的发展趋势和政策走向，追踪研究了省域经济发展与“双碳”战略要求的内在关系，为提升中国省域经济综合竞争力提供有价值的决策依据。

附录部分，收录了本书关于中国省域经济综合竞争力评价指标体系的指标设置情况和各级指标得分及排名情况，以及 2020 年中国 31 个省份主要经济指标的统计数据，可为广大读者进行定量化分析提供数据参考。

关键词： 省域经济　综合竞争力　双碳

Abstract

Provincial economy, as an important part of China's economy, has played a mainstay role in economic and social development. The comprehensive competitiveness of provincial economy is a key factor to measure whether a province or region can take advantage in the fierce market economy competition. In the development of contemporary economy, China should enhance the comprehensive competitiveness of provincial economy to greatly enhance the endogenous vigor and power of economic development.

The book consists of three parts. The first part is the general report, which aims to evaluate and analyze the development and changes of overall competitiveness of China's provincial economy development changes for 2019 – 2020, reveal the strengths, weaknesses and the variation of overall competitiveness in various provinces. The first part also proposes the basic paths, methods and strategies to enhance provincial competitiveness. By this way, it can provide analytical basis for making strategic decisions of China's provincial economy. The second part is provincial reports. It aims to conduct the evaluation and comparative analysis of overall competitiveness among China's 31 provinces (excluding Hong Kong, Macao and Taiwan) for 2019 – 2020 to understand their own competitive advantages and disadvantages, and then track and study the evolution track and promotion direction of each province's comprehensive economic competitiveness. The third part is the reports on subject analysis. The reports on subject analysis open up the topic of "exploration of regional economic development in China under the carbon peaking and carbon neutrality strategies", focusing on the following five thematic research contents: China's regional industrial transformation and upgrading under the carbon peaking and carbon neutrality, the development status and policy outlook of carbon finance in China, the adjustment and transformation of China's regional energy structure, the regional scientific and technological innovation in China, the regional ecological environment optimization in China. It also analyzes the development trends and policy trends in these areas under the carbon peaking and carbon neutrality strategies, tracks and researches the intrinsic relationship between provincial economic development and the carbon peaking and carbon neutrality strategies, and provides valuable decision-making basis for enhancing the compr-ehensive competitiveness of China's provincial economy.

The Appendices contain the system of overall competitiveness of China's provincial economy as well as the levels of indicators scores and their rankings. Furthermore, the relevant statistical data of the major economic indicators of 31 provinces in China in 2020 are also provided, which can be used as a reference for the quantitative analysis of readers.

Keywords: Provincial Economy; Comprehensive Competitiveness; Carbon Peaking and Carbon Neutrality Strategies

前　言

“竞争”是市场经济的自然属性和基本要义。省域经济发展的动力就是省域拥有的经济综合竞争力，任何一个省域要想在激烈的市场竞争中求得生存和发展，就必须具有能够占据优势的经济综合竞争力。党的十九大报告将“不断增强我国经济创新力和竞争力”列为未来我国经济发展的重要目标和方向，并将“培育具有全球竞争力的世界一流企业”作为加快完善社会主义市场经济体制的重要内容。2021 年 11 月 11 日，中国共产党第十九届中央委员会第六次全体会议通过的《中共中央关于党的百年奋斗重大成就和历史经验的决议》提出，“党加强对经济工作的战略谋划和统一领导，完善党领导经济工作体制机制。……党毫不动摇巩固和发展公有制经济，毫不动摇鼓励、支持、引导非公有制经济发展，支持国有资本和国有企业做强做优做大，建立中国特色现代企业制度，增强国有经济竞争力、创新力、控制力、影响力、抗风险能力”。这些论述充分表明，在经济和社会发展中，我们党越来越重视经济竞争力的提升。

省域经济是中国社会主义市场经济不可或缺的一个重要组成部分，提升省域经济综合竞争力越来越引起各级政府部门、理论界和学术界的高度重视。省域经济综合竞争力研究是中国社会主义市场经济建设和发展的产物，国际竞争力理论的兴起和发展过程为它提供了历史和理论背景，中国社会主义市场经济体制的建立和发展为它的产生提供了“沃土”。研究和提升中国省域经济综合竞争力既要借鉴国际竞争力、国家竞争力和区域竞争力的基本原理和方法，又要立足于中国社会主义市场经济发展的具体实际，不能全盘照搬西方竞争力研究的理论和方法；既要搞好中国省域经济综合竞争力的评价，也要加强中国省域经济综合竞争力未来发展变化的预测判断。

为了适应国际竞争力发展和国内区域经济竞争格局的需要，早在2006年1月，福建师范大学携手国务院发展研究中心管理世界杂志社等单位就联合成立了全国经济综合竞争力研究中心。同年，福建师范大学设立了分中心，福建师范大学原校长李建平教授担任分中心主任。16年来，该分中心主要致力于中国省域经济综合竞争力、环境竞争力、创新竞争力、低碳经济竞争力、创意经济竞争力及其他竞争力问题的研究。本蓝皮书具体由全国经济综合竞争力研究中心福建师范大学分中心负责组织研究。2007年3月，由李建平、李闽榕、高燕京担任主编的第一部中国省域竞争力蓝皮书《中国省域经济综合竞争力发展报告（2005～2006）》首次面世，并在中国社会科学院召开新闻发布会，引起了各级政府、理论界和新闻界的广泛关注，产生了强烈的社会反响。随后在2008～2020年，连续出版了14部《中国省域经济综合竞争力发展报告》系列蓝皮书，国内外新闻媒体持续对该系列蓝皮书的最新研究成果做了深入报道，引起了各级政府、学术界、理论界和新闻媒体的广泛关注，产生了积极的社会反响。

经过16年的艰辛努力，该系列蓝皮书已成为中国皮书“家族”中很有影响力的蓝皮书。2009年8月，中国社会科学院在辽宁丹东举行2009年皮书年会暨首届“优秀皮书奖”颁奖大会，“中国省域竞争力蓝皮书”在会上获得“首届最佳影响力奖”。2011年9月，在安徽合肥举行的“2011年皮书年会暨第二届优秀皮书奖”颁奖大会上，“中国省域竞争力蓝皮书”再次获得“优秀皮书奖”，这是10部获奖皮书中唯一一部由地方高校承担的研究成果。2012年9月，在江西南昌举行的第三届“优秀皮书奖”颁奖大会上，该分中心完成的《2009～2010年全国省域经济综合竞争力总体评价报告》和《2001～2010年G20集团国家创新竞争力总体评价与比较分析》双双获得第三届“优秀皮书奖·报告奖”一等奖，是唯一一个同时获得两项一等奖的课题组。2013年8月24～25日在甘肃兰州举行的第十四次全国皮书年会上，“中国省域竞争力蓝皮书”又荣获第四届“优秀皮书奖”。2014

年8月，在贵州贵阳举行的第五届“优秀皮书奖”颁奖大会上，“中国省域竞争力蓝皮书”再次获得殊荣。2015年8月，在湖北恩施举行的第六届“优秀皮书奖”颁奖大会上，“中国省域竞争力蓝皮书”再次荣获“优秀皮书奖”。2016年8月，在河南郑州举行的第七届“优秀皮书奖”颁奖大会上，“中国省域竞争力蓝皮书”获得“优秀皮书奖”一等奖。2017年8月，在青海西宁举行的第八届“优秀皮书奖”颁奖大会上，“中国省域竞争力蓝皮书”获得2016年版经济类皮书第1名、综合类皮书第6名的优异成绩。李闽榕教授、黄茂兴教授被授予“皮书专业化二十年”致敬人物。2018年8月，在山东烟台举行的第九届“优秀皮书奖”颁奖大会上，“中国省域竞争力蓝皮书”获得“优秀皮书奖”二等奖。2019年8月，在黑龙江哈尔滨举行的第十届“优秀皮书奖”颁奖大会上，“中国省域竞争力蓝皮书”获得2018年版经济类皮书第10名。2020年9月，在云南昆明举行的第十一届“优秀皮书奖”颁奖大会上，“中国省域竞争力蓝皮书”获得第十一届“优秀皮书奖·报告奖”二等奖。该书获得上述一系列皮书成果的科研奖项，充分展示了这一研究成果的学术价值和社会价值。

2022年将召开党的二十大，这是党和国家政治生活中的一件大事，需要保持平稳健康的经济环境、国泰民安的社会环境、风清气正的政治环境。做好经济工作，意义十分重大。要以习近平新时代中国特色社会主义思想为指导，全面贯彻党的十九大和十九届二中、三中、四中、五中、六中全会精神，坚持稳中求进工作总基调，完整、准确、全面贯彻新发展理念，加快构建新发展格局，全面深化改革开放，坚持创新驱动发展，推动高质量发展，坚持以供给侧结构性改革为主线，统筹疫情防控和经济社会发展，统筹发展和安全，继续做好“六稳”“六保”工作，持续改善民生，着力稳定宏观经济大盘，保持经济运行在合理区间，保持社会大局稳定，迎接党的二十大胜利召开。为此，课题组在致力于中国省域经济综合竞争力评价研究过程中，就一直十分注重对经济高质量发展的综合性评价，注重对中国经济内外部环境的分析和战略研究。在今后的研究过程中，我们将继续按照经济高质量发展的要求，进一步完善中国省域经济综合竞争力评价指标体系，更加体现中国省域经济高质量发展的内在要求，切实把党领导经济工作的制度优势转化为治理效能。只有这样，才能对中国省域经济综合竞争力的提升乃至整个中国经济又好又快发展，提供重要的理论和实践指导。

本年度研究报告在充分借鉴国内外研究者的相关研究成果的基础上，进一步丰富和完善中国省域经济综合竞争力的内涵，紧密跟踪省域经济综合竞争力的最新研究动态，结合当前中国经济进入新常态的新变局、新情况、新挑战，深入分析当前中国省域经济综合竞争力面临的国内外形势、变化特点、发展趋势及动因，同时深度探讨了双循环新发展格局与中国经济发展问题。全书将以课题组对2019～2020年中国31个省份经济综合竞争力进行全面深入、科学的比较分析和评价回顾为主要内容，深刻揭示不同类型和发展水平的中国省域经济综合竞争力的特点及其相对差异，明确各自内部的竞争优势和薄弱环节，追踪研究中国各省域经济综合竞争力的演化轨迹和提升方向，为提升中国省域经济综合竞争力提供有价值的理论指导和决策借鉴。全书共三大部分，基本框架如下。

第一部分是总报告，即《2019～2020年全国省域经济综合竞争力总体评价报告》。总报告对2019～2020年中国除港澳台外31个省份的经济综合竞争力进行评价分析，构建了由1个一级指标、9个二级指标、25个三级指标和210个四级指标组成的评价体系。在进行综合分析的基础上，通过对2019～2020年中国省域经济综合竞争力变化态势的评价分析，阐述2019～2020年全国各省域经济综合竞争力的区域分布情况，明示我国各省域的优劣势和相对地位，分析评价期内省域经济综合竞争力的变化特征及发展启示，提出增强省域经济综合竞争力的基本路径、方法和对策，为我国省域经济战略选择提供有价值的分析依据。

第二部分是分报告，即对2019～2020年各省份进行经济综合竞争力评价分析。以专题报告的形式，对2019～2020年中国除港澳台外31个省份的经济综合竞争力进行全面深入科学的比较分析和评价，深刻揭示2019～2020年中国不同类型和发展水平的省域经济综合竞争力的特点及其相对差异，明确各自内部的竞争优势和薄弱环节，追踪研究各省域经济综合竞争力的演化轨迹和提升方向。

第三部分是专题分析报告，即"'双碳'战略下中国区域经济发展探索"专题分析报告，该专题聚焦"双碳"战略下中国区域产业转型升级、中国碳金融发展现状及政策展望、中国区域能源结构调整转型、中国区域科技创新、中国区域生态环境优化等五个专题研究内容，深入分析了"双碳"战略下这些领域的发展趋势和政策走向，追踪研究了省域经济发展与"双碳"战略要求的内在关系，为提升中国省域经济综合竞争力提供有价值的决策依据。

最后为附录部分，其中附录1列出了本书所构建的中国省域经济综合竞争力评价指标体系，为读者详细品读本书的各项研究结论提供分析依据；附录2列出了2020年中国省域经济综合竞争力各级指标得分和排名情况，为读者提供可量化的分析依据；附录3列出了2020年中国31个省份主要经济指标的统计数值，为读者进行定量化分析提供分析依据。

本报告在过去15年系列研究成果的基础上，尝试在中国省域经济综合竞争力的理论、研究方法和实践评价上做一些创新和突破，但受到研究能力和占有资料有限等主客观因素的制约，在一些方面的认识和研究仍然不够深入和全面，还有许多需要深入研究的问题未研究。此外，对各省份如何提升省域经济综合竞争力的具体对策，也需要我们在今后继续深入探索和研究。课题组愿与关注这些问题的研究者一起，不断深化对省域经济综合竞争力理论和方法的研究，使省域经济综合竞争力的评价更加符合客观实际，更为有效地指导中国省域经济和区域经济发展。

本书编委会

2022年1月20日

目 录

Ⅰ 总报告

Ⅱ 分报告

Ⅲ　专题分析报告

Ⅳ　附　录

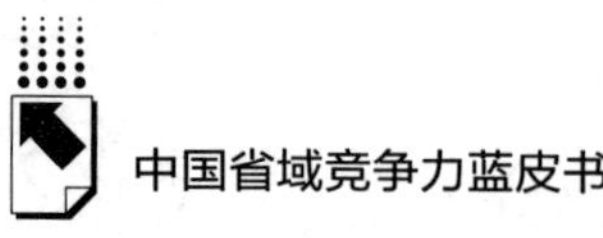

皮书数据库阅读**使用指南**

CONTENTS

I General Report

Ⅱ Provincial Reports

Ⅲ The Reports on Subject Analysis

Ⅳ Appendices

Ⅰ　总报告

General Report

B.1

2019～2020年全国省域经济综合竞争力总体评价报告

中国位于亚欧大陆的东部、太平洋西岸，陆地面积约960万平方公里，陆地边界长达2.28万公里；海域面积473万平方公里，大陆海岸线长约1.8万公里。2020年全国年末总人口为14.1亿人，实现国内生产总值101.36万亿元，同比增长2.2%。省域是中国最大的行政区划，省域经济是中国经济的重要组成部分，省域经济综合竞争力在一定程度上决定着中国经济及其国际竞争力的发展水平。本部分通过对2019～2020年中国省域经济综合竞争力以及各要素竞争力的排名变化分析，从中找出中国省域经济综合竞争力的推动点及影响因素，为进一步提升中国经济综合竞争力提供决策参考。

一　全国省域经济综合竞争力发展评价

1.1　全国省域经济综合竞争力评价结果

根据中国省域经济综合竞争力的指标体系和数学模型，课题组对2019～

2020年全国除港澳台外的31个省份的相关指标数据进行统计和分析，表1-1列出了评价期内全国31个省份经济综合竞争力排位和排位变化情况及其下属9个二级指标的评价结果。

1.2 全国省域经济综合竞争力排序分析

2020年全国31个省份经济综合竞争力处于上游区（1~10位）的依次为广东省、江苏省、上海市、北京市、浙江省、山东省、福建省、天津市、河南省、四川省，排在中游区（11~20位）的依次为安徽省、湖南省、重庆市、湖北省、河北省、江西省、陕西省、辽宁省、海南省、内蒙古自治区，处于下游区（21~31位）的依次为山西省、广西壮族自治区、新疆维吾尔自治区、云南省、贵州省、黑龙江省、宁夏回族自治区、吉林省、青海省、甘肃省、西藏自治区。

2019年全国31个省份经济综合竞争力处于上游区（1~10位）的依次为广东省、江苏省、上海市、北京市、浙江省、山东省、福建省、天津市、河南省、湖北省，排在中游区（11~20位）的依次为四川省、安徽省、重庆市、湖南省、河北省、陕西省、江西省、辽宁省、内蒙古自治区、海南省，处于下游区（21~31位）的依次为山西省、广西壮族自治区、新疆维吾尔自治区、云南省、贵州省、黑龙江省、宁夏回族自治区、吉林省、青海省、甘肃省、西藏自治区。

1.3 全国省域经济综合竞争力排序变化比较

2020年与2019年相比，经济综合竞争力排位上升的有5个省份，上升幅度最大的是湖南省，排位上升了2位，其次是四川省、安徽省、江西省和海南省，都上升了1位；23个省份排位没有变化；排位下降的有3个省份，下降幅度最大的是湖北省，排位下降了4位，陕西省和内蒙古自治区都下降了1位。

表 1－1　2019～2020 年全国 31 个省份经济综合竞争力评价比较

地区	2019年										2020年										综合排名升降
	宏观经济竞争力	产业经济竞争力	可持续发展竞争力	财政金融竞争力	知识经济竞争力	发展环境竞争力	政府作用竞争力	发展水平竞争力	统筹协调竞争力	**全国比较综合排名**	宏观经济竞争力	产业经济竞争力	可持续发展竞争力	财政金融竞争力	知识经济竞争力	发展环境竞争力	政府作用竞争力	发展水平竞争力	统筹协调竞争力	**全国比较综合排名**	
北　京	11	4	9	1	3	4	4	2	2	4	8	6	11	1	3	7	6	2	1	4	0
天　津	15	20	20	6	13	17	5	7	10	8	14	22	22	9	13	8	4	6	5	8	0
河　北	12	16	31	11	15	11	19	14	13	15	12	12	21	8	14	17	14	13	20	15	0
山　西	27	25	3	12	21	23	26	23	12	21	26	24	6	12	19	25	28	21	8	21	0
内蒙古	20	15	1	13	27	20	23	24	25	19	22	14	2	13	27	19	21	23	21	20	-1
辽　宁	21	18	15	16	18	19	11	13	23	18	21	20	17	21	18	18	10	14	25	18	0
吉　林	30	30	25	29	20	25	21	28	14	28	28	26	19	22	22	26	23	27	23	28	0
黑龙江	29	27	5	26	26	31	13	26	18	26	25	29	4	26	26	9	12	24	26	26	0
上　海	5	5	26	2	5	1	3	1	1	3	5	4	20	2	6	1	1	1	3	3	0
江　苏	3	2	13	5	2	3	1	3	3	2	2	2	7	4	2	2	3	3	2	2	0
浙　江	2	3	22	4	4	5	2	4	4	5	3	3	1	5	4	3	2	5	12	5	0
安　徽	8	11	14	19	12	9	16	18	19	12	9	9	27	19	11	5	17	18	9	11	1
福　建	6	7	2	22	14	7	7	8	6	7	6	7	5	17	16	15	5	9	4	7	0
江　西	14	14	12	20	16	22	29	9	22	17	10	17	24	20	15	13	27	8	16	16	1
山　东	4	6	23	7	6	6	10	11	7	6	4	5	9	6	5	10	15	12	11	6	0

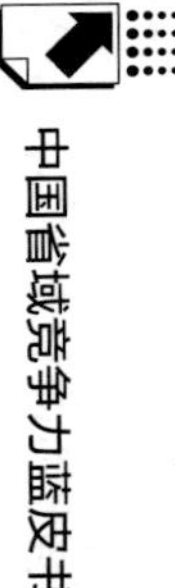

续表

地区	2019年										2020年										综合排名升降
	宏观经济竞争力	产业经济竞争力	可持续发展竞争力	财政金融竞争力	知识经济竞争力	发展环境竞争力	政府作用竞争力	发展水平竞争力	统筹协调竞争力	**全国比较综合排名**	宏观经济竞争力	产业经济竞争力	可持续发展竞争力	财政金融竞争力	知识经济竞争力	发展环境竞争力	政府作用竞争力	发展水平竞争力	统筹协调竞争力	**全国比较综合排名**	
河　南	13	10	11	17	7	8	25	17	8	9	11	11	14	16	7	11	25	16	10	9	0
湖　北	7	8	17	15	8	13	14	15	9	10	18	16	23	30	8	14	20	20	6	14	-4
湖　南	9	12	18	23	11	14	18	19	20	14	7	10	16	28	10	6	19	11	15	12	2
广　东	1	1	4	3	1	2	6	5	5	1	1	1	3	3	1	4	8	4	7	1	0
广　西	18	24	7	28	19	26	28	21	29	22	17	23	15	10	20	23	22	19	22	22	0
海　南	25	26	6	9	29	21	8	20	15	20	16	27	8	18	28	16	11	25	18	19	1
重　庆	17	17	28	21	17	10	9	6	11	13	15	13	25	23	17	12	7	7	13	13	0
四　川	10	9	21	10	9	18	12	10	16	11	13	8	18	7	9	24	16	10	14	10	1
贵　州	24	21	19	27	22	15	24	25	27	25	20	19	26	31	23	20	24	26	24	25	0
云　南	16	19	8	25	23	24	27	30	31	24	19	15	10	25	21	31	29	30	28	24	0
西　藏	28	22	30	8	31	30	31	31	28	31	31	21	30	11	31	29	31	31	27	31	0
陕　西	23	13	10	18	10	12	22	12	21	16	24	18	13	14	12	22	18	15	19	17	-1
甘　肃	31	29	29	30	24	28	30	27	30	30	30	28	28	24	25	28	30	28	31	30	0
青　海	26	31	24	24	30	27	20	29	24	29	29	31	31	15	30	27	26	29	29	29	0
宁　夏	22	28	27	31	28	16	15	16	26	27	27	30	29	29	29	21	9	17	30	27	0
新　疆	19	23	16	14	25	29	17	22	17	23	23	25	12	27	24	30	13	22	17	23	0

1.4 全国省域经济综合竞争力跨区段变化情况及动因分析

在评价期内，四川省和湖北省的排位出现跨区段变化，四川省由中游区跨入上游区，湖北省由上游区降入中游区，下降了4位。由于一级指标仍属于合成性指标，要真正找准影响省域经济综合竞争力升降的根本原因，还必须对处于基础地位、具有确定值的四级指标进行评价分析，本书第二部分对每个省份的经济综合竞争力进行了具体评价分析。

二 全国省域经济综合竞争力区域分布

2.1 全国省域经济综合竞争力均衡性分析

省域经济综合竞争力排位，反映的只是排序位差，按照功效系数法进行无量纲化处理和加权求和后得到的综合得分可以更为准确地反映各省域经济综合竞争力的实际差距，有必要认真分析各级指标得分及分布情况，对得分实际差距及其均衡性进行深入研究和分析。图2－1显示了2019年和2020年全国各省域经济综合竞争力评价分值的分布情况。

从图2－1可以看出，各省份之间经济综合竞争力得分的分布很不均衡，有超过一半省份的经济综合竞争力得分集中在30～40分，其他省份得分的分布比较分散，而且呈现右偏态分布。从2019年和2020年的对比情况来

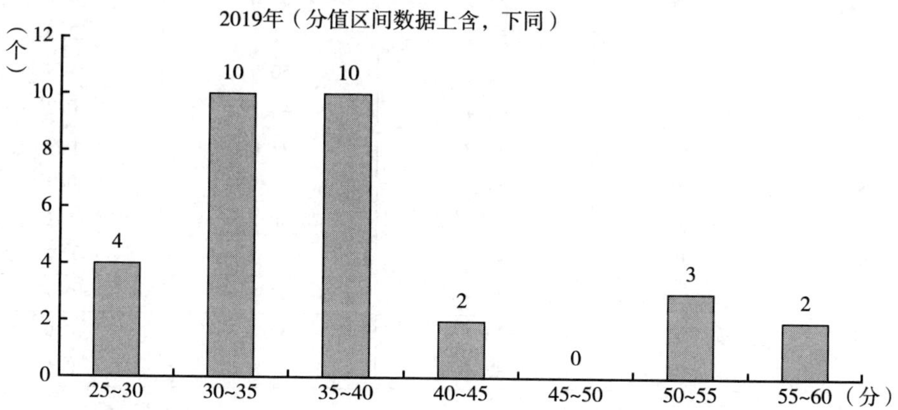

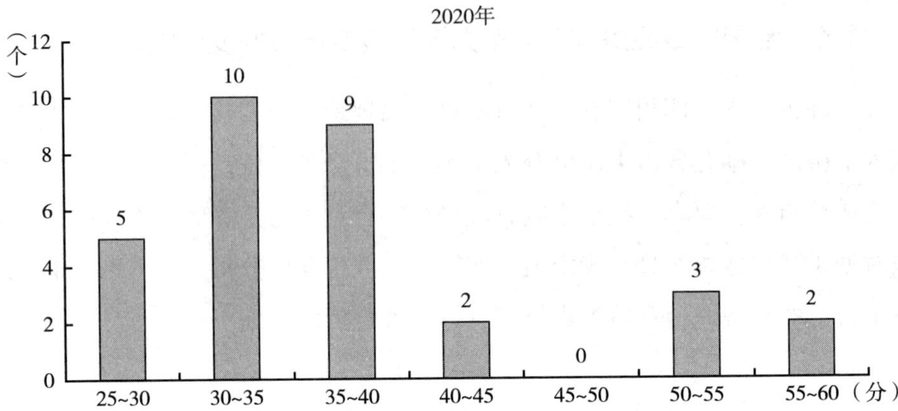

图 2－1　2019～2020 年全国各省域经济综合竞争力评价分值分布

看，各省份得分的分布情况变化不太明显，主要是得分为 25～30 分的省份增加了 1 个，35～40 分的省份由 10 个减少到 9 个。值得一提的是，2019 年和 2020 年，没有省份处于 45～50 分，表明 50 分以上的 5 个省份得分处于显著领先地位。

表 2－1　2019～2020 年全国各省域经济综合竞争力评价分值及分差比较

单位：分

序　号	地　区	2019 年	2020 年	分值升降
1	广　东	58.7	57.2	－1.5
2	江　苏	55.1	55.9	0.8
3	上　海	54.3	53.6	－0.7
4	北　京	53.7	51.7	－2.0
5	浙　江	52.2	50.9	－1.3
6	山　东	44.4	44.2	－0.2
7	福　建	41.9	41.0	－0.9
8	天　津	39.6	39.9	0.3
9	河　南	39.4	38.2	－1.2
10	四　川	39.1	38.2	－0.9
平　均		47.8	47.1	－0.7
11	安　徽	38.4	37.8	－0.6
12	湖　南	37.1	37.7	0.6

续表

序号	地区	2019年	2020年	分值升降
13	重庆	37.3	37.5	0.2
14	湖北	39.1	36.9	-2.2
15	河北	36.8	36.8	0.0
16	江西	35.1	35.9	0.8
17	陕西	35.3	34.6	-0.7
18	辽宁	34.8	33.7	-1.1
19	海南	33.4	33.6	0.2
20	内蒙古	34.0	33.1	-0.9
平均		36.1	35.8	-0.3
21	山西	32.3	32.6	0.3
22	广西	31.5	31.9	0.4
23	新疆	31.0	31.9	0.9
24	云南	30.9	30.4	-0.5
25	贵州	30.9	30.3	-0.6
26	黑龙江	30.9	30.3	-0.6
27	宁夏	30.9	29.9	-1.0
28	吉林	28.9	29.8	0.9
29	青海	27.9	26.4	-1.5
30	甘肃	26.6	26.2	-0.4
31	西藏	26.3	25.0	-1.3
平均		29.8	29.5	-0.3
全国平均		37.7	37.2	-0.5

从表2-1可以看出，31个省份经济综合竞争力得分之间有较大的差距。2020年，得分最低的西藏自治区只有25.0分，不到第一名广东省得分57.2分的一半。另外，相同区位内部各省份得分差距也比较明显，同样是处于上游区，排在第10位的四川省与排在第1位的广东省得分相差了19.0分；但是处于中下游区的省份得分比较接近，排在第11位的安徽省得分为37.8分，比第20位的内蒙古自治区仅多出4.7分；同样是处于下游区，排在第21位的山西省比排在第31位的西藏自治区超出7.6分。2020年处于上游区的10个省份平均分值为47.1分，处于中游区的10个省份的平均分值为35.8分，处于下游区的11个省份的平均分值为29.5分。

从2019～2020年得分升降来看，全国有10个省份得分上升，上升幅度最大的是吉林省和新疆维吾尔自治区，均增加了0.9分。20个省份的经济综合竞争力得分有所下降，下降幅度最大的是湖北省，下降了2.2分。从全国平均分值来看，2020年为37.2分，与2019年相比，下降了0.5分。

2.2 全国省域经济综合竞争力区域评价分析

表2－2列出了评价期内全国四大区域经济综合竞争力评价分值及分差。2019年全国四大区域经济综合竞争力的评价分值依次为：东部地区47.0分、中部地区36.9分、西部地区31.8分、东北地区31.5分。东部地区经济综合竞争力分值遥遥领先，中西部地区与东部地区的差距较大。2020年全国四大区域经济综合竞争力的评价分值依次为：东部地区46.5分、中部地区36.5分、西部地区31.3分、东北地区31.3分。西部地区经济综合竞争力得分与东部地区的差距有所缩小。与2019年相比，西部地区与东部地区的差距缩小了0.01分，表明西部地区与东部地区的差距基本保持，东北地区与东部地区的得分差距缩小了0.31分，表明了东北地区经济综合竞争力下降的趋势得到遏制。

从2019～2020年区域经济综合竞争力平均评价分值变化情况看，四个地区平均分值都有所下降，下降幅度最大的是东部地区和西部地区，评价得分都下降了0.5分；中部地区平均得分下降了0.4分；东北地区平均得分下降了0.2分。四大区域经济综合竞争力变化出现分化现象，但也有收敛的迹象，表明区域经济竞争越来越激烈，竞争结果的表现日益复杂。

表2－2 2019～2020年全国四大区域经济综合竞争力评价分值及分差

单位：分

地　区	2019年	2020年	分值升降
东部地区	47.0	46.5	－0.5
中部地区	36.9	36.5	－0.4
西部地区	31.8	31.3	－0.5
东北地区	31.5	31.3	－0.2

2.3 全国省域经济综合竞争力区域内部差异分析

统计分析表明，全国四大区域之间综合竞争力平均得分有明显差距，而且同一区域内部各省份竞争力得分也存在差距，下面进一步分析四大区域内部各省份的经济综合竞争力排位差异情况。表2－3、表2－4、表2－5和表2－6分别列出了评价期内东部地区、中部地区、西部地区和东北地区各省份在全国的排位情况。

表2－3统计结果表明，东部10个省份中有8个省份经济综合竞争力排位处在上游区，只有河北省和海南省处于中游区，而且上游区8个省份经济综合竞争力占据全国前8位，排位比较稳定，这也说明东部地区各省份在全国处于绝对优势地位。但东部地区10个省份，竞争格局也是不平衡的，最明显的差距体现在海南省与其他省份之间。另外，同样处在上游区的省份，综合得分也存在较大差距。表2－1的竞争力得分显示：广东省、江苏省、上海市、北京市、浙江省得分都在50分以上，其他5个省份都低于45分。

表2－3　2019～2020年东部地区经济综合竞争力排位比较

地　区	东部地区排位			全国排位		
	2019年	2020年	排位升降	2019年	2020年	排位升降
广　东	1	1	0	1	1	0
江　苏	2	2	0	2	2	0
上　海	3	3	0	3	3	0
北　京	4	4	0	4	4	0
浙　江	5	5	0	5	5	0
山　东	6	6	0	6	6	0
福　建	7	7	0	7	7	0
天　津	8	8	0	8	8	0
河　北	9	9	0	15	15	0
海　南	10	10	0	20	19	1

表2－4统计结果表明，中部地区6个省份经济综合竞争力排位分布很不均衡，河南省处于上游区，安徽省、湖南省、湖北省和江西省都处在中游区，山西省处于下游区。与2019年相比，2020年中部地区各省份综合排位大多发生了变化，其中湖北省排名下降明显，从上游区降入中游区，排位下降了4位。从表2－2的竞争力得分来看，中部地区与东部地区得分差距较大，但有所缩小，与西部地区的差距有所增大，说明中部地区开始积累竞争优势，整体竞争力开始上升。从地区内部的排位变化来看，中部地区各省份竞争力相对变化不明显，主要是湖北省下降较为明显，从领先于安徽省和湖南省变为落后于这两个省份。

表2－4　2019～2020年中部地区经济综合竞争力排位比较

地　区	中部地区排位			全国排位		
	2019年	2020年	排位升降	2019年	2020年	排位升降
河　南	1	1	0	9	9	0
安　徽	3	2	1	12	11	1
湖　南	4	3	1	14	12	2
湖　北	2	4	－2	10	14	－4
江　西	5	5	0	17	16	1
山　西	6	6	0	21	21	0

表2－5统计结果表明，西部地区12个省份的经济综合竞争力排位大多数处在下游区，但是也有四川省处于上游区，重庆市、陕西省和内蒙古自治区处于中游区，而其他省份处于明显的竞争劣势地位。从表2－2的竞争力得分来看，2020年，西部地区得分只有东部地区得分的67.3%，这一比例比2019年下降了0.3个百分点，表明其竞争力与东部地区相比有很大差距。西部地区与中部地区相比，很多省份的竞争力得分差距很小，其竞争力劣势就不太明显。从2019～2020年得分变化来看，西部地区得分下降了0.5分，延续了往年的变化趋势。从西部地区12个省份的内部排位来看，西部地区各省份之间的经济综合竞争力排位相对稳定，没有调整。

表 2－5　2019～2020 年西部地区经济综合竞争力排位比较

地　区	西部地区排位			全国排位		
	2019 年	2020 年	排位升降	2019 年	2020 年	排位升降
四　川	1	1	0	11	10	1
重　庆	2	2	0	13	13	0
陕　西	3	3	0	16	17	－1
内蒙古	4	4	0	19	20	－1
广　西	5	5	0	22	22	0
新　疆	6	6	0	23	23	0
云　南	7	7	0	24	24	0
贵　州	8	8	0	25	25	0
宁　夏	9	9	0	27	27	0
青　海	10	10	0	29	29	0
甘　肃	11	11	0	30	30	0
西　藏	12	12	0	31	31	0

表 2－6 统计结果表明，相对于其他地区，东北地区 2020 年综合竞争力排位保持不变，虽然辽宁省仍然处于中游区，但处于中游偏后的位置，竞争力不强，吉林省和黑龙江省仍然处于下游区，说明东北地区整体竞争劣势在延续，竞争力提升的态势还未显现。从东北地区内部来看，三个省的排位相对较为稳定。

表 2－6　2019～2020 年东北地区经济综合竞争力排位比较

地　区	东北地区排位			全国排位		
	2019 年	2020 年	排位升降	2019 年	2020 年	排位升降
辽　宁	1	1	0	18	18	0
黑龙江	2	2	0	26	26	0
吉　林	3	3	0	28	28	0

三　全国省域宏观经济竞争力评价分析

3.1　全国省域宏观经济竞争力评价结果

根据宏观经济竞争力指标体系和数学模型，课题组对采集到的 2019～

2020年全国31个省份的相关统计资料进行整理和合成，表3－1显示了这两个年份的宏观经济竞争力排位和排位变化情况以及其下属3个三级指标的评价结果。

表3－1　2019～2020年全国各省域宏观经济竞争力评价比较

地区	2019年				2020年				综合排名升降
	经济实力竞争力	经济结构竞争力	经济外向度竞争力	**全国比较综合排名**	经济实力竞争力	经济结构竞争力	经济外向度竞争力	**全国比较综合排名**	
北　京	11	9	10	11	9	6	7	8	3
天　津	17	8	9	15	19	2	11	14	1
河　北	14	3	12	12	15	4	17	12	0
山　西	24	29	28	27	23	27	23	26	1
内蒙古	22	14	25	20	24	19	26	22	－2
辽　宁	23	25	16	21	25	22	21	21	0
吉　林	31	28	26	30	21	29	24	28	2
黑龙江	30	27	21	29	29	13	25	25	4
上　海	9	23	2	5	5	12	2	5	0
江　苏	1	13	3	3	1	11	3	2	1
浙　江	3	1	4	2	4	1	4	3	－1
安　徽	7	10	13	8	7	14	10	9	－1
福　建	5	5	8	6	6	3	9	6	0
江　西	13	7	17	14	12	8	12	10	4
山　东	6	4	5	4	3	7	5	4	0
河　南	8	15	20	13	11	15	13	11	2
湖　北	4	6	18	7	27	10	14	18	－11
湖　南	12	2	11	9	8	5	16	7	2
广　东	2	11	1	1	2	9	1	1	0
广　西	19	17	14	18	14	21	18	17	1
海　南	28	18	23	25	22	16	6	16	9
重　庆	18	19	15	17	13	20	15	15	2
四　川	10	22	6	10	10	26	8	13	－3
贵　州	21	21	29	24	18	25	22	20	4
云　南	15	20	7	16	17	28	19	19	－3
西　藏	29	26	24	28	31	23	31	31	－3
陕　西	16	31	27	23	16	30	20	24	－1
甘　肃	27	30	30	31	26	31	27	30	1
青　海	20	24	31	26	30	24	30	29	－3
宁　夏	26	16	22	22	28	17	29	27	－5
新　疆	25	12	19	19	20	18	28	23	－4

3.2 全国省域宏观经济竞争力排序分析

2019 年全国各省份宏观经济竞争力处于上游区（1 ~10 位）的依次是广东省、浙江省、江苏省、山东省、上海市、福建省、湖北省、安徽省、湖南省、四川省，处于中游区（11 ~20 位）的依次为北京市、河北省、河南省、江西省、天津市、云南省、重庆市、广西壮族自治区、新疆维吾尔自治区、内蒙古自治区，处于下游区（21 ~31 位）的依次为辽宁省、宁夏回族自治区、陕西省、贵州省、海南省、青海省、山西省、西藏自治区、黑龙江省、吉林省、甘肃省。

2020 年全国各省份宏观经济竞争力处于上游区（1 ~10 位）的依次是广东省、江苏省、浙江省、山东省、上海市、福建省、湖南省、北京市、安徽省、江西省，处于中游区（11 ~20 位）的依次为河南省、河北省、四川省、天津市、重庆市、海南省、广西壮族自治区、湖北省、云南省、贵州省，处于下游区（21 ~31 位）的依次为辽宁省、内蒙古自治区、新疆维吾尔自治区、陕西省、黑龙江省、山西省、宁夏回族自治区、吉林省、青海省、甘肃省、西藏自治区。

3.3 全国省域宏观经济竞争力排序变化比较

2020 年与 2019 年相比，排位上升的有 14 个省份，上升幅度最大的是海南省（9 位），其他依次为黑龙江省（4 位）、贵州省（4 位）、江西省（4 位）、北京市（3 位）、吉林省（2 位）、河南省（2 位）、湖南省（2 位）、重庆市（2 位）、天津市（1 位）、山西省（1 位）、江苏省（1 位）、广西壮族自治区（1 位）、甘肃省（1 位）；排位下降的有 11 个省份，下降幅度最大的是湖北省（11 位），其他依次为宁夏回族自治区（5 位）、新疆维吾尔自治区（4 位）、四川省（3 位）、云南省（3 位）、西藏自治区（3 位）、青海省（3 位）、内蒙古自治区（2 位）、浙江省（1 位）、安徽省（1 位）、陕西省（1 位）；其余 6 个省份的排位没有变化。

3.4 全国省域宏观经济竞争力跨区段变化情况

不同区段是衡量竞争力优势水平的重要标志，在评价期内，一些省份宏观经济竞争力排位出现了跨区段变化。在跨区段上升方面，北京市和江西省由中游区升入上游区，海南省由下游区升入中游区；在跨区段下降方面，湖北省由上游区降入中游区，新疆维吾尔自治区则由中游区降入下游区。

3.5 全国省域宏观经济竞争力动因分析

作为省域经济综合竞争力的二级指标，省域宏观经济竞争力的变化是三级指标的变化综合作用的结果，表 3－1 还列出了 3 个三级指标的变化情况。

经济实力竞争力方面，2019 年排在前 10 位的省份依次为江苏省、广东省、浙江省、湖北省、福建省、山东省、安徽省、河南省、上海市、四川省；2020 年排在前 10 位的省份依次为江苏省、广东省、山东省、浙江省、上海市、福建省、安徽省、湖南省、北京市、四川省。

经济结构竞争力方面，2019 年排在前 10 位的省份依次为浙江省、湖南省、河北省、山东省、福建省、湖北省、江西省、天津市、北京市、安徽省；2020 年排在前 10 位的省份依次为浙江省、天津市、福建省、河北省、湖南省、北京市、山东省、江西省、广东省、湖北省。

经济外向度竞争力方面，2019 年排在前 10 位的省份依次为广东省、上海市、江苏省、浙江省、山东省、四川省、云南省、福建省、天津市、北京市；2020 年排在前 10 位的省份依次为广东省、上海市、江苏省、浙江省、山东省、海南省、北京市、四川省、福建省、安徽省。

从上述宏观经济竞争力排位跨区段升降的省份来看，海南省的宏观经济竞争力排位上升了 9 位，是经济实力竞争力上升 6 位，经济结构竞争力排位上升 2 位，经济外向度竞争力排位上升 17 位，三者共同推动的结果。湖北省的宏观经济竞争力排位下降了 11 位，是经济实力竞争力下降 23 位，经济结构竞争力下降 4 位导致的。此外，从宏观经济竞争力排位在评价期内均处于上游区的省份来看，要保持竞争优势地位，需要 3 个三级指标的良好表现来支撑。

四　全国省域产业经济竞争力评价分析

4.1　全国省域产业经济竞争力评价结果

根据产业经济竞争力指标体系和数学模型，课题组对采集到的 2019 ~ 2020 年全国 31 个省份的相关统计资料进行了整理和合成，表 4 – 1 显示了这两个年份产业经济竞争力排位和排位变化情况，以及其下属 4 个三级指标的评价结果。

表 4 – 1　2019 ~ 2020 年全国各省域产业经济竞争力评价比较

地区	2019 年					2020 年					综合排名升降
	农业竞争力	工业竞争力	服务业竞争力	企业竞争力	全国比较综合排名	农业竞争力	工业竞争力	服务业竞争力	企业竞争力	全国比较综合排名	
北　京	29	14	4	1	4	30	17	5	1	6	–2
天　津	31	22	20	7	20	31	25	20	8	22	–2
河　北	8	16	19	18	16	8	11	19	15	12	4
山　西	30	19	25	21	25	28	12	24	20	24	1
内蒙古	4	17	27	8	15	4	18	29	7	14	1
辽　宁	18	12	22	11	18	18	22	23	12	20	–2
吉　林	19	31	31	25	30	16	26	27	23	26	4
黑龙江	2	28	28	30	27	1	30	31	31	29	–2
上　海	23	10	2	2	5	27	6	3	2	4	1
江　苏	1	2	3	4	2	2	1	2	4	2	0
浙　江	12	3	5	5	3	14	3	4	5	3	0
安　徽	16	11	12	10	11	13	7	11	10	9	2
福　建	14	4	10	12	7	15	5	8	11	7	0
江　西	25	13	13	14	14	23	19	15	14	17	–3
山　东	3	6	6	6	6	3	4	6	6	5	1
河　南	5	7	8	23	10	5	10	9	22	11	–1
湖　北	11	5	9	13	8	21	14	16	13	16	–8

续表

地区	2019年					2020年					综合排名升降
	农业竞争力	工业竞争力	服务业竞争力	企业竞争力	全国比较综合排名	农业竞争力	工业竞争力	服务业竞争力	企业竞争力	全国比较综合排名	
湖　南	13	15	11	16	12	9	13	10	16	10	2
广　东	6	1	1	3	1	7	2	1	3	1	0
广　西	15	26	21	28	24	11	24	18	30	23	1
海　南	21	30	24	15	26	19	31	22	21	27	-1
重　庆	27	18	15	9	17	25	20	13	9	13	4
四　川	7	8	7	19	9	6	8	7	17	8	1
贵　州	17	20	16	29	21	17	21	12	28	19	2
云　南	9	21	14	22	19	12	16	14	19	15	4
西　藏	20	25	17	27	22	20	9	21	29	21	1
陕　西	22	9	18	17	13	22	15	17	18	18	-5
甘　肃	24	27	26	24	29	24	27	25	25	28	1
青　海	26	29	29	31	31	29	29	30	27	31	0
宁　夏	28	24	30	20	28	26	28	28	24	30	-2
新　疆	10	23	23	26	23	10	23	26	26	25	-2

4.2　全国省域产业经济竞争力排序分析

2019年全国各省份产业经济竞争力处于上游区（1~10位）的依次是广东省、江苏省、浙江省、北京市、上海市、山东省、福建省、湖北省、四川省、河南省；处于中游区（11~20位）的依次为安徽省、湖南省、陕西省、江西省、内蒙古自治区、河北省、重庆市、辽宁省、云南省、天津市；处于下游区（21~31位）的依次为贵州省、西藏自治区、新疆维吾尔自治区、广西壮族自治区、山西省、海南省、黑龙江省、宁夏回族自治区、甘肃省、吉林省、青海省。

2020年全国各省份产业经济竞争力处于上游区（1~10位）的依次是广东省、江苏省、浙江省、上海市、山东省、北京市、福建省、四川省、安徽省、湖南省；排在中游区（11~20位）的依次为河南省、河北省、重庆市、内蒙古自治区、云南省、湖北省、江西省、陕西省、贵州省、辽宁省；

处于下游区（21～31 位）的依次为西藏自治区、天津市、广西壮族自治区、山西省、新疆维吾尔自治区、吉林省、海南省、甘肃省、黑龙江省、宁夏回族自治区、青海省。

4.3 全国省域产业经济竞争力排序变化比较

2020 年与 2019 年相比较，排位下降的有 11 个省份，下降幅度最大的是湖北省（8 位），其他依次为陕西省（5 位）、江西省（3 位）、北京市（2 位）、天津市（2 位）、辽宁省（2 位）、黑龙江省（2 位）、宁夏回族自治区（2 位）、新疆维吾尔自治区（2 位）、河南省（1 位）、海南省（1 位）；排位上升的有 15 个省份，上升幅度最大的是河北省（4 位）、吉林省（4 位）、重庆市（4 位）和云南省（4 位），其他依次为贵州省（2 位）、湖南省（2 位）、安徽省（2 位）、山西省（1 位）、内蒙古自治区（1 位）、上海市（1 位）、山东省（1 位）、广西壮族自治区（1 位）、四川省（1 位）、西藏自治区（1 位）、甘肃省（1 位）；其他 5 个省份排位没有变化。

4.4 全国省域产业经济竞争力跨区段变化情况。

在评价期内，一些省份产业经济竞争力排位出现了跨区段变化。在跨区段上升方面，安徽省、湖南省由中游区升入上游区，贵州省由下游区升入中游区；在跨区段下降方面，河南省、湖北省由上游区降入中游区，天津市由中游区降入下游区。

4.5 全国省域产业经济竞争力动因分析

在农业竞争力方面，2019 年排在前 10 位的省份依次为江苏省、黑龙江省、山东省、内蒙古自治区、河南省、广东省、四川省、河北省、云南省、新疆维吾尔自治区；2020 年排在前 10 位的省份依次为黑龙江省、江苏省、山东省、内蒙古自治区、河南省、四川省、广东省、河北省、湖南省、新疆维吾尔自治区。

在工业竞争力方面，2019 年排在前 10 位的省份依次为广东省、江苏省、浙江省、福建省、湖北省、山东省、河南省、四川省、陕西省、上海市；2020 年排在前 10 位的省份依次为江苏省、广东省、浙江省、山东省、福建省、上海市、安徽省、四川省、西藏自治区、河南省。

在服务业竞争力方面，2019 年排在前 10 位的省份依次为广东省、上海市、江苏省、北京市、浙江省、山东省、四川省、河南省、湖北省、福建省；2020 年排在前 10 位的省份依次为广东省、江苏省、上海市、浙江省、北京市、山东省、四川省、福建省、河南省、湖南省。

在企业竞争力方面，2019 年排在前 10 位的省份依次为北京市、上海市、广东省、江苏省、浙江省、山东省、天津市、内蒙古自治区、重庆市、安徽省；2020 年排在前 10 位的省份依次为北京市、上海市、广东省、江苏省、浙江省、山东省、内蒙古自治区、天津市、重庆市、安徽省。

从上述产业经济竞争力排位跨区段升降的省份看，河北省产业经济竞争力排位上升 4 位，是由于工业竞争力和企业竞争力上升共同作用的结果。湖北省产业经济竞争力排位下降 8 位，是农业竞争力下降 10 位、工业竞争力下降 9 位和服务业竞争力下降 7 位共同影响的结果。所以，要不断提升一个地区的产业经济竞争力，就必须全面提升三级指标的排位。产业经济竞争力排位在评价期均处于上游区的省份，也都是由 4 个三级指标的良好表现来支撑。

五　全国省域可持续发展竞争力评价分析

5.1　全国省域可持续发展竞争力评价结果

根据可持续发展竞争力指标体系和数学模型，课题组对采集到的2019～2020 年全国 31 个省份的相关统计资料进行了整理和合成，表 5－1 显示了这两个年份可持续发展竞争力排位和排位变化情况，以及其下属 3 个三级指标的评价结果。

表5－1　2019～2020年全国各省域可持续发展竞争力评价比较

地区	2019年				2020年				综合排名升降
	资源竞争力	环境竞争力	人力资源竞争力	全国比较综合排名	资源竞争力	环境竞争力	人力资源竞争力	全国比较综合排名	
北京	31	19	1	9	31	16	1	11	－2
天津	29	15	3	20	29	13	7	22	－2
河北	20	31	17	31	23	14	12	21	10
山西	5	17	13	3	5	21	17	6	－3
内蒙古	1	16	9	1	1	30	13	2	－1
辽宁	10	20	20	15	9	25	9	17	－2
吉林	7	26	27	25	7	20	22	19	6
黑龙江	3	24	24	5	3	17	18	4	1
上海	30	12	7	26	30	18	4	20	6
江苏	22	13	5	13	21	10	5	7	6
浙江	23	23	6	22	27	1	3	1	21
安徽	24	7	16	14	17	28	19	27	－13
福建	8	1	11	2	15	2	15	5	－3
江西	17	10	22	12	19	11	29	24	－12
山东	16	27	12	23	16	12	6	9	14
河南	26	9	4	11	25	9	10	14	－3
湖北	27	11	10	17	18	15	23	23	－6
湖南	19	14	21	18	20	8	16	16	2
广东	25	6	2	4	28	4	2	3	1
广西	12	3	14	7	13	5	26	15	－8
海南	9	2	19	6	8	3	25	8	－2
重庆	28	22	23	28	26	23	11	25	3
四川	15	28	8	21	12	24	8	18	3
贵州	14	8	28	19	14	19	30	26	－7
云南	11	5	15	8	10	6	20	10	－2
西藏	2	29	31	30	2	27	31	30	0
陕西	18	4	18	10	22	7	14	13	－3
甘肃	13	21	29	29	11	26	28	28	1
青海	6	30	25	24	6	31	27	31	－7
宁夏	21	18	26	27	24	22	24	29	－2
新疆	4	25	30	16	4	29	21	12	4

5.2 全国省域可持续发展竞争力排序分析

2019 年全国各省份可持续发展竞争力处于上游区（1～10 位）的依次是内蒙古自治区、福建省、山西省、广东省、黑龙江省、海南省、广西壮族自治区、云南省、北京市、陕西省，排在中游区（11～20 位）的依次为河南省、江西省、江苏省、安徽省、辽宁省、新疆维吾尔自治区、湖北省、湖南省、贵州省、天津市，处于下游区（21～31 位）的依次为四川省、浙江省、山东省、青海省、吉林省、上海市、宁夏回族自治区、重庆市、甘肃省、西藏自治区、河北省。

2020 年全国各省份可持续发展竞争力处于上游区（1～10 位）的依次是浙江省、内蒙古自治区、广东省、黑龙江省、福建省、山西省、江苏省、海南省、山东省、云南省，排在中游区（11～20 位）的依次为北京市、新疆维吾尔自治区、陕西省、河南省、广西壮族自治区、湖南省、辽宁省、四川省、吉林省、上海市，处于下游区（21～31 位）的依次为河北省、天津市、湖北省、江西省、重庆市、贵州省、安徽省、甘肃省、宁夏回族自治区、西藏自治区、青海省。

5.3 全国省域可持续发展竞争力排序变化比较

2020 年与 2019 年相比较，排位上升的有 13 个省份，上升幅度最大的是浙江省（21 位），其他依次为山东省（14 位）、河北省（10 位）、吉林省（6 位）、上海市（6 位）、江苏省（6 位）、新疆维吾尔自治区（4 位）、重庆市（3 位）、四川省（3 位）、湖南省（2 位）、广东省（1 位）、甘肃省（1 位）、黑龙江省（1 位）；排位下降的有 17 个省份，下降幅度最大的是安徽省（13 位），其他依次为江西省（12 位）、广西壮族自治区（8 位）、贵州省（7 位）、青海省（7 位）、湖北省（6 位）、山西省（3 位）、河南省（3 位）、福建省（3 位）、陕西省（3 位）、宁夏回族自治区（2 位）、云南省（2 位）、海南省（2 位）、北京市（2 位）、天津市（2 位）、辽宁省（2 位）、内蒙古自治区（1 位）；西藏自治区排位保持不变。

5.4 全国省域可持续发展竞争力跨区段变化情况

在评价期内，一些省份可持续发展竞争力排位出现了跨区段变化。在跨区段上升方面，浙江省和山东省由下游区跃升至上游区，吉林省和四川省由下游区升入中游区，江苏省由中游区升入上游区；在跨区段下降方面，北京市、陕西省和广西壮族自治区由上游区跌入中游区，贵州省、湖北省、安徽省和江西省由中游区跌入下游区。

5.5 全国省域可持续发展竞争力动因分析

在资源竞争力方面，2019 年排在前 10 位的省份依次为内蒙古自治区、西藏自治区、黑龙江省、新疆维吾尔自治区、山西省、青海省、吉林省、福建省、海南省、辽宁省；2020 年排在前 10 位的省份依次为内蒙古自治区、西藏自治区、黑龙江省、新疆维吾尔自治区、山西省、青海省、吉林省、海南省、辽宁省、云南省。

在环境竞争力方面，2019 年排在前 10 位的省份依次为福建省、海南省、广西壮族自治区、陕西省、云南省、广东省、安徽省、贵州省、河南省、江西省；2020 年排在前 10 位的省份依次为浙江省、福建省、海南省、广东省、广西壮族自治区、云南省、陕西省、湖南省、河南省、江苏省。

在人力资源竞争力方面，2019 年排在前 10 位的省份依次为北京市、广东省、天津市、河南省、江苏省、浙江省、上海市、四川省、内蒙古自治区、湖北省；2020 年排在前 10 位的省份依次为北京市、广东省、浙江省、上海市、江苏省、山东省、天津市、四川省、辽宁省、河南省。

从可持续发展竞争力 3 个三级指标的变化可以看出，可持续发展竞争力排位上升幅度最大的是浙江省，这主要归因于环境竞争力上升 22 位、人力资源竞争力上升 3 位；可持续发展竞争力排位下降幅度最大的是安徽省，则是由于环境竞争力下降 21 位、人力资源竞争力下降 3 位。

六 全国省域财政金融竞争力评价分析

6.1 全国省域财政金融竞争力评价结果

根据财政金融竞争力指标体系和数学模型，课题组对采集到的 2019 ~ 2020 年全国 31 个省份的相关统计资料进行了整理和合成，表 6 - 1 显示了这两个年份财政金融竞争力排位和排位变化情况，以及其下属 2 个三级指标的评价结果。

表 6 - 1 2019 ~ 2020 年全国各省域财政金融竞争力评价比较

地区	2019 年			2020 年			综合排名升降
	财政竞争力	金融竞争力	全国比较综合排名	财政竞争力	金融竞争力	全国比较综合排名	
北 京	2	1	1	2	1	1	0
天 津	5	9	6	16	9	9	-3
河 北	15	8	11	13	11	8	3
山 西	11	18	12	11	19	12	0
内蒙古	9	21	13	10	21	13	0
辽 宁	18	12	16	14	27	21	-5
吉 林	31	19	29	20	17	22	7
黑龙江	24	20	26	27	18	26	0
上 海	1	3	2	1	3	2	0
江 苏	8	4	5	5	4	4	1
浙 江	4	5	4	4	5	5	-1
安 徽	22	15	19	21	16	19	0
福 建	28	14	22	24	13	17	5
江 西	17	23	20	17	20	20	0
山 东	13	6	7	9	6	6	1
河 南	20	11	17	23	12	16	1
湖 北	21	10	15	31	10	30	-15
湖 南	25	16	23	22	28	28	-5
广 东	3	2	3	3	2	3	0
广 西	27	27	28	29	7	10	18
海 南	7	25	9	12	26	18	-9

续表

地区	2019 年			2020 年			综合排名升降
	财政竞争力	金融竞争力	全国比较综合排名	财政竞争力	金融竞争力	全国比较综合排名	
重　庆	26	13	21	28	14	23	-2
四　川	19	7	10	8	8	7	3
贵　州	12	31	27	30	31	31	-4
云　南	23	28	25	18	25	25	0
西　藏	6	29	8	6	30	11	-3
陕　西	16	17	18	15	15	14	4
甘　肃	29	26	30	19	22	24	6
青　海	14	30	24	7	29	15	9
宁　夏	30	24	31	25	24	29	2
新　疆	10	22	14	26	23	27	-13

6.2　全国省域财政金融竞争力排序分析

2019 年全国各省份财政金融竞争力处于上游区（1～10 位）的依次是北京市、上海市、广东省、浙江省、江苏省、天津市、山东省、西藏自治区、海南省、四川省，排在中游区（11～20 位）的依次为河北省、山西省、内蒙古自治区、新疆维吾尔自治区、湖北省、辽宁省、河南省、陕西省、安徽省、江西省，处于下游区（21～31 位）的依次为重庆市、福建省、湖南省、青海省、云南省、黑龙江省、贵州省、广西壮族自治区、吉林省、甘肃省、宁夏回族自治区。

2020 年全国各省份财政金融竞争力处于上游区（1～10 位）的依次是北京市、上海市、广东省、江苏省、浙江省、山东省、四川省、河北省、天津市、广西壮族自治区，排在中游区（11～20 位）的依次为西藏自治区、山西省、内蒙古自治区、陕西省、青海省、河南省、福建省、海南省、安徽省、江西省，处于下游区（21～31 位）的依次为辽宁省、吉林省、重庆市、甘肃省、云南省、黑龙江省、新疆维吾尔自治区、湖南省、宁夏回族自治区、湖北省、贵州省。

6.3 全国省域财政金融竞争力排序变化比较

2020年与2019年相比较，排位上升的有12个省份，上升幅度最大的是广西壮族自治区（18位），其后依次为青海省（9位），吉林省（7位），甘肃省（6位），福建省（5位），陕西省（4位），四川省和河北省（3位），宁夏回族自治区（2位），江苏省、山东省和河南省（1位）；9个省份排位没有变化；排位下降的有10个省份，下降幅度最大的是湖北省（15位），其他依次为新疆维吾尔自治区（13位），海南省（9位），辽宁省和湖南省（5位），贵州省（4位），西藏自治区和天津市（3位），重庆市（2位），浙江省（1位）。

6.4 全国省域财政金融竞争力跨区段变化情况

在评价期内，一些省份财政金融竞争力排位出现了跨区段变化。在跨区段上升方面，广西壮族自治区由下游区跃升至上游区，河北省由中游区升入上游区，福建省和青海省由下游区升入中游区；在跨区段下降方面，西藏自治区和海南省由上游区跌入中游区，新疆维吾尔自治区、辽宁省和湖北省由中游区跌入下游区。

6.5 全国省域财政金融竞争力动因分析

在财政竞争力方面，2019年排在前10位的省份依次为上海市、北京市、广东省、浙江省、天津市、西藏自治区、海南省、江苏省、内蒙古自治区、新疆维吾尔自治区。2020年排在前10位的省份依次为上海市、北京市、广东省、浙江省、江苏省、西藏自治区、青海省、四川省、山东省、内蒙古自治区。

在金融竞争力方面，2019年排在前10位的省份依次为北京市、广东省、上海市、江苏省、浙江省、山东省、四川省、河北省、天津市、湖北省；2020年排在前10位的省份依次为北京市、广东省、上海市、江苏省、浙江省、山东省、广西壮族自治区、四川省、天津市、湖北省。

从省域财政金融竞争力 2 个三级指标的变化情况中可以看出，在评价期内，财政金融竞争力排位居前的大部分省份的 2 个三级指标处于上游区，表明财政、金融的关系密不可分，财政金融竞争力优势的形成需要财政竞争力、金融竞争力的共同支撑。

七　全国省域知识经济竞争力评价分析

7.1　全国省域知识经济竞争力评价结果

根据知识经济竞争力指标体系和数学模型，课题组对采集到的 2019 ~ 2020 年全国 31 个省份的相关统计资料进行了整理和合成，表 7 – 1 显示了这两个年份知识经济竞争力排位和排位变化情况，以及其下属 3 个三级指标的评价结果。

表 7 – 1　2019 ~ 2020 年全国各省域知识经济竞争力评价比较

地区	2019 年				2020 年				综合排名升降
	科技竞争力	教育竞争力	文化竞争力	全国比较综合排名	科技竞争力	教育竞争力	文化竞争力	全国比较综合排名	
北　京	3	1	6	3	3	1	6	3	0
天　津	12	11	24	13	12	8	29	13	0
河　北	16	12	14	15	17	9	13	14	1
山　西	19	27	23	21	18	18	25	19	2
内蒙古	22	29	21	27	22	30	23	27	0
辽　宁	17	17	13	18	19	17	19	18	0
吉　林	27	19	11	20	27	19	20	22	-2
黑龙江	28	25	17	26	28	24	28	26	0
上　海	5	6	4	5	5	6	5	6	-1
江　苏	2	3	3	2	2	3	2	2	0
浙　江	4	7	2	4	4	7	3	4	0
安　徽	9	15	15	12	8	15	11	11	1
福　建	13	16	12	14	13	20	15	16	-2
江　西	18	13	18	16	16	13	12	15	1
山　东	6	5	5	6	6	5	4	5	1

续表

地区	2019 年				2020 年				综合排名升降
	科技竞争力	教育竞争力	文化竞争力	全国比较综合排名	科技竞争力	教育竞争力	文化竞争力	全国比较综合排名	
河　南	11	4	9	7	9	4	9	7	0
湖　北	7	10	8	8	7	10	10	8	0
湖　南	14	14	7	11	14	14	7	10	1
广　东	1	2	1	1	1	2	1	1	0
广　西	23	20	19	19	23	21	14	20	-1
海　南	31	24	25	29	29	28	24	28	1
重　庆	15	18	20	17	15	22	17	17	0
四　川	10	8	10	9	11	11	8	9	0
贵　州	21	23	26	22	21	25	21	23	-1
云　南	25	22	22	23	24	16	16	21	2
西　藏	29	28	31	31	31	27	31	31	0
陕　西	8	9	16	10	10	12	18	12	-2
甘　肃	24	21	28	24	25	23	22	25	-1
青　海	30	30	30	30	30	29	30	30	0
宁　夏	26	31	27	28	26	31	26	29	-1
新　疆	20	26	29	25	20	26	27	24	1

7.2　全国省域知识经济竞争力排序分析

2019 年全国各省份知识经济竞争力处于上游区（1～10 位）的依次是广东省、江苏省、北京市、浙江省、上海市、山东省、河南省、湖北省、四川省、陕西省，排在中游区（11～20 位）的依次为湖南省、安徽省、天津市、福建省、河北省、江西省、重庆市、辽宁省、广西壮族自治区、吉林省，处于下游区（21～31 位）的依次为：山西省、贵州省、云南省、甘肃省、新疆维吾尔自治区、黑龙江省、内蒙古自治区、宁夏回族自治区、海南省、青海省、西藏自治区。

2020 年全国各省份知识经济竞争力处于上游区（1～10 位）的依次为广东省、江苏省、北京市、浙江省、山东省、上海市、河南省、湖北省、四川省、湖南省，排在中游区（11～20 位）的依次为安徽省、陕西省、天津市、河北省、江西省、福建省、重庆市、辽宁省、山西省、广西壮族自治区，处于下游区（21 ~31 位）的依次为云南省、吉林省、贵州省、新疆维吾尔自治区、甘肃省、黑龙江省、内蒙古自治区、海南省、宁夏回族自治区、青海省、西藏自治区。

7.3 全国省域知识经济竞争力排序变化比较

2020 年与 2019 年相比，排位上升的有 9 个省份，上升幅度都不大，依次为云南省和山西省（2 位），安徽省、江西省、山东省、湖南省、海南省、河北省和新疆维吾尔自治区（1 位），14 个省份的排位没有变化，排位下降的有 8 个省份，下降幅度都不大，依次为陕西省、福建省和吉林省（2 位），广西壮族自治区、贵州省、甘肃省、宁夏回族自治区和上海市（1 位）。

7.4 全国省域知识经济竞争力跨区段变化情况

在评价期内，一些省份知识经济竞争力排位出现了跨区段变化。在跨区段上升方面，山西省由下游区升入中游区，湖南省由中游区升入上游区；在跨区段下降方面，陕西省由上游区跌入中游区，吉林省由中游区跌入下游区。

7.5 全国省域知识经济竞争力动因分析

在科技竞争力方面，2019 年排在前 10 位的省份依次为广东省、江苏省、北京市、浙江省、上海市、山东省、湖北省、陕西省、安徽省、四川省，2020 年排在前 10 位的省份依次为广东省、江苏省、北京市、浙江省、上海市、山东省、湖北省、安徽省、河南省、陕西省。

在教育竞争力方面，2019 年排在前 10 位的省份依次为北京市、广东省、江苏省、河南省、山东省、上海市、浙江省、四川省、陕西省、湖北省，2020 年排在前 10 位的省份依次为北京市、广东省、江苏省、河南省、山东省、上海市、浙江省、天津市、河北省、湖北省。

在文化竞争力方面，2019 年排在前 10 位的省份依次为广东省、浙江省、江苏省、上海市、山东省、北京市、湖南省、湖北省、河南省、四川省，2020年排在前10位的省份依次为广东省、江苏省、浙江省、山东省、上海市、北京市、湖南省、四川省、河南省、湖北省。

从省域知识经济竞争力3个三级指标的变化可以看出，经济发达地区多数表现出科技竞争力、教育竞争力和文化竞争力比较均衡、协调提升的态势，一些西南部省份的3个三级指标也保持了比较均衡、协调提升的态势，如云南省。

八 全国省域发展环境竞争力评价分析

8.1 全国省域发展环境竞争力评价结果

根据发展环境竞争力指标体系和数学模型，课题组对采集到的2019～2020年全国31个省份的相关统计资料进行了整理和合成，表8－1显示了这两个年份发展环境竞争力排位和排位变化情况，以及其下属2个三级指标的评价结果。

表8－1 2019～2020年全国各省域发展环境竞争力评价比较

地区	2019年			2020年			综合排名升降
	基础设施竞争力	软环境竞争力	全国比较综合排名	基础设施竞争力	软环境竞争力	全国比较综合排名	
北京	5	3	4	5	25	7	-3
天津	9	31	17	6	14	8	9
河北	10	15	11	12	27	17	-6
山西	20	24	23	20	29	25	-2
内蒙古	22	16	20	22	15	19	1
辽宁	14	26	19	16	17	18	1
吉林	27	22	25	28	16	26	-1
黑龙江	30	30	31	30	1	9	22
上海	1	1	1	1	3	1	0
江苏	3	2	3	3	2	2	1
浙江	4	5	5	4	7	3	2
安徽	12	9	9	9	5	5	4

续表

地区	2019年			2020年			综合排名升降
	基础设施竞争力	软环境竞争力	全国比较综合排名	基础设施竞争力	软环境竞争力	全国比较综合排名	
福　建	7	7	7	10	23	15	-8
江　西	19	25	22	17	6	13	9
山　东	6	6	6	7	13	10	-4
河　南	8	13	8	8	12	11	-3
湖　北	13	20	13	14	8	14	-1
湖　南	15	14	14	13	4	6	8
广　东	2	4	2	2	24	4	-2
广　西	24	29	26	24	18	23	3
海　南	21	21	21	23	11	16	5
重　庆	11	11	10	11	10	12	-2
四　川	23	10	18	21	28	24	-6
贵　州	17	12	15	15	22	20	-5
云　南	28	19	24	27	31	31	-7
西　藏	31	18	30	31	9	29	1
陕　西	18	8	12	18	26	22	-10
甘　肃	29	23	28	29	19	28	0
青　海	25	27	27	25	21	27	0
宁　夏	16	17	16	19	20	21	-5
新　疆	26	28	29	26	30	30	-1

8.2　全国省域发展环境竞争力排序分析

2019年全国各省份发展环境竞争力处于上游区（1~10位）的依次是上海市、广东省、江苏省、北京市、浙江省、山东省、福建省、河南市、安徽省、重庆市，排在中游区（11~20位）的依次为河北省、陕西省、湖北省、湖南省、贵州省、宁夏回族自治区、天津市、四川省、辽宁省、内蒙古自治区，处于下游区（21~31位）的依次为海南省、江西省、山西省、云南省、吉林省、广西壮族自治区、青海省、甘肃省、新疆维吾尔自治区、西藏自治区、黑龙江省。

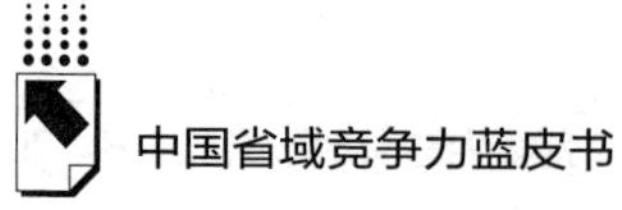

2020 年全国各省份发展环境竞争力处于上游区（1～10 位）的依次是上海市、江苏省、浙江省、广东省、安徽省、湖南省、北京市、天津市、黑龙江省、山东省，排在中游区（11～20 位）的依次为河南省、重庆市、江西省、湖北省、福建省、海南省、河北省、辽宁省、内蒙古自治区、贵州省，处于下游区（21～31 位）的依次为宁夏回族自治区、陕西省、广西壮族自治区、四川省、山西省、吉林省、青海省、甘肃省、西藏自治区、新疆维吾尔自治区、云南省。

8.3 全国省域发展环境竞争力排序变化比较

2020 年与 2019 年相比较，排位上升的有 12 个省份，上升幅度最大的是黑龙江省（22 位），其次是天津市和江西省（9 位），湖南省（8 位），海南省（5 位），安徽省（4 位），广西壮族自治区（3 位），浙江省（2 位），内蒙古自治区、辽宁省、江苏省、西藏自治区（1 位）；3 个省份排位没有变化；排位下降的有 16 个省份，下降幅度最大的陕西省（10 位），其他依次为福建省（8 位）、云南省（7 位），河北省、四川省（6 位），贵州省、宁夏回族自治区（5 位），山东省（4 位），北京市、河南省（3 位），山西省、广东省、重庆市（2 位），吉林省、湖北省、新疆维吾尔自治区（1 位）。

8.4 全国省域发展环境竞争力跨区段变化情况

在评价期内，一些省份发展环境竞争力排位的升降出现了跨区段变化。在跨区段上升方面，黑龙江省由下游区升入上游区，天津市和湖南省由中游区升入上游区，江西省和海南省由下游区升入中游区；在跨区段下降方面，福建省、河南省和重庆市由上游区跌入中游区，四川省、陕西省和宁夏回族自治区由中游区域跌入下游区。

8.5 全国省域发展环境竞争力动因分析

在基础设施竞争力方面，2019 年排在前 10 位的省份依次为上海市、广东省、江苏省、浙江省、北京市、山东省、福建省、河南省、天津市、河北省，2020 年排在前 10 位的省份依次为上海市、广东省、江苏省、浙江省、北京市、天津市、山东省、河南省、安徽省、福建省。

在软环境竞争力方面，2019 年排在前 10 位的省份依次为上海市、江苏省、北京市、广东省、浙江省、山东省、福建省、陕西省、安徽省、四川省，2020 年排在前 10 位的省份依次为黑龙江省、江苏省、上海市、湖南省、安徽省、江西省、浙江省、湖北省、西藏自治区、重庆市。

从省域发展环境竞争力 2 个三级指标的变化可以看出，发展环境竞争力排位处于上游区的省域，基础设施竞争力和软环境竞争力基本在同一区段内比较协调地变化，表明基础设施竞争力和软环境竞争力都是发展环境竞争力的重要组成部分，需要协调发展、同步提升。

九 全国省域政府作用竞争力评价分析

9.1 全国省域政府作用竞争力评价结果

根据政府作用竞争力指标体系和数学模型，课题组对采集到的 2019 ~ 2020 年全国 31 个省份的相关统计资料进行了整理和合成，表 9 -1 显示了这两个年份政府作用竞争力排位和排位变化情况，以及其下属 3 个三级指标的评价结果。

表 9 -1 2019 ~2020 年全国各省域政府作用竞争力评价比较

地区	2019 年				2020 年				综合排名升降
	政府发展经济竞争力	政府规调经济竞争力	政府保障经济竞争力	全国比较综合排名	政府发展经济竞争力	政府规调经济竞争力	政府保障经济竞争力	全国比较综合排名	
北　京	15	7	1	4	17	12	1	6	-2
天　津	5	10	12	5	7	6	10	4	1
河　北	14	24	17	19	16	15	13	14	5
山　西	25	16	20	26	28	23	27	28	-2
内蒙古	24	19	19	23	26	14	16	21	2
辽　宁	19	17	6	11	20	17	2	10	1

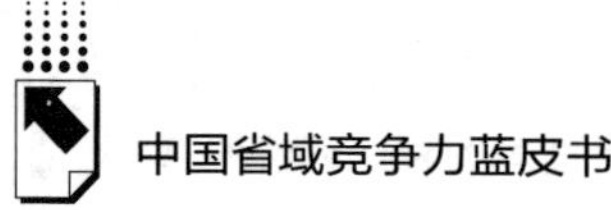

续表

地区	2019 年				2020 年				综合排名升降
	政府发展经济竞争力	政府规调经济竞争力	政府保障经济竞争力	全国比较综合排名	政府发展经济竞争力	政府规调经济竞争力	政府保障经济竞争力	全国比较综合排名	
吉　林	20	26	15	21	21	26	15	23	-2
黑龙江	21	6	14	13	23	2	12	12	1
上　海	4	1	7	3	3	5	7	1	2
江　苏	1	13	5	1	2	19	9	3	-2
浙　江	6	8	3	2	6	7	5	2	0
安　徽	7	18	22	16	4	18	25	17	-1
福　建	2	11	26	7	1	8	19	5	2
江　西	18	27	29	29	18	25	28	27	2
山　东	3	29	11	10	5	30	14	15	-5
河　南	12	30	24	25	10	28	26	25	0
湖　北	8	23	16	14	12	22	18	20	-6
湖　南	11	21	18	18	11	20	20	19	-1
广　东	9	31	2	6	8	27	3	8	-2
广　西	17	28	21	28	13	21	24	22	6
海　南	26	4	4	8	27	3	8	11	-3
重　庆	10	15	8	9	9	16	4	7	2
四　川	13	22	9	12	14	24	11	16	-4
贵　州	27	9	23	24	24	13	22	24	0
云　南	22	20	27	27	19	31	23	29	-2
西　藏	31	12	31	31	31	29	29	31	0
陕　西	16	25	25	22	15	9	21	18	4
甘　肃	30	14	30	30	30	10	31	30	0
青　海	23	2	28	20	22	11	30	26	-6
宁　夏	28	5	10	15	29	4	6	9	6
新　疆	29	3	13	17	25	1	17	13	4

9.2 全国省域政府作用竞争力排序分析

2019 年全国各省份政府作用竞争力处于上游区（1～10 位）的依次是江苏省、浙江省、上海市、北京市、天津市、广东省、福建省、海南省、重庆市、山东省，排在中游区（11～20 位）的依次为辽宁省、四川省、黑龙江省、湖北省、宁夏回族自治区、安徽省、新疆维吾尔自治区、湖南省、河北省、青海省，处于下游区（21 ~31 位）的依次为吉林省、陕西省、内蒙古自治区、贵州省、河南省、山西省、云南省、广西壮族自治区、江西省、甘肃省、西藏自治区。

2020 年全国各省份政府作用竞争力处于上游区（1 ~10 位）的依次是上海市、浙江省、江苏省、天津市、福建省、北京市、重庆市、广东省、宁夏回族自治区、辽宁省；排在中游区（11 ~20 位）的依次为海南省、黑龙江省、新疆维吾尔自治区、河北省、山东省、四川省、安徽省、陕西省、湖南省、湖北省；处于下游区（21 ~31 位）的依次为内蒙古自治区、广西壮族自治区、吉林省、贵州省、河南省、青海省、江西省、山西省、云南省、甘肃省、西藏自治区。

9.3 全国省域政府作用竞争力排序变化比较

2020 年与 2019 年相比较，排位上升的有 13 个省份，上升幅度最大的为广西壮族自治区和宁夏回族自治区（6 位），其他依次为河北省（5 位），陕西省、新疆维吾尔自治区（4 位），内蒙古自治区、上海市、福建省、江西省和重庆市（2 位），天津市、辽宁省和黑龙江省（1 位）；排位没有变化的有 5 个省份；排位下降的有 13 个省份，下降幅度最大的是湖北省和青海省（6 位），其他依次为山东省（5 位），四川省（4 位），海南省（3 位），北京市、山西省、吉林省、江苏省、广东省和云南省（2 位），湖南省和安徽省（1 位）。

9.4 全国省域政府作用竞争力跨区段变化情况

在评价期内，一些省份政府作用竞争力排位出现了跨区段变化。在跨区段上升方面，宁夏回族自治区由中游区跨入上游区，上升了6 位，陕西省由下游去跨入中游区，上升了4 位，辽宁省由中游区跨入上游区，上升了1 位；在跨区段下降方面，青海省由中游区降入下游区，下降了6 位，山东省由上游区降入中游区，下降了5 位，海南省由上游区降入中游区，下降了3 位。

9.5 全国省域政府作用竞争力动因分析

在政府发展经济竞争力方面，2019 年排在前 10 位的省份依次为江苏省、福建省、山东省、上海市、天津市、浙江省、安徽省、湖北省、广东省、重庆市，2020 年排在前 10 位的省份依次为福建省、江苏省、上海市、安徽省、山东省、浙江省、天津市、广东省、重庆市、河南省。

在政府规调经济竞争力方面，2019 年排在前 10 位的省份依次为上海市、青海省、新疆维吾尔自治区、海南省、宁夏回族自治区、黑龙江省、北京市、浙江省、贵州省、天津市，2020 年排在前 10 位的省份依次为新疆维吾尔自治区、黑龙江省、海南省、宁夏回族自治区、上海市、天津市、浙江省、福建省、陕西省、甘肃省。

在政府保障经济竞争力方面，2019 年排在前 10 位的省份依次为北京市、广东省、浙江省、海南省、江苏省、辽宁省、上海市、重庆市、四川省、宁夏回族自治区，2020 年排在前 10 位的省份依次为北京市、辽宁省、广东省、重庆市、浙江省、宁夏回族自治区、上海市、海南省、江苏省、天津市。

从省域政府作用竞争力 3 个三级指标的变化中可以看出，经济比较活跃和发达的省份，这 3 个指标大多数表现比较好，而 3 个指标表现欠佳的省份，多数是中西部经济欠发达地区。这表明，在经济体制转轨时期，政府作用对经济增长有直接影响，提升省域经济综合竞争力必须全面提升政府作用竞争力。

十 全国省域发展水平竞争力评价分析

10.1 全国省域发展水平竞争力评价结果

根据发展水平竞争力指标体系和数学模型，课题组对采集到的 2019 ~ 2020 年全国 31 个省份的相关资料进行了整理和合成，表 10 – 1 显示了这两

个年份发展水平竞争力排位和排位变化情况，以及其下属3个三级指标的评价结果。

表10-1　2019~2020年全国各省域发展水平竞争力评价比较

地区	2019年				2020年				综合排名升降
	工业化进程竞争力	城市化进程竞争力	市场化进程竞争力	**全国比较综合排名**	工业化进程竞争力	城市化进程竞争力	市场化进程竞争力	**全国比较综合排名**	
北　京	2	1	26	2	1	1	30	2	0
天　津	11	5	16	7	7	3	12	6	1
河　北	26	23	3	14	24	21	2	13	1
山　西	9	25	25	23	9	24	25	21	2
内蒙古	24	10	23	24	23	10	23	23	1
辽　宁	17	18	6	13	16	18	5	14	-1
吉　林	29	30	18	28	21	31	21	27	1
黑龙江	30	13	21	26	29	14	17	24	2
上　海	1	2	7	1	2	2	22	1	0
江　苏	6	4	2	3	6	4	3	3	0
浙　江	8	3	1	4	13	6	1	5	-1
安　徽	15	14	15	18	15	13	15	18	0
福　建	10	7	13	8	11	7	20	9	-1
江　西	13	11	9	9	12	9	8	8	1
山　东	19	12	4	11	17	12	6	12	-1
河　南	14	24	14	17	10	25	11	16	1
湖　北	12	20	19	15	14	19	19	20	-5
湖　南	18	17	11	19	19	15	4	11	8
广　东	3	6	5	5	3	5	9	4	1
广　西	20	21	12	21	20	23	10	19	2
海　南	25	19	8	20	27	20	16	25	-5
重　庆	4	16	10	6	4	17	14	7	-1
四　川	7	22	22	10	8	22	13	10	0
贵　州	16	27	24	25	18	26	24	26	-1
云　南	23	29	30	30	26	29	27	30	0
西　藏	31	31	31	31	31	30	31	31	0
陕　西	5	15	29	12	5	16	29	15	-3
甘　肃	22	26	28	27	25	27	28	28	-1
青　海	27	28	27	29	28	28	26	29	0
宁　夏	21	8	20	16	22	8	18	17	-1
新　疆	28	9	17	22	30	11	7	22	0

10.2 全国省域发展水平竞争力排序分析

2019 年全国各省份发展水平竞争力处于上游区（1～10 位）的依次是上海市、北京市、江苏省、浙江省、广东省、重庆市、天津市、福建省、江西省、四川省；排在中游区（11～20 位）的依次为山东省、陕西省、辽宁省、河北省、湖北省、宁夏回族自治区、河南省、安徽省、湖南省、海南省；处于下游区（21～31 位）的依次为广西壮族自治区、新疆维吾尔自治区、山西省、内蒙古自治区、贵州省、黑龙江省、甘肃省、吉林省、青海省、云南省、西藏自治区。

2020 年全国各省份发展水平竞争力处于上游区（1～10 位）的依次是上海市、北京市、江苏省、广东省、浙江省、天津市、重庆市、江西省、福建省、四川省，排在中游区（11～20 位）的依次为湖南省、山东省、河北省、辽宁省、陕西省、河南省、宁夏回族自治区、安徽省、广西壮族自治区、湖北省，处于下游区（21～31 位）的依次为山西省、新疆维吾尔自治区、内蒙古自治区、黑龙江省、海南省、贵州省、吉林省、甘肃省、青海省、云南省、西藏自治区。

10.3 全国省域发展水平竞争力排序变化比较

2020 年与 2019 年相比较，排位上升的有 11 个省份，上升幅度最大的是湖南省（8 位），其他依次为山西省、黑龙江省和广西壮族自治区（2 位），天津市、河北省、内蒙古自治区、吉林省、江西省、河南省和广东省（1 位）；有 9 个省份排位没有变化；排位下降的有 11 个省份，下降幅度最大的是湖北省和海南省（5 位），其他依次为陕西省（3 位），辽宁省、浙江省、福建省、山东省、重庆市、贵州省、甘肃省、宁夏回族自治区（1 位）。

10.4 全国省域发展水平竞争力跨区段变化情况

在评价期内，一些省份发展水平竞争力排位出现了跨区段变化。在跨区段上升方面，广西壮族自治区由下游区升入中游区，上升了2位；在跨区段下降方面，海南省由中游区降入下游区，下降了5位。

10.5 全国省域发展水平竞争力动因分析

在工业化进程竞争力方面，2019年排在前10位的省份依次为上海市、北京市、广东省、重庆市、陕西省、江苏省、四川省、浙江省、山西省、福建省，2020年排在前10位的省份依次为北京市、上海市、广东省、重庆市、陕西省、江苏省、天津市、四川省、山西省、河南省。

在城市化进程竞争力方面，2019年排在前10位的省份依次为北京市、上海市、浙江省、江苏省、天津市、广东省、福建省、宁夏回族自治区、新疆维吾尔自治区、内蒙古自治区，2020年排在前10位的省份依次为北京市、上海市、天津市、江苏省、广东省、浙江省、福建省、宁夏回族自治区、江西省、内蒙古自治区。

在市场化进程竞争力方面，2019年排在前10位的省份依次为浙江省、江苏省、河北省、山东省、广东省、辽宁省、上海市、海南省、江西省、重庆市，2020年排在前10位的省份依次为浙江省、河北省、江苏省、湖南省、辽宁省、山东省、新疆维吾尔自治区、江西省、广东省、广西壮族自治区。

从省域发展水平竞争力3个三级指标的变化中可以看出，排位居于前10位的省份大多数位于经济比较活跃的东部沿海地区，这些地区中的大多数省份3个指标表现较好。这表明，工业化、城市化、市场化进程在总体上是一个联系密切、相辅相成、互相促进的发展过程，一个省份的发展水平竞争力是工业化进程竞争力、城市化进程竞争力、市场化进程竞争力的综合体现。

十一　全国省域统筹协调竞争力评价分析

11.1 全国省域统筹协调竞争力评价结果

根据统筹协调竞争力指标体系和数学模型，课题组对采集到的2019～2020

年全国31个省份的相关统计资料进行了整理和合成，表11－1显示了这两个年份统筹协调竞争力排位和排位变化情况，以及其下属2个三级指标的评价结果。

表11－1　2019～2020年全国各省份统筹协调竞争力评价比较

地区	2019年			2020年			综合排名升降
	统筹发展竞争力	协调发展竞争力	**全国比较综合排名**	统筹发展竞争力	协调发展竞争力	**全国比较综合排名**	
北　京	1	25	2	2	23	1	1
天　津	11	18	10	8	19	5	5
河　北	21	4	13	19	6	20	－7
山　西	22	2	12	16	1	8	4
内蒙古	31	6	25	29	12	21	4
辽　宁	28	16	23	28	16	25	－2
吉　林	16	12	14	31	14	23	－9
黑龙江	29	3	18	25	24	26	－8
上　海	2	20	1	1	27	3	－2
江　苏	3	5	3	4	5	2	1
浙　江	5	1	4	5	3	12	－8
安　徽	24	13	19	17	2	9	10
福　建	6	10	6	6	10	4	2
江　西	26	17	22	20	13	16	6
山　东	7	7	7	13	9	11	－4
河　南	8	9	8	7	4	10	－2
湖　北	12	11	9	9	7	6	3
湖　南	17	21	20	11	18	15	5
广　东	4	15	5	3	17	7	－2
广　西	30	22	29	26	8	22	7
海　南	9	23	15	22	20	18	－3
重　庆	10	19	11	10	25	13	－2
四　川	20	8	16	15	11	14	2
贵　州	19	29	27	24	22	24	3
云　南	27	30	31	23	28	28	3
西　藏	25	27	28	27	26	27	1
陕　西	14	24	21	18	21	19	2
甘　肃	15	31	30	14	30	31	－1
青　海	13	28	24	12	31	29	－5
宁　夏	23	26	26	30	29	30	－4
新　疆	18	14	17	21	15	17	0

11.2　全国省域统筹协调竞争力排序分析

2019 年全国各省份统筹协调竞争力处于上游区（1 ~ 10 位）的依次是上海市、北京市、江苏省、浙江省、广东省、福建省、山东省、河南省、湖北省、天津市，排在中游区（11 ~ 20 位）的依次为重庆市、山西省、河北省、吉林省、海南省、四川省、新疆维吾尔自治区、黑龙江省、安徽省、湖南省，处于下游区（21 ~ 31 位）的依次为陕西省、江西省、辽宁省、青海省、内蒙古自治区、宁夏回族自治区、贵州省、西藏自治区、广西壮族自治区、甘肃省、云南省。

2020 年全国各省份统筹协调竞争力处于上游区（1 ~ 10 位）的依次是北京市、江苏省、上海市、福建省、天津市、湖北省、广东省、山西省、安徽省、河南省；排在中游区（11 ~ 20 位）的依次为山东省、浙江省、重庆市、四川省、湖南省、江西省、新疆维吾尔自治区、海南省、陕西省、河北省；处于下游区（21 ~ 31 位）的依次为内蒙古自治区、广西壮族自治区、吉林省、贵州省、辽宁省、黑龙江省、西藏自治区、云南省、青海省、宁夏回族自治区、甘肃省。

11.3　全国省域统筹协调竞争力排序变化比较

2020 年与 2019 年相比较，排位上升的有 16 个省份，上升幅度最大的是安徽省（10 位），其他依次为广西壮族自治区（7 位），江西省（6 位），天津市和湖南省（5 位），山西省和内蒙古自治区（4 位），湖北省、贵州省和云南省（3 位），福建省、四川省和陕西省（2 位），北京市、江苏省和西藏自治区（1 位）；有 1 个省份排位没有变化，为新疆维吾尔自治区；排位下降的有 14 个省份，下降幅度最大的是吉林省（9 位），其他依次为黑龙江省和浙江省（8 位），河北省（7 位），青海省（5 位），山东省和宁夏回族自治区（4 位），海南省（3 位），辽宁省、上海市、河南省、广东省和重庆市（2 位），甘肃省（1 位）。

11.4 全国省域统筹协调竞争力跨区段变化情况

在评价期内，一些省份统筹协调竞争力排位出现了跨区段变化。在跨区段上升方面，山西省和安徽省由中游区升入上游区，江西省和陕西省由下游区升入中游区；在跨区段下降方面，吉林省和黑龙江省由中游区降入下游区，浙江省和山东省由上游区降入中游区。

11.5 全国省域统筹协调竞争力动因分析

在统筹发展竞争力方面，2019 年排在前 10 位的省份依次为北京市、上海市、江苏省、广东省、浙江省、福建省、山东省、河南省、海南省、重庆市，2020 年排在前 10 位的省份依次为上海市、北京市、广东省、江苏省、浙江省、福建省、河南省、天津市、湖北省、重庆市。

在协调发展竞争力方面，2019 年排在前 10 位的省份依次为浙江省、山西省、黑龙江省、河北省、江苏省、内蒙古自治区、山东省、四川省、河南省、福建省，2020 年排在前 10 位的省份依次为山西省、安徽省、浙江省、河南省、江苏省、河北省、湖北省、广西壮族自治区、山东省、福建省。

从表 11－1 中可以看出，大部分省份，不管是统筹协调竞争力排位靠前还是靠后，统筹发展竞争力和协调发展竞争力 2 个三级指标都不太协调，经济较发达的省份也存在不协调发展的情况。这与各地发展基础以及自然状况有关，也与经济发展的路径选择有关。如何在新发展理念下进一步加快发展方式转变，是每一个省份都要重视的问题。

十二　2019～2020年全国省域经济综合竞争力变化的基本特征及启示

省域经济综合竞争力综合评价指标体系是由 1 个一级指标、9 个二级指标、25 个三级指标和 210 个四级指标构成的，具体指标涵盖了经济、产业、财政、金融、科教文化、资源环境、社会民生等各方面，各省份的这些指标综合决定了其在全国的优势或者劣势地位。

基于前述省域经济综合竞争力模型分析，省域竞争力的各个方面都是相互促进、相互制约的，并且相互影响，这些因素共同决定了一个省份的经济综合竞争力水平，反映其在全国的排名和变化趋势。当然，省域经济综合竞争力的内在驱动力和外在表现也有一定的规律性和特点，省域经济综合竞争力的发展变化也有其内在的逻辑和规律，既有各省份共同的特点，又有不同省情所决定的个别特点，是共性与个性的结合。需要深入认识和把握这些综合竞争力的规律和特点，研究和发现提升省域经济综合竞争力的路径、方法和对策，从而不断提升省域经济的综合竞争力。

12.1 竞争力排位整体比较稳定，个别省份排位有较大波动

为全面反映各省份经济综合竞争力的排位变化趋势，总结其变化特征，图 12－1 显示了 2020 年经济综合竞争力上游区省份 2006～2020 年排位及变化情况，图 12－2 显示了 2020 年经济综合竞争力下游区省份自 2006～2020 年排位及变化情况。

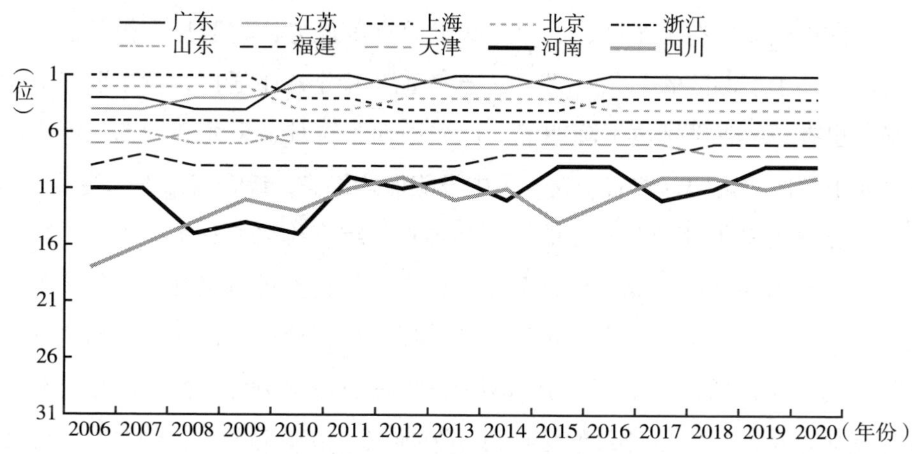

图 12－1　2020 年经济综合竞争力上游区省份 2006～2020 年排位变化趋势

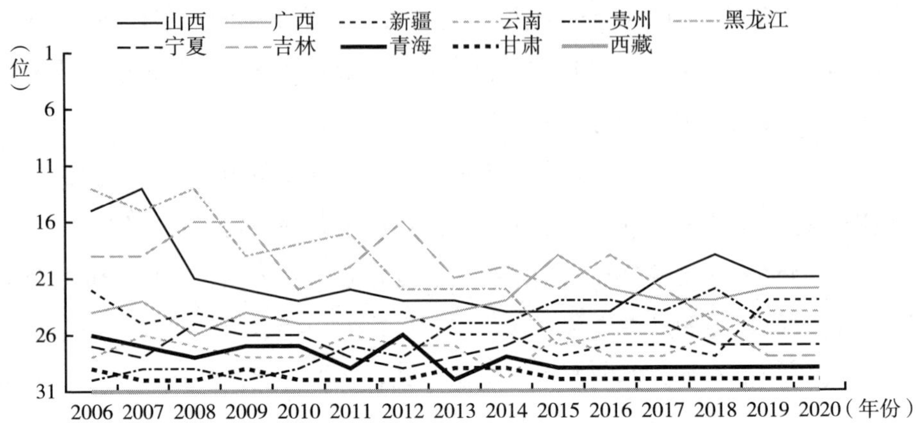

图 12－2　2020 年经济综合竞争力下游区省份 2006～2020 年排位变化趋势

从图 12－1 中排位变化情况来看，上游区省份的经济综合竞争力排位较为稳定，在评价期间内的排位变化不大，只是排位比较靠后的少数几个省份出现较大变化。在排位靠前的几个省份当中，广东和江苏的排名有交替波动，2016 年以来，广东的排位稳定在第一名。前几年北京和上海的排名有交替波动，2016 年以来上海稳定在第 3 名。排位第 5 的浙江和第 6 的山东排位长期比较稳定。另外，河南省和四川省的排名波动上升，特别是四川省排位上升非常明显，从中游区快速提升到上游区。处于上游区的 10 个省份，大部分在十多年内仍然保持在上游区，说明这些省份竞争优势比较明显，相对位置比较稳固。处于下游区的 11 个省份，大部分也是稳定在下游区，竞争弱势非常明显，也有一些省份排位下降明显，比如山西、吉林、黑龙江，都是由中游区降入下游区，说明这些省份在竞争中没能保持优势，综合实力下降明显。

从竞争力基本理论分析和前述历年各省份综合排名变化结果来看，虽然总体上各省份经济综合竞争力排名相对稳定，但仍然可以发现各种较为复杂的变化。综合竞争力是综合指标体系的各项指标得到的，由于各具体指标数据的动态变化，通过竞争力评价模型得到的各省份得分之间的差距也会随之发生变化，从而影响各省份的综合得分和排位。由于上游区省份之间的分数差距较大，虽然其分数会发生变化，但排名仍然相对稳定。但是对于排名处于中下游区的省份，由于它们的得分非常接近，相互之间的得分差距并不明显，指标得分的变化就会影响最终综合得分。虽然在短期内看不到明显的变化，但经过多年变化的积累，当分数差距变化到一定程度时，可能会引起综合排名的变化。因此，各省份之间的竞争优劣势是动态的，特别是从长期来看，有部分省份的排名发生了很大的变化。在2006～2020年，有四川、重庆排名大幅度上升，也有内蒙古、辽宁、吉林和黑龙江的排位大幅度下降，其中重庆、辽宁和黑龙江的变化幅度超过10位以上。这些变化是长期积累的结果，是省域经济发展过程中竞争优势和劣势由量变到质变的体现，也是各方面具体指标综合变化的结果。

12.2 省域经济综合竞争力是多种要素综合作用的展现，各要素发挥的作用不尽相同

表12－1列出了2019年和2020年各省份经济综合竞争力得分与9个二级指标得分的相关系数及变化情况。

表12－1 2019～2020年全国各省份经济综合竞争力与二级指标得分相关系数

	宏观经济竞争力	产业经济竞争力	可持续发展竞争力	财政金融竞争力	知识经济竞争力	发展环境竞争力	政府作用竞争力	发展水平竞争力	统筹协调竞争力
2019年	0.888	0.942	0.402	0.870	0.948	0.942	0.815	0.913	0.886
2020年	0.934	0.932	0.470	0.858	0.938	0.851	0.724	0.909	0.822
变化	0.046	－0.010	0.068	－0.012	－0.010	－0.091	－0.091	－0.004	－0.064

从表12－1来看，各二级指标与省域经济综合竞争力得分都有较高的相关程度，其中2020年相关系数最高的二级指标是知识经济竞争力，相关系数达到0.938，其他依次是宏观经济竞争力和产业经济竞争力，相关系数分别为0.934和0.932，明显高于其他几个二级指标，同时发展水平竞争力的相关系数也超过了0.900。相关系数比较小的是可持续发展竞争力。

通过比较二级指标与省域经济综合竞争力的相关系数大小可以发现，对省域经济综合竞争力影响最大的因素就是知识经济竞争力，知识经济是提升

经济综合竞争力的重要力量。这表明大力推动创新驱动战略、提升科技创新能力是省域经济保持高质量发展的主要推动力，发展教育可以为省域经济高质量发展提供丰富的人力资源和智力支持，发展文化产业是经济高质量发展的新方向、新路径，所以发展知识经济是提升省域经济发展质量、优化省域经济结构、提高省域经济效益的最重要途径。与综合经济竞争力得分相关系数较高的宏观经济竞争力和产业经济竞争力，也是体现省域经济竞争结果的主要方面，各省份在大力发展经济、促进产业发展、提高经济发展质量的过程中，经济综合竞争力会得到相应提升，因为经济综合竞争力的最终落脚点还是发展，体现为经济增长和产业发展，经济综合实力是竞争力的核心基础。区域产业的良性发展需要良好的发展环境，不管是基础设施等方面的硬环境，还是营商环境等方面的软环境，都是保障经济稳定发展、提升经济发展质量和效率的重要基础。从二级指标间相关系数的变化来看，相关系数增加较大的有可持续发展竞争力，反映了近年来各省份更多地关注环境改善，通过提升环境治理能力，加强环境保护，更好地结合政府调控和市场功能，改善经济和自然环境，提升可持续发展水平，更加注重软实力建设，努力提升服务水平。

12.3　省域经济综合竞争力的关键动力在于经济发展实力和经济发展水平

经济综合竞争力的基础是经济发展，经济发展的主要动力在于产业经济，区域产业和企业的快速发展是经济竞争力的核心。图 12－3 显示了全国各省份经济综合竞争力得分与经济总量［地区生产总值（GDP）］的变动关系。图 12－4 显示了全国各省份经济综合竞争力得分与经济发展水平［人均地区生产总值（人均 GDP）］的变动关系。

从图 12－3 和图 12－4 中可以看出，各省份经济综合竞争力得分和经济总量、经济发展水平表现出明显的同方向变化关系，绝大部分省份聚集在两者关系的正向趋势线上，表明经济发展水平和经济综合竞争力之间存在很强的正向关系。结果表明，经济发展水平越高的省份，其经济综合竞争力得分

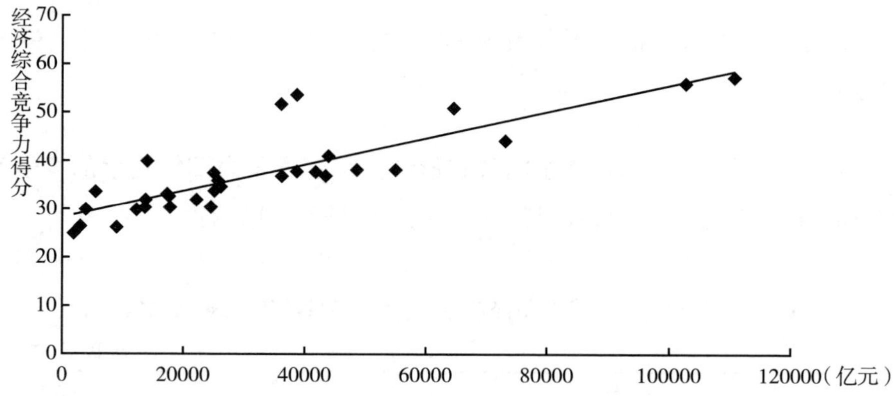

图 12－3　2020 年全国各省份经济总量和经济综合竞争力得分对应关系

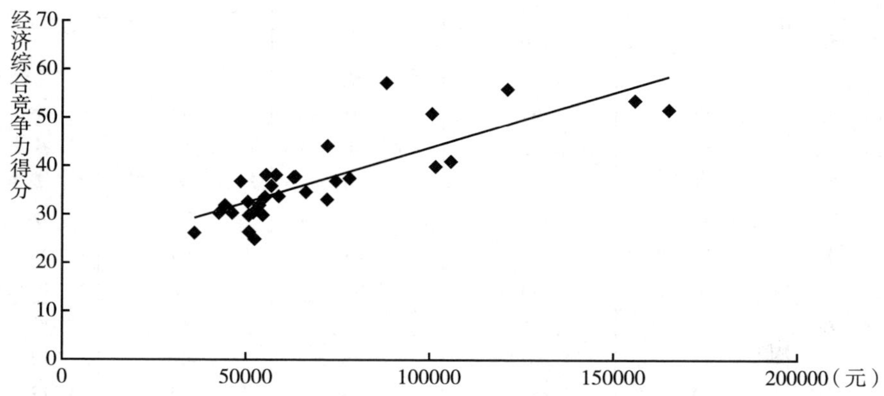

图 12－4　2020 年全国各省份经济发展水平和经济综合竞争力得分对应关系

也越高，表现出的竞争力也就越强，竞争力排位更为靠前，反之，竞争力排位就越低。这里也就印证了前述分析，处于上游区的大部分省份都在经济较为发达的东部地区，部分排位靠前的中西部地区，也是得益于经济实力较强、经济发展水平较高。当然，一个省份的经济总量和经济发展水平也是决定省域经济综合竞争力水平高低的唯一因素，省域经济综合竞争力水平还会受到其他很多因素的影响，因此，在相关关系的图形中就会有一些省份偏离了直线，比如一些经济总量排名不太高的省份，由于具有其他方面的竞争优势，其经济综合竞争力得分就相对比较高。

12.4 优劣势指标的数量和构成，决定了省域经济综合竞争力的地位和变化

表12－2列出了2020年全国各省份经济综合竞争力四级指标的竞争态势结构，以反映指标优劣势及其结构对竞争力排位的影响。

表12－2 2020年全国各省份经济综合竞争力四级指标优劣势结构分析

单位：个

地 区	强势指标	优势指标	中势指标	劣势指标	2020年排位
广 东	62	55	44	49	1
江 苏	55	84	39	32	2
上 海	72	50	33	55	3
北 京	67	36	35	72	4
浙 江	39	89	38	44	5
山 东	31	73	66	40	6
福 建	17	68	84	41	7
天 津	30	50	51	79	8
河 南	12	65	69	64	9
四 川	10	74	91	35	10
安 徽	12	65	82	51	11
湖 南	12	63	86	49	12
重 庆	10	57	99	44	13
湖 北	7	63	91	49	14
河 北	7	53	102	48	15
江 西	9	38	125	38	16
陕 西	6	32	121	51	17
辽 宁	8	36	108	58	18
海 南	16	35	64	95	19
内蒙古	18	40	53	99	20
山 西	13	28	71	98	21
广 西	12	34	80	84	22
新 疆	17	36	47	110	23
云 南	10	36	89	75	24
贵 州	9	36	69	96	25
黑龙江	19	26	42	123	26

续表

地　区	强势指标	优势指标	中势指标	劣势指标	2020 年排位
宁　夏	7	38	56	109	27
吉　林	6	28	69	107	28
青　海	15	23	31	141	29
甘　肃	12	28	45	125	30
西　藏	30	24	23	133	31

省域经济综合竞争力指标体系由 210 个基础指标构成，每一个省份的经济综合竞争力排位由这些基础指标的优劣势及构成决定，因此，一个省份基础指标中拥有的强势和优势指标越多，其经济综合竞争力的优势地位就越明显，就能够取得更高的竞争力排位。统计结果表明，排在上游区的 10 个省份，大多数拥有较多的强势指标和优势指标，特别是强势指标的数量非常多。比如广东省、江苏省、上海市和北京市等排在前 4 位的省份，都拥有非常多的强势指标，远远超过其他省份，排位第 5 的浙江省和第 6 的山东省也拥有较多的强势指标，从而保证了这些省份经济综合竞争力排位长期处于上游区。但是第 7 位以后的省份拥有的强势指标数量较少，竞争力优势地位也不明显。当然，一个省份在全国的综合排位并不完全取决于强势指标的数量。从数量上看，处于中游区的省份强势指标个数比较少，反而不如部分处于下游区的省份拥有的强势指标个数多，很多排位比较靠前的省份强势指标个数反而比排位靠后的省份少。比如排位在最后的西藏自治区，虽然其经济综合竞争力处于劣势地位，排在全国最后一位，但拥有 30 个强势指标，不但比中游区和下游区省份的强势指标个数多，甚至比处于上游区的福建省、河南省和四川省拥有的强势指标数量还要多。所以，决定一个省份的综合排位的还包括其拥有的优势指标数量，处于上游区的福建省、河南省和四川省虽然拥有的强势指标不太多，但拥有的优势指标数量比较多，远远超过排在下游区的省份，其他处于上游区的省份也拥有较多的优势指标。因此，

把各省份的强势指标和优势指标个数加总，拥有的强势指标和优势指标个数之和越大的省份，其经济综合竞争力排位越靠前。排位在上游区的10个省份中，排在第6位的山东及前面的省份强势指标和优势指标个数之和都超过100个，进入前10位的福建省、天津市等省份的两项指标个数之和也都比较多，大都超过中游区和下游区省份。

排位在中游区和下游区的省份的强势指标和优势指标数量之和虽然相对较小，但差别不是很明显，不能有效区分它们，主要是劣势指标数量对区分中游区和下游区省份发挥作用。排在第20位以后的省份的劣势指标个数明显增加，下游区省份的劣势指标个数大多超过100个，远多于排位在前面的省份，特别是青海省、甘肃省和西藏自治区三个省份，劣势指标个数非常多，明显多于其他省份。因此，一个省份经济综合竞争力排位需要依靠更多的强势指标和优势指标来支撑，反之，如果劣势指标太多，集聚形成竞争劣势，就会导致省域经济综合竞争力排位靠后。

因此，一个省份指标体系中的强势指标、优势指标、中势指标、劣势指标个数及不同构成，决定了其在全国的经济综合竞争力排位，也为提升省域经济综合竞争力指明了基本路径和方法。根据优劣势指标的数量和构成特点，要保持和提升一个省域经济综合竞争力的得分和排名，关键是优化指标结构，需要因地制宜，努力增加所拥有的强势指标和优势指标数量，并且尽量减少劣势指标数量。根据自身资源禀赋和产业经济发展特点，有针对性地采取措施保持强势指标，强化优势指标，减少劣势指标，持续不断优化指标结构，才是保持省域经济综合竞争力的可取之道。

12.5 基础指标排位波动及其结构决定了省域经济综合竞争力排位的波动

表12－3列出了2020年全国各省份经济综合竞争力四级指标的竞争变化趋势，以反映指标排位波动及其结构对经济综合竞争力排位的影响。

表 12－3　2020 年全国各省份经济综合竞争力四级指标竞争变化趋势

单位：个

地　区	上升指标	保持指标	下降指标	波动趋势	排位波动
湖　南	82	63	65	上升	2
安　徽	96	57	57	上升	1
江　西	90	57	63	上升	1
海　南	57	68	85	上升	1
四　川	77	62	71	上升	1
北　京	45	103	62	保持	0
天　津	66	82	62	保持	0
河　北	67	71	72	保持	0
山　西	78	63	69	保持	0
辽　宁	61	59	90	保持	0
吉　林	78	73	59	保持	0
黑龙江	75	72	63	保持	0
上　海	54	100	56	保持	0
江　苏	69	93	48	保持	0
浙　江	55	79	76	保持	0
福　建	77	69	64	保持	0
山　东	70	85	55	保持	0
河　南	58	72	80	保持	0
广　东	42	88	80	保持	0
广　西	84	60	66	保持	0
重　庆	71	68	71	保持	0
贵　州	72	72	66	保持	0
云　南	74	66	70	保持	0
西　藏	50	111	49	保持	0
甘　肃	75	91	44	保持	0
青　海	65	88	57	保持	0
宁　夏	67	84	59	保持	0
新　疆	58	68	84	保持	0
内蒙古	63	81	66	下降	－1
陕　西	70	58	82	下降	－1
湖　北	52	64	94	下降	－4

从表 12 - 3 可以看出，各省份 210 个四级指标排位波动及其构成变化对省域经济综合竞争力的排位变化有较大影响，综合排位上升的 5 个省份中，湖南、安徽和江西等省份的上升指标数量显著多于下降指标的数量，使得排位上升。综合排位下降的 3 个省份，都是下降指标个数超过上升指标个数，特别是湖北省，下降指标 94 个，远远多于上升指标个数。2020 年有 23 个省份排位保持不变，虽然这些省份的上升指标和下降指标个数不完全一样，但大多没有表现出明显的差别，也就是大多上升指标和下降指标的数量比较接近，而且都是保持指标个数占据比较大的比重，只有少数几个省份的上升指标个数与下降指标个数存在较大差距。因此，要在激烈的区域经济竞争中保持经济综合竞争优势，并且努力提升综合排位，就需要各个具体指标保持竞争优势，极力提升各个指标的排位，避免或减少指标排位下降的可能性，特别是处于劣势地位的指标，更应该努力提升其排位，只有这样才能不断提升省域经济综合竞争力整体水平。

十三 提升省域经济综合竞争力的基本路径、方法和对策

1. 协同推进“双碳”战略与经济增长，挖掘内需潜力，加大低碳领域投入，提升省域宏观经济竞争力，稳步推进经济增长

当前全球新冠肺炎疫情持续演变，外部环境日趋复杂，造成内需恢复不充分，消费和投资增势减弱，服务消费受疫情影响恢复相对滞后，制造业投资虽然增速较快，但难以对冲房地产和基建投资增速放缓的影响，投资增速下降。国内经济增长不稳固、不均衡。我国经济发展面临需求收缩、供给冲击、预期转弱三重压力，因此，稳定宏观经济增长是当前的重点。2020 年，我国基于推动实现可持续发展的内在要求和构建人类命运共同体的责任担当，宣布了碳达峰和碳中和的目标愿景。这意味着，下一阶段我国需要完整、准确、全面贯彻新发展理念，协同推进“双碳”战略和经济增长。在稳定经济增长的同时，持续推进“双碳”战略。省域经济应通过深化供给侧结构性改革，加快构建新发展格局，推动高质量发展，在做好宏观政策跨

周期调节，保持宏观政策的连续性、稳定性、可持续性的同时，稳定省域经济运行。

各区域需要充分挖掘内需潜力，促进经济高质量发展。一方面，着力扩大消费需求，巩固和扩大基础性消费、升级类消费，把商品消费和服务消费相结合；扩大信息消费、绿色消费等新型消费，推进线上线下融合发展，加快贯通县乡村电子商务体系和快递物流配送体系。另一方面，积极扩大有效投资。聚焦补短板领域的有效投资。积极调动社会资本活力，鼓励民间投资稳定发展。适当扩大基础设施投资规模，有效带动社会投资和企业投资，在基础设施投资和其他投资领域，形成投资和消费之间的良性互动。适度超前进行基础设施建设，在减污降碳、新能源、新技术、新产业集群等领域加大投入，既扩大短期需求，又增强长期动能。在碳达峰、碳中和目标下，加大对绿色制造业投资，保持风电、光伏、储能等相关制造业投资的快速增长。充分挖掘国内需求的潜力，促进经济高质量发展。加快调整优化产业结构、能源结构，大力发展新能源。要提升积极财政政策的效能，合理把握预算内投资和地方政府债券发行进度，稳定推进实体经济发展。坚持降碳、减污、增绿、增长四位一体协同推进。提升战略科技力量、增强产业链自主可控能力、扩大内需、改革，全面系统地推进经济高质量发展，不断提升省域宏观经济竞争力，在稳定经济增长的同时，持续推进“双碳”战略。

2. 保障粮食安全，稳定产业链与供应链，提升核心竞争力，促进省域产业经济竞争力不断提升

中国人的饭碗任何时候都要牢牢端在自己手中，粮食安全不容闪失。为此，应在坚持节约优先的基础上，不断增强粮食生产保障能力。各区域应把粮食生产作为首要任务来抓，持续推进高标准农田建设，深入实施种业振兴行动，提高农机装备水平，保障种粮农民合理收益，提升粮食生产能力。依靠科技进步，进一步提升粮食增产空间。要把提高农业综合生产能力放在更加突出的位置，突破思维限制，做到农地、山地、林地的合理开发利用。改善农业发展模式，变革农业生产方式，使其向着更加规模化的方向发展，向着多附加值的产业类型发展。同时，应清醒认识“三农”面临的困难挑战明显增多的复杂局面，充分估计农产品稳产保供可能遇到的自然风险、市场风险、社会风险等，各省域应出台相关支持政策。坚持数量服从质量、进度服从实效、求好不求快，稳扎稳打全面推进乡村振兴。

提升制造业核心竞争力，启动一批产业基础再造工程项目，不断培养“专精特新”企业，增强相关领域的创新能力。从当前经济来看，初级产品是经济的重要原材料，一旦供给不足，容易造成“卡脖子”。而初级产品价格上涨速度较快，也会加大中下游的成本压力，使得上中下游利润分配失衡，影响下游产业的投资意愿。因此，各省域经济应着力增强初级产品的供给，出台相关政策，稳定初级产品生产。同时，要充分认识到产业链供应链安全稳定是基础。为此，各省域应着力构建新发展格局，不断增强产业链供应链自主可控能力。既要着眼于尽快解决“卡脖子”问题，又要在产业优势领域精耕细作，发挥优势产业引领作用，产生以点带面的积极效应。疫情冲击导致全球供应链断裂、国际物流受阻、大宗商品价格暴涨，引发各国通胀。我国工业生产高度依赖原材料和关键零部件进口，需要未雨绸缪。为此，应坚持节约优先，实施全面节约战略。各地区要有宏观布局能力，对于优势产业、特色产业的结构优化升级，应予以市场准入、财政补贴、战略投资等政策倾斜。营造企业所在区域市场经营环境，把企业创新生存环境营造工作做扎实。抓住科创板、创业板上市等发展机遇，适度引入资本力量，积极发展股权融资等。在国产替代需求快速增长的情况下，应保持高端装备、智能制造、电子信息、集成电路、新材料、“专精特新”等高技术制造业投资的快速增长。当前，尽管我国经济通胀显著好于其他主要经济体，但缺煤、缺电等造成了供给端压力。2021 年能耗双控对电力供给产生影响，显著冲击了正常的工业生产。因此，在工业生产领域，各省域要结合实际情况，在新能源还无法完全替代传统能源的情况下，力争在节能减排的同时，保障电力供给与工业生产。减少地区在碳达峰、碳中和方面的急躁心态，建立科学的考核体系，新增可再生能源和原料用能不纳入能源消费总量控制，创造条件尽早实现能耗双控向碳排放总量和强度双控转变。

3. 有序推进能源转型，树立全面节约意识，实现“双碳”战略下的可持续发展竞争力不断提升

区域要持续推进能源结构优化、产业结构优化，支持绿色金融及低碳技术的创新与发展。基于各区域能源结构和新能源产业发展现状，要在确保能源安全的前提下实现传统能源的逐步退出，并明确现阶段能源工作的重点是煤炭清洁高效利用，以及煤炭和新能源的优化组合。这就意味着，传统能源逐步退出是建立在新能源安全可靠的替代基础上的。为此，各省域要立足以煤为主的基本国情，抓好煤炭清洁高效利用，增加新能源消纳能力，推动煤炭和新能源优化组合。加快推进绿色低碳科技创新。加快形成减污降碳的激励约束机制，防止减排任务的简单层层分解。各区域增强资源生产保障能力，加快油气等资源先进开采技术开发应用，加快构建废弃物循环利用体系。出台措施，确保能源稳定供应。要深入推进能源革命，加快建设能源强国。对用能单位的管理从源头用能管制向末端碳排放控制转变，在满足经济发展能源需求的前提下，快速推动能源结构调整。

近年来，消费已成为中国经济增长的第一驱动力。我国具有规模巨大、需求多样的国内消费市场，内需潜力巨大。而且消费始终是中国中长期最重要的基本盘、基本面，是国家稳定经济发展的重要领域。省域经济需要适应消费升级趋势，推进供给侧结构性改革，满足消费升级需求。同时，在稳定传统消费的同时，加快培育新的消费增长点，诸如服务消费、线上消费，包括托育、养老、教育、医疗等。基于全球发展环境与国内经济形势，消费领域应树立全民节约意识，倡导简约适度、绿色低碳的生活方式。推进消费升级，向绿色、低碳消费倾向转变，有效提升省域经济可持续发展竞争力。

4. 继续实施积极的财政政策和稳健的货币政策，实施新的减税降费政策，完善金融风险处置机制，切实提升省域财政金融竞争力

当前我国经济发展面临需求收缩、供给冲击、预期转弱三重压力，新冠肺炎疫情的冲击也使得外部环境更趋复杂严峻和不确定，在此背景下，2021年中央经济工作会议提出要继续实施积极的财政政策和稳健的货币政策，强调“积极的财政政策要提升效能，更加注重精准、可持续”，“稳健的货币政策要灵活适度，保持流动性合理充裕”。特别指出要“引导金融机构加大对实体经济特别是小微企业、科技创新、绿色发展的支持”，要“完善金融风险处置机制”。由此可见，2022 年我国的财政货币政策仍将以“稳”“准”为主基调，强调政策的精准性、稳定性、可持续性，着力推动经济稳定和高质量发展。

为此，要提升省域财政竞争力，必须要推动财政政策提升效能，提高政策的精准性和可持续性。首先，在保证财政支出强度的基础上，进一步优化财政支出结构，提高资金使用效益。要保持必要的财政支出规模，加快财政支出进度，适度超前开展基础设施投资，支持扩大国内需求。聚焦增强对国家经济社会发展大局的支撑能力，明确财政支出重点领域。同时要发挥财政政策在调节收入分配上的积极作用，通过合理的制度安排把“蛋糕”切好分好，着力提高低收入群体收入，扩大中等收入群体，推动实现共同富裕目标，更好地促进扩大内需战略实施。其次，持续推进财税体制改革，加快建立健全现代财政制度。进一步贯彻落实十九届五中全会精神，深化预算管理制度改革，强化对预算编制的宏观指导，确保各级地方政府的预算编制符合中央要求。进一步健全省以下财政体制，明确中央和地方政府事权与支出责任，建立权责清晰、财力协调、区域均衡的中央和地方财政关系，着力增强基层公共服务保障能力。最后，健全政府债务管理制度，严控地方债务风险。坚决遏制新增地方政府隐性债务，抓好风险处置工作，依法构建管理规范、责任清晰、公开透明、风险可控的政府举债融资机制。

要提升省域金融竞争力，必须深化金融供给侧结构性改革，构建金融有效支持实体经济的体制机制。首先，把握好“稳健的货币政策要灵活适度，保持流动性合理充裕”的原则。要完善货币供应调控机制，保持宏观杠杆率基本稳定，处理好恢复经济和防范风险的关系。其次，进一步强化金融支持实体经济发展的能力。引导金融机构贯彻新发展理念，加大对实体经济特别是小微企业、科技创新、绿色发展等国民经济重点领域和薄弱环节的支持。加快构建金融有效服务实体经济的体制机制，增强金融服务能力、提升金融服务效率、提高风险防控水平。更好地发挥科创板、创业板、新三板支持科技创新的功能作用，促进科技、资本和产业高水平循环。再次，加强金融法治建设，完善金融风险处置机制。进一步防范和化解金融风险，巩固拓展防范化解重大金融风险攻坚战成果。完善现代金融监管体系，补齐监管制度短板，提升金融监管能力。健全风险全覆盖监管框架，提高金融监管透明度和法治化水平。强化反垄断和防止资本无序扩张，在审慎监管前提下有序推进金融创新，稳妥发展金融科技，加快金融机构数字化转型。强化金融机构合规经营，加强风险管控和精细化管理。最后，积极促进金融普惠，着力构建普惠的融资体系。要大力发展普惠金融，让金融资源惠及更多弱势群体和困难群众，为助力乡村振兴、促进共同富裕不断注入金融活水，促进融资权利、融资机会公平，扩大金融服务的覆盖面，提高其可获得性，让人民群众更有获得感、幸福感和安全感。

5. 坚持创新驱动发展，全面塑造发展新优势，构建高质量教育体系，持续推进文化事业和文化产业繁荣发展，加快提升省域知识经济竞争力

《中华人民共和国国民经济和社会发展第十四个五年规划和2035年远景目标纲要》提出要"坚持创新在我国现代化建设全局中的核心地位，把科技自立自强作为国家发展的战略支撑，面向世界科技前沿、面向经济主战场、面向国家重大需求、面向人民生命健康，深入实施科教兴国战略、人才强国战略、创新驱动发展战略，完善国家创新体系，加快建设科技强国"。这就要求各个省份坚持创新驱动发展，提升科技创新能力，加快建设高质量教育体系，大力实施文化强省战略，努力提升知识经济竞争力。

在提升科技竞争力方面，各省份要深入实施创新驱动发展战略，优化科技资源配置，提高创新链整体效能，切实依靠创新推动区域经济高质量发展。一是着力增强自主创新能力。各个省份都要进一步夯实科技创新发展基础，不断加大研发投入，提高原始创新能力，加快建设创新型省份。特别是要围绕国家重大战略需求部署科技创新活动，以关键核心技术自主可控为目标，提升关键核心技术创新能力。二是进一步完善科技创新体制机制。加快科技管理职能转变，强化规划政策引导和创新环境营造。改进科技项目组织管理方式，给予科研单位和科研人员更多自主权，实行“揭榜挂帅”“军令状”“赛马”等制度。健全科技评价机制，大力发展科技成果市场化评价，引导规范科技成果第三方评价。实行严格的知识产权保护制度，强化知识产权创造、运用与保护，提高科技成果转移转化成效，以完善的知识产权保护体系激发全社会的创新潜能。三是强化企业技术创新主体地位，提升企业技术创新能力。建立以企业为主体、市场为导向、产学研深度融合的技术创新体系，大力提升企业技术创新能力。以企业技术创新能力提升来推动实现产业基础的高级化与产业链水平的现代化。四是加强科技创新人才队伍建设，为实施创新驱动发展战略提供人才支撑。在立足培养本土人才的同时，要不拘一格引进海外人才、海归人才，优化人才成长环境。深化科技与教育融合发展，把创新贯穿于教育全过程，着力打造高水平创新型人才队伍。

在提升教育竞争力方面，各省份要按照“建设高质量教育体系”的战略部署，研究制订教育现代化规划或方案，把党中央的部署转化为实际行动，坚持优先发展教育事业，加快构建高质量教育体系。一是落实教育优先发展战略。紧紧围绕“办好人民满意的教育”目标，切实把教育作为一项基础性、长远性、关键性的工作来抓，在财政资金投入上优先保障教育投入。同时要完善以财政拨款为主、其他多渠道筹措教育经费为辅的教育投入保障机制，充分调动全社会的力量和资源支持教育事业发展。二是推进基本公共教育均等化。要着力推动义务教育优质均衡发展和城乡一体化，加快城镇学校扩容增位，改善乡村学校办学条件，加大对乡村教师队伍建设的倾斜和支持力度，提高民族地区教育质量和水平。积极发展“互联网 +”教育，深入推进教育信息化 2.0 行动计划，促进优质教育资源共享。三是着力深化教育领域综合改革。深化新时代教育评价改革，建立健全教育评价制度和机制，以评价改革作为抓手撬动教育综合改革，切实建立更加科学、更加全面的教育评价导向和评价体系。推进高等教育分类管理和高等学校综合改革，构建更加多元的高等教育体系，提高高等教育质量。建立学科专业动态调整机制和特色发展引导机制，促进学科优化和人才培养质量提升，特别是要加快培养理工农医类专业紧缺人才。增强职业技术教育适应性，深化产教融合、校企合作，探索中国特色学徒制，大力培养技术技能人才。四是要完善终身学习体系，建设学习型社会。发挥在线教育优势，构建方式更加灵活、资源更加丰富、学习更加便捷的终身学习体系，推动教育可持续发展。

在提升文化竞争力方面，各省份要加快推进文化事业和文化产业繁荣发展，不断提高公共文化服务水平。一方面要完善公共文化服务体系，提升公共文化服务水平。优化城乡文化资源配置，创新实施文化惠民工程，推进公共图书馆、文化馆、美术馆、博物馆等公共文化场馆免费开放和数字化发展。大力扶持文艺精品创作，丰富群众文化生活，更好满足人民日益增长的文化需求。积极推动文化遗产的保护、传承和发展工作，强化重要文化和自然遗产、非物质文化遗产系统性保护，推动中华优秀传统文化创造性转化、创新性发展。另一方面要健全现代文化产业体系，提升省域文化产业竞争力。推动各省份实施文化产业数字化战略，加快发展数字内容、数字娱乐、动漫游戏、视频直播、网络视听、数字出版等新型文化企业、文化业态、文化消费模式。积极培育骨干文化企业，打造一批有影响力、代表性的文化品牌。推动文化和旅游融合发展，加强区域旅游品牌和服务整合，借助现代科技手段等将区域历史文化融入特色旅游体验，建设一批富有文化底蕴的世界级旅游景区和度假区，推动省域文旅高质量融合。

6. 统筹推进传统基础设施和新型基础设施建设，加快构建现代化基础设施体系，着力打造一流营商环境，有效提升发展环境竞争力

当前我国基础设施尤其是新型基础设施的投资潜力仍然较大，各省份要加快补齐基础设施建设短板，持续提升基础设施建设水平。同时要加快转变政府职能，持续优化营商环境，创造优质的区域发展软环境。

要提升基础设施竞争力，首先，应加快推进新型基础设施建设。以数字中国建设为契机，大力发展数字经济，加快布局建设信息基础设施、融合基础设施、创新基础设施等新型基础设施。加快5G网络规模化部署，积极推动传统基础设施数字化改造，加快形成系统完备、高效实用、智能绿色、安全可靠的现代化基础设施体系。充分发挥各省份产业基础优势，以数字产业化、产业数字化牵引新基建，促进数字经济在工业、服务业、现代农业等产业领域的深度融合应用。其次，要持续推进交通基础设施建设。构建现代化高质量综合立体交通网络，完善综合运输大通道、综合交通枢纽和物流网络，加快城市群和都市圈轨道交通网络化，提升中心城市和城市群的辐射带动作用。提高农村和边境地区交通通达深度，继续推进“四好农村路”建设，构建比较完善的农村交通基础设施网络。优先发展公共交通，破解城市交通拥堵问题，尤其是大城市应构建以轨道交通为骨干、以公共汽车为主体的综合交通系统，大力推进绿色循环低碳交通发展。

同时，要继续深化经济体制改革，进一步优化区域营商环境，提升软环境竞争力。首先，加快建设高标准市场体系，进一步激发市场主体活力。大力实施高标准市场体系建设行动，健全市场体系基础制度。进一步完善归属清晰、权责明确、保护严格、流转顺畅的现代产权制度。加快推进要素市场化配置改革，健全要素市场运行机制，完善交易规则和服务体系。坚持鼓励竞争、反对垄断，强化竞争政策基础地位，加大反垄断和反不正当竞争执法司法力度，防止资本无序扩张。深化国资国企改革，围绕服务国家战略，加快国有经济布局优化和结构调整，做强做优做大国有资本和国有企业。推动国有企业完善中国特色现代企业制度。优化民营企业发展环境，依法平等保护民营企业产权和企业家权益，构建亲清政商关系，破除制约民营企业发展的各种壁垒，完善促进中小微企业和个体工商户发展的法律环境和政策体系，鼓励民营企业改革创新，提升经营能力和管理水平，促进民营企业高质量发展。其次，加快转变政府职能，提高政府治理效能。建设职责明确、依法行政的政府治理体系。深化简政放权、放管结合、优化服务改革，全面实行政府权责清单制度，持续优化市场化法治化国际化营商环境。引导各方积极参与营商环境评价，提升评价过程和评价结果的透明度，更好发挥营商环境评价引领和督促作用。

7. 不断推动内循环通畅，大力推动内需增长，消除区域壁垒，有效保障产品要素在国内跨区域流动，以资源最优配置促进省域竞争力提升

坚持内循环为主体的发展格局，推动多领域多产业跨区域循环发展，充分发挥大市场规模经济优势，以切实保障内循环途径通畅为导向实施硬件和软件领域的改革，以“全国一盘棋”为思路推动省域经济协调发展。推动生产领域循环通畅，建立完整的生产链体系，确保从下游到上游、从一产到三产等的产业链通畅，通过优化税收结构等降低生产流转环节的成本，消除生产领域内循环的政策障碍，以内循环提升生产链条的整体附加值。推动科技领域循环通畅，持续增加研发创新投入，强化知识产权保护，维护创新主体的经济权益，发挥企业作为产业研发主体的作用，以大力提升自主创新能力突破关键核心技术，逐步形成对国际科技前沿的追赶和引领，以科技创新引导内循环高速发展。推动消费领域循环通畅，多渠道多手段保障就业和促进收入稳步增长，建设完整高覆盖的社会保障制度，提升居民的消费倾向，构建系统安全的消费信贷体系，以扩大内需为目的挖掘消费潜能，有效提升消费支出占国内生产总值的比重。推动省域循环通畅，以打造全国一体化市场为目标消除省际政策壁垒和保护主义，打破地区间的利益樊篱，保障国家重大区域战略有效推行，构建区域经济发展战略和政策协同体系，避免跨区域政策失衡造成的效率损失，切实保障内循环过程中的区域政策通畅。推动城乡循环通畅，全面放宽城乡户口限制，完善社保、教育等配套措施，消除城乡差别对待政策，打破促进劳动力在城乡间转移的软硬壁垒，加快推动农村劳动力向城市转移及扎根，保障劳动资源优化配置，推动城乡平衡协调发展。推动国有企业和非国有企业循环通畅，优化国企和非国企在国民经济中的合理布局，加强国企在民生资源等公共行业的主导作用，加强非公共行业中的多种所有制企业混合发展，促进国企和非国企之间的良性竞争合作，使其充分发挥相对优势，形成互补，推动国民经济多样化高效发展。推动市场和政府循环通畅，明确市场和政府在经济发展中的角色和作用，以市场为主要手段推动资源有效配置，辅以政府干预消除市场失灵，强化政府在社会保障、义务教育、基础研发等公共领域的作用。加强法治建设，有效约束政府对市场的无序干预，保障市场竞争的公平公正。推动企业间循环通畅，加强大企业对中小企业的带动作用，发挥中小企业的灵活性，形成对大企业的有效补充，合理界定垄断与竞争的范围，消除产业进入壁垒，以潜在的进入威胁促进大企业的技术创新和效率提升。推动企业进入、退出循环通畅，简化企业进入、退出审批环节，同时改善新企业注册和老企业注销过程，实现流程简易化和快速化，提升行政服务效率，发挥市场竞争的优胜劣汰作用，构建创业创新和资源重新整合利用的优化机制，提升市场整体效率。推动线上和线下循环通畅，利用数字技术创新商业模式，充分发挥线上业务在节省成本、提升效率上的优势，有效促进线上商务和线下生产的衔接整合，形成实体经济和电子商务相互支撑、齐头并进的发展态势，做稳做实经济发展。推动金融和实业循环通畅，创新金融发展业务形态，多方位开辟资金来源，发挥数字普惠金融对实体经济的高覆盖作用，利用高科技降低企业融资成本，加强金融服务过程监管，防范企业经营中的脱实返虚，保障金融服务的实体支撑。推动要素市场循环通畅，建立劳动、资本、技术、数据等要素灵活流动的市场机制和配套服务，保障各类要素的收益权利，以价格激励机制为主调节要素供给和需求，促进要素跨区域跨行业的最优配置，以要素禀赋为依托提升经济竞争力。推动收入分配循环通畅，构建社会经济流动体系，打造以机会平等为主线的收入分配循环制度，加大教育、就业、社保等领域的公平公正，发挥税收和转移支付的二次分配调节作用，消除收入分配循环过程中的人为障碍，畅通共同富裕发展目标路径。推动经济增长和环境保护循环通畅，以技术创新和产业结构优化降低生产活动中的碳排放，以税收和补贴等方式激励清洁产业的快速发展，探索构建环境亲和型经济增长方式，保障经济增长和环境保护有效协调。

8. 积极应对国际贸易投资保护主义，进一步融入全球经济，加强自主研发创新，切实推动我国企业全球价值链攀升，以高质量外循环促进省域竞争力提升

持续推进对外开放，以高质量为导向推动国际贸易、外资引进和对外投资等全方位发展，以“一带一路”倡议为主线加强产业布局国际化，发挥跨国公司在资源全球优化配置中的作用，推动我国经济深度融入全球产业链，促进全球经济和谐发展。积极应对逆全球化发展态势，加强双边及多边协商谈判，消除国别之间的隔阂，建立广泛的国际经济合作关系，发挥中国经济在全球地位不断提升的影响力，主动参与国际经济治理体系和组织改革，以构建人类命运共同体为使命推进全球化重回正轨。积极缓和经贸摩擦，加强与欧美国家的经贸谈判，以强化合作利益互补为主旋律消除双边隔阂，进一步发挥我国与欧美国家之间的经济互补性和共赢性，共同承担维护全球经济秩序的大国责任，以包容性开放增长和共识推动双边经济关系正常化发展。加强环境保护全球合作，多方共同推动减少碳排放的全球共识和承诺，推动节能减排技术的跨国合作开发和全球共享，加强环境保护的跨国经验交流，同时有效维护环境保护中的发展中国家发展权益，积极倡导南北和南南环境合作。以出口质量不断提升为途径积极应对国际贸易保护主义，密切跟踪各国贸易限制政策趋势，完善贸易摩擦监测预警机制，加强企业出口风险防范完整体系建设，提升贸易摩擦应对能力，在政府层面上加大磋商抗辩的应对作用，在行业层面上发挥国外合作伙伴的应对作用。以投资布局不断优化为途径积极应对国际投资保护主义，实时关注各国外资安全审查政策变化趋势，构建从宏观到微观的应对安全审查整套体系，健全国际投资保险制度，在政府层面上强化双边投资协定效力，在行业层面上提升整体应对政策风险能力。以推动产业升级为导向积极引进高质量外资，充分重视高质量外资在我国经济转型升级中的作用，推动招商政策与国际前沿接轨，发挥多方积极性，突出自贸区自贸港吸引外资的桥头堡功能，精准引进与我国产业互补的高端项目，辐射带动高科技高知识外资项目落地。加大对外开放公共服务投入，精确对接国际商务前沿实施广泛的职业培训，增加国际业务专业人才供给，精确对标国际税务前沿，优化对外业务企业税收服务，避免多重征税，有效降低企业成本，为企业国际竞争力提升提供母国优势。推行积极的产业政策，瞄准未来全球核心产业，加大对国际技术前沿跨国企业的税收财政支持力度，培育前沿企业规模经济优势和竞争力优势，鼓励跨国企业探索国际前沿技术开发，以产业政策助力跨国企业攀升全球价值链，有效发挥正向外溢作用。以自主研发创新为核心推动价值链攀升，在引进国外先进技术的基础上加大对新技术开发应用的支持投入，为企业引进高端科技人才配套完整的服务体系，创造完善的基础科学和应用技术开发软硬环境，大力引进海外人才，以高技术含量增加产品附加值，提升产业价值链。引导跨国企业承担社会责任，对标国际标准增强企业在生产经营活动中的社会责任意识，加强社会责任合法合规披露，推动跨国企业深度融入国外市场，加大国外社会责任承担，不断提升我国跨国企业国际形象，通过国际社会认同扎根东道国，促进全球布局可持续发展。引导跨国企业参与全球环境治理，建立完善的国际生产经营环境问责体系，承担与经济活动相应的环境保护责任，增强在国外的环境安全意识，严格遵守东道国环境规章制度，避免因环境问题遭受东道国审查限制，防范因环境治理产生的国际经营受阻风险。加大境外经贸合作区建设，充分发挥境外经贸合作区在推动对外贸易和对外投资中的引导作用，鼓励中小“走出去”企业入驻合作区，加大合作区配套建设，完善原材料、基础设施、融资服务等硬件软件设施，推广合作区建设的成功经验，增加“一带一路”共建国之外的境外经贸合作区建设，有效发挥集群“走出去”的载体作用。积极参与全球经济治理体系改革，提升我国在国际经济规则中的话语权和在国际经济组织中的投票权，以我国经济在全球的影响力切实维护发展中国家的权益，提升发展中国家在新型全球经济治理中的权重，以新型规则有效保障我国跨国企业在国际市场中的合法权利。

9. 协调经济增长与收入分配，增加民生保障投入，构建全国范围内统一的社会保障体系，加快实施社会公平和共同富裕举措，以平等和谐的长期发展趋势促进省域竞争力提升

以共同富裕为发展目标兼顾经济增长和收入分配，以经济稳定增长作为共同富裕的基本保障，以收入分配公平作为共同富裕的路径方式，积极推进经济发展和制度改革，加强共享机制建设，探索发展成果全民共享的和谐模式。转变经济发展方式，提高劳动收入在国民生产总值中的份额，以产业结构升级调整经济对资本积累的依赖，建立依托人力资本的经济模式，贯彻以人为本的经济发展理念，多渠道增加各类劳动收入报酬，逐步缩小资本和劳动之间的要素收入差距。切实保障低技能劳动者的基本收入，完善最低工资政策法规及执行监督，推动建立多种形式、有利于保障低技能劳动权益的劳动关系，政府部门和企业应同时维护采取劳务派遣、外包等用工方式的劳动者权益，消除劳动关系中的低技能歧视现象。加大社会保障财政投入规模，推动社保投入结构优化，一方面完善劳动关系中单位和劳动者的社保投入关系并加大政府扶持力度，另一方面以财政补贴为激励提升灵活就业和非就业人员社保参与率，提升社会保障整体覆盖率，逐步形成全民保障的发展模式。改革医疗保险发展模式，加大财政补助，保障参保人员基本权益，控制医疗费用不合理增长，发挥医保在保障民生中的基础作用，不断探索医疗保险新型支付方式等效率提升途径，完善医保管理配套措施，强化医保对医疗行为的监督管理，切实保障参保者的权益。把促进公平作为国家基本教育政策，保障公民依法享受教育的权利，推动义务教育均衡发展和困难群体扶持，多措施多途径促进教育资源合理配置，在城市中增加农民工子弟学校教育资源投入，保障流动人口的基本受教育权利，缩小教育差距。推动养老保险和医疗保险的跨区域流动，打造全国同网的社会保险系统，消除政策障碍和区域壁垒，依托互联网和大数据技术有效融合跨区域社保参保数据信息，提升全国范围内统一系统的精准识别能力和信息汇聚能力，以社保全国体系统一保障跨区域流动劳动者的基本合法权益。推动劳动职业培训体系建设，构建政府部门、企业和员工共同投入的培训模式，推动低技能劳动者技能升级，提升就业岗位转换能力，有效应对职业风险，以技能转换能力提升为途径加强劳动者跨部门跨区域流动，确保劳动力资源的最优配置。发挥税收政策措施对收入分配的调节作用，改善税收结构体系，降低企业税收负担，加强个人所得税管理和征收，随宏观经济状况灵活调整个税起征点和各税率级距，消除低收入者的税收承担，突出累进税制在平滑收入差距中的作用。优化转移支付政策措施，保障专项资金稳步增长，统筹中央和地方财政转移支付功能，在中央层面加强对落后地区的转移支付，缩小区域差距，在地方层面加强对区域内低收入者的转移支付，有效提升财政政策对缩小整体收入差距的作用。发挥城市化进程在实现共同富裕发展目标中的作用，发挥城市经济集聚的辐射功能，带动农村经济发展和就业增加。协调三大产业发展，以数字经济发展为契机提升农村地区服务业比重，促进农村人口就业渠道多样化，逐步缩小城乡间劳动收入差距。发挥三次分配对促进共同富裕的补充作用，建立推动高收入人群捐赠和慈善行为的激励机制，构建精准匹配的公共

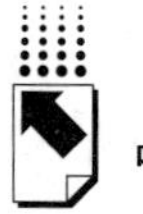

信息平台，发挥社会的监督功能，提升慈善捐赠款项的去向透明度，加快三次分配的法治建设，维护参与主体的基本权利。进一步推广共同富裕建设示范区，总结归纳浙江增加居民收入和深化分配制度改革的先行做法，在东部沿海条件适宜的发达地区拓展试点改革，以多地试点探索多样化的实现共同富裕的政策措施，促进全国范围内的经验总结与参考借鉴。注重共同富裕发展中的环境保护，以生态文明为基础推动低收入地区包容性经济增长，坚持耕地保护制度和节约用地制度，健全自然资源可持续开发和环境保护制度，以经济和环境和谐发展提升共同富裕的质量。有效防范化解收入分配过程中的社会矛盾纠纷，完善社会矛盾纠纷化解机制，构建全覆盖的政府监管体系和行政执法体系，加强法治在收入分配中的作用，依法防范因再分配过程产生的社会纠纷，切实维护和谐包容的共同富裕发展模式。

Ⅱ 分报告

Provincial Reports

B.2 1 2019～2020年北京市经济综合竞争力评价分析报告

北京市简称“京”，是中华人民共和国的首都，为历史悠久的世界著名古城。位于华北平原西北边缘，东南距渤海约150公里，与河北省、天津市相接。全市面积为16410平方公里，2020年全市常住人口为2189万人，地区生产总值为36103亿元，同比增长1.2%，人均GDP达164889元。本部分通过分析2019～2020年北京市经济综合竞争力以及各要素竞争力的排名变化，从中找出北京市经济综合竞争力的推动点及影响因素，为进一步提升北京市经济综合竞争力提供决策参考。

1.1 北京市经济综合竞争力总体分析

1. 北京市经济综合竞争力一级指标概要分析

（1）从综合排位看，2020年北京市经济综合竞争力综合排位在全国居第4位，这表明其在全国处于优势地位；与2019年相比，综合排位没有发生变化。

（2）从指标所处区位看，8个指标处于上游区，其中财政金融竞争力、知识经济竞争力、发展水平竞争力和统筹协调竞争力等4个指标为北京市经济综合竞争力的强势指标。

（3）从指标变化趋势看，9个二级指标中，有4个指标处于下降趋势，分别为产业经济竞争力、可持续发展竞争力、发展环境竞争力和政府作用竞争力，是北京市经济综合竞争力的下降拉力所在；有3个指标排位没有发生变化，分别为财政金融竞争力、知识经济竞争力和发展水平竞争力；有2个指标处于上升趋势，分别为宏观经济竞争力和统筹协调竞争力，这些是北京市经济综合竞争力的上升动力所在。

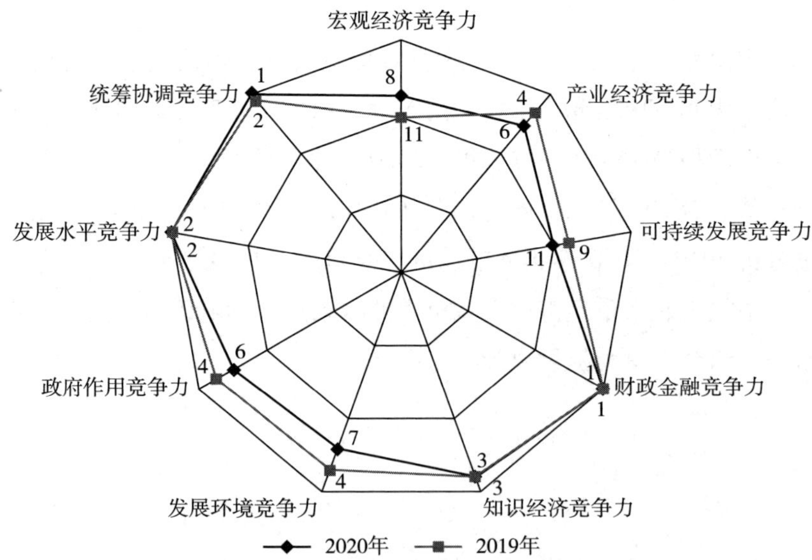

图1－1　2019～2020年北京市经济综合竞争力二级指标比较

表 1－1 2019～2020 年北京市经济综合竞争力二级指标表现情况

	宏观经济竞争力	产业经济竞争力	可持续发展竞争力	财政金融竞争力	知识经济竞争力	发展环境竞争力	政府作用竞争力	发展水平竞争力	统筹协调竞争力	**综合排位**
2019 年	11	4	9	1	3	4	4	2	2	4
2020 年	8	6	11	1	3	7	6	2	1	4
升降	3	－2	－2	0	0	－3	－2	0	1	0
优劣度	优势	优势	中势	强势	强势	优势	优势	强势	强势	优势

2. 北京市经济综合竞争力各级指标动态变化分析

从表 1－2 可以看出，210 个四级指标中，上升指标有 45 个，占指标总数的 21.4%；下降指标有 62 个，占指标总数的 29.5%；保持不变的指标有 103 个，占指标总数的 49.0%。综上所述，北京市经济综合竞争力的上升动力和下降拉力大致相当，且排位保持不变的指标占较大比重，2019～2020 年北京市经济综合竞争力排位保持不变。

表 1－2 2019～2020 年北京市经济综合竞争力各级指标排位变化情况

单位：个，%

二级指标	三级指标	四级指标数	上升		保持		下降		变化趋势
			指标数	比重	指标数	比重	指标数	比重	
宏观经济竞争力	经济实力竞争力	12	2	16.7	4.0	33.3	6.0	50.0	上升
	经济结构竞争力	6	0	0.0	4.0	66.7	2.0	33.3	上升
	经济外向度竞争力	9	3	33.3	2.0	22.2	4.0	44.4	上升
	小 计	**27**	5	18.5	10.0	37.0	12.0	44.4	上升
产业经济竞争力	农业竞争力	10	1	10.0	4.0	40.0	5.0	50.0	下降
	工业竞争力	10	4	40.0	2.0	20.0	4.0	40.0	下降
	服务业竞争力	10	1	10.0	7.0	70.0	2.0	20.0	下降
	企业竞争力	10	0	0.0	8.0	80.0	2.0	20.0	保持
	小 计	**40**	6	15.0	21.0	52.5	13.0	32.5	下降

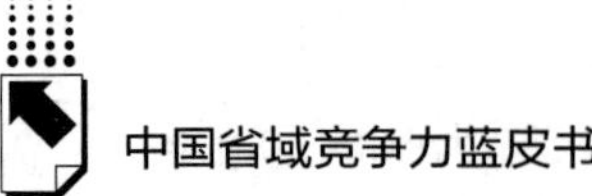

续表

二级指标	三级指标	四级指标数	上升		保持		下降		变化趋势
			指标数	比重	指标数	比重	指标数	比重	
可持续发展竞争力	资源竞争力	9	0	0.0	9.0	100.0	0.0	0.0	保持
	环境竞争力	8	3	37.5	4.0	50.0	1.0	12.5	上升
	人力资源竞争力	7	3	42.9	3.0	42.9	1.0	14.3	保持
	小　计	**24**	6	25.0	16.0	66.7	2.0	8.3	下降
财政金融竞争力	财政竞争力	12	3	25.0	5.0	41.7	4.0	33.3	保持
	金融竞争力	10	1	10.0	7.0	70.0	2.0	20.0	保持
	小　计	**22**	4	18.2	12.0	54.5	6.0	27.3	保持
知识经济竞争力	科技竞争力	9	3	33.3	3.0	33.3	3.0	33.3	保持
	教育竞争力	10	0	0.0	9.0	90.0	1.0	10.0	保持
	文化竞争力	10	2	20.0	5.0	50.0	3.0	30.0	保持
	小　计	**29**	5	17.2	17.0	58.6	7.0	24.1	保持
发展环境竞争力	基础设施竞争力	9	1	11.1	6.0	66.7	2.0	22.2	保持
	软环境竞争力	9	3	33.3	1.0	11.1	5.0	55.6	下降
	小　计	**18**	4	22.2	7.0	38.9	7.0	38.9	下降
政府作用竞争力	政府发展经济竞争力	5	2	40.0	2.0	40.0	1.0	20.0	下降
	政府规调经济竞争力	5	1	20.0	2.0	40.0	2.0	40.0	下降
	政府保障经济竞争力	6	2	33.3	2.0	33.3	2.0	33.3	保持
	小　计	**16**	5	31.3	6.0	37.5	5.0	31.3	下降
发展水平竞争力	工业化进程竞争力	6	2	33.3	3.0	50.0	1.0	16.7	上升
	城市化进程竞争力	6	0	0.0	4.0	66.7	2.0	33.3	保持
	市场化进程竞争力	6	2	33.3	1.0	16.7	3.0	50.0	下降
	小　计	**18**	4	22.2	8.0	44.4	6.0	33.3	保持
统筹协调竞争力	统筹发展竞争力	8	3	37.5	3.0	37.5	2.0	25.0	下降
	协调发展竞争力	8	3	37.5	3.0	37.5	2.0	25.0	上升
	小计	**16**	6	37.5	6.0	37.5	4.0	25.0	上升
合　计		**210**	45	21.4	103	49.0	62	29.5	保持

3. 北京市经济综合竞争力各级指标优劣势结构分析

基于图1－2和表1－3，具体到四级指标，强势指标67个，占指标总数的31.9%；优势指标36个，占指标总数的17.1%；中势指标35个，占指标总数的16.7%；劣势指标72个，占指标总数的34.3%。三级指标中，强势指标10个，占三级指标总数的40.0%；优势指标6个，占三级指标总数的24.0%；中势指标4个，占三级指标总数的16.0%；劣势指标5个，占三级指标总数的20.0%。从二级指标看，强势指标4个，占二级指标总数的44.4%；优势指标有4个，占二级指标总数的44.4%；中势指标有1个，占二级指标总数的11.1%。综合来看，虽然劣势指标数量较多，但由于强势指标和优势指标的个数较多，2020年北京市经济综合竞争力处于优势地位。

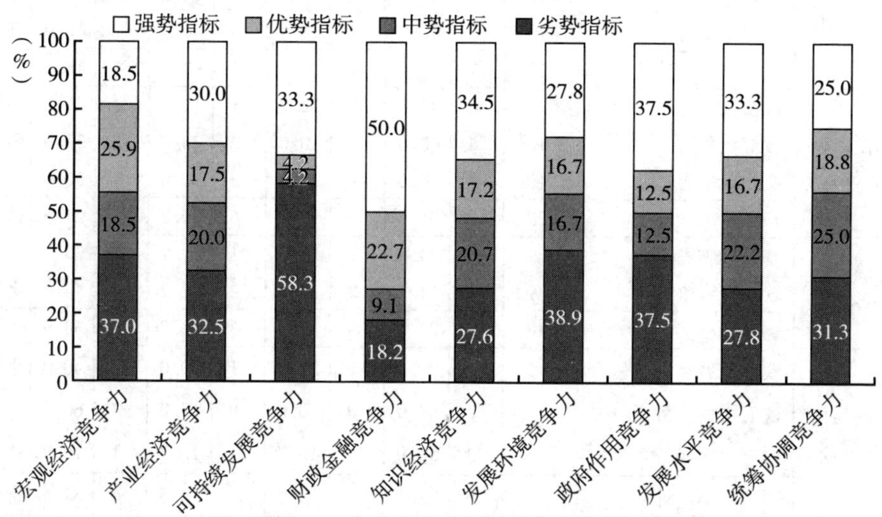

图1－2　2020年北京市经济综合竞争力各级指标优劣势比较

表1－3　2020年北京市经济综合竞争力各级指标优劣势情况

单位：个，%

二级指标	三级指标	四级指标数	强势指标		优势指标		中势指标		劣势指标		优劣势
			个数	比重	个数	比重	个数	比重	个数	比重	
宏观经济竞争力	经济实力竞争力	12	3	25.0	1	8.3	2	16.7	6	50.0	优势
	经济结构竞争力	6	2	33.3	0	0.0	1	16.7	3	50.0	优势
	经济外向度竞争力	9	0	0.0	6	66.7	2	22.2	1	11.1	优势
	小　计	**27**	5	18.5	7	25.9	5	18.5	10	37.0	优势

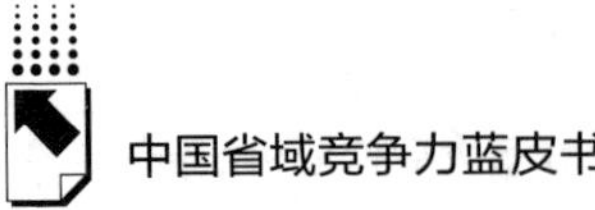

续表

二级指标	三级指标	四级指标数	强势指标		优势指标		中势指标		劣势指标		优劣势
			个数	比重	个数	比重	个数	比重	个数	比重	
产业经济竞争力	农业竞争力	10	2	20.0	0	0.0	0	0.0	8	80.0	劣势
	工业竞争力	10	0	0.0	4	40.0	4	40.0	2	20.0	中势
	服务业竞争力	10	3	30.0	2	20.0	3	30.0	2	20.0	优势
	企业竞争力	10	7	70.0	1	10.0	1	10.0	1	10.0	强势
	小　计	**40**	12	30.0	7	17.5	8	20.0	13	32.5	优势
可持续发展竞争力	资源竞争力	9	0	0.0	0	0.0	1	11.1	8	88.9	劣势
	环境竞争力	8	4	50.0	1	12.5	0	0.0	3	37.5	中势
	人力资源竞争力	7	4	57.1	0	0.0	0	0.0	3	42.9	强势
	小　计	**24**	8	33.3	1	4.2	1	4.2	14	58.3	中势
财政金融竞争力	财政竞争力	12	5	41.7	2	16.7	2	16.7	3	25.0	强势
	金融竞争力	10	6	60.0	3	30.0	0	0.0	1	10.0	强势
	小　计	**22**	11	50.0	5	22.7	2	9.1	4	18.2	强势
知识经济竞争力	科技竞争力	9	4	44.4	2	22.2	1	11.1	2	22.2	强势
	教育竞争力	10	4	40.0	1	10.0	2	20.0	3	30.0	强势
	文化竞争力	10	2	20.0	2	20.0	3	30.0	3	30.0	优势
	小　计	**29**	10	34.5	5	17.2	6	20.7	8	27.6	强势
发展环境竞争力	基础设施竞争力	9	4	44.4	1	11.1	1	11.1	3	33.3	优势
	软环境竞争力	9	1	11.1	2	22.2	2	22.2	4	44.4	劣势
	小　计	**18**	5	27.8	3	16.7	3	16.7	7	38.9	优势
政府作用竞争力	政府发展经济竞争力	5	1	20.0	1	20.0	1	20.0	2	40.0	中势
	政府规调经济竞争力	5	2	40.0	0	0.0	0	0.0	3	60.0	中势
	政府保障经济竞争力	6	3	50.0	1	16.7	1	16.7	1	16.7	强势
	小　计	**16**	6	37.5	2	12.5	2	12.5	6	37.5	优势
发展水平竞争力	工业化进程竞争力	6	3	50.0	1	16.7	1	16.7	1	16.7	强势
	城市化进程竞争力	6	3	50.0	1	16.7	1	16.7	1	16.7	强势
	市场化进程竞争力	6	0	0.0	1	16.7	2	33.3	3	50.0	劣势
	小　计	**18**	6	33.3	3	16.7	4	22.2	5	27.8	强势
统筹协调竞争力	统筹发展竞争力	8	4	50.0	2	25.0	1	12.5	1	12.5	强势
	协调发展竞争力	8	0	0.0	1	12.5	3	37.5	4	50.0	劣势
	小　计	**16**	4	25.0	3	18.8	4	25.0	5	31.3	强势
合　计		**210**	67	31.9	36	17.1	35	16.7	72	34.3	优势

4. 北京市经济综合竞争力四级指标优劣势对比分析

表 1-4　2020 年北京市经济综合竞争力各级指标优劣势情况

二级指标	优劣势	四级指标
宏观经济竞争力（27 个）	强势指标	人均地区生产总值、人均财政总收入、人均全社会消费品零售总额、产业结构优化度、就业结构优化度（5 个）
	优势指标	财政总收入、进出口总额、出口增长率、实际 FDI、外贸依存度、外资企业数、对外直接投资额（7 个）
	劣势指标	地区生产总值增长率、财政总收入增长率、固定资产投资额、固定资产投资额增长率、人均固定资产投资额、全社会消费品零售总额增长率、所有制经济结构优化度、城乡经济结构优化度、实体经济结构优化度、实际 FDI 增长率（10 个）
产业经济竞争力（40 个）	强势指标	农民人均纯收入、农产品出口占农林牧渔总产值比重、人均服务业增加值、旅游外汇收入、电子商务销售额、规模以上企业平均资产、规模以上企业平均收入、规模以上企业平均利润、规模以上企业劳动效率、城镇就业人员平均工资、产品质量抽查合格率、全国 500 强企业数（12 个）
	优势指标	工业资产总额、工业成本费用率、工业全员劳动生产率、工业收入利润率、服务业增加值、限额以上批发零售企业主营业务收入、新产品销售收入占主营业务收入比重（7 个）
	劣势指标	农业增加值、农业增加值增长率、人均农业增加值、农民人均纯收入增长率、人均主要农产品产量、农业机械化水平、农村人均用电量、财政支农资金比重、工业增加值、工业增加值增长率、服务业增加值增长率、限额以上餐饮企业利税率、规模以上工业企业数（13 个）
可持续发展竞争力（24 个）	强势指标	人均工业废气排放量、人均工业固体废物排放量、生活垃圾无害化处理率、自然灾害直接经济损失额、15～64 岁人口比例、文盲率、大专以上教育程度人口比例、平均受教育程度（8 个）
	优势指标	森林覆盖率（1 个）
	劣势指标	人均国土面积、人均年水资源量、耕地面积、人均耕地面积、人均牧草地面积、主要能源矿产基础储量、人均主要能源矿产基础储量、人均森林储积量、人均废水排放量、人均治理工业污染投资额、一般工业固体废物综合利用率、常住人口增长率、人口健康素质、职业学校毕业生数（14 个）
财政金融竞争力（22 个）	强势指标	地方财政收入占 GDP 比重、税收收入占 GDP 比重、税收收入占财政总收入比重、人均地方财政收入、人均税收收入、存款余额、人均存款余额、人均贷款余额、保险密度、保险深度、国内上市公司市值（11 个）
	优势指标	地方财政收入、人均地方财政支出、贷款余额、保险费净收入、国内上市公司数（5 个）
	劣势指标	地方财政支出占 GDP 比重、地方财政收入增长率、地方财政支出增长率、中长期贷款占贷款余额比重（4 个）

续表

二级指标	优劣势	四级指标
知识经济竞争力（29个）	强势指标	R&D经费、R&D经费投入强度、技术市场成交合同金额、财政科技支出占地方财政支出比重、人均教育经费、公共教育经费占财政支出比重、人均文化教育支出、万人高等学校在校学生数、文化批发零售业营业收入、文化服务业企业营业收入（10个）
	优势指标	发明专利授权量、高技术产品出口额占商品出口额比重、高校专任教师数、印刷用纸量、城镇居民人均文化娱乐支出（5个）
	劣势指标	高技术产业主营业务收入、高技术产业收入占工业增加值比重、教育经费占GDP比重、万人中小学学校数、万人中小学专任教师数、农村居民人均文化娱乐支出、城镇居民人均文化娱乐支出占消费性支出比重、农村居民人均文化娱乐支出占消费性支出比重（8个）
发展环境竞争力（18个）	强势指标	铁路网线密度、人均邮电业务总量、电话普及率、网站域名数、万人外资企业数（5个）
	优势指标	公路网线密度、万人商标注册件数、社会捐赠站点数（3个）
	劣势指标	人均内河航道里程、全社会旅客周转量、全社会货物周转量、外资企业数增长率、万人个体私营企业数、政府网站数、交通事故直接财产损失（7个）
政府作用竞争力（16个）	强势指标	政府公务员对经济的贡献、物价调控、规范税收、城镇职工养老保险收支比、失业保险覆盖率、最低工资标准（6个）
	优势指标	财政支出对GDP增长的拉动、医疗保险覆盖率（2个）
	劣势指标	财政支出用于基本建设投资比重、财政投资对社会投资的拉动、调控城乡消费差距、统筹经济社会发展、工业生产出厂价格指数、城镇登记失业率（6个）
发展水平竞争力（18个）	强势指标	高技术产业占工业增加值比重、数字经济应用、工农业增加值比值、城镇化率、城镇居民人均可支配收入、城市平均建成区面积比重（6个）
	优势指标	高技术产品占商品出口额比重、人均公共绿地面积、社会投资占投资总额比重（3个）
	劣势指标	工业增加值占GDP比重、人均拥有道路面积、非公有制经济产值占全社会总产值比重、私有和个体企业从业人员比重、居民消费支出占总消费支出比重（5个）
统筹协调竞争力（16个）	强势指标	社会劳动生产率、能源消耗下降率、万元GDP综合能耗下降率、二三产业增加值比例（4个）
	优势指标	非农用地产出率、居民收入占GDP比重、环境竞争力与宏观经济竞争力比差（3个）
	劣势指标	固定资产投资增长率、资源竞争力与宏观经济竞争力比差、资源竞争力与工业竞争力比差、城乡居民家庭人均收入比差、城乡居民人均消费支出比差（5个）

1.2 北京市经济综合竞争力各级指标具体分析

1. 北京市宏观经济竞争力指标排名变化情况

表 1－5 2019～2020 年北京市宏观经济竞争力指标组排位及变化趋势

指标	2019 年	2020 年	排位升降	优劣势
1 宏观经济竞争力	11	8	3	优势
1.1 经济实力竞争力	11	9	2	优势
地区生产总值	12	13	－1	中势
地区生产总值增长率	20	27	－7	劣势
人均地区生产总值	1	1	0	强势
财政总收入	7	8	－1	优势
财政总收入增长率	23	28	－5	劣势
人均财政总收入	3	3	0	强势
固定资产投资额	24	24	0	劣势
固定资产投资额增长率	27	26	1	劣势
人均固定资产投资额	25	26	－1	劣势
全社会消费品零售总额	12	12	0	中势
全社会消费品零售总额增长率	28	26	2	劣势
人均全社会消费品零售总额	1	2	－1	强势
1.2 经济结构竞争力	9	6	3	优势
产业结构优化度	1	1	0	强势
所有制经济结构优化度	28	28	0	劣势
城乡经济结构优化度	19	23	－4	劣势
就业结构优化度	2	2	0	强势
实体经济结构优化度	30	30	0	劣势
贸易结构优化度	13	17	－4	中势
1.3 经济外向度竞争力	10	7	3	优势
进出口总额	9	10	－1	优势
进出口增长率	28	13	15	中势
出口总额	17	17	0	中势
出口增长率	25	8	17	优势
实际 FDI	4	6	－2	优势
实际 FDI 增长率	18	21	－3	劣势
外贸依存度	11	10	1	优势
外资企业数	6	6	0	优势
对外直接投资额	5	6	－1	优势

2. 北京市产业经济竞争力指标排名变化情况

表 1－6 2019～2020 年北京市产业经济竞争力指标组排位及变化趋势

指　标	2019 年	2020 年	排位升降	优劣势
2　产业经济竞争力	4	6	－2	优势
2.1　农业竞争力	29	30	－1	劣势
农业增加值	30	31	－1	劣势
农业增加值增长率	30	31	－1	劣势
人均农业增加值	30	31	－1	劣势
农民人均纯收入	3	3	0	强势
农民人均纯收入增长率	25	29	－4	劣势
农产品出口占农林牧渔总产值比重	2	1	1	强势
人均主要农产品产量	31	31	0	劣势
农业机械化水平	30	30	0	劣势
农村人均用电量	24	24	0	劣势
财政支农资金比重	27	28	－1	劣势
2.2　工业竞争力	14	17	－3	中势
工业增加值	23	22	1	劣势
工业增加值增长率	24	22	2	劣势
人均工业增加值	12	14	－2	中势
工业资产总额	6	5	1	优势
工业资产总额增长率	14	19	－5	中势
规模以上工业主营业务收入	16	16	0	中势
工业成本费用率	3	5	－2	优势
规模以上工业利润总额	15	15	0	中势
工业全员劳动生产率	10	9	1	优势
工业收入利润率	7	8	－1	优势
2.3　服务业竞争力	4	5	－1	优势
服务业增加值	5	5	0	优势
服务业增加值增长率	24	24	0	劣势
人均服务业增加值	1	1	0	强势
服务业从业人员数	14	17	－3	中势
限额以上批发零售企业主营业务收入	5	5	0	优势
限额以上批零企业利税率	12	11	1	中势
限额以上餐饮企业利税率	18	23	－5	劣势
旅游外汇收入	3	3	0	强势
商品房销售收入	18	18	0	中势
电子商务销售额	2	2	0	强势

续表

指　标	2019 年	2020 年	排位升降	优劣势
2.4　企业竞争力	1	1	0	强势
规模以上工业企业数	24	25	-1	劣势
规模以上企业平均资产	1	1	0	强势
规模以上企业平均收入	1	1	0	强势
规模以上企业平均利润	1	1	0	强势
规模以上企业劳动效率	1	1	0	强势
城镇就业人员平均工资	1	1	0	强势
新产品销售收入占主营业务收入比重	6	8	-2	优势
产品质量抽查合格率	1	1	0	强势
工业企业 R&D 经费投入强度	20	20	0	中势
全国 500 强企业数	1	1	0	强势

3. 北京市可持续发展竞争力指标排名变化情况

表 1-7　2019 ~ 2020 年北京市可持续发展竞争力指标组排位及变化趋势

指　标	2019 年	2020 年	排位升降	优劣势
3　可持续发展竞争力	9	11	-2	中势
3.1　资源竞争力	31	31	0	劣势
人均国土面积	30	30	0	劣势
人均可使用海域和滩涂面积	12	12	0	中势
人均年水资源量	30	30	0	劣势
耕地面积	31	31	0	劣势
人均耕地面积	31	31	0	劣势
人均牧草地面积	30	30	0	劣势
主要能源矿产基础储量	24	24	0	劣势
人均主要能源矿产基础储量	21	21	0	劣势
人均森林储积量	27	27	0	劣势
3.2　环境竞争力	19	16	3	中势
森林覆盖率	10	10	0	优势
人均废水排放量	31	31	0	劣势
人均工业废气排放量	11	1	10	强势
人均工业固体废物排放量	2	1	1	强势
人均治理工业污染投资额	30	30	0	劣势
一般工业固体废物综合利用率	11	22	-11	劣势
生活垃圾无害化处理率	1	1	0	强势
自然灾害直接经济损失额	6	2	4	强势

续表

指　标	2019 年	2020 年	排位升降	优劣势
3.3　人力资源竞争力	1	1	0	强势
常住人口增长率	28	24	4	劣势
15～64 岁人口比例	1	1	0	强势
文盲率	3	1	2	强势
大专以上教育程度人口比例	1	1	0	强势
平均受教育程度	1	1	0	强势
人口健康素质	27	23	4	劣势
职业学校毕业生数	29	30	-1	劣势

4. 北京市财政金融竞争力指标排名变化情况

表 1-8　2019～2020 年北京市财政金融竞争力指标组排位及变化趋势

指　标	2019 年	2020 年	排位升降	优劣势
4　财政金融竞争力	1	1	0	强势
4.1　财政竞争力	2	2	0	强势
地方财政收入	6	6	0	优势
地方财政支出	11	12	-1	中势
地方财政收入占 GDP 比重	3	2	1	强势
地方财政支出占 GDP 比重	21	22	-1	劣势
税收收入占 GDP 比重	2	2	0	强势
税收收入占财政总收入比重	4	2	2	强势
人均地方财政收入	2	2	0	强势
人均地方财政支出	2	4	-2	优势
人均税收收入	2	2	0	强势
地方财政收入增长率	25	27	-2	劣势
地方财政支出增长率	30	30	0	劣势
税收收入增长率	25	18	7	中势
4.2　金融竞争力	1	1	0	强势
存款余额	2	3	-1	强势
人均存款余额	1	1	0	强势
贷款余额	6	6	0	优势
人均贷款余额	1	1	0	强势
中长期贷款占贷款余额比重	23	23	0	劣势
保险费净收入	8	7	1	优势
保险密度	1	1	0	强势
保险深度	2	2	0	强势
国内上市公司数	3	4	-1	优势
国内上市公司市值	1	1	0	强势

5. 北京市知识经济竞争力指标排名变化情况

表 1 -9　2019 ~ 2020 年北京市知识经济竞争力指标组排位及变化趋势

指　标	2019 年	2020 年	排位升降	优劣势
5　知识经济竞争力	3	3	0	强势
5.1　科技竞争力	3	3	0	强势
R&D 人员	4	17	-13	中势
R&D 经费	16	3	13	强势
R&D 经费投入强度	1	1	0	强势
发明专利授权量	9	10	-1	优势
技术市场成交合同金额	1	1	0	强势
财政科技支出占地方财政支出比重	2	1	1	强势
高技术产业主营业务收入	23	22	1	劣势
高技术产业收入占工业增加值比重	31	31	0	劣势
高技术产品出口额占商品出口额比重	5	6	-1	优势
5.2　教育竞争力	1	1	0	强势
教育经费	12	12	0	中势
教育经费占 GDP 比重	26	26	0	劣势
人均教育经费	2	2	0	强势
公共教育经费占财政支出比重	2	2	0	强势
人均文化教育支出	2	2	0	强势
万人中小学学校数	31	31	0	劣势
万人中小学专任教师数	31	31	0	劣势
高等学校数	14	14	0	中势
高校专任教师数	9	9	0	优势
万人高等学校在校学生数	1	2	-1	强势
5.3　文化竞争力	6	6	0	优势
文化制造业营业收入	15	15	0	中势
文化批发零售业营业收入	2	1	1	强势
文化服务业企业营业收入	1	1	0	强势
图书和期刊出版数	15	15	0	中势
电子出版物品种	21	17	4	中势
印刷用纸量	5	5	0	优势
城镇居民人均文化娱乐支出	2	5	-3	优势
农村居民人均文化娱乐支出	9	23	-14	劣势
城镇居民人均文化娱乐支出占消费性支出比重	29	30	-1	劣势
农村居民人均文化娱乐支出占消费性支出比重	29	29	0	劣势

6. 北京市发展环境竞争力指标排名变化情况

表 1－10　2019～2020 年北京市发展环境竞争力指标组排位及变化趋势

指　标	2019 年	2020 年	排位升降	优劣势
6　发展环境竞争力	4	7	－3	优势
6.1　基础设施竞争力	5	5	0	优势
铁路网线密度	2	2	0	强势
公路网线密度	9	9	0	优势
人均内河航道里程	28	28	0	劣势
全社会旅客周转量	26	27	－1	劣势
全社会货物周转量	28	28	0	劣势
人均邮电业务总量	2	2	0	强势
电话普及率	1	1	0	强势
网站域名数	3	2	1	强势
人均耗电量	14	16	－2	中势
6.2　软环境竞争力	3	25	－22	劣势
外资企业数增长率	30	29	1	劣势
万人外资企业数	3	3	0	强势
个体私营企业数增长率	2	11	－9	中势
万人个体私营企业数	30	27	3	劣势
万人商标注册件数	1	6	－5	优势
政府网站数	30	28	2	劣势
交通事故直接财产损失	14	31	－17	劣势
罚没收入占财政收入比重	2	17	－15	中势
社会捐赠站点数	3	6	－3	优势

7. 北京市政府作用竞争力指标排名变化情况

表 1－11　2019～2020 年北京市政府作用竞争力指标组排位及变化趋势

指　标	2019 年	2020 年	排位升降	优劣势
7　政府作用竞争力	4	6	－2	优势
7.1　政府发展经济竞争力	15	17	－2	中势
财政支出用于基本建设投资比重	21	21	0	劣势
财政支出对 GDP 增长的拉动	11	10	1	优势
政府公务员对经济的贡献	7	3	4	强势
政府消费对民间消费的拉动	9	15	－6	中势
财政投资对社会投资的拉动	27	27	0	劣势

续表

指　标	2019 年	2020 年	排位升降	优劣势
7.2　政府规调经济竞争力	7	12	-5	中势
物价调控	3	3	0	强势
调控城乡消费差距	22	22	0	劣势
统筹经济社会发展	28	30	-2	劣势
规范税收	2	1	1	强势
工业生产出厂价格指数	16	24	-8	劣势
7.3　政府保障经济竞争力	1	1	0	强势
城镇职工养老保险收支比	1	3	-2	强势
医疗保险覆盖率	4	4	0	优势
养老保险覆盖率	21	18	3	中势
失业保险覆盖率	3	2	1	强势
最低工资标准	2	2	0	强势
城镇登记失业率	1	28	-27	劣势

8. 北京市发展水平竞争力指标排名变化情况

表 1-12　2019～2020 年北京市发展水平竞争力指标组排位及变化趋势

指　标	2019 年	2020 年	排位升降	优劣势
8　发展水平竞争力	2	2	0	强势
8.1　工业化进程竞争力	2	1	1	强势
工业增加值占 GDP 比重	29	29	0	劣势
工业增加值增长率	25	17	8	中势
高技术产业占工业增加值比重	2	1	1	强势
高技术产品占商品出口额比重	5	6	-1	优势
数字经济应用	1	1	0	强势
工农业增加值比值	2	2	0	强势
8.2　城市化进程竞争力	1	1	0	强势
城镇化率	2	2	0	强势
城镇居民人均可支配收入	1	2	-1	强势
城市平均建成区面积比重	2	2	0	强势
人均拥有道路面积	30	30	0	劣势
人均日生活用水量	16	20	-4	中势
人均公共绿地面积	6	6	0	优势

续表

指　标	2019 年	2020 年	排位升降	优劣势
8.3　市场化进程竞争力	26	30	-4	劣势
非公有制经济产值占全社会总产值比重	28	28	0	劣势
社会投资占投资总额比重	11	7	4	优势
私有和个体企业从业人员比重	30	29	1	劣势
亿元以上商品市场成交额	8	12	-4	中势
亿元以上商品市场成交额占全社会消费品零售总额比重	9	12	-3	中势
居民消费支出占总消费支出比重	26	27	-1	劣势

9. 北京市统筹协调竞争力指标排名变化情况

表 1-13　2019~2020 年北京市统筹协调竞争力指标组排位及变化趋势

指　标	2019 年	2020 年	排位升降	优劣势
9　统筹协调竞争力	2	1	1	强势
9.1　统筹发展竞争力	1	2	-1	强势
社会劳动生产率	1	1	0	强势
能源消耗下降率	6	1	5	强势
万元 GDP 综合能耗下降率	5	1	4	强势
非农用地产出率	7	6	1	优势
居民收入占 GDP 比重	7	7	0	优势
二三产业增加值比例	1	1	0	强势
固定资产投资额占 GDP 比重	13	14	-1	中势
固定资产投资增长率	5	27	-22	劣势
9.2　协调发展竞争力	25	23	2	劣势
资源竞争力与宏观经济竞争力比差	31	31	0	劣势
环境竞争力与宏观经济竞争力比差	8	4	4	优势
人力资源竞争力与宏观经济竞争力比差	23	18	5	中势
资源竞争力与工业竞争力比差	31	31	0	劣势
环境竞争力与工业竞争力比差	14	15	-1	中势
城乡居民家庭人均收入比差	19	23	-4	劣势
城乡居民人均消费支出比差	22	22	0	劣势
全社会消费品零售总额与外贸出口总额比差	21	18	3	中势

B.3

2
2019～2020年天津市经济综合竞争力评价分析报告

天津市简称“津”，是中国北方最大的港口城市，东临渤海，北依燕山，西靠首都北京。全市面积为11966.45平方公里，2020年全市常住人口为1387万人，地区生产总值为14084亿元，同比增长1.5%，人均GDP达101614元。本部分通过分析2019～2020年天津市经济综合竞争力以及各要素竞争力的排名变化，从中找出天津市经济综合竞争力的推动点及影响因素，为进一步提升天津市经济综合竞争力提供决策参考。

2.1 天津市经济综合竞争力总体分析

1. 天津市经济综合竞争力一级指标概要分析

（1）从综合排位看，2020年天津市经济综合竞争力综合排位在全国居第8位，这表明其在全国处于优势地位；与2019年相比，综合排位没有发生变化。

（2）从指标所处区位看，5个指标处于上游区，其中财政金融竞争力、发展环境竞争力、政府作用竞争力、发展水平竞争力和统筹协调竞争力等5个指标为天津市经济综合竞争力的优势指标。

（3）从指标变化趋势看，9个二级指标中，有5个指标处于上升趋势，分别为宏观经济竞争力、发展环境竞争力、政府作用竞争力、发展水平竞争力和统筹协调竞争力，这些是天津市经济综合竞争力的上升动力所在；有3个指标处于下降趋势，分别为产业经济竞争力、可持续发展竞争力和财政金融竞争力，是天津市经济综合竞争力的下降拉力所在；有1个指标排位没有发生变化，是知识经济竞争力。

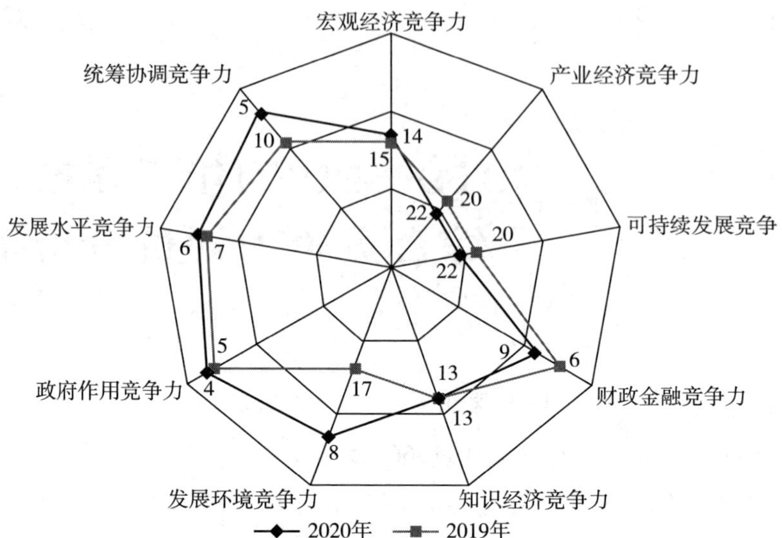

图 2－1　2019～2020 年天津市经济综合竞争力二级指标比较

表 2－1　2019～2020 年天津市经济综合竞争力二级指标表现情况

	宏观经济竞争力	产业经济竞争力	可持续发展竞争力	财政金融竞争力	知识经济竞争力	发展环境竞争力	政府作用竞争力	发展水平竞争力	统筹协调竞争力	**综合排位**
2019 年	15	20	20	6	13	17	5	7	10	8
2020 年	14	22	22	9	13	8	4	6	5	8
升降	1	－2	－2	－3	0	9	1	1	5	0
优劣度	中势	劣势	劣势	优势	中势	优势	优势	优势	优势	优势

2. 天津市经济综合竞争力各级指标动态变化分析

从表 2－2 可以看出，210 个四级指标中，上升指标有 66 个，占指标总数的 31.4%；下降指标有 62 个，占指标总数的 29.5%；保持不变的指标有 82 个，占指标总数的 39.0%。综上所述，天津市经济综合竞争力指标体系中的上升指标个数和下降指标个数接近，上升动力和下降拉力大致相当，且排位保持不变的指标占较大比重，使得 2019～2020 年天津市经济综合竞争力排位保持不变。

表2－2　2019～2020年天津市经济综合竞争力各级指标排位变化情况

单位：个，%

二级指标	三级指标	四级指标数	上升		保持		下降		变化趋势
			指标数	比重	指标数	比重	指标数	比重	
宏观经济竞争力	经济实力竞争力	12	3	25.0	3	25.0	6	50.0	下降
	经济结构竞争力	6	2	33.3	3	50.0	1	16.7	上升
	经济外向度竞争力	9	1	11.1	3	33.3	5	55.6	下降
	小　计	**27**	6	22.2	9	33.3	12	44.4	上升
产业经济竞争力	农业竞争力	10	2	20.0	8	80.0	0	0.0	保持
	工业竞争力	10	2	20.0	2	20.0	6	60.0	下降
	服务业竞争力	10	4	40.0	3	30.0	3	30.0	保持
	企业竞争力	10	1	10.0	6	60.0	3	30.0	下降
	小　计	**40**	9	22.5	19	47.5	12	30.0	下降
可持续发展竞争力	资源竞争力	9	3	33.3	6	66.7	0	0.0	保持
	环境竞争力	8	1	12.5	5	62.5	2	25.0	上升
	人力资源竞争力	7	2	28.6	3	42.9	2	28.6	下降
	小　计	**24**	6	25.0	14	58.3	4	16.7	下降
财政金融竞争力	财政竞争力	12	2	16.7	4	33.3	6	50.0	下降
	金融竞争力	10	5	50.0	2	20.0	3	30.0	保持
	小　计	**22**	7	31.8	6	27.3	9	40.9	下降
知识经济竞争力	科技竞争力	9	2	22.2	4	44.4	3	33.3	保持
	教育竞争力	10	5	50.0	4	40.0	1	10.0	上升
	文化竞争力	10	1	10.0	1	10.0	8	80.0	下降
	小　计	**29**	8	27.6	9	31.0	12	41.4	保持
发展环境竞争力	基础设施竞争力	9	3	33.3	5	55.6	1	11.1	上升
	软环境竞争力	9	5	55.6	0	0.0	4	44.4	上升
	小　计	**18**	8	44.4	5	27.8	5	27.8	上升
政府作用竞争力	政府发展经济竞争力	5	2	40.0	2	40.0	1	20.0	下降
	政府规调经济竞争力	5	3	60.0	1	20.0	1	20.0	上升
	政府保障经济竞争力	6	3	50.0	2	33.3	1	16.7	上升
	小　计	**16**	8	50.0	5	31.3	3	18.8	上升
发展水平竞争力	工业化进程竞争力	6	2	33.3	3	50.0	1	16.7	上升
	城市化进程竞争力	6	1	16.7	5	83.3	0	0.0	上升
	市场化进程竞争力	6	3	50.0	2	33.3	1	16.7	上升
	小　计	**18**	6	33.3	10	55.6	2	11.1	上升

续表

二级指标	三级指标	四级指标数	上升		保持		下降		变化趋势
			指标数	比重	指标数	比重	指标数	比重	
统筹协调竞争力	统筹发展竞争力	8	5	62.5	2	25.0	1	12.5	上升
	协调发展竞争力	8	3	37.5	3	37.5	2	25.0	下降
	小　计	**16**	8	50.0	5	31.3	3	18.8	上升
合　计		**210**	66	31.4	82	39.0	62	29.5	保持

3. 天津市经济综合竞争力各级指标优劣势结构分析

基于图 2－2 和表 2－3，具体到四级指标，强势指标 30 个，占指标总数的 14.3%；优势指标 50 个，占指标总数的 23.8%；中势指标 51 个，占指标总数的 24.3%；劣势指标 79 个，占指标总数的 37.6%。三级指标中，强势指标 2 个，占三级指标总数的 8.0%；优势指标 10 个，占三级指标总数的 40.0%；中势指标 9 个，占三级指标总数的 36.0%；劣势指标 4 个，占三级指标总数的 16.0%。从二级指标看，优势指标有 5 个，占二级指标总数的 55.6%；中势指标有 2 个，占二级指标总数的 22.2%；劣势指标 2 个，占二级指标总数的 22.2%。综合来看，虽然劣势指标个数较多，但由于强势指标和优势指标在指标体系中居于主导地位，2020 年天津市经济综合竞争力处于优势地位。

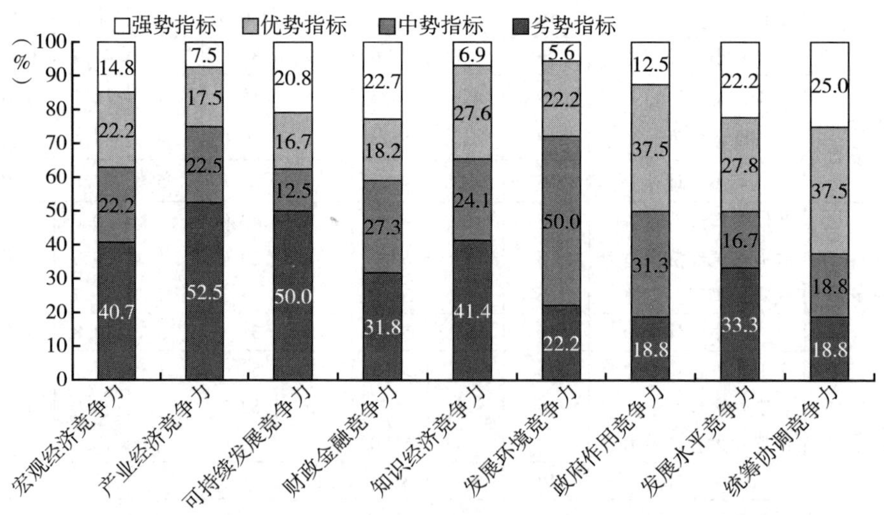

图 2－2　2020 年天津市经济综合竞争力各级指标优劣势比较

表 2-3 2020 年天津市经济综合竞争力各级指标优劣势情况

单位：个，%

二级指标	三级指标	四级指标数	强势指标		优势指标		中势指标		劣势指标		优劣势
			个数	比重	个数	比重	个数	比重	个数	比重	
宏观经济竞争力	经济实力竞争力	12	1	8.3	2	16.7	2	16.7	7	58.3	中势
	经济结构竞争力	6	2	33.3	1	16.7	1	16.7	2	33.3	强势
	经济外向度竞争力	9	1	11.1	3	33.3	3	33.3	2	22.2	中势
	小　计	**27**	4	14.8	6	22.2	6	22.2	11	40.7	中势
产业经济竞争力	农业竞争力	10	1	10.0	1	10.0	0	0.0	8	80.0	劣势
	工业竞争力	10	0	0.0	1	10.0	2	20.0	7	70.0	劣势
	服务业竞争力	10	1	10.0	1	10.0	3	30.0	5	50.0	中势
	企业竞争力	10	1	10.0	4	40.0	4	40.0	1	10.0	优势
	小　计	**40**	3	7.5	7	17.5	9	22.5	21	52.5	劣势
可持续发展竞争力	资源竞争力	9	0	0.0	1	11.1	1	11.1	7	77.8	劣势
	环境竞争力	8	2	25.0	2	25.0	2	25.0	2	25.0	中势
	人力资源竞争力	7	3	42.9	1	14.3	0	0.0	3	42.9	优势
	小　计	**24**	5	20.8	4	16.7	3	12.5	12	50.0	劣势
财政金融竞争力	财政竞争力	12	3	25.0	3	25.0	1	8.3	5	41.7	中势
	金融竞争力	10	2	20.0	1	10.0	5	50.0	2	20.0	优势
	小　计	**22**	5	22.7	4	18.2	6	27.3	7	31.8	优势
知识经济竞争力	科技竞争力	9	1	11.1	3	33.3	3	33.3	2	22.2	中势
	教育竞争力	10	1	10.0	3	30.0	1	10.0	5	50.0	优势
	文化竞争力	10	0	0.0	2	20.0	3	30.0	5	50.0	劣势
	小　计	**29**	2	6.9	8	27.6	7	24.1	12	41.4	中势
发展环境竞争力	基础设施竞争力	9	1	11.1	4	44.4	1	11.1	3	33.3	优势
	软环境竞争力	9	0	0.0	0	0.0	8	88.9	1	11.1	中势
	小　计	**18**	1	5.6	4	22.2	9	50.0	4	22.2	优势
政府作用竞争力	政府发展经济竞争力	5	1	20.0	2	40.0	1	20.0	1	20.0	优势
	政府规调经济竞争力	5	1	20.0	1	20.0	2	40.0	1	20.0	优势
	政府保障经济竞争力	6	0	0.0	3	50.0	2	33.3	1	16.7	优势
	小　计	**16**	2	12.5	6	37.5	5	31.3	3	18.8	优势
发展水平竞争力	工业化进程竞争力	6	1	16.7	3	50.0	1	16.7	1	16.7	优势
	城市化进程竞争力	6	2	33.3	1	16.7	0	0.0	3	50.0	强势
	市场化进程竞争力	6	1	16.7	1	16.7	2	33.3	2	33.3	中势
	小　计	**18**	4	22.2	5	27.8	3	16.7	6	33.3	优势

续表

二级指标	三级指标	四级指标数	强势指标		优势指标		中势指标		劣势指标		优劣势
			个数	比重	个数	比重	个数	比重	个数	比重	
统筹协调竞争力	统筹发展竞争力	8	2	25.0	5	62.5	1	12.5	0	0.0	优势
	协调发展竞争力	8	2	25.0	1	12.5	2	25.0	3	37.5	中势
	小　计	**16**	4	25.0	6	37.5	3	18.8	3	18.8	优势
合　计		**210**	30	14.3	50	23.8	51	24.3	79	37.6	优势

4. 天津市经济综合竞争力四级指标优劣势对比分析

表 2-4　2020 年天津市经济综合竞争力各级指标优劣势情况

二级指标	优劣势	四级指标
宏观经济竞争力（27 个）	强势指标	人均固定资产投资额、产业结构优化度、城乡经济结构优化度、外贸依存度（4 个）
	优势指标	人均地区生产总值、人均财政总收入、就业结构优化度、进出口总额、外资企业数、对外直接投资额（6 个）
	劣势指标	地区生产总值、地区生产总值增长率、财政总收入、财政总收入增长率、固定资产投资额增长率、全社会消费品零售总额、全社会消费品零售总额增长率、实体经济结构优化度、贸易结构优化度、进出口增长率、实际 FDI 增长率（11 个）
产业经济竞争力（40 个）	强势指标	农产品出口占农林牧渔总产值比重、人均服务业增加值、产品质量抽查合格率（3 个）
	优势指标	农民人均纯收入、人均工业增加值、限额以上批发零售企业主营业务收入、规模以上企业劳动效率、城镇就业人员平均工资、新产品销售收入占主营业务收入比重、工业企业 R&D 经费投入强度（7 个）
	劣势指标	农业增加值、农业增加值增长率、人均农业增加值、农民人均纯收入增长率、人均主要农产品产量、农业机械化水平、农村人均用电量、财政支农资金比重、工业增加值、工业增加值增长率、工业资产总额、工业资产总额增长率、规模以上工业利润总额、工业全员劳动生产率、工业收入利润率、服务业增加值、服务业增加值增长率、服务业从业人员数、限额以上批零企业利税率、商品房销售收入、全国 500 强企业数（21 个）
可持续发展竞争力（24 个）	强势指标	一般工业固体废物综合利用率、生活垃圾无害化处理率、文盲率、大专以上教育程度人口比例、平均受教育程度（5 个）
	优势指标	人均可使用海域和滩涂面积、人均治理工业污染投资额、自然灾害直接经济损失额、15～64 岁人口比例（4 个）
	劣势指标	人均国土面积、人均年水资源量、耕地面积、人均耕地面积、人均牧草地面积、主要能源矿产基础储量、人均森林储积量、森林覆盖率、人均废水排放量、常住人口增长率、人口健康素质、职业学校毕业生数（12 个）

续表

二级指标	优劣势	四级指标
财政金融竞争力（22个）	强势指标	税收收入占GDP比重、人均地方财政收入、人均税收收入、人均贷款余额、保险密度（5个）
	优势指标	地方财政收入占GDP比重、税收收入占财政总收入比重、人均地方财政支出、人均存款余额（4个）
	劣势指标	地方财政收入、地方财政支出、地方财政收入增长率、地方财政支出增长率、税收收入增长率、存款余额、中长期贷款占贷款余额比重（7个）
知识经济竞争力（29个）	强势指标	R&D经费投入强度、万人高等学校在校学生数（2个）
	优势指标	技术市场成交合同金额、财政科技支出占地方财政支出比重、高技术产品出口额占商品出口额比重、人均教育经费、公共教育经费占财政支出比重、人均文化教育支出、文化服务业企业营业收入、城镇居民人均文化娱乐支出（8个）
	劣势指标	高技术产业主营业务收入、高技术产业收入占工业增加值比重、教育经费、万人中小学学校数、万人中小学专任教师数、高等学校数、高校专任教师数、图书和期刊出版数、电子出版物品种、农村居民人均文化娱乐支出、城镇居民人均文化娱乐支出占消费性支出比重、农村居民人均文化娱乐支出占消费性支出比重（12个）
发展环境竞争力（18个）	强势指标	铁路网线密度（1个）
	优势指标	公路网线密度、人均邮电业务总量、电话普及率、人均耗电量（4个）
	劣势指标	全社会旅客周转量、全社会货物周转量、网站域名数、社会捐赠站点数（4个）
政府作用竞争力（16个）	强势指标	财政投资对社会投资的拉动、规范税收（2个）
	优势指标	政府公务员对经济的贡献、政府消费对民间消费的拉动、物价调控、养老保险覆盖率、失业保险覆盖率、最低工资标准（6个）
	劣势指标	财政支出用于基本建设投资比重、统筹经济社会发展、城镇职工养老保险收支比（3个）
发展水平竞争力（18个）	强势指标	工农业增加值比值、城镇化率、城市平均建成区面积比重、社会投资占投资总额比重（4个）
	优势指标	高技术产业占工业增加值比重、高技术产品占商品出口额比重、数字经济应用、城镇居民人均可支配收入、居民消费支出占总消费支出比重（5个）
	劣势指标	工业增加值增长率、人均拥有道路面积、人均日生活用水量、人均公共绿地面积、私有和个体企业从业人员比重、亿元以上商品市场成交额（6个）
统筹协调竞争力（16个）	强势指标	社会劳动生产率、固定资产投资增长率、城乡居民家庭人均收入比差、全社会消费品零售总额与外贸出口总额比差（4个）
	优势指标	能源消耗下降率、万元GDP综合能耗下降率、非农用地产出率、居民收入占GDP比重、二三产业增加值比例、环境竞争力与宏观经济竞争力比差（6个）
	劣势指标	资源竞争力与宏观经济竞争力比差、资源竞争力与工业竞争力比差、环境竞争力与工业竞争力比差（3个）

2.2 天津市经济综合竞争力各级指标具体分析

1. 天津市宏观经济竞争力指标排名变化情况

表 2-5 2019~2020 年天津市宏观经济竞争力指标组排位及变化趋势

指 标	2019 年	2020 年	排位升降	优劣势
1 宏观经济竞争力	15	14	1	中势
1.1 经济实力竞争力	17	19	-2	中势
地区生产总值	23	23	0	劣势
地区生产总值增长率	29	24	5	劣势
人均地区生产总值	7	5	2	优势
财政总收入	20	22	-2	劣势
财政总收入增长率	8	30	-22	劣势
人均财政总收入	4	7	-3	优势
固定资产投资额	18	18	0	中势
固定资产投资额增长率	1	23	-22	劣势
人均固定资产投资额	1	1	0	强势
全社会消费品零售总额	24	26	-2	劣势
全社会消费品零售总额增长率	31	29	2	劣势
人均全社会消费品零售总额	9	11	-2	中势
1.2 经济结构竞争力	8	2	6	强势
产业结构优化度	3	3	0	强势
所有制经济结构优化度	14	11	3	中势
城乡经济结构优化度	1	1	0	强势
就业结构优化度	6	4	2	优势
实体经济结构优化度	29	29	0	劣势
贸易结构优化度	23	24	-1	劣势
1.3 经济外向度竞争力	9	11	-2	中势
进出口总额	7	7	0	优势
进出口增长率	22	25	-3	劣势
出口总额	12	13	-1	中势
出口增长率	27	19	8	中势
实际 FDI	8	11	-3	中势
实际 FDI 增长率	23	29	-6	劣势
外贸依存度	3	3	0	强势
外资企业数	9	9	0	优势
对外直接投资额	7	10	-3	优势

2. 天津市产业经济竞争力指标排名变化情况

表2－6 2019～2020年天津市产业经济竞争力指标组排位及变化趋势

指 标	2019年	2020年	排位升降	优劣势
2 产业经济竞争力	20	22	－2	劣势
2.1 农业竞争力	31	31	0	劣势
农业增加值	28	28	0	劣势
农业增加值增长率	29	29	0	劣势
人均农业增加值	27	27	0	劣势
农民人均纯收入	4	4	0	优势
农民人均纯收入增长率	31	30	1	劣势
农产品出口占农林牧渔总产值比重	3	3	0	强势
人均主要农产品产量	29	27	2	劣势
农业机械化水平	29	29	0	劣势
农村人均用电量	27	27	0	劣势
财政支农资金比重	31	31	0	劣势
2.2 工业竞争力	22	25	－3	劣势
工业增加值	22	23	－1	劣势
工业增加值增长率	27	25	2	劣势
人均工业增加值	6	6	0	优势
工业资产总额	20	22	－2	劣势
工业资产总额增长率	26	29	－3	劣势
规模以上工业主营业务收入	19	19	0	中势
工业成本费用率	18	12	6	中势
规模以上工业利润总额	18	23	－5	劣势
工业全员劳动生产率	15	24	－9	劣势
工业收入利润率	12	22	－10	劣势
2.3 服务业竞争力	20	20	0	中势
服务业增加值	20	21	－1	劣势
服务业增加值增长率	27	22	5	劣势
人均服务业增加值	5	3	2	强势
服务业从业人员数	24	27	－3	劣势
限额以上批发零售企业主营业务收入	8	8	0	优势
限额以上批零企业利税率	31	30	1	劣势
限额以上餐饮企业利税率	17	19	－2	中势
旅游外汇收入	18	18	0	中势
商品房销售收入	21	21	0	劣势
电子商务销售额	15	13	2	中势

续表

指　标	2019年	2020年	排位升降	优劣势
2.4　企业竞争力	7	8	-1	优势
规模以上工业企业数	18	19	-1	中势
规模以上企业平均资产	16	16	0	中势
规模以上企业平均收入	11	11	0	中势
规模以上企业平均利润	6	12	-6	中势
规模以上企业劳动效率	4	6	-2	优势
城镇就业人员平均工资	4	4	0	优势
新产品销售收入占主营业务收入比重	10	10	0	优势
产品质量抽查合格率	5	3	2	强势
工业企业 R&D 经费投入强度	7	7	0	优势
全国500强企业数	21	21	0	劣势

3. 天津市可持续发展竞争力指标排名变化情况

表2-7　2019~2020年天津市可持续发展竞争力指标组排位及变化趋势

指　标	2019年	2020年	排位升降	优劣势
3　可持续发展竞争力	20	22	-2	劣势
3.1　资源竞争力	29	29	0	劣势
人均国土面积	29	29	0	劣势
人均可使用海域和滩涂面积	9	9	0	优势
人均年水资源量	31	31	0	劣势
耕地面积	29	29	0	劣势
人均耕地面积	28	26	2	劣势
人均牧草地面积	27	26	1	劣势
主要能源矿产基础储量	25	25	0	劣势
人均主要能源矿产基础储量	20	19	1	中势
人均森林储积量	30	30	0	劣势
3.2　环境竞争力	15	13	2	中势
森林覆盖率	28	28	0	劣势
人均废水排放量	29	29	0	劣势
人均工业废气排放量	27	12	15	中势
人均工业固体废物排放量	12	18	-6	中势
人均治理工业污染投资额	6	6	0	优势
一般工业固体废物综合利用率	1	1	0	强势
生活垃圾无害化处理率	1	1	0	强势
自然灾害直接经济损失额	1	6	-5	优势

续表

指　标	2019 年	2020 年	排位升降	优劣势
3.3　人力资源竞争力	4	7	-3	优势
常住人口增长率	27	23	4	劣势
15 ~64 岁人口比例	2	8	-6	优势
文盲率	2	3	-1	强势
大专以上教育程度人口比例	3	3	0	强势
平均受教育程度	3	3	0	强势
人口健康素质	28	26	2	劣势
职业学校毕业生数	27	27	0	劣势

4. 天津市财政金融竞争力指标排名变化情况

表 2-8　2019 ~2020 年天津市财政金融竞争力指标组排位及变化趋势

指　标	2019 年	2020 年	排位升降	优劣势
4　财政金融竞争力	6	9	-3	优势
4.1　财政竞争力	5	16	-11	中势
地方财政收入	16	21	-5	劣势
地方财政支出	27	27	0	劣势
地方财政收入占 GDP 比重	2	4	-2	优势
地方财政支出占 GDP 比重	15	19	-4	中势
税收收入占 GDP 比重	4	3	1	强势
税收收入占财政总收入比重	28	5	23	优势
人均地方财政收入	3	3	0	强势
人均地方财政支出	5	5	0	优势
人均税收收入	3	3	0	强势
地方财政收入增长率	1	30	-29	劣势
地方财政支出增长率	3	31	-28	劣势
税收收入增长率	19	24	-5	劣势
4.2　金融竞争力	9	9	0	优势
存款余额	20	21	-1	劣势
人均存款余额	4	4	0	优势
贷款余额	16	18	-2	中势
人均贷款余额	3	3	0	强势
中长期贷款占贷款余额比重	25	27	-2	劣势
保险费净收入	23	20	3	中势
保险密度	6	3	3	强势
保险深度	15	11	4	中势
国内上市公司数	17	15	2	中势
国内上市公司市值	18	17	1	中势

5. 天津市知识经济竞争力指标排名变化情况

表 2-9　2019～2020 年天津市知识经济竞争力指标组排位及变化趋势

指　标	2019 年	2020 年	排位升降	优劣势
5　知识经济竞争力	13	13	0	中势
5.1　科技竞争力	12	12	0	中势
R&D 人员	18	18	0	中势
R&D 经费	18	17	1	中势
R&D 经费投入强度	3	3	0	强势
发明专利授权量	18	18	0	中势
技术市场成交合同金额	9	10	-1	优势
财政科技支出占地方财政支出比重	8	7	1	优势
高技术产业主营业务收入	22	23	-1	劣势
高技术产业收入占工业增加值比重	26	27	-1	劣势
高技术产品出口额占商品出口额比重	8	8	0	优势
5.2　教育竞争力	11	8	3	优势
教育经费	27	27	0	劣势
教育经费占 GDP 比重	16	20	-4	中势
人均教育经费	6	5	1	优势
公共教育经费占财政支出比重	6	5	1	优势
人均文化教育支出	7	6	1	优势
万人中小学学校数	29	27	2	劣势
万人中小学专任教师数	28	28	0	劣势
高等学校数	24	24	0	劣势
高校专任教师数	24	24	0	劣势
万人高等学校在校学生数	2	1	1	强势
5.3　文化竞争力	24	29	-5	劣势
文化制造业营业收入	17	19	-2	中势
文化批发零售业营业收入	14	19	-5	中势
文化服务业企业营业收入	7	8	-1	优势
图书和期刊出版数	24	25	-1	劣势
电子出版物品种	18	24	-6	劣势
印刷用纸量	18	16	2	中势
城镇居民人均文化娱乐支出	5	10	-5	优势
农村居民人均文化娱乐支出	25	30	-5	劣势
城镇居民人均文化娱乐支出占消费性支出比重	17	27	-10	劣势
农村居民人均文化娱乐支出占消费性支出比重	28	28	0	劣势

6. 天津市发展环境竞争力指标排名变化情况

表 2－10　2019～2020 年天津市发展环境竞争力指标组排位及变化趋势

指　标	2019 年	2020 年	排位升降	优劣势
6　发展环境竞争力	17	8	9	优势
6.1　基础设施竞争力	9	6	3	优势
铁路网线密度	1	1	0	强势
公路网线密度	8	8	0	优势
人均内河航道里程	18	18	0	中势
全社会旅客周转量	25	25	0	劣势
全社会货物周转量	19	21	－2	劣势
人均邮电业务总量	15	9	6	优势
电话普及率	11	4	7	优势
网站域名数	26	26	0	劣势
人均耗电量	12	10	2	优势
6.2　软环境竞争力	31	14	17	中势
外资企业数增长率	27	12	15	中势
万人外资企业数	4	20	－16	中势
个体私营企业数增长率	6	13	－7	中势
万人个体私营企业数	29	15	14	中势
万人商标注册件数	7	16	－9	中势
政府网站数	29	16	13	中势
交通事故直接财产损失	31	11	20	中势
罚没收入占财政收入比重	30	18	12	中势
社会捐赠站点数	7	22	－15	劣势

7. 天津市政府作用竞争力指标排名变化情况

表 2－11　2019～2020 年天津市政府作用竞争力指标组排位及变化趋势

指　标	2019 年	2020 年	排位升降	优劣势
7　政府作用竞争力	5	4	1	优势
7.1　政府发展经济竞争力	5	7	－2	优势
财政支出用于基本建设投资比重	30	28	2	劣势
财政支出对 GDP 增长的拉动	17	13	4	中势
政府公务员对经济的贡献	5	5	0	优势
政府消费对民间消费的拉动	3	10	－7	优势
财政投资对社会投资的拉动	2	2	0	强势

续表

指　标	2019 年	2020 年	排位升降	优劣势
7.2　政府规调经济竞争力	10	6	4	优势
物价调控	13	6	7	优势
调控城乡消费差距	14	15	-1	中势
统筹经济社会发展	30	23	7	劣势
规范税收	3	3	0	强势
工业生产出厂价格指数	12	11	1	中势
7.3　政府保障经济竞争力	12	10	2	优势
城镇职工养老保险收支比	19	24	-5	劣势
医疗保险覆盖率	11	11	0	中势
养老保险覆盖率	13	10	3	优势
失业保险覆盖率	11	10	1	优势
最低工资标准	4	4	0	优势
城镇登记失业率	25	11	14	中势

8. 天津市发展水平竞争力指标排名变化情况

表 2-12　2019~2020 年天津市发展水平竞争力指标组排位及变化趋势

指　标	2019 年	2020 年	排位升降	优劣势
8　发展水平竞争力	7	6	1	优势
8.1　工业化进程竞争力	11	7	4	优势
工业增加值占 GDP 比重	15	16	-1	中势
工业增加值增长率	30	27	3	劣势
高技术产业占工业增加值比重	11	6	5	优势
高技术产品占商品出口额比重	8	8	0	优势
数字经济应用	6	6	0	优势
工农业增加值比值	3	3	0	强势
8.2　城市化进程竞争力	5	3	2	强势
城镇化率	3	3	0	强势
城镇居民人均可支配收入	6	6	0	优势
城市平均建成区面积比重	3	3	0	强势
人均拥有道路面积	29	27	2	劣势
人均日生活用水量	30	30	0	劣势
人均公共绿地面积	30	30	0	劣势

续表

指　标	2019 年	2020 年	排位升降	优劣势
8.3　市场化进程竞争力	16	12	4	中势
非公有制经济产值占全社会总产值比重	14	11	3	中势
社会投资占投资总额比重	1	1	0	强势
私有和个体企业从业人员比重	31	30	1	劣势
亿元以上商品市场成交额	20	21	-1	劣势
亿元以上商品市场成交额占全社会消费品零售总额比重	11	11	0	中势
居民消费支出占总消费支出比重	6	4	2	优势

9. 天津市统筹协调竞争力指标排名变化情况

表 2-13　2019～2020 年天津市统筹协调竞争力指标组排位及变化趋势

指　标	2019 年	2020 年	排位升降	优劣势
9　统筹协调竞争力	10	5	5	优势
9.1　统筹发展竞争力	11	8	3	优势
社会劳动生产率	6	3	3	强势
能源消耗下降率	16	5	11	优势
万元 GDP 综合能耗下降率	25	7	18	优势
非农用地产出率	6	7	-1	优势
居民收入占 GDP 比重	21	8	13	优势
二三产业增加值比例	5	5	0	优势
固定资产投资额占 GDP 比重	18	18	0	中势
固定资产投资增长率	31	1	30	强势
9.2　协调发展竞争力	18	19	-1	中势
资源竞争力与宏观经济竞争力比差	29	29	0	劣势
环境竞争力与宏观经济竞争力比差	16	8	8	优势
人力资源竞争力与宏观经济竞争力比差	20	20	0	中势
资源竞争力与工业竞争力比差	27	26	1	劣势
环境竞争力与工业竞争力比差	22	25	-3	劣势
城乡居民家庭人均收入比差	1	1	0	强势
城乡居民人均消费支出比差	14	15	-1	中势
全社会消费品零售总额与外贸出口总额比差	5	3	2	强势

B.4

3
2019 ~2020年河北省经济综合竞争力评价分析报告

河北省简称“冀”，省会石家庄，位于中国华北地区，东临渤海、内环京津。全省面积为18.88万平方公里，2020年全省常住人口为7464万人，地区生产总值为36207亿元，同比增长3.9%，人均GDP达48564元。本部分通过分析2019~2020年河北省经济综合竞争力以及各要素竞争力的排名变化，从中找出河北省经济综合竞争力的推动点及影响因素，为进一步提升河北省经济综合竞争力提供决策参考。

3.1 河北省经济综合竞争力总体分析

1. 河北省经济综合竞争力一级指标概要分析

（1）从综合排位看，2020年河北省经济综合竞争力综合排位在全国居第15位，这表明其在全国处于中势地位；与2019年相比，综合排位没有发生变化。

（2）从指标所处区位看，7个指标处于中游区，其中宏观经济竞争力、产业经济竞争力、知识经济竞争力、发展环境竞争力、政府作用竞争力、发展水平竞争力和统筹协调竞争力等7个指标为河北省经济综合竞争力的中势指标。

（3）从指标变化趋势看，9个二级指标中，有6个指标处于上升趋势，分别为产业经济竞争力、可持续发展竞争力、财政金融竞争力、知识经济竞争力、政府作用竞争力和发展水平竞争力，这些是河北省经济综合竞争力的上升动力所在；有2个指标处于下降趋势，分别为发展环境竞争力和统筹协调竞争力，是河北省经济综合竞争力的下降拉力所在；有1个指标排位没有发生变化，是宏观经济竞争力。

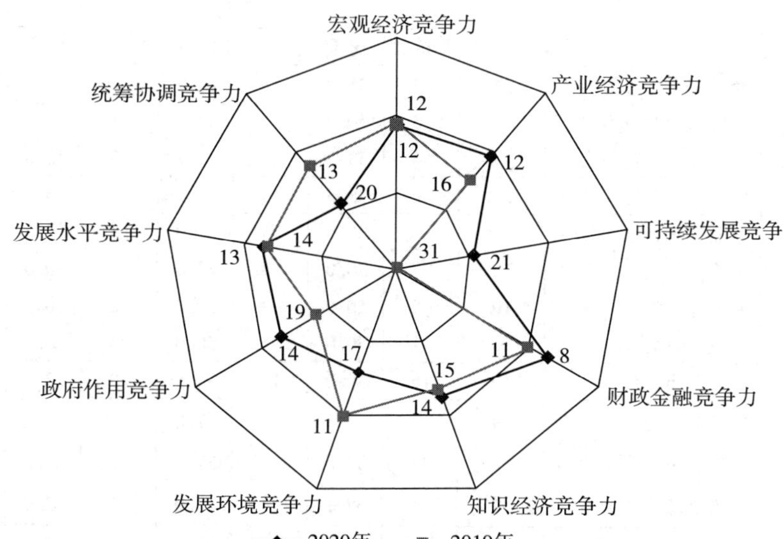

图3－1　2019～2020年河北省经济综合竞争力二级指标比较

表3－1　2019～2020年河北省经济综合竞争力二级指标表现情况

	宏观经济竞争力	产业经济竞争力	可持续发展竞争力	财政金融竞争力	知识经济竞争力	发展环境竞争力	政府作用竞争力	发展水平竞争力	统筹协调竞争力	**综合排位**
2019年	12	16	31	11	15	11	19	14	13	15
2020年	12	12	21	8	14	17	14	13	20	15
升降	0	4	10	3	1	－6	5	1	－7	0
优劣度	中势	中势	劣势	优势	中势	中势	中势	中势	中势	中势

2. 河北省经济综合竞争力各级指标动态变化分析

从表3－2可以看出，210个四级指标中，上升指标有67个，占指标总数的31.9%；下降指标有72个，占指标总数的34.3%；保持不变的指标有71个，占指标总数的33.8%。综上所述，河北省经济综合竞争力的上升动力和下降拉力大致相当，且排位保持不变的指标占较大比重，2019～2020年河北省经济综合竞争力排位保持不变。

表3-2 2019~2020年河北省经济综合竞争力各级指标排位变化情况

单位：个，%

二级指标	三级指标	四级指标数	上升		保持		下降		变化趋势
			指标数	比重	指标数	比重	指标数	比重	
宏观经济竞争力	经济实力竞争力	12	3	25.0	3	25.0	6	50.0	下降
	经济结构竞争力	6	3	50.0	2	33.3	1	16.7	下降
	经济外向度竞争力	9	3	33.3	1	11.1	5	55.6	下降
	小　计	**27**	9	33.3	6	22.2	12	44.4	保持
产业经济竞争力	农业竞争力	10	2	20.0	5	50.0	3	30.0	保持
	工业竞争力	10	7	70.0	2	20.0	1	10.0	上升
	服务业竞争力	10	5	50.0	3	30.0	2	20.0	保持
	企业竞争力	10	2	20.0	5	50.0	3	30.0	上升
	小　计	**40**	16	40.0	15	37.5	9	22.5	上升
可持续发展竞争力	资源竞争力	9	1	11.1	7	77.8	1	11.1	下降
	环境竞争力	8	3	37.5	3	37.5	2	25.0	上升
	人力资源竞争力	7	4	57.1	0	0.0	3	42.9	上升
	小　计	**24**	8	33.3	10	41.7	6	25.0	上升
财政金融竞争力	财政竞争力	12	3	25.0	4	33.3	5	41.7	上升
	金融竞争力	10	2	20.0	2	20.0	6	60.0	下降
	小　计	**22**	5	22.7	6	27.3	11	50.0	上升
知识经济竞争力	科技竞争力	9	3	33.3	3	33.3	3	33.3	下降
	教育竞争力	10	2	20.0	8	80.0	0	0.0	上升
	文化竞争力	10	4	40.0	4	40.0	2	20.0	上升
	小　计	**29**	9	31.0	15	51.7	5	17.2	上升
发展环境竞争力	基础设施竞争力	9	0	0.0	5	55.6	4	44.4	下降
	软环境竞争力	9	2	22.2	0	0.0	7	77.8	下降
	小　计	**18**	2	11.1	5	27.8	11	61.1	下降
政府作用竞争力	政府发展经济竞争力	5	1	20.0	1	20.0	3	60.0	下降
	政府规调经济竞争力	5	3	60.0	0	0.0	2	40.0	上升
	政府保障经济竞争力	6	3	50.0	3	50.0	0	0.0	上升
	小　计	**16**	7	43.8	4	25.0	5	31.3	上升
发展水平竞争力	工业化进程竞争力	6	2	33.3	3	50.0	1	16.7	上升
	城市化进程竞争力	6	4	66.7	2	33.3	0	0.0	上升
	市场化进程竞争力	6	2	33.3	2	33.3	2	33.3	上升
	小　计	**18**	8	44.4	7	38.9	3	16.7	上升

续表

二级指标	三级指标	四级指标数	上升		保持		下降		变化趋势
			指标数	比重	指标数	比重	指标数	比重	
统筹协调竞争力	统筹发展竞争力	8	2	25.0	1	12.5	5	62.5	上升
	协调发展竞争力	8	1	12.5	2	25.0	5	62.5	下降
	小　计	**16**	3	18.8	3	18.8	10	62.5	下降
合　计		**210**	67	31.9	71	33.8	72	34.3	保持

3. 河北省经济综合竞争力各级指标优劣势结构分析

基于图 3 -2 和表 3 -3，具体到四级指标，强势指标 7 个，占指标总数的 3.3%；优势指标 53 个，占指标总数的 25.2%；中势指标 102 个，占指标总数的 48.6%；劣势指标 48 个，占指标总数的 22.9%。三级指标中，强势指标 1 个，占三级指标总数的 4.0%；优势指标 4 个，占三级指标总数的 16.0%；中势指标 16 个，占三级指标总数的 64.0%；劣势指标 4 个，占三级指标总数的 16.0%。从二级指标看，优势指标有 1 个，占二级指标总数的 11.1%；中势指标有 7 个，占二级指标总数的 77.8%；劣势指标 1 个，占二级指标总数的 11.1%。综合来看，由于中势指标在指标体系中居于主导地位，其数量明显多于其他类别的指标，2020 年河北省经济综合竞争力处于中势地位。

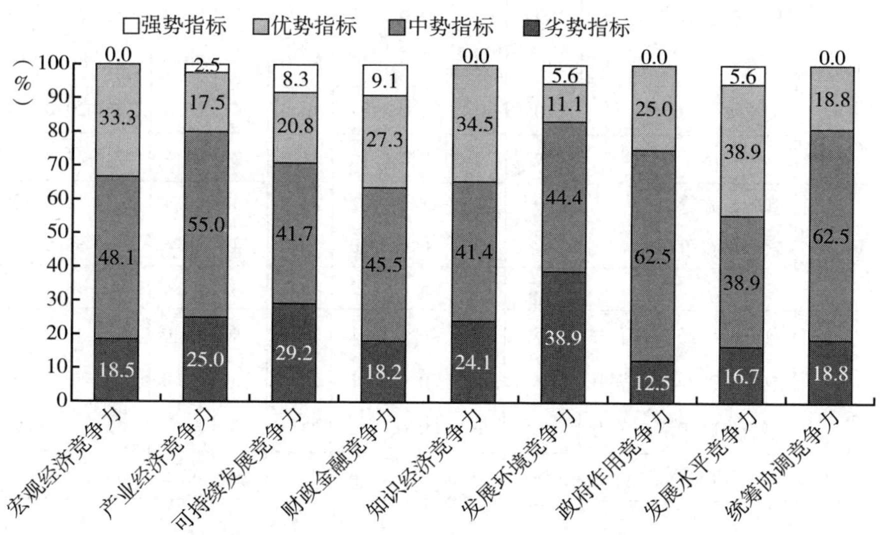

图 3 -2　2020 年河北省经济综合竞争力各级指标优劣势比较

表 3-3　2020 年河北省经济综合竞争力各级指标优劣势情况

单位：个，%

二级指标	三级指标	四级指标数	强势指标		优势指标		中势指标		劣势指标		优劣势
			个数	比重	个数	比重	个数	比重	个数	比重	
宏观经济竞争力	经济实力竞争力	12	0	0.0	2	16.7	5	41.7	5	41.7	中势
	经济结构竞争力	6	0	0.0	4	66.7	2	33.3	0	0.0	优势
	经济外向度竞争力	9	0	0.0	3	33.3	6	66.7	0	0.0	中势
	小　计	**27**	0	0.0	9	33.3	13	48.1	5	18.5	中势
产业经济竞争力	农业竞争力	10	1	10.0	2	20.0	5	50.0	2	20.0	优势
	工业竞争力	10	0	0.0	3	30.0	5	50.0	2	20.0	中势
	服务业竞争力	10	0	0.0	1	10.0	6	60.0	3	30.0	中势
	企业竞争力	10	0	0.0	1	10.0	6	60.0	3	30.0	中势
	小　计	**40**	1	2.5	7	17.5	22	55.0	10	25.0	中势
可持续发展竞争力	资源竞争力	9	0	0.0	2	22.2	4	44.4	3	33.3	劣势
	环境竞争力	8	1	12.5	1	12.5	4	50.0	2	25.0	中势
	人力资源竞争力	7	1	14.3	2	28.6	2	28.6	2	28.6	中势
	小　计	**24**	2	8.3	5	20.8	10	41.7	7	29.2	劣势
财政金融竞争力	财政竞争力	12	1	8.3	3	25.0	5	41.7	3	25.0	中势
	金融竞争力	10	1	10.0	3	30.0	5	50.0	1	10.0	中势
	小　计	**22**	2	9.1	6	27.3	10	45.5	4	18.2	优势
知识经济竞争力	科技竞争力	9	0	0.0	1	11.1	6	66.7	2	22.2	中势
	教育竞争力	10	0	0.0	5	50.0	2	20.0	3	30.0	优势
	文化竞争力	10	0	0.0	4	40.0	4	40.0	2	20.0	中势
	小　计	**29**	0	0.0	10	34.5	12	41.4	7	24.1	中势
发展环境竞争力	基础设施竞争力	9	1	11.1	2	22.2	4	44.4	2	22.2	中势
	软环境竞争力	9	0	0.0	0	0.0	4	44.4	5	55.6	劣势
	小　计	**18**	1	5.6	2	11.1	8	44.4	7	38.9	中势
政府作用竞争力	政府发展经济竞争力	5	0	0.0	1	20.0	4	80.0	0	0.0	中势
	政府规调经济竞争力	5	0	0.0	1	20.0	3	60.0	1	20.0	中势
	政府保障经济竞争力	6	0	0.0	2	33.3	3	50.0	1	16.7	中势
	小　计	**16**	0	0.0	4	25.0	10	62.5	2	12.5	中势

续表

二级指标	三级指标	四级指标数	强势指标		优势指标		中势指标		劣势指标		优劣势
			个数	比重	个数	比重	个数	比重	个数	比重	
发展水平竞争力	工业化进程竞争力	6	0	0.0	0	0.0	4	66.7	2	33.3	劣势
	城市化进程竞争力	6	0	0.0	2	33.3	3	50.0	1	16.7	劣势
	市场化进程竞争力	6	1	16.7	5	83.3	0	0.0	0	0.0	强势
	小　计	**18**	1	5.6	7	38.9	7	38.9	3	16.7	中势
统筹协调竞争力	统筹发展竞争力	8	0	0.0	1	12.5	4	50.0	3	37.5	中势
	协调发展竞争力	8	0	0.0	2	25.0	6	75.0	0	0.0	优势
	小　计	**16**	0	0.0	3	18.8	10	62.5	3	18.8	中势
合　计		**210**	7	3.3	53	25.2	102	48.6	48	22.9	中势

4. 河北省经济综合竞争力四级指标优劣势对比分析

表 3－4　2020 年河北省经济综合竞争力各级指标优劣势情况

二级指标	优劣势	四级指标
宏观经济竞争力（27 个）	强势指标	（0 个）
	优势指标	地区生产总值增长率、固定资产投资额、所有制经济结构优化度、城乡经济结构优化度、就业结构优化度、贸易结构优化度、进出口增长率、出口总额、实际 FDI 增长率（9 个）
	劣势指标	人均地区生产总值、财政总收入增长率、人均财政总收入、固定资产投资额增长率、人均全社会消费品零售总额（5 个）
产业经济竞争力（40 个）	强势指标	农业机械化水平（1 个）
	优势指标	农业增加值、农村人均用电量、工业增加值增长率、工业资产总额、规模以上工业主营业务收入、服务业从业人员数、全国 500 强企业数（7 个）
	劣势指标	人均农业增加值、农民人均纯收入增长率、人均工业增加值、工业收入利润率、人均服务业增加值、限额以上餐饮企业利税率、旅游外汇收入、规模以上企业平均利润、城镇就业人员平均工资、产品质量抽查合格率（10 个）
可持续发展竞争力（24 个）	强势指标	生活垃圾无害化处理率、职业学校毕业生数（2 个）
	优势指标	人均可使用海域和滩涂面积、耕地面积、人均废水排放量、常住人口增长率、文盲率（5 个）
	劣势指标	人均国土面积、人均年水资源量、人均森林储积量、人均工业废气排放量、人均工业固体废物排放量、15～64 岁人口比例、大专以上教育程度人口比例（7 个）

续表

二级指标	优劣势	四级指标
财政金融竞争力（22个）	强势指标	地方财政支出增长率、保险深度（2个）
	优势指标	地方财政收入、地方财政支出、地方财政收入增长率、存款余额、贷款余额、保险费净收入（6个）
	劣势指标	税收收入占财政总收入比重、人均地方财政支出、人均税收收入、人均贷款余额（4个）
知识经济竞争力（29个）	强势指标	（0个）
	优势指标	高技术产业收入占工业增加值比重、教育经费、万人中小学学校数、万人中小学专任教师数、高等学校数、高校专任教师数、图书和期刊出版数、电子出版物品种、印刷用纸量、城镇居民人均文化娱乐支出占消费性支出比重（10个）
	劣势指标	财政科技支出占地方财政支出比重、高技术产品出口额占商品出口额比重、人均教育经费、公共教育经费占财政支出比重、人均文化教育支出、文化服务业企业营业收入、农村居民人均文化娱乐支出（7个）
发展环境竞争力（18个）	强势指标	全社会货物周转量（1个）
	优势指标	铁路网线密度、全社会旅客周转量（2个）
	劣势指标	人均内河航道里程、人均邮电业务总量、万人外资企业数、万人个体私营企业数、万人商标注册件数、交通事故直接财产损失、罚没收入占财政收入比重（7个）
政府作用竞争力（16个）	强势指标	（0个）
	优势指标	财政投资对社会投资的拉动、物价调控、养老保险覆盖率、最低工资标准（4个）
	劣势指标	统筹经济社会发展、城镇职工养老保险收支比（2个）
发展水平竞争力（18个）	强势指标	私有和个体企业从业人员比重（1个）
	优势指标	人均拥有道路面积、人均公共绿地面积、非公有制经济产值占全社会总产值比重、社会投资占投资总额比重、亿元以上商品市场成交额、亿元以上商品市场成交额占全社会消费品零售总额比重、居民消费支出占总消费支出比重（7个）
	劣势指标	高技术产业占工业增加值比重、高技术产品占商品出口额比重、人均日生活用水量（3个）
统筹协调竞争力（16个）	强势指标	（0个）
	优势指标	万元GDP综合能耗下降率、环境竞争力与宏观经济竞争力比差、城乡居民家庭人均收入比差（3个）
	劣势指标	社会劳动生产率、居民收入占GDP比重、固定资产投资额占GDP比重（3个）

3.2　河北省经济综合竞争力各级指标具体分析

1. 河北省宏观经济竞争力指标排名变化情况

表3－5　2019～2020年河北省宏观经济竞争力指标组排位及变化趋势

指　标	2019年	2020年	排位升降	优劣势
1　宏观经济竞争力	12	12	0	中势
1.1　经济实力竞争力	14	15	－1	中势
地区生产总值	13	12	1	中势
地区生产总值增长率	11	4	7	优势
人均地区生产总值	26	27	－1	劣势
财政总收入	10	12	－2	中势
财政总收入增长率	9	29	－20	劣势
人均财政总收入	23	24	－1	劣势
固定资产投资额	8	8	0	优势
固定资产投资额增长率	15	22	－7	劣势
人均固定资产投资额	15	16	－1	中势
全社会消费品零售总额	13	13	0	中势
全社会消费品零售总额增长率	12	11	1	中势
人均全社会消费品零售总额	25	25	0	劣势
1.2　经济结构竞争力	3	4	－1	优势
产业结构优化度	18	15	3	中势
所有制经济结构优化度	12	9	3	优势
城乡经济结构优化度	10	10	0	优势
就业结构优化度	16	9	7	优势
实体经济结构优化度	15	17	－2	中势
贸易结构优化度	10	10	0	优势
1.3　经济外向度竞争力	12	17	－5	中势
进出口总额	11	12	－1	中势
进出口增长率	5	10	－5	优势
出口总额	11	10	1	优势
出口增长率	20	14	6	中势
实际FDI	14	15	－1	中势
实际FDI增长率	4	9	－5	优势
外贸依存度	14	13	1	中势
外资企业数	14	14	0	中势
对外直接投资额	12	13	－1	中势

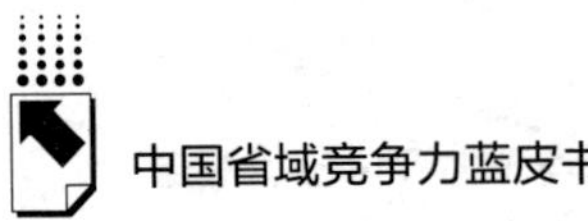

2. 河北省产业经济竞争力指标排名变化情况

表 3-6 2019~2020 年河北省产业经济竞争力指标组排位及变化趋势

指　标	2019 年	2020 年	排位升降	优劣势
2 产业经济竞争力	16	12	4	中势
2.1 农业竞争力	8	8	0	优势
农业增加值	8	8	0	优势
农业增加值增长率	26	15	11	中势
人均农业增加值	20	21	-1	劣势
农民人均纯收入	14	14	0	中势
农民人均纯收入增长率	18	21	-3	劣势
农产品出口占农林牧渔总产值比重	18	16	2	中势
人均主要农产品产量	11	11	0	中势
农业机械化水平	3	3	0	强势
农村人均用电量	5	5	0	优势
财政支农资金比重	17	20	-3	中势
2.2 工业竞争力	16	11	5	中势
工业增加值	10	11	-1	中势
工业增加值增长率	21	8	13	优势
人均工业增加值	22	21	1	劣势
工业资产总额	8	8	0	优势
工业资产总额增长率	22	13	9	中势
规模以上工业主营业务收入	9	8	1	优势
工业成本费用率	12	11	1	中势
规模以上工业利润总额	14	13	1	中势
工业全员劳动生产率	21	18	3	中势
工业收入利润率	24	24	0	劣势
2.3 服务业竞争力	19	19	0	中势
服务业增加值	13	13	0	中势
服务业增加值增长率	1	12	-11	中势
人均服务业增加值	25	27	-2	劣势
服务业从业人员数	9	7	2	优势
限额以上批发零售企业主营业务收入	16	16	0	中势
限额以上批零企业利税率	22	17	5	中势
限额以上餐饮企业利税率	31	30	1	劣势
旅游外汇收入	22	22	0	劣势
商品房销售收入	15	14	1	中势
电子商务销售额	17	12	5	中势

续表

指　标	2019 年	2020 年	排位升降	优劣势
2.4　企业竞争力	18	15	3	中势
规模以上工业企业数	11	12	-1	中势
规模以上企业平均资产	17	18	-1	中势
规模以上企业平均收入	17	17	0	中势
规模以上企业平均利润	22	22	0	劣势
规模以上企业劳动效率	16	12	4	中势
城镇就业人员平均工资	27	28	-1	劣势
新产品销售收入占主营业务收入比重	14	14	0	中势
产品质量抽查合格率	27	26	1	劣势
工业企业 R&D 经费投入强度	13	13	0	中势
全国 500 强企业数	7	7	0	优势

3. 河北省可持续发展竞争力指标排名变化情况

表 3-7　2019~2020 年河北省可持续发展竞争力指标组排位及变化趋势

指　标	2019 年	2020 年	排位升降	优劣势
3　可持续发展竞争力	31	21	10	劣势
3.1　资源竞争力	20	23	-3	劣势
人均国土面积	22	22	0	劣势
人均可使用海域和滩涂面积	8	8	0	优势
人均年水资源量	29	28	1	劣势
耕地面积	7	7	0	优势
人均耕地面积	15	15	0	中势
人均牧草地面积	12	13	-1	中势
主要能源矿产基础储量	11	11	0	中势
人均主要能源矿产基础储量	14	14	0	中势
人均森林储积量	25	25	0	劣势
3.2　环境竞争力	31	14	17	中势
森林覆盖率	19	19	0	中势
人均废水排放量	7	6	1	优势
人均工业废气排放量	31	21	10	劣势
人均工业固体废物排放量	26	26	0	劣势
人均治理工业污染投资额	12	20	-8	中势
一般工业固体废物综合利用率	15	15	0	中势
生活垃圾无害化处理率	29	1	28	强势
自然灾害直接经济损失额	10	11	-1	中势

续表

指　标	2019 年	2020 年	排位升降	优劣势
3.3　人力资源竞争力	18	12	6	中势
常住人口增长率	14	10	4	优势
15～64 岁人口比例	21	26	-5	劣势
文盲率	7	9	-2	优势
大专以上教育程度人口比例	25	28	-3	劣势
平均受教育程度	17	16	1	中势
人口健康素质	16	12	4	中势
职业学校毕业生数	6	3	3	强势

4. 河北省财政金融竞争力指标排名变化情况

表 3－8　2019～2020 年河北省财政金融竞争力指标组排位及变化趋势

指　标	2019 年	2020 年	排位升降	优劣势
4　财政金融竞争力	11	8	3	优势
4.1　财政竞争力	15	13	2	中势
地方财政收入	9	9	0	优势
地方财政支出	7	7	0	优势
地方财政收入占 GDP 比重	12	13	-1	中势
地方财政支出占 GDP 比重	16	15	1	中势
税收收入占 GDP 比重	11	13	-2	中势
税收收入占财政总收入比重	20	25	-5	劣势
人均地方财政收入	21	20	1	中势
人均地方财政支出	29	29	0	劣势
人均税收收入	21	22	-1	劣势
地方财政收入增长率	7	7	0	优势
地方财政支出增长率	18	3	15	强势
税收收入增长率	11	19	-8	中势
4.2　金融竞争力	8	11	-3	中势
存款余额	8	9	-1	优势
人均存款余额	18	17	1	中势
贷款余额	9	9	0	优势
人均贷款余额	25	26	-1	劣势
中长期贷款占贷款余额比重	17	18	-1	中势
保险费净收入	7	8	-1	优势
保险密度	15	15	0	中势
保险深度	4	3	1	强势
国内上市公司数	13	14	-1	中势
国内上市公司市值	14	15	-1	中势

5. 河北省知识经济竞争力指标排名变化情况

表3－9　2019～2020年河北省知识经济竞争力指标组排位及变化趋势

指　标	2019年	2020年	排位升降	优劣势
5　知识经济竞争力	15	14	1	中势
5.1　科技竞争力	16	17	－1	中势
R&D人员	13	13	0	中势
R&D经费	11	13	－2	中势
R&D经费投入强度	16	16	0	中势
发明专利授权量	13	13	0	中势
技术市场成交合同金额	15	14	1	中势
财政科技支出占地方财政支出比重	23	21	2	劣势
高技术产业主营业务收入	10	11	－1	中势
高技术产业收入占工业增加值比重	8	6	2	优势
高技术产品出口额占商品出口额比重	25	27	－2	劣势
5.2　教育竞争力	12	9	3	优势
教育经费	7	7	0	优势
教育经费占GDP比重	14	14	0	中势
人均教育经费	29	29	0	劣势
公共教育经费占财政支出比重	24	22	2	劣势
人均文化教育支出	22	22	0	劣势
万人中小学学校数	7	7	0	优势
万人中小学专任教师数	4	4	0	优势
高等学校数	8	8	0	优势
高校专任教师数	7	7	0	优势
万人高等学校在校学生数	21	20	1	中势
5.3　文化竞争力	14	13	1	中势
文化制造业营业收入	14	14	0	中势
文化批发零售业营业收入	15	15	0	中势
文化服务业企业营业收入	20	21	－1	劣势
图书和期刊出版数	10	9	1	优势
电子出版物品种	11	10	1	优势
印刷用纸量	6	7	－1	优势
城镇居民人均文化娱乐支出	28	12	16	中势
农村居民人均文化娱乐支出	22	22	0	劣势
城镇居民人均文化娱乐支出占消费性支出比重	24	6	18	优势
农村居民人均文化娱乐支出占消费性支出比重	19	19	0	中势

6. 河北省发展环境竞争力指标排名变化情况

表 3－10　2019～2020 年河北省发展环境竞争力指标组排位及变化趋势

指　标	2019 年	2020 年	排位升降	优劣势
6　发展环境竞争力	11	17	－6	中势
6.1　基础设施竞争力	10	12	－2	中势
铁路网线密度	6	6	0	优势
公路网线密度	16	16	0	中势
人均内河航道里程	28	28	0	劣势
全社会旅客周转量	6	8	－2	优势
全社会货物周转量	3	3	0	强势
人均邮电业务总量	21	25	－4	劣势
电话普及率	19	20	－1	中势
网站域名数	14	16	－2	中势
人均耗电量	15	15	0	中势
6.2　软环境竞争力	15	27	－12	劣势
外资企业数增长率	7	15	－8	中势
万人外资企业数	21	25	－4	劣势
个体私营企业数增长率	15	19	－4	中势
万人个体私营企业数	17	23	－6	劣势
万人商标注册件数	17	28	－11	劣势
政府网站数	16	19	－3	中势
交通事故直接财产损失	3	25	－22	劣势
罚没收入占财政收入比重	25	21	4	劣势
社会捐赠站点数	22	13	9	中势

7. 河北省政府作用竞争力指标排名变化情况

表 3－11　2019～2020 年河北省政府作用竞争力指标组排位及变化趋势

指　标	2019 年	2020 年	排位升降	优劣势
7　政府作用竞争力	19	14	5	中势
7.1　政府发展经济竞争力	14	16	－2	中势
财政支出用于基本建设投资比重	19	20	－1	中势
财政支出对 GDP 增长的拉动	16	17	－1	中势
政府公务员对经济的贡献	18	19	－1	中势
政府消费对民间消费的拉动	13	12	1	中势
财政投资对社会投资的拉动	6	6	0	优势

续表

指　标	2019 年	2020 年	排位升降	优劣势
7.2　政府规调经济竞争力	24	15	9	中势
物价调控	22	8	14	优势
调控城乡消费差距	10	14	-4	中势
统筹经济社会发展	19	22	-3	劣势
规范税收	24	11	13	中势
工业生产出厂价格指数	23	18	5	中势
7.3　政府保障经济竞争力	17	13	4	中势
城镇职工养老保险收支比	21	21	0	劣势
医疗保险覆盖率	15	15	0	中势
养老保险覆盖率	8	8	0	优势
失业保险覆盖率	17	12	5	中势
最低工资标准	25	8	17	优势
城镇登记失业率	17	12	5	中势

8. 河北省发展水平竞争力指标排名变化情况

表 3-12　2019~2020 年河北省发展水平竞争力指标组排位及变化趋势

指　标	2019 年	2020 年	排位升降	优劣势
8　发展水平竞争力	14	13	1	中势
8.1　工业化进程竞争力	26	24	2	劣势
工业增加值占 GDP 比重	12	12	0	中势
工业增加值增长率	28	13	15	中势
高技术产业占工业增加值比重	28	26	2	劣势
高技术产品占商品出口额比重	25	27	-2	劣势
数字经济应用	20	20	0	中势
工农业增加值比值	18	18	0	中势
8.2　城市化进程竞争力	23	21	2	劣势
城镇化率	21	18	3	中势
城镇居民人均可支配收入	21	19	2	中势
城市平均建成区面积比重	18	18	0	中势
人均拥有道路面积	9	9	0	优势
人均日生活用水量	29	27	2	劣势
人均公共绿地面积	13	9	4	优势

续表

指　标	2019 年	2020 年	排位升降	优劣势
8.3　市场化进程竞争力	3	2	1	强势
非公有制经济产值占全社会总产值比重	12	9	3	优势
社会投资占投资总额比重	4	10	-6	优势
私有和个体企业从业人员比重	13	2	11	强势
亿元以上商品市场成交额	5	5	0	优势
亿元以上商品市场成交额占全社会消费品零售总额比重	5	6	-1	优势
居民消费支出占总消费支出比重	7	7	0	优势

9. 河北省统筹协调竞争力指标排名变化情况

表 3-13　2019~2020 年河北省统筹协调竞争力指标组排位及变化趋势

指　标	2019 年	2020 年	排位升降	优劣势
9　统筹协调竞争力	13	20	-7	中势
9.1　统筹发展竞争力	21	19	2	中势
社会劳动生产率	23	24	-1	劣势
能源消耗下降率	5	13	-8	中势
万元 GDP 综合能耗下降率	4	8	-4	优势
非农用地产出率	18	18	0	中势
居民收入占 GDP 比重	27	29	-2	劣势
二三产业增加值比例	18	15	3	中势
固定资产投资额占 GDP 比重	26	27	-1	劣势
固定资产投资增长率	17	15	2	中势
9.2　协调发展竞争力	4	6	-2	优势
资源竞争力与宏观经济竞争力比差	14	16	-2	中势
环境竞争力与宏观经济竞争力比差	7	10	-3	优势
人力资源竞争力与宏观经济竞争力比差	9	15	-6	中势
资源竞争力与工业竞争力比差	14	11	3	中势
环境竞争力与工业竞争力比差	6	13	-7	中势
城乡居民家庭人均收入比差	10	10	0	优势
城乡居民人均消费支出比差	10	14	-4	中势
全社会消费品零售总额与外贸出口总额比差	11	11	0	中势

B.5

4 2019～2020年山西省经济综合竞争力评价分析报告

山西省简称“晋”，位于中国华北，东与河北为邻，西与陕西相望，南与河南接壤，北与内蒙古毗连，是典型的为黄土覆盖的山地高原。全省总面积为15.6万平方公里，2020年全省常住人口为3490万人，地区生产总值为17652亿元，同比增长3.6%，人均GDP达50528元。本部分通过分析2019～2020年山西省经济综合竞争力以及各要素竞争力的排名变化，从中找出山西省经济综合竞争力的推动点及影响因素，为进一步提升山西省经济综合竞争力提供决策参考。

4.1 山西省经济综合竞争力总体分析

1. 山西省经济综合竞争力一级指标概要分析

（1）从综合排位看，2020年山西省经济综合竞争力综合排位在全国居第21位，这表明其在全国处于劣势地位；与2019年相比，综合排位没有发生变化。

（2）从指标所处区位看，2个指标处于上游区，为可持续发展竞争力和统筹协调竞争力；2个指标处于中游区，为财政金融竞争力和知识经济竞争力；5个指标处于下游区，分别为宏观经济竞争力、产业经济竞争力、发展环境竞争力、政府作用竞争力和发展水平竞争力。

（3）从指标变化趋势看，9个二级指标中，有5个指标处于上升趋势，分别为宏观经济竞争力、产业经济竞争力、知识经济竞争力、发展水平竞争力和统筹协调竞争力，这些是山西省经济综合竞争力的上升动力所在；有1个指标排位没有发生变化，为财政金融竞争力；有3个指标处于下降趋势，分别为可持续发展竞争力、发展环境竞争力和政府作用竞争力，这些是山西省经济综合竞争力的下降拉力所在。

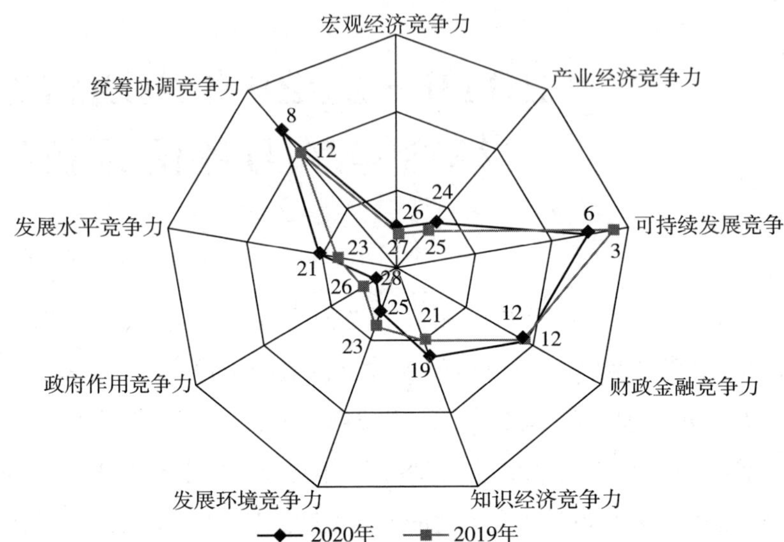

图 4－1　2019～2020 年山西省经济综合竞争力二级指标比较

表 4－1　2019～2020 年山西省经济综合竞争力二级指标表现情况

	宏观经济竞争力	产业经济竞争力	可持续发展竞争力	财政金融竞争力	知识经济竞争力	发展环境竞争力	政府作用竞争力	发展水平竞争力	统筹协调竞争力	**综合排位**
2019 年	27	25	3	12	21	23	26	23	12	21
2020 年	26	24	6	12	19	25	28	21	8	21
升降	1	1	－3	0	2	－2	－2	2	4	0
优劣度	劣势	劣势	优势	中势	中势	劣势	劣势	劣势	优势	劣势

2. 山西省经济综合竞争力各级指标动态变化分析

从表 4－2 可以看出，210 个四级指标中，上升指标有 78 个，占指标总数的 37.1%；下降指标有 69 个，占指标总数的 32.9%；保持不变的指标有 63 个，占指标总数的 30.0%。综上所述，虽然山西省经济综合竞争力的上升指标个数多于下降指标个数，但排名保持不变的指标占较大比重，2019～2020 年山西省经济综合竞争力排位保持不变。

表 4－2 2019～2020 年山西省经济综合竞争力各级指标排位变化情况

单位：个，%

二级指标	三级指标	四级指标数	上升		保持		下降		变化趋势
			指标数	比重	指标数	比重	指标数	比重	
宏观经济竞争力	经济实力竞争力	12	4	33.3	4	33.3	4	33.3	上升
	经济结构竞争力	6	2	33.3	1	16.7	3	50.0	上升
	经济外向度竞争力	9	5	55.6	1	11.1	3	33.3	上升
	小　计	**27**	11	40.7	6	22.2	10	37.0	上升
产业经济竞争力	农业竞争力	10	3	30.0	4	40.0	3	30.0	上升
	工业竞争力	10	4	40.0	3	30.0	3	30.0	上升
	服务业竞争力	10	3	30.0	4	40.0	3	30.0	上升
	企业竞争力	10	4	40.0	3	30.0	3	30.0	上升
	小　计	**40**	14	35.0	14	35.0	12	30.0	上升
可持续发展竞争力	资源竞争力	9	1	11.1	7	77.8	1	11.1	保持
	环境竞争力	8	2	25.0	3	37.5	3	37.5	下降
	人力资源竞争力	7	2	28.6	1	14.3	4	57.1	下降
	小　计	**24**	5	20.8	11	45.8	8	33.3	下降
财政金融竞争力	财政竞争力	12	7	58.3	1	8.3	4	33.3	保持
	金融竞争力	10	4	40.0	3	30.0	3	30.0	下降
	小　计	**22**	11	50.0	4	18.2	7	31.8	保持
知识经济竞争力	科技竞争力	9	4	44.4	2	22.2	3	33.3	上升
	教育竞争力	10	3	30.0	5	50.0	2	20.0	上升
	文化竞争力	10	1	10.0	4	40.0	5	50.0	下降
	小　计	**29**	8	27.6	11	37.9	10	34.5	上升
发展环境竞争力	基础设施竞争力	9	5	55.6	4	44.4	0	0.0	保持
	软环境竞争力	9	5	55.6	1	11.1	3	33.3	下降
	小　计	**18**	10	55.6	5	27.8	3	16.7	下降
政府作用竞争力	政府发展经济竞争力	5	0	0.0	3	60.0	2	40.0	下降
	政府规调经济竞争力	5	2	40.0	0	0.0	3	60.0	下降
	政府保障经济竞争力	6	0	0.0	1	16.7	5	83.3	下降
	小　计	**16**	2	12.5	4	25.0	10	62.5	下降
发展水平竞争力	工业化进程竞争力	6	2	33.3	4	66.7	0	0.0	保持
	城市化进程竞争力	6	3	50.0	1	16.7	2	33.3	上升
	市场化进程竞争力	6	3	50.0	2	33.3	1	16.7	保持
	小　计	**18**	8	44.4	7	38.9	3	16.7	上升

续表

二级指标	三级指标	四级指标数	上升		保持		下降		变化趋势
			指标数	比重	指标数	比重	指标数	比重	
统筹协调竞争力	统筹发展竞争力	8	4	50.0	1	12.5	3	37.5	上升
	协调发展竞争力	8	5	62.5	0	0.0	3	37.5	上升
	小　计	**16**	9	56.3	1	6.3	6	37.5	上升
合　计		**210**	78	37.1	63	30.0	69	32.9	保持

3. 山西省经济综合竞争力各级指标优劣势结构分析

基于图4-2和表4-3，具体到四级指标，强势指标13个，占指标总数的6.2%；优势指标28个，占指标总数的13.3%；中势指标71个，占指标总数的33.8%；劣势指标98个，占指标总数的46.7%。三级指标中，强势指标1个，占三级指标总数的4.0%；优势指标2个，占三级指标总数的8.0%；中势指标9个，占三级指标总数的36.0%；劣势指标13个，占三级指标总数的52.0%。从二级指标看，没有强势指标；优势指标有2个，占二级指标总数的22.2%；中势指标有2个，占二级指标总数的22.2%；劣势指标有5个，占二级指标总数的55.6%。综合来看，由于劣势指标在指标体系中居于主导地位，2020年山西省经济综合竞争力处于劣势地位。

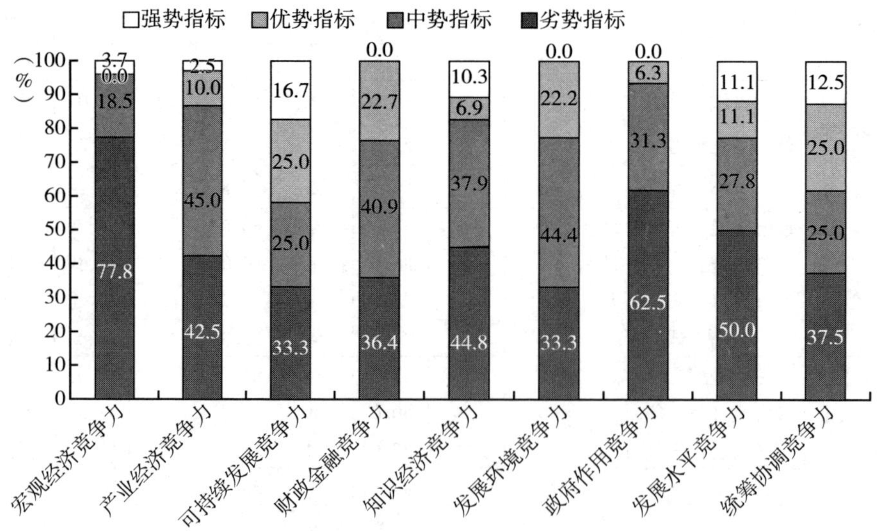

图4-2　2020年山西省经济综合竞争力各级指标优劣势比较

表4－3　2020年山西省经济综合竞争力各级指标优劣势情况

单位：个，%

二级指标	三级指标	四级指标数	强势指标		优势指标		中势指标		劣势指标		优劣势
			个数	比重	个数	比重	个数	比重	个数	比重	
宏观经济竞争力	经济实力竞争力	12	1	8.3	0	0.0	2	16.7	9	75.0	劣势
	经济结构竞争力	6	0	0.0	0	0.0	2	33.3	4	66.7	劣势
	经济外向度竞争力	9	0	0.0	0	0.0	1	11.1	8	88.9	劣势
	小　计	**27**	1	3.7	0	0.0	5	18.5	21	77.8	劣势
产业经济竞争力	农业竞争力	10	0	0.0	0	0.0	5	50.0	5	50.0	劣势
	工业竞争力	10	1	10.0	2	20.0	4	40.0	3	30.0	中势
	服务业竞争力	10	0	0.0	0	0.0	4	40.0	6	60.0	劣势
	企业竞争力	10	0	0.0	2	20.0	5	50.0	3	30.0	中势
	小　计	**40**	1	2.5	4	10.0	18	45.0	17	42.5	劣势
可持续发展竞争力	资源竞争力	9	2	22.2	2	22.2	3	33.3	2	22.2	优势
	环境竞争力	8	2	25.0	1	12.5	1	12.5	4	50.0	劣势
	人力资源竞争力	7	0	0.0	3	42.9	2	28.6	2	28.6	中势
	小　计	**24**	4	16.7	6	25.0	6	25.0	8	33.3	优势
财政金融竞争力	财政竞争力	12	0	0.0	4	33.3	4	33.3	4	33.3	中势
	金融竞争力	10	0	0.0	1	10.0	5	50.0	4	40.0	中势
	小　计	**22**	0	0.0	5	22.7	9	40.9	8	36.4	中势
知识经济竞争力	科技竞争力	9	1	11.1	0	0.0	5	55.6	3	33.3	中势
	教育竞争力	10	1	10.0	2	20.0	3	30.0	4	40.0	中势
	文化竞争力	10	1	10.0	0	0.0	3	30.0	6	60.0	劣势
	小　计	**29**	3	10.3	2	6.9	11	37.9	13	44.8	中势
发展环境竞争力	基础设施竞争力	9	0	0.0	3	33.3	4	44.4	2	22.2	中势
	软环境竞争力	9	0	0.0	1	11.1	4	44.4	4	44.4	劣势
	小　计	**18**	0	0.0	4	22.2	8	44.4	6	33.3	劣势
政府作用竞争力	政府发展经济竞争力	5	0	0.0	0	0.0	1	20.0	4	80.0	劣势
	政府规调经济竞争力	5	0	0.0	1	20.0	1	20.0	3	60.0	劣势
	政府保障经济竞争力	6	0	0.0	0	0.0	3	50.0	3	50.0	劣势
	小　计	**16**	0	0.0	1	6.3	5	31.3	10	62.5	劣势
发展水平竞争力	工业化进程竞争力	6	2	33.3	2	33.3	0	0.0	2	33.3	优势
	城市化进程竞争力	6	0	0.0	0	0.0	4	66.7	2	33.3	劣势
	市场化进程竞争力	6	0	0.0	0	0.0	1	16.7	5	83.3	劣势
	小　计	**18**	2	11.1	2	11.1	5	27.8	9	50.0	劣势

续表

二级指标	三级指标	四级指标数	强势指标		优势指标		中势指标		劣势指标		优劣势
			个数	比重	个数	比重	个数	比重	个数	比重	
统筹协调竞争力	统筹发展竞争力	8	0	0.0	3	37.5	1	12.5	4	50.0	中势
	协调发展竞争力	8	2	25.0	1	12.5	3	37.5	2	25.0	强势
	小　计	**16**	2	12.5	4	25.0	4	25.0	6	37.5	优势
合　计		**210**	13	6.2	28	13.3	71	33.8	98	46.7	劣势

4. 山西省经济综合竞争力四级指标优劣势对比分析

表 4－4　2020 年山西省经济综合竞争力各级指标优劣势情况

二级指标	优劣势	四级指标
宏观经济竞争力（27 个）	强势指标	固定资产投资额增长率（1 个）
	优势指标	（0 个）
	劣势指标	地区生产总值、人均地区生产总值、财政总收入、财政总收入增长率、人均财政总收入、固定资产投资额、人均固定资产投资额、全社会消费品零售总额、人均全社会消费品零售总额、产业结构优化度、所有制经济结构优化度、城乡经济结构优化度、贸易结构优化度、进出口总额、进出口增长率、出口总额、出口增长率、实际 FDI、外贸依存度、外资企业数、对外直接投资额（21 个）
产业经济竞争力（40 个）	强势指标	工业资产总额增长率（1 个）
	优势指标	工业增加值增长率、工业资产总额、规模以上企业平均资产、规模以上企业平均收入（4 个）
	劣势指标	农业增加值、人均农业增加值、农民人均纯收入、农产品出口占农林牧渔总产值比重、农业机械化水平、规模以上工业利润总额、工业全员劳动生产率、工业收入利润率、服务业增加值、人均服务业增加值、限额以上批零企业利税率、限额以上餐饮企业利税率、旅游外汇收入、商品房销售收入、规模以上企业劳动效率、城镇就业人员平均工资、产品质量抽查合格率（17 个）
可持续发展竞争力（24 个）	强势指标	主要能源矿产基础储量、人均主要能源矿产基础储量、人均治理工业污染投资额、生活垃圾无害化处理率（4 个）
	优势指标	人均耕地面积、人均牧草地面积、人均废水排放量、15～64 岁人口比例、文盲率、平均受教育程度（6 个）
	劣势指标	人均年水资源量、人均森林储积量、森林覆盖率、人均工业废气排放量、人均工业固体废物排放量、一般工业固体废物综合利用率、常住人口增长率、人口健康素质（8 个）

续表

二级指标	优劣势	四级指标
财政金融竞争力（22个）	强势指标	（0个）
	优势指标	地方财政收入占GDP比重、税收收入占GDP比重、人均地方财政收入、地方财政支出增长率、保险深度（5个）
	劣势指标	地方财政支出、人均地方财政支出、地方财政收入增长率、税收收入增长率、贷款余额、人均贷款余额、中长期贷款占贷款余额比重、国内上市公司数（8个）
知识经济竞争力（29个）	强势指标	高技术产品出口额占商品出口额比重、万人中小学专任教师数、城镇居民人均文化娱乐支出占消费性支出比重（3个）
	优势指标	万人中小学学校数、万人高等学校在校学生数（2个）
	劣势指标	R&D经费投入强度、发明专利授权量、技术市场成交合同金额、教育经费、人均教育经费、公共教育经费占财政支出比重、人均文化教育支出、文化制造业营业收入、文化批发零售业营业收入、文化服务业企业营业收入、图书和期刊出版数、城镇居民人均文化娱乐支出、农村居民人均文化娱乐支出（13个）
发展环境竞争力（18个）	强势指标	（0个）
	优势指标	铁路网线密度、全社会货物周转量、人均耗电量、万人个体私营企业数（4个）
	劣势指标	人均内河航道里程、人均邮电业务总量、外资企业数增长率、个体私营企业数增长率、万人商标注册件数、罚没收入占财政收入比重（6个）
政府作用竞争力（16个）	强势指标	（0个）
	优势指标	工业生产出厂价格指数（1个）
	劣势指标	财政支出用于基本建设投资比重、财政支出对GDP增长的拉动、政府公务员对经济的贡献、政府消费对民间消费的拉动、物价调控、调控城乡消费差距、规范税收、医疗保险覆盖率、养老保险覆盖率、最低工资标准（10个）
发展水平竞争力（18个）	强势指标	工业增加值占GDP比重、高技术产品占商品出口额比重（2个）
	优势指标	工业增加值增长率、工农业增加值比值（2个）
	劣势指标	高技术产业占工业增加值比重、数字经济应用、城镇居民人均可支配收入、人均日生活用水量、非公有制经济产值占全社会总产值比重、社会投资占投资总额比重、私有和个体企业从业人员比重、亿元以上商品市场成交额、亿元以上商品市场成交额占全社会消费品零售总额比重（9个）
统筹协调竞争力（16个）	强势指标	资源竞争力与宏观经济竞争力比差、资源竞争力与工业竞争力比差（2个）
	优势指标	万元GDP综合能耗下降率、固定资产投资额占GDP比重、固定资产投资增长率、环境竞争力与工业竞争力比差（4个）
	劣势指标	社会劳动生产率、非农用地产出率、居民收入占GDP比重、二三产业增加值比例、城乡居民家庭人均收入比差、城乡居民人均消费支出比差（6个）

4.2 山西省经济综合竞争力各级指标具体分析

1. 山西省宏观经济竞争力指标排名变化情况

表 4-5 2019~2020 年山西省宏观经济竞争力指标组排位及变化趋势

指 标	2019 年	2020 年	排位升降	优劣势
1 宏观经济竞争力	27	26	1	劣势
1.1 经济实力竞争力	24	23	1	劣势
地区生产总值	21	21	0	劣势
地区生产总值增长率	16	14	2	中势
人均地区生产总值	27	26	1	劣势
财政总收入	23	21	2	劣势
财政总收入增长率	15	27	-12	劣势
人均财政总收入	21	23	-2	劣势
固定资产投资额	25	25	0	劣势
固定资产投资额增长率	7	2	5	强势
人均固定资产投资额	30	30	0	劣势
全社会消费品零售总额	21	21	0	劣势
全社会消费品零售总额增长率	14	17	-3	中势
人均全社会消费品零售总额	21	23	-2	劣势
1.2 经济结构竞争力	29	27	2	劣势
产业结构优化度	17	21	-4	劣势
所有制经济结构优化度	21	21	0	劣势
城乡经济结构优化度	21	22	-1	劣势
就业结构优化度	13	12	1	中势
实体经济结构优化度	14	12	2	中势
贸易结构优化度	25	27	-2	劣势
1.3 经济外向度竞争力	28	23	5	劣势
进出口总额	23	22	1	劣势
进出口增长率	26	24	2	劣势
出口总额	21	21	0	劣势
出口增长率	28	22	6	劣势
实际 FDI	21	23	-2	劣势
实际 FDI 增长率	15	11	4	中势
外贸依存度	23	24	-1	劣势
外资企业数	23	24	-1	劣势
对外直接投资额	29	28	1	劣势

2. 山西省产业经济竞争力指标排名变化情况

表4－6　2019～2020年山西省产业经济竞争力指标组排位及变化趋势

指　标	2019年	2020年	排位升降	优劣势
2　产业经济竞争力	25	24	1	劣势
2.1　农业竞争力	30	28	2	劣势
农业增加值	25	25	0	劣势
农业增加值增长率	24	12	12	中势
人均农业增加值	29	28	1	劣势
农民人均纯收入	25	26	－1	劣势
农民人均纯收入增长率	13	16	－3	中势
农产品出口占农林牧渔总产值比重	28	28	0	劣势
人均主要农产品产量	20	19	1	中势
农业机械化水平	22	22	0	劣势
农村人均用电量	20	20	0	中势
财政支农资金比重	12	13	－1	中势
2.2　工业竞争力	19	12	7	中势
工业增加值	17	17	0	中势
工业增加值增长率	16	5	11	优势
人均工业增加值	18	13	5	中势
工业资产总额	11	10	1	优势
工业资产总额增长率	7	2	5	强势
规模以上工业主营业务收入	18	18	0	中势
工业成本费用率	11	14	－3	中势
规模以上工业利润总额	20	21	－1	劣势
工业全员劳动生产率	29	29	0	劣势
工业收入利润率	21	25	－4	劣势
2.3　服务业竞争力	25	24	1	劣势
服务业增加值	21	22	－1	劣势
服务业增加值增长率	19	19	0	中势
人均服务业增加值	26	25	1	劣势
服务业从业人员数	19	20	－1	中势
限额以上批发零售企业主营业务收入	18	17	1	中势
限额以上批零企业利税率	29	26	3	劣势
限额以上餐饮企业利税率	26	26	0	劣势
旅游外汇收入	26	26	0	劣势
商品房销售收入	22	22	0	劣势
电子商务销售额	19	20	－1	中势

续表

指　标	2019 年	2020 年	排位升降	优劣势
2.4　企业竞争力	21	20	1	中势
规模以上工业企业数	19	18	1	中势
规模以上企业平均资产	6	5	1	优势
规模以上企业平均收入	6	7	-1	优势
规模以上企业平均利润	8	11	-3	中势
规模以上企业劳动效率	28	29	-1	劣势
城镇就业人员平均工资	29	29	0	劣势
新产品销售收入占主营业务收入比重	21	20	1	中势
产品质量抽查合格率	25	25	0	劣势
工业企业 R&D 经费投入强度	19	18	1	中势
全国 500 强企业数	13	13	0	中势

3. 山西省可持续发展竞争力指标排名变化情况

表 4-7　2019～2020 年山西省可持续发展竞争力指标组排位及变化趋势

指　标	2019 年	2020 年	排位升降	优劣势
3　可持续发展竞争力	3	6	-3	优势
3.1　资源竞争力	5	5	0	优势
人均国土面积	14	14	0	中势
人均可使用海域和滩涂面积	13	13	0	中势
人均年水资源量	24	26	-2	劣势
耕地面积	15	15	0	中势
人均耕地面积	10	10	0	优势
人均牧草地面积	8	8	0	优势
主要能源矿产基础储量	1	1	0	强势
人均主要能源矿产基础储量	1	1	0	强势
人均森林储积量	23	22	1	劣势
3.2　环境竞争力	17	21	-4	劣势
森林覆盖率	22	22	0	劣势
人均废水排放量	6	7	-1	优势
人均工业废气排放量	16	27	-11	劣势
人均工业固体废物排放量	30	29	1	劣势
人均治理工业污染投资额	2	2	0	强势
一般工业固体废物综合利用率	27	28	-1	劣势
生活垃圾无害化处理率	1	1	0	强势
自然灾害直接经济损失额	25	17	8	中势

续表

指　标	2019 年	2020 年	排位升降	优劣势
3.3　人力资源竞争力	11	17	-6	中势
常住人口增长率	20	25	-5	劣势
15～64 岁人口比例	9	10	-1	优势
文盲率	4	4	0	优势
大专以上教育程度人口比例	9	15	-6	中势
平均受教育程度	6	4	2	优势
人口健康素质	22	28	-6	劣势
职业学校毕业生数	16	15	1	中势

4. 山西省财政金融竞争力指标排名变化情况

表 4-8　2019～2020 年山西省财政金融竞争力指标组排位及变化趋势

指　标	2019 年	2020 年	排位升降	优劣势
4　财政金融竞争力	12	12	0	中势
4.1　财政竞争力	11	11	0	中势
地方财政收入	17	16	1	中势
地方财政支出	24	23	1	劣势
地方财政收入占 GDP 比重	5	5	0	优势
地方财政支出占 GDP 比重	12	11	1	中势
税收收入占 GDP 比重	5	6	-1	优势
税收收入占财政总收入比重	8	14	-6	中势
人均地方财政收入	13	10	3	优势
人均地方财政支出	24	21	3	劣势
人均税收收入	12	11	1	中势
地方财政收入增长率	17	24	-7	劣势
地方财政支出增长率	12	4	8	优势
税收收入增长率	3	25	-22	劣势
4.2　金融竞争力	18	19	-1	中势
存款余额	18	19	-1	中势
人均存款余额	14	13	1	中势
贷款余额	22	22	0	劣势
人均贷款余额	23	21	2	劣势
中长期贷款占贷款余额比重	24	25	-1	劣势
保险费净收入	18	17	1	中势
保险密度	21	18	3	中势
保险深度	6	7	-1	优势
国内上市公司数	21	21	0	劣势
国内上市公司市值	19	19	0	中势

5. 山西省知识经济竞争力指标排名变化情况

表 4－9　2019～2020 年山西省知识经济竞争力指标组排位及变化趋势

指　标	2019 年	2020 年	排位升降	优劣势
5　知识经济竞争力	21	19	2	中势
5.1　科技竞争力	19	18	1	中势
R&D 人员	21	19	2	中势
R&D 经费	19	20	－1	中势
R&D 经费投入强度	22	23	－1	劣势
发明专利授权量	22	21	1	劣势
技术市场成交合同金额	22	25	－3	劣势
财政科技支出占地方财政支出比重	22	19	3	中势
高技术产业主营业务收入	17	17	0	中势
高技术产业收入占工业增加值比重	11	11	0	中势
高技术产品出口额占商品出口额比重	6	3	3	强势
5.2　教育竞争力	27	18	9	中势
教育经费	22	22	0	劣势
教育经费占 GDP 比重	12	12	0	中势
人均教育经费	26	23	3	劣势
公共教育经费占财政支出比重	23	26	－3	劣势
人均文化教育支出	27	24	3	劣势
万人中小学学校数	4	4	0	优势
万人中小学专任教师数	2	3	－1	强势
高等学校数	16	16	0	中势
高校专任教师数	20	20	0	中势
万人高等学校在校学生数	11	10	1	优势
5.3　文化竞争力	23	25	－2	劣势
文化制造业营业收入	23	23	0	劣势
文化批发零售业营业收入	21	22	－1	劣势
文化服务业企业营业收入	24	24	0	劣势
图书和期刊出版数	25	24	1	劣势
电子出版物品种	15	15	0	中势
印刷用纸量	20	20	0	中势
城镇居民人均文化娱乐支出	16	23	－7	劣势
农村居民人均文化娱乐支出	27	29	－2	劣势
城镇居民人均文化娱乐支出占消费性支出比重	2	3	－1	强势
农村居民人均文化娱乐支出占消费性支出比重	10	17	－7	中势

6. 山西省发展环境竞争力指标排名变化情况

表4-10 2019~2020年山西省发展环境竞争力指标组排位及变化趋势

指　标	2019年	2020年	排位升降	优劣势
6 发展环境竞争力	23	25	-2	劣势
6.1 基础设施竞争力	20	20	0	中势
铁路网线密度	8	8	0	优势
公路网线密度	17	17	0	中势
人均内河航道里程	22	22	0	劣势
全社会旅客周转量	23	20	3	中势
全社会货物周转量	12	10	2	优势
人均邮电业务总量	26	22	4	劣势
电话普及率	22	19	3	中势
网站域名数	20	20	0	中势
人均耗电量	9	8	1	优势
6.2 软环境竞争力	24	29	-5	劣势
外资企业数增长率	23	31	-8	劣势
万人外资企业数	27	18	9	中势
个体私营企业数增长率	22	26	-4	劣势
万人个体私营企业数	24	8	16	优势
万人商标注册件数	29	22	7	劣势
政府网站数	19	12	7	中势
交通事故直接财产损失	24	18	6	中势
罚没收入占财政收入比重	14	31	-17	劣势
社会捐赠站点数	19	19	0	中势

7. 山西省政府作用竞争力指标排名变化情况

表4-11 2019~2020年山西省政府作用竞争力指标组排位及变化趋势

指　标	2019年	2020年	排位升降	优劣势
7 政府作用竞争力	26	28	-2	劣势
7.1 政府发展经济竞争力	25	28	-3	劣势
财政支出用于基本建设投资比重	27	27	0	劣势
财政支出对GDP增长的拉动	20	21	-1	劣势
政府公务员对经济的贡献	26	26	0	劣势
政府消费对民间消费的拉动	18	23	-5	劣势
财政投资对社会投资的拉动	16	16	0	中势

续表

指　标	2019 年	2020 年	排位升降	优劣势
7.2　政府规调经济竞争力	16	23	-7	劣势
物价调控	15	29	-14	劣势
调控城乡消费差距	26	21	5	劣势
统筹经济社会发展	12	15	-3	中势
规范税收	12	21	-9	劣势
工业生产出厂价格指数	18	7	11	优势
7.3　政府保障经济竞争力	20	27	-7	劣势
城镇职工养老保险收支比	16	18	-2	中势
医疗保险覆盖率	20	23	-3	劣势
养老保险覆盖率	27	27	0	劣势
失业保险覆盖率	15	16	-1	中势
最低工资标准	16	21	-5	劣势
城镇登记失业率	11	20	-9	中势

8. 山西省发展水平竞争力指标排名变化情况

表 4-12　2019~2020 年山西省发展水平竞争力指标组排位及变化趋势

指　标	2019 年	2020 年	排位升降	优劣势
8　发展水平竞争力	23	21	2	劣势
8.1　工业化进程竞争力	9	9	0	优势
工业增加值占 GDP 比重	1	1	0	强势
工业增加值增长率	12	6	6	优势
高技术产业占工业增加值比重	21	21	0	劣势
高技术产品占商品出口额比重	6	3	3	强势
数字经济应用	28	28	0	劣势
工农业增加值比值	7	7	0	优势
8.2　城市化进程竞争力	25	24	1	劣势
城镇化率	16	17	-1	中势
城镇居民人均可支配收入	28	27	1	劣势
城市平均建成区面积比重	13	12	1	中势
人均拥有道路面积	17	18	-1	中势
人均日生活用水量	27	24	3	劣势
人均公共绿地面积	19	19	0	中势

续表

指　标	2019年	2020年	排位升降	优劣势
8.3　市场化进程竞争力	25	25	0	劣势
非公有制经济产值占全社会总产值比重	21	21	0	劣势
社会投资占投资总额比重	21	21	0	劣势
私有和个体企业从业人员比重	27	24	3	劣势
亿元以上商品市场成交额	23	22	1	劣势
亿元以上商品市场成交额占全社会消费品零售总额比重	25	26	-1	劣势
居民消费支出占总消费支出比重	16	15	1	中势

9. 山西省统筹协调竞争力指标排名变化情况

表4－13　2019～2020年山西省统筹协调竞争力指标组排位及变化趋势

指　标	2019年	2020年	排位升降	优劣势
9　统筹协调竞争力	12	8	4	优势
9.1　统筹发展竞争力	22	16	6	中势
社会劳动生产率	20	23	-3	劣势
能源消耗下降率	14	12	2	中势
万元GDP综合能耗下降率	19	9	10	优势
非农用地产出率	22	22	0	劣势
居民收入占GDP比重	25	23	2	劣势
二三产业增加值比例	26	27	-1	劣势
固定资产投资额占GDP比重	2	4	-2	优势
固定资产投资增长率	25	7	18	优势
9.2　协调发展竞争力	2	1	1	强势
资源竞争力与宏观经济竞争力比差	1	2	-1	强势
环境竞争力与宏观经济竞争力比差	22	13	9	中势
人力资源竞争力与宏观经济竞争力比差	21	14	7	中势
资源竞争力与工业竞争力比差	3	1	2	强势
环境竞争力与工业竞争力比差	21	10	11	优势
城乡居民家庭人均收入比差	21	22	-1	劣势
城乡居民人均消费支出比差	26	21	5	劣势
全社会消费品零售总额与外贸出口总额比差	19	20	-1	中势

B.6
5
2019～2020年内蒙古自治区经济综合竞争力评价分析报告

内蒙古自治区，首府呼和浩特，地处中国北部，东部与黑龙江、吉林、辽宁河北交界，南部与山西、陕西、宁夏相邻，西南部与甘肃毗邻，北部与俄罗斯、蒙古接壤，横跨东北、华北、西北地区。全区面积为118.3万平方公里，2020年全区常住人口为2403万人，地区生产总值为17360亿元，同比增长0.2%，人均GDP达72062元。本部分通过分析2019～2020年内蒙古自治区经济综合竞争力以及各要素竞争力的排名变化，从中找出内蒙古自治区经济综合竞争力的推动点及影响因素，为进一步提升内蒙古自治区经济综合竞争力提供决策参考。

5.1 内蒙古自治区经济综合竞争力总体分析

1. 内蒙古自治区经济综合竞争力一级指标概要分析

（1）从综合排位看，2020年内蒙古自治区经济综合竞争力综合排位在全国居第20位，这表明其在全国处于中势地位；与2019年相比，综合排位下降1名。

（2）从指标所处区位看，1个指标处于上游区，为可持续发展竞争力；3个指标处于中游区，分别为产业经济竞争力、财政金融竞争力以及发展环境竞争力；5个指标处于下游区，分别为宏观经济竞争力、知识经济竞争力、政府作用竞争力、发展水平竞争力以及统筹协调竞争力。

（3）从指标变化趋势看，9个二级指标中，有5个指标处于上升趋势，分别为产业经济竞争力、发展环境竞争力、政府作用竞争力、发展水平竞争力和统筹协调竞争力，这些是内蒙古自治区经济综合竞争力的上升动力所在；有2个指标排位没有发生变化，分别为财政金融竞争力和知识经济竞争力；有2个指标处于下降趋势，分别为宏观经济竞争力和可持续发展竞争力，这些是内蒙古自治区经济综合竞争力的下降拉力所在。

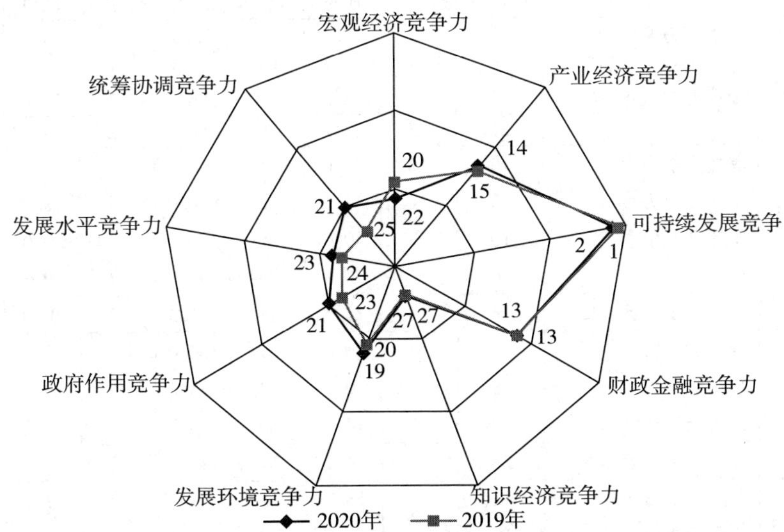

图5－1 2019～2020年内蒙古自治区经济综合竞争力二级指标比较

表5－1 2019～2020年内蒙古自治区经济综合竞争力二级指标表现情况

	宏观经济竞争力	产业经济竞争力	可持续发展竞争力	财政金融竞争力	知识经济竞争力	发展环境竞争力	政府作用竞争力	发展水平竞争力	统筹协调竞争力	**综合排位**
2019年	20	15	1	13	27	20	23	24	25	19
2020年	22	14	2	13	27	19	21	23	21	20
升降	－2	1	－1	0	0	1	2	1	4	－1
优劣度	劣势	中势	强势	中势	劣势	中势	劣势	劣势	劣势	中势

2. 内蒙古自治区经济综合竞争力各级指标动态变化分析

从表5－2可以看出，210个四级指标中，上升指标有63个，占指标总数的30.0%；下降指标有66个，占指标总数的31.4%；保持不变的指标有81个，占指标总数的38.6%。综上所述，内蒙古自治区经济综合竞争力的下降拉力大于上升动力，排位保持不变的指标占较大比重，2019～2020年内蒙古自治区经济综合竞争力排位下降1名。

表 5-2　2019~2020 年内蒙古自治区经济综合竞争力各级指标排位变化情况

单位：个，%

二级指标	三级指标	四级指标数	上升		保持		下降		变化趋势
			指标数	比重	指标数	比重	指标数	比重	
宏观经济竞争力	经济实力竞争力	12	3	25.0	3	25.0	6	50.0	下降
	经济结构竞争力	6	2	33.3	3	50.0	1	16.7	下降
	经济外向度竞争力	9	2	22.2	2	22.2	5	55.6	下降
	小　计	**27**	7	25.9	8	29.6	12	44.4	下降
产业经济竞争力	农业竞争力	10	2	20.0	4	40.0	4	40.0	保持
	工业竞争力	10	1	10.0	5	50.0	4	40.0	下降
	服务业竞争力	10	3	30.0	5	50.0	2	20.0	下降
	企业竞争力	10	3	30.0	5	50.0	2	20.0	上升
	小　计	**40**	9	22.5	19	47.5	12	30.0	上升
可持续发展竞争力	资源竞争力	9	0	0.0	9	100.0	0	0.0	保持
	环境竞争力	8	0	0.0	2	25.0	6	75.0	下降
	人力资源竞争力	7	1	14.3	0	0.0	6	85.7	下降
	小　计	**24**	1	4.2	11	45.8	12	50.0	下降
财政金融竞争力	财政竞争力	12	7	58.3	1	8.3	4	33.3	下降
	金融竞争力	10	3	30.0	3	30.0	4	40.0	保持
	小　计	**22**	10	45.5	4	18.2	8	36.4	保持
知识经济竞争力	科技竞争力	9	2	22.2	6	66.7	1	11.1	保持
	教育竞争力	10	4	40.0	4	40.0	2	20.0	下降
	文化竞争力	10	4	40.0	2	20.0	4	40.0	下降
	小　计	**29**	10	34.5	12	41.4	7	24.1	保持
发展环境竞争力	基础设施竞争力	9	1	11.1	8	88.9	0	0.0	保持
	软环境竞争力	9	8	88.9	0	0.0	1	11.1	上升
	小　计	**18**	9	50.0	8	44.4	1	5.6	上升
政府作用竞争力	政府发展经济竞争力	5	0	0.0	3	60.0	2	40.0	下降
	政府规调经济竞争力	5	1	20.0	2	40.0	2	40.0	上升
	政府保障经济竞争力	6	3	50.0	1	16.7	2	33.3	上升
	小　计	**16**	4	25.0	6	37.5	6	37.5	上升
发展水平竞争力	工业化进程竞争力	6	3	50.0	3	50.0	0	0.0	上升
	城市化进程竞争力	6	0	0.0	5	83.3	1	16.7	保持
	市场化进程竞争力	6	2	33.3	2	33.3	2	33.3	保持
	小　计	**18**	5	27.8	10	55.6	3	16.7	上升

续表

二级指标	三级指标	四级指标数	上升		保持		下降		变化趋势
			指标数	比重	指标数	比重	指标数	比重	
统筹协调竞争力	统筹发展竞争力	8	4	50.0	2	25.0	2	25.0	上升
	协调发展竞争力	8	4	50.0	1	12.5	3	37.5	下降
	小　计	**16**	8	50.0	3	18.8	5	31.3	上升
合　计		**210**	63	30.0	81	38.6	66	31.4	下降

3. 内蒙古自治区经济综合竞争力各级指标优劣势结构分析

基于图5－2和表5－3，具体到四级指标，强势指标18个，占指标总数的8.6%；优势指标40个，占指标总数的19.0%；中势指标53个，占指标总数的25.2%；劣势指标99个，占指标总数的47.1%。三级指标中，强势指标1个，占三级指标总数的4.0%；优势指标4个，占三级指标总数的16.0%；中势指标7个，占三级指标总数的28.0%；劣势指标13个，占三级指标总数的52.0%。从二级指标看，强势指标1个，占二级指标总数的11.1%；没有优势指标；中势指标有3个，占二级指标总数的33.3%；劣势指标5个，占二级指标总数的55.6%。综合来看，虽然劣势指标个数最多，但由于优势指标和中势指标的数量较多，且也拥有较多的强势指标，2020年内蒙古自治区经济综合竞争力处于中势地位。

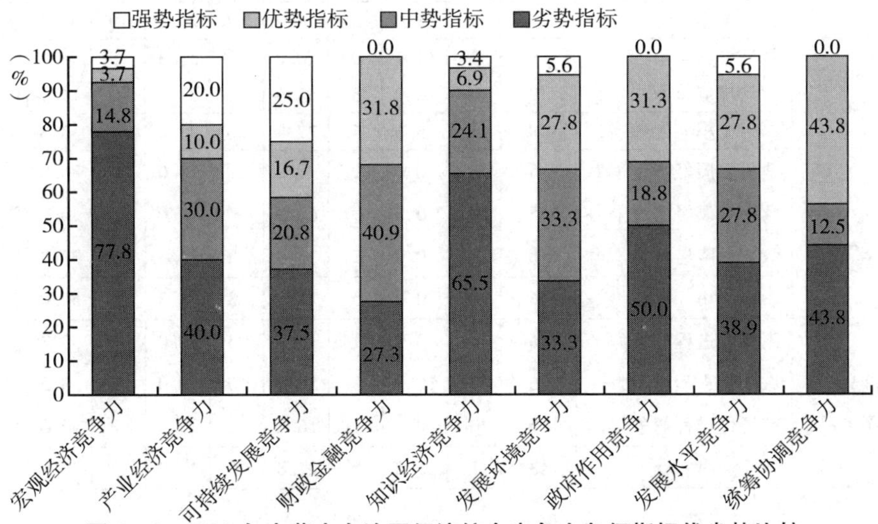

图5－2　2020年内蒙古自治区经济综合竞争力各级指标优劣势比较

表 5-3　2020 年内蒙古自治区经济综合竞争力各级指标优劣势情况

单位：个，%

二级指标	三级指标	四级指标数	强势指标		优势指标		中势指标		劣势指标		优劣势
			个数	比重	个数	比重	个数	比重	个数	比重	
宏观经济竞争力	经济实力竞争力	12	0	0.0	0	0.0	3	25.0	9	75.0	劣势
	经济结构竞争力	6	1	16.7	1	16.7	0	0.0	4	66.7	中势
	经济外向度竞争力	9	0	0.0	0	0.0	1	11.1	8	88.9	劣势
	小　计	**27**	1	3.7	1	3.7	4	14.8	21	77.8	劣势
产业经济竞争力	农业竞争力	10	3	30.0	2	20.0	3	30.0	2	20.0	优势
	工业竞争力	10	2	20.0	1	10.0	3	30.0	4	40.0	中势
	服务业竞争力	10	0	0.0	0	0.0	4	40.0	6	60.0	劣势
	企业竞争力	10	3	30.0	1	10.0	2	20.0	4	40.0	优势
	小　计	**40**	8	20.0	4	10.0	12	30.0	16	40.0	中势
可持续发展竞争力	资源竞争力	9	6	66.7	1	11.1	2	22.2	0	0.0	强势
	环境竞争力	8	0	0.0	1	12.5	2	25.0	5	62.5	劣势
	人力资源竞争力	7	0	0.0	2	28.6	1	14.3	4	57.1	中势
	小　计	**24**	6	25.0	4	16.7	5	20.8	9	37.5	强势
财政金融竞争力	财政竞争力	12	0	0.0	6	50.0	4	33.3	2	16.7	优势
	金融竞争力	10	0	0.0	1	10.0	5	50.0	4	40.0	劣势
	小　计	**22**	0	0.0	7	31.8	9	40.9	6	27.3	中势
知识经济竞争力	科技竞争力	9	1	11.1	0	0.0	2	22.2	6	66.7	劣势
	教育竞争力	10	0	0.0	0	0.0	4	40.0	6	60.0	劣势
	文化竞争力	10	0	0.0	2	20.0	1	10.0	7	70.0	劣势
	小　计	**29**	1	3.4	2	6.9	7	24.1	19	65.5	劣势
发展环境竞争力	基础设施竞争力	9	1	11.1	0	0.0	3	33.3	5	55.6	劣势
	软环境竞争力	9	0	0.0	5	55.6	3	33.3	1	11.1	中势
	小　计	**18**	1	5.6	5	27.8	6	33.3	6	33.3	中势
政府作用竞争力	政府发展经济竞争力	5	0	0.0	0	0.0	1	20.0	4	80.0	劣势
	政府规调经济竞争力	5	0	0.0	3	60.0	0	0.0	2	40.0	中势
	政府保障经济竞争力	6	0	0.0	2	33.3	2	33.3	2	33.3	中势
	小　计	**16**	0	0.0	5	31.3	3	18.8	8	50.0	劣势
发展水平竞争力	工业化进程竞争力	6	0	0.0	1	16.7	3	50.0	2	33.3	劣势
	城市化进程竞争力	6	1	16.7	3	50.0	0	0.0	2	33.3	优势
	市场化进程竞争力	6	0	0.0	1	16.7	2	33.3	3	50.0	劣势
	小　计	**18**	1	5.6	5	27.8	5	27.8	7	38.9	劣势

续表

二级指标	三级指标	四级指标数	强势指标		优势指标		中势指标		劣势指标		优劣势
			个数	比重	个数	比重	个数	比重	个数	比重	
统筹协调竞争力	统筹发展竞争力	8	0	0.0	3	37.5	1	12.5	4	50.0	劣势
	协调发展竞争力	8	0	0.0	4	50.0	1	12.5	3	37.5	中势
	小　计	**16**	0	0.0	7	43.8	2	12.5	7	43.8	劣势
合　计		**210**	18	8.6	40	19.0	53	25.2	99	47.1	中势

4. 内蒙古自治区经济综合竞争力四级指标优劣势对比分析

表5－4　2020年内蒙古自治区经济综合竞争力各级指标优劣势情况

二级指标	优劣势	四级指标
宏观经济竞争力（27个）	强势指标	实体经济结构优化度（1个）
	优势指标	贸易结构优化度（1个）
	劣势指标	地区生产总值、地区生产总值增长率、财政总收入、财政总收入增长率、固定资产投资额、固定资产投资额增长率、人均固定资产投资额、全社会消费品零售总额、人均全社会消费品零售总额、产业结构优化度、所有制经济结构优化度、城乡经济结构优化度、就业结构优化度、进出口总额、出口总额、出口增长率、实际FDI、实际FDI增长率、外贸依存度、外资企业数、对外直接投资额（21个）
产业经济竞争力（40个）	强势指标	人均农业增加值、农民人均纯收入增长率、人均主要农产品产量、工业全员劳动生产率、工业收入利润率、规模以上企业平均收入、规模以上企业平均利润、规模以上企业劳动效率（8个）
	优势指标	农业机械化水平、财政支农资金比重、人均工业增加值、规模以上企业平均资产（4个）
	劣势指标	农业增加值增长率、农村人均用电量、工业增加值增长率、工业资产总额增长率、规模以上工业主营业务收入、工业成本费用率、服务业增加值、服务业增加值增长率、服务业从业人员数、限额以上批发零售企业主营业务收入、限额以上餐饮企业利税率、商品房销售收入、规模以上工业企业数、新产品销售收入占主营业务收入比重、工业企业R&D经费投入强度、全国500强企业数（16个）
可持续发展竞争力（24个）	强势指标	耕地面积、人均耕地面积、人均牧草地面积、主要能源矿产基础储量、人均主要能源矿产基础储量、人均森林储积量（6个）
	优势指标	人均国土面积、人均治理工业污染投资额、15～64岁人口比例、大专以上教育程度人口比例（4个）
	劣势指标	森林覆盖率、人均工业废气排放量、人均工业固体废物排放量、一般工业固体废物综合利用率、生活垃圾无害化处理率、常住人口增长率、文盲率、人口健康素质、职业学校毕业生数（9个）

续表

二级指标	优劣势	四级指标
财政金融竞争力（22个）	强势指标	（0个）
	优势指标	地方财政收入占GDP比重、地方财政支出占GDP比重、税收收入占GDP比重、人均地方财政收入、人均地方财政支出、人均税收收入、保险密度（7个）
	劣势指标	地方财政支出、税收收入增长率、存款余额、贷款余额、国内上市公司数、国内上市公司市值（6个）
知识经济竞争力（29个）	强势指标	高技术产业收入占工业增加值比重（1个）
	优势指标	农村居民人均文化娱乐支出、农村居民人均文化娱乐支出占消费性支出比重（2个）
	劣势指标	R&D人员、R&D经费、R&D经费投入强度、发明专利授权量、技术市场成交合同金额、财政科技支出占地方财政支出比重、教育经费、万人中小学学校数、万人中小学专任教师数、高等学校数、高校专任教师数、万人高等学校在校学生数、文化制造业营业收入、文化批发零售业营业收入、文化服务业企业营业收入、图书和期刊出版数、印刷用纸量、城镇居民人均文化娱乐支出、城镇居民人均文化娱乐支出占消费性支出比重（19个）
发展环境竞争力（18个）	强势指标	人均耗电量（1个）
	优势指标	万人外资企业数、万人个体私营企业数、政府网站数、交通事故直接财产损失、社会捐赠站点数（5个）
	劣势指标	铁路网线密度、公路网线密度、人均内河航道里程、全社会旅客周转量、网站域名数、罚没收入占财政收入比重（6个）
政府作用竞争力（16个）	强势指标	（0个）
	优势指标	物价调控、调控城乡消费差距、统筹经济社会发展、养老保险覆盖率、城镇登记失业率（5个）
	劣势指标	财政支出用于基本建设投资比重、财政支出对GDP增长的拉动、政府公务员对经济的贡献、政府消费对民间消费的拉动、规范税收、工业生产出厂价格指数、城镇职工养老保险收支比、失业保险覆盖率（8个）
发展水平竞争力（18个）	强势指标	人均公共绿地面积（1个）
	优势指标	工业增加值增长率、城镇化率、城镇居民人均可支配收入、人均拥有道路面积、居民消费支出占总消费支出比重（5个）
	劣势指标	高技术产业占工业增加值比重、数字经济应用、城市平均建成区面积比重、人均日生活用水量、非公有制经济产值占全社会总产值比重、社会投资占投资总额比重、亿元以上商品市场成交额（7个）
统筹协调竞争力（16个）	强势指标	（0个）
	优势指标	社会劳动生产率、居民收入占GDP比重、固定资产投资额占GDP比重、资源竞争力与宏观经济竞争力比差、资源竞争力与工业竞争力比差、环境竞争力与工业竞争力比差、城乡居民人均消费支出比差（7个）
	劣势指标	能源消耗下降率、万元GDP综合能耗下降率、非农用地产出率、二三产业增加值比例、人力资源竞争力与宏观经济竞争力比差、城乡居民家庭人均收入比差、全社会消费品零售总额与外贸出口总额比差（7个）

5.2 内蒙古自治区经济综合竞争力各级指标具体分析

1. 内蒙古自治区宏观经济竞争力指标排名变化情况

表 5－5 2019～2020 年内蒙古自治区宏观经济竞争力指标组排位及变化趋势

指 标	2019 年	2020 年	排位升降	优劣势
1 宏观经济竞争力	20	22	-2	劣势
1.1 经济实力竞争力	22	24	-2	劣势
地区生产总值	20	22	-2	劣势
地区生产总值增长率	28	30	-2	劣势
人均地区生产总值	11	11	0	中势
财政总收入	24	23	1	劣势
财政总收入增长率	7	22	-15	劣势
人均财政总收入	19	18	1	中势
固定资产投资额	21	22	-1	劣势
固定资产投资额增长率	13	29	-16	劣势
人均固定资产投资额	21	21	0	劣势
全社会消费品零售总额	23	23	0	劣势
全社会消费品零售总额增长率	29	20	9	中势
人均全社会消费品零售总额	20	21	-1	劣势
1.2 经济结构竞争力	14	19	-5	中势
产业结构优化度	27	27	0	劣势
所有制经济结构优化度	20	22	-2	劣势
城乡经济结构优化度	24	21	3	劣势
就业结构优化度	29	26	3	劣势
实体经济结构优化度	2	2	0	强势
贸易结构优化度	6	6	0	优势
1.3 经济外向度竞争力	25	26	-1	劣势
进出口总额	24	23	1	劣势
进出口增长率	14	15	-1	中势
出口总额	23	23	0	劣势
出口增长率	19	23	-4	劣势
实际 FDI	24	26	-2	劣势
实际 FDI 增长率	9	31	-22	劣势
外贸依存度	25	25	0	劣势
外资企业数	24	25	-1	劣势
对外直接投资额	24	22	2	劣势

2. 内蒙古自治区产业经济竞争力指标排名变化情况

表 5－6　2019～2020 年内蒙古自治区产业经济竞争力指标组排位及变化趋势

指　标	2019 年	2020 年	排位升降	优劣势
2　产业经济竞争力	15	14	1	中势
2.1　农业竞争力	4	4	0	优势
农业增加值	19	20	－1	中势
农业增加值增长率	21	24	－3	劣势
人均农业增加值	3	3	0	强势
农民人均纯收入	15	13	2	中势
农民人均纯收入增长率	2	3	－1	强势
农产品出口占农林牧渔总产值比重	16	15	1	中势
人均主要农产品产量	2	2	0	强势
农业机械化水平	10	10	0	优势
农村人均用电量	21	21	0	劣势
财政支农资金比重	6	7	－1	优势
2.2　工业竞争力	17	18	－1	中势
工业增加值	18	18	0	中势
工业增加值增长率	16	28	－12	劣势
人均工业增加值	10	8	2	优势
工业资产总额	16	16	0	中势
工业资产总额增长率	18	22	－4	劣势
规模以上工业主营业务收入	21	21	0	劣势
工业成本费用率	27	28	－1	劣势
规模以上工业利润总额	16	18	－2	中势
工业全员劳动生产率	2	2	0	强势
工业收入利润率	3	3	0	强势
2.3　服务业竞争力	27	29	－2	劣势
服务业增加值	22	23	－1	劣势
服务业增加值增长率	30	29	1	劣势
人均服务业增加值	11	11	0	中势
服务业从业人员数	25	25	0	劣势
限额以上批发零售企业主营业务收入	26	26	0	劣势
限额以上批零企业利税率	20	18	2	中势
限额以上餐饮企业利税率	28	29	－1	劣势
旅游外汇收入	17	17	0	中势
商品房销售收入	26	24	2	劣势
电子商务销售额	18	18	0	中势

续表

指　标	2019 年	2020 年	排位升降	优劣势
2.4　企业竞争力	8	7	1	优势
规模以上工业企业数	26	26	0	劣势
规模以上企业平均资产	4	4	0	优势
规模以上企业平均收入	2	2	0	强势
规模以上企业平均利润	2	2	0	强势
规模以上企业劳动效率	5	3	2	强势
城镇就业人员平均工资	17	19	-2	中势
新产品销售收入占主营业务收入比重	27	28	-1	劣势
产品质量抽查合格率	18	14	4	中势
工业企业 R&D 经费投入强度	21	21	0	劣势
全国 500 强企业数	24	23	1	劣势

3. 内蒙古自治区可持续发展竞争力指标排名变化情况

表 5-7　2019 ~ 2020 年内蒙古自治区可持续发展竞争力指标组排位及变化趋势

指　标	2019 年	2020 年	排位升降	优劣势
3　可持续发展竞争力	1	2	-1	强势
3.1　资源竞争力	1	1	0	强势
人均国土面积	4	4	0	优势
人均可使用海域和滩涂面积	13	13	0	中势
人均年水资源量	16	16	0	中势
耕地面积	2	2	0	强势
人均耕地面积	2	2	0	强势
人均牧草地面积	3	3	0	强势
主要能源矿产基础储量	2	2	0	强势
人均主要能源矿产基础储量	2	2	0	强势
人均森林储积量	2	2	0	强势
3.2　环境竞争力	16	30	-14	劣势
森林覆盖率	21	21	0	劣势
人均废水排放量	9	12	-3	中势
人均工业废气排放量	20	31	-11	劣势
人均工业固体废物排放量	29	30	-1	劣势
人均治理工业污染投资额	3	4	-1	优势
一般工业固体废物综合利用率	30	30	0	劣势
生活垃圾无害化处理率	18	21	-3	劣势
自然灾害直接经济损失额	14	20	-6	中势

续表

指　标	2019 年	2020 年	排位升降	优劣势
3.3　人力资源竞争力	8	13	-5	中势
常住人口增长率	24	27	-3	劣势
15~64 岁人口比例	3	5	-2	优势
文盲率	17	21	-4	劣势
大专以上教育程度人口比例	4	7	-3	优势
平均受教育程度	5	12	-7	中势
人口健康素质	24	22	2	劣势
职业学校毕业生数	22	23	-1	劣势

4. 内蒙古自治区财政金融竞争力指标排名变化情况

表 5-8　2019~2020 年内蒙古自治区财政金融竞争力指标组排位及变化趋势

指　标	2019 年	2020 年	排位升降	优劣势
4　财政金融竞争力	13	13	0	中势
4.1　财政竞争力	9	10	-1	优势
地方财政收入	21	20	1	中势
地方财政支出	20	21	-1	劣势
地方财政收入占 GDP 比重	7	6	1	优势
地方财政支出占 GDP 比重	10	10	0	优势
税收收入占 GDP 比重	9	8	1	优势
税收收入占财政总收入比重	9	12	-3	中势
人均地方财政收入	8	7	1	优势
人均地方财政支出	8	6	2	优势
人均税收收入	8	7	1	优势
地方财政收入增长率	2	18	-16	中势
地方财政支出增长率	25	18	7	中势
税收收入增长率	2	21	-19	劣势
4.2　金融竞争力	21	21	0	劣势
存款余额	25	25	0	劣势
人均存款余额	19	20	-1	中势
贷款余额	23	23	0	劣势
人均贷款余额	14	16	-2	中势
中长期贷款占贷款余额比重	16	12	4	中势
保险费净收入	20	19	1	中势
保险密度	12	10	2	优势
保险深度	16	17	-1	中势
国内上市公司数	28	28	0	劣势
国内上市公司市值	20	22	-2	劣势

5. 内蒙古自治区知识经济竞争力指标排名变化情况

表 5-9 2019～2020 年内蒙古自治区知识经济竞争力指标组排位及变化趋势

指 标	2019 年	2020 年	排位升降	优劣势
5 知识经济竞争力	27	27	0	劣势
5.1 科技竞争力	22	22	0	劣势
R&D 人员	26	23	3	劣势
R&D 经费	21	24	-3	劣势
R&D 经费投入强度	25	25	0	劣势
发明专利授权量	25	25	0	劣势
技术市场成交合同金额	26	26	0	劣势
财政科技支出占地方财政支出比重	29	29	0	劣势
高技术产业主营业务收入	18	18	0	中势
高技术产业收入占工业增加值比重	2	2	0	强势
高技术产品出口额占商品出口额比重	21	19	2	中势
5.2 教育竞争力	29	30	-1	劣势
教育经费	23	24	-1	劣势
教育经费占 GDP 比重	15	17	-2	中势
人均教育经费	15	14	1	中势
公共教育经费占财政支出比重	16	13	3	中势
人均文化教育支出	17	14	3	中势
万人中小学学校数	25	25	0	劣势
万人中小学专任教师数	23	23	0	劣势
高等学校数	26	26	0	劣势
高校专任教师数	26	26	0	劣势
万人高等学校在校学生数	25	22	3	劣势
5.3 文化竞争力	21	23	-2	劣势
文化制造业营业收入	27	26	1	劣势
文化批发零售业营业收入	28	27	1	劣势
文化服务业企业营业收入	28	28	0	劣势
图书和期刊出版数	29	28	1	劣势
电子出版物品种	14	13	1	中势
印刷用纸量	24	24	0	劣势
城镇居民人均文化娱乐支出	20	25	-5	劣势
农村居民人均文化娱乐支出	4	5	-1	优势
城镇居民人均文化娱乐支出占消费性支出比重	23	25	-2	劣势
农村居民人均文化娱乐支出占消费性支出比重	6	8	-2	优势

6. 内蒙古自治区发展环境竞争力指标排名变化情况

表 5－10　2019～2020 年内蒙古自治区发展环境竞争力指标组排位及变化趋势

指　标	2019 年	2020 年	排位升降	优劣势
6　发展环境竞争力	20	19	1	中势
6.1　基础设施竞争力	22	22	0	劣势
铁路网线密度	25	25	0	劣势
公路网线密度	28	28	0	劣势
人均内河航道里程	24	24	0	劣势
全社会旅客周转量	24	24	0	劣势
全社会货物周转量	13	13	0	中势
人均邮电业务总量	16	16	0	中势
电话普及率	13	13	0	中势
网站域名数	27	27	0	劣势
人均耗电量	2	1	1	强势
6.2　软环境竞争力	16	15	1	中势
外资企业数增长率	29	19	10	中势
万人外资企业数	19	8	11	优势
个体私营企业数增长率	24	17	7	中势
万人个体私营企业数	11	10	1	优势
万人商标注册件数	23	17	6	中势
政府网站数	13	10	3	优势
交通事故直接财产损失	17	6	11	优势
罚没收入占财政收入比重	13	30	－17	劣势
社会捐赠站点数	14	9	5	优势

7. 内蒙古自治区政府作用竞争力指标排名变化情况

表 5－11　2019～2020 年内蒙古自治区政府作用竞争力指标组排位及变化趋势

指　标	2019 年	2020 年	排位升降	优劣势
7　政府作用竞争力	23	21	2	劣势
7.1　政府发展经济竞争力	24	26	－2	劣势
财政支出用于基本建设投资比重	25	25	0	劣势
财政支出对 GDP 增长的拉动	22	22	0	劣势
政府公务员对经济的贡献	22	24	－2	劣势
政府消费对民间消费的拉动	19	25	－6	劣势
财政投资对社会投资的拉动	12	12	0	中势

续表

指　标	2019 年	2020 年	排位升降	优劣势
7.2　政府规调经济竞争力	19	14	5	中势
物价调控	7	5	2	优势
调控城乡消费差距	9	9	0	优势
统筹经济社会发展	2	6	-4	优势
规范税收	27	30	-3	劣势
工业生产出厂价格指数	31	31	0	劣势
7.3　政府保障经济竞争力	19	16	3	中势
城镇职工养老保险收支比	29	26	3	劣势
医疗保险覆盖率	16	16	0	中势
养老保险覆盖率	10	9	1	优势
失业保险覆盖率	19	21	-2	劣势
最低工资标准	14	19	-5	中势
城镇登记失业率	29	6	23	优势

8. 内蒙古自治区发展水平竞争力指标排名变化情况

表 5-12　2019～2020 年内蒙古自治区发展水平竞争力指标组排位及变化趋势

指　标	2019 年	2020 年	排位升降	优劣势
8　发展水平竞争力	24	23	1	劣势
8.1　工业化进程竞争力	24	23	1	劣势
工业增加值占 GDP 比重	14	11	3	中势
工业增加值增长率	18	10	8	优势
高技术产业占工业增加值比重	30	30	0	劣势
高技术产品占商品出口额比重	21	19	2	中势
数字经济应用	29	29	0	劣势
工农业增加值比值	20	20	0	中势
8.2　城市化进程竞争力	10	10	0	优势
城镇化率	10	10	0	优势
城镇居民人均可支配收入	9	10	-1	优势
城市平均建成区面积比重	26	26	0	劣势
人均拥有道路面积	6	6	0	优势
人均日生活用水量	31	31	0	劣势
人均公共绿地面积	2	2	0	强势

续表

指　标	2019 年	2020 年	排位升降	优劣势
8.3　市场化进程竞争力	23	23	0	劣势
非公有制经济产值占全社会总产值比重	20	22	-2	劣势
社会投资占投资总额比重	26	25	1	劣势
私有和个体企业从业人员比重	16	19	-3	中势
亿元以上商品市场成交额	24	24	0	劣势
亿元以上商品市场成交额占全社会消费品零售总额比重	20	20	0	中势
居民消费支出占总消费支出比重	10	9	1	优势

9. 内蒙古自治区统筹协调竞争力指标排名变化情况

表 5-13　2019～2020 年内蒙古自治区统筹协调竞争力指标组排位及变化趋势

指　标	2019 年	2020 年	排位升降	优劣势
9　统筹协调竞争力	25	21	4	劣势
9.1　统筹发展竞争力	31	29	2	劣势
社会劳动生产率	10	9	1	优势
能源消耗下降率	31	30	1	劣势
万元 GDP 综合能耗下降率	31	31	0	劣势
非农用地产出率	27	27	0	劣势
居民收入占 GDP 比重	16	9	7	优势
二三产业增加值比例	22	23	-1	劣势
固定资产投资额占 GDP 比重	5	6	-1	优势
固定资产投资增长率	19	13	6	中势
9.2　协调发展竞争力	6	12	-6	中势
资源竞争力与宏观经济竞争力比差	5	8	-3	优势
环境竞争力与宏观经济竞争力比差	27	20	7	中势
人力资源竞争力与宏观经济竞争力比差	30	24	6	劣势
资源竞争力与工业竞争力比差	1	7	-6	优势
环境竞争力与工业竞争力比差	16	9	7	优势
城乡居民家庭人均收入比差	24	21	3	劣势
城乡居民人均消费支出比差	9	9	0	优势
全社会消费品零售总额与外贸出口总额比差	23	25	-2	劣势

B.7
6
2019～2020年辽宁省经济综合竞争力评价分析报告

辽宁省简称“辽”，位于中国东北地区南部，西南与河北接壤，西北与内蒙古毗连，东北与吉林为邻，东南以鸭绿江为界与朝鲜隔江相望。全省面积为14.8万平方公里，2020年全省常住人口为4255万人，地区生产总值为25115亿元，同比增长0.6%，人均GDP达58872元。本部分通过分析2019～2020年辽宁省经济综合竞争力以及各要素竞争力的排名变化，从中找出辽宁省经济综合竞争力的推动点及影响因素，为进一步提升辽宁省经济综合竞争力提供决策参考。

6.1 辽宁省经济综合竞争力总体分析

1. 辽宁省经济综合竞争力一级指标概要分析

（1）从综合排位看，2020年辽宁省经济综合竞争力综合排位在全国居第18位，这表明其在全国处于中势地位；与2019年相比，综合排位没有发生变化。

（2）从指标所处区位看，1个指标处于上游区，为政府作用竞争力；5个指标处于中游区，分别为产业经济竞争力、可持续发展竞争力、知识经济竞争力、发展环境竞争力以及发展水平竞争力；3个指标处于下游区，分别为宏观经济竞争力、财政金融竞争力以及统筹协调竞争力。

（3）从指标变化趋势看，9个二级指标中，有2个指标处于上升趋势，分别为发展环境竞争力和政府作用竞争力，这些是辽宁省经济综合竞争力的上升动力所在；有2个指标排位没有发生变化，分别为宏观经济竞争力和知识经济竞争力；有5个指标处于下降趋势，分别为产业经济竞争力、可持续发展竞争力、财政金融竞争力、发展水平竞争力以及统筹协调竞争力，这些是辽宁省经济综合竞争力的下降拉力所在。

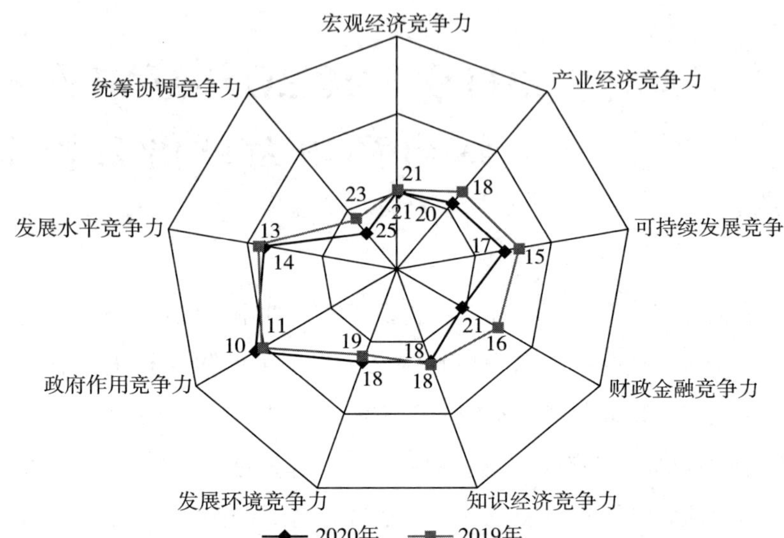

图 6－1　2019～2020 年辽宁省经济综合竞争力二级指标比较

表 6－1　2019～2020 年辽宁省经济综合竞争力二级指标表现情况

	宏观经济竞争力	产业经济竞争力	可持续发展竞争力	财政金融竞争力	知识经济竞争力	发展环境竞争力	政府作用竞争力	发展水平竞争力	统筹协调竞争力	综合排位
2019 年	21	18	15	16	18	19	11	13	23	18
2020 年	21	20	17	21	18	18	10	14	25	18
升降	0	－2	－2	－5	0	1	1	－1	－2	0
优劣度	劣势	中势	中势	劣势	中势	中势	优势	中势	劣势	中势

2. 辽宁省经济综合竞争力各级指标动态变化分析

从表 6－2 可以看出，210 个四级指标中，上升指标有 61 个，占指标总数的 29.0%；下降指标有 90 个，占指标总数的 42.9%；保持不变的指标有 59 个，占指标总数的 28.1%。综上所述，辽宁省经济综合竞争力的下降拉力大于上升动力，下降的指标占较大比重，但由于保持不变的指标也较多，2019～2020 年辽宁省经济综合竞争力排位保持不变。

表6-2 2019~2020年辽宁省经济综合竞争力各级指标排位变化情况

单位：个，%

二级指标	三级指标	四级指标数	上升		保持		下降		变化趋势
			指标数	比重	指标数	比重	指标数	比重	
宏观经济竞争力	经济实力竞争力	12	1	8.3	5	41.7	6	50.0	下降
	经济结构竞争力	6	3	50.0	1	16.7	2	33.3	上升
	经济外向度竞争力	9	2	22.2	2	22.2	5	55.6	下降
	小 计	**27**	6	22.2	8	29.6	13	48.1	保持
产业经济竞争力	农业竞争力	10	2	20.0	4	40.0	4	40.0	保持
	工业竞争力	10	1	10.0	3	30.0	6	60.0	下降
	服务业竞争力	10	4	40.0	2	20.0	4	40.0	下降
	企业竞争力	10	3	30.0	3	30.0	4	40.0	下降
	小 计	**40**	10	25.0	12	30.0	18	45.0	下降
可持续发展竞争力	资源竞争力	9	1	11.1	7	77.8	1	11.1	上升
	环境竞争力	8	0	0.0	3	37.5	5	62.5	下降
	人力资源竞争力	7	2	28.6	1	14.3	4	57.1	下降
	小 计	**24**	3	12.5	11	45.8	10	41.7	下降
财政金融竞争力	财政竞争力	12	9	75.0	2	16.7	1	8.3	上升
	金融竞争力	10	3	30.0	1	10.0	6	60.0	下降
	小 计	**22**	12	54.5	3	13.6	7	31.8	下降
知识经济竞争力	科技竞争力	9	2	22.2	4	44.4	3	33.3	下降
	教育竞争力	10	0	0.0	4	40.0	6	60.0	保持
	文化竞争力	10	1	10.0	2	20.0	7	70.0	下降
	小 计	**29**	3	10.3	10	34.5	16	55.2	保持
发展环境竞争力	基础设施竞争力	9	2	22.2	2	22.2	5	55.6	下降
	软环境竞争力	9	3	33.3	0	0.0	6	66.7	上升
	小 计	**18**	5	27.8	2	11.1	11	61.1	上升
政府作用竞争力	政府发展经济竞争力	5	1	20.0	2	40.0	2	40.0	下降
	政府规调经济竞争力	5	3	60.0	0	0.0	2	40.0	保持
	政府保障经济竞争力	6	5	83.3	0	0.0	1	16.7	上升
	小 计	**16**	9	56.3	2	12.5	5	31.3	上升
发展水平竞争力	工业化进程竞争力	6	2	33.3	2	33.3	2	33.3	上升
	城市化进程竞争力	6	1	16.7	4	66.7	1	16.7	保持
	市场化进程竞争力	6	4	66.7	2	33.3	0	0.0	上升
	小 计	**18**	7	38.9	8	44.4	3	16.7	下降

续表

二级指标	三级指标	四级指标数	上升		保持		下降		变化趋势
			指标数	比重	指标数	比重	指标数	比重	
统筹协调竞争力	统筹发展竞争力	8	2	25.0	3	37.5	3	37.5	保持
	协调发展竞争力	8	4	50.0	0	0.0	4	50.0	保持
	小　计	**16**	6	37.5	3	18.8	7	43.8	下降
合　计		**210**	61	29.0	59	28.1	90	42.9	保持

3. 辽宁省经济综合竞争力各级指标优劣势结构分析

基于图 6－2 和表 6－3，具体到四级指标，强势指标 8 个，占指标总数的 3.8%；优势指标 36 个，占指标总数的 17.1%；中势指标 108 个，占指标总数的 51.4%；劣势指标 58 个，占指标总数的 27.6%。三级指标中，强势指标 1 个，占三级指标总数的 4.0%；优势指标 3 个，占三级指标总数的 12.0%；中势指标 13 个，占三级指标总数的 52.0%；劣势指标 8 个，占三级指标总数的 32.0%。从二级指标看，没有强势指标；优势指标有 1 个，占二级指标总数的 11.1%；中势指标有 5 个，占二级指标总数的 55.6%；劣势指标有 3 个，占二级指标总数的 33.3%。综合来看，由于中势指标在指标体系中居于主导地位，2020 年辽宁省经济综合竞争力处于中势地位。

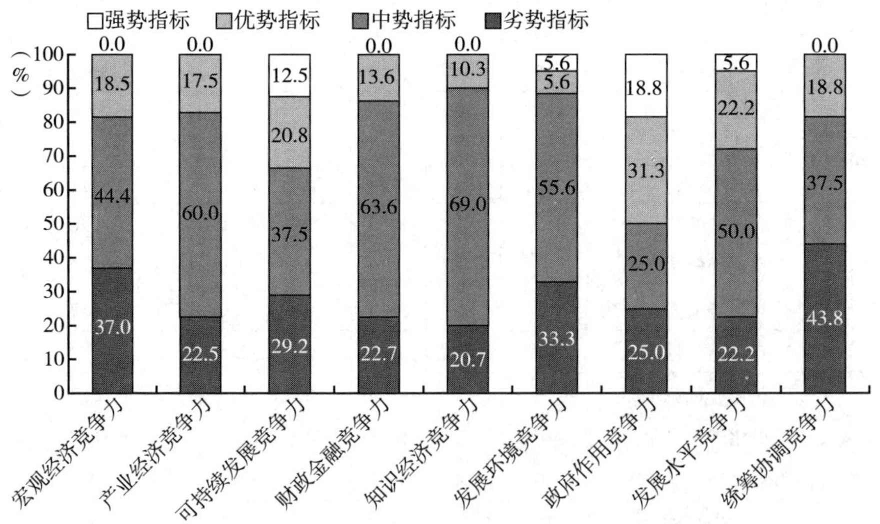

图 6－2　2020 年辽宁省经济综合竞争力各级指标优劣势比较

表 6－3 2020 年辽宁省经济综合竞争力各级指标优劣势情况

单位：个，%

二级指标	三级指标	四级指标数	强势指标		优势指标		中势指标		劣势指标		优劣势
			个数	比重	个数	比重	个数	比重	个数	比重	
宏观经济竞争力	经济实力竞争力	12	0	0.0	0	0.0	7	58.3	5	41.7	劣势
	经济结构竞争力	6	0	0.0	1	16.7	3	50.0	2	33.3	劣势
	经济外向度竞争力	9	0	0.0	4	44.4	2	22.2	3	33.3	劣势
	小　计	**27**	0	0.0	5	18.5	12	44.4	10	37.0	劣势
产业经济竞争力	农业竞争力	10	0	0.0	5	50.0	4	40.0	1	10.0	中势
	工业竞争力	10	0	0.0	0	0.0	6	60.0	4	40.0	劣势
	服务业竞争力	10	0	0.0	1	10.0	6	60.0	3	30.0	劣势
	企业竞争力	10	0	0.0	1	10.0	8	80.0	1	10.0	中势
	小　计	**40**	0	0.0	7	17.5	24	60.0	9	22.5	中势
可持续发展竞争力	资源竞争力	9	1	11.1	3	33.3	4	44.4	1	11.1	优势
	环境竞争力	8	0	0.0	0	0.0	3	37.5	5	62.5	劣势
	人力资源竞争力	7	2	28.6	2	28.6	2	28.6	1	14.3	优势
	小　计	**24**	3	12.5	5	20.8	9	37.5	7	29.2	中势
财政金融竞争力	财政竞争力	12	0	0.0	1	8.3	10	83.3	1	8.3	中势
	金融竞争力	10	0	0.0	2	20.0	4	40.0	4	40.0	劣势
	小　计	**22**	0	0.0	3	13.6	14	63.6	5	22.7	劣势
知识经济竞争力	科技竞争力	9	0	0.0	0	0.0	9	100.0	0	0.0	中势
	教育竞争力	10	0	0.0	2	20.0	4	40.0	4	40.0	中势
	文化竞争力	10	0	0.0	1	10.0	7	70.0	2	20.0	中势
	小　计	**29**	0	0.0	3	10.3	20	69.0	6	20.7	中势
发展环境竞争力	基础设施竞争力	9	0	0.0	1	11.1	5	55.6	3	33.3	中势
	软环境竞争力	9	1	11.1	0	0.0	5	55.6	3	33.3	中势
	小　计	**18**	1	5.6	1	5.6	10	55.6	6	33.3	中势
政府作用竞争力	政府发展经济竞争力	5	0	0.0	2	40.0	2	40.0	1	20.0	中势
	政府规调经济竞争力	5	0	0.0	2	40.0	1	20.0	2	40.0	中势
	政府保障经济竞争力	6	3	50.0	1	16.7	1	16.7	1	16.7	强势
	小　计	**16**	3	18.8	5	31.3	4	25.0	4	25.0	优势
发展水平竞争力	工业化进程竞争力	6	0	0.0	0	0.0	5	83.3	1	16.7	中势
	城市化进程竞争力	6	0	0.0	1	16.7	2	33.3	3	50.0	中势
	市场化进程竞争力	6	1	16.7	3	50.0	2	33.3	0	0.0	优势
	小　计	**18**	1	5.6	4	22.2	9	50.0	4	22.2	中势

续表

二级指标	三级指标	四级指标数	强势指标		优势指标		中势指标		劣势指标		优劣势
			个数	比重	个数	比重	个数	比重	个数	比重	
统筹协调竞争力	统筹发展竞争力	8	0	0.0	0	0.0	4	50.0	4	50.0	劣势
	协调发展竞争力	8	0	0.0	3	37.5	2	25.0	3	37.5	中势
	小　计	**16**	0	0.0	3	18.8	6	37.5	7	43.8	劣势
合　计		**210**	8	3.8	36	17.1	108	51.4	58	27.6	中势

4. 辽宁省经济综合竞争力四级指标优劣势对比分析

表6－4　2020年辽宁省经济综合竞争力各级指标优劣势情况

二级指标	优劣势	四级指标
宏观经济竞争力（27个）	强势指标	（0个）
	优势指标	产业结构优化度、进出口总额、实际FDI、外贸依存度、外资企业数(5个)
	劣势指标	地区生产总值增长率、固定资产投资额、固定资产投资额增长率、人均固定资产投资额、全社会消费品零售总额增长率、实体经济结构优化度、贸易结构优化度、进出口增长率、出口增长率、实际FDI增长率(10个)
产业经济竞争力（40个）	强势指标	（0个）
	优势指标	人均农业增加值、农民人均纯收入、农民人均纯收入增长率、农产品出口占农林牧渔总产值比重、人均主要农产品产量、限额以上批发零售企业主营业务收入、规模以上企业平均收入(7个)
	劣势指标	财政支农资金比重、工业增加值增长率、工业资产总额增长率、工业全员劳动生产率、工业收入利润率、服务业增加值增长率、限额以上批零企业利税率、限额以上餐饮企业利税率、城镇就业人员平均工资(9个)
可持续发展竞争力（24个）	强势指标	人均可使用海域和滩涂面积、文盲率、人口健康素质(3个)
	优势指标	人均耕地面积、主要能源矿产基础储量、人均主要能源矿产基础储量、15~64岁人口比例、平均受教育程度(5个)
	劣势指标	人均年水资源量、人均废水排放量、人均工业废气排放量、人均工业固体废物排放量、一般工业固体废物综合利用率、生活垃圾无害化处理率、常住人口增长率(7个)

续表

二级指标	优劣势	四级指标
财政金融竞争力（22个）	强势指标	（0个）
	优势指标	税收收入占GDP比重、人均存款余额、人均贷款余额（3个）
	劣势指标	人均地方财政支出、中长期贷款占贷款余额比重、保险费净收入、保险密度、保险深度（5个）
知识经济竞争力（29个）	强势指标	（0个）
	优势指标	高等学校数、万人高等学校在校学生数、电子出版物品种（3个）
	劣势指标	教育经费占GDP比重、人均教育经费、公共教育经费占财政支出比重、人均文化教育支出、农村居民人均文化娱乐支出、农村居民人均文化娱乐支出占消费性支出比重（6个）
发展环境竞争力（18个）	强势指标	万人个体私营企业数（1个）
	优势指标	铁路网线密度（1个）
	劣势指标	人均内河航道里程、人均邮电业务总量、网站域名数、个体私营企业数增长率、交通事故直接财产损失、社会捐赠站点数（6个）
政府作用竞争力（16个）	强势指标	医疗保险覆盖率、养老保险覆盖率、城镇登记失业率（3个）
	优势指标	政府消费对民间消费的拉动、财政投资对社会投资的拉动、规范税收、工业生产出厂价格指数、失业保险覆盖率（5个）
	劣势指标	财政支出用于基本建设投资比重、调控城乡消费差距、统筹经济社会发展、城镇职工养老保险收支比（4个）
发展水平竞争力（18个）	强势指标	社会投资占投资总额比重（1个）
	优势指标	城镇化率、亿元以上商品市场成交额、亿元以上商品市场成交额占全社会消费品零售总额比重、居民消费支出占总消费支出比重（4个）
	劣势指标	工业增加值增长率、城市平均建成区面积比重、人均拥有道路面积、人均日生活用水量（4个）
统筹协调竞争力（16个）	强势指标	（0个）
	优势指标	资源竞争力与宏观经济竞争力比差、资源竞争力与工业竞争力比差、全社会消费品零售总额与外贸出口总额比差（3个）
	劣势指标	能源消耗下降率、万元GDP综合能耗下降率、居民收入占GDP比重、固定资产投资增长率、环境竞争力与宏观经济竞争力比差、人力资源竞争力与宏观经济竞争力比差、城乡居民人均消费支出比差（7个）

6.2 辽宁省经济综合竞争力各级指标具体分析

1. 辽宁省宏观经济竞争力指标排名变化情况

表 6－5　2019～2020 年辽宁省宏观经济竞争力指标组排位及变化趋势

指　标	2019 年	2020 年	排位升降	优劣势
1　宏观经济竞争力	21	21	0	劣势
1.1　经济实力竞争力	23	25	-2	劣势
地区生产总值	15	16	-1	中势
地区生产总值增长率	26	29	-3	劣势
人均地区生产总值	15	15	0	中势
财政总收入	15	16	-1	中势
财政总收入增长率	4	15	-11	中势
人均财政总收入	17	16	1	中势
固定资产投资额	26	26	0	劣势
固定资产投资额增长率	25	25	0	劣势
人均固定资产投资额	31	31	0	劣势
全社会消费品零售总额	18	18	0	中势
全社会消费品零售总额增长率	22	24	-2	劣势
人均全社会消费品零售总额	16	17	-1	中势
1.2　经济结构竞争力	25	22	3	劣势
产业结构优化度	12	8	4	优势
所有制经济结构优化度	19	19	0	中势
城乡经济结构优化度	16	13	3	中势
就业结构优化度	30	19	11	中势
实体经济结构优化度	17	21	-4	劣势
贸易结构优化度	20	21	-1	劣势
1.3　经济外向度竞争力	16	21	-5	劣势
进出口总额	8	8	0	优势
进出口增长率	17	26	-9	劣势
出口总额	8	12	-4	中势
出口增长率	22	26	-4	劣势
实际 FDI	7	8	-1	优势
实际 FDI 增长率	25	24	1	劣势
外贸依存度	6	7	-1	优势
外资企业数	8	8	0	优势
对外直接投资额	20	19	1	中势

2. 辽宁省产业经济竞争力指标排名变化情况

表6-6　2019～2020年辽宁省产业经济竞争力指标组排位及变化趋势

指　标	2019年	2020年	排位升降	优劣势
2　产业经济竞争力	18	20	-2	中势
2.1　农业竞争力	18	18	0	中势
农业增加值	15	16	-1	中势
农业增加值增长率	11	16	-5	中势
人均农业增加值	7	7	0	优势
农民人均纯收入	10	9	1	优势
农民人均纯收入增长率	10	4	6	优势
农产品出口占农林牧渔总产值比重	8	8	0	优势
人均主要农产品产量	7	8	-1	优势
农业机械化水平	18	18	0	中势
农村人均用电量	12	12	0	中势
财政支农资金比重	23	25	-2	劣势
2.2　工业竞争力	12	22	-10	劣势
工业增加值	15	15	0	中势
工业增加值增长率	16	24	-8	劣势
人均工业增加值	15	16	-1	中势
工业资产总额	12	13	-1	中势
工业资产总额增长率	2	23	-21	劣势
规模以上工业主营业务收入	14	14	0	中势
工业成本费用率	8	13	-5	中势
规模以上工业利润总额	17	17	0	中势
工业全员劳动生产率	19	22	-3	劣势
工业收入利润率	27	26	1	劣势
2.3　服务业竞争力	22	23	-1	劣势
服务业增加值	14	14	0	中势
服务业增加值增长率	29	28	1	劣势
人均服务业增加值	15	16	-1	中势
服务业从业人员数	28	12	16	中势
限额以上批发零售企业主营业务收入	11	10	1	优势
限额以上批零企业利税率	28	31	-3	劣势
限额以上餐饮企业利税率	13	27	-14	劣势
旅游外汇收入	16	16	0	中势
商品房销售收入	20	19	1	中势
电子商务销售额	13	14	-1	中势

续表

指　标	2019 年	2020 年	排位升降	优劣势
2.4　企业竞争力	11	12	-1	中势
规模以上工业企业数	14	14	0	中势
规模以上企业平均资产	12	13	-1	中势
规模以上企业平均收入	8	8	0	优势
规模以上企业平均利润	18	17	1	中势
规模以上企业劳动效率	8	14	-6	中势
城镇就业人员平均工资	28	24	4	劣势
新产品销售收入占主营业务收入比重	15	17	-2	中势
产品质量抽查合格率	15	11	4	中势
工业企业 R&D 经费投入强度	14	14	0	中势
全国 500 强企业数	13	16	-3	中势

3. 辽宁省可持续发展竞争力指标排名变化情况

表 6-7　2019~2020 年辽宁省可持续发展竞争力指标组排位及变化趋势

指　标	2019 年	2020 年	排位升降	优劣势
3　可持续发展竞争力	15	17	-2	中势
3.1　资源竞争力	10	9	1	优势
人均国土面积	17	17	0	中势
人均可使用海域和滩涂面积	3	3	0	强势
人均年水资源量	22	22	0	劣势
耕地面积	12	12	0	中势
人均耕地面积	8	7	1	优势
人均牧草地面积	14	14	0	中势
主要能源矿产基础储量	10	10	0	优势
人均主要能源矿产基础储量	8	9	-1	优势
人均森林储积量	16	16	0	中势
3.2　环境竞争力	20	25	-5	劣势
森林覆盖率	16	16	0	中势
人均废水排放量	27	28	-1	劣势
人均工业废气排放量	17	24	-7	劣势
人均工业固体废物排放量	27	27	0	劣势
人均治理工业污染投资额	17	17	0	中势
一般工业固体废物综合利用率	21	25	-4	劣势
生活垃圾无害化处理率	23	27	-4	劣势
自然灾害直接经济损失额	16	18	-2	中势

续表

指　标	2019年	2020年	排位升降	优劣势
3.3　人力资源竞争力	7	9	-2	优势
常住人口增长率	29	28	1	劣势
15～64岁人口比例	7	9	-2	优势
文盲率	1	2	-1	强势
大专以上教育程度人口比例	6	14	-8	中势
平均受教育程度	4	6	-2	优势
人口健康素质	4	2	2	强势
职业学校毕业生数	17	17	0	中势

4. 辽宁省财政金融竞争力指标排名变化情况

表6－8　2019～2020年辽宁省财政金融竞争力指标组排位及变化趋势

指　标	2019年	2020年	排位升降	优劣势
4　财政金融竞争力	16	21	-5	劣势
4.1　财政竞争力	18	14	4	中势
地方财政收入	14	13	1	中势
地方财政支出	17	16	1	中势
地方财政收入占GDP比重	13	12	1	中势
地方财政支出占GDP比重	17	16	1	中势
税收收入占GDP比重	10	10	0	优势
税收收入占财政总收入比重	13	15	-2	中势
人均地方财政收入	16	13	3	中势
人均地方财政支出	22	22	0	劣势
人均税收收入	15	14	1	中势
地方财政收入增长率	22	16	6	中势
地方财政支出增长率	17	11	6	中势
税收收入增长率	23	13	10	中势
4.2　金融竞争力	12	27	-15	劣势
存款余额	10	11	-1	中势
人均存款余额	7	8	-1	优势
贷款余额	12	13	-1	中势
人均贷款余额	10	10	0	优势
中长期贷款占贷款余额比重	28	24	4	劣势
保险费净收入	13	31	-18	劣势
保险密度	8	31	-23	劣势
保险深度	7	31	-24	劣势
国内上市公司数	18	13	5	中势
国内上市公司市值	22	18	4	中势

5. 辽宁省知识经济竞争力指标排名变化情况

表 6－9　2019～2020 年辽宁省知识经济竞争力指标组排位及变化趋势

指　标	2019 年	2020 年	排位升降	优劣势
5　知识经济竞争力	18	18	0	中势
5.1　科技竞争力	17	19	－2	中势
R&D 人员	17	15	2	中势
R&D 经费	15	15	0	中势
R&D 经费投入强度	10	11	－1	中势
发明专利授权量	17	17	0	中势
技术市场成交合同金额	11	13	－2	中势
财政科技支出占地方财政支出比重	19	20	－1	中势
高技术产业主营业务收入	15	15	0	中势
高技术产业收入占工业增加值比重	12	12	0	中势
高技术产品出口额占商品出口额比重	20	16	4	中势
5.2　教育竞争力	17	17	0	中势
教育经费	20	20	0	中势
教育经费占 GDP 比重	24	25	－1	劣势
人均教育经费	30	31	－1	劣势
公共教育经费占财政支出比重	31	31	0	劣势
人均文化教育支出	30	31	－1	劣势
万人中小学学校数	15	17	－2	中势
万人中小学专任教师数	9	11	－2	中势
高等学校数	10	10	0	优势
高校专任教师数	12	14	－2	中势
万人高等学校在校学生数	6	6	0	优势
5.3　文化竞争力	13	19	－6	中势
文化制造业营业收入	20	20	0	中势
文化批发零售业营业收入	19	18	1	中势
文化服务业企业营业收入	16	19	－3	中势
图书和期刊出版数	16	17	－1	中势
电子出版物品种	8	8	0	优势
印刷用纸量	16	18	－2	中势
城镇居民人均文化娱乐支出	7	15	－8	中势
农村居民人均文化娱乐支出	16	24	－8	劣势
城镇居民人均文化娱乐支出占消费性支出比重	3	17	－14	中势
农村居民人均文化娱乐支出占消费性支出比重	14	21	－7	劣势

6. 辽宁省发展环境竞争力指标排名变化情况

表6－10　2019～2020年辽宁省发展环境竞争力指标组排位及变化趋势

指　标	2019年	2020年	排位升降	优劣势
6　发展环境竞争力	19	18	1	中势
6.1　基础设施竞争力	14	16	－2	中势
铁路网线密度	4	4	0	优势
公路网线密度	20	19	1	中势
人均内河航道里程	23	23	0	劣势
全社会旅客周转量	11	15	－4	中势
全社会货物周转量	8	11	－3	中势
人均邮电业务总量	24	27	－3	劣势
电话普及率	15	16	－1	中势
网站域名数	19	21	－2	劣势
人均耗电量	13	12	1	中势
6.2　软环境竞争力	26	17	9	中势
外资企业数增长率	31	14	17	中势
万人外资企业数	8	13	－5	中势
个体私营企业数增长率	16	22	－6	劣势
万人个体私营企业数	13	2	11	强势
万人商标注册件数	15	19	－4	中势
政府网站数	12	20	－8	中势
交通事故直接财产损失	4	24	－20	劣势
罚没收入占财政收入比重	31	16	15	中势
社会捐赠站点数	10	26	－16	劣势

7. 辽宁省政府作用竞争力指标排名变化情况

表6－11　2019～2020年辽宁省政府作用竞争力指标组排位及变化趋势

指　标	2019年	2020年	排位升降	优劣势
7　政府作用竞争力	11	10	1	优势
7.1　政府发展经济竞争力	19	20	－1	中势
财政支出用于基本建设投资比重	31	31	0	劣势
财政支出对GDP增长的拉动	15	16	－1	中势
政府公务员对经济的贡献	17	20	－3	中势
政府消费对民间消费的拉动	6	5	1	优势
财政投资对社会投资的拉动	9	9	0	优势

续表

指　标	2019 年	2020 年	排位升降	优劣势
7.2　政府规调经济竞争力	17	17	0	中势
物价调控	6	17	-11	中势
调控城乡消费差距	27	25	2	劣势
统筹经济社会发展	18	26	-8	劣势
规范税收	20	9	11	优势
工业生产出厂价格指数	15	10	5	优势
7.3　政府保障经济竞争力	6	2	4	强势
城镇职工养老保险收支比	31	30	1	劣势
医疗保险覆盖率	3	2	1	强势
养老保险覆盖率	1	2	-1	强势
失业保险覆盖率	9	8	1	优势
最低工资标准	27	11	16	中势
城镇登记失业率	31	1	30	强势

8. 辽宁省发展水平竞争力指标排名变化情况

表 6-12　2019～2020 年辽宁省发展水平竞争力指标组排位及变化趋势

指　标	2019 年	2020 年	排位升降	优劣势
8　发展水平竞争力	13	14	-1	中势
8.1　工业化进程竞争力	17	16	1	中势
工业增加值占 GDP 比重	11	13	-2	中势
工业增加值增长率	17	23	-6	劣势
高技术产业占工业增加值比重	20	20	0	中势
高技术产品占商品出口额比重	20	16	4	中势
数字经济应用	12	12	0	中势
工农业增加值比值	17	15	2	中势
8.2　城市化进程竞争力	18	18	0	中势
城镇化率	7	7	0	优势
城镇居民人均可支配收入	11	12	-1	中势
城市平均建成区面积比重	30	30	0	劣势
人均拥有道路面积	23	23	0	劣势
人均日生活用水量	21	21	0	劣势
人均公共绿地面积	22	20	2	中势

续表

指 标	2019 年	2020 年	排位升降	优劣势
8.3 市场化进程竞争力	6	5	1	优势
非公有制经济产值占全社会总产值比重	19	19	0	中势
社会投资占投资总额比重	2	2	0	强势
私有和个体企业从业人员比重	20	16	4	中势
亿元以上商品市场成交额	9	8	1	优势
亿元以上商品市场成交额占全社会消费品零售总额比重	6	5	1	优势
居民消费支出占总消费支出比重	11	10	1	优势

9. 辽宁省统筹协调竞争力指标排名变化情况

表 6-13 2019~2020 年辽宁省统筹协调竞争力指标组排位及变化趋势

指 标	2019 年	2020 年	排位升降	优劣势
9 统筹协调竞争力	23	25	-2	劣势
9.1 统筹发展竞争力	28	28	0	劣势
社会劳动生产率	13	18	-5	中势
能源消耗下降率	29	26	3	劣势
万元 GDP 综合能耗下降率	29	29	0	劣势
非农用地产出率	16	16	0	中势
居民收入占 GDP 比重	28	28	0	劣势
二三产业增加值比例	15	14	1	中势
固定资产投资额占 GDP 比重	9	12	-3	中势
固定资产投资增长率	7	25	-18	劣势
9.2 协调发展竞争力	16	16	0	中势
资源竞争力与宏观经济竞争力比差	7	5	2	优势
环境竞争力与宏观经济竞争力比差	19	24	-5	劣势
人力资源竞争力与宏观经济竞争力比差	22	27	-5	劣势
资源竞争力与工业竞争力比差	10	8	2	优势
环境竞争力与工业竞争力比差	10	20	-10	中势
城乡居民家庭人均收入比差	16	13	3	中势
城乡居民人均消费支出比差	27	25	2	劣势
全社会消费品零售总额与外贸出口总额比差	7	8	-1	优势

B.8
7
2019～2020年吉林省经济综合竞争力评价分析报告

吉林省简称“吉”，位于中国东北地区中部，与辽宁、内蒙古、黑龙江相连，并与俄罗斯、朝鲜接壤，地处东北亚地理中心位置。全省面积为18.74万平方公里，2020年全省常住人口为2399万人，地区生产总值为12311亿元，同比增长2.4%，人均GDP达50800元。本部分通过分析2019～2020年吉林省经济综合竞争力以及各要素竞争力的排名变化，从中找出吉林省经济综合竞争力的推动点及影响因素，为进一步提升吉林省经济综合竞争力提供决策参考。

7.1　吉林省经济综合竞争力总体分析

1. 吉林省经济综合竞争力一级指标概要分析

（1）从综合排位看，2020年吉林省经济综合竞争力综合排位在全国居第28位，这表明其在全国处于劣势地位；与2019年相比，综合排位没有发生变化。

（2）从指标所处区位看，1个指标处于中游区，可持续发展竞争力为吉林省经济综合竞争力的中势指标。8个指标处于下游区，其中宏观经济竞争力、产业经济竞争力、财政金融竞争力、知识经济竞争力、发展环境竞争力、政府作用竞争力、发展水平竞争力、统筹协调竞争力等8个指标为吉林省经济综合竞争力的劣势指标。

（3）从指标变化趋势看，9个二级指标中，有5个指标处于上升趋势，分别为宏观经济竞争力、产业经济竞争力、可持续发展竞争力、财政金融竞争力、发展水平竞争力，这些是吉林省经济综合竞争力的上升动力所在；有4

个指标处于下降趋势，分别为知识经济竞争力、发展环境竞争力、政府作用竞争力、统筹协调竞争力，这些是吉林省经济综合竞争力的下降拉力所在。

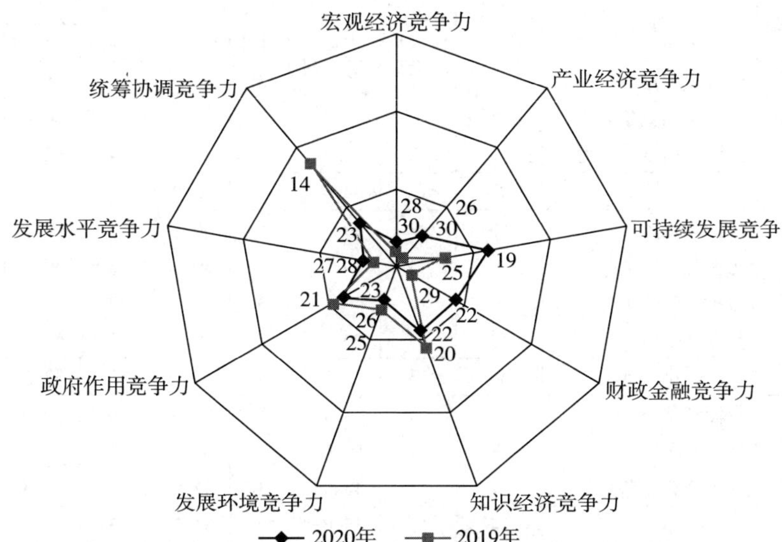

图7－1 2019～2020年吉林省经济综合竞争力二级指标比较

表7－1 2019～2020年吉林省经济综合竞争力二级指标表现情况

	宏观经济竞争力	产业经济竞争力	可持续发展竞争力	财政金融竞争力	知识经济竞争力	发展环境竞争力	政府作用竞争力	发展水平竞争力	统筹协调竞争力	**综合排位**
2019年	30	30	25	29	20	25	21	28	14	28
2020年	28	26	19	22	22	26	23	27	23	28
升降	2	4	6	7	－2	－1	－2	1	－9	0
优劣度	劣势	劣势	中势	劣势	劣势	劣势	劣势	劣势	劣势	劣势

2. 吉林省经济综合竞争力各级指标动态变化分析

从表7－2可以看出，210个四级指标中，上升指标有78个，占指标总数的37.1%；下降指标有59个，占指标总数的28.1%；保持不变的指标有73个，占指标总数的34.8%。综上所述，虽然吉林省经济综合竞争力的上升指标个数多于下降指标个数，但保持不变的指标占比较大，2019～2020年吉林省经济综合竞争力排位保持不变。

表7－2　2019～2020年吉林省经济综合竞争力各级指标排位变化情况

单位：个，%

二级指标	三级指标	四级指标数	上升		保持		下降		变化趋势
			指标数	比重	指标数	比重	指标数	比重	
宏观经济竞争力	经济实力竞争力	12	8	66.7	3	25.0	1	8.3	上升
	经济结构竞争力	6	2	33.3	1	16.7	3	50.0	下降
	经济外向度竞争力	9	2	22.2	3	33.3	4	44.4	上升
	小　计	**27**	12	44.4	7	25.9	8	29.6	上升
产业经济竞争力	农业竞争力	10	2	20	6	60	2	20	上升
	工业竞争力	10	4	40	3	30	3	30	上升
	服务业竞争力	10	4	40	3	30	3	30	上升
	企业竞争力	10	3	30	2	20	5	50	上升
	小　计	**40**	13	32.5	14	35	13	32.5	上升
可持续发展竞争力	资源竞争力	9	4	44.4	5	55.6	0	0.0	保持
	环境竞争力	8	4	50.0	2	25.0	2	25.0	上升
	人力资源竞争力	7	3	42.9	3	42.9	1	14.3	上升
	小　计	**24**	11	45.8	10	41.7	3	12.5	上升
财政金融竞争力	财政竞争力	12	8	66.7	2	16.7	2	16.7	上升
	金融竞争力	10	6	60.0	2	20.0	2	20.0	上升
	小　计	**22**	14	63.6	4	18.2	4	18.2	上升
知识经济竞争力	科技竞争力	9	1	11.1	6	66.7	2	22.2	保持
	教育竞争力	10	2	20.0	6	60.0	2	20.0	保持
	文化竞争力	10	0	0.0	4	40.0	6	60.0	下降
	小　计	**29**	3	10.3	16	55.2	10	34.5	下降
发展环境竞争力	基础设施竞争力	9	3	33.3	5	55.6	1	11.1	下降
	软环境竞争力	9	3	33.3	1	11.1	5	55.6	上升
	小　计	**18**	6	33.3	6	33.3	6	33.3	下降
政府作用竞争力	政府发展经济竞争力	5	1	20.0	1	20.0	3	60.0	下降
	政府规调经济竞争力	5	2	40.0	1	20.0	2	40.0	保持
	政府保障经济竞争力	6	3	50.0	1	16.7	2	33.3	保持
	小　计	**16**	6	37.5	3	18.8	7	43.8	下降
发展水平竞争力	工业化进程竞争力	6	3	50.0	3	50.0	0	0.0	上升
	城市化进程竞争力	6	2	33.3	2	33.3	2	33.3	下降
	市场化进程竞争力	6	1	16.7	2	33.3	3	50.0	下降
	小　计	**18**	6	33.3	7	38.9	5	27.8	上升

续表

二级指标	三级指标	四级指标数	上升		保持		下降		变化趋势
			指标数	比重	指标数	比重	指标数	比重	
统筹协调竞争力	统筹发展竞争力	8	3	37.5	2	25.0	3	37.5	下降
	协调发展竞争力	8	4	50.0	4	50.0	0	0.0	下降
	小　计	**16**	7	43.8	6	37.5	3	18.8	下降
合　计		**210**	78	37.1	73	34.8	59	28.1	保持

3. 吉林省经济综合竞争力各级指标优劣势结构分析

基于图 7－2 和表 7－3，具体到四级指标，强势指标 6 个，占指标总数的 2.9%；优势指标 28 个，占指标总数的 13.3%；中势指标 69 个，占指标总数的 32.9%；劣势指标 107 个，占指标总数的 51.0%。三级指标中，没有强势指标；优势指标 1 个，占三级指标总数的 4.0%；中势指标 9 个，占三级指标总数的 36.0%；劣势指标 15 个，占三级指标总数的 60.0%。从二级指标看，没有强势指标和优势指标；中势指标 1 个，占二级指标总数的 11.1%；劣势指标 8 个，占二级指标总数的 88.9%。综合来看，由于劣势指标在指标体系中居于主导地位，2020 年吉林省经济综合竞争力处于劣势地位。

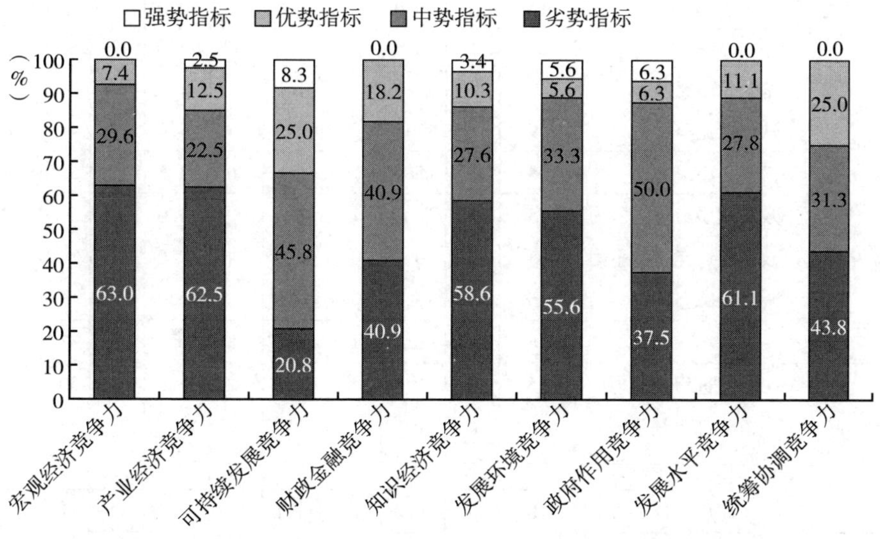

图 7－2　2020 年吉林省经济综合竞争力各级指标优劣势比较

表 7-3　2020 年吉林省经济综合竞争力各级指标优劣势情况

单位：个，%

二级指标	三级指标	四级指标数	强势指标		优势指标		中势指标		劣势指标		优劣势
			个数	比重	个数	比重	个数	比重	个数	比重	
宏观经济竞争力	经济实力竞争力	12	0	0.0	1	8.3	3	25.0	8	66.7	劣势
	经济结构竞争力	6	0	0.0	1	16.7	2	33.3	3	50.0	劣势
	经济外向度竞争力	9	0	0.0	0	0.0	3	33.3	6	66.7	劣势
	小　计	**27**	0	0.0	2	7.4	8	29.6	17	63.0	劣势
产业经济竞争力	农业竞争力	10	1	10.0	1	10.0	5	50.0	3	30.0	中势
	工业竞争力	10	0	0.0	1	10.0	1	10.0	8	80.0	劣势
	服务业竞争力	10	0	0.0	0	0.0	1	10.0	9	90.0	劣势
	企业竞争力	10	0	0.0	3	30.0	2	20.0	5	50.0	劣势
	小　计	**40**	1	2.5	5	12.5	9	22.5	25	62.5	劣势
可持续发展竞争力	资源竞争力	9	1	11.1	3	33.3	5	55.6	0	0.0	优势
	环境竞争力	8	1	12.5	0	0.0	4	50.0	3	37.5	中势
	人力资源竞争力	7	0	0.0	3	42.9	2	28.6	2	28.6	劣势
	小　计	**24**	2	8.3	6	25.0	11	45.8	5	20.8	中势
财政金融竞争力	财政竞争力	12	0	0.0	3	25.0	4	33.3	5	41.7	中势
	金融竞争力	10	0	0.0	1	10.0	5	50.0	4	40.0	中势
	小　计	**22**	0	0.0	4	18.2	9	40.9	9	40.9	劣势
知识经济竞争力	科技竞争力	9	0	0.0	1	11.1	2	22.2	6	66.7	劣势
	教育竞争力	10	1	10.0	1	10.0	2	20.0	6	60.0	中势
	文化竞争力	10	0	0.0	1	10.0	4	40.0	5	50.0	中势
	小　计	**29**	1	3.4	3	10.3	8	27.6	17	58.6	劣势
发展环境竞争力	基础设施竞争力	9	0	0.0	1	11.1	2	22.2	6	66.7	劣势
	软环境竞争力	9	1	11.1	0	0.0	4	44.4	4	44.4	中势
	小　计	**18**	1	5.6	1	5.6	6	33.3	10	55.6	劣势
政府作用竞争力	政府发展经济竞争力	5	0	0.0	1	20.0	0	0.0	4	80.0	劣势
	政府规调经济竞争力	5	0	0.0	0	0.0	4	80.0	1	20.0	劣势
	政府保障经济竞争力	6	1	16.7	0	0.0	4	66.7	1	16.7	中势
	小　计	**16**	1	6.3	1	6.3	8	50.0	6	37.5	劣势
发展水平竞争力	工业化进程竞争力	6	0	0.0	1	16.7	2	33.3	3	50.0	劣势
	城市化进程竞争力	6	0	0.0	0	0.0	1	16.7	5	83.3	劣势
	市场化进程竞争力	6	0	0.0	1	16.7	2	33.3	3	50.0	劣势
	小　计	**18**	0	0.0	2	11.1	5	27.8	11	61.1	劣势

续表

二级指标	三级指标	四级指标数	强势指标		优势指标		中势指标		劣势指标		优劣势
			个数	比重	个数	比重	个数	比重	个数	比重	
统筹协调竞争力	统筹发展竞争力	8	0	0.0	1	12.5	4	50.0	3	37.5	劣势
	协调发展竞争力	8	0	0.0	3	37.5	1	12.5	4	50.0	中势
	小　计	**16**	0	0.0	4	25.0	5	31.3	7	43.8	劣势
合　计		**210**	6	2.9	28	13.3	69	32.9	107	51.0	劣势

4. 吉林省经济综合竞争力四级指标优劣势对比分析

表7-4 2020年吉林省经济综合竞争力各级指标优劣势情况

二级指标	优劣势	四级指标
宏观经济竞争力（27个）	强势指标	（0个）
	优势指标	固定资产投资额增长率、城乡经济结构优化度（2个）
	劣势指标	地区生产总值、人均地区生产总值、财政总收入、财政总收入增长率、人均财政总收入、全社会消费品零售总额、全社会消费品零售总额增长率、人均全社会消费品零售总额、所有制经济结构优化度、就业结构优化度、贸易结构优化度、进出口总额、出口总额、出口增长率、实际FDI、外资企业数、对外直接投资额（17个）
产业经济竞争力（40个）	强势指标	人均主要农产品产量（1个）
	优势指标	人均农业增加值、工业增加值增长率、规模以上企业平均资产、规模以上企业平均收入、规模以上企业劳动效率（5个）
	劣势指标	农业增加值、农业增加值增长率、农村人均用电量、工业增加值、人均工业增加值、工业资产总额、工业资产总额增长率、规模以上工业主营业务收入、工业成本费用率、规模以上工业利润总额、工业收入利润率、服务业增加值、服务业增加值增长率、人均服务业增加值、服务业从业人员数、限额以上批发零售企业主营业务收入、限额以上餐饮企业利税率、旅游外汇收入、商品房销售收入、电子商务销售额、规模以上工业企业数、城镇就业人员平均工资、产品质量抽查合格率、工业企业R&D经费投入强度、全国500强企业数（25个）
可持续发展竞争力（24个）	强势指标	人均耕地面积、生活垃圾无害化处理率（2个）
	优势指标	人均国土面积、耕地面积、人均森林储积量、15~64岁人口比例、文盲率、平均受教育程度（6个）
	劣势指标	人均废水排放量、人均工业废气排放量、人均治理工业污染投资额、常住人口增长率、职业学校毕业生数（5个）

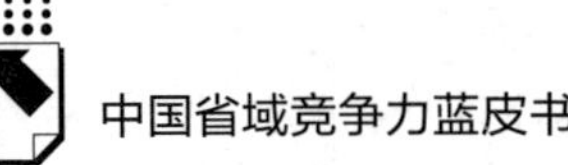

续表

二级指标	优劣势	四级指标
财政金融竞争力（22 个）	强势指标	（0 个）
	优势指标	地方财政支出占 GDP 比重、人均地方财政支出、地方财政支出增长率、保险深度（4 个）
	劣势指标	地方财政收入、地方财政支出、人均地方财政收入、人均税收收入、地方财政收入增长率、存款余额、贷款余额、保险费净收入、国内上市公司市值（9 个）
知识经济竞争力（29 个）	强势指标	万人高等学校在校学生数（1 个）
	优势指标	高技术产业收入占工业增加值比重、万人中小学学校数、城镇居民人均文化娱乐支出占消费性支出比重（3 个）
	劣势指标	R&D 人员、R&D 经费、发明专利授权量、财政科技支出占地方财政支出比重、高技术产业主营业务收入、高技术产品出口额占商品出口额比重、教育经费、人均教育经费、公共教育经费占财政支出比重、人均文化教育支出、高等学校数、高校专任教师数、文化制造业营业收入、文化批发零售业营业收入、文化服务业企业营业收入、城镇居民人均文化娱乐支出、农村居民人均文化娱乐支出（17 个）
发展环境竞争力（18 个）	强势指标	外资企业数增长率（1 个）
	优势指标	电话普及率（1 个）
	劣势指标	公路网线密度、全社会旅客周转量、全社会货物周转量、人均邮电业务总量、网站域名数、人均耗电量、个体私营企业数增长率、万人商标注册件数、政府网站数、罚没收入占财政收入比重（10 个）
政府作用竞争力（16 个）	强势指标	养老保险覆盖率（1 个）
	优势指标	财政投资对社会投资的拉动（1 个）
	劣势指标	财政支出用于基本建设投资比重、财政支出对 GDP 增长的拉动、政府公务员对经济的贡献、政府消费对民间消费的拉动、规范税收、城镇职工养老保险收支比（6 个）
发展水平竞争力（18 个）	强势指标	（0 个）
	优势指标	工业增加值增长率、居民消费支出占总消费支出比重（2 个）
	劣势指标	高技术产业占工业增加值比重、高技术产品占商品出口额比重、工农业增加值比值、城镇居民人均可支配收入、城市平均建成区面积比重、人均拥有道路面积、人均日生活用水量、人均公共绿地面积、非公有制经济产值占全社会总产值比重、亿元以上商品市场成交额、亿元以上商品市场成交额占全社会消费品零售总额比重（11 个）
统筹协调竞争力（16 个）	强势指标	（0 个）
	优势指标	二三产业增加值比例、资源竞争力与宏观经济竞争力比差、资源竞争力与工业竞争力比差、城乡居民家庭人均收入比差（4 个）
	劣势指标	社会劳动生产率、居民收入占 GDP 比重、固定资产投资增长率、环境竞争力与宏观经济竞争力比差、人力资源竞争力与宏观经济竞争力比差、环境竞争力与工业竞争力比差、全社会消费品零售总额与外贸出口总额比差（7 个）

7.2　吉林省经济综合竞争力各级指标具体分析

1. 吉林省宏观经济竞争力指标排名变化情况

表7-5　2019～2020年吉林省宏观经济竞争力指标组排位及变化趋势

指　标	2019年	2020年	排位升降	优劣势
1　宏观经济竞争力	30	28	2	劣势
1.1　经济实力竞争力	31	21	10	劣势
地区生产总值	26	26	0	劣势
地区生产总值增长率	31	20	11	中势
人均地区生产总值	28	25	3	劣势
财政总收入	25	24	1	劣势
财政总收入增长率	5	23	-18	劣势
人均财政总收入	22	22	0	劣势
固定资产投资额	20	19	1	中势
固定资产投资额增长率	31	4	27	优势
人均固定资产投资额	19	18	1	中势
全社会消费品零售总额	25	24	1	劣势
全社会消费品零售总额增长率	30	28	2	劣势
人均全社会消费品零售总额	27	27	0	劣势
1.2　经济结构竞争力	28	29	-1	劣势
产业结构优化度	9	13	-4	中势
所有制经济结构优化度	30	29	1	劣势
城乡经济结构优化度	4	4	0	优势
就业结构优化度	27	29	-2	劣势
实体经济结构优化度	16	14	2	中势
贸易结构优化度	22	23	-1	劣势
1.3　经济外向度竞争力	26	24	2	劣势
进出口总额	25	25	0	劣势
进出口增长率	27	17	10	中势
出口总额	25	26	-1	劣势
出口增长率	23	24	-1	劣势
实际FDI	23	25	-2	劣势
实际FDI增长率	7	19	-12	中势
外贸依存度	20	20	0	中势
外资企业数	22	22	0	劣势
对外直接投资额	28	25	3	劣势

2. 吉林省产业经济竞争力指标排名变化情况

表 7－6　2019～2020 年吉林省产业经济竞争力指标组排位及变化趋势

指　标	2019 年	2020 年	排位升降	优劣势
2　产业经济竞争力	30	26	4	劣势
2.1　农业竞争力	19	16	3	中势
农业增加值	22	22	0	劣势
农业增加值增长率	19	26	－7	劣势
人均农业增加值	19	10	9	优势
农民人均纯收入	20	20	0	中势
农民人均纯收入增长率	28	15	13	中势
农产品出口占农林牧渔总产值比重	11	11	0	中势
人均主要农产品产量	3	3	0	强势
农业机械化水平	12	12	0	中势
农村人均用电量	26	26	0	劣势
财政支农资金比重	10	11	－1	中势
2.2　工业竞争力	31	26	5	劣势
工业增加值	25	25	0	劣势
工业增加值增长率	29	4	25	优势
人均工业增加值	25	22	3	劣势
工业资产总额	24	24	0	劣势
工业资产总额增长率	31	26	5	劣势
规模以上工业主营业务收入	23	23	0	劣势
工业成本费用率	14	23	－9	劣势
规模以上工业利润总额	24	25	－1	劣势
工业全员劳动生产率	27	13	14	中势
工业收入利润率	22	27	－5	劣势
2.3　服务业竞争力	31	27	4	劣势
服务业增加值	26	26	0	劣势
服务业增加值增长率	31	27	4	劣势
人均服务业增加值	27	22	5	劣势
服务业从业人员数	21	24	－3	劣势
限额以上批发零售企业主营业务收入	27	28	－1	劣势
限额以上批零企业利税率	19	13	6	中势
限额以上餐饮企业利税率	29	25	4	劣势
旅游外汇收入	24	24	0	劣势
商品房销售收入	23	23	0	劣势
电子商务销售额	27	28	－1	劣势

续表

指　标	2019年	2020年	排位升降	优劣势
2.4 企业竞争力	25	23	2	劣势
规模以上工业企业数	25	24	1	劣势
规模以上企业平均资产	10	10	0	优势
规模以上企业平均收入	4	5	-1	优势
规模以上企业平均利润	7	13	-6	中势
规模以上企业劳动效率	10	7	3	优势
城镇就业人员平均工资	24	27	-3	劣势
新产品销售收入占主营业务收入比重	11	13	-2	中势
产品质量抽查合格率	29	28	1	劣势
工业企业R&D经费投入强度	22	22	0	劣势
全国500强企业数	25	26	-1	劣势

3. 吉林省可持续发展竞争力指标排名变化情况

表7-7 2019~2020年吉林省可持续发展竞争力指标组排位及变化趋势

指　标	2019年	2020年	排位升降	优劣势
3 可持续发展竞争力	25	19	6	中势
3.1 资源竞争力	7	7	0	优势
人均国土面积	9	9	0	优势
人均可使用海域和滩涂面积	13	13	0	中势
人均年水资源量	14	13	1	中势
耕地面积	4	4	0	优势
人均耕地面积	4	3	1	强势
人均牧草地面积	13	11	2	中势
主要能源矿产基础储量	17	17	0	中势
人均主要能源矿产基础储量	17	17	0	中势
人均森林储积量	5	4	1	优势
3.2 环境竞争力	26	20	6	中势
森林覆盖率	14	14	0	中势
人均废水排放量	24	25	-1	劣势
人均工业废气排放量	24	23	1	劣势
人均工业固体废物排放量	13	13	0	中势
人均治理工业污染投资额	19	29	-10	劣势
一般工业固体废物综合利用率	23	18	5	中势
生活垃圾无害化处理率	30	1	29	强势
自然灾害直接经济损失额	17	14	3	中势

续表

指　标	2019 年	2020 年	排位升降	优劣势
3.3　人力资源竞争力	24	22	2	劣势
常住人口增长率	30	29	1	劣势
15~64 岁人口比例	6	6	0	优势
文盲率	5	5	0	优势
大专以上教育程度人口比例	21	17	4	中势
平均受教育程度	14	9	5	优势
人口健康素质	9	14	-5	中势
职业学校毕业生数	24	24	0	劣势

4. 吉林省财政金融竞争力指标排名变化情况

表 7-8　2019~2020 年吉林省财政金融竞争力指标组排位及变化趋势

指　标	2019 年	2020 年	排位升降	优劣势
4　财政金融竞争力	29	22	7	劣势
4.1　财政竞争力	31	20	11	中势
地方财政收入	26	26	0	劣势
地方财政支出	26	26	0	劣势
地方财政收入占 GDP 比重	17	20	-3	中势
地方财政支出占 GDP 比重	9	8	1	优势
税收收入占 GDP 比重	19	20	-1	中势
税收收入占财政总收入比重	16	11	5	中势
人均地方财政收入	28	25	3	劣势
人均地方财政支出	17	10	7	优势
人均税收收入	27	24	3	劣势
地方财政收入增长率	31	25	6	劣势
地方财政支出增长率	28	10	18	优势
税收收入增长率	31	17	14	中势
4.2　金融竞争力	19	17	2	中势
存款余额	24	24	0	劣势
人均存款余额	22	16	6	中势
贷款余额	25	24	1	劣势
人均贷款余额	21	18	3	中势
中长期贷款占贷款余额比重	18	16	2	中势
保险费净收入	22	21	1	劣势
保险密度	19	13	6	中势
保险深度	3	4	-1	优势
国内上市公司数	20	20	0	中势
国内上市公司市值	23	25	-2	劣势

5. 吉林省知识经济竞争力指标排名变化情况

表 7-9 2019~2020 年吉林省知识经济竞争力指标组排位及变化趋势

指 标	2019 年	2020 年	排位升降	优劣势
5 知识经济竞争力	20	22	-2	劣势
5.1 科技竞争力	27	27	0	劣势
R&D 人员	22	25	-3	劣势
R&D 经费	25	25	0	劣势
R&D 经费投入强度	20	20	0	中势
发明专利授权量	23	23	0	劣势
技术市场成交合同金额	13	15	-2	中势
财政科技支出占地方财政支出比重	24	23	1	劣势
高技术产业主营业务收入	25	25	0	劣势
高技术产业收入占工业增加值比重	10	10	0	优势
高技术产品出口额占商品出口额比重	23	23	0	劣势
5.2 教育竞争力	19	19	0	中势
教育经费	26	26	0	劣势
教育经费占 GDP 比重	10	13	-3	中势
人均教育经费	22	22	0	劣势
公共教育经费占财政支出比重	21	21	0	劣势
人均文化教育支出	28	21	7	劣势
万人中小学学校数	5	6	-1	优势
万人中小学专任教师数	12	12	0	中势
高等学校数	23	22	1	劣势
高校专任教师数	22	22	0	劣势
万人高等学校在校学生数	3	3	0	强势
5.3 文化竞争力	11	20	-9	中势
文化制造业营业收入	24	24	0	劣势
文化批发零售业营业收入	27	28	-1	劣势
文化服务业企业营业收入	25	25	0	劣势
图书和期刊出版数	14	14	0	中势
电子出版物品种	16	20	-4	中势
印刷用纸量	13	13	0	中势
城镇居民人均文化娱乐支出	11	21	-10	劣势
农村居民人均文化娱乐支出	10	21	-11	劣势
城镇居民人均文化娱乐支出占消费性支出比重	4	10	-6	优势
农村居民人均文化娱乐支出占消费性支出比重	3	12	-9	中势

6. 吉林省发展环境竞争力指标排名变化情况

表 7-10　2019~2020 年吉林省发展环境竞争力指标组排位及变化趋势

指　标	2019 年	2020 年	排位升降	优劣势
6　发展环境竞争力	25	26	-1	劣势
6.1　基础设施竞争力	27	28	-1	劣势
铁路网线密度	17	19	-2	中势
公路网线密度	23	23	0	劣势
人均内河航道里程	19	19	0	中势
全社会旅客周转量	21	21	0	劣势
全社会货物周转量	23	23	0	劣势
人均邮电业务总量	22	21	1	劣势
电话普及率	17	6	11	优势
网站域名数	23	22	1	劣势
人均耗电量	28	28	0	劣势
6.2　软环境竞争力	22	16	6	中势
外资企业数增长率	26	3	23	强势
万人外资企业数	15	12	3	中势
个体私营企业数增长率	23	24	-1	劣势
万人个体私营企业数	6	13	-7	中势
万人商标注册件数	21	21	0	劣势
政府网站数	20	23	-3	劣势
交通事故直接财产损失	13	19	-6	中势
罚没收入占财政收入比重	24	26	-2	劣势
社会捐赠站点数	30	15	15	中势

7. 吉林省政府作用竞争力指标排名变化情况

表 7-11　2019~2020 年吉林省政府作用竞争力指标组排位及变化趋势

指　标	2019 年	2020 年	排位升降	优劣势
7　政府作用竞争力	21	23	-2	劣势
7.1　政府发展经济竞争力	20	21	-1	劣势
财政支出用于基本建设投资比重	29	30	-1	劣势
财政支出对 GDP 增长的拉动	23	24	-1	劣势
政府公务员对经济的贡献	25	23	2	劣势
政府消费对民间消费的拉动	17	22	-5	劣势
财政投资对社会投资的拉动	4	4	0	优势

续表

指 标	2019年	2020年	排位升降	优劣势
7.2 政府规调经济竞争力	26	26	0	劣势
物价调控	23	11	12	中势
调控城乡消费差距	18	13	5	中势
统筹经济社会发展	8	12	-4	中势
规范税收	31	31	0	劣势
工业生产出厂价格指数	7	19	-12	中势
7.3 政府保障经济竞争力	15	15	0	中势
城镇职工养老保险收支比	28	27	1	劣势
医疗保险覆盖率	17	17	0	中势
养老保险覆盖率	5	3	2	强势
失业保险覆盖率	16	18	-2	中势
最低工资标准	12	17	-5	中势
城镇登记失业率	17	13	4	中势

8. 吉林省发展水平竞争力指标排名变化情况

表7-12 2019~2020年吉林省发展水平竞争力指标组排位及变化趋势

指 标	2019年	2020年	排位升降	优劣势
8 发展水平竞争力	28	27	1	劣势
8.1 工业化进程竞争力	29	21	8	劣势
工业增加值占GDP比重	19	18	1	中势
工业增加值增长率	31	4	27	优势
高技术产业占工业增加值比重	27	22	5	劣势
高技术产品占商品出口额比重	23	23	0	劣势
数字经济应用	15	15	0	中势
工农业增加值比值	23	23	0	劣势
8.2 城市化进程竞争力	30	31	-1	劣势
城镇化率	15	16	-1	中势
城镇居民人均可支配收入	30	30	0	劣势
城市平均建成区面积比重	28	27	1	劣势
人均拥有道路面积	27	24	3	劣势
人均日生活用水量	28	28	0	劣势
人均公共绿地面积	20	21	-1	劣势

续表

指　标	2019 年	2020 年	排位升降	优劣势
8.3　市场化进程竞争力	18	21	-3	劣势
非公有制经济产值占全社会总产值比重	30	29	1	劣势
社会投资占投资总额比重	13	13	0	中势
私有和个体企业从业人员比重	3	15	-12	中势
亿元以上商品市场成交额	26	27	-1	劣势
亿元以上商品市场成交额占全社会消费品零售总额比重	23	27	-4	劣势
居民消费支出占总消费支出比重	5	5	0	优势

9. 吉林省统筹协调竞争力指标排名变化情况

表 7-13　2019~2020 年吉林省统筹协调竞争力指标组排位及变化趋势

指　标	2019 年	2020 年	排位升降	优劣势
9　统筹协调竞争力	14	23	-9	劣势
9.1　统筹发展竞争力	16	31	-15	劣势
社会劳动生产率	26	26	0	劣势
能源消耗下降率	8	14	-6	中势
万元 GDP 综合能耗下降率	27	18	9	中势
非农用地产出率	20	20	0	中势
居民收入占 GDP 比重	29	25	4	劣势
二三产业增加值比例	8	10	-2	优势
固定资产投资额占 GDP 比重	22	20	2	中势
固定资产投资增长率	1	31	-30	劣势
9.2　协调发展竞争力	12	14	-2	中势
资源竞争力与宏观经济竞争力比差	6	6	0	优势
环境竞争力与宏观经济竞争力比差	24	21	3	劣势
人力资源竞争力与宏观经济竞争力比差	26	25	1	劣势
资源竞争力与工业竞争力比差	4	4	0	优势
环境竞争力与工业竞争力比差	30	28	2	劣势
城乡居民家庭人均收入比差	4	4	0	优势
城乡居民人均消费支出比差	18	13	5	中势
全社会消费品零售总额与外贸出口总额比差	26	26	0	劣势

B.9

8

2019～2020年黑龙江省经济综合竞争力评价分析报告

黑龙江省简称“黑”，省会哈尔滨，地处中国东北部，北、东部与俄罗斯隔江相望，西部与内蒙古相邻，南部与吉林省接壤，是中国最北端以及陆地最东端的省级行政区。全省面积为47.3万平方公里，2020年全省常住人口为3171万人，地区生产总值为13699亿元，同比增长1%，人均GDP达42635元。本部分通过分析2019～2020年黑龙江省经济综合竞争力以及各要素竞争力的排名变化，从中找出黑龙江省经济综合竞争力的推动点及影响因素，为进一步提升黑龙江省经济综合竞争力提供决策参考。

8.1 黑龙江省经济综合竞争力总体分析

1.黑龙江省经济综合竞争力一级指标概要分析

（1）从综合排位看，2020年黑龙江省经济综合竞争力综合排位在全国居第26位，这表明其在全国处于劣势地位；与2019年相比，综合排位没有发生变化。

（2）从指标所处区位看，2个指标处于上游区，可持续发展竞争力、发展环境竞争力为黑龙江省经济综合竞争力的优势指标。1个指标处于中游区，政府作用竞争力为黑龙江省经济综合竞争力的中势指标。6个指标处于下游区，宏观经济竞争力、产业经济竞争力、财政金融竞争力、知识经济竞争力、发展水平竞争力、统筹协调竞争力等6个指标为黑龙江省经济综合竞争力的劣势指标。

（3）从指标变化趋势看，9个二级指标中，有5个指标处于上升趋势，分别为宏观经济竞争力、可持续发展竞争力、发展环境竞争力、政府作用竞争力、发展水平竞争力，这些是黑龙江省经济综合竞争力的上升动力所在；有 2 个指标保持不变，为财政金融竞争力、知识经济竞争力；有 2 个指标处于下降趋势，为产业经济竞争力、统筹协调竞争力，这些是黑龙江省经济综合竞争力的下降拉力所在。

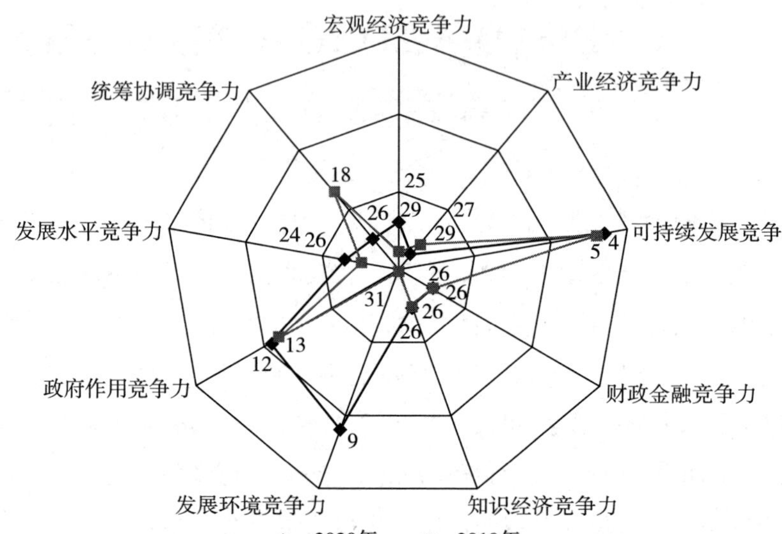

图 8-1　2019～2020 年黑龙江省经济综合竞争力二级指标比较

表 8-1　2019～2020 年黑龙江省经济综合竞争力二级指标表现情况

	宏观经济竞争力	产业经济竞争力	可持续发展竞争力	财政金融竞争力	知识经济竞争力	发展环境竞争力	政府作用竞争力	发展水平竞争力	统筹协调竞争力	**综合排位**
2019 年	29	27	5	26	26	31	13	26	18	26
2020 年	25	29	4	26	26	9	12	24	26	26
升降	4	-2	1	0	0	22	1	2	-8	0
优劣度	劣势	劣势	优势	劣势	劣势	优势	中势	劣势	劣势	劣势

2. 黑龙江省经济综合竞争力各级指标动态变化分析

从表 8-2 可以看出，210 个四级指标中，上升指标有 75 个，占指标总数的 35.7%；下降指标有 63 个，占指标总数的 30.0%；保持不变的指标有 72 个，占指标总数的 34.3%。综上所述，虽然黑龙江省经济综合竞争力上升指标的个数多于下降指标的个数，上升动力大于下降拉

力，但保持不变的指标占比较大，2019~2020年黑龙江省经济综合竞争力排位保持不变。

表8-2 2019~2020年黑龙江省经济综合竞争力各级指标排位变化情况

单位：个，%

二级指标	三级指标	四级指标数	上升		保持		下降		变化趋势
			指标数	比重	指标数	比重	指标数	比重	
宏观经济竞争力	经济实力竞争力	12	3	25.0	5	41.7	4	33.3	上升
	经济结构竞争力	6	3	50.0	1	16.7	2	33.3	上升
	经济外向度竞争力	9	3	33.3	0	0.0	6	66.7	下降
	小计	**27**	9	33.3	6	22.2	12	44.4	上升
产业经济竞争力	农业竞争力	10	6	60	2	20	2	20	上升
	工业竞争力	10	2	20	4	40	4	40	下降
	服务业竞争力	10	0	0	6	60	4	40	下降
	企业竞争力	10	1	10	7	70	2	20	下降
	小计	**40**	9	22.5	19	47.5	12	30	下降
可持续发展竞争力	资源竞争力	9	2	22.2	7	77.8	0	0.0	保持
	环境竞争力	8	5	62.5	1	12.5	2	25.0	上升
	人力资源竞争力	7	4	57.1	1	14.3	2	28.6	上升
	小计	**24**	11	45.8	9	37.5	4	16.7	上升
财政金融竞争力	财政竞争力	12	5	41.7	3	25.0	4	33.3	下降
	金融竞争力	10	6	60.0	2	20.0	2	20.0	上升
	小计	**22**	11	50.0	5	22.7	6	27.3	保持
知识经济竞争力	科技竞争力	9	2	22.2	5	55.6	2	22.2	保持
	教育竞争力	10	6	60.0	2	20.0	2	20.0	上升
	文化竞争力	10	1	10.0	3	30.0	6	60.0	下降
	小计	**29**	9	31.0	10	34.5	10	34.5	保持
发展环境竞争力	基础设施竞争力	9	3	33.3	4	44.4	2	22.2	保持
	软环境竞争力	9	7	77.8	0	0.0	2	22.2	上升
	小计	**18**	10	55.6	4	22.2	4	22.2	上升
政府作用竞争力	政府发展经济竞争力	5	0	0.0	2	40.0	3	60.0	下降
	政府规调经济竞争力	5	3	60.0	2	40.0	0	0.0	上升
	政府保障经济竞争力	6	4	66.7	1	16.7	1	16.7	上升
	小计	**16**	7	43.8	5	31.3	4	25.0	上升
发展水平竞争力	工业化进程竞争力	6	0	0.0	3	50.0	3	50.0	上升
	城市化进程竞争力	6	0	0.0	4	66.7	2	33.3	下降
	市场化进程竞争力	6	2	33.3	1	16.7	3	50.0	上升
	小计	**18**	2	11.1	8	44.4	8	44.4	上升

续表

二级指标	三级指标	四级指标数	上升		保持		下降		变化趋势
			指标数	比重	指标数	比重	指标数	比重	
统筹协调竞争力	统筹发展竞争力	8	3	37.5	5	62.5	0	0.0	上升
	协调发展竞争力	8	4	50.0	1	12.5	3	37.5	下降
	小　计	**16**	7	43.8	6	37.5	3	18.8	下降
合　计		**210**	75	35.7	72	34.3	63	30.0	保持

3. 黑龙江省经济综合竞争力各级指标优劣势结构分析

基于图 8－2 和表 8－3，具体到四级指标，强势指标 19 个，占指标总数的 9.0%；优势指标 26 个，占指标总数的 12.4%；中势指标 42 个，占指标总数的 20.0%；劣势指标 123 个，占指标总数的 58.6%。三级指标中，强势指标 4 个，占三级指标总数的 16.0%；没有优势指标；中势指标 7 个，占三级指标总数的 28.0%；劣势指标 14 个，占三级指标总数的 56.0%。从二级指标看，没有强势指标；优势指标 2 个，占二级指标总数的 22.2%；中势指标有 1 个，占二级指标总数的 11.1%；劣势指标 6 个，占二级指标总数的 66.7%。综合来看，由于劣势指标在指标体系中居于主导地位，2020 年黑龙江省经济综合竞争力处于劣势地位。

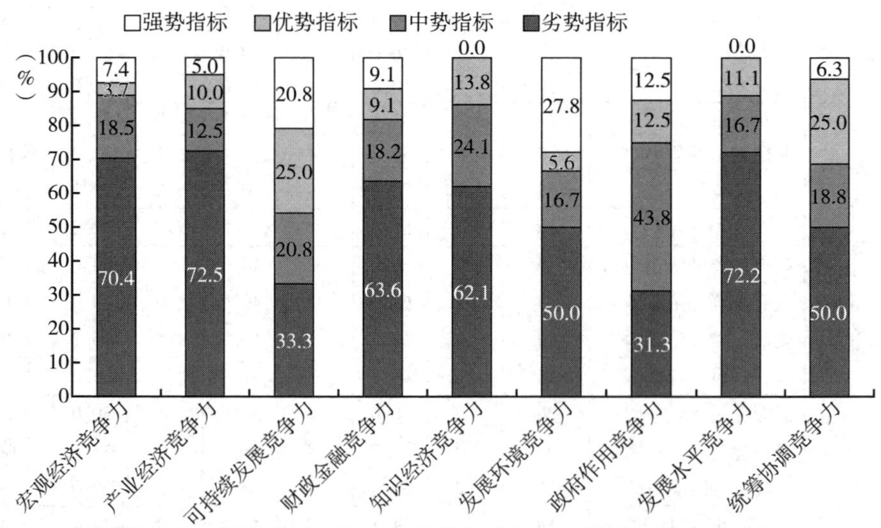

图 8－2　2020 年黑龙江省经济综合竞争力各级指标优劣势比较

表 8－3　2020 年黑龙江省经济综合竞争力各级指标优劣势情况

单位：个，%

二级指标	三级指标	四级指标数	强势指标		优势指标		中势指标		劣势指标		优劣势
			个数	比重	个数	比重	个数	比重	个数	比重	
宏观经济竞争力	经济实力竞争力	12	0	0.0	0	0.0	2	16.7	10	83.3	劣势
	经济结构竞争力	6	1	16.7	1	16.7	1	16.7	3	50.0	中势
	经济外向度竞争力	9	1	11.1	0	0.0	2	22.2	6	66.7	劣势
	小　计	**27**	2	7.4	1	3.7	5	18.5	19	70.4	劣势
产业经济竞争力	农业竞争力	10	2	20.0	3	30.0	3	30.0	2	20.0	强势
	工业竞争力	10	0	0.0	1	10.0	1	10.0	8	80.0	劣势
	服务业竞争力	10	0	0.0	0	0.0	0	0.0	10	100.0	劣势
	企业竞争力	10	0	0.0	0	0.0	1	10.0	9	90.0	劣势
	小　计	**40**	2	5.0	4	10.0	5	12.5	29	72.5	劣势
可持续发展竞争力	资源竞争力	9	4	44.4	3	33.3	2	22.2	0	0.0	强势
	环境竞争力	8	0	0.0	1	12.5	2	25.0	5	62.5	中势
	人力资源竞争力	7	1	14.3	2	28.6	1	14.3	3	42.9	中势
	小　计	**24**	5	20.8	6	25.0	5	20.8	8	33.3	优势
财政金融竞争力	财政竞争力	12	1	8.3	1	8.3	3	25.0	7	58.3	劣势
	金融竞争力	10	1	10.0	1	10.0	1	10.0	7	70.0	中势
	小　计	**22**	2	9.1	2	9.1	4	18.2	14	63.6	劣势
知识经济竞争力	科技竞争力	9	0	0.0	1	11.1	1	11.1	7	77.8	劣势
	教育竞争力	10	0	0.0	3	30.0	3	30.0	4	40.0	劣势
	文化竞争力	10	0	0.0	0	0.0	3	30.0	7	70.0	劣势
	小　计	**29**	0	0.0	4	13.8	7	24.1	18	62.1	劣势
发展环境竞争力	基础设施竞争力	9	0	0.0	0	0.0	2	22.2	7	77.8	劣势
	软环境竞争力	9	5	55.6	1	11.1	1	11.1	2	22.2	强势
	小　计	**18**	5	27.8	1	5.6	3	16.7	9	50.0	优势
政府作用竞争力	政府发展经济竞争力	5	0	0.0	1	20.0	1	20.0	3	60.0	劣势
	政府规调经济竞争力	5	1	20.0	1	20.0	3	60.0	0	0.0	强势
	政府保障经济竞争力	6	1	16.7	0	0.0	3	50.0	2	33.3	中势
	小　计	**16**	2	12.5	2	12.5	7	43.8	5	31.3	中势
发展水平竞争力	工业化进程竞争力	6	0	0.0	0	0.0	0	0.0	6	100.0	劣势
	城市化进程竞争力	6	0	0.0	1	16.7	1	16.7	4	66.7	中势
	市场化进程竞争力	6	0	0.0	1	16.7	2	33.3	3	50.0	中势
	小　计	**18**	0	0.0	2	11.1	3	16.7	13	72.2	劣势

续表

二级指标	三级指标	四级指标数	强势指标		优势指标		中势指标		劣势指标		优劣势
			个数	比重	个数	比重	个数	比重	个数	比重	
统筹协调竞争力	统筹发展竞争力	8	0	0.0	2	25.0	3	37.5	3	37.5	劣势
	协调发展竞争力	8	1	12.5	2	25.0	0	0.0	5	62.5	劣势
	小　计	**16**	1	6.3	4	25.0	3	18.8	8	50.0	劣势
合　计		**210**	19	9.0	26	12.4	42	20.0	123	58.6	劣势

4. 黑龙江省经济综合竞争力四级指标优劣势对比分析

表 8-4　2020 年黑龙江省经济综合竞争力各级指标优劣势情况

二级指标	优劣势	四级指标
宏观经济竞争力（27 个）	强势指标	城乡经济结构优化度、实际 FDI 增长率（2 个）
	优势指标	贸易结构优化度（1 个）
	劣势指标	地区生产总值、地区生产总值增长率、人均地区生产总值、财政总收入、财政总收入增长率、人均财政总收入、人均固定资产投资额、全社会消费品零售总额、全社会消费品零售总额增长率、人均全社会消费品零售总额、产业结构优化度、所有制经济结构优化度、就业结构优化度、进出口总额、进出口增长率、出口总额、出口增长率、外贸依存度、对外直接投资额（19 个）
产业经济竞争力（40 个）	强势指标	人均农业增加值、人均主要农产品产量（2 个）
	优势指标	农民人均纯收入增长率、农业机械化水平、财政支农资金比重、工业成本费用率（4 个）
	劣势指标	农产品出口占农林牧渔总产值比重、农村人均用电量、工业增加值、人均工业增加值、工业资产总额、工业资产总额增长率、规模以上工业主营业务收入、规模以上工业利润总额、工业全员劳动生产率、工业收入利润率、服务业增加值、服务业增加值增长率、人均服务业增加值、服务业从业人员数、限额以上批发零售企业主营业务收入、限额以上批零企业利税率、限额以上餐饮企业利税率、旅游外汇收入、商品房销售收入、电子商务销售额、规模以上工业企业数、规模以上企业平均收入、规模以上企业平均利润、规模以上企业劳动效率、城镇就业人员平均工资、新产品销售收入占主营业务收入比重、产品质量抽查合格率、工业企业 R&D 经费投入强度、全国 500 强企业数（29 个）
可持续发展竞争力（24 个）	强势指标	人均年水资源量、耕地面积、人均耕地面积、人均森林储积量、15～64 岁人口比例（5 个）
	优势指标	人均国土面积、人均牧草地面积、人均主要能源矿产基础储量、森林覆盖率、文盲率、人口健康素质（6 个）
	劣势指标	人均工业废气排放量、人均治理工业污染投资额、一般工业固体废物综合利用率、生活垃圾无害化处理率、自然灾害直接经济损失额、常住人口增长率、大专以上教育程度人口比例、职业学校毕业生数（8 个）

续表

二级指标	优劣势	四级指标
财政金融竞争力（22个）	强势指标	地方财政支出增长率、保险深度（2个）
	优势指标	地方财政支出占GDP比重、保险密度（2个）
	劣势指标	地方财政收入、地方财政收入占GDP比重、税收收入占GDP比重、人均地方财政收入、人均税收收入、地方财政收入增长率、税收收入增长率、存款余额、人均存款余额、贷款余额、人均贷款余额、中长期贷款占贷款余额比重、国内上市公司数、国内上市公司市值（14个）
知识经济竞争力（29个）	强势指标	（0个）
	优势指标	高技术产业收入占工业增加值比重、教育经费占GDP比重、万人中小学专任教师数、万人高等学校在校学生数（4个）
	劣势指标	R&D人员、R&D经费、R&D经费投入强度、发明专利授权量、财政科技支出占地方财政支出比重、高技术产业主营业务收入、高技术产品出口额占商品出口额比重、教育经费、人均教育经费、公共教育经费占财政支出比重、人均文化教育支出、文化制造业营业收入、文化批发零售业营业收入、文化服务业企业营业收入、图书和期刊出版数、电子出版物品种、印刷用纸量、城镇居民人均文化娱乐支出（18个）
发展环境竞争力（18个）	强势指标	万人外资企业数、万人商标注册件数、交通事故直接财产损失、罚没收入占财政收入比重、社会捐赠站点数（5个）
	优势指标	个体私营企业数增长率（1个）
	劣势指标	铁路网线密度、公路网线密度、全社会旅客周转量、全社会货物周转量、人均邮电业务总量、网站域名数、人均耗电量、万人个体私营企业数、政府网站数（9个）
政府作用竞争力（16个）	强势指标	工业生产出厂价格指数、养老保险覆盖率（2个）
	优势指标	财政投资对社会投资的拉动、调控城乡消费差距（2个）
	劣势指标	财政支出用于基本建设投资比重、财政支出对GDP增长的拉动、政府公务员对经济的贡献、城镇职工养老保险收支比、最低工资标准（5个）
发展水平竞争力（18个）	强势指标	（0个）
	优势指标	城市平均建成区面积比重、居民消费支出占总消费支出比重（2个）
	劣势指标	工业增加值占GDP比重、工业增加值增长率、高技术产业占工业增加值比重、高技术产品占商品出口额比重、数字经济应用、工农业增加值比值、城镇居民人均可支配收入、人均拥有道路面积、人均日生活用水量、人均公共绿地面积、非公有制经济产值占全社会总产值比重、亿元以上商品市场成交额、亿元以上商品市场成交额占全社会消费品零售总额比重（13个）
统筹协调竞争力（16个）	强势指标	城乡居民家庭人均收入比差（1个）
	优势指标	能源消耗下降率、二三产业增加值比例、资源竞争力与宏观经济竞争力比差、城乡居民人均消费支出比差（4个）
	劣势指标	社会劳动生产率、非农用地产出率、居民收入占GDP比重、环境竞争力与宏观经济竞争力比差、人力资源竞争力与宏观经济竞争力比差、资源竞争力与工业竞争力比差、环境竞争力与工业竞争力比差、全社会消费品零售总额与外贸出口总额比差（8个）

8.2 黑龙江省经济综合竞争力各级指标具体分析

1. 黑龙江省宏观经济竞争力指标排名变化情况

表 8－5 2019～2020 年黑龙江省宏观经济竞争力指标组排位及变化趋势

指 标	2019 年	2020 年	排位升降	优劣势
1 宏观经济竞争力	29	25	4	劣势
1.1 经济实力竞争力	30	29	1	劣势
地区生产总值	24	25	－1	劣势
地区生产总值增长率	30	28	2	劣势
人均地区生产总值	30	30	0	劣势
财政总收入	29	29	0	劣势
财政总收入增长率	29	24	5	劣势
人均财政总收入	31	31	0	劣势
固定资产投资额	19	20	－1	中势
固定资产投资额增长率	16	19	－3	中势
人均固定资产投资额	26	25	1	劣势
全社会消费品零售总额	22	22	0	劣势
全社会消费品零售总额增长率	20	27	－7	劣势
人均全社会消费品零售总额	26	26	0	劣势
1.2 经济结构竞争力	27	13	14	中势
产业结构优化度	25	26	－1	劣势
所有制经济结构优化度	24	23	1	劣势
城乡经济结构优化度	3	2	1	强势
就业结构优化度	31	28	3	劣势
实体经济结构优化度	11	11	0	中势
贸易结构优化度	7	8	－1	优势
1.3 经济外向度竞争力	21	25	－4	劣势
进出口总额	22	24	－2	劣势
进出口增长率	11	27	－16	劣势
出口总额	24	25	－1	劣势
出口增长率	4	21	－17	劣势
实际 FDI	26	18	8	中势
实际 FDI 增长率	21	2	19	强势
外贸依存度	17	21	－4	劣势
外资企业数	21	20	1	中势
对外直接投资额	21	29	－8	劣势

2. 黑龙江省产业经济竞争力指标排名变化情况

表8－6　2019～2020年黑龙江省产业经济竞争力指标组排位及变化趋势

指　标	2019年	2020年	排位升降	优劣势
2　产业经济竞争力	27	29	－2	劣势
2.1　农业竞争力	2	1	1	强势
农业增加值	10	11	－1	中势
农业增加值增长率	21	18	3	中势
人均农业增加值	2	1	1	强势
农民人均纯收入	19	18	1	中势
农民人均纯收入增长率	29	10	19	优势
农产品出口占农林牧渔总产值比重	25	23	2	劣势
人均主要农产品产量	1	1	0	强势
农业机械化水平	6	5	1	优势
农村人均用电量	22	22	0	劣势
财政支农资金比重	4	6	－2	优势
2.2　工业竞争力	28	30	－2	劣势
工业增加值	26	26	0	劣势
工业增加值增长率	28	19	9	中势
人均工业增加值	28	28	0	劣势
工业资产总额	25	26	－1	劣势
工业资产总额增长率	11	21	－10	劣势
规模以上工业主营业务收入	25	25	0	劣势
工业成本费用率	17	6	11	优势
规模以上工业利润总额	26	26	0	劣势
工业全员劳动生产率	23	27	－4	劣势
工业收入利润率	28	31	－3	劣势
2.3　服务业竞争力	28	31	－3	劣势
服务业增加值	25	25	0	劣势
服务业增加值增长率	27	30	－3	劣势
人均服务业增加值	30	30	0	劣势
服务业从业人员数	18	23	－5	劣势
限额以上批发零售企业主营业务收入	25	25	0	劣势
限额以上批零企业利税率	24	24	0	劣势
限额以上餐饮企业利税率	27	31	－4	劣势
旅游外汇收入	23	23	0	劣势
商品房销售收入	25	28	－3	劣势
电子商务销售额	26	26	0	劣势

续表

指　标	2019 年	2020 年	排位升降	优劣势
2.4　企业竞争力	30	31	-1	劣势
规模以上工业企业数	22	22	0	劣势
规模以上企业平均资产	15	15	0	中势
规模以上企业平均收入	21	21	0	劣势
规模以上企业平均利润	28	31	-3	劣势
规模以上企业劳动效率	27	27	0	劣势
城镇就业人员平均工资	30	30	0	劣势
新产品销售收入占主营业务收入比重	25	25	0	劣势
产品质量抽查合格率	28	27	1	劣势
工业企业 R&D 经费投入强度	26	26	0	劣势
全国 500 强企业数	25	26	-1	劣势

3. 黑龙江省可持续发展竞争力指标排名变化情况

表 8-7　2019～2020 年黑龙江省可持续发展竞争力指标组排位及变化趋势

指　标	2019 年	2020 年	排位升降	优劣势
3　可持续发展竞争力	5	4	1	优势
3.1　资源竞争力	3	3	0	强势
人均国土面积	6	6	0	优势
人均可使用海域和滩涂面积	13	13	0	中势
人均年水资源量	5	3	2	强势
耕地面积	1	1	0	强势
人均耕地面积	1	1	0	强势
人均牧草地面积	10	10	0	优势
主要能源矿产基础储量	12	12	0	中势
人均主要能源矿产基础储量	9	8	1	优势
人均森林储积量	3	3	0	强势
3.2　环境竞争力	24	17	7	中势
森林覆盖率	9	9	0	优势
人均废水排放量	15	20	-5	中势
人均工业废气排放量	23	25	-2	劣势
人均工业固体废物排放量	14	12	2	中势
人均治理工业污染投资额	27	23	4	劣势
一般工业固体废物综合利用率	22	21	1	劣势
生活垃圾无害化处理率	28	21	7	劣势
自然灾害直接经济损失额	26	24	2	劣势

续表

指 标	2019 年	2020 年	排位升降	优劣势
3.3 人力资源竞争力	21	18	3	中势
常住人口增长率	31	30	1	劣势
15~64 岁人口比例	4	2	2	强势
文盲率	8	6	2	优势
大专以上教育程度人口比例	14	25	-11	劣势
平均受教育程度	10	14	-4	中势
人口健康素质	12	10	2	优势
职业学校毕业生数	21	21	0	劣势

4. 黑龙江省财政金融竞争力指标排名变化情况

表 8-8 2019~2020 年黑龙江省财政金融竞争力指标组排位及变化趋势

指 标	2019 年	2020 年	排位升降	优劣势
4 财政金融竞争力	26	26	0	劣势
4.1 财政竞争力	24	27	-3	劣势
地方财政收入	25	25	0	劣势
地方财政支出	22	20	2	中势
地方财政收入占 GDP 比重	19	24	-5	劣势
地方财政支出占 GDP 比重	6	5	1	优势
税收收入占 GDP 比重	20	23	-3	劣势
税收收入占财政总收入比重	12	16	-4	中势
人均地方财政收入	30	29	1	劣势
人均地方财政支出	21	11	10	中势
人均税收收入	29	29	0	劣势
地方财政收入增长率	26	29	-3	劣势
地方财政支出增长率	20	2	18	强势
税收收入增长率	29	29	0	劣势
4.2 金融竞争力	20	18	2	中势
存款余额	22	22	0	劣势
人均存款余额	28	22	6	劣势
贷款余额	24	25	-1	劣势
人均贷款余额	31	29	2	劣势
中长期贷款占贷款余额比重	30	29	1	劣势
保险费净收入	17	16	1	中势
保险密度	18	9	9	优势
保险深度	1	1	0	强势
国内上市公司数	23	21	2	劣势
国内上市公司市值	24	26	-2	劣势

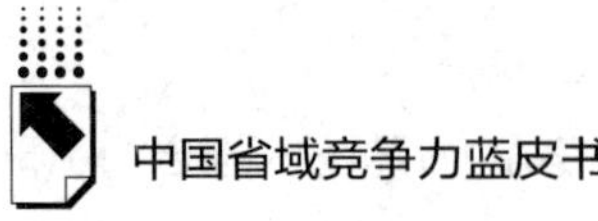

5. 黑龙江省知识经济竞争力指标排名变化情况

表 8－9　2019～2020 年黑龙江省知识经济竞争力指标组排位及变化趋势

指　标	2019 年	2020 年	排位升降	优劣势
5　知识经济竞争力	26	26	0	劣势
5.1　科技竞争力	28	28	0	劣势
R&D 人员	23	24	－1	劣势
R&D 经费	24	21	3	劣势
R&D 经费投入强度	23	21	2	劣势
发明专利授权量	24	24	0	劣势
技术市场成交合同金额	16	17	－1	中势
财政科技支出占地方财政支出比重	26	26	0	劣势
高技术产业主营业务收入	26	26	0	劣势
高技术产业收入占工业增加值比重	5	5	0	优势
高技术产品出口额占商品出口额比重	28	28	0	劣势
5.2　教育竞争力	25	24	1	劣势
教育经费	24	23	1	劣势
教育经费占 GDP 比重	11	10	1	优势
人均教育经费	31	30	1	劣势
公共教育经费占财政支出比重	30	27	3	劣势
人均文化教育支出	31	30	1	劣势
万人中小学学校数	20	20	0	中势
万人中小学专任教师数	7	7	0	优势
高等学校数	17	19	－2	中势
高校专任教师数	17	18	－1	中势
万人高等学校在校学生数	9	5	4	优势
5.3　文化竞争力	17	28	－11	劣势
文化制造业营业收入	26	27	－1	劣势
文化批发零售业营业收入	26	26	0	劣势
文化服务业企业营业收入	26	26	0	劣势
图书和期刊出版数	26	26	0	劣势
电子出版物品种	24	21	3	劣势
印刷用纸量	22	23	－1	劣势
城镇居民人均文化娱乐支出	17	29	－12	劣势
农村居民人均文化娱乐支出	5	19	－14	中势
城镇居民人均文化娱乐支出占消费性支出比重	5	19	－14	中势
农村居民人均文化娱乐支出占消费性支出比重	1	13	－12	中势

6. 黑龙江省发展环境竞争力指标排名变化情况

表 8－10　2019～2020 年黑龙江省发展环境竞争力指标组排位及变化趋势

指　标	2019 年	2020 年	排位升降	优劣势
6　发展环境竞争力	31	9	22	优势
6.1　基础设施竞争力	30	30	0	劣势
铁路网线密度	24	24	0	劣势
公路网线密度	26	26	0	劣势
人均内河航道里程	14	15	－1	中势
全社会旅客周转量	20	23	－3	劣势
全社会货物周转量	25	25	0	劣势
人均邮电业务总量	31	31	0	劣势
电话普及率	23	14	9	中势
网站域名数	24	23	1	劣势
人均耗电量	30	29	1	劣势
6.2　软环境竞争力	30	1	29	强势
外资企业数增长率	17	16	1	中势
万人外资企业数	18	1	17	强势
个体私营企业数增长率	31	8	23	优势
万人个体私营企业数	23	30	－7	劣势
万人商标注册件数	26	1	25	强势
政府网站数	23	30	－7	劣势
交通事故直接财产损失	11	2	9	强势
罚没收入占财政收入比重	28	2	26	强势
社会捐赠站点数	23	1	22	强势

7. 黑龙江省政府作用竞争力指标排名变化情况

表 8－11　2019～2020 年黑龙江省政府作用竞争力指标组排位及变化趋势

指　标	2019 年	2020 年	排位升降	优劣势
7　政府作用竞争力	13	12	1	中势
7.1　政府发展经济竞争力	21	23	－2	劣势
财政支出用于基本建设投资比重	26	26	0	劣势
财政支出对 GDP 增长的拉动	26	27	－1	劣势
政府公务员对经济的贡献	23	25	－2	劣势
政府消费对民间消费的拉动	2	13	－11	中势
财政投资对社会投资的拉动	10	10	0	优势

续表

指　标	2019 年	2020 年	排位升降	优劣势
7.2　政府规调经济竞争力	6	2	4	强势
物价调控	17	11	6	中势
调控城乡消费差距	5	4	1	优势
统筹经济社会发展	11	11	0	中势
规范税收	18	16	2	中势
工业生产出厂价格指数	2	2	0	强势
7.3　政府保障经济竞争力	14	12	2	中势
城镇职工养老保险收支比	30	28	2	劣势
医疗保险覆盖率	12	12	0	中势
养老保险覆盖率	2	1	1	强势
失业保险覆盖率	21	20	1	中势
最低工资标准	18	24	-6	劣势
城镇登记失业率	25	14	11	中势

8. 黑龙江省发展水平竞争力指标排名变化情况

表 8－12　2019～2020 年黑龙江省发展水平竞争力指标组排位及变化趋势

指　标	2019 年	2020 年	排位升降	优劣势
8　发展水平竞争力	26	24	2	劣势
8.1　工业化进程竞争力	30	29	1	劣势
工业增加值占 GDP 比重	27	27	0	劣势
工业增加值增长率	24	26	-2	劣势
高技术产业占工业增加值比重	26	27	-1	劣势
高技术产品占商品出口额比重	28	28	0	劣势
数字经济应用	27	27	0	劣势
工农业增加值比值	29	30	-1	劣势
8.2　城市化进程竞争力	13	14	-1	中势
城镇化率	11	11	0	中势
城镇居民人均可支配收入	31	31	0	劣势
城市平均建成区面积比重	4	4	0	优势
人均拥有道路面积	21	25	-4	劣势
人均日生活用水量	25	25	0	劣势
人均公共绿地面积	21	24	-3	劣势

续表

指　标	2019年	2020年	排位升降	优劣势
8.3 市场化进程竞争力	21	17	4	中势
非公有制经济产值占全社会总产值比重	24	23	1	劣势
社会投资占投资总额比重	16	16	0	中势
私有和个体企业从业人员比重	28	17	11	中势
亿元以上商品市场成交额	22	23	-1	劣势
亿元以上商品市场成交额占全社会消费品零售总额比重	18	21	-3	劣势
居民消费支出占总消费支出比重	4	6	-2	优势

9. 黑龙江省统筹协调竞争力指标排名变化情况

表8-13 2019~2020年黑龙江省统筹协调竞争力指标组排位及变化趋势

指　标	2019年	2020年	排位升降	优劣势
9 统筹协调竞争力	18	26	-8	劣势
9.1 统筹发展竞争力	29	25	4	劣势
社会劳动生产率	29	28	1	劣势
能源消耗下降率	7	6	1	优势
万元GDP综合能耗下降率	20	17	3	中势
非农用地产出率	26	26	0	劣势
居民收入占GDP比重	31	31	0	劣势
二三产业增加值比例	4	4	0	优势
固定资产投资额占GDP比重	17	17	0	中势
固定资产投资增长率	16	16	0	中势
9.2 协调发展竞争力	3	24	-21	劣势
资源竞争力与宏观经济竞争力比差	2	4	-2	优势
环境竞争力与宏观经济竞争力比差	31	30	1	劣势
人力资源竞争力与宏观经济竞争力比差	31	28	3	劣势
资源竞争力与工业竞争力比差	2	21	-19	劣势
环境竞争力与工业竞争力比差	27	30	-3	劣势
城乡居民家庭人均收入比差	3	2	1	强势
城乡居民人均消费支出比差	5	4	1	优势
全社会消费品零售总额与外贸出口总额比差	27	27	0	劣势

B.10
9
2019～2020年上海市经济综合竞争力评价分析报告

上海是直辖市、国家中心城市，地处中国东部，位于长江入海口，东临东海，北、西与江苏、浙江两省相接。全市面积为6340.5平方公里，2020年全市常住人口为2488万人，地区生产总值为38701亿元，同比增长1.7%，人均GDP达155768元。本部分通过分析2019～2020年上海市经济综合竞争力以及各要素竞争力的排名变化，从中找出上海市经济综合竞争力的推动点及影响因素，为进一步提升上海市经济综合竞争力提供决策参考。

9.1 上海市经济综合竞争力总体分析

1. 上海市经济综合竞争力一级指标概要分析

（1）从综合排位看，2020年上海市经济综合竞争力综合排位在全国居第3位，这表明其在全国处于强势地位；与2019年相比，综合排位没有发生变化。

（2）从指标所处区位看，8个指标处于上游区，其中财政金融竞争力、发展环境竞争力、政府作用竞争力、发展水平竞争力、统筹协调竞争力等5个指标为上海市经济综合竞争力的强势指标，宏观经济竞争力、产业经济竞争力、知识经济竞争力等3个指标为上海市经济综合竞争力的优势指标；1个指标处于中游区，可持续发展竞争力为上海市经济综合竞争力的中势指标。

（3）从指标变化趋势看，9个二级指标中，有3个指标处于上升趋势，分别为产业经济竞争力、可持续发展竞争力、政府作用竞争力，这些是上海市经济综合竞争力的上升动力所在；有4个指标排位没有发生变化，分别为宏观经济竞争力、财政金融竞争力、发展环境竞争力、发展水平竞争力；有

2 个指标处于下降趋势，分别为知识经济竞争力、统筹协调竞争力，这些是上海市经济综合竞争力的下降拉力所在。

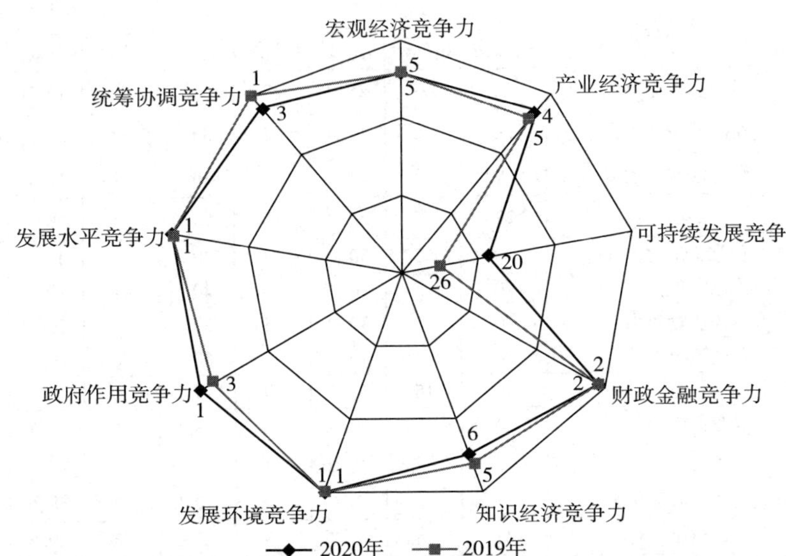

图 9－1 2019～2020 年上海市经济综合竞争力二级指标比较

表 9－1 2019～2020 年上海市经济综合竞争力二级指标表现情况

	宏观经济竞争力	产业经济竞争力	可持续发展竞争力	财政金融竞争力	知识经济竞争力	发展环境竞争力	政府作用竞争力	发展水平竞争力	统筹协调竞争力	**综合排位**
2019 年	5	5	26	2	5	1	3	1	1	3
2020 年	5	4	20	2	6	1	1	1	3	3
升降	0	1	6	0	－1	0	2	0	－2	0
优劣度	优势	优势	中势	强势	优势	强势	强势	强势	强势	强势

2. 上海市经济综合竞争力各级指标动态变化分析

从表 9－2 可以看出，210 个四级指标中，上升指标有 54 个，占指标总数的 25.7%；下降指标有 56 个，占指标总数的 26.7%；保持不变的指标有 100 个，占指标总数的 47.6%。综上所述，上海市经济综合竞争力的上升动力和下降拉力大致相当，且排位保持不变的指标占较大比重，2019～2020 年上海市经济综合竞争力排位保持不变。

表9－2　2019～2020年上海市经济综合竞争力各级指标排位变化情况

单位：个，%

二级指标	三级指标	四级指标数	上升		保持		下降		变化趋势
			指标数	比重	指标数	比重	指标数	比重	
宏观经济竞争力	经济实力竞争力	12	3	25.0	7	58.3	2	16.7	上升
	经济结构竞争力	6	2	33.3	2	33.3	2	33.3	上升
	经济外向度竞争力	9	2	22.2	6	66.7	1	11.1	保持
	小　计	**27**	7	25.9	15	55.6	5	18.5	保持
产业经济竞争力	农业竞争力	10	3	30	4	40	3	30	下降
	工业竞争力	10	5	50	4	40	1	10	上升
	服务业竞争力	10	3	30	5	50	2	20	下降
	企业竞争力	10	4	40	6	60	0	0	保持
	小　计	**40**	15	37.5	19	47.5	6	15	上升
可持续发展竞争力	资源竞争力	9	0	0.0	8	88.9	1	11.1	保持
	环境竞争力	8	2	25.0	4	50.0	2	25.0	下降
	人力资源竞争力	7	2	28.6	3	42.9	2	28.6	上升
	小　计	**24**	4	16.7	15	62.5	5	20.8	上升
财政金融竞争力	财政竞争力	12	2	16.7	6	50.0	4	33.3	保持
	金融竞争力	10	2	20.0	5	50.0	3	30.0	保持
	小　计	**22**	4	18.2	11	50.0	7	31.8	保持
知识经济竞争力	科技竞争力	9	3	33.3	4	44.4	2	22.2	保持
	教育竞争力	10	0	0.0	5	50.0	5	50.0	保持
	文化竞争力	10	2	20.0	5	50.0	3	30.0	下降
	小　计	**29**	5	17.2	14	48.3	10	34.5	下降
发展环境竞争力	基础设施竞争力	9	2	22.2	6	66.7	1	11.1	保持
	软环境竞争力	9	3	33.3	0	0.0	6	66.7	下降
	小　计	**18**	5	27.8	6	33.3	7	38.9	保持
政府作用竞争力	政府发展经济竞争力	5	0	0.0	5	100.0	0	0.0	上升
	政府规调经济竞争力	5	2	40.0	0	0.0	3	60.0	下降
	政府保障经济竞争力	6	4	66.7	1	16.7	1	16.7	保持
	小　计	**16**	6	37.5	6	37.5	4	25.0	上升
发展水平竞争力	工业化进程竞争力	6	1	16.7	4	66.7	1	16.7	下降
	城市化进程竞争力	6	2	33.3	4	66.7	0	0.0	保持
	市场化进程竞争力	6	2	33.3	1	16.7	3	50.0	下降
	小　计	**18**	5	27.8	9	50.0	4	22.2	保持

续表

二级指标	三级指标	四级指标数	上升		保持		下降		变化趋势
			指标数	比重	指标数	比重	指标数	比重	
统筹协调竞争力	统筹发展竞争力	8	2	25.0	3	37.5	3	37.5	上升
	协调发展竞争力	8	1	12.5	2	25.0	5	62.5	下降
	小　计	**16**	3	18.8	5	31.3	8	50.0	下降
合　计		**210**	54	25.7	100	47.6	56	26.7	保持

3. 上海市经济综合竞争力各级指标优劣势结构分析

基于图9－2和表9－3，具体到四级指标，强势指标72个，占指标总数的34.3%；优势指标50个，占指标总数的23.8%；中势指标33个，占指标总数的15.7%；劣势指标55个，占指标总数的26.2%。三级指标中，强势指标11个，占三级指标总数的44.0%；优势指标8个，占三级指标总数的32.0%；中势指标2个，占三级指标总数的8.0%；劣势指标4个，占三级指标总数的16.0%。从二级指标看，强势指标5个，占二级指标总数的55.6%；优势指标3个，占二级指标总数的33.3%；中势指标1个，占二级指标总数的11.1%。综合来看，由于强势指标在指标体系中居于主导地位，2020年上海市经济综合竞争力处于强势地位。

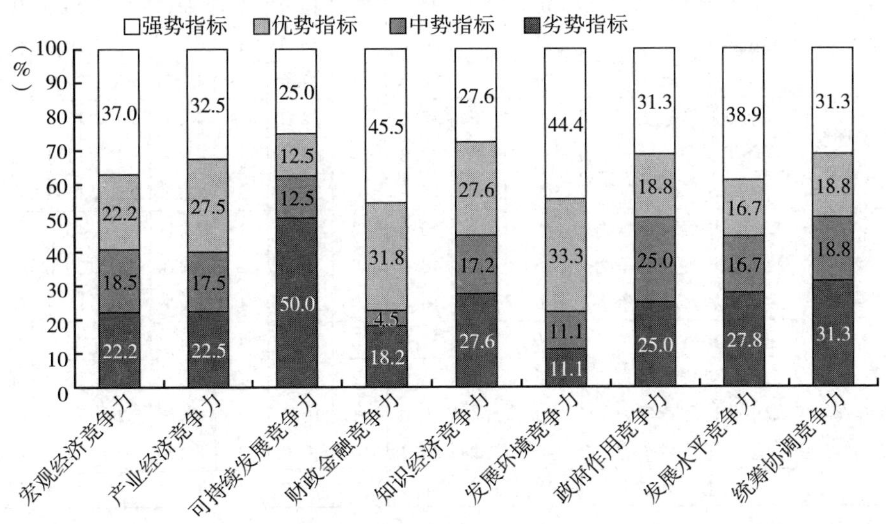

图9－2　2020年上海市经济综合竞争力各级指标优劣势比较

表 9-3　2020 年上海市经济综合竞争力各级指标优劣势情况

单位：个，%

二级指标	三级指标	四级指标数	强势指标		优势指标		中势指标		劣势指标		优劣势
			个数	比重	个数	比重	个数	比重	个数	比重	
宏观经济竞争力	经济实力竞争力	12	4	33.3	3	25.0	1	8.3	4	33.3	优势
	经济结构竞争力	6	2	33.3	1	16.7	1	16.7	2	33.3	中势
	经济外向度竞争力	9	4	44.4	2	22.2	3	33.3	0	0.0	强势
	小　计	**27**	10	37.0	6	22.2	5	18.5	6	22.2	优势
产业经济竞争力	农业竞争力	10	3	30.0	0	0.0	0	0.0	7	70.0	劣势
	工业竞争力	10	1	10.0	6	60.0	1	10.0	2	20.0	优势
	服务业竞争力	10	4	40.0	2	20.0	4	40.0	0	0.0	强势
	企业竞争力	10	5	50.0	3	30.0	2	20.0	0	0.0	强势
	小　计	**40**	13	32.5	11	27.5	7	17.5	9	22.5	优势
可持续发展竞争力	资源竞争力	9	0	0.0	0	0.0	1	11.1	8	88.9	劣势
	环境竞争力	8	3	37.5	2	25.0	1	12.5	2	25.0	中势
	人力资源竞争力	7	3	42.9	1	14.3	1	14.3	2	28.6	优势
	小　计	**24**	6	25.0	3	12.5	3	12.5	12	50.0	中势
财政金融竞争力	财政竞争力	12	6	50.0	2	16.7	1	8.3	3	25.0	强势
	金融竞争力	10	4	40.0	5	50.0	0	0.0	1	10.0	强势
	小　计	**22**	10	45.5	7	31.8	1	4.5	4	18.2	强势
知识经济竞争力	科技竞争力	9	2	22.2	4	44.4	2	22.2	1	11.1	优势
	教育竞争力	10	3	30.0	1	10.0	2	20.0	4	40.0	优势
	文化竞争力	10	3	30.0	3	30.0	1	10.0	3	30.0	优势
	小　计	**29**	8	27.6	8	27.6	5	17.2	8	27.6	优势
发展环境竞争力	基础设施竞争力	9	5	55.6	2	22.2	1	11.1	1	11.1	强势
	软环境竞争力	9	3	33.3	4	44.4	1	11.1	1	11.1	强势
	小　计	**18**	8	44.4	6	33.3	2	11.1	2	11.1	强势
政府作用竞争力	政府发展经济竞争力	5	2	40.0	0	0.0	1	20.0	2	40.0	强势
	政府规调经济竞争力	5	2	40.0	0	0.0	2	40.0	1	20.0	优势
	政府保障经济竞争力	6	1	16.7	3	50.0	1	16.7	1	16.7	优势
	小　计	**16**	5	31.3	3	18.8	4	25.0	4	25.0	强势
发展水平竞争力	工业化进程竞争力	6	2	33.3	2	33.3	1	16.7	1	16.7	强势
	城市化进程竞争力	6	3	50.0	1	16.7	0	0.0	2	33.3	强势
	市场化进程竞争力	6	2	33.3	0	0.0	2	33.3	2	33.3	劣势
	小　计	**18**	7	38.9	3	16.7	3	16.7	5	27.8	强势

续表

二级指标	三级指标	四级指标数	强势指标		优势指标		中势指标		劣势指标		优劣势
			个数	比重	个数	比重	个数	比重	个数	比重	
统筹协调竞争力	统筹发展竞争力	8	5	62.5	0	0.0	3	37.5	0	0.0	强势
	协调发展竞争力	8	0	0.0	3	37.5	0	0.0	5	62.5	劣势
	小　计	**16**	5	31.3	3	18.8	3	18.8	5	31.3	强势
合　计		**210**	72	34.3	50	23.8	33	15.7	55	26.2	强势

4. 上海市经济综合竞争力四级指标优劣势对比分析

表 9－4　2020 年上海市经济综合竞争力各级指标优劣势情况

二级指标	优劣势	四级指标
宏观经济竞争力（27 个）	强势指标	人均地区生产总值、人均财政总收入、固定资产投资额增长率、人均全社会消费品零售总额、产业结构优化度、就业结构优化度、进出口总额、外贸依存度、外资企业数、对外直接投资额（10 个）
	优势指标	地区生产总值、财政总收入、全社会消费品零售总额增长率、城乡经济结构优化度、出口总额、实际 FDI（6 个）
	劣势指标	地区生产总值增长率、财政总收入增长率、固定资产投资额、人均固定资产投资额、实体经济结构优化度、贸易结构优化度（6 个）
产业经济竞争力（40 个）	强势指标	农民人均纯收入、农产品出口占农林牧渔总产值比重、农村人均用电量、人均工业增加值、人均服务业增加值、限额以上批发零售企业主营业务收入、旅游外汇收入、电子商务销售额、规模以上企业平均收入、规模以上企业平均利润、规模以上企业劳动效率、城镇就业人员平均工资、产品质量抽查合格率（13 个）
	优势指标	工业资产总额、工业资产总额增长率、规模以上工业主营业务收入、规模以上工业利润总额、工业全员劳动生产率、工业收入利润率、服务业增加值、商品房销售收入、新产品销售收入占主营业务收入比重、工业企业 R&D 经费投入强度、全国 500 强企业数（11 个）
	劣势指标	农业增加值、农业增加值增长率、人均农业增加值、农民人均纯收入增长率、人均主要农产品产量、农业机械化水平、财政支农资金比重、工业增加值增长率、工业成本费用率（9 个）
可持续发展竞争力（24 个）	强势指标	一般工业固体废物综合利用率、生活垃圾无害化处理率、自然灾害直接经济损失额、15～64 岁人口比例、大专以上教育程度人口比例、平均受教育程度（6 个）
	优势指标	人均工业废气排放量、人均工业固体废物排放量、文盲率（3 个）
	劣势指标	人均国土面积、人均年水资源量、耕地面积、人均耕地面积、人均牧草地面积、主要能源矿产基础储量、人均主要能源矿产基础储量、人均森林储积量、森林覆盖率、人均废水排放量、人口健康素质、职业学校毕业生数（12 个）

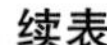
续表

二级指标	优劣势	四级指标
财政金融竞争力（22个）	强势指标	地方财政收入占GDP比重、税收收入占GDP比重、税收收入占财政总收入比重、人均地方财政收入、人均地方财政支出、人均税收收入、人均存款余额、人均贷款余额、保险密度、国内上市公司市值(10个)
	优势指标	地方财政收入、地方财政支出、存款余额、贷款余额、保险费净收入、保险深度、国内上市公司数(7个)
	劣势指标	地方财政收入增长率、地方财政支出增长率、税收收入增长率、中长期贷款占贷款余额比重(4个)
知识经济竞争力（29个）	强势指标	R&D经费投入强度、财政科技支出占地方财政支出比重、人均教育经费、公共教育经费占财政支出比重、人均文化教育支出、文化批发零售业营业收入、电子出版物品种、城镇居民人均文化娱乐支出(8个)
	优势指标	R&D经费、发明专利授权量、技术市场成交合同金额、高技术产品出口额占商品出口额比重、万人高等学校在校学生数、文化服务业企业营业收入、图书和期刊出版数、印刷用纸量(8个)
	劣势指标	高技术产业收入占工业增加值比重、教育经费占GDP比重、万人中小学学校数、万人中小学专任教师数、高等学校数、农村居民人均文化娱乐支出、城镇居民人均文化娱乐支出占消费性支出比重、农村居民人均文化娱乐支出占消费性支出比重(8个)
发展环境竞争力（18个）	强势指标	铁路网线密度、公路网线密度、人均内河航道里程、全社会货物周转量、电话普及率、个体私营企业数增长率、万人个体私营企业数、社会捐赠站点数(8个)
	优势指标	人均邮电业务总量、人均耗电量、万人外资企业数、万人商标注册件数、政府网站数、罚没收入占财政收入比重(6个)
	劣势指标	全社会旅客周转量、外资企业数增长率(2个)
政府作用竞争力（16个）	强势指标	政府公务员对经济的贡献、政府消费对民间消费的拉动、物价调控、规范税收、最低工资标准(5个)
	优势指标	医疗保险覆盖率、失业保险覆盖率、城镇登记失业率(3个)
	劣势指标	财政支出用于基本建设投资比重、财政投资对社会投资的拉动、调控城乡消费差距、城镇职工养老保险收支比(4个)
发展水平竞争力（18个）	强势指标	数字经济应用、工农业增加值比值、城镇化率、城镇居民人均可支配收入、城市平均建成区面积比重、亿元以上商品市场成交额、亿元以上商品市场成交额占全社会消费品零售总额比重(7个)
	优势指标	高技术产业占工业增加值比重、高技术产品占商品出口额比重、人均日生活用水量(3个)
	劣势指标	工业增加值占GDP比重、人均拥有道路面积、人均公共绿地面积、私有和个体企业从业人员比重、居民消费支出占总消费支出比重(5个)
统筹协调竞争力（16个）	强势指标	社会劳动生产率、能源消耗下降率、万元GDP综合能耗下降率、非农用地产出率、二三产业增加值比例(5个)
	优势指标	环境竞争力与工业竞争力比差、城乡居民家庭人均收入比差、全社会消费品零售总额与外贸出口总额比差(3个)
	劣势指标	资源竞争力与宏观经济竞争力比差、环境竞争力与宏观经济竞争力比差、人力资源竞争力与宏观经济竞争力比差、资源竞争力与工业竞争力比差、城乡居民人均消费支出比差(5个)

9.2 上海市经济综合竞争力各级指标具体分析

1. 上海市宏观经济竞争力指标排名变化情况

表 9-5 2019~2020 年上海市宏观经济竞争力指标组排位及变化趋势

指标	2019 年	2020 年	排位升降	优劣势
1 宏观经济竞争力	5	5	0	优势
1.1 经济实力竞争力	9	5	4	优势
地区生产总值	10	10	0	优势
地区生产总值增长率	22	23	-1	劣势
人均地区生产总值	2	2	0	强势
财政总收入	6	6	0	优势
财政总收入增长率	24	25	-1	劣势
人均财政总收入	2	2	0	强势
固定资产投资额	23	23	0	劣势
固定资产投资额增长率	19	3	16	强势
人均固定资产投资额	28	28	0	劣势
全社会消费品零售总额	11	11	0	中势
全社会消费品零售总额增长率	18	6	12	优势
人均全社会消费品零售总额	2	1	1	强势
1.2 经济结构竞争力	23	12	11	中势
产业结构优化度	2	2	0	强势
所有制经济结构优化度	17	15	2	中势
城乡经济结构优化度	5	6	-1	优势
就业结构优化度	22	1	21	强势
实体经济结构优化度	31	31	0	劣势
贸易结构优化度	29	30	-1	劣势
1.3 经济外向度竞争力	2	2	0	强势
进出口总额	3	3	0	强势
进出口增长率	21	19	2	中势
出口总额	5	5	0	优势
出口增长率	24	20	4	中势
实际 FDI	3	5	-2	优势
实际 FDI 增长率	20	20	0	中势
外贸依存度	1	1	0	强势
外资企业数	2	2	0	强势
对外直接投资额	2	2	0	强势

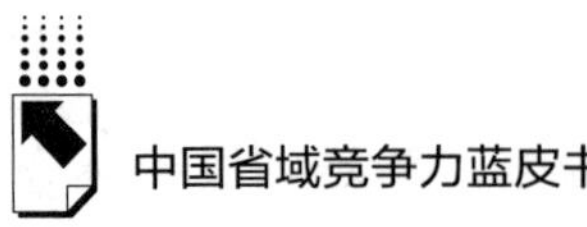

2. 上海市产业经济竞争力指标排名变化情况

表 9－6　2019～2020 年上海市产业经济竞争力指标组排位及变化趋势

指　标	2019 年	2020 年	排位升降	优劣势
2　产业经济竞争力	5	4	1	优势
2.1　农业竞争力	23	27	－4	劣势
农业增加值	31	30	1	劣势
农业增加值增长率	31	30	1	劣势
人均农业增加值	31	30	1	劣势
农民人均纯收入	1	1	0	强势
农民人均纯收入增长率	22	28	－6	劣势
农产品出口占农林牧渔总产值比重	1	2	－1	强势
人均主要农产品产量	30	30	0	劣势
农业机械化水平	31	31	0	劣势
农村人均用电量	3	3	0	强势
财政支农资金比重	29	30	－1	劣势
2.2　工业竞争力	10	6	4	优势
工业增加值	12	12	0	中势
工业增加值增长率	31	27	4	劣势
人均工业增加值	3	2	1	强势
工业资产总额	9	9	0	优势
工业资产总额增长率	19	10	9	优势
规模以上工业主营业务收入	10	10	0	优势
工业成本费用率	23	26	－3	劣势
规模以上工业利润总额	9	7	2	优势
工业全员劳动生产率	9	7	2	优势
工业收入利润率	6	6	0	优势
2.3　服务业竞争力	2	3	－1	强势
服务业增加值	6	6	0	优势
服务业增加值增长率	7	20	－13	中势
人均服务业增加值	2	2	0	强势
服务业从业人员数	15	18	－3	中势
限额以上批发零售企业主营业务收入	1	1	0	强势
限额以上批零企业利税率	17	14	3	中势
限额以上餐饮企业利税率	19	18	1	中势
旅游外汇收入	2	2	0	强势
商品房销售收入	11	10	1	优势
电子商务销售额	3	3	0	强势

续表

指 标	2019 年	2020 年	排位升降	优劣势
2.4 企业竞争力	2	2	0	强势
规模以上工业企业数	13	13	0	中势
规模以上企业平均资产	13	11	2	中势
规模以上企业平均收入	5	3	2	强势
规模以上企业平均利润	5	3	2	强势
规模以上企业劳动效率	3	2	1	强势
城镇就业人员平均工资	2	2	0	强势
新产品销售收入占主营业务收入比重	5	5	0	优势
产品质量抽查合格率	2	2	0	强势
工业企业 R&D 经费投入强度	6	6	0	优势
全国 500 强企业数	6	6	0	优势

3. 上海市可持续发展竞争力指标排名变化情况

表 9-7 2019~2020 年上海市可持续发展竞争力指标组排位及变化趋势

指 标	2019 年	2020 年	排位升降	优劣势
3 可持续发展竞争力	26	20	6	中势
3.1 资源竞争力	30	30	0	劣势
人均国土面积	31	31	0	劣势
人均可使用海域和滩涂面积	11	11	0	中势
人均年水资源量	25	27	-2	劣势
耕地面积	30	30	0	劣势
人均耕地面积	30	30	0	劣势
人均牧草地面积	31	31	0	劣势
主要能源矿产基础储量	31	31	0	劣势
人均主要能源矿产基础储量	31	31	0	劣势
人均森林储积量	31	31	0	劣势
3.2 环境竞争力	12	18	-6	中势
森林覆盖率	25	25	0	劣势
人均废水排放量	30	30	0	劣势
人均工业废气排放量	21	5	16	优势
人均工业固体废物排放量	8	8	0	优势
人均治理工业污染投资额	1	12	-11	中势
一般工业固体废物综合利用率	2	3	-1	强势
生活垃圾无害化处理率	1	1	0	强势
自然灾害直接经济损失额	4	1	3	强势

续表

指　标	2019 年	2020 年	排位升降	优劣势
3.3　人力资源竞争力	6	4	2	优势
常住人口增长率	25	17	8	中势
15～64 岁人口比例	8	3	5	强势
文盲率	6	7	-1	优势
大专以上教育程度人口比例	2	2	0	强势
平均受教育程度	2	2	0	强势
人口健康素质	26	27	-1	劣势
职业学校毕业生数	26	26	0	劣势

4. 上海市财政金融竞争力指标排名变化情况

表 9-8　2019～2020 年上海市财政金融竞争力指标组排位及变化趋势

指　标	2019 年	2020 年	排位升降	优劣势
4　财政金融竞争力	2	2	0	强势
4.1　财政竞争力	1	1	0	强势
地方财政收入	3	4	-1	优势
地方财政支出	8	10	-2	优势
地方财政收入占 GDP 比重	1	1	0	强势
地方财政支出占 GDP 比重	20	20	0	中势
税收收入占 GDP 比重	1	1	0	强势
税收收入占财政总收入比重	1	3	-2	强势
人均地方财政收入	1	1	0	强势
人均地方财政支出	3	3	0	强势
人均税收收入	1	1	0	强势
地方财政收入增长率	23	22	1	劣势
地方财政支出增长率	31	28	3	劣势
税收收入增长率	21	22	-1	劣势
4.2　金融竞争力	3	3	0	强势
存款余额	4	5	-1	优势
人均存款余额	2	3	-1	强势
贷款余额	5	5	0	优势
人均贷款余额	2	2	0	强势
中长期贷款占贷款余额比重	26	22	4	劣势
保险费净收入	10	10	0	优势
保险密度	2	2	0	强势
保险深度	13	10	3	优势
国内上市公司数	5	5	0	优势
国内上市公司市值	2	3	-1	强势

5. 上海市知识经济竞争力指标排名变化情况

表9－9　2019～2020年上海市知识经济竞争力指标组排位及变化趋势

指　标	2019年	2020年	排位升降	优劣势
5　知识经济竞争力	5	6	－1	优势
5.1　科技竞争力	5	5	0	优势
R&D人员	7	12	－5	中势
R&D经费	8	6	2	优势
R&D经费投入强度	2	2	0	强势
发明专利授权量	7	7	0	优势
技术市场成交合同金额	6	7	－1	优势
财政科技支出占地方财政支出比重	5	3	2	强势
高技术产业主营业务收入	12	12	0	中势
高技术产业收入占工业增加值比重	28	28	0	劣势
高技术产品出口额占商品出口额比重	7	4	3	优势
5.2　教育竞争力	6	6	0	优势
教育经费	13	15	－2	中势
教育经费占GDP比重	28	29	－1	劣势
人均教育经费	3	3	0	强势
公共教育经费占财政支出比重	3	3	0	强势
人均文化教育支出	3	3	0	强势
万人中小学学校数	30	30	0	劣势
万人中小学专任教师数	30	30	0	劣势
高等学校数	22	23	－1	劣势
高校专任教师数	18	19	－1	中势
万人高等学校在校学生数	5	8	－3	优势
5.3　文化竞争力	4	5	－1	优势
文化制造业营业收入	11	11	0	中势
文化批发零售业营业收入	3	3	0	强势
文化服务业企业营业收入	4	4	0	优势
图书和期刊出版数	3	4	－1	优势
电子出版物品种	3	2	1	强势
印刷用纸量	7	6	1	优势
城镇居民人均文化娱乐支出	1	1	0	强势
农村居民人均文化娱乐支出	18	27	－9	劣势
城镇居民人均文化娱乐支出占消费性支出比重	10	22	－12	劣势
农村居民人均文化娱乐支出占消费性支出比重	30	30	0	劣势

6. 上海市发展环境竞争力指标排名变化情况

表 9－10　2019～2020 年上海市发展环境竞争力指标组排位及变化趋势

指　标	2019 年	2020 年	排位升降	优劣势
6　发展环境竞争力	1	1	0	强势
6.1　基础设施竞争力	1	1	0	强势
铁路网线密度	3	3	0	强势
公路网线密度	2	2	0	强势
人均内河航道里程	1	1	0	强势
全社会旅客周转量	27	26	1	劣势
全社会货物周转量	1	1	0	强势
人均邮电业务总量	4	4	0	优势
电话普及率	2	2	0	强势
网站域名数	13	12	1	中势
人均耗电量	7	9	－2	优势
6.2　软环境竞争力	1	3	－2	强势
外资企业数增长率	24	21	3	劣势
万人外资企业数	1	5	－4	优势
个体私营企业数增长率	1	2	－1	强势
万人个体私营企业数	31	1	30	强势
万人商标注册件数	2	5	－3	优势
政府网站数	31	5	26	优势
交通事故直接财产损失	1	12	－11	中势
罚没收入占财政收入比重	1	4	－3	优势
社会捐赠站点数	1	3	－2	强势

7. 上海市政府作用竞争力指标排名变化情况

表 9－11　2019～2020 年上海市政府作用竞争力指标组排位及变化趋势

指　标	2019 年	2020 年	排位升降	优劣势
7　政府作用竞争力	3	1	2	强势
7.1　政府发展经济竞争力	4	3	1	强势
财政支出用于基本建设投资比重	23	23	0	劣势
财政支出对 GDP 增长的拉动	12	12	0	中势
政府公务员对经济的贡献	1	1	0	强势
政府消费对民间消费的拉动	1	1	0	强势
财政投资对社会投资的拉动	26	26	0	劣势

续表

指 标	2019年	2020年	排位升降	优劣势
7.2 政府规调经济竞争力	1	5	-4	优势
物价调控	10	3	7	强势
调控城乡消费差距	23	26	-3	劣势
统筹经济社会发展	14	13	1	中势
规范税收	1	2	-1	强势
工业生产出厂价格指数	6	14	-8	中势
7.3 政府保障经济竞争力	7	7	0	优势
城镇职工养老保险收支比	15	31	-16	劣势
医疗保险覆盖率	10	7	3	优势
养老保险覆盖率	20	17	3	中势
失业保险覆盖率	7	5	2	优势
最低工资标准	1	1	0	强势
城镇登记失业率	28	8	20	优势

8. 上海市发展水平竞争力指标排名变化情况

表9-12 2019~2020年上海市发展水平竞争力指标组排位及变化趋势

指 标	2019年	2020年	排位升降	优劣势
8 发展水平竞争力	1	1	0	强势
8.1 工业化进程竞争力	1	2	-1	强势
工业增加值占GDP比重	25	25	0	劣势
工业增加值增长率	8	15	-7	中势
高技术产业占工业增加值比重	4	4	0	优势
高技术产品占商品出口额比重	7	4	3	优势
数字经济应用	2	2	0	强势
工农业增加值比值	1	1	0	强势
8.2 城市化进程竞争力	2	2	0	强势
城镇化率	1	1	0	强势
城镇居民人均可支配收入	2	1	1	强势
城市平均建成区面积比重	1	1	0	强势
人均拥有道路面积	31	31	0	劣势
人均日生活用水量	10	9	1	优势
人均公共绿地面积	31	31	0	劣势

续表

指　标	2019 年	2020 年	排位升降	优劣势
8.3　市场化进程竞争力	7	22	-15	劣势
非公有制经济产值占全社会总产值比重	17	15	2	中势
社会投资占投资总额比重	19	15	4	中势
私有和个体企业从业人员比重	17	31	-14	劣势
亿元以上商品市场成交额	3	3	0	强势
亿元以上商品市场成交额占全社会消费品零售总额比重	2	3	-1	强势
居民消费支出占总消费支出比重	21	24	-3	劣势

9. 上海市统筹协调竞争力指标排名变化情况

表 9-13　2019～2020 年上海市统筹协调竞争力指标组排位及变化趋势

指　标	2019 年	2020 年	排位升降	优劣势
9　统筹协调竞争力	1	3	-2	强势
9.1　统筹发展竞争力	2	1	1	强势
社会劳动生产率	2	2	0	强势
能源消耗下降率	10	3	7	强势
万元 GDP 综合能耗下降率	8	2	6	强势
非农用地产出率	1	1	0	强势
居民收入占 GDP 比重	12	16	-4	中势
二三产业增加值比例	3	3	0	强势
固定资产投资额占 GDP 比重	14	16	-2	中势
固定资产投资增长率	13	19	-6	中势
9.2　协调发展竞争力	20	27	-7	劣势
资源竞争力与宏观经济竞争力比差	30	30	0	劣势
环境竞争力与宏观经济竞争力比差	5	29	-24	劣势
人力资源竞争力与宏观经济竞争力比差	13	26	-13	劣势
资源竞争力与工业竞争力比差	30	30	0	劣势
环境竞争力与工业竞争力比差	11	4	7	优势
城乡居民家庭人均收入比差	5	6	-1	优势
城乡居民人均消费支出比差	23	26	-3	劣势
全社会消费品零售总额与外贸出口总额比差	3	5	-2	优势

B.11

10

2019～2020年江苏省经济综合竞争力评价分析报告

江苏省简称“苏”，位于长江三角洲地区，位于中国大陆东部沿海，与上海市、浙江省、安徽省、山东省接壤。全省面积10.72万平方公里，2020年全省常住人口为8477万人，地区生产总值为102719亿元，同比增长3.7%，人均GDP达121231元。本部分通过分析2019～2020年江苏省经济综合竞争力以及各要素竞争力的排名变化，从中找出江苏省经济综合竞争力的推动点及影响因素，为进一步提升江苏省经济综合竞争力提供决策参考。

10.1 江苏省经济综合竞争力总体分析

1.江苏省经济综合竞争力一级指标概要分析

（1）从综合排位看，2020年江苏省经济综合竞争力综合排位在全国居第2位，这表明其在全国处于强势地位；与2019年相比，综合排位没有发生变化。

（2）从指标所处区位看，9个指标处于上游区，其中宏观经济竞争力、产业经济竞争力、知识经济竞争力、发展环境竞争力、政府作用竞争力、发展水平竞争力、统筹协调竞争力等7个指标为江苏省经济综合竞争力的强势指标。

（3）从指标变化趋势看，9个二级指标中，有5个指标处于上升趋势，分别为宏观经济竞争力、可持续发展竞争力、财政金融竞争力、发展环境竞争力、统筹协调竞争力，这些是江苏省经济综合竞争力的上升动力所在；有3个指标排位没有发生变化，分别为产业经济竞争力、知识经济竞争力和发展水平竞争力；有1个指标处于下降趋势，为政府作用竞争力，这是江苏省经济综合竞争力的下降拉力所在。

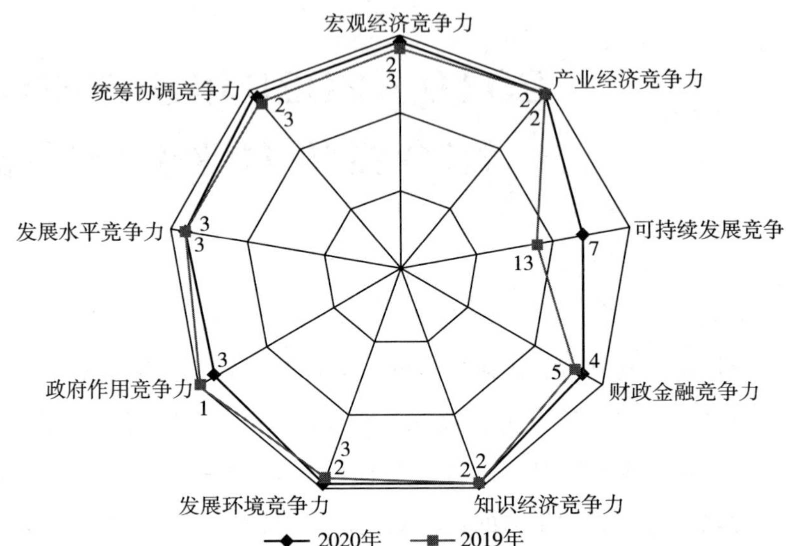

图10－1　2019～2020年江苏省经济综合竞争力二级指标比较

表10－1　2019～2020年江苏省经济综合竞争力二级指标表现情况

	宏观经济竞争力	产业经济竞争力	可持续发展竞争力	财政金融竞争力	知识经济竞争力	发展环境竞争力	政府作用竞争力	发展水平竞争力	统筹协调竞争力	**综合排位**
2019年	3	2	13	5	2	3	1	3	3	2
2020年	2	2	7	4	2	2	3	3	2	2
升降	1	0	6	1	0	1	－2	0	1	0
优劣度	强势	强势	优势	优势	强势	强势	强势	强势	强势	强势

2. 江苏省经济综合竞争力各级指标动态变化分析

从表10－2可以看出，210个四级指标中，上升指标有69个，占指标总数的32.9%；下降指标有48个，占指标总数的22.9%；保持不变的指标有93个，占指标总数的44.3%。综上所述，虽然江苏省经济综合竞争力的上升动力大于下降拉力，但排位保持不变的指标占较大比重，2019～2020年江苏省经济综合竞争力排位保持不变。

表 10 – 2　2019 ~ 2020 年江苏省经济综合竞争力各级指标排位变化情况

单位：个，%

二级指标	三级指标	四级指标数	上升		保持		下降		变化趋势
			指标数	比重	指标数	比重	指标数	比重	
宏观经济竞争力	经济实力竞争力	12	5	41.7	6	50.0	1	8.3	保持
	经济结构竞争力	6	3	50.0	1	16.7	2	33.3	上升
	经济外向度竞争力	9	4	44.4	4	44.4	1	11.1	保持
	小　计	**27**	12	44.4	11	40.7	4	14.8	上升
产业经济竞争力	农业竞争力	10	2	20.0	5	50.0	3	30.0	下降
	工业竞争力	10	2	20.0	6	60.0	2	20.0	上升
	服务业竞争力	10	4	40.0	4	40.0	2	20.0	上升
	企业竞争力	10	3	30.0	6	60.0	1	10.0	保持
	小　计	**40**	11	27.5	21	52.5	8	20.0	保持
可持续发展竞争力	资源竞争力	9	1	11.1	8	88.9	0	0.0	上升
	环境竞争力	8	3	37.5	4	50.0	1	12.5	上升
	人力资源竞争力	7	4	57.1	1	14.3	2	28.6	保持
	小　计	**24**	8	33.3	13	54.2	3	12.5	上升
财政金融竞争力	财政竞争力	12	6	50.0	4	33.3	2	16.7	上升
	金融竞争力	10	2	20.0	4	40.0	4	40.0	保持
	小　计	**22**	8	36.4	8	36.4	6	27.3	上升
知识经济竞争力	科技竞争力	9	1	11.1	8	88.9	0	0.0	保持
	教育竞争力	10	2	20.0	6	60.0	2	20.0	保持
	文化竞争力	10	4	40.0	4	40.0	2	20.0	上升
	小　计	**29**	7	24.1	18	62.1	4	13.8	保持
发展环境竞争力	基础设施竞争力	9	4	44.4	2	22.2	3	33.3	保持
	软环境竞争力	9	4	44.4	1	11.1	4	44.4	保持
	小　计	**18**	8	44.4	3	16.7	7	38.9	上升
政府作用竞争力	政府发展经济竞争力	5	1	20.0	3	60.0	1	20.0	下降
	政府规调经济竞争力	5	2	40.0	0	0.0	3	60.0	下降
	政府保障经济竞争力	6	1	16.7	2	33.3	3	50.0	下降
	小　计	**16**	4	25.0	5	31.3	7	43.8	下降
发展水平竞争力	工业化进程竞争力	6	1	16.7	4	66.7	1	16.7	保持
	城市化进程竞争力	6	2	33.3	3	50.0	1	16.7	保持
	市场化进程竞争力	6	0	0.0	4	66.7	2	33.3	下降
	小　计	**18**	3	16.7	11	61.1	4	22.2	保持

续表

二级指标	三级指标	四级指标数	上升		保持		下降		变化趋势
			指标数	比重	指标数	比重	指标数	比重	
统筹协调竞争力	统筹发展竞争力	8	5	62.5	1	12.5	2	25.0	下降
	协调发展竞争力	8	3	37.5	2	25.0	3	37.5	保持
	小　计	**16**	8	50.0	3	18.8	5	31.3	上升
合　计		**210**	69	32.9	93	44.3	48	22.9	保持

3. 江苏省经济综合竞争力各级指标优劣势结构分析

基于图 10－2 和表 10－3，具体到四级指标，强势指标 55 个，占指标总数的 26.2%；优势指标 84 个，占指标总数的 40.0%；中势指标 39 个，占指标总数的 18.6%；劣势指标 32 个，占指标总数的 15.2%。三级指标中，强势指标 12 个，占三级指标总数的 48.0%；优势指标 10 个，占三级指标总数的 40.0%；中势指标 2 个，占三级指标总数的 8.0%；劣势指标 1 个，占三级指标总数的 4.0%。从二级指标看，强势指标 7 个，占二级指标总数的 77.8%；优势指标 2 个，占二级指标总数的 22.2%。综合来看，由于强势指标和优势指标在指标体系中居于主导地位，2020 年江苏省经济综合竞争力处于强势地位。

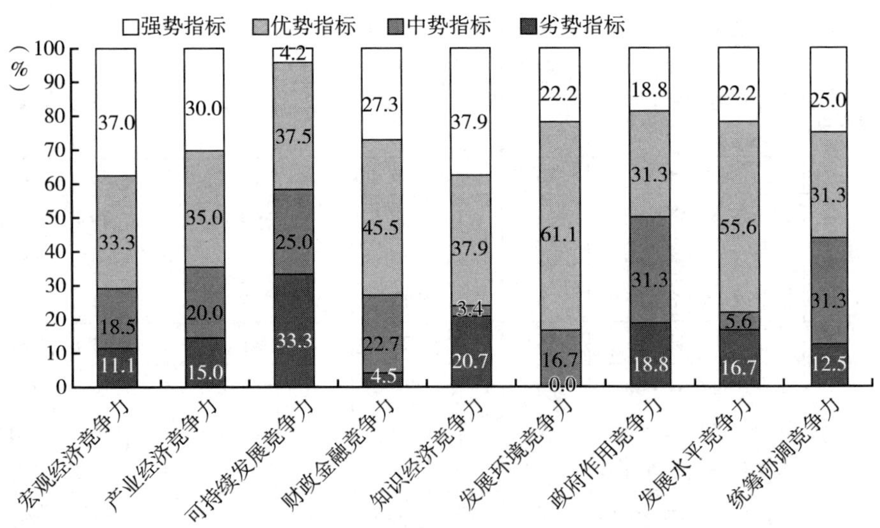

图 10－2　2020 年江苏省经济综合竞争力各级指标优劣势比较

表 10－3 2020 年江苏省经济综合竞争力各级指标优劣势情况

单位：个，%

二级指标	三级指标	四级指标数	强势指标		优势指标		中势指标		劣势指标		优劣势
			个数	比重	个数	比重	个数	比重	个数	比重	
宏观经济竞争力	经济实力竞争力	12	6	50.0	4	33.3	1	8.3	1	8.3	强势
	经济结构竞争力	6	0	0.0	3	50.0	1	16.7	2	33.3	中势
	经济外向度竞争力	9	4	44.4	2	22.2	3	33.3	0	0.0	强势
	小　计	**27**	10	37.0	9	33.3	5	18.5	3	11.1	强势
产业经济竞争力	农业竞争力	10	1	10.0	5	50.0	1	10.0	3	30.0	强势
	工业竞争力	10	5	50.0	1	10.0	4	40.0	0	0.0	强势
	服务业竞争力	10	3	30.0	5	50.0	2	20.0	0	0.0	强势
	企业竞争力	10	3	30.0	3	30.0	1	10.0	3	30.0	优势
	小　计	**40**	12	30.0	14	35.0	8	20.0	6	15.0	强势
可持续发展竞争力	资源竞争力	9	0	0.0	1	11.1	2	22.2	6	66.7	劣势
	环境竞争力	8	1	12.5	4	50.0	1	12.5	2	25.0	优势
	人力资源竞争力	7	0	0.0	4	57.1	3	42.9	0	0.0	优势
	小　计	**24**	1	4.2	9	37.5	6	25.0	8	33.3	优势
财政金融竞争力	财政竞争力	12	3	25.0	5	41.7	3	25.0	1	8.3	优势
	金融竞争力	10	3	30.0	5	50.0	2	20.0	0	0.0	优势
	小　计	**22**	6	27.3	10	45.5	5	22.7	1	4.5	优势
知识经济竞争力	科技竞争力	9	5	55.6	3	33.3	0	0.0	1	11.1	强势
	教育竞争力	10	3	30.0	3	30.0	1	10.0	3	30.0	强势
	文化竞争力	10	3	30.0	5	50.0	0	0.0	2	20.0	强势
	小　计	**29**	11	37.9	11	37.9	1	3.4	6	20.7	强势
发展环境竞争力	基础设施竞争力	9	2	22.2	6	66.7	1	11.1	0	0.0	强势
	软环境竞争力	9	2	22.2	5	55.6	2	22.2	0	0.0	强势
	小　计	**18**	4	22.2	11	61.1	3	16.7	0	0.0	强势
政府作用竞争力	政府发展经济竞争力	5	3	60.0	1	20.0	0	0.0	1	20.0	强势
	政府规调经济竞争力	5	0	0.0	1	20.0	3	60.0	1	20.0	中势
	政府保障经济竞争力	6	0	0.0	3	50.0	2	33.3	1	16.7	优势
	小　计	**16**	3	18.8	5	31.3	5	31.3	3	18.8	强势
发展水平竞争力	工业化进程竞争力	6	1	16.7	4	66.7	1	16.7	0	0.0	优势
	城市化进程竞争力	6	1	16.7	4	66.7	0	0.0	1	16.7	优势
	市场化进程竞争力	6	2	33.3	2	33.3	0	0.0	2	33.3	强势
	小　计	**18**	4	22.2	10	55.6	1	5.6	3	16.7	强势
统筹协调竞争力	统筹发展竞争力	8	2	25.0	3	37.5	2	25.0	1	12.5	优势
	协调发展竞争力	8	2	25.0	2	25.0	3	37.5	1	12.5	优势
	小　计	**16**	4	25.0	5	31.3	5	31.3	2	12.5	强势
合　计		**210**	55	26.2	84	40.0	39	18.6	32	15.2	强势

4. 江苏省经济综合竞争力四级指标优劣势对比分析

表 10－4　2020 年江苏省经济综合竞争力各级指标优劣势情况

二级指标	优劣势	四级指标
宏观经济竞争力（27 个）	强势指标	地区生产总值、人均地区生产总值、财政总收入、财政总收入增长率、固定资产投资额、全社会消费品零售总额、进出口总额、出口总额、实际 FDI、外资企业数（10 个）
	优势指标	人均财政总收入、人均固定资产投资额、全社会消费品零售总额增长率、人均全社会消费品零售总额、所有制经济结构优化度、城乡经济结构优化度、就业结构优化度、外贸依存度、对外直接投资额（9 个）
	劣势指标	固定资产投资额增长率、实体经济结构优化度、贸易结构优化度（3 个）
产业经济竞争力（40 个）	强势指标	农村人均用电量、工业增加值、人均工业增加值、工业资产总额、规模以上工业主营业务收入、规模以上工业利润总额、服务业增加值、服务业从业人员数、商品房销售收入、规模以上工业企业数、新产品销售收入占主营业务收入比重、工业企业 R&D 经费投入强度（12 个）
	优势指标	农业增加值、人均农业增加值、农民人均纯收入、农产品出口占农林牧渔总产值比重、农业机械化水平、工业资产总额增长率、服务业增加值增长率、人均服务业增加值、限额以上批发零售企业主营业务收入、旅游外汇收入、电子商务销售额、城镇就业人员平均工资、产品质量抽查合格率、全国 500 强企业数（14 个）
	劣势指标	农业增加值增长率、农民人均纯收入增长率、财政支农资金比重、规模以上企业平均资产、规模以上企业平均收入、规模以上企业平均利润（6 个）
可持续发展竞争力（24 个）	强势指标	生活垃圾无害化处理率（1 个）
	优势指标	人均可使用海域和滩涂面积、人均工业废气排放量、人均治理工业污染投资额、一般工业固体废物综合利用率、自然灾害直接经济损失额、大专以上教育程度人口比例、平均受教育程度、人口健康素质、职业学校毕业生数（9 个）
	劣势指标	人均国土面积、人均年水资源量、人均耕地面积、人均牧草地面积、人均主要能源矿产基础储量、人均森林储积量、森林覆盖率、人均废水排放量（8 个）
财政金融竞争力（22 个）	强势指标	地方财政收入、地方财政支出、地方财政支出增长率、贷款余额、保险费净收入、国内上市公司数（6 个）
	优势指标	税收收入占财政总收入比重、人均地方财政收入、人均税收收入、地方财政收入增长率、税收收入增长率、存款余额、人均存款余额、人均贷款余额、保险密度、国内上市公司市值（10 个）
	劣势指标	地方财政支出占 GDP 比重（1 个）

续表

二级指标	优劣势	四级指标
知识经济竞争力（29个）	强势指标	R&D人员、R&D经费、发明专利授权量、技术市场成交合同金额、高技术产业主营业务收入、教育经费、高等学校数、高校专任教师数、文化制造业营业收入、文化批发零售业营业收入、图书和期刊出版数（11个）
	优势指标	R&D经费投入强度、财政科技支出占地方财政支出比重、高技术产品出口额占商品出口额比重、人均教育经费、公共教育经费占财政支出比重、人均文化教育支出、文化服务业企业营业收入、电子出版物品种、印刷用纸量、城镇居民人均文化娱乐支出、农村居民人均文化娱乐支出（11个）
	劣势指标	高技术产业收入占工业增加值比重、教育经费占GDP比重、万人中小学学校数、万人中小学专任教师数、城镇居民人均文化娱乐支出占消费性支出比重、农村居民人均文化娱乐支出占消费性支出比重（6个）
发展环境竞争力（18个）	强势指标	人均内河航道里程、全社会旅客周转量、个体私营企业数增长率、万人商标注册件数（4个）
	优势指标	铁路网线密度、公路网线密度、全社会货物周转量、人均邮电业务总量、网站域名数、人均耗电量、万人外资企业数、万人个体私营企业数、政府网站数、罚没收入占财政收入比重、社会捐赠站点数（11个）
	劣势指标	（0个）
政府作用竞争力（16个）	强势指标	财政支出对GDP增长的拉动、政府公务员对经济的贡献、财政投资对社会投资的拉动（3个）
	优势指标	政府消费对民间消费的拉动、规范税收、医疗保险覆盖率、失业保险覆盖率、最低工资标准（5个）
	劣势指标	财政支出用于基本建设投资比重、统筹经济社会发展、城镇职工养老保险收支比（3个）
发展水平竞争力（18个）	强势指标	工业增加值占GDP比重、人均拥有道路面积、社会投资占投资总额比重、亿元以上商品市场成交额（4个）
	优势指标	高技术产业占工业增加值比重、高技术产品占商品出口额比重、数字经济应用、工农业增加值比值、城镇化率、城镇居民人均可支配收入、人均日生活用水量、人均公共绿地面积、非公有制经济产值占全社会总产值比重、亿元以上商品市场成交额占全社会消费品零售总额比重（10个）
	劣势指标	城市平均建成区面积比重、私有和个体企业从业人员比重、居民消费支出占总消费支出比重（3个）
统筹协调竞争力（16个）	强势指标	居民收入占GDP比重、固定资产投资额占GDP比重、环境竞争力与宏观经济竞争力比差、环境竞争力与工业竞争力比差（4个）
	优势指标	社会劳动生产率、万元GDP综合能耗下降率、非农用地产出率、城乡居民家庭人均收入比差、全社会消费品零售总额与外贸出口总额比差（5个）
	劣势指标	二三产业增加值比例、资源竞争力与工业竞争力比差（2个）

10.2 江苏省经济综合竞争力各级指标具体分析

1. 江苏省宏观经济竞争力指标排名变化情况

表 10－5 2019～2020 年江苏省宏观经济竞争力指标组排位及变化趋势

指　标	2019 年	2020 年	排位升降	优劣势
1 宏观经济竞争力	3	2	1	强势
1.1 经济实力竞争力	1	1	0	强势
地区生产总值	2	2	0	强势
地区生产总值增长率	20	12	8	中势
人均地区生产总值	3	3	0	强势
财政总收入	3	1	2	强势
财政总收入增长率	26	2	24	强势
人均财政总收入	6	4	2	优势
固定资产投资额	1	1	0	强势
固定资产投资额增长率	20	27	－7	劣势
人均固定资产投资额	4	4	0	优势
全社会消费品零售总额	2	2	0	强势
全社会消费品零售总额增长率	21	9	12	优势
人均全社会消费品零售总额	4	4	0	优势
1.2 经济结构竞争力	13	11	2	中势
产业结构优化度	18	11	7	中势
所有制经济结构优化度	4	4	0	优势
城乡经济结构优化度	6	7	－1	优势
就业结构优化度	7	6	1	优势
实体经济结构优化度	26	27	－1	劣势
贸易结构优化度	27	26	1	劣势
1.3 经济外向度竞争力	3	3	0	强势
进出口总额	2	2	0	强势
进出口增长率	24	20	4	中势
出口总额	2	2	0	强势
出口增长率	21	18	3	中势
实际 FDI	2	3	－1	强势
实际 FDI 增长率	16	15	1	中势
外贸依存度	5	5	0	优势
外资企业数	3	3	0	强势
对外直接投资额	6	4	2	优势

2. 江苏省产业经济竞争力指标排名变化情况

表 10－6　2019～2020 年江苏省产业经济竞争力指标组排位及变化趋势

指　标	2019 年	2020 年	排位升降	优劣势
2　产业经济竞争力	2	2	0	强势
2.1　农业竞争力	1	2	－1	强势
农业增加值	4	5	－1	优势
农业增加值增长率	27	24	3	劣势
人均农业增加值	5	5	0	优势
农民人均纯收入	5	5	0	优势
农民人均纯收入增长率	27	24	3	劣势
农产品出口占农林牧渔总产值比重	10	10	0	优势
人均主要农产品产量	14	16	－2	中势
农业机械化水平	7	7	0	优势
农村人均用电量	1	1	0	强势
财政支农资金比重	25	26	－1	劣势
2.2　工业竞争力	2	1	1	强势
工业增加值	2	2	0	强势
工业增加值增长率	14	14	0	中势
人均工业增加值	1	1	0	强势
工业资产总额	2	2	0	强势
工业资产总额增长率	29	7	22	优势
规模以上工业主营业务收入	2	2	0	强势
工业成本费用率	4	19	－15	中势
规模以上工业利润总额	2	2	0	强势
工业全员劳动生产率	14	15	－1	中势
工业收入利润率	19	17	2	中势
2.3　服务业竞争力	3	2	1	强势
服务业增加值	2	2	0	强势
服务业增加值增长率	22	9	13	优势
人均服务业增加值	3	4	－1	优势
服务业从业人员数	4	3	1	强势
限额以上批发零售企业主营业务收入	4	4	0	优势
限额以上批零企业利税率	14	16	－2	中势
限额以上餐饮企业利税率	14	13	1	中势
旅游外汇收入	5	5	0	优势
商品房销售收入	2	2	0	强势
电子商务销售额	6	5	1	优势

续表

指　标	2019年	2020年	排位升降	优劣势
2.4　企业竞争力	4	4	0	优势
规模以上工业企业数	2	2	0	强势
规模以上企业平均资产	25	25	0	劣势
规模以上企业平均收入	25	24	1	劣势
规模以上企业平均利润	24	23	1	劣势
规模以上企业劳动效率	18	19	-1	中势
城镇就业人员平均工资	7	7	0	优势
新产品销售收入占主营业务收入比重	4	2	2	强势
产品质量抽查合格率	4	4	0	优势
工业企业R&D经费投入强度	1	1	0	强势
全国500强企业数	4	4	0	优势

3. 江苏省可持续发展竞争力指标排名变化情况

表10-7　2019~2020年江苏省可持续发展竞争力指标组排位及变化趋势

指　标	2019年	2020年	排位升降	优劣势
3　可持续发展竞争力	13	7	6	优势
3.1　资源竞争力	22	21	1	劣势
人均国土面积	28	28	0	劣势
人均可使用海域和滩涂面积	5	5	0	优势
人均年水资源量	23	23	0	劣势
耕地面积	14	14	0	中势
人均耕地面积	25	24	1	劣势
人均牧草地面积	25	25	0	劣势
主要能源矿产基础储量	19	19	0	中势
人均主要能源矿产基础储量	23	23	0	劣势
人均森林储积量	29	29	0	劣势
3.2　环境竞争力	13	10	3	优势
森林覆盖率	24	24	0	劣势
人均废水排放量	26	26	0	劣势
人均工业废气排放量	14	8	6	优势
人均工业固体废物排放量	22	19	3	中势
人均治理工业污染投资额	8	5	3	优势
一般工业固体废物综合利用率	3	4	-1	优势
生活垃圾无害化处理率	1	1	0	强势
自然灾害直接经济损失额	8	8	0	优势

续表

指　标	2019年	2020年	排位升降	优劣势
3.3　人力资源竞争力	5	5	0	优势
常住人口增长率	22	15	7	中势
15～64岁人口比例	18	20	-2	中势
文盲率	20	16	4	中势
大专以上教育程度人口比例	5	8	-3	优势
平均受教育程度	8	8	0	优势
人口健康素质	7	5	2	优势
职业学校毕业生数	8	7	1	优势

4. 江苏省财政金融竞争力指标排名变化情况

表10-8　2019～2020年江苏省财政金融竞争力指标组排位及变化趋势

指　标	2019年	2020年	排位升降	优劣势
4　财政金融竞争力	5	4	1	优势
4.1　财政竞争力	8	5	3	优势
地方财政收入	2	2	0	强势
地方财政支出	2	2	0	强势
地方财政收入占GDP比重	24	19	5	中势
地方财政支出占GDP比重	30	30	0	劣势
税收收入占GDP比重	13	11	2	中势
税收收入占财政总收入比重	3	4	-1	优势
人均地方财政收入	6	5	1	优势
人均地方财政支出	12	13	-1	中势
人均税收收入	5	5	0	优势
地方财政收入增长率	20	4	16	优势
地方财政支出增长率	15	1	14	强势
税收收入增长率	17	4	13	优势
4.2　金融竞争力	4	4	0	优势
存款余额	3	4	-1	优势
人均存款余额	6	7	-1	优势
贷款余额	2	2	0	强势
人均贷款余额	5	5	0	优势
中长期贷款占贷款余额比重	19	17	2	中势
保险费净收入	2	2	0	强势
保险密度	4	4	0	优势
保险深度	22	20	2	中势
国内上市公司数	1	3	-2	强势
国内上市公司市值	3	5	-2	优势

5. 江苏省知识经济竞争力指标排名变化情况

表 10－9 2019～2020 年江苏省知识经济竞争力指标组排位及变化趋势

指 标	2019 年	2020 年	排位升降	优劣势
5 知识经济竞争力	2	2	0	强势
5.1 科技竞争力	2	2	0	强势
R&D 人员	2	2	0	强势
R&D 经费	2	2	0	强势
R&D 经费投入强度	5	5	0	优势
发明专利授权量	2	2	0	强势
技术市场成交合同金额	3	3	0	强势
财政科技支出占地方财政支出比重	6	6	0	优势
高技术产业主营业务收入	2	2	0	强势
高技术产业收入占工业增加值比重	27	26	1	劣势
高技术产品出口额占商品出口额比重	9	9	0	优势
5.2 教育竞争力	3	3	0	强势
教育经费	2	2	0	强势
教育经费占 GDP 比重	31	31	0	劣势
人均教育经费	11	10	1	优势
公共教育经费占财政支出比重	10	10	0	优势
人均文化教育支出	11	10	1	优势
万人中小学学校数	28	29	－1	劣势
万人中小学专任教师数	25	25	0	劣势
高等学校数	1	1	0	强势
高校专任教师数	2	2	0	强势
万人高等学校在校学生数	10	11	－1	中势
5.3 文化竞争力	3	2	1	强势
文化制造业营业收入	2	2	0	强势
文化批发零售业营业收入	4	2	2	强势
文化服务业企业营业收入	5	5	0	优势
图书和期刊出版数	1	1	0	强势
电子出版物品种	2	4	－2	优势
印刷用纸量	4	4	0	优势
城镇居民人均文化娱乐支出	8	7	1	优势
农村居民人均文化娱乐支出	6	4	2	优势
城镇居民人均文化娱乐支出占消费性支出比重	20	23	－3	劣势
农村居民人均文化娱乐支出占消费性支出比重	25	22	3	劣势

6. 江苏省发展环境竞争力指标排名变化情况

表10－10　2019～2020年江苏省发展环境竞争力指标组排位及变化趋势

指　标	2019年	2020年	排位升降	优劣势
6　发展环境竞争力	3	2	1	强势
6.1　基础设施竞争力	3	3	0	强势
铁路网线密度	9	7	2	优势
公路网线密度	6	7	－1	优势
人均内河航道里程	2	2	0	强势
全社会旅客周转量	3	2	1	强势
全社会货物周转量	7	5	2	优势
人均邮电业务总量	5	8	－3	优势
电话普及率	5	11	－6	中势
网站域名数	6	6	0	优势
人均耗电量	6	5	1	优势
6.2　软环境竞争力	2	2	0	强势
外资企业数增长率	19	17	2	中势
万人外资企业数	6	6	0	优势
个体私营企业数增长率	5	1	4	强势
万人个体私营企业数	1	5	－4	优势
万人商标注册件数	6	2	4	强势
政府网站数	6	9	－3	优势
交通事故直接财产损失	16	14	2	中势
罚没收入占财政收入比重	4	5	－1	优势
社会捐赠站点数	2	8	－6	优势

7. 江苏省政府作用竞争力指标排名变化情况

表10－11　2019～2020年江苏省政府作用竞争力指标组排位及变化趋势

指　标	2019年	2020年	排位升降	优劣势
7　政府作用竞争力	1	3	－2	强势
7.1　政府发展经济竞争力	1	2	－1	强势
财政支出用于基本建设投资比重	28	29	－1	劣势
财政支出对GDP增长的拉动	2	2	0	强势
政府公务员对经济的贡献	2	2	0	强势
政府消费对民间消费的拉动	12	9	3	优势
财政投资对社会投资的拉动	1	1	0	强势

续表

指　标	2019 年	2020 年	排位升降	优劣势
7.2　政府规调经济竞争力	13	19	-6	中势
物价调控	26	18	8	中势
调控城乡消费差距	4	12	-8	中势
统筹经济社会发展	23	28	-5	劣势
规范税收	11	10	1	优势
工业生产出厂价格指数	7	12	-5	中势
7.3　政府保障经济竞争力	5	9	-4	优势
城镇职工养老保险收支比	9	22	-13	劣势
医疗保险覆盖率	6	5	1	优势
养老保险覆盖率	15	15	0	中势
失业保险覆盖率	8	9	-1	优势
最低工资标准	5	5	0	优势
城镇登记失业率	15	18	-3	中势

8. 江苏省发展水平竞争力指标排名变化情况

表 10-12　2019~2020 年江苏省发展水平竞争力指标组排位及变化趋势

指　标	2019 年	2020 年	排位升降	优劣势
8　发展水平竞争力	3	3	0	强势
8.1　工业化进程竞争力	6	6	0	优势
工业增加值占 GDP 比重	3	2	1	强势
工业增加值增长率	13	16	-3	中势
高技术产业占工业增加值比重	5	5	0	优势
高技术产品占商品出口额比重	9	9	0	优势
数字经济应用	4	4	0	优势
工农业增加值比值	6	6	0	优势
8.2　城市化进程竞争力	4	4	0	优势
城镇化率	5	5	0	优势
城镇居民人均可支配收入	4	4	0	优势
城市平均建成区面积比重	21	21	0	劣势
人均拥有道路面积	2	3	-1	强势
人均日生活用水量	6	5	1	优势
人均公共绿地面积	9	8	1	优势

续表

指　标	2019 年	2020 年	排位升降	优劣势
8.3　市场化进程竞争力	2	3	-1	强势
非公有制经济产值占全社会总产值比重	4	4	0	优势
社会投资占投资总额比重	3	3	0	强势
私有和个体企业从业人员比重	7	26	-19	劣势
亿元以上商品市场成交额	1	1	0	强势
亿元以上商品市场成交额占全社会消费品零售总额比重	4	4	0	优势
居民消费支出占总消费支出比重	28	29	-1	劣势

9. 江苏省统筹协调竞争力指标排名变化情况

表 10-13　2019 ~ 2020 年江苏省统筹协调竞争力指标组排位及变化趋势

指　标	2019 年	2020 年	排位升降	优劣势
9　统筹协调竞争力	3	2	1	强势
9.1　统筹发展竞争力	3	4	-1	优势
社会劳动生产率	3	4	-1	优势
能源消耗下降率	12	11	1	中势
万元 GDP 综合能耗下降率	14	6	8	优势
非农用地产出率	5	4	1	优势
居民收入占 GDP 比重	2	2	0	强势
二三产业增加值比例	27	25	2	劣势
固定资产投资额占 GDP 比重	3	1	2	强势
固定资产投资增长率	12	20	-8	中势
9.2　协调发展竞争力	5	5	0	优势
资源竞争力与宏观经济竞争力比差	21	18	3	中势
环境竞争力与宏观经济竞争力比差	3	3	0	强势
人力资源竞争力与宏观经济竞争力比差	18	13	5	中势
资源竞争力与工业竞争力比差	22	23	-1	劣势
环境竞争力与工业竞争力比差	2	1	1	强势
城乡居民家庭人均收入比差	6	7	-1	优势
城乡居民人均消费支出比差	4	12	-8	中势
全社会消费品零售总额与外贸出口总额比差	4	4	0	优势

B.12

11
2019～2020年浙江省经济综合竞争力评价分析报告

浙江省简称“浙”，位于长江三角洲，东临东海，南接福建，西与安徽、江西相连，北与上海、江苏接壤。全省面积为10.55万平方公里，2020年全省常住人口为6468万人，地区生产总值为64613亿元，同比增长3.6%，人均GDP达100620元。本部分通过分析2019～2020年浙江省经济综合竞争力以及各要素竞争力的排名变化，从中找出浙江省经济综合竞争力的推动点及影响因素，为进一步提升浙江省经济综合竞争力提供决策参考。

11.1 浙江省经济综合竞争力总体分析

1.浙江省经济综合竞争力一级指标概要分析

（1）从综合排位看，2020年浙江省经济综合竞争力综合排位在全国居第5位，这表明其在全国处于优势地位；与2019年相比，综合排位没有发生变化。

（2）从指标所处区位看，8个指标处于上游区，其中宏观经济竞争力、产业经济竞争力、可持续发展竞争力、发展环境竞争力和政府作用竞争力等5个指标为浙江省经济综合竞争力的强势指标。

（3）从指标变化趋势看，9个二级指标中，有2个指标处于上升趋势，分别为可持续发展竞争力和发展环境竞争力，这些是浙江省经济综合竞争力的上升动力所在；有3个指标排位没有发生变化，分别为产业经济竞争力、知识经济竞争力和政府作用竞争力；有4个指标处于下降趋势，分别为宏观经济竞争力、财政金融竞争力、发展水平竞争力和统筹协调竞争力，这些是浙江省经济综合竞争力的下降拉力所在。

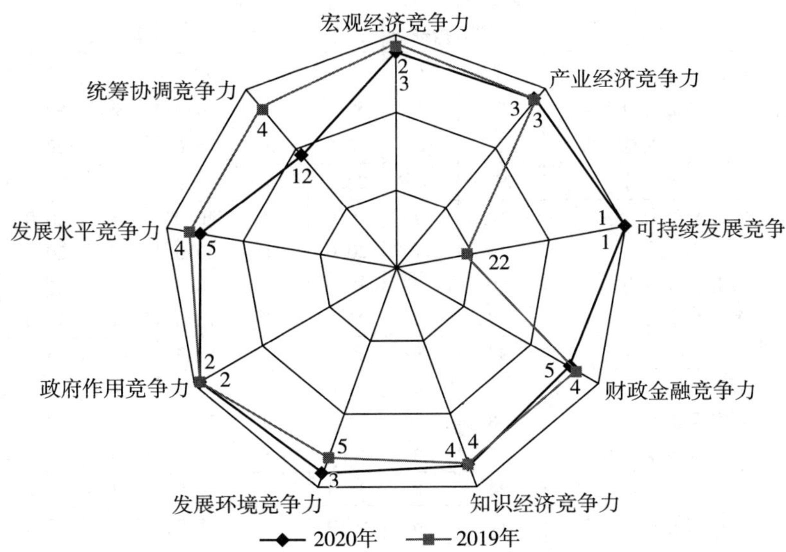

图 11－1　2019 ~ 2020 年浙江省经济综合竞争力二级指标比较

表 11－1　2019 ~ 2020 年浙江省经济综合竞争力二级指标表现情况

	宏观经济竞争力	产业经济竞争力	可持续发展竞争力	财政金融竞争力	知识经济竞争力	发展环境竞争力	政府作用竞争力	发展水平竞争力	统筹协调竞争力	**综合排位**
2019 年	2	3	22	4	4	5	2	4	4	5
2020 年	3	3	1	5	4	3	2	5	12	5
升降	－1	0	21	－1	0	2	0	－1	－8	0
优劣度	强势	强势	强势	优势	优势	强势	强势	优势	中势	优势

2. 浙江省经济综合竞争力各级指标动态变化分析

从表 11－2 可以看出，210 个四级指标中，上升指标有 55 个，占指标总数的 26.2%；下降指标有 76 个，占指标总数的 36.2%；保持不变的指标有 79 个，占指标总数的 37.6%。综上所述，浙江省经济综合竞争力的上升动力和下降拉力大致相当，且排位保持不变的指标占较大比重，2019 ~ 2020 年浙江省经济综合竞争力排位保持不变。

表 11－2　2019～2020 年浙江省经济综合竞争力各级指标排位变化情况

单位：个，%

二级指标	三级指标	四级指标数	上升		保持		下降		变化趋势
			指标数	比重	指标数	比重	指标数	比重	
宏观经济竞争力	经济实力竞争力	12	1	8.3	6	50.0	5	41.7	下降
	经济结构竞争力	6	3	50.0	0	0.0	3	50.0	保持
	经济外向度竞争力	9	2	22.2	5	55.6	2	22.2	保持
	小　计	**27**	6	22.2	11	40.7	10	37.0	下降
产业经济竞争力	农业竞争力	10	1	10.0	4	40.0	5	50.0	下降
	工业竞争力	10	2	20.0	6	60.0	2	20.0	保持
	服务业竞争力	10	3	30.0	5	50.0	2	20.0	上升
	企业竞争力	10	2	20.0	7	70.0	1	10.0	保持
	小　计	**40**	8	20.0	22	55.0	10	25.0	保持
可持续发展竞争力	资源竞争力	9	0	0.0	5	55.6	4	44.4	下降
	环境竞争力	8	5	62.5	3	37.5	0	0.0	上升
	人力资源竞争力	7	3	42.9	1	14.3	3	42.9	保持
	小　计	**24**	8	33.3	9	37.5	7	29.2	上升
财政金融竞争力	财政竞争力	12	6	50.0	3	25.0	3	25.0	保持
	金融竞争力	10	4	40.0	3	30.0	3	30.0	保持
	小　计	**22**	10	45.5	6	27.3	6	27.3	下降
知识经济竞争力	科技竞争力	9	1	11.1	4	44.4	4	44.4	保持
	教育竞争力	10	2	20.0	4	40.0	4	40.0	保持
	文化竞争力	10	2	20.0	4	40.0	4	40.0	下降
	小　计	**29**	5	17.2	12	41.4	12	41.4	保持
发展环境竞争力	基础设施竞争力	9	2	22.2	5	55.6	2	22.2	保持
	软环境竞争力	9	5	55.6	0	0.0	4	44.4	下降
	小　计	**18**	7	38.9	5	27.8	6	33.3	上升
政府作用竞争力	政府发展经济竞争力	5	3	60.0	1	20.0	1	20.0	保持
	政府规调经济竞争力	5	2	40.0	1	20.0	2	40.0	上升
	政府保障经济竞争力	6	0	0.0	3	50.0	3	50.0	下降
	小　计	**16**	5	31.3	5	31.3	6	37.5	保持
发展水平竞争力	工业化进程竞争力	6	0	0.0	3	50.0	3	50.0	下降
	城市化进程竞争力	6	0	0.0	2	33.3	4	66.7	下降
	市场化进程竞争力	6	2	33.3	2	33.3	2	33.3	保持
	小　计	**18**	2	11.1	7	38.9	9	50.0	下降

续表

二级指标	三级指标	四级指标数	上升		保持		下降		变化趋势
			指标数	比重	指标数	比重	指标数	比重	
统筹协调竞争力	统筹发展竞争力	8	3	37.5	0	0.0	5	62.5	保持
	协调发展竞争力	8	1	12.5	2	25.0	5	62.5	下降
	小　计	**16**	4	25.0	2	12.5	10	62.5	下降
合　计		**210**	55	26.2	79	37.6	76	36.2	保持

3. 浙江省经济综合竞争力各级指标优劣势结构分析

基于图 11－2 和表 11－3，具体到四级指标，强势指标 39 个，占指标总数的 18.6%；优势指标 89 个，占指标总数的 42.4%；中势指标 38 个，占指标总数的 18.1%；劣势指标 44 个，占指标总数的 21.0%。三级指标中，强势指标 7 个，占三级指标总数的 28.0%；优势指标 15 个，占三级指标总数的 60.0%；中势指标 2 个，占三级指标总数的 8.0%；劣势指标 1 个，占三级指标总数的 4.0%。从二级指标看，强势指标 5 个，占二级指标总数的 55.6%；优势指标 3 个，占二级指标总数的 33.3%；中势指标 1 个，占二级指标总数的 11.1%。综合来看，由于优势指标在指标体系中居于主导地位，2020 年浙江省经济综合竞争力处于优势地位。

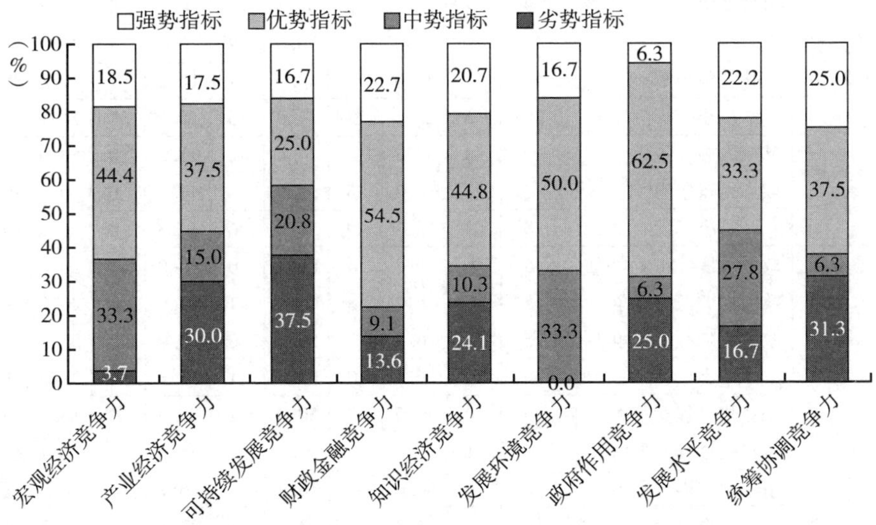

图 11－2　2020 年浙江省经济综合竞争力各级指标优劣势比较

表 11－3　2020 年浙江省经济综合竞争力各级指标优劣势情况

单位：个，%

二级指标	三级指标	四级指标数	强势指标		优势指标		中势指标		劣势指标		优劣势
			个数	比重	个数	比重	个数	比重	个数	比重	
宏观经济竞争力	经济实力竞争力	12	0	0.0	7	58.3	5	41.7	0	0.0	优势
	经济结构竞争力	6	3	50.0	1	16.7	1	16.7	1	16.7	强势
	经济外向度竞争力	9	2	22.2	4	44.4	3	33.3	0	0.0	优势
	小　计	**27**	5	18.5	12	44.4	9	33.3	1	3.7	强势
产业经济竞争力	农业竞争力	10	1	10.0	2	20.0	1	10.0	6	60.0	中势
	工业竞争力	10	1	10.0	6	60.0	1	10.0	2	20.0	强势
	服务业竞争力	10	2	20.0	5	50.0	3	30.0	0	0.0	优势
	企业竞争力	10	3	30.0	2	20.0	1	10.0	4	40.0	优势
	小　计	**40**	7	17.5	15	37.5	6	15.0	12	30.0	强势
可持续发展竞争力	资源竞争力	9	0	0.0	1	11.1	2	22.2	6	66.7	劣势
	环境竞争力	8	3	37.5	3	37.5	0	0.0	2	25.0	强势
	人力资源竞争力	7	1	14.3	2	28.6	3	42.9	1	14.3	强势
	小　计	**24**	4	16.7	6	25.0	5	20.8	9	37.5	强势
财政金融竞争力	财政竞争力	12	3	25.0	6	50.0	1	8.3	2	16.7	优势
	金融竞争力	10	2	20.0	6	60.0	1	10.0	1	10.0	优势
	小　计	**22**	5	22.7	12	54.5	2	9.1	3	13.6	优势
知识经济竞争力	科技竞争力	9	2	22.2	5	55.6	0	0.0	2	22.2	优势
	教育竞争力	10	0	0.0	4	40.0	2	20.0	4	40.0	优势
	文化竞争力	10	4	40.0	4	40.0	1	10.0	1	10.0	强势
	小　计	**29**	6	20.7	13	44.8	3	10.3	7	24.1	优势
发展环境竞争力	基础设施竞争力	9	3	33.3	4	44.4	2	22.2	0	0.0	优势
	软环境竞争力	9	0	0.0	5	55.6	4	44.4	0	0.0	优势
	小　计	**18**	3	16.7	9	50.0	6	33.3	0	0.0	强势
政府作用竞争力	政府发展经济竞争力	5	0	0.0	4	80.0	0	0.0	1	20.0	优势
	政府规调经济竞争力	5	0	0.0	3	60.0	1	20.0	1	20.0	优势
	政府保障经济竞争力	6	1	16.7	3	50.0	0	0.0	2	33.3	优势
	小　计	**16**	1	6.3	10	62.5	1	6.3	4	25.0	强势
发展水平竞争力	工业化进程竞争力	6	0	0.0	3	50.0	2	33.3	1	16.7	中势
	城市化进程竞争力	6	1	16.7	2	33.3	2	33.3	1	16.7	优势
	市场化进程竞争力	6	3	50.0	1	16.7	1	16.7	1	16.7	强势
	小　计	**18**	4	22.2	6	33.3	5	27.8	3	16.7	优势

续表

二级指标	三级指标	四级指标数	强势指标		优势指标		中势指标		劣势指标		优劣势
			个数	比重	个数	比重	个数	比重	个数	比重	
统筹协调竞争力	统筹发展竞争力	8	1	12.5	3	37.5	1	12.5	3	37.5	优势
	协调发展竞争力	8	3	37.5	3	37.5	0	0.0	2	25.0	强势
	小　计	**16**	4	25.0	6	37.5	1	6.3	5	31.3	中势
合　计		**210**	39	18.6	89	42.4	38	18.1	44	21.0	优势

4. 浙江省经济综合竞争力四级指标优劣势对比分析

表 11 –4　2020 年浙江省经济综合竞争力各级指标优劣势情况

二级指标	优劣势	四级指标
宏观经济竞争力（27 个）	强势指标	所有制经济结构优化度、城乡经济结构优化度、就业结构优化度、出口总额、对外直接投资额(5 个)
	优势指标	地区生产总值、人均地区生产总值、财政总收入、人均财政总收入、固定资产投资额、全社会消费品零售总额、人均全社会消费品零售总额、产业结构优化度、进出口总额、实际 FDI、外贸依存度、外资企业数(12 个)
	劣势指标	实体经济结构优化度(1 个)
产业经济竞争力（40 个）	强势指标	农民人均纯收入、规模以上工业利润总额、限额以上批发零售企业主营业务收入、商品房销售收入、规模以上工业企业数、新产品销售收入占主营业务收入比重、工业企业 R&D 经费投入强度(7 个)
	优势指标	农产品出口占农林牧渔总产值比重、农村人均用电量、工业增加值、人均工业增加值、工业资产总额、工业资产总额增长率、规模以上工业主营业务收入、工业收入利润率、服务业增加值、服务业增加值增长率、人均服务业增加值、服务业从业人员数、电子商务销售额、城镇就业人员平均工资、全国 500 强企业数(15 个)
	劣势指标	农业增加值增长率、人均农业增加值、农民人均纯收入增长率、人均主要农产品产量、农业机械化水平、财政支农资金比重、工业成本费用率、工业全员劳动生产率、规模以上企业平均资产、规模以上企业平均收入、规模以上企业平均利润、规模以上企业劳动效率(12 个)
可持续发展竞争力（24 个）	强势指标	人均治理工业污染投资额、一般工业固体废物综合利用率、生活垃圾无害化处理率、常住人口增长率(4 个)
	优势指标	人均可使用海域和滩涂面积、森林覆盖率、人均工业废气排放量、人均工业固体废物排放量、15 ~64 岁人口比例、职业学校毕业生数(6 个)
	劣势指标	人均国土面积、耕地面积、人均耕地面积、人均牧草地面积、主要能源矿产基础储量、人均主要能源矿产基础储量、人均废水排放量、自然灾害直接经济损失额、人口健康素质(9 个)
财政金融竞争力（22 个）	强势指标	地方财政收入、税收收入占财政总收入比重、税收收入增长率、贷款余额、国内上市公司数(5 个)

续表

二级指标	优劣势	四级指标
财政金融竞争力（22个）	优势指标	地方财政支出、地方财政收入占GDP比重、税收收入占GDP比重、人均地方财政收入、人均税收收入、地方财政收入增长率、存款余额、人均存款余额、人均贷款余额、保险费净收入、保险密度、国内上市公司市值（12个）
	劣势指标	地方财政支出占GDP比重、地方财政支出增长率、中长期贷款占贷款余额比重（3个）
知识经济竞争力（29个）	强势指标	R&D人员、发明专利授权量、文化服务业企业营业收入、印刷用纸量、城镇居民人均文化娱乐支出、农村居民人均文化娱乐支出（6个）
	优势指标	R&D经费、R&D经费投入强度、技术市场成交合同金额、财政科技支出占地方财政支出比重、高技术产业主营业务收入、教育经费、人均教育经费、公共教育经费占财政支出比重、人均文化教育支出、文化制造业营业收入、文化批发零售业营业收入、图书和期刊出版数、电子出版物品种（13个）
	劣势指标	高技术产业收入占工业增加值比重、高技术产品出口额占商品出口额比重、教育经费占GDP比重、万人中小学学校数、万人中小学专任教师数、万人高等学校在校学生数、农村居民人均文化娱乐支出占消费性支出比重（7个）
发展环境竞争力（18个）	强势指标	人均内河航道里程、人均邮电业务总量、电话普及率（3个）
	优势指标	全社会旅客周转量、全社会货物周转量、网站域名数、人均耗电量、外资企业数增长率、个体私营企业数增长率、万人商标注册件数、政府网站数、罚没收入占财政收入比重（9个）
	劣势指标	（0个）
政府作用竞争力（16个）	强势指标	医疗保险覆盖率（1个）
	优势指标	财政支出用于基本建设投资比重、财政支出对GDP增长的拉动、政府公务员对经济的贡献、政府消费对民间消费的拉动、调控城乡消费差距、规范税收、工业生产出厂价格指数、养老保险覆盖率、失业保险覆盖率、最低工资标准（10个）
	劣势指标	财政投资对社会投资的拉动、统筹经济社会发展、城镇职工养老保险收支比、城镇登记失业率（4个）
发展水平竞争力（18个）	强势指标	城镇居民人均可支配收入、非公有制经济产值占全社会总产值比重、亿元以上商品市场成交额、亿元以上商品市场成交额占全社会消费品零售总额比重（4个）
	优势指标	工业增加值占GDP比重、数字经济应用、工农业增加值比值、城镇化率、人均日生活用水量、社会投资占投资总额比重（6个）
	劣势指标	高技术产品占商品出口额比重、城市平均建成区面积比重、私有和个体企业从业人员比重（3个）
统筹协调竞争力（16个）	强势指标	固定资产投资额占GDP比重、人力资源竞争力与宏观经济竞争力比差、城乡居民家庭人均收入比差、全社会消费品零售总额与外贸出口总额比差（4个）
	优势指标	社会劳动生产率、非农用地产出率、固定资产投资增长率、环境竞争力与宏观经济竞争力比差、环境竞争力与工业竞争力比差、城乡居民人均消费支出比差（6个）
	劣势指标	能源消耗下降率、万元GDP综合能耗下降率、居民收入占GDP比重、资源竞争力与宏观经济竞争力比差、资源竞争力与工业竞争力比差（5个）

11.2　浙江省经济综合竞争力各级指标具体分析

1. 浙江省宏观经济竞争力指标排名变化情况

表 11 –5　2019 ~ 2020 年浙江省宏观经济竞争力指标组排位及变化趋势

指　标	2019 年	2020 年	排位升降	优劣势
1　宏观经济竞争力	2	3	-1	强势
1.1　经济实力竞争力	3	4	-1	优势
地区生产总值	4	4	0	优势
地区生产总值增长率	11	14	-3	中势
人均地区生产总值	4	6	-2	优势
财政总收入	4	4	0	优势
财政总收入增长率	6	14	-8	中势
人均财政总收入	5	5	0	优势
固定资产投资额	9	6	3	优势
固定资产投资额增长率	5	12	-7	中势
人均固定资产投资额	11	11	0	中势
全社会消费品零售总额	4	4	0	优势
全社会消费品零售总额增长率	9	14	-5	中势
人均全社会消费品零售总额	5	5	0	优势
1.2　经济结构竞争力	1	1	0	强势
产业结构优化度	8	6	2	优势
所有制经济结构优化度	3	1	2	强势
城乡经济结构优化度	2	3	-1	强势
就业结构优化度	1	3	-2	强势
实体经济结构优化度	22	25	-3	劣势
贸易结构优化度	14	11	3	中势
1.3　经济外向度竞争力	4	4	0	优势
进出口总额	4	4	0	优势
进出口增长率	13	12	1	中势
出口总额	3	3	0	强势
出口增长率	13	15	-2	中势
实际 FDI	6	7	-1	优势
实际 FDI 增长率	14	14	0	中势
外贸依存度	4	4	0	优势
外资企业数	4	4	0	优势
对外直接投资额	4	3	1	强势

2. 浙江省产业经济竞争力指标排名变化情况

表 11-6 2019~2020 年浙江省产业经济竞争力指标组排位及变化趋势

指　标	2019 年	2020 年	排位升降	优劣势
2　产业经济竞争力	3	3	0	强势
2.1　农业竞争力	12	14	-2	中势
农业增加值	16	18	-2	中势
农业增加值增长率	25	27	-2	劣势
人均农业增加值	18	25	-7	劣势
农民人均纯收入	2	2	0	强势
农民人均纯收入增长率	20	23	-3	劣势
农产品出口占农林牧渔总产值比重	6	6	0	优势
人均主要农产品产量	27	28	-1	劣势
农业机械化水平	21	21	0	劣势
农村人均用电量	4	4	0	优势
财政支农资金比重	28	27	1	劣势
2.2　工业竞争力	3	3	0	强势
工业增加值	4	4	0	优势
工业增加值增长率	14	17	-3	中势
人均工业增加值	4	4	0	优势
工业资产总额	4	4	0	优势
工业资产总额增长率	8	6	2	优势
规模以上工业主营业务收入	4	4	0	优势
工业成本费用率	7	21	-14	劣势
规模以上工业利润总额	3	3	0	强势
工业全员劳动生产率	30	30	0	劣势
工业收入利润率	11	5	6	优势
2.3　服务业竞争力	5	4	1	优势
服务业增加值	4	4	0	优势
服务业增加值增长率	10	5	5	优势
人均服务业增加值	4	5	-1	优势
服务业从业人员数	7	6	1	优势
限额以上批发零售企业主营业务收入	3	3	0	强势
限额以上批零企业利税率	23	19	4	中势
限额以上餐饮企业利税率	15	15	0	中势
旅游外汇收入	11	11	0	中势
商品房销售收入	3	3	0	强势
电子商务销售额	5	6	-1	优势

续表

指　标	2019 年	2020 年	排位升降	优劣势
2.4　企业竞争力	5	5	0	优势
规模以上工业企业数	3	3	0	强势
规模以上企业平均资产	30	29	1	劣势
规模以上企业平均收入	31	31	0	劣势
规模以上企业平均利润	29	29	0	劣势
规模以上企业劳动效率	29	28	1	劣势
城镇就业人员平均工资	5	5	0	优势
新产品销售收入占主营业务收入比重	1	1	0	强势
产品质量抽查合格率	6	12	-6	中势
工业企业 R&D 经费投入强度	3	3	0	强势
全国 500 强企业数	5	5	0	优势

3. 浙江省可持续发展竞争力指标排名变化情况

表 11－7　2019～2020 年浙江省可持续发展竞争力指标组排位及变化趋势

指　标	2019 年	2020 年	排位升降	优劣势
3　可持续发展竞争力	22	1	21	强势
3.1　资源竞争力	23	27	-4	劣势
人均国土面积	24	25	-1	劣势
人均可使用海域和滩涂面积	7	7	0	优势
人均年水资源量	13	19	-6	中势
耕地面积	23	23	0	劣势
人均耕地面积	27	28	-1	劣势
人均牧草地面积	26	27	-1	劣势
主要能源矿产基础储量	29	29	0	劣势
人均主要能源矿产基础储量	29	29	0	劣势
人均森林储积量	20	20	0	中势
3.2　环境竞争力	23	1	22	强势
森林覆盖率	4	4	0	优势
人均废水排放量	25	24	1	劣势
人均工业废气排放量	10	6	4	优势
人均工业固体废物排放量	9	9	0	优势
人均治理工业污染投资额	11	3	8	强势
一般工业固体废物综合利用率	5	2	3	强势
生活垃圾无害化处理率	1	1	0	强势
自然灾害直接经济损失额	31	23	8	劣势

续表

指　标	2019 年	2020 年	排位升降	优劣势
3.3　人力资源竞争力	3	3	0	强势
常住人口增长率	1	2	-1	强势
15～64 岁人口比例	12	4	8	优势
文盲率	19	18	1	中势
大专以上教育程度人口比例	7	11	-4	中势
平均受教育程度	15	19	-4	中势
人口健康素质	25	23	2	劣势
职业学校毕业生数	10	10	0	优势

4. 浙江省财政金融竞争力指标排名变化情况

表 11－8　2019～2020 年浙江省财政金融竞争力指标组排位及变化趋势

指　标	2019 年	2020 年	排位升降	优劣势
4　财政金融竞争力	4	5	-1	优势
4.1　财政竞争力	4	4	0	优势
地方财政收入	4	3	1	强势
地方财政支出	6	6	0	优势
地方财政收入占 GDP 比重	10	9	1	优势
地方财政支出占 GDP 比重	27	28	-1	劣势
税收收入占 GDP 比重	6	5	1	优势
税收收入占财政总收入比重	2	1	1	强势
人均地方财政收入	4	4	0	优势
人均地方财政支出	10	14	-4	中势
人均税收收入	4	4	0	优势
地方财政收入增长率	6	5	1	优势
地方财政支出增长率	2	27	-25	劣势
税收收入增长率	5	2	3	强势
4.2　金融竞争力	5	5	0	优势
存款余额	5	6	-1	优势
人均存款余额	3	5	-2	优势
贷款余额	3	3	0	强势
人均贷款余额	4	4	0	优势
中长期贷款占贷款余额比重	29	28	1	劣势
保险费净收入	5	4	1	优势
保险密度	5	6	-1	优势
保险深度	17	15	2	中势
国内上市公司数	2	2	0	强势
国内上市公司市值	5	4	1	优势

5. 浙江省知识经济竞争力指标排名变化情况

表 11-9 2019~2020 年浙江省知识经济竞争力指标组排位及变化趋势

指　标	2019 年	2020 年	排位升降	优劣势
5 知识经济竞争力	4	4	0	优势
5.1 科技竞争力	4	4	0	优势
R&D 人员	3	3	0	强势
R&D 经费	3	4	-1	优势
R&D 经费投入强度	6	6	0	优势
发明专利授权量	3	3	0	强势
技术市场成交合同金额	10	8	2	优势
财政科技支出占地方财政支出比重	3	5	-2	优势
高技术产业主营业务收入	4	4	0	优势
高技术产业收入占工业增加值比重	19	21	-2	劣势
高技术产品出口额占商品出口额比重	24	25	-1	劣势
5.2 教育竞争力	7	7	0	优势
教育经费	5	4	1	优势
教育经费占 GDP 比重	25	24	1	劣势
人均教育经费	5	6	-1	优势
公共教育经费占财政支出比重	8	8	0	优势
人均文化教育支出	6	8	-2	优势
万人中小学学校数	27	28	-1	劣势
万人中小学专任教师数	27	27	0	劣势
高等学校数	11	11	0	中势
高校专任教师数	11	11	0	中势
万人高等学校在校学生数	20	26	-6	劣势
5.3 文化竞争力	2	3	-1	强势
文化制造业营业收入	5	5	0	优势
文化批发零售业营业收入	6	5	1	优势
文化服务业企业营业收入	2	2	0	强势
图书和期刊出版数	5	7	-2	优势
电子出版物品种	4	6	-2	优势
印刷用纸量	2	2	0	强势
城镇居民人均文化娱乐支出	3	2	1	强势
农村居民人均文化娱乐支出	1	2	-1	强势
城镇居民人均文化娱乐支出占消费性支出比重	18	18	0	中势
农村居民人均文化娱乐支出占消费性支出比重	21	23	-2	劣势

6. 浙江省发展环境竞争力指标排名变化情况

表 11－10　2019～2020 年浙江省发展环境竞争力指标组排位及变化趋势

指　标	2019 年	2020 年	排位升降	优劣势
6　发展环境竞争力	5	3	2	强势
6.1　基础设施竞争力	4	4	0	优势
铁路网线密度	15	12	3	中势
公路网线密度	12	12	0	中势
人均内河航道里程	3	3	0	强势
全社会旅客周转量	9	6	3	优势
全社会货物周转量	4	4	0	优势
人均邮电业务总量	1	1	0	强势
电话普及率	3	3	0	强势
网站域名数	9	10	－1	优势
人均耗电量	5	6	－1	优势
6.2　软环境竞争力	5	7	－2	优势
外资企业数增长率	14	9	5	优势
万人外资企业数	7	19	－12	中势
个体私营企业数增长率	4	7	－3	优势
万人个体私营企业数	2	14	－12	中势
万人商标注册件数	3	9	－6	优势
政府网站数	11	4	7	优势
交通事故直接财产损失	21	15	6	中势
罚没收入占财政收入比重	12	10	2	优势
社会捐赠站点数	20	17	3	中势

7. 浙江省政府作用竞争力指标排名变化情况

表 11－11　2019～2020 年浙江省政府作用竞争力指标组排位及变化趋势

指　标	2019 年	2020 年	排位升降	优劣势
7　政府作用竞争力	2	2	0	强势
7.1　政府发展经济竞争力	6	6	0	优势
财政支出用于基本建设投资比重	9	8	1	优势
财政支出对 GDP 增长的拉动	5	4	1	优势
政府公务员对经济的贡献	4	6	－2	优势
政府消费对民间消费的拉动	10	6	4	优势
财政投资对社会投资的拉动	22	22	0	劣势

续表

指　标	2019 年	2020 年	排位升降	优劣势
7.2　政府规调经济竞争力	8	7	1	优势
物价调控	20	11	9	中势
调控城乡消费差距	3	5	-2	优势
统筹经济社会发展	26	24	2	劣势
规范税收	5	5	0	优势
工业生产出厂价格指数	7	8	-1	优势
7.3　政府保障经济竞争力	3	5	-2	优势
城镇职工养老保险收支比	25	29	-4	劣势
医疗保险覆盖率	1	1	0	强势
养老保险覆盖率	6	7	-1	优势
失业保险覆盖率	4	4	0	优势
最低工资标准	6	6	0	优势
城镇登记失业率	7	24	-17	劣势

8. 浙江省发展水平竞争力指标排名变化情况

表 11-12　2019~2020 年浙江省发展水平竞争力指标组排位及变化趋势

指　标	2019 年	2020 年	排位升降	优劣势
8　发展水平竞争力	4	5	-1	优势
8.1　工业化进程竞争力	8	13	-5	中势
工业增加值占 GDP 比重	5	5	0	优势
工业增加值增长率	1	18	-17	中势
高技术产业占工业增加值比重	8	11	-3	中势
高技术产品占商品出口额比重	24	25	-1	劣势
数字经济应用	5	5	0	优势
工农业增加值比值	4	4	0	优势
8.2　城市化进程竞争力	3	6	-3	优势
城镇化率	6	6	0	优势
城镇居民人均可支配收入	3	3	0	强势
城市平均建成区面积比重	27	29	-2	劣势
人均拥有道路面积	12	14	-2	中势
人均日生活用水量	5	6	-1	优势
人均公共绿地面积	16	18	-2	中势

续表

指　标	2019 年	2020 年	排位升降	优劣势
8.3　市场化进程竞争力	1	1	0	强势
非公有制经济产值占全社会总产值比重	3	1	2	强势
社会投资占投资总额比重	6	5	1	优势
私有和个体企业从业人员比重	5	25	-20	劣势
亿元以上商品市场成交额	2	2	0	强势
亿元以上商品市场成交额占全社会消费品零售总额比重	1	2	-1	强势
居民消费支出占总消费支出比重	19	19	0	中势

9. 浙江省统筹协调竞争力指标排名变化情况

表 11-13　2019～2020 年浙江省统筹协调竞争力指标组排位及变化趋势

指　标	2019 年	2020 年	排位升降	优劣势
9　统筹协调竞争力	4	12	-8	中势
9.1　统筹发展竞争力	5	5	0	优势
社会劳动生产率	5	6	-1	优势
能源消耗下降率	14	31	-17	劣势
万元 GDP 综合能耗下降率	13	30	-17	劣势
非农用地产出率	3	5	-2	优势
居民收入占 GDP 比重	20	26	-6	劣势
二三产业增加值比例	21	17	4	中势
固定资产投资额占 GDP 比重	4	2	2	强势
固定资产投资增长率	27	5	22	优势
9.2　协调发展竞争力	1	3	-2	强势
资源竞争力与宏观经济竞争力比差	27	28	-1	劣势
环境竞争力与宏观经济竞争力比差	1	6	-5	优势
人力资源竞争力与宏观经济竞争力比差	10	2	8	强势
资源竞争力与工业竞争力比差	28	28	0	劣势
环境竞争力与工业竞争力比差	3	6	-3	优势
城乡居民家庭人均收入比差	2	3	-1	强势
城乡居民人均消费支出比差	3	5	-2	优势
全社会消费品零售总额与外贸出口总额比差	2	2	0	强势

B.13
12
2019 ~2020年安徽省经济综合竞争力评价分析报告

安徽省简称“皖”，位于长江三角洲地区，东连江苏，西接河南、湖北，东南接浙江，南邻江西，北靠山东。全省面积为14.01万平方公里，2020年全省常住人口为6105万人，地区生产总值为38681亿元，同比增长3.9%，人均GDP达63426元。本部分通过分析2019 ~2020年安徽省经济综合竞争力以及各要素竞争力的排名变化，从中找出安徽省经济综合竞争力的推动点及影响因素，为进一步提升安徽省经济综合竞争力提供决策参考。

12.1 安徽省经济综合竞争力总体分析

1. 安徽省经济综合竞争力一级指标概要分析

（1）从综合排位看，2020年安徽省经济综合竞争力综合排位在全国居第11位，这表明其在全国处于中势地位；与2019年相比，综合排位上升1名。

（2）从指标所处区位看，4个指标处于上游区，其中宏观经济竞争力、产业经济竞争力、发展环境竞争力和统筹协调竞争力等4个指标为安徽省经济综合竞争力的优势指标。

（3）从指标变化趋势看，9个二级指标中，有4个指标处于上升趋势，分别为产业经济竞争力、知识经济竞争力、发展环境竞争力和统筹协调竞争力，这些是安徽省经济综合竞争力的上升动力所在；有2个指标排位没有发生变化，分别为财政金融竞争力和发展水平竞争力；有3个指标处于下降趋势，分别为宏观经济竞争力、可持续发展竞争力和政府作用竞争力，这些是安徽省经济综合竞争力的下降拉力所在。

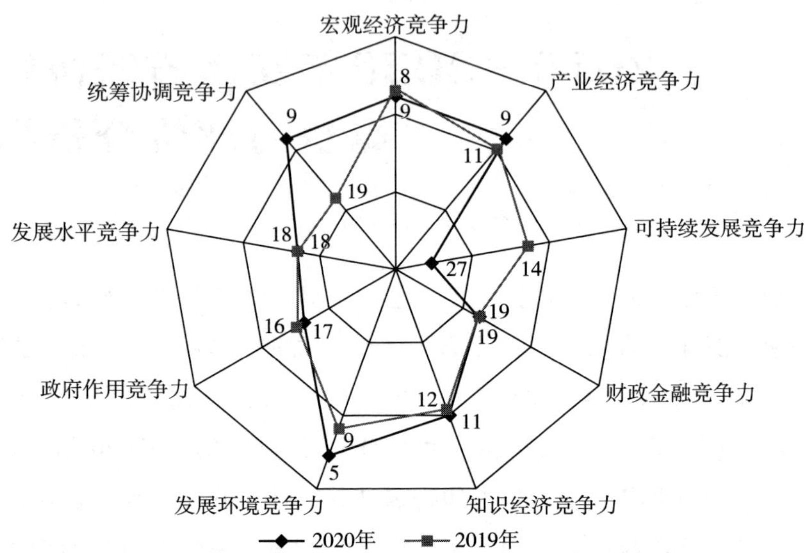

图 12－1　2019～2020 年安徽省经济综合竞争力二级指标比较

表 12－1　2019～2020 年安徽省经济综合竞争力二级指标表现情况

	宏观经济竞争力	产业经济竞争力	可持续发展竞争力	财政金融竞争力	知识经济竞争力	发展环境竞争力	政府作用竞争力	发展水平竞争力	统筹协调竞争力	**综合排位**
2019 年	8	11	14	19	12	9	16	18	19	12
2020 年	9	9	27	19	11	5	17	18	9	11
升降	－1	2	－13	0	1	4	－1	0	10	1
优劣度	优势	优势	劣势	中势	中势	优势	中势	中势	优势	中势

2. 安徽省经济综合竞争力各级指标动态变化分析

从表 12－2 可以看出，210 个四级指标中，上升指标有 96 个，占指标总数的 45.7%；下降指标有 57 个，占指标总数的 27.1%；保持不变的指标有 57 个，占指标总数的 27.1%。综上所述，安徽省经济综合竞争力的上升动力大于下降拉力，2019～2020 年安徽省经济综合竞争力排位上升 1 名。

表 12－2　2019～2020 年安徽省经济综合竞争力各级指标排位变化情况

单位：个，%

二级指标	三级指标	四级指标数	上升		保持		下降		变化趋势
			指标数	比重	指标数	比重	指标数	比重	
宏观经济竞争力	经济实力竞争力	12	6	50.0	3	25.0	3	25.0	保持
	经济结构竞争力	6	3	50.0	1	16.7	2	33.3	下降
	经济外向度竞争力	9	7	77.8	1	11.1	1	11.1	上升
	小　计	**27**	16	59.3	5	18.5	6	22.2	下降
产业经济竞争力	农业竞争力	10	4	40.0	4	40.0	2	20.0	上升
	工业竞争力	10	6	60.0	2	20.0	2	20.0	上升
	服务业竞争力	10	3	30.0	3	30.0	4	40.0	上升
	企业竞争力	10	2	20.0	5	50.0	3	30.0	保持
	小　计	**40**	15	37.5	14	35.0	11	27.5	上升
可持续发展竞争力	资源竞争力	9	3	33.3	5	55.6	1	11.1	上升
	环境竞争力	8	1	12.5	3	37.5	4	50.0	下降
	人力资源竞争力	7	0	0.0	2	28.6	5	71.4	上升
	小　计	**24**	4	16.7	10	41.7	10	41.7	下降
财政金融竞争力	财政竞争力	12	6	50.0	4	33.3	2	16.7	上升
	金融竞争力	10	5	50.0	3	30.0	2	20.0	下降
	小　计	**22**	11	50.0	7	31.8	4	18.2	保持
知识经济竞争力	科技竞争力	9	5	55.6	2	22.2	2	22.2	上升
	教育竞争力	10	4	40.0	3	30.0	3	30.0	保持
	文化竞争力	10	7	70.0	2	20.0	1	10.0	上升
	小　计	**29**	16	55.2	7	24.1	6	20.7	上升
发展环境竞争力	基础设施竞争力	9	5	55.6	2	22.2	2	22.2	上升
	软环境竞争力	9	6	66.7	0	0.0	3	33.3	上升
	小　计	**18**	11	61.1	2	11.1	5	27.8	上升
政府作用竞争力	政府发展经济竞争力	5	3	60.0	2	40.0	0	0.0	上升
	政府规调经济竞争力	5	3	60.0	1	20.0	1	20.0	保持
	政府保障经济竞争力	6	2	33.3	1	16.7	3	50.0	下降
	小　计	**16**	8	50.0	4	25.0	4	25.0	下降
发展水平竞争力	工业化进程竞争力	6	3	50.0	3	50.0	0	0.0	保持
	城市化进程竞争力	6	2	33.3	2	33.3	2	33.3	上升
	市场化进程竞争力	6	2	33.3	1	16.7	3	50.0	保持
	小　计	**18**	7	38.9	6	33.3	5	27.8	保持

续表

二级指标	三级指标	四级指标数	上升		保持		下降		变化趋势
			指标数	比重	指标数	比重	指标数	比重	
统筹协调竞争力	统筹发展竞争力	8	4	50.0	1	12.5	3	37.5	上升
	协调发展竞争力	8	4	50.0	1	12.5	3	37.5	上升
	小　计	**16**	8	50.0	2	12.5	6	37.5	上升
合　计		**210**	96	45.7	57	27.1	57	27.1	上升

3. 安徽省经济综合竞争力各级指标优劣势结构分析

基于图 12－2 和表 12－3，具体到四级指标，强势指标 12 个，占指标总数的 5.7%；优势指标 65 个，占指标总数的 31.0%；中势指标 82 个，占指标总数的 39.0%；劣势指标 51 个，占指标总数的 24.3%。三级指标中，强势指标 1 个，占三级指标总数的 4.0%；优势指标 8 个，占三级指标总数的 32.0%；中势指标 13 个，占指标总数的 52.0%；劣势指标 3 个，占三级指标总数的 12.0%。从二级指标看，优势指标有 4 个，占二级指标总数的 44.4%；中势指标有 4 个，占二级指标总数的 44.4%；劣势指标有 1 个，占二级指标总数的 11.1%。综合来看，由于中势指标在指标体系中居于主导地位，2020 年安徽省经济综合竞争力处于中势地位。

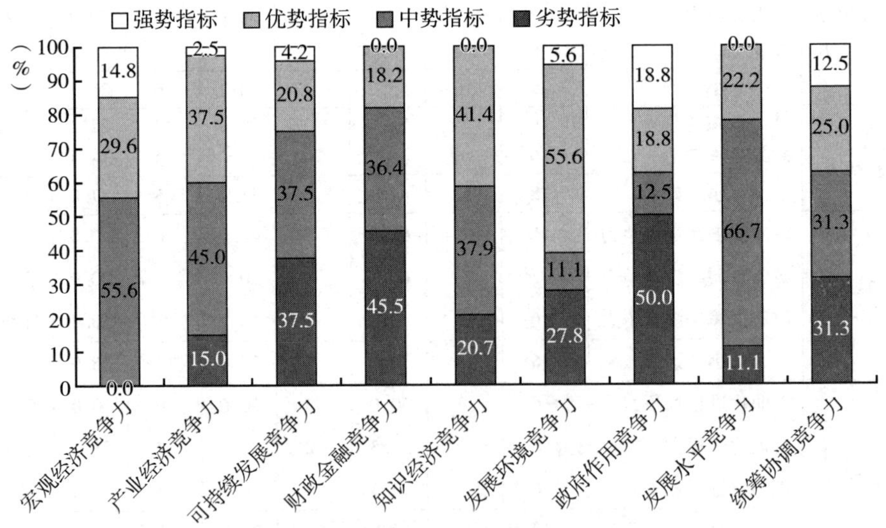

图 12－2　2020 年安徽省经济综合竞争力各级指标优劣势比较

表 12－3　2020 年安徽省经济综合竞争力各级指标优劣势情况

单位：个，%

二级指标	三级指标	四级指标数	强势指标		优势指标		中势指标		劣势指标		优劣势
			个数	比重	个数	比重	个数	比重	个数	比重	
宏观经济竞争力	经济实力竞争力	12	2	16.7	6	50.0	4	33.3	0	0.0	优势
	经济结构竞争力	6	0	0.0	0	0.0	6	100.0	0	0.0	中势
	经济外向度竞争力	9	2	22.2	2	22.2	5	55.6	0	0.0	优势
	小　计	**27**	4	14.8	8	29.6	15	55.6	0	0.0	优势
产业经济竞争力	农业竞争力	10	0	0.0	3	30.0	6	60.0	1	10.0	中势
	工业竞争力	10	0	0.0	4	40.0	5	50.0	1	10.0	优势
	服务业竞争力	10	0	0.0	5	50.0	5	50.0	0	0.0	中势
	企业竞争力	10	1	10.0	3	30.0	2	20.0	4	40.0	优势
	小　计	**40**	1	2.5	15	37.5	18	45.0	6	15.0	优势
可持续发展竞争力	资源竞争力	9	0	0.0	3	33.3	3	33.3	3	33.3	中势
	环境竞争力	8	1	12.5	1	12.5	4	50.0	2	25.0	劣势
	人力资源竞争力	7	0	0.0	1	14.3	2	28.6	4	57.1	中势
	小　计	**24**	1	4.2	5	20.8	9	37.5	9	37.5	劣势
财政金融竞争力	财政竞争力	12	0	0.0	2	16.7	4	33.3	6	50.0	劣势
	金融竞争力	10	0	0.0	2	20.0	4	40.0	4	40.0	中势
	小　计	**22**	0	0.0	4	18.2	8	36.4	10	45.5	中势
知识经济竞争力	科技竞争力	9	0	0.0	5	55.6	4	44.4	0	0.0	优势
	教育竞争力	10	0	0.0	4	40.0	1	10.0	5	50.0	中势
	文化竞争力	10	0	0.0	3	30.0	6	60.0	1	10.0	中势
	小　计	**29**	0	0.0	12	41.4	11	37.9	6	20.7	中势
发展环境竞争力	基础设施竞争力	9	0	0.0	5	55.6	1	11.1	3	33.3	优势
	软环境竞争力	9	1	11.1	5	55.6	1	11.1	2	22.2	优势
	小　计	**18**	1	5.6	10	55.6	2	11.1	5	27.8	优势
政府作用竞争力	政府发展经济竞争力	5	2	40.0	2	40.0	0	0.0	1	20.0	优势
	政府规调经济竞争力	5	1	20.0	0	0.0	1	20.0	3	60.0	中势
	政府保障经济竞争力	6	0	0.0	1	16.7	1	16.7	4	66.7	劣势
	小　计	**16**	3	18.8	3	18.8	2	12.5	8	50.0	中势
发展水平竞争力	工业化进程竞争力	6	0	0.0	1	16.7	5	83.3	0	0.0	中势
	城市化进程竞争力	6	0	0.0	2	33.3	3	50.0	1	16.7	中势
	市场化进程竞争力	6	0	0.0	1	16.7	4	66.7	1	16.7	中势
	小　计	**18**	0	0.0	4	22.2	12	66.7	2	11.1	中势

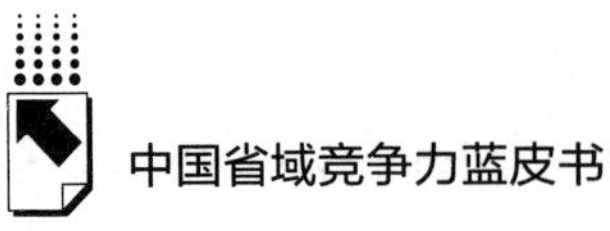

续表

二级指标	三级指标	四级指标数	强势指标		优势指标		中势指标		劣势指标		优劣势
			个数	比重	个数	比重	个数	比重	个数	比重	
统筹协调竞争力	统筹发展竞争力	8	0	0.0	2	25.0	2	25.0	4	50.0	中势
	协调发展竞争力	8	2	25.0	2	25.0	3	37.5	1	12.5	强势
	小　计	**16**	2	12.5	4	25.0	5	31.3	5	31.3	优势
合　计		**210**	12	5.7	65	31.0	82	39.0	51	24.3	中势

4. 安徽省经济综合竞争力四级指标优劣势对比分析

表 12-4　2020 年安徽省经济综合竞争力各级指标优劣势情况

二级指标	优劣势	四级指标
宏观经济竞争力（27 个）	强势指标	财政总收入增长率、全社会消费品零售总额增长率、进出口增长率、出口增长率（4 个）
	优势指标	地区生产总值增长率、人均财政总收入、固定资产投资额、人均固定资产投资额、全社会消费品零售总额、人均全社会消费品零售总额、实际 FDI、实际 FDI 增长率（8 个）
	劣势指标	（0 个）
产业经济竞争力（40 个）	强势指标	新产品销售收入占主营业务收入比重（1 个）
	优势指标	人均主要农产品产量、农业机械化水平、农村人均用电量、工业增加值、工业增加值增长率、工业资产总额增长率、工业成本费用率、服务业从业人员数、限额以上餐饮企业利税率、旅游外汇收入、商品房销售收入、电子商务销售额、规模以上工业企业数、产品质量抽查合格率、工业企业 R&D 经费投入强度（15 个）
	劣势指标	人均农业增加值、工业全员劳动生产率、规模以上企业平均资产、规模以上企业平均收入、规模以上企业平均利润、规模以上企业劳动效率（6 个）
可持续发展竞争力（24 个）	强势指标	生活垃圾无害化处理率（1 个）
	优势指标	耕地面积、主要能源矿产基础储量、人均主要能源矿产基础储量、一般工业固体废物综合利用率、职业学校毕业生数（5 个）
	劣势指标	人均国土面积、人均牧草地面积、人均森林储积量、人均工业固体废物排放量、自然灾害直接经济损失额、15~64 岁人口比例、文盲率、大专以上教育程度人口比例、平均受教育程度（9 个）

续表

二级指标	优劣势	四级指标
财政金融竞争力（22个）	强势指标	（0个）
	优势指标	地方财政收入、税收收入增长率、国内上市公司数、国内上市公司市值（4个）
	劣势指标	地方财政收入占GDP比重、地方财政支出占GDP比重、税收收入占GDP比重、税收收入占财政总收入比重、人均地方财政支出、地方财政支出增长率、人均存款余额、人均贷款余额、保险密度、保险深度（10个）
知识经济竞争力（29个）	强势指标	（0个）
	优势指标	R&D人员、R&D经费投入强度、发明专利授权量、财政科技支出占地方财政支出比重、高技术产业主营业务收入、教育经费、万人中小学学校数、万人中小学专任教师数、高等学校数、文化制造业营业收入、文化批发零售业营业收入、农村居民人均文化娱乐支出（12个）
	劣势指标	教育经费占GDP比重、人均教育经费、公共教育经费占财政支出比重、人均文化教育支出、万人高等学校在校学生数、电子出版物品种（6个）
发展环境竞争力（18个）	强势指标	个体私营企业数增长率（1个）
	优势指标	铁路网线密度、公路网线密度、人均内河航道里程、全社会旅客周转量、全社会货物周转量、万人外资企业数、万人个体私营企业数、万人商标注册件数、交通事故直接财产损失、罚没收入占财政收入比重（10个）
	劣势指标	人均邮电业务总量、电话普及率、人均耗电量、外资企业数增长率、社会捐赠站点数（5个）
政府作用竞争力（16个）	强势指标	财政支出用于基本建设投资比重、政府消费对民间消费的拉动、调控城乡消费差距（3个）
	优势指标	财政支出对GDP增长的拉动、政府公务员对经济的贡献、城镇职工养老保险收支比（3个）
	劣势指标	财政投资对社会投资的拉动、物价调控、统筹经济社会发展、工业生产出厂价格指数、养老保险覆盖率、失业保险覆盖率、最低工资标准、城镇登记失业率（8个）
发展水平竞争力（18个）	强势指标	（0个）
	优势指标	工业增加值增长率、人均拥有道路面积、人均日生活用水量、私有和个体企业从业人员比重（4个）
	劣势指标	城镇化率、居民消费支出占总消费支出比重（2个）
统筹协调竞争力（16个）	强势指标	环境竞争力与宏观经济竞争力比差、城乡居民人均消费支出比差（2个）
	优势指标	居民收入占GDP比重、固定资产投资增长率、人力资源竞争力与宏观经济竞争力比差、环境竞争力与工业竞争力比差（4个）
	劣势指标	能源消耗下降率、万元GDP综合能耗下降率、二三产业增加值比例、固定资产投资额占GDP比重、资源竞争力与宏观经济竞争力比差（5个）

12.2　安徽省经济综合竞争力各级指标具体分析

1. 安徽省宏观经济竞争力指标排名变化情况

表 12－5　2019～2020 年安徽省宏观经济竞争力指标组排位及变化趋势

指　标	2019 年	2020 年	排位升降	优劣势
1　宏观经济竞争力	8	9	－1	优势
1.1　经济实力竞争力	7	7	0	优势
地区生产总值	11	11	0	中势
地区生产总值增长率	7	4	3	优势
人均地区生产总值	13	13	0	中势
财政总收入	12	15	－3	中势
财政总收入增长率	3	3	0	强势
人均财政总收入	7	6	1	优势
固定资产投资额	10	9	1	优势
固定资产投资额增长率	8	13	－5	中势
人均固定资产投资额	10	9	1	优势
全社会消费品零售总额	9	8	1	优势
全社会消费品零售总额增长率	2	3	－1	强势
人均全社会消费品零售总额	10	9	1	优势
1.2　经济结构竞争力	10	14	－4	中势
产业结构优化度	20	18	2	中势
所有制经济结构优化度	15	13	2	中势
城乡经济结构优化度	14	15	－1	中势
就业结构优化度	18	15	3	中势
实体经济结构优化度	20	20	0	中势
贸易结构优化度	18	19	－1	中势
1.3　经济外向度竞争力	13	10	3	优势
进出口总额	15	14	1	中势
进出口增长率	9	1	8	强势
出口总额	13	11	2	中势
出口增长率	7	3	4	强势
实际 FDI	13	9	4	优势
实际 FDI 增长率	3	6	－3	优势
外贸依存度	19	18	1	中势
外资企业数	15	15	0	中势
对外直接投资额	18	11	7	中势

2. 安徽省产业经济竞争力指标排名变化情况

表 12－6　2019～2020 年安徽省产业经济竞争力指标组排位及变化趋势

指　标	2019 年	2020 年	排位升降	优劣势
2　产业经济竞争力	11	9	2	优势
2.1　农业竞争力	16	13	3	中势
农业增加值	12	12	0	中势
农业增加值增长率	13	20	－7	中势
人均农业增加值	22	22	0	劣势
农民人均纯收入	12	11	1	中势
农民人均纯收入增长率	6	12	－6	中势
农产品出口占农林牧渔总产值比重	19	17	2	中势
人均主要农产品产量	8	7	1	优势
农业机械化水平	4	4	0	优势
农村人均用电量	10	10	0	优势
财政支农资金比重	21	15	6	中势
2.2　工业竞争力	11	7	4	优势
工业增加值	11	10	1	优势
工业增加值增长率	4	6	－2	优势
人均工业增加值	17	15	2	中势
工业资产总额	14	12	2	中势
工业资产总额增长率	27	5	22	优势
规模以上工业主营业务收入	12	12	0	中势
工业成本费用率	9	7	2	优势
规模以上工业利润总额	12	12	0	中势
工业全员劳动生产率	17	21	－4	劣势
工业收入利润率	16	15	1	中势
2.3　服务业竞争力	12	11	1	中势
服务业增加值	12	12	0	中势
服务业增加值增长率	13	16	－3	中势
人均服务业增加值	16	14	2	中势
服务业从业人员数	6	10	－4	优势
限额以上批发零售企业主营业务收入	15	14	1	中势
限额以上批零企业利税率	11	12	－1	中势
限额以上餐饮企业利税率	9	10	－1	优势
旅游外汇收入	9	9	0	优势
商品房销售收入	9	8	1	优势
电子商务销售额	7	7	0	优势

续表

指　标	2019 年	2020 年	排位升降	优劣势
2.4　企业竞争力	10	10	0	优势
规模以上工业企业数	7	7	0	优势
规模以上企业平均资产	27	27	0	劣势
规模以上企业平均收入	28	28	0	劣势
规模以上企业平均利润	27	28	-1	劣势
规模以上企业劳动效率	19	23	-4	劣势
城镇就业人员平均工资	20	18	2	中势
新产品销售收入占主营业务收入比重	3	3	0	强势
产品质量抽查合格率	13	9	4	优势
工业企业 R&D 经费投入强度	5	5	0	优势
全国 500 强企业数	11	13	-2	中势

3. 安徽省可持续发展竞争力指标排名变化情况

表 12－7　2019～2020 年安徽省可持续发展竞争力指标组排位及变化趋势

指　标	2019 年	2020 年	排位升降	优劣势
3　可持续发展竞争力	14	27	-13	劣势
3.1　资源竞争力	24	17	7	中势
人均国土面积	23	23	0	劣势
人均可使用海域和滩涂面积	13	13	0	中势
人均年水资源量	21	15	6	中势
耕地面积	8	8	0	优势
人均耕地面积	13	12	1	中势
人均牧草地面积	29	28	1	劣势
主要能源矿产基础储量	6	6	0	优势
人均主要能源矿产基础储量	10	10	0	优势
人均森林储积量	22	23	-1	劣势
3.2　环境竞争力	7	28	-21	劣势
森林覆盖率	18	18	0	中势
人均废水排放量	13	13	0	中势
人均工业废气排放量	13	15	-2	中势
人均工业固体废物排放量	23	25	-2	劣势
人均治理工业污染投资额	15	11	4	中势
一般工业固体废物综合利用率	4	5	-1	优势
生活垃圾无害化处理率	1	1	0	强势
自然灾害直接经济损失额	20	31	-11	劣势

续表

指　标	2019 年	2020 年	排位升降	优劣势
3.3　人力资源竞争力	20	19	1	中势
常住人口增长率	11	12	-1	中势
15～64 岁人口比例	27	27	0	劣势
文盲率	22	26	-4	劣势
大专以上教育程度人口比例	22	23	-1	劣势
平均受教育程度	24	25	-1	劣势
人口健康素质	20	20	0	中势
职业学校毕业生数	4	5	-1	优势

4. 安徽省财政金融竞争力指标排名变化情况

表 12-8　2019～2020 年安徽省财政金融竞争力指标组排位及变化趋势

指　标	2019 年	2020 年	排位升降	优劣势
4　财政金融竞争力	19	19	0	中势
4.1　财政竞争力	22	21	1	劣势
地方财政收入	11	10	1	优势
地方财政支出	12	11	1	中势
地方财政收入占 GDP 比重	26	26	0	劣势
地方财政支出占 GDP 比重	24	25	-1	劣势
税收收入占 GDP 比重	26	26	0	劣势
税收收入占财政总收入比重	24	21	3	劣势
人均地方财政收入	20	19	1	中势
人均地方财政支出	28	28	0	劣势
人均税收收入	20	18	2	中势
地方财政收入增长率	11	11	0	中势
地方财政支出增长率	6	23	-17	劣势
税收收入增长率	16	7	9	优势
4.2　金融竞争力	15	16	-1	中势
存款余额	12	13	-1	中势
人均存款余额	23	24	-1	劣势
贷款余额	13	12	1	中势
人均贷款余额	26	23	3	劣势
中长期贷款占贷款余额比重	13	11	2	中势
保险费净收入	12	12	0	中势
保险密度	23	21	2	劣势
保险深度	23	22	1	劣势
国内上市公司数	9	9	0	优势
国内上市公司市值	10	10	0	优势

5. 安徽省知识经济竞争力指标排名变化情况

表 12－9　2019～2020 年安徽省知识经济竞争力指标组排位及变化趋势

指　标	2019 年	2020 年	排位升降	优劣势
5　知识经济竞争力	12	11	1	中势
5.1　科技竞争力	9	8	1	优势
R&D 人员	10	7	3	优势
R&D 经费	10	11	－1	中势
R&D 经费投入强度	11	10	1	优势
发明专利授权量	4	5	－1	优势
技术市场成交合同金额	14	12	2	中势
财政科技支出占地方财政支出比重	4	4	0	优势
高技术产业主营业务收入	11	10	1	优势
高技术产业收入占工业增加值比重	21	19	2	中势
高技术产品出口额占商品出口额比重	14	14	0	中势
5.2　教育竞争力	15	15	0	中势
教育经费	9	9	0	优势
教育经费占 GDP 比重	22	23	－1	劣势
人均教育经费	27	27	0	劣势
公共教育经费占财政支出比重	27	24	3	劣势
人均文化教育支出	24	26	－2	劣势
万人中小学学校数	8	9	－1	优势
万人中小学专任教师数	10	8	2	优势
高等学校数	9	9	0	优势
高校专任教师数	13	12	1	中势
万人高等学校在校学生数	23	21	2	劣势
5.3　文化竞争力	15	11	4	中势
文化制造业营业收入	10	10	0	优势
文化批发零售业营业收入	9	8	1	优势
文化服务业企业营业收入	14	14	0	中势
图书和期刊出版数	12	11	1	中势
电子出版物品种	25	23	2	劣势
印刷用纸量	10	12	－2	中势
城镇居民人均文化娱乐支出	21	17	4	中势
农村居民人均文化娱乐支出	13	6	7	优势
城镇居民人均文化娱乐支出占消费性支出比重	16	12	4	中势
农村居民人均文化娱乐支出占消费性支出比重	22	15	7	中势

6. 安徽省发展环境竞争力指标排名变化情况

表 12－10　2019～2020 年安徽省发展环境竞争力指标组排位及变化趋势

指　标	2019 年	2020 年	排位升降	优劣势
6　发展环境竞争力	9	5	4	优势
6.1　基础设施竞争力	12	9	3	优势
铁路网线密度	10	10	0	优势
公路网线密度	5	4	1	优势
人均内河航道里程	8	8	0	优势
全社会旅客周转量	8	5	3	优势
全社会货物周转量	5	7	－2	优势
人均邮电业务总量	20	23	－3	劣势
电话普及率	30	28	2	劣势
网站域名数	12	11	1	中势
人均耗电量	24	21	3	劣势
6.2　软环境竞争力	9	5	4	优势
外资企业数增长率	5	26	－21	劣势
万人外资企业数	22	4	18	优势
个体私营企业数增长率	13	3	10	强势
万人个体私营企业数	18	4	14	优势
万人商标注册件数	13	4	9	优势
政府网站数	4	17	－13	中势
交通事故直接财产损失	18	7	11	优势
罚没收入占财政收入比重	10	7	3	优势
社会捐赠站点数	16	25	－9	劣势

7. 安徽省政府作用竞争力指标排名变化情况

表 12－11　2019～2020 年安徽省政府作用竞争力指标组排位及变化趋势

指　标	2019 年	2020 年	排位升降	优劣势
7　政府作用竞争力	16	17	－1	中势
7.1　政府发展经济竞争力	7	4	3	优势
财政支出用于基本建设投资比重	3	3	0	强势
财政支出对 GDP 增长的拉动	8	7	1	优势
政府公务员对经济的贡献	10	8	2	优势
政府消费对民间消费的拉动	5	2	3	强势
财政投资对社会投资的拉动	21	21	0	劣势

续表

指　标	2019 年	2020 年	排位升降	优劣势
7.2　政府规调经济竞争力	18	18	0	中势
物价调控	16	24	-8	劣势
调控城乡消费差距	1	1	0	强势
统筹经济社会发展	29	25	4	劣势
规范税收	13	12	1	中势
工业生产出厂价格指数	27	24	3	劣势
7.3　政府保障经济竞争力	22	25	-3	劣势
城镇职工养老保险收支比	7	8	-1	优势
医疗保险覆盖率	21	19	2	中势
养老保险覆盖率	26	24	2	劣势
失业保险覆盖率	23	23	0	劣势
最低工资标准	30	31	-1	劣势
城镇登记失业率	8	23	-15	劣势

8. 安徽省发展水平竞争力指标排名变化情况

表 12-12　2019～2020 年安徽省发展水平竞争力指标组排位及变化趋势

指　标	2019 年	2020 年	排位升降	优劣势
8　发展水平竞争力	18	18	0	中势
8.1　工业化进程竞争力	15	15	0	中势
工业增加值占 GDP 比重	16	15	1	中势
工业增加值增长率	23	7	16	优势
高技术产业占工业增加值比重	12	12	0	中势
高技术产品占商品出口额比重	14	14	0	中势
数字经济应用	16	16	0	中势
工农业增加值比值	16	14	2	中势
8.2　城市化进程竞争力	14	13	1	中势
城镇化率	23	23	0	劣势
城镇居民人均可支配收入	14	14	0	中势
城市平均建成区面积比重	17	16	1	中势
人均拥有道路面积	4	5	-1	优势
人均日生活用水量	11	10	1	优势
人均公共绿地面积	11	12	-1	中势

续表

指　标	2019 年	2020 年	排位升降	优劣势
8.3　市场化进程竞争力	15	15	0	中势
非公有制经济产值占全社会总产值比重	15	13	2	中势
社会投资占投资总额比重	12	17	-5	中势
私有和个体企业从业人员比重	6	4	2	优势
亿元以上商品市场成交额	13	13	0	中势
亿元以上商品市场成交额占全社会消费品零售总额比重	15	17	-2	中势
居民消费支出占总消费支出比重	25	26	-1	劣势

9. 安徽省统筹协调竞争力指标排名变化情况

表 12－13　2019～2020 年安徽省统筹协调竞争力指标组排位及变化趋势

指　标	2019 年	2020 年	排位升降	优劣势
9　统筹协调竞争力	19	9	10	优势
9.1　统筹发展竞争力	24	17	7	中势
社会劳动生产率	22	14	8	中势
能源消耗下降率	22	28	-6	劣势
万元 GDP 综合能耗下降率	15	27	-12	劣势
非农用地产出率	13	14	-1	中势
居民收入占 GDP 比重	17	10	7	优势
二三产业增加值比例	23	22	1	劣势
固定资产投资额占 GDP 比重	21	21	0	劣势
固定资产投资增长率	24	8	16	优势
9.2　协调发展竞争力	13	2	11	强势
资源竞争力与宏观经济竞争力比差	18	22	-4	劣势
环境竞争力与宏观经济竞争力比差	20	1	19	强势
人力资源竞争力与宏观经济竞争力比差	11	5	6	优势
资源竞争力与工业竞争力比差	18	19	-1	中势
环境竞争力与工业竞争力比差	15	5	10	优势
城乡居民家庭人均收入比差	14	15	-1	中势
城乡居民人均消费支出比差	1	1	0	强势
全社会消费品零售总额与外贸出口总额比差	18	17	1	中势

B.14
13
2019～2020年福建省经济综合竞争力评价分析报告

福建省简称“闽”，位于中国东南沿海，东北与浙江省毗邻，西北与江西省接界，西南与广东省相连，东南隔台湾海峡与台湾地区相望。全省面积为12.4万平方公里，2020年全省常住人口为4161万人，地区生产总值为43904亿元，同比增长3.3%，人均GDP达105818元。本部分通过分析2019～2020年福建省经济综合竞争力以及各要素竞争力的排名变化，从中找出福建省经济综合竞争力的推动点及影响因素，为进一步提升福建省经济综合竞争力提供决策参考。

13.1　福建省经济综合竞争力总体分析

1. 福建省经济综合竞争力一级指标概要分析

（1）从综合排位看，2020年福建省经济综合竞争力综合排位在全国居第7位，这表明其在全国处于优势地位；与2019年相比，综合排位没有发生变化。

（2）从指标所处区位看，6个指标处于上游区，其中宏观经济竞争力、产业经济竞争力、可持续发展竞争力、政府作用竞争力、发展水平竞争力和统筹协调竞争力等6个指标为福建省经济综合竞争力的优势指标。

（3）从指标变化趋势看，9个二级指标中，有3个指标处于上升趋势，分别为财政金融竞争力、政府作用竞争力和统筹协调竞争力，这些是福建省经济综合竞争力的上升动力所在；有2个指标排位没有发生变化，分别为宏观经济竞争力和产业经济竞争力；有 4 个指标处于下降趋势，分别为可持续发展竞争力、知识经济竞争力、发展环境竞争力和发展水平竞争力，这些是福建省经济综合竞争力的下降拉力所在。

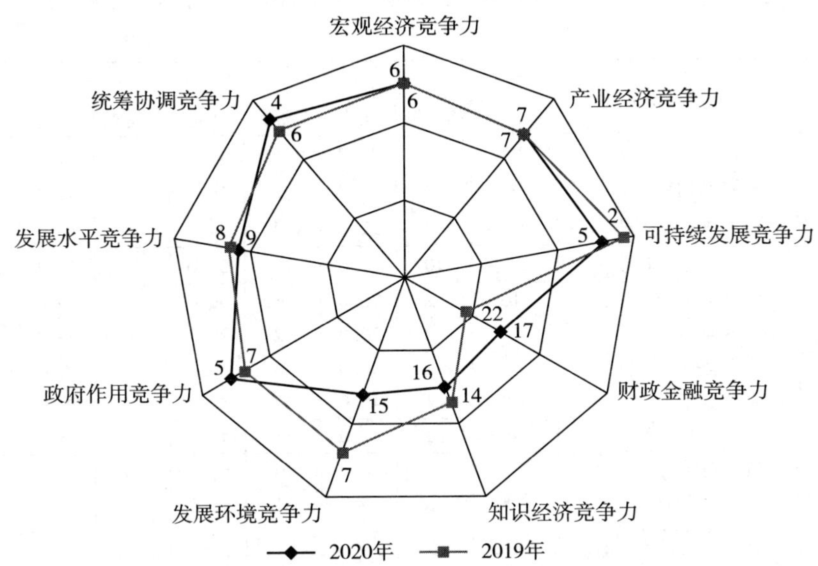

图 13－1　2019～2020 年福建省经济综合竞争力二级指标比较

表 13－1　2019～2020 年福建省经济综合竞争力二级指标表现情况

	宏观经济竞争力	产业经济竞争力	可持续发展竞争力	财政金融竞争力	知识经济竞争力	发展环境竞争力	政府作用竞争力	发展水平竞争力	统筹协调竞争力	**综合排位**
2019 年	6	7	2	22	14	7	7	8	6	7
2020 年	6	7	5	17	16	15	5	9	4	7
升降	0	0	－3	5	－2	－8	2	－1	2	0
优劣度	优势	优势	优势	中势	中势	中势	优势	优势	优势	优势

2. 福建省经济综合竞争力各级指标动态变化分析

从表 13－2 可以看出，210 个四级指标中，上升指标有 77 个，占指标总数的 36.7%；下降指标有 64 个，占指标总数的 30.5%；保持不变的指标有 69 个，占指标总数的 32.9%。综上所述，虽然福建省经济综合竞争力的上升动力大于下降拉力，但排位保持不变的指标占比较大，2019～2020 年福建省经济综合竞争力排位保持不变。

表 13－2　2019～2020 年福建省经济综合竞争力各级指标排位变化情况

单位：个，%

二级指标	三级指标	四级指标数	上升		保持		下降		变化趋势
			指标数	比重	指标数	比重	指标数	比重	
宏观经济竞争力	经济实力竞争力	12	5	41.7	5	41.7	2	16.7	下降
	经济结构竞争力	6	3	50.0	1	16.7	2	33.3	上升
	经济外向度竞争力	9	2	22.2	4	44.4	3	33.3	下降
	小　计	**27**	10	37.0	10	37.0	7	25.9	保持
产业经济竞争力	农业竞争力	10	2	20.0	6	60.0	2	20.0	下降
	工业竞争力	10	2	20.0	2	20.0	6	60.0	下降
	服务业竞争力	10	4	40.0	6	60.0	0	0.0	上升
	企业竞争力	10	4	40.0	4	40.0	2	20.0	上升
	小　计	**40**	12	30.0	18	45.0	10	25.0	保持
可持续发展竞争力	资源竞争力	9	0	0.0	6	66.7	3	33.3	下降
	环境竞争力	8	6	75.0	1	12.5	1	12.5	下降
	人力资源竞争力	7	4	57.1	1	14.3	2	28.6	上升
	小　计	**24**	10	41.7	8	33.3	6	25.0	下降
财政金融竞争力	财政竞争力	12	7	58.3	3	25.0	2	16.7	上升
	金融竞争力	10	6	60.0	1	10.0	3	30.0	上升
	小　计	**22**	13	59.1	4	18.2	5	22.7	上升
知识经济竞争力	科技竞争力	9	2	22.2	6	66.7	1	11.1	保持
	教育竞争力	10	0	0.0	4	40.0	6	60.0	下降
	文化竞争力	10	3	30.0	4	40.0	3	30.0	下降
	小　计	**29**	5	17.2	14	48.3	10	34.5	下降
发展环境竞争力	基础设施竞争力	9	2	22.2	3	33.3	4	44.4	下降
	软环境竞争力	9	3	33.3	0	0.0	6	66.7	下降
	小　计	**18**	5	27.8	3	16.7	10	55.6	下降
政府作用竞争力	政府发展经济竞争力	5	1	20.0	3	60.0	1	20.0	上升
	政府规调经济竞争力	5	3	60.0	0	0.0	2	40.0	上升
	政府保障经济竞争力	6	5	83.3	0	0.0	1	16.7	上升
	小　计	**16**	9	56.3	3	18.8	4	25.0	上升
发展水平竞争力	工业化进程竞争力	6	0	0.0	4	66.7	2	33.3	下降
	城市化进程竞争力	6	2	33.3	2	33.3	2	33.3	保持
	市场化进程竞争力	6	1	16.7	1	16.7	4	66.7	下降
	小　计	**18**	3	16.7	7	38.9	8	44.4	下降

续表

二级指标	三级指标	四级指标数	上升		保持		下降		变化趋势
			指标数	比重	指标数	比重	指标数	比重	
统筹协调竞争力	统筹发展竞争力	8	5	62.5	2	25.0	1	12.5	保持
	协调发展竞争力	8	5	62.5	0	0.0	3	37.5	保持
	小　计	**16**	10	62.5	2	12.5	4	25.0	上升
合　计		**210**	77	36.7	69	32.9	64	30.5	保持

3. 福建省经济综合竞争力各级指标优劣势结构分析

基于图 13－2 和表 13－3，具体到四级指标，强势指标 17 个，占指标总数的 8.1%；优势指标 68 个，占指标总数的 32.4%；中势指标 84 个，占指标总数的 40.0%；劣势指标 41 个，占指标总数的 19.5%。三级指标中，强势指标 3 个，占三级指标总数的 12.0%；优势指标 9 个，占三级指标总数的 36.0%；中势指标 11 个，占三级指标总数的 44.0%；劣势指标 2 个，占三级指标总数的 8.0%。从二级指标看，没有强势指标；优势指标 6 个，占二级指标总数的 66.7%；中势指标 3 个，占二级指标总数的 33.3%；没有劣势指标。综合来看，福建省优势指标在指标体系中占比较大，2020 年福建省经济综合竞争力处于优势地位。

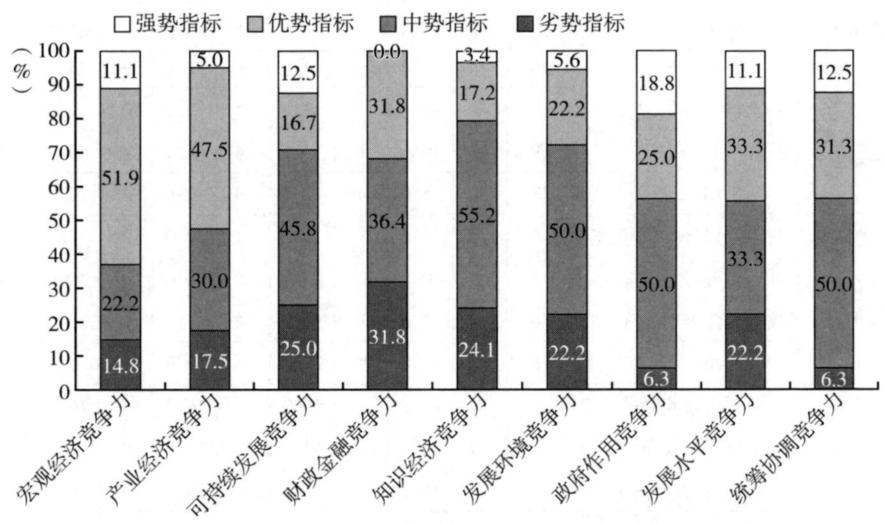

图 13－2　2020 年福建省经济综合竞争力各级指标优劣势比较

表 13－3　2020 年福建省经济综合竞争力各级指标优劣势情况

单位：个，%

二级指标	三级指标	四级指标数	强势指标		优势指标		中势指标		劣势指标		优劣势
			个数	比重	个数	比重	个数	比重	个数	比重	
宏观经济竞争力	经济实力竞争力	12	2	16.7	6	50.0	3	25.0	1	8.3	优势
	经济结构竞争力	6	1	16.7	2	33.3	2	33.3	1	16.7	强势
	经济外向度竞争力	9	0	0.0	6	66.7	1	11.1	2	22.2	优势
	小　计	**27**	3	11.1	14	51.9	6	22.2	4	14.8	优势
产业经济竞争力	农业竞争力	10	0	0.0	4	40.0	2	20.0	4	40.0	中势
	工业竞争力	10	1	10.0	5	50.0	3	30.0	1	10.0	优势
	服务业竞争力	10	1	10.0	5	50.0	4	40.0	0	0.0	优势
	企业竞争力	10	0	0.0	5	50.0	3	30.0	2	20.0	中势
	小　计	**40**	2	5.0	19	47.5	12	30.0	7	17.5	优势
可持续发展竞争力	资源竞争力	9	1	11.1	1	11.1	2	22.2	5	55.6	中势
	环境竞争力	8	2	25.0	2	25.0	4	50.0	0	0.0	强势
	人力资源竞争力	7	0	0.0	1	14.3	5	71.4	1	14.3	中势
	小　计	**24**	3	12.5	4	16.7	11	45.8	6	25.0	优势
财政金融竞争力	财政竞争力	12	0	0.0	3	25.0	3	25.0	6	50.0	劣势
	金融竞争力	10	0	0.0	4	40.0	5	50.0	1	10.0	中势
	小　计	**22**	0	0.0	7	31.8	8	36.4	7	31.8	中势
知识经济竞争力	科技竞争力	9	0	0.0	3	33.3	4	44.4	2	22.2	中势
	教育竞争力	10	0	0.0	0	0.0	9	90.0	1	10.0	中势
	文化竞争力	10	1	10.0	2	20.0	3	30.0	4	40.0	中势
	小　计	**29**	1	3.4	5	17.2	16	55.2	7	24.1	中势
发展环境竞争力	基础设施竞争力	9	1	11.1	3	33.3	5	55.6	0	0.0	优势
	软环境竞争力	9	0	0.0	1	11.1	4	44.4	4	44.4	劣势
	小　计	**18**	1	5.6	4	22.2	9	50.0	4	22.2	中势
政府作用竞争力	政府发展经济竞争力	5	3	60.0	1	20.0	1	20.0	0	0.0	强势
	政府规调经济竞争力	5	0	0.0	2	40.0	3	60.0	0	0.0	优势
	政府保障经济竞争力	6	0	0.0	1	16.7	4	66.7	1	16.7	中势
	小　计	**16**	3	18.8	4	25.0	8	50.0	1	6.3	优势
发展水平竞争力	工业化进程竞争力	6	1	16.7	3	50.0	1	16.7	1	16.7	中势
	城市化进程竞争力	6	0	0.0	3	50.0	3	50.0	0	0.0	优势
	市场化进程竞争力	6	1	16.7	0	0.0	2	33.3	3	50.0	中势
	小　计	**18**	2	11.1	6	33.3	6	33.3	4	22.2	优势

续表

二级指标	三级指标	四级指标数	强势指标		优势指标		中势指标		劣势指标		优劣势
			个数	比重	个数	比重	个数	比重	个数	比重	
统筹协调竞争力	统筹发展竞争力	8	2	25.0	2	25.0	3	37.5	1	12.5	优势
	协调发展竞争力	8	0	0.0	3	37.5	5	62.5	0	0.0	优势
	小　计	**16**	2	12.5	5	31.3	8	50.0	1	6.3	优势
合　计		**210**	17	8.1	68	32.4	84	40.0	41	19.5	优势

4. 福建省经济综合竞争力四级指标优劣势对比分析

表 13－4　2020 年福建省经济综合竞争力各级指标优劣势情况

二级指标	优劣势	四级指标
宏观经济竞争力（27 个）	强势指标	人均固定资产投资额、人均全社会消费品零售总额、所有制经济结构优化度（3 个）
	优势指标	地区生产总值、人均地区生产总值、财政总收入增长率、人均财政总收入、全社会消费品零售总额、全社会消费品零售总额增长率、城乡经济结构优化度、就业结构优化度、进出口总额、出口总额、实际 FDI、外贸依存度、外资企业数、对外直接投资额（14 个）
	劣势指标	固定资产投资额增长率、产业结构优化度、进出口增长率、实际 FDI 增长率（4 个）
产业经济竞争力（40 个）	强势指标	人均工业增加值、服务业增加值增长率（2 个）
	优势指标	人均农业增加值、农民人均纯收入、农产品出口占农林牧渔总产值比重、农村人均用电量、工业增加值、规模以上工业主营业务收入、工业成本费用率、规模以上工业利润总额、工业收入利润率、人均服务业增加值、限额以上批发零售企业主营业务收入、旅游外汇收入、商品房销售收入、电子商务销售额、规模以上工业企业数、规模以上企业平均利润、产品质量抽查合格率、工业企业 R&D 经费投入强度、全国 500 强企业数（19 个）
	劣势指标	农民人均纯收入增长率、人均主要农产品产量、农业机械化水平、财政支农资金比重、工业全员劳动生产率、规模以上企业平均资产、规模以上企业劳动效率（7 个）
可持续发展竞争力（24 个）	强势指标	人均可使用海域和滩涂面积、森林覆盖率、生活垃圾无害化处理率（3 个）
	优势指标	人均森林储积量、人均治理工业污染投资额、自然灾害直接经济损失额、常住人口增长率（4 个）
	劣势指标	耕地面积、人均耕地面积、人均牧草地面积、主要能源矿产基础储量、人均主要能源矿产基础储量、平均受教育程度（6 个）

续表

二级指标	优劣势	四级指标
财政金融竞争力（22个）	强势指标	（0个）
	优势指标	人均地方财政收入、人均税收收入、税收收入增长率、人均存款余额、人均贷款余额、国内上市公司数、国内上市公司市值（7个）
	劣势指标	地方财政支出、地方财政收入占GDP比重、地方财政支出占GDP比重、税收收入占GDP比重、人均地方财政支出、地方财政支出增长率、保险深度（7个）
知识经济竞争力（29个）	强势指标	文化制造业营业收入（1个）
	优势指标	R&D人员、财政科技支出占地方财政支出比重、高技术产业主营业务收入、文化批发零售业营业收入、文化服务业企业营业收入（5个）
	劣势指标	技术市场成交合同金额、高技术产业收入占工业增加值比重、教育经费占GDP比重、图书和期刊出版数、电子出版物品种、城镇居民人均文化娱乐支出占消费性支出比重、农村居民人均文化娱乐支出占消费性支出比重（7个）
发展环境竞争力（18个）	强势指标	网站域名数（1个）
	优势指标	人均内河航道里程、全社会货物周转量、电话普及率、个体私营企业数增长率（4个）
	劣势指标	外资企业数增长率、万人个体私营企业数、交通事故直接财产损失、罚没收入占财政收入比重（4个）
政府作用竞争力（16个）	强势指标	财政支出用于基本建设投资比重、财政支出对GDP增长的拉动、政府消费对民间消费的拉动（3个）
	优势指标	政府公务员对经济的贡献、物价调控、规范税收、城镇登记失业率（4个）
	劣势指标	养老保险覆盖率（1个）
发展水平竞争力（18个）	强势指标	工业增加值占GDP比重、非公有制经济产值占全社会总产值比重（2个）
	优势指标	高技术产业占工业增加值比重、数字经济应用、工农业增加值比值、城镇化率、城镇居民人均可支配收入、人均日生活用水量（6个）
	劣势指标	工业增加值增长率、私有和个体企业从业人员比重、亿元以上商品市场成交额占全社会消费品零售总额比重、居民消费支出占总消费支出比重（4个）
统筹协调竞争力（16个）	强势指标	非农用地产出率、居民收入占GDP比重（2个）
	优势指标	社会劳动生产率、固定资产投资额占GDP比重、人力资源竞争力与宏观经济竞争力比差、城乡居民家庭人均收入比差、全社会消费品零售总额与外贸出口总额比差（5个）
	劣势指标	二三产业增加值比例（1个）

13.2 福建省经济综合竞争力各级指标具体分析

1. 福建省宏观经济竞争力指标排名变化情况

表 13-5 2019~2020 年福建省宏观经济竞争力指标组排位及变化趋势

指 标	2019 年	2020 年	排位升降	优劣势
1 宏观经济竞争力	6	6	0	优势
1.1 经济实力竞争力	5	6	-1	优势
地区生产总值	8	7	1	优势
地区生产总值增长率	5	19	-14	中势
人均地区生产总值	5	4	1	优势
财政总收入	11	11	0	中势
财政总收入增长率	25	7	18	优势
人均财政总收入	10	9	1	优势
固定资产投资额	11	11	0	中势
固定资产投资额增长率	17	28	-11	劣势
人均固定资产投资额	2	2	0	强势
全社会消费品零售总额	8	7	1	优势
全社会消费品零售总额增长率	8	8	0	优势
人均全社会消费品零售总额	3	3	0	强势
1.2 经济结构竞争力	5	3	2	强势
产业结构优化度	31	31	0	劣势
所有制经济结构优化度	1	2	-1	强势
城乡经济结构优化度	11	9	2	优势
就业结构优化度	9	7	2	优势
实体经济结构优化度	12	16	-4	中势
贸易结构优化度	19	18	1	中势
1.3 经济外向度竞争力	8	9	-1	优势
进出口总额	6	6	0	优势
进出口增长率	15	22	-7	劣势
出口总额	6	6	0	优势
出口增长率	12	16	-4	中势
实际 FDI	9	10	-1	优势
实际 FDI 增长率	24	23	1	劣势
外贸依存度	8	8	0	优势
外资企业数	7	7	0	优势
对外直接投资额	8	7	1	优势

2. 福建省产业经济竞争力指标排名变化情况

表 13－6　2019～2020 年福建省产业经济竞争力指标组排位及变化趋势

指　标	2019 年	2020 年	排位升降	优劣势
2　产业经济竞争力	7	7	0	优势
2.1　农业竞争力	14	15	－1	中势
农业增加值	13	13	0	中势
农业增加值增长率	11	17	－6	中势
人均农业增加值	4	4	0	优势
农民人均纯收入	6	6	0	优势
农民人均纯收入增长率	14	25	－11	劣势
农产品出口占农林牧渔总产值比重	4	4	0	优势
人均主要农产品产量	25	24	1	劣势
农业机械化水平	24	24	0	劣势
农村人均用电量	7	7	0	优势
财政支农资金比重	24	23	1	劣势
2.2　工业竞争力	4	5	－1	优势
工业增加值	6	6	0	优势
工业增加值增长率	3	20	－17	中势
人均工业增加值	2	3	－1	强势
工业资产总额	13	14	－1	中势
工业资产总额增长率	12	17	－5	中势
规模以上工业主营业务收入	5	5	0	优势
工业成本费用率	20	9	11	优势
规模以上工业利润总额	4	5	－1	优势
工业全员劳动生产率	28	26	2	劣势
工业收入利润率	4	9	－5	优势
2.3　服务业竞争力	10	8	2	优势
服务业增加值	11	11	0	中势
服务业增加值增长率	17	3	14	强势
人均服务业增加值	7	6	1	优势
服务业从业人员数	11	11	0	中势
限额以上批发零售企业主营业务收入	7	7	0	优势
限额以上批零企业利税率	15	15	0	中势
限额以上餐饮企业利税率	11	11	0	中势
旅游外汇收入	8	8	0	优势
商品房销售收入	8	7	1	优势
电子商务销售额	11	10	1	优势

续表

指　标	2019 年	2020 年	排位升降	优劣势
2.4　企业竞争力	12	11	1	中势
规模以上工业企业数	6	6	0	优势
规模以上企业平均资产	28	28	0	劣势
规模以上企业平均收入	16	19	-3	中势
规模以上企业平均利润	9	10	-1	优势
规模以上企业劳动效率	24	24	0	劣势
城镇就业人员平均工资	15	14	1	中势
新产品销售收入占主营业务收入比重	18	18	0	中势
产品质量抽查合格率	10	7	3	优势
工业企业 R&D 经费投入强度	10	9	1	优势
全国 500 强企业数	10	8	2	优势

3. 福建省可持续发展竞争力指标排名变化情况

表 13-7　2019~2020 年福建省可持续发展竞争力指标组排位及变化趋势

指　标	2019 年	2020 年	排位升降	优劣势
3　可持续发展竞争力	2	5	-3	优势
3.1　资源竞争力	8	15	-7	中势
人均国土面积	19	20	-1	中势
人均可使用海域和滩涂面积	2	2	0	强势
人均年水资源量	7	17	-10	中势
耕地面积	25	25	0	劣势
人均耕地面积	26	27	-1	劣势
人均牧草地面积	22	22	0	劣势
主要能源矿产基础储量	22	22	0	劣势
人均主要能源矿产基础储量	22	22	0	劣势
人均森林储积量	7	7	0	优势
3.2　环境竞争力	1	2	-1	强势
森林覆盖率	1	1	0	强势
人均废水排放量	18	16	2	中势
人均工业废气排放量	15	14	1	中势
人均工业固体废物排放量	19	11	8	中势
人均治理工业污染投资额	16	9	7	优势
一般工业固体废物综合利用率	10	14	-4	中势
生活垃圾无害化处理率	15	1	14	强势
自然灾害直接经济损失额	24	10	14	优势

续表

指　标	2019 年	2020 年	排位升降	优劣势
3.3　人力资源竞争力	16	15	1	中势
常住人口增长率	7	7	0	优势
15～64 岁人口比例	11	17	-6	中势
文盲率	23	14	9	中势
大专以上教育程度人口比例	27	16	11	中势
平均受教育程度	26	23	3	劣势
人口健康素质	18	17	1	中势
职业学校毕业生数	15	16	-1	中势

4. 福建省财政金融竞争力指标排名变化情况

表 13-8　2019～2020 年福建省财政金融竞争力指标组排位及变化趋势

指　标	2019 年	2020 年	排位升降	优劣势
4　财政金融竞争力	22	17	5	中势
4.1　财政竞争力	28	24	4	劣势
地方财政收入	12	11	1	中势
地方财政支出	21	22	-1	劣势
地方财政收入占 GDP 比重	31	30	1	劣势
地方财政支出占 GDP 比重	31	31	0	劣势
税收收入占 GDP 比重	30	29	1	劣势
税收收入占财政总收入比重	14	13	1	中势
人均地方财政收入	9	9	0	优势
人均地方财政支出	23	26	-3	劣势
人均税收收入	9	9	0	优势
地方财政收入增长率	21	12	9	中势
地方财政支出增长率	26	21	5	劣势
税收收入增长率	22	8	14	优势
4.2　金融竞争力	14	13	1	中势
存款余额	14	15	-1	中势
人均存款余额	10	10	0	优势
贷款余额	10	11	-1	中势
人均贷款余额	8	7	1	优势
中长期贷款占贷款余额比重	20	19	1	中势
保险费净收入	14	13	1	中势
保险密度	9	12	-3	中势
保险深度	30	29	1	劣势
国内上市公司数	11	7	4	优势
国内上市公司市值	9	7	2	优势

5. 福建省知识经济竞争力指标排名变化情况

表 13－9 2019～2020 年福建省知识经济竞争力指标组排位及变化趋势

指 标	2019 年	2020 年	排位升降	优劣势
5 知识经济竞争力	14	16	－2	中势
5.1 科技竞争力	13	13	0	中势
R&D 人员	11	6	5	优势
R&D 经费	6	12	－6	中势
R&D 经费投入强度	15	15	0	中势
发明专利授权量	11	11	0	中势
技术市场成交合同金额	21	21	0	劣势
财政科技支出占地方财政支出比重	11	10	1	优势
高技术产业主营业务收入	6	6	0	优势
高技术产业收入占工业增加值比重	22	22	0	劣势
高技术产品出口额占商品出口额比重	18	18	0	中势
5.2 教育竞争力	16	20	－4	中势
教育经费	17	17	0	中势
教育经费占 GDP 比重	30	30	0	劣势
人均教育经费	14	15	－1	中势
公共教育经费占财政支出比重	13	17	－4	中势
人均文化教育支出	15	17	－2	中势
万人中小学学校数	13	14	－1	中势
万人中小学专任教师数	19	19	0	中势
高等学校数	15	15	0	中势
高校专任教师数	15	16	－1	中势
万人高等学校在校学生数	12	13	－1	中势
5.3 文化竞争力	12	15	－3	中势
文化制造业营业收入	3	3	0	强势
文化批发零售业营业收入	7	7	0	优势
文化服务业企业营业收入	10	9	1	优势
图书和期刊出版数	22	22	0	劣势
电子出版物品种	23	22	1	劣势
印刷用纸量	17	17	0	中势
城镇居民人均文化娱乐支出	13	16	－3	中势
农村居民人均文化娱乐支出	7	16	－9	中势
城镇居民人均文化娱乐支出占消费性支出比重	30	29	1	劣势
农村居民人均文化娱乐支出占消费性支出比重	23	25	－2	劣势

6. 福建省发展环境竞争力指标排名变化情况

表 13－10　2019～2020 年福建省发展环境竞争力指标组排位及变化趋势

指　标	2019 年	2020 年	排位升降	优劣势
6　发展环境竞争力	7	15	－8	中势
6.1　基础设施竞争力	7	10	－3	优势
铁路网线密度	13	11	2	中势
公路网线密度	18	18	0	中势
人均内河航道里程	10	10	0	优势
全社会旅客周转量	17	17	0	中势
全社会货物周转量	10	8	2	优势
人均邮电业务总量	9	14	－5	中势
电话普及率	7	10	－3	优势
网站域名数	1	3	－2	强势
人均耗电量	10	11	－1	中势
6.2　软环境竞争力	7	23	－16	劣势
外资企业数增长率	21	24	－3	劣势
万人外资企业数	5	17	－12	中势
个体私营企业数增长率	7	6	1	优势
万人个体私营企业数	4	28	－24	劣势
万人商标注册件数	5	14	－9	中势
政府网站数	17	14	3	中势
交通事故直接财产损失	25	22	3	劣势
罚没收入占财政收入比重	19	24	－5	劣势
社会捐赠站点数	11	12	－1	中势

7. 福建省政府作用竞争力指标排名变化情况

表 13－11　2019～2020 年福建省政府作用竞争力指标组排位及变化趋势

指　标	2019 年	2020 年	排位升降	优劣势
7　政府作用竞争力	7	5	2	优势
7.1　政府发展经济竞争力	2	1	1	强势
财政支出用于基本建设投资比重	2	2	0	强势
财政支出对 GDP 增长的拉动	1	1	0	强势
政府公务员对经济的贡献	3	4	－1	优势
政府消费对民间消费的拉动	4	3	1	强势
财政投资对社会投资的拉动	18	18	0	中势

续表

指　标	2019 年	2020 年	排位升降	优劣势
7.2　政府规调经济竞争力	11	8	3	优势
物价调控	12	9	3	优势
调控城乡消费差距	11	16	-5	中势
统筹经济社会发展	17	18	-1	中势
规范税收	7	6	1	优势
工业生产出厂价格指数	29	17	12	中势
7.3　政府保障经济竞争力	26	19	7	中势
城镇职工养老保险收支比	5	13	-8	中势
医疗保险覆盖率	23	20	3	中势
养老保险覆盖率	29	28	1	劣势
失业保险覆盖率	18	15	3	中势
最低工资标准	16	13	3	中势
城镇登记失业率	25	5	20	优势

8. 福建省发展水平竞争力指标排名变化情况

表 13-12　2019～2020 年福建省发展水平竞争力指标组排位及变化趋势

指　标	2019 年	2020 年	排位升降	优劣势
8　发展水平竞争力	8	9	-1	优势
8.1　工业化进程竞争力	10	11	-1	中势
工业增加值占 GDP 比重	2	3	-1	强势
工业增加值增长率	6	22	-16	劣势
高技术产业占工业增加值比重	10	10	0	优势
高技术产品占商品出口额比重	18	18	0	中势
数字经济应用	8	8	0	优势
工农业增加值比值	8	8	0	优势
8.2　城市化进程竞争力	7	7	0	优势
城镇化率	9	9	0	优势
城镇居民人均可支配收入	7	7	0	优势
城市平均建成区面积比重	12	11	1	中势
人均拥有道路面积	8	17	-9	中势
人均日生活用水量	8	7	1	优势
人均公共绿地面积	8	11	-3	中势

续表

指　标	2019 年	2020 年	排位升降	优劣势
8.3　市场化进程竞争力	13	20	-7	中势
非公有制经济产值占全社会总产值比重	1	2	-1	强势
社会投资占投资总额比重	14	11	3	中势
私有和个体企业从业人员比重	8	27	-19	劣势
亿元以上商品市场成交额	18	19	-1	中势
亿元以上商品市场成交额占全社会消费品零售总额比重	28	29	-1	劣势
居民消费支出占总消费支出比重	31	31	0	劣势

9. 福建省统筹协调竞争力指标排名变化情况

表 13-13　2019~2020 年福建省统筹协调竞争力指标组排位及变化趋势

指　标	2019 年	2020 年	排位升降	优劣势
9　统筹协调竞争力	6	4	2	优势
9.1　统筹发展竞争力	6	6	0	优势
社会劳动生产率	7	5	2	优势
能源消耗下降率	25	17	8	中势
万元 GDP 综合能耗下降率	17	15	2	中势
非农用地产出率	4	3	1	强势
居民收入占 GDP 比重	1	1	0	强势
二三产业增加值比例	31	31	0	劣势
固定资产投资额占 GDP 比重	11	10	1	优势
固定资产投资增长率	15	17	-2	中势
9.2　协调发展竞争力	10	10	0	优势
资源竞争力与宏观经济竞争力比差	16	14	2	中势
环境竞争力与宏观经济竞争力比差	11	18	-7	中势
人力资源竞争力与宏观经济竞争力比差	14	8	6	优势
资源竞争力与工业竞争力比差	17	16	1	中势
环境竞争力与工业竞争力比差	8	11	-3	中势
城乡居民家庭人均收入比差	11	9	2	优势
城乡居民人均消费支出比差	11	16	-5	中势
全社会消费品零售总额与外贸出口总额比差	8	7	1	优势

B.15
14
2019 ~ 2020年江西省经济综合竞争力评价分析报告

江西简称“赣”，位于中国东南部，长江中下游南岸，东邻浙江、福建，南连广东，西靠湖南，北毗湖北、安徽而共接长江。全省面积为166900平方公里，2020年全省常住人口为4519万人，地区生产总值为25692亿元，同比增长3.8%，人均GDP达56871元。本部分通过分析2019 ~ 2020年江西省经济综合竞争力以及各要素竞争力的排名变化，从中找出江西省经济综合竞争力的推动点及影响因素，为进一步提升江西省经济综合竞争力提供决策参考。

14.1 江西省经济综合竞争力总体分析

1. 江西省经济综合竞争力一级指标概要分析

（1）从综合排位看，2020年江西省经济综合竞争力综合排位在全国居第16位，这表明其在全国处于中势地位；与2019年相比，综合排位上升1位。

（2）从指标所处区位看，2个指标处于上游区，宏观经济竞争力、发展水平竞争力为江西省经济综合竞争力的优势指标。5个指标处于中游区，产业经济竞争力、财政金融竞争力、知识经济竞争力、发展环境竞争力、统筹协调竞争力等5个指标为江西省经济综合竞争力的中势指标。2个指标处于下游区，可持续发展竞争力、政府作用竞争力为江西省经济综合竞争力的劣势指标。

（3）从指标变化趋势看，9个二级指标中，有6个指标处于上升趋势，分别为宏观经济竞争力、知识经济竞争力、发展环境竞争力、政府作用竞争力、发展水平竞争力、统筹协调竞争力，这些是江西省经济综合竞争力的上升动力所在；有1个指标保持不变，为财政金融竞争力；有2个指标处于下降趋势，分别为产业经济竞争力、可持续发展竞争力，这些是江西省经济综合竞争力的下降拉力所在。

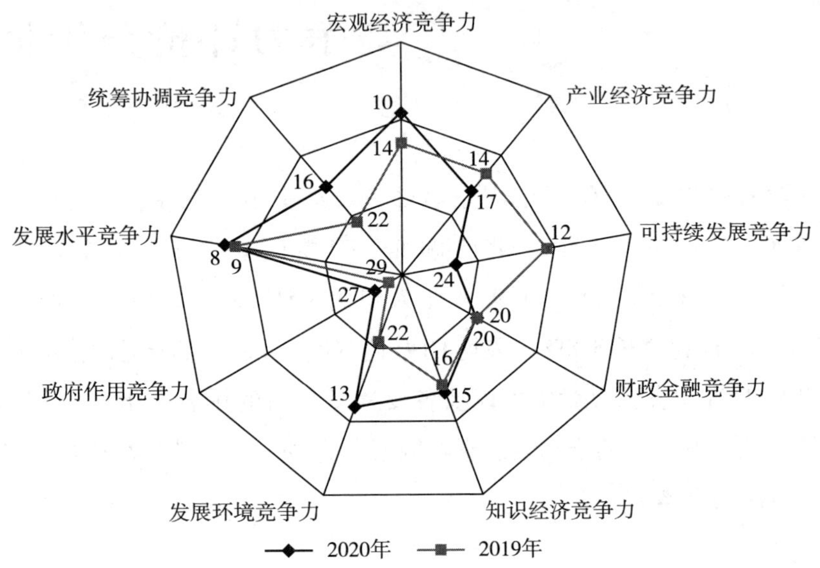

图14－1　2019～2020年江西省经济综合竞争力二级指标比较

表14－1　2019～2020年江西省经济综合竞争力二级指标表现情况

	宏观经济竞争力	产业经济竞争力	可持续发展竞争力	财政金融竞争力	知识经济竞争力	发展环境竞争力	政府作用竞争力	发展水平竞争力	统筹协调竞争力	**综合排位**
2019年	14	14	12	20	16	22	29	9	22	17
2020年	10	17	24	20	15	13	27	8	16	16
升降	4	－3	－12	0	1	9	2	1	6	1
优劣度	优势	中势	劣势	中势	中势	中势	劣势	优势	中势	中势

2. 江西省经济综合竞争力各级指标动态变化分析

从表14－2可以看出，210个四级指标中，上升指标有90个，占指标总数的42.9%；下降指标有63个，占指标总数的30.0%；保持不变的指标有57个，占指标总数的27.1%。综上所述，江西省经济综合竞争力的上升动力大于下降拉力，2019~2020年江西省经济综合竞争力排位上升。

表14-2 2019~2020年江西省经济综合竞争力各级指标排位变化情况

单位：个，%

二级指标	三级指标	四级指标数	上升		保持		下降		变化趋势
			指标数	比重	指标数	比重	指标数	比重	
宏观经济竞争力	经济实力竞争力	12	10	83.3	0	0.0	2	16.7	上升
	经济结构竞争力	6	3	50.0	2	33.3	1	16.7	下降
	经济外向度竞争力	9	3	33.3	3	33.3	3	33.3	上升
	小　计	**27**	16	59.3	5	18.5	6	22.2	上升
产业经济竞争力	农业竞争力	10	6	60.0	2	20.0	2	20.0	上升
	工业竞争力	10	5	50.0	2	20.0	3	30.0	下降
	服务业竞争力	10	2	20.0	3	30.0	5	50.0	下降
	企业竞争力	10	3	30.0	2	20.0	5	50.0	保持
	小　计	**40**	16	40	9	22.5	15	37.5	下降
可持续发展竞争力	资源竞争力	9	3	33.3	5	55.6	1	11.1	保持
	环境竞争力	8	0	0.0	3	37.5	5	62.5	下降
	人力资源竞争力	7	1	14.3	1	14.3	5	71.4	上升
	小　计	**24**	4	16.7	9	37.5	11	45.8	上升
财政金融竞争力	财政竞争力	12	3	25.0	4	33.3	5	41.7	保持
	金融竞争力	10	5	50.0	3	30.0	2	20.0	上升
	小　计	**22**	8	36.4	7	31.8	7	31.8	保持
知识经济竞争力	科技竞争力	9	3	33.3	4	44.4	2	22.2	上升
	教育竞争力	10	5	50.0	5	50.0	0	0.0	保持
	文化竞争力	10	8	80.0	2	20.0	0	0.0	上升
	小　计	**29**	16	55.2	11	37.9	2	6.9	上升
发展环境竞争力	基础设施竞争力	9	2	22.2	5	55.6	2	22.2	上升
	软环境竞争力	9	9	100.0	0	0.0	0	0.0	上升
	小　计	**18**	11	61.1	5	27.8	2	11.1	上升
政府作用竞争力	政府发展经济竞争力	5	2	40.0	3	60.0	0	0.0	保持
	政府规调经济竞争力	5	3	60.0	0	0.0	2	40.0	上升
	政府保障经济竞争力	6	1	16.7	2	33.3	3	50.0	上升
	小　计	**16**	6	37.5	5	31.3	5	31.3	上升
发展水平竞争力	工业化进程竞争力	6	2	33.3	1	16.7	3	50.0	上升
	城市化进程竞争力	6	3	50.0	1	16.7	2	33.3	上升
	市场化进程竞争力	6	2	33.3	0	0.0	4	66.7	上升
	小　计	**18**	7	38.9	2	11.1	9	50.0	上升

续表

二级指标	三级指标	四级指标数	上升		保持		下降		变化趋势
			指标数	比重	指标数	比重	指标数	比重	
统筹协调竞争力	统筹发展竞争力	8	4	50.0	2	25.0	2	25.0	上升
	协调发展竞争力	8	2	25.0	2	25.0	4	50.0	上升
	小　计	**16**	6	37.5	4	25.0	6	37.5	上升
合　计		**210**	90	42.9	57	27.1	63	30.0	上升

3. 江西省经济综合竞争力各级指标优劣势结构分析

基于图 14－2 和表 14－3，具体到四级指标，强势指标 9 个，占指标总数的 4.3%；优势指标 38 个，占指标总数的 18.1%；中势指标 125 个，占指标总数的 59.5%；劣势指标 38 个，占指标总数的 18.1%。三级指标中，没有强势指标；优势指标 4 个，占三级指标总数的 16.0%；中势指标 17 个，占三级指标总数的 68.0%；劣势指标 4 个，占三级指标总数的 16.0%。从二级指标看，没有强势指标；优势指标 2 个，占二级指标总数的 22.2%；中势指标 5 个，占二级指标总数的 55.6%；劣势指标 2 个，占二级指标总数的 22.2%。综合来看，由于中势指标在指标体系中居于主导地位，2020 年江西省经济综合竞争力处于中势地位。

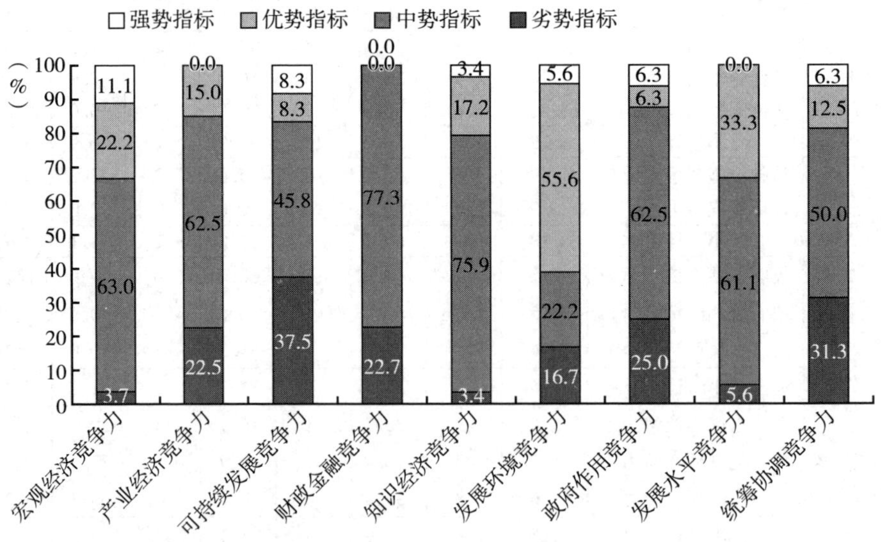

图 14－2　2020 年江西省经济综合竞争力各级指标优劣势比较

表 14-3　2020 年江西省经济综合竞争力各级指标优劣势情况

单位：个，%

二级指标	三级指标	四级指标数	强势指标		优势指标		中势指标		劣势指标		优劣势
			个数	比重	个数	比重	个数	比重	个数	比重	
宏观经济竞争力	经济实力竞争力	12	1	8.3	4	33.3	7	58.3	0	0.0	中势
	经济结构竞争力	6	0	0.0	2	33.3	3	50.0	1	16.7	优势
	经济外向度竞争力	9	2	22.2	0	0.0	7	77.8	0	0.0	中势
	小　计	**27**	3	11.1	6	22.2	17	63.0	1	3.7	优势
产业经济竞争力	农业竞争力	10	0	0.0	1	10.0	6	60.0	3	30.0	劣势
	工业竞争力	10	0	0.0	2	20.0	7	70.0	1	10.0	中势
	服务业竞争力	10	0	0.0	3	30.0	5	50.0	2	20.0	中势
	企业竞争力	10	0	0.0	0	0.0	7	70.0	3	30.0	中势
	小　计	**40**	0	0.0	6	15.0	25	62.5	9	22.5	中势
可持续发展竞争力	资源竞争力	9	0	0.0	1	11.1	5	55.6	3	33.3	中势
	环境竞争力	8	2	25.0	1	12.5	3	37.5	2	25.0	中势
	人力资源竞争力	7	0	0.0	0	0.0	3	42.9	4	57.1	劣势
	小　计	**24**	2	8.3	2	8.3	11	45.8	9	37.5	劣势
财政金融竞争力	财政竞争力	12	0	0.0	0	0.0	11	91.7	1	8.3	中势
	金融竞争力	10	0	0.0	0	0.0	6	60.0	4	40.0	中势
	小　计	**22**	0	0.0	0	0.0	17	77.3	5	22.7	中势
知识经济竞争力	科技竞争力	9	0	0.0	2	22.2	6	66.7	1	11.1	中势
	教育竞争力	10	0	0.0	0	0.0	10	100.0	0	0.0	中势
	文化竞争力	10	1	10.0	3	30.0	6	60.0	0	0.0	中势
	小　计	**29**	1	3.4	5	17.2	22	75.9	1	3.4	中势
发展环境竞争力	基础设施竞争力	9	0	0.0	3	33.3	3	33.3	3	33.3	中势
	软环境竞争力	9	1	11.1	7	77.8	1	11.1	0	0.0	优势
	小　计	**18**	1	5.6	10	55.6	4	22.2	3	16.7	中势
政府作用竞争力	政府发展经济竞争力	5	0	0.0	1	20.0	4	80.0	0	0.0	中势
	政府规调经济竞争力	5	1	20.0	0	0.0	3	60.0	1	20.0	劣势
	政府保障经济竞争力	6	0	0.0	0	0.0	3	50.0	3	50.0	劣势
	小　计	**16**	1	6.3	1	6.3	10	62.5	4	25.0	劣势

续表

二级指标	三级指标	四级指标数	强势指标		优势指标		中势指标		劣势指标		优劣势
			个数	比重	个数	比重	个数	比重	个数	比重	
发展水平竞争力	工业化进程竞争力	6	0	0.0	3	50.0	2	33.3	1	16.7	中势
	城市化进程竞争力	6	0	0.0	1	16.7	5	83.3	0	0.0	优势
	市场化进程竞争力	6	0	0.0	2	33.3	4	66.7	0	0.0	优势
	小　计	**18**	0	0.0	6	33.3	11	61.1	1	5.6	优势
统筹协调竞争力	统筹发展竞争力	8	0	0.0	1	12.5	4	50.0	3	37.5	中势
	协调发展竞争力	8	1	12.5	1	12.5	4	50.0	2	25.0	中势
	小　计	**16**	1	6.3	2	12.5	8	50.0	5	31.3	中势
合　计		**210**	9	4.3	38	18.1	125	59.5	38	18.1	中势

4. 江西省经济综合竞争力四级指标优劣势对比分析

表 14 - 4　2020 年江西省经济综合竞争力各级指标优劣势情况

二级指标	优劣势	四级指标
宏观经济竞争力（27 个）	强势指标	全社会消费品零售总额增长率、进出口增长率、出口增长率（3 个）
	优势指标	地区生产总值增长率、财政总收入增长率、固定资产投资额增长率、人均固定资产投资额、所有制经济结构优化度、就业结构优化度（6 个）
	劣势指标	产业结构优化度（1 个）
产业经济竞争力（40 个）	强势指标	（0 个）
	优势指标	农民人均纯收入、规模以上工业利润总额、工业收入利润率、服务业增加值增长率、限额以上批零企业利税率、限额以上餐饮企业利税率（6 个）
	劣势指标	农业增加值增长率、人均农业增加值、农产品出口占农林牧渔总产值比重、工业全员劳动生产率、限额以上批发零售企业主营业务收入、旅游外汇收入、规模以上企业平均资产、规模以上企业平均收入、城镇就业人员平均工资（9 个）
可持续发展竞争力（24 个）	强势指标	森林覆盖率、生活垃圾无害化处理率（2 个）
	优势指标	人均年水资源量、人均废水排放量（2 个）
	劣势指标	人均耕地面积、主要能源矿产基础储量、人均主要能源矿产基础储量、一般工业固体废物综合利用率、自然灾害直接经济损失额、常住人口增长率、15 ~64 岁人口比例、大专以上教育程度人口比例、平均受教育程度（9 个）

续表

二级指标	优劣势	四级指标
财政金融竞争力（22个）	强势指标	（0个）
	优势指标	（0个）
	劣势指标	税收收入占财政总收入比重、人均存款余额、保险密度、保险深度、国内上市公司市值（5个）
知识经济竞争力（29个）	强势指标	农村居民人均文化娱乐支出（1个）
	优势指标	R&D人员、财政科技支出占地方财政支出比重、文化制造业营业收入、城镇居民人均文化娱乐支出占消费性支出比重、农村居民人均文化娱乐支出占消费性支出比重（5个）
	劣势指标	高技术产业收入占工业增加值比重（1个）
发展环境竞争力（18个）	强势指标	政府网站数（1个）
	优势指标	公路网线密度、人均内河航道里程、全社会旅客周转量、外资企业数增长率、万人外资企业数、个体私营企业数增长率、万人个体私营企业数、万人商标注册件数、交通事故直接财产损失、社会捐赠站点数（10个）
	劣势指标	人均邮电业务总量、电话普及率、人均耗电量（3个）
政府作用竞争力（16个）	强势指标	调控城乡消费差距（1个）
	优势指标	财政投资对社会投资的拉动（1个）
	劣势指标	规范税收、医疗保险覆盖率、失业保险覆盖率、最低工资标准（4个）
发展水平竞争力（18个）	强势指标	（0个）
	优势指标	工业增加值占GDP比重、高技术产业占工业增加值比重、工农业增加值比值、城市平均建成区面积比重、非公有制经济产值占全社会总产值比重、社会投资占投资总额比重（6个）
	劣势指标	数字经济应用（1个）
统筹协调竞争力（16个）	强势指标	城乡居民人均消费支出比差（1个）
	优势指标	固定资产投资增长率、人力资源竞争力与宏观经济竞争力比差（2个）
	劣势指标	居民收入占GDP比重、二三产业增加值比例、固定资产投资额占GDP比重、资源竞争力与宏观经济竞争力比差、资源竞争力与工业竞争力比差（5个）

14.2 江西省经济综合竞争力各级指标具体分析

1. 江西省宏观经济竞争力指标排名变化情况

表 14－5 2019～2020 年江西省宏观经济竞争力指标组排位及变化趋势

指 标	2019 年	2020 年	排位升降	优劣势
1 宏观经济竞争力	14	10	4	优势
1.1 经济实力竞争力	13	12	1	中势
地区生产总值	16	15	1	中势
地区生产总值增长率	4	9	－5	优势
人均地区生产总值	21	17	4	中势
财政总收入	14	13	1	中势
财政总收入增长率	28	9	19	优势
人均财政总收入	15	14	1	中势
固定资产投资额	13	12	1	中势
固定资产投资额增长率	9	5	4	优势
人均固定资产投资额	8	7	1	优势
全社会消费品零售总额	17	15	2	中势
全社会消费品零售总额增长率	1	2	－1	强势
人均全社会消费品零售总额	17	15	2	中势
1.2 经济结构竞争力	7	8	－1	优势
产业结构优化度	29	29	0	劣势
所有制经济结构优化度	7	5	2	优势
城乡经济结构优化度	9	11	－2	中势
就业结构优化度	17	8	9	优势
实体经济结构优化度	18	18	0	中势
贸易结构优化度	17	16	1	中势
1.3 经济外向度竞争力	17	12	5	中势
进出口总额	18	18	0	中势
进出口增长率	6	3	3	强势
出口总额	15	15	0	中势
出口增长率	9	2	7	强势
实际 FDI	19	20	－1	中势
实际 FDI 增长率	11	12	－1	中势
外贸依存度	18	15	3	中势
外资企业数	16	16	0	中势
对外直接投资额	11	12	－1	中势

2. 江西省产业经济竞争力指标排名变化情况

表 14 -6　2019 ~2020 年江西省产业经济竞争力指标组排位及变化趋势

指　标	2019 年	2020 年	排位升降	优劣势
2　产业经济竞争力	14	17	-3	中势
2.1　农业竞争力	25	23	2	劣势
农业增加值	17	17	0	中势
农业增加值增长率	17	21	-4	劣势
人均农业增加值	24	23	1	劣势
农民人均纯收入	11	10	1	优势
农民人均纯收入增长率	23	17	6	中势
农产品出口占农林牧渔总产值比重	24	26	-2	劣势
人均主要农产品产量	12	12	0	中势
农业机械化水平	16	15	1	中势
农村人均用电量	18	15	3	中势
财政支农资金比重	22	18	4	中势
2.2　工业竞争力	13	19	-6	中势
工业增加值	14	13	1	中势
工业增加值增长率	4	11	-7	中势
人均工业增加值	13	12	1	中势
工业资产总额	18	18	0	中势
工业资产总额增长率	16	15	1	中势
规模以上工业主营业务收入	13	13	0	中势
工业成本费用率	15	20	-5	中势
规模以上工业利润总额	11	10	1	优势
工业全员劳动生产率	24	28	-4	劣势
工业收入利润率	14	10	4	优势
2.3　服务业竞争力	13	15	-2	中势
服务业增加值	18	18	0	中势
服务业增加值增长率	3	6	-3	优势
人均服务业增加值	22	19	3	中势
服务业从业人员数	13	14	-1	中势
限额以上批发零售企业主营业务收入	22	22	0	劣势
限额以上批零企业利税率	3	4	-1	优势
限额以上餐饮企业利税率	2	5	-3	优势
旅游外汇收入	21	21	0	劣势
商品房销售收入	13	12	1	中势
电子商务销售额	16	17	-1	中势

续表

指　标	2019 年	2020 年	排位升降	优劣势
2.4　企业竞争力	14	14	0	中势
规模以上工业企业数	12	11	1	中势
规模以上企业平均资产	29	30	-1	劣势
规模以上企业平均收入	23	23	0	劣势
规模以上企业平均利润	19	15	4	中势
规模以上企业劳动效率	15	16	-1	中势
城镇就业人员平均工资	25	26	-1	劣势
新产品销售收入占主营业务收入比重	12	11	1	中势
产品质量抽查合格率	9	13	-4	中势
工业企业 R&D 经费投入强度	11	12	-1	中势
全国 500 强企业数	16	16	0	中势

3. 江西省可持续发展竞争力指标排名变化情况

表 14-7　2019~2020 年江西省可持续发展竞争力指标组排位及变化趋势

指　标	2019 年	2020 年	排位升降	优劣势
3　可持续发展竞争力	12	24	-12	劣势
3.1　资源竞争力	17	19	-2	中势
人均国土面积	16	15	1	中势
人均可使用海域和滩涂面积	13	13	0	中势
人均年水资源量	1	7	-6	优势
耕地面积	20	20	0	中势
人均耕地面积	22	21	1	劣势
人均牧草地面积	21	20	1	中势
主要能源矿产基础储量	23	23	0	劣势
人均主要能源矿产基础储量	26	26	0	劣势
人均森林储积量	12	12	0	中势
3.2　环境竞争力	10	11	-1	中势
森林覆盖率	2	2	0	强势
人均废水排放量	5	5	0	优势
人均工业废气排放量	7	16	-9	中势
人均工业固体废物排放量	16	17	-1	中势
人均治理工业污染投资额	14	18	-4	中势
一般工业固体废物综合利用率	20	24	-4	劣势
生活垃圾无害化处理率	1	1	0	强势
自然灾害直接经济损失额	28	29	-1	劣势

续表

指　标	2019年	2020年	排位升降	优劣势
3.3　人力资源竞争力	25	29	-4	劣势
常住人口增长率	17	21	-4	劣势
15～64岁人口比例	20	24	-4	劣势
文盲率	11	12	-1	中势
大专以上教育程度人口比例	23	27	-4	劣势
平均受教育程度	18	22	-4	劣势
人口健康素质	21	18	3	中势
职业学校毕业生数	14	14	0	中势

4. 江西省财政金融竞争力指标排名变化情况

表14-8　2019～2020年江西省财政金融竞争力指标组排位及变化趋势

指　标	2019年	2020年	排位升降	优劣势
4　财政金融竞争力	20	20	0	中势
4.1　财政竞争力	17	17	0	中势
地方财政收入	15	15	0	中势
地方财政支出	14	14	0	中势
地方财政收入占GDP比重	15	16	-1	中势
地方财政支出占GDP比重	14	14	0	中势
税收收入占GDP比重	17	16	1	中势
税收收入占财政总收入比重	22	23	-1	劣势
人均地方财政收入	19	18	1	中势
人均地方财政支出	19	19	0	中势
人均税收收入	19	16	3	中势
地方财政收入增长率	9	13	-4	中势
地方财政支出增长率	5	14	-9	中势
税收收入增长率	7	14	-7	中势
4.2　金融竞争力	23	20	3	中势
存款余额	17	17	0	中势
人均存款余额	24	25	-1	劣势
贷款余额	17	16	1	中势
人均贷款余额	22	19	3	中势
中长期贷款占贷款余额比重	12	13	-1	中势
保险费净收入	19	18	1	中势
保险密度	25	23	2	劣势
保险深度	25	24	1	劣势
国内上市公司数	19	19	0	中势
国内上市公司市值	21	21	0	劣势

5. 江西省知识经济竞争力指标排名变化情况

表 14－9　2019～2020 年江西省知识经济竞争力指标组排位及变化趋势

指　标	2019 年	2020 年	排位升降	优劣势
5　知识经济竞争力	16	15	1	中势
5.1　科技竞争力	18	16	2	中势
R&D 人员	16	10	6	优势
R&D 经费	14	18	－4	中势
R&D 经费投入强度	17	17	0	中势
发明专利授权量	14	14	0	中势
技术市场成交合同金额	20	19	1	中势
财政科技支出占地方财政支出比重	9	9	0	优势
高技术产业主营业务收入	14	13	1	中势
高技术产业收入占工业增加值比重	25	25	0	劣势
高技术产品出口额占商品出口额比重	15	17	－2	中势
5.2　教育竞争力	13	13	0	中势
教育经费	14	13	1	中势
教育经费占 GDP 比重	13	11	2	中势
人均教育经费	18	16	2	中势
公共教育经费占财政支出比重	14	14	0	中势
人均文化教育支出	13	13	0	中势
万人中小学学校数	11	11	0	中势
万人中小学专任教师数	15	15	0	中势
高等学校数	12	12	0	中势
高校专任教师数	14	13	1	中势
万人高等学校在校学生数	15	12	3	中势
5.3　文化竞争力	18	12	6	中势
文化制造业营业收入	9	8	1	优势
文化批发零售业营业收入	17	14	3	中势
文化服务业企业营业收入	17	16	1	中势
图书和期刊出版数	12	12	0	中势
电子出版物品种	18	17	1	中势
印刷用纸量	14	14	0	中势
城镇居民人均文化娱乐支出	22	18	4	中势
农村居民人均文化娱乐支出	19	3	16	强势
城镇居民人均文化娱乐支出占消费性支出比重	12	9	3	优势
农村居民人均文化娱乐支出占消费性支出比重	17	7	10	优势

6. 江西省发展环境竞争力指标排名变化情况

表 14-10　2019～2020 年江西省发展环境竞争力指标组排位及变化趋势

指　标	2019 年	2020 年	排位升降	优劣势
6　发展环境竞争力	22	13	9	中势
6.1　基础设施竞争力	19	17	2	中势
铁路网线密度	12	14	-2	中势
公路网线密度	10	10	0	优势
人均内河航道里程	9	9	0	优势
全社会旅客周转量	10	7	3	优势
全社会货物周转量	15	15	0	中势
人均邮电业务总量	28	28	0	劣势
电话普及率	31	31	0	劣势
网站域名数	11	13	-2	中势
人均耗电量	26	24	2	劣势
6.2　软环境竞争力	25	6	19	优势
外资企业数增长率	11	8	3	优势
万人外资企业数	16	9	7	优势
个体私营企业数增长率	21	9	12	优势
万人个体私营企业数	28	6	22	优势
万人商标注册件数	19	8	11	优势
政府网站数	14	2	12	强势
交通事故直接财产损失	12	8	4	优势
罚没收入占财政收入比重	29	14	15	中势
社会捐赠站点数	23	7	16	优势

7. 江西省政府作用竞争力指标排名变化情况

表 14-11　2019～2020 年江西省政府作用竞争力指标组排位及变化趋势

指　标	2019 年	2020 年	排位升降	优劣势
7　政府作用竞争力	29	27	2	劣势
7.1　政府发展经济竞争力	18	18	0	中势
财政支出用于基本建设投资比重	20	19	1	中势
财政支出对 GDP 增长的拉动	18	18	0	中势
政府公务员对经济的贡献	16	16	0	中势
政府消费对民间消费的拉动	21	18	3	中势
财政投资对社会投资的拉动	7	7	0	优势

续表

指　标	2019 年	2020 年	排位升降	优劣势
7.2　政府规调经济竞争力	27	25	2	劣势
物价调控	18	20	-2	中势
调控城乡消费差距	8	3	5	强势
统筹经济社会发展	27	19	8	中势
规范税收	30	29	1	劣势
工业生产出厂价格指数	7	14	-7	中势
7.3　政府保障经济竞争力	29	28	1	劣势
城镇职工养老保险收支比	26	15	11	中势
医疗保险覆盖率	30	31	-1	劣势
养老保险覆盖率	16	16	0	中势
失业保险覆盖率	30	30	0	劣势
最低工资标准	18	24	-6	劣势
城镇登记失业率	13	19	-6	中势

8. 江西省发展水平竞争力指标排名变化情况

表 14-12　2019~2020 年江西省发展水平竞争力指标组排位及变化趋势

指　标	2019 年	2020 年	排位升降	优劣势
8　发展水平竞争力	9	8	1	优势
8.1　工业化进程竞争力	13	12	1	中势
工业增加值占 GDP 比重	7	6	1	优势
工业增加值增长率	10	14	-4	中势
高技术产业占工业增加值比重	6	7	-1	优势
高技术产品占商品出口额比重	15	17	-2	中势
数字经济应用	22	22	0	劣势
工农业增加值比值	12	10	2	优势
8.2　城市化进程竞争力	11	9	2	优势
城镇化率	19	19	0	中势
城镇居民人均可支配收入	16	15	1	中势
城市平均建成区面积比重	8	6	2	优势
人均拥有道路面积	10	12	-2	中势
人均日生活用水量	15	14	1	中势
人均公共绿地面积	12	13	-1	中势

续表

指　标	2019 年	2020 年	排位升降	优劣势
8.3　市场化进程竞争力	9	8	1	优势
非公有制经济产值占全社会总产值比重	7	5	2	优势
社会投资占投资总额比重	7	8	-1	优势
私有和个体企业从业人员比重	14	12	2	中势
亿元以上商品市场成交额	15	16	-1	中势
亿元以上商品市场成交额占全社会消费品零售总额比重	12	14	-2	中势
居民消费支出占总消费支出比重	15	18	-3	中势

9. 江西省统筹协调竞争力指标排名变化情况

表 14 -13　2019 ~2020 年江西省统筹协调竞争力指标组排位及变化趋势

指　标	2019 年	2020 年	排位升降	优劣势
9　统筹协调竞争力	22	16	6	中势
9.1　统筹发展竞争力	26	20	6	中势
社会劳动生产率	18	16	2	中势
能源消耗下降率	20	18	2	中势
万元 GDP 综合能耗下降率	9	12	-3	中势
非农用地产出率	14	15	-1	中势
居民收入占 GDP 比重	24	22	2	劣势
二三产业增加值比例	29	29	0	劣势
固定资产投资额占 GDP 比重	28	28	0	劣势
固定资产投资增长率	23	9	14	优势
9.2　协调发展竞争力	17	13	4	中势
资源竞争力与宏观经济竞争力比差	25	26	-1	劣势
环境竞争力与宏观经济竞争力比差	15	11	4	中势
人力资源竞争力与宏观经济竞争力比差	8	9	-1	优势
资源竞争力与工业竞争力比差	25	25	0	劣势
环境竞争力与工业竞争力比差	17	19	-2	中势
城乡居民家庭人均收入比差	9	11	-2	中势
城乡居民人均消费支出比差	8	3	5	强势
全社会消费品零售总额与外贸出口总额比差	12	12	0	中势

B.16
15
2019～2020年山东省经济综合竞争力评价分析报告

山东省简称“鲁”，自北向南与河北、河南、安徽、江苏4省接壤，山东中部山地突起，西南、西北低洼平坦，东部缓丘起伏，地形以山地丘陵为主，东部是山东半岛，西部及北部属华北平原，中南部为山地丘陵，形成以山地丘陵为骨架，平原盆地交错环列其间的地貌。全省面积为158000平方公里，2020年全省常住人口为10153万人，地区生产总值为73129亿元，同比增长3.6%，人均GDP达71825元。本部分通过分析2019～2020年山东省经济综合竞争力以及各要素竞争力的排名变化，从中找出山东省经济综合竞争力的推动点及影响因素，为进一步提升山东省经济综合竞争力提供决策参考。

15.1 山东省经济综合竞争力总体分析

1. 山东省经济综合竞争力一级指标概要分析

（1）从综合排位看，2020年山东省经济综合竞争力综合排位在全国居第6位，这表明其在全国处于优势地位；与2019年相比，综合排位没有发生变化。

（2）从指标所处区位看，6个指标处于上游区，其中宏观经济竞争力、产业经济竞争力、可持续发展竞争力、财政金融竞争力、知识经济竞争力、发展环境竞争力等6个指标为山东省经济综合竞争力的优势指标。

（3）从指标变化趋势看，9个二级指标中，有4个指标处于上升趋势，分别为产业经济竞争力、可持续发展竞争力、财政金融竞争力、知识经济竞争力，这些是山东省经济综合竞争力的上升动力所在；宏观经济竞争力的排位没有发生变化；有4个指标处于下降趋势，分别为发展环境竞争力、政府作用竞争力、发展水平竞争力、统筹协调竞争力，这些是山东省经济综合竞争力的下降拉力所在。

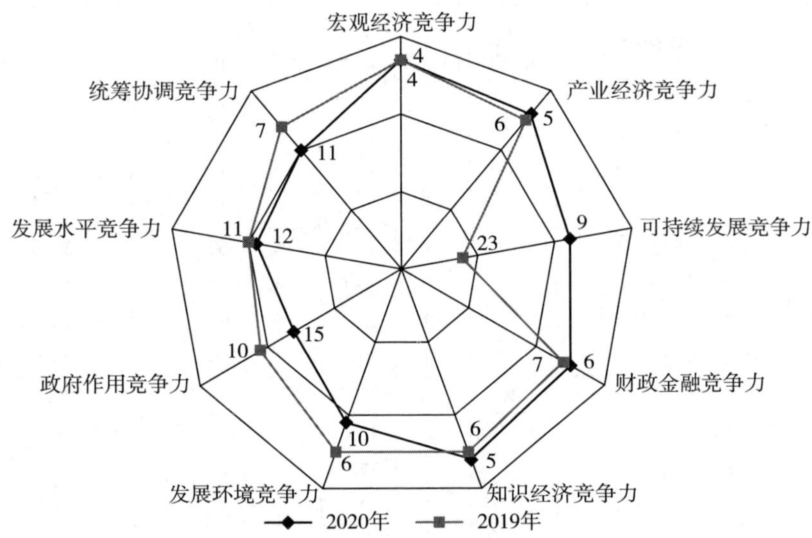

图 15－1　2019～2020 年山东省经济综合竞争力二级指标比较

表 15－1　2019～2020 年山东省经济综合竞争力二级指标表现情况

	宏观经济竞争力	产业经济竞争力	可持续发展竞争力	财政金融竞争力	知识经济竞争力	发展环境竞争力	政府作用竞争力	发展水平竞争力	统筹协调竞争力	**综合排位**
2019 年	4	6	23	7	6	6	10	11	7	6
2020 年	4	5	9	6	5	10	15	12	11	6
升降	0	1	14	1	1	－4	－5	－1	－4	0
优劣度	优势	优势	优势	优势	优势	优势	中势	中势	中势	优势

2. 山东省经济综合竞争力各级指标动态变化分析

从表 15－2 可以看出，210 个四级指标中，上升指标有 70 个，占指标总数的 33.0%；下降指标有 55 个，占指标总数的 26.0%；保持不变的指标有 85 个，占指标总数的 40.0%。综上所述，虽然山东省经济综合竞争力的上升动力明显大于下降拉力，但排位保持不变的指标占主导地位，2019～2020 年山东省经济综合竞争力排位保持不变。

表 15－2　2019～2020 年山东省经济综合竞争力各级指标排位变化情况

单位：个，%

二级指标	三级指标	四级指标数	上升		保持		下降		变化趋势
			指标数	比重	指标数	比重	指标数	比重	
宏观经济竞争力	经济实力竞争力	12	5	41.7	7	58.3	0	0.0	上升
	经济结构竞争力	6	4	66.7	0	0.0	2	33.3	下降
	经济外向度竞争力	9	3	33.3	3	33.3	3	33.3	保持
	小　计	**27**	12	44.4	10	37.0	5	18.5	保持
产业经济竞争力	农业竞争力	10	1	10.0	6	60.0	3	30.0	保持
	工业竞争力	10	5	50.0	4	40.0	1	10.0	上升
	服务业竞争力	10	2	20.0	6	60.0	2	20.0	保持
	企业竞争力	10	3	30.0	5	50.0	2	20.0	保持
	小　计	**40**	11	27.5	21	52.5	8	20.0	上升
可持续发展竞争力	资源竞争力	9	2	22.2	7	77.8	0	0.0	保持
	环境竞争力	8	3	37.5	2	25.0	3	37.5	上升
	人力资源竞争力	7	3	42.9	1	14.3	3	42.9	上升
	小　计	**24**	8	33.3	10	41.7	6	25.0	上升
财政金融竞争力	财政竞争力	12	6	50.0	5	41.7	1	8.3	上升
	金融竞争力	10	2	20.0	5	50.0	3	30.0	保持
	小　计	**22**	8	36.4	10	45.5	4	18.2	上升
知识经济竞争力	科技竞争力	9	4	44.4	2	22.2	3	33.3	保持
	教育竞争力	10	1	10.0	7	70.0	2	20.0	保持
	文化竞争力	10	5	50.0	4	40.0	1	10.0	上升
	小　计	**29**	10	34.5	13	44.8	6	20.7	上升
发展环境竞争力	基础设施竞争力	9	2	22.2	5	55.6	2	22.2	下降
	软环境竞争力	9	0	0.0	0	0.0	9	100.0	下降
	小　计	**18**	2	11.1	5	27.8	11	61.1	下降
政府作用竞争力	政府发展经济竞争力	5	0	0.0	5	100.0	0	0.0	下降
	政府规调经济竞争力	5	3	60.0	0	0.0	2	40.0	下降
	政府保障经济竞争力	6	1	16.7	1	16.7	4	66.7	下降
	小　计	**16**	4	25.0	6	37.5	6	37.5	下降
发展水平竞争力	工业化进程竞争力	6	2	33.3	3	50.0	1	16.7	上升
	城市化进程竞争力	6	2	33.3	3	50.0	1	16.7	保持
	市场化进程竞争力	6	3	50.0	2	33.3	1	16.7	下降
	小　计	**18**	7	38.9	8	44.4	3	16.7	下降

续表

二级指标	三级指标	四级指标数	上升		保持		下降		变化趋势
			指标数	比重	指标数	比重	指标数	比重	
统筹协调竞争力	统筹发展竞争力	8	5	62.5	1	12.5	2	25.0	下降
	协调发展竞争力	8	3	37.5	1	12.5	4	50.0	下降
	小　计	**16**	8	50.0	2	12.5	6	37.5	下降
合　计		**210**	70	33.0	85	40.0	55	26.0	保持

3. 山东省经济综合竞争力各级指标优劣势结构分析

基于图 15 –2 和表 15 –3，具体到四级指标，强势指标 31 个，占指标总数的 14.8%；优势指标 73 个，占指标总数的 34.8%；中势指标 66 个，占指标总数的 31.4%；劣势指标 40 个，占指标总数的 19.0%。从三级指标看，强势指标 2 个，占三级指标总数的 8.0%；优势指标 15 个，占三级指标总数的 60.0%；中势指标 7 个，占三级指标总数的 28.0%；劣势指标 1 个，占三级指标总数的 4.0%。从二级指标看，没有强势指标；优势指标 6 个，占二级指标总数的 66.7%；中势指标 3 个，占二级指标总数的 33.3%；没有劣势指标。综合来看，由于优势指标在指标体系中居于主导地位，2020 年山东省经济综合竞争力处于优势地位。

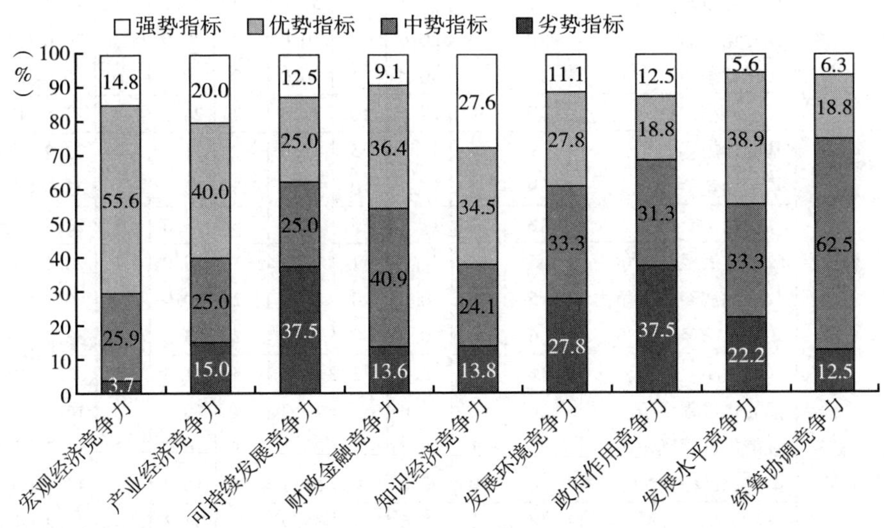

图 15 –2　2020 年山东省经济综合竞争力各级指标优劣势比较

表 15-3　2020 年山东省经济综合竞争力各级指标优劣势情况

单位：个，%

二级指标	三级指标	四级指标数	强势指标		优势指标		中势指标		劣势指标		优劣势
			个数	比重	个数	比重	个数	比重	个数	比重	
宏观经济竞争力	经济实力竞争力	12	4	33.3	5	41.7	3	25.0	0	0.0	强势
	经济结构竞争力	6	0	0.0	3	50.0	3	50.0	0	0.0	优势
	经济外向度竞争力	9	0	0.0	7	77.8	1	11.1	1	11.1	优势
	小　计	**27**	4	14.8	15	55.6	7	25.9	1	3.7	优势
产业经济竞争力	农业竞争力	10	2	20.0	4	40.0	2	20.0	2	20.0	强势
	工业竞争力	10	3	30.0	3	30.0	3	30.0	1	10.0	优势
	服务业竞争力	10	2	20.0	6	60.0	0	0.0	2	20.0	优势
	企业竞争力	10	1	10.0	3	30.0	5	50.0	1	10.0	优势
	小　计	**40**	8	20.0	16	40.0	10	25.0	6	15.0	优势
可持续发展竞争力	资源竞争力	9	0	0.0	3	33.3	3	33.3	3	33.3	中势
	环境竞争力	8	1	12.5	2	25.0	3	37.5	2	25.0	中势
	人力资源竞争力	7	2	28.6	1	14.3	0	0.0	4	57.1	优势
	小　计	**24**	3	12.5	6	25.0	6	25.0	9	37.5	优势
财政金融竞争力	财政竞争力	12	1	8.3	3	25.0	6	50.0	2	16.7	优势
	金融竞争力	10	1	10.0	5	50.0	3	30.0	1	10.0	优势
	小　计	**22**	2	9.1	8	36.4	9	40.9	3	13.6	优势
知识经济竞争力	科技竞争力	9	1	11.1	5	55.6	2	22.2	1	11.1	优势
	教育竞争力	10	3	30.0	1	10.0	3	30.0	3	30.0	优势
	文化竞争力	10	4	40.0	4	40.0	2	20.0	0	0.0	优势
	小　计	**29**	8	27.6	10	34.5	7	24.1	4	13.8	优势
发展环境竞争力	基础设施竞争力	9	1	11.1	5	55.6	1	11.1	2	22.2	优势
	软环境竞争力	9	1	11.1	0	0.0	5	55.6	3	33.3	中势
	小　计	**18**	2	11.1	5	27.8	6	33.3	5	27.8	优势
政府作用竞争力	政府发展经济竞争力	5	2	40.0	1	20.0	1	20.0	1	20.0	优势
	政府规调经济竞争力	5	0	0.0	0	0.0	2	40.0	3	60.0	劣势
	政府保障经济竞争力	6	0	0.0	2	33.3	2	33.3	2	33.3	中势
	小　计	**16**	2	12.5	3	18.8	5	31.3	6	37.5	中势
发展水平竞争力	工业化进程竞争力	6	0	0.0	1	16.7	4	66.7	1	16.7	中势
	城市化进程竞争力	6	1	16.7	2	33.3	1	16.7	2	33.3	中势
	市场化进程竞争力	6	0	0.0	4	66.7	1	16.7	1	16.7	优势
	小　计	**18**	1	5.6	7	38.9	6	33.3	4	22.2	中势

续表

二级指标	三级指标	四级指标数	强势指标		优势指标		中势指标		劣势指标		优劣势
			个数	比重	个数	比重	个数	比重	个数	比重	
统筹协调竞争力	统筹发展竞争力	8	0	0.0	1	12.5	6	75.0	1	12.5	中势
	协调发展竞争力	8	1	12.5	2	25.0	4	50.0	1	12.5	优势
	小　计	**16**	1	6.3	3	18.8	10	62.5	2	12.5	中势
合　计		**210**	31	14.8	73	34.8	66	31.4	40	19.0	优势

4. 山东省经济综合竞争力四级指标优劣势对比分析

表15-4　2020年山东省经济综合竞争力各级指标优劣势情况

二级指标	优劣势	四级指标
宏观经济竞争力（27个）	强势指标	地区生产总值、财政总收入、固定资产投资额、全社会消费品零售总额（4个）
	优势指标	人均地区生产总值、财政总收入增长率、人均财政总收入、全社会消费品零售总额增长率、人均全社会消费品零售总额、产业结构优化度、所有制经济结构优化度、实体经济结构优化度、进出口总额、出口总额、实际FDI、实际FDI增长率、外贸依存度、外资企业数、对外直接投资额（15个）
	劣势指标	进出口增长率（1个）
产业经济竞争力（40个）	强势指标	农业增加值、农业机械化水平、工业增加值、工业资产总额、规模以上工业主营业务收入、服务业增加值、服务业从业人员数、全国500强企业数（8个）
	优势指标	农民人均纯收入、农产品出口占农林牧渔总产值比重、人均主要农产品产量、农村人均用电量、人均工业增加值、工业成本费用率、规模以上工业利润总额、服务业增加值增长率、人均服务业增加值、限额以上批发零售企业主营业务收入、旅游外汇收入、商品房销售收入、电子商务销售额、规模以上工业企业数、产品质量抽查合格率、工业企业R&D经费投入强度（16个）
	劣势指标	农民人均纯收入增长率、财政支农资金比重、工业收入利润率、限额以上批零企业利税率、限额以上餐饮企业利税率、规模以上企业平均利润（6个）
可持续发展竞争力（24个）	强势指标	生活垃圾无害化处理率、常住人口增长率、人口健康素质（3个）
	优势指标	人均可使用海域和滩涂面积、耕地面积、主要能源矿产基础储量、人均治理工业污染投资额、一般工业固体废物综合利用率、职业学校毕业生数（6个）
	劣势指标	人均国土面积、人均年水资源量、人均森林储积量、森林覆盖率、人均工业固体废物排放量、15~64岁人口比例、文盲率、大专以上教育程度人口比例、平均受教育程度（9个）
财政金融竞争力（22个）	强势指标	地方财政支出、保险费净收入（2个）
	优势指标	地方财政收入、税收收入占财政总收入比重、人均税收收入、存款余额、贷款余额、保险密度、国内上市公司数、国内上市公司市值（8个）
	劣势指标	地方财政支出占GDP比重、人均地方财政支出、中长期贷款占贷款余额比重（3个）

续表

二级指标	优劣势	四级指标
知识经济竞争力（29 个）	强势指标	高技术产业主营业务收入、教育经费、高等学校数、高校专任教师数、图书和期刊出版数、电子出版物品种、印刷用纸量、城镇居民人均文化娱乐支出占消费性支出比重(8 个)
	优势指标	R&D 人员、R&D 经费、R&D 经费投入强度、发明专利授权量、技术市场成交合同金额、万人中小学专任教师数、文化制造业营业收入、文化批发零售业营业收入、城镇居民人均文化娱乐支出、农村居民人均文化娱乐支出占消费性支出比重(10 个)
	劣势指标	高技术产品出口额占商品出口额比重、教育经费占 GDP 比重、人均教育经费、万人高等学校在校学生数(4 个)
发展环境竞争力（18 个）	强势指标	公路网线密度、政府网站数(2 个)
	优势指标	铁路网线密度、全社会旅客周转量、全社会货物周转量、网站域名数、人均耗电量(5 个)
	劣势指标	人均邮电业务总量、电话普及率、外资企业数增长率、万人外资企业数、万人个体私营企业数(5 个)
政府作用竞争力（16 个）	强势指标	财政支出对 GDP 增长的拉动、财政投资对社会投资的拉动(2 个)
	优势指标	政府消费对民间消费的拉动、医疗保险覆盖率、最低工资标准(3 个)
	劣势指标	财政支出用于基本建设投资比重、物价调控、调控城乡消费差距、统筹经济社会发展、城镇职工养老保险收支比、城镇登记失业率(6 个)
发展水平竞争力（18 个）	强势指标	人均拥有道路面积(1 个)
	优势指标	工农业增加值比值、城镇居民人均可支配收入、人均公共绿地面积、非公有制经济产值占全社会总产值比重、社会投资占投资总额比重、亿元以上商品市场成交额、亿元以上商品市场成交额占全社会消费品零售总额比重(7 个)
	劣势指标	高技术产品占商品出口额比重、城市平均建成区面积比重、人均日生活用水量、居民消费支出占总消费支出比重(4 个)
统筹协调竞争力（16 个）	强势指标	环境竞争力与工业竞争力比差(1 个)
	优势指标	非农用地产出率、人力资源竞争力与宏观经济竞争力比差、全社会消费品零售总额与外贸出口总额比差(3 个)
	劣势指标	固定资产投资增长率、城乡居民人均消费支出比差(2 个)

15.2　山东省经济综合竞争力各级指标具体分析

1. 山东省宏观经济竞争力指标排名变化情况

表15－5　2019～2020年山东省宏观经济竞争力指标组排位及变化趋势

指　标	2019年	2020年	排位升降	优劣势
1　宏观经济竞争力	4	4	0	优势
1.1　经济实力竞争力	6	3	3	强势
地区生产总值	3	3	0	强势
地区生产总值增长率	26	14	12	中势
人均地区生产总值	10	10	0	优势
财政总收入	2	2	0	强势
财政总收入增长率	11	6	5	优势
人均财政总收入	8	8	0	优势
固定资产投资额	2	2	0	强势
固定资产投资额增长率	28	20	8	中势
人均固定资产投资额	14	14	0	中势
全社会消费品零售总额	3	3	0	强势
全社会消费品零售总额增长率	19	7	12	优势
人均全社会消费品零售总额	11	10	1	优势
1.2　经济结构竞争力	4	7	-3	优势
产业结构优化度	12	8	4	优势
所有制经济结构优化度	11	8	3	优势
城乡经济结构优化度	12	14	-2	中势
就业结构优化度	3	13	-10	中势
实体经济结构优化度	8	7	1	优势
贸易结构优化度	16	15	1	中势
1.3　经济外向度竞争力	5	5	0	优势
进出口总额	5	5	0	优势
进出口增长率	18	21	-3	劣势
出口总额	4	4	0	优势
出口增长率	18	12	6	中势
实际FDI	5	4	1	优势
实际FDI增长率	2	5	-3	优势
外贸依存度	7	6	1	优势
外资企业数	5	5	0	优势
对外直接投资额	3	5	-2	优势

2. 山东省产业经济竞争力指标排名变化情况

表 15－6　2019～2020 年山东省产业经济竞争力指标组排位及变化趋势

指　标	2019 年	2020 年	排位升降	优劣势
2　产业经济竞争力	6	5	1	优势
2.1　农业竞争力	3	3	0	强势
农业增加值	1	1	0	强势
农业增加值增长率	28	19	9	中势
人均农业增加值	11	16	－5	中势
农民人均纯收入	8	8	0	优势
农民人均纯收入增长率	26	27	－1	劣势
农产品出口占农林牧渔总产值比重	5	5	0	优势
人均主要农产品产量	9	9	0	优势
农业机械化水平	1	1	0	强势
农村人均用电量	6	6	0	优势
财政支农资金比重	20	22	－2	劣势
2.2　工业竞争力	6	4	2	优势
工业增加值	3	3	0	强势
工业增加值增长率	29	16	13	中势
人均工业增加值	9	9	0	优势
工业资产总额	3	3	0	强势
工业资产总额增长率	30	18	12	中势
规模以上工业主营业务收入	3	3	0	强势
工业成本费用率	2	10	－8	优势
规模以上工业利润总额	5	4	1	优势
工业全员劳动生产率	22	19	3	中势
工业收入利润率	26	23	3	劣势
2.3　服务业竞争力	6	6	0	优势
服务业增加值	3	3	0	强势
服务业增加值增长率	4	8	－4	优势
人均服务业增加值	10	10	0	优势
服务业从业人员数	3	2	1	强势
限额以上批发零售企业主营业务收入	6	6	0	优势
限额以上批零企业利税率	25	28	－3	劣势
限额以上餐饮企业利税率	23	21	2	劣势
旅游外汇收入	7	7	0	优势
商品房销售收入	4	4	0	优势
电子商务销售额	4	4	0	优势

续表

指 标	2019 年	2020 年	排位升降	优劣势
2.4 企业竞争力	6	6	0	优势
规模以上工业企业数	4	4	0	优势
规模以上企业平均资产	18	20	-2	中势
规模以上企业平均收入	18	18	0	中势
规模以上企业平均利润	25	24	1	劣势
规模以上企业劳动效率	13	13	0	中势
城镇就业人员平均工资	16	15	1	中势
新产品销售收入占主营业务收入比重	13	12	1	中势
产品质量抽查合格率	7	8	-1	优势
工业企业 R&D 经费投入强度	4	4	0	优势
全国 500 强企业数	3	3	0	强势

3. 山东省可持续发展竞争力指标排名变化情况

表 15-7 2019~2020 年山东省可持续发展竞争力指标组排位及变化趋势

指 标	2019 年	2020 年	排位升降	优劣势
3 可持续发展竞争力	23	9	14	优势
3.1 资源竞争力	16	16	0	中势
人均国土面积	27	26	1	劣势
人均可使用海域和滩涂面积	4	4	0	优势
人均年水资源量	26	25	1	劣势
耕地面积	6	6	0	优势
人均耕地面积	19	19	0	中势
人均牧草地面积	18	18	0	中势
主要能源矿产基础储量	7	7	0	优势
人均主要能源矿产基础储量	16	16	0	中势
人均森林储积量	28	28	0	劣势
3.2 环境竞争力	27	12	15	中势
森林覆盖率	23	23	0	劣势
人均废水排放量	19	18	1	中势
人均工业废气排放量	2	13	-11	中势
人均工业固体废物排放量	24	24	0	劣势
人均治理工业污染投资额	4	7	-3	优势
一般工业固体废物综合利用率	7	8	-1	优势
生活垃圾无害化处理率	15	1	14	强势
自然灾害直接经济损失额	30	19	11	中势

续表

指　标	2019 年	2020 年	排位升降	优劣势
3.3　人力资源竞争力	17	6	11	优势
常住人口增长率	23	3	20	强势
15～64 岁人口比例	30	25	5	劣势
文盲率	26	22	4	劣势
大专以上教育程度人口比例	19	22	-3	劣势
平均受教育程度	21	21	0	劣势
人口健康素质	2	3	-1	强势
职业学校毕业生数	5	6	-1	优势

4. 山东省财政金融竞争力指标排名变化情况

表 15－8　2019～2020 年山东省财政金融竞争力指标组排位及变化趋势

指　标	2019 年	2020 年	排位升降	优劣势
4　财政金融竞争力	7	6	1	优势
4.1　财政竞争力	13	9	4	优势
地方财政收入	5	5	0	优势
地方财政支出	3	3	0	强势
地方财政收入占 GDP 比重	20	18	2	中势
地方财政支出占 GDP 比重	29	29	0	劣势
税收收入占 GDP 比重	18	18	0	中势
税收收入占财政总收入比重	11	9	2	优势
人均地方财政收入	11	12	-1	中势
人均地方财政支出	30	30	0	劣势
人均税收收入	11	10	1	优势
地方财政收入增长率	24	14	10	中势
地方财政支出增长率	23	12	11	中势
税收收入增长率	20	12	8	中势
4.2　金融竞争力	6	6	0	优势
存款余额	6	7	-1	优势
人均存款余额	12	15	-3	中势
贷款余额	4	4	0	优势
人均贷款余额	16	17	-1	中势
中长期贷款占贷款余额比重	27	26	1	劣势
保险费净收入	3	3	0	强势
保险密度	7	7	0	优势
保险深度	12	12	0	中势
国内上市公司数	6	6	0	优势
国内上市公司市值	7	6	1	优势

5. 山东省知识经济竞争力指标排名变化情况

表 15-9 2019~2020 年山东省知识经济竞争力指标组排位及变化趋势

指 标	2019 年	2020 年	排位升降	优劣势
5 知识经济竞争力	6	5	1	优势
5.1 科技竞争力	6	6	0	优势
R&D 人员	5	4	1	优势
R&D 经费	4	5	-1	优势
R&D 经费投入强度	8	9	-1	优势
发明专利授权量	5	4	1	优势
技术市场成交合同金额	8	4	4	优势
财政科技支出占地方财政支出比重	10	11	-1	中势
高技术产业主营业务收入	3	3	0	强势
高技术产业收入占工业增加值比重	18	14	4	中势
高技术产品出口额占商品出口额比重	22	22	0	劣势
5.2 教育竞争力	5	5	0	优势
教育经费	3	3	0	强势
教育经费占 GDP 比重	27	27	0	劣势
人均教育经费	20	21	-1	劣势
公共教育经费占财政支出比重	20	20	0	中势
人均文化教育支出	20	20	0	中势
万人中小学学校数	19	19	0	中势
万人中小学专任教师数	11	9	2	优势
高等学校数	3	3	0	强势
高校专任教师数	3	3	0	强势
万人高等学校在校学生数	19	23	-4	劣势
5.3 文化竞争力	5	4	1	优势
文化制造业营业收入	4	4	0	优势
文化批发零售业营业收入	5	6	-1	优势
文化服务业企业营业收入	12	12	0	中势
图书和期刊出版数	2	2	0	强势
电子出版物品种	5	3	2	强势
印刷用纸量	3	3	0	强势
城镇居民人均文化娱乐支出	10	4	6	优势
农村居民人均文化娱乐支出	15	11	4	中势
城镇居民人均文化娱乐支出占消费性支出比重	15	2	13	强势
农村居民人均文化娱乐支出占消费性支出比重	16	10	6	优势

6. 山东省发展环境竞争力指标排名变化情况

表 15－10　2019～2020 年山东省发展环境竞争力指标组排位及变化趋势

指　标	2019 年	2020 年	排位升降	优劣势
6　发展环境竞争力	6	10	－4	优势
6.1　基础设施竞争力	6	7	－1	优势
铁路网线密度	5	5	0	优势
公路网线密度	3	3	0	强势
人均内河航道里程	20	20	0	中势
全社会旅客周转量	5	9	－4	优势
全社会货物周转量	6	6	0	优势
人均邮电业务总量	30	30	0	劣势
电话普及率	18	22	－4	劣势
网站域名数	10	8	2	优势
人均耗电量	8	7	1	优势
6.2　软环境竞争力	6	13	－7	中势
外资企业数增长率	12	22	－10	劣势
万人外资企业数	10	26	－16	劣势
个体私营企业数增长率	8	14	－6	中势
万人个体私营企业数	5	24	－19	劣势
万人商标注册件数	9	15	－6	中势
政府网站数	2	3	－1	强势
交通事故直接财产损失	7	13	－6	中势
罚没收入占财政收入比重	18	20	－2	中势
社会捐赠站点数	6	18	－12	中势

7. 山东省政府作用竞争力指标排名变化情况

表 15－11　2019～2020 年山东省政府作用竞争力指标组排位及变化趋势

指　标	2019 年	2020 年	排位升降	优劣势
7　政府作用竞争力	10	15	－5	中势
7.1　政府发展经济竞争力	3	5	－2	优势
财政支出用于基本建设投资比重	24	24	0	劣势
财政支出对 GDP 增长的拉动	3	3	0	强势
政府公务员对经济的贡献	11	11	0	中势
政府消费对民间消费的拉动	7	7	0	优势
财政投资对社会投资的拉动	3	3	0	强势

续表

指 标	2019 年	2020 年	排位升降	优劣势
7.2 政府规调经济竞争力	29	30	-1	劣势
物价调控	28	26	2	劣势
调控城乡消费差距	25	28	-3	劣势
统筹经济社会发展	22	29	-7	劣势
规范税收	23	20	3	中势
工业生产出厂价格指数	18	13	5	中势
7.3 政府保障经济竞争力	11	14	-3	中势
城镇职工养老保险收支比	24	25	-1	劣势
医疗保险覆盖率	8	10	-2	优势
养老保险覆盖率	11	13	-2	中势
失业保险覆盖率	10	11	-1	中势
最低工资标准	7	7	0	优势
城镇登记失业率	22	21	1	劣势

8. 山东省发展水平竞争力指标排名变化情况

表 15-12 2019～2020 年山东省发展水平竞争力指标组排位及变化趋势

指 标	2019 年	2020 年	排位升降	优劣势
8 发展水平竞争力	11	12	-1	中势
8.1 工业化进程竞争力	19	17	2	中势
工业增加值占 GDP 比重	13	14	-1	中势
工业增加值增长率	29	11	18	中势
高技术产业占工业增加值比重	18	18	0	中势
高技术产品占商品出口额比重	22	22	0	劣势
数字经济应用	11	11	0	中势
工农业增加值比值	13	9	4	优势
8.2 城市化进程竞争力	12	12	0	中势
城镇化率	13	13	0	中势
城镇居民人均可支配收入	8	8	0	优势
城市平均建成区面积比重	29	28	1	劣势
人均拥有道路面积	3	2	1	强势
人均日生活用水量	26	29	-3	劣势
人均公共绿地面积	4	4	0	优势

续表

指　标	2019 年	2020 年	排位升降	优劣势
8.3　市场化进程竞争力	4	6	-2	优势
非公有制经济产值占全社会总产值比重	11	8	3	优势
社会投资占投资总额比重	15	6	9	优势
私有和个体企业从业人员比重	2	11	-9	中势
亿元以上商品市场成交额	4	4	0	优势
亿元以上商品市场成交额占全社会消费品零售总额比重	8	8	0	优势
居民消费支出占总消费支出比重	22	21	1	劣势

9. 山东省统筹协调竞争力指标排名变化情况

表 15-13　2019~2020 年山东省统筹协调竞争力指标组排位及变化趋势

指　标	2019 年	2020 年	排位升降	优劣势
9　统筹协调竞争力	7	11	-4	中势
9.1　统筹发展竞争力	7	13	-6	中势
社会劳动生产率	12	11	1	中势
能源消耗下降率	9	15	-6	中势
万元 GDP 综合能耗下降率	12	11	1	中势
非农用地产出率	10	9	1	优势
居民收入占 GDP 比重	14	14	0	中势
二三产业增加值比例	17	16	1	中势
固定资产投资额占 GDP 比重	12	11	1	中势
固定资产投资增长率	4	28	-24	劣势
9.2　协调发展竞争力	7	9	-2	优势
资源竞争力与宏观经济竞争力比差	15	12	3	中势
环境竞争力与宏观经济竞争力比差	4	16	-12	中势
人力资源竞争力与宏观经济竞争力比差	17	7	10	优势
资源竞争力与工业竞争力比差	12	14	-2	中势
环境竞争力与工业竞争力比差	4	3	1	强势
城乡居民家庭人均收入比差	12	14	-2	中势
城乡居民人均消费支出比差	25	28	-3	劣势
全社会消费品零售总额与外贸出口总额比差	6	6	0	优势

B.17

16 2019～2020年河南省经济综合竞争力评价分析报告

河南省简称“豫”，省会郑州，素有“九州腹地、十省通衢”之称。位于中国中部，东接安徽、山东，北接河北、山西，西连陕西，南临湖北，全省面积为16.7万平方公里，2020年全省常住人口为9941万人，地区生产总值为54997亿元，同比增长1.3%，人均GDP达55435元。本部分通过分析2019～2020年河南省经济综合竞争力以及各要素竞争力的排名变化，从中找出河南省经济综合竞争力的推动点及影响因素，为进一步提升河南省经济综合竞争力提供决策参考。

16.1 河南省经济综合竞争力总体分析

1. 河南省经济综合竞争力一级指标概要分析

（1）从综合排位看，2020年河南省经济综合竞争力综合排位在全国居第9位，这表明其在全国处于优势地位；与2019年相比，综合排位没有发生变化。

（2）从指标所处区位看，2个指标处于上游区，其中知识经济竞争力和统筹协调竞争力等2个指标为河南省经济综合竞争力的优势指标。

（3）从指标变化趋势看，9个二级指标中，有3个指标处于上升趋势，分别为宏观经济竞争力、财政金融竞争力和发展水平竞争力，这些是河南省经济综合竞争力的上升动力所在；有2个指标排位没有发生变化，分别为知识经济竞争力和政府作用竞争力；有4个指标处于下降趋势，分别为产业经济竞争力、可持续发展竞争力、发展环境竞争力和统筹协调竞争力，这些是河南省经济综合竞争力的下降拉力所在。

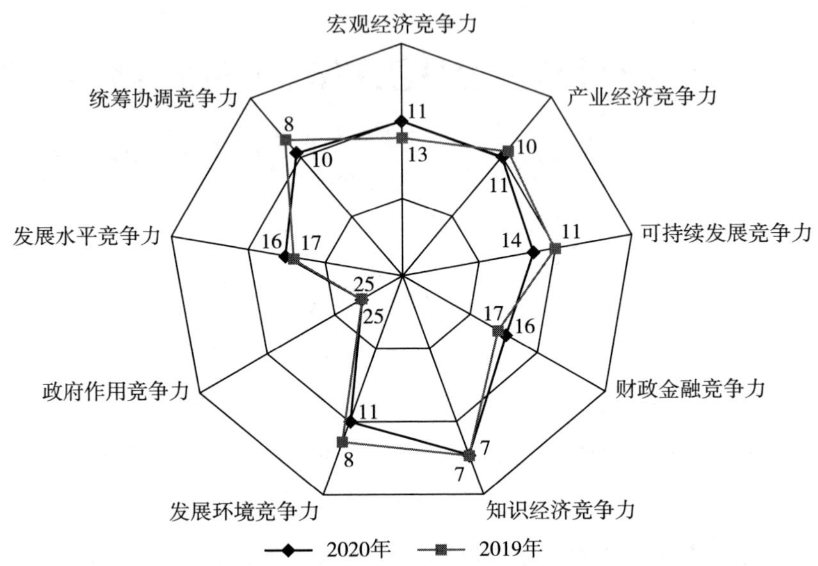

图 16－1　2019～2020 年河南省经济综合竞争力二级指标比较

表 16－1　2019～2020 年河南省经济综合竞争力二级指标表现情况

	宏观经济竞争力	产业经济竞争力	可持续发展竞争力	财政金融竞争力	知识经济竞争力	发展环境竞争力	政府作用竞争力	发展水平竞争力	统筹协调竞争力	**综合排位**
2019 年	13	10	11	17	7	8	25	17	8	9
2020 年	11	11	14	16	7	11	25	16	10	9
升降	2	－1	－3	1	0	－3	0	1	－2	0
优劣度	中势	中势	中势	中势	优势	中势	劣势	中势	优势	优势

2. 河南省经济综合竞争力各级指标动态变化分析

从表 16－2 可以看出，210 个四级指标中，上升指标有 58 个，占指标总数的 27.6%；下降指标有 80 个，占指标总数的 38.1%；保持不变的指标有 72 个，占指标总数的 34.3%。综上所述，河南省经济综合竞争力的上升动力略显不足，但排位保持不变的指标占较大比重，2019～2020 年河南省经济综合竞争力排位保持不变。

表 16 – 2　2019 ~ 2020 年河南省经济综合竞争力各级指标排位变化情况

单位：个，%

二级指标	三级指标	四级指标数	上升		保持		下降		变化趋势
			指标数	比重	指标数	比重	指标数	比重	
宏观经济竞争力	经济实力竞争力	12	0	0.0	4	33.3	8	66.7	下降
	经济结构竞争力	6	1	16.7	3	50.0	2	33.3	保持
	经济外向度竞争力	9	4	44.4	0	0.0	5	55.6	上升
	小　计	**27**	5	18.5	7	25.9	15	55.6	上升
产业经济竞争力	农业竞争力	10	1	10.0	4	40.0	5	50.0	保持
	工业竞争力	10	2	20.0	2	20.0	6	60.0	下降
	服务业竞争力	10	2	20.0	4	40.0	4	40.0	下降
	企业竞争力	10	3	30.0	6	60.0	1	10.0	上升
	小　计	**40**	8	20.0	16	40.0	16	40.0	下降
可持续发展竞争力	资源竞争力	9	2	22.2	7	77.8	0	0.0	上升
	环境竞争力	8	3	37.5	3	37.5	2	25.0	保持
	人力资源竞争力	7	4	57.1	1	14.3	2	28.6	保持
	小　计	**24**	9	37.5	11	45.8	4	16.7	下降
财政金融竞争力	财政竞争力	12	3	25.0	4	33.3	5	41.7	下降
	金融竞争力	10	0	0.0	6	60.0	4	40.0	下降
	小　计	**22**	3	13.6	10	45.5	9	40.9	上升
知识经济竞争力	科技竞争力	9	4	44.4	3	33.3	2	22.2	上升
	教育竞争力	10	1	10.0	5	50.0	4	40.0	保持
	文化竞争力	10	4	40.0	5	50.0	1	10.0	保持
	小　计	**29**	9	31.0	13	44.8	7	24.1	保持
发展环境竞争力	基础设施竞争力	9	0	0.0	3	33.3	6	66.7	保持
	软环境竞争力	9	6	66.7	0	0.0	3	33.3	上升
	小　计	**18**	6	33.3	3	16.7	9	50.0	下降
政府作用竞争力	政府发展经济竞争力	5	3	60.0	2	40.0	0	0.0	上升
	政府规调经济竞争力	5	2	40.0	0	0.0	3	60.0	上升
	政府保障经济竞争力	6	1	16.7	3	50.0	2	33.3	下降
	小　计	**16**	6	37.5	5	31.3	5	31.3	保持
发展水平竞争力	工业化进程竞争力	6	1	16.7	1	16.7	4	66.7	上升
	城市化进程竞争力	6	1	16.7	2	33.3	3	50.0	下降
	市场化进程竞争力	6	3	50.0	2	33.3	1	16.7	上升
	小　计	**18**	5	27.8	5	27.8	8	44.4	上升

续表

二级指标	三级指标	四级指标数	上升		保持		下降		变化趋势
			指标数	比重	指标数	比重	指标数	比重	
统筹协调竞争力	统筹发展竞争力	8	3	37.5	1	12.5	4	50.0	上升
	协调发展竞争力	8	4	50.0	1	12.5	3	37.5	上升
	小　计	**16**	7	43.8	2	12.5	7	43.8	下降
合　计		**210**	58	27.6	72	34.3	80	38.1	保持

3. 河南省经济综合竞争力各级指标优劣势结构分析

基于图 16－2 和表 16－3，具体到四级指标，强势指标 12 个，占指标总数的 5.7%；优势指标 65 个，占指标总数的 31.0%；中势指标 69 个，占指标总数的 32.9%；劣势指标 64 个，占指标总数的 30.5%。从三级指标看，没有强势指标；优势指标 13 个，占三级指标总数的 52.0%；中势指标 6 个，占三级指标总数的 24.0%；劣势指标 6 个，占三级指标总数的 24.0%。从二级指标看，没有强势指标；优势指标有 2 个，占二级指标总数的 22.2%；中势指标有 6 个，占二级指标总数的 66.7%；劣势指标有 1 个，占二级指标总数的 11.1%。综合来看，由于优势指标和强势指标在指标体系中居于主导地位，2020 年河南省经济综合竞争力处于优势地位。

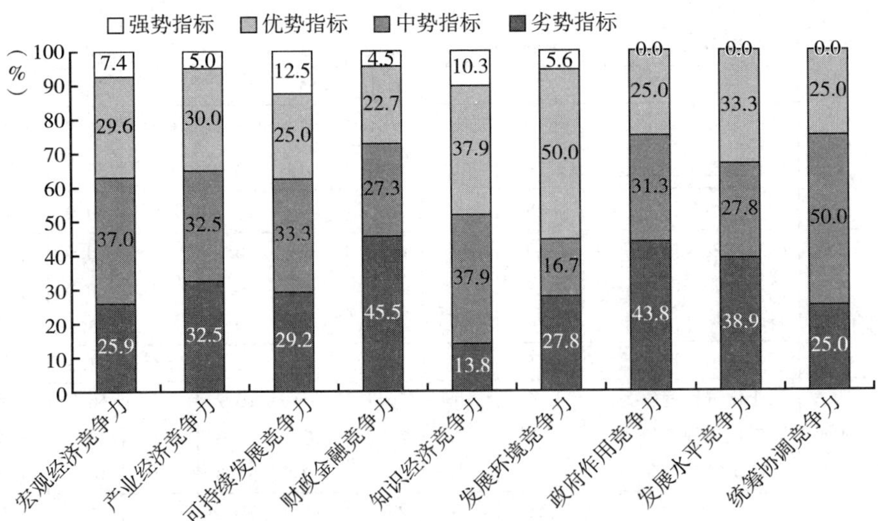

图 16－2　2020 年河南省经济综合竞争力各级指标优劣势比较

表 16 -3　2020 年河南省经济综合竞争力各级指标优劣势情况

单位：个，%

二级指标	三级指标	四级指标数	强势指标		优势指标		中势指标		劣势指标		优劣势
			个数	比重	个数	比重	个数	比重	个数	比重	
宏观经济竞争力	经济实力竞争力	12	1	8.3	3	25.0	5	41.7	3	25.0	中势
	经济结构竞争力	6	0	0.0	3	50.0	1	16.7	2	33.3	中势
	经济外向度竞争力	9	1	11.1	2	22.2	4	44.4	2	22.2	中势
	小　计	**27**	2	7.4	8	29.6	10	37.0	7	25.9	中势
产业经济竞争力	农业竞争力	10	2	20.0	2	20.0	3	30.0	3	30.0	优势
	工业竞争力	10	0	0.0	4	40.0	3	30.0	3	30.0	优势
	服务业竞争力	10	0	0.0	5	50.0	3	30.0	2	20.0	优势
	企业竞争力	10	0	0.0	1	10.0	4	40.0	5	50.0	劣势
	小　计	**40**	2	5.0	12	30.0	13	32.5	13	32.5	中势
可持续发展竞争力	资源竞争力	9	1	11.1	1	11.1	4	44.4	3	33.3	劣势
	环境竞争力	8	1	12.5	3	37.5	2	25.0	2	25.0	优势
	人力资源竞争力	7	1	14.3	2	28.6	2	28.6	2	28.6	优势
	小　计	**24**	3	12.5	6	25.0	8	33.3	7	29.2	中势
财政金融竞争力	财政竞争力	12	1	8.3	2	16.7	1	8.3	8	66.7	劣势
	金融竞争力	10	0	0.0	3	30.0	5	50.0	2	20.0	中势
	小　计	**22**	1	4.5	5	22.7	6	27.3	10	45.5	中势
知识经济竞争力	科技竞争力	9	0	0.0	4	44.4	5	55.6	0	0.0	优势
	教育竞争力	10	3	30.0	2	20.0	2	20.0	3	30.0	优势
	文化竞争力	10	0	0.0	5	50.0	4	40.0	1	10.0	优势
	小　计	**29**	3	10.3	11	37.9	11	37.9	4	13.8	优势
发展环境竞争力	基础设施竞争力	9	1	11.1	4	44.4	1	11.1	3	33.3	优势
	软环境竞争力	9	0	0.0	5	55.6	2	22.2	2	22.2	中势
	小　计	**18**	1	5.6	9	50.0	3	16.7	5	27.8	中势
政府作用竞争力	政府发展经济竞争力	5	0	0.0	2	40.0	3	60.0	0	0.0	优势
	政府规调经济竞争力	5	0	0.0	1	20.0	0	0.0	4	80.0	劣势
	政府保障经济竞争力	6	0	0.0	1	16.7	2	33.3	3	50.0	劣势
	小　计	**16**	0	0.0	4	25.0	5	31.3	7	43.8	劣势
发展水平竞争力	工业化进程竞争力	6	0	0.0	2	33.3	2	33.3	2	33.3	优势
	城市化进程竞争力	6	0	0.0	1	16.7	1	16.7	4	66.7	劣势
	市场化进程竞争力	6	0	0.0	3	50.0	2	33.3	1	16.7	中势
	小　计	**18**	0	0.0	6	33.3	5	27.8	7	38.9	中势

续表

二级指标	三级指标	四级指标数	强势指标		优势指标		中势指标		劣势指标		优劣势
			个数	比重	个数	比重	个数	比重	个数	比重	
统筹协调竞争力	统筹发展竞争力	8	0	0.0	0	0.0	4	50.0	4	50.0	优势
	协调发展竞争力	8	0	0.0	4	50.0	4	50.0	0	0.0	优势
	小　计	**16**	0	0.0	4	25.0	8	50.0	4	25.0	优势
合　计		**210**	12	5.7	65	31.0	69	32.9	64	30.5	优势

4. 河南省经济综合竞争力四级指标优劣势对比分析

表 16－4　2020 年河南省经济综合竞争力各级指标优劣势情况

二级指标	优劣势	四级指标
宏观经济竞争力（27 个）	强势指标	固定资产投资额、进出口增长率（2 个）
	优势指标	地区生产总值、财政总收入、全社会消费品零售总额、所有制经济结构优化度、城乡经济结构优化度、实体经济结构优化度、出口总额、进出口增长率（8 个）
	劣势指标	地区生产总值增长率、财政总收入增长率、人均财政总收入、产业结构优化度、贸易结构优化度、实际 FDI、实际 FDI 增长率（7 个）
产业经济竞争力（40 个）	强势指标	农业增加值、农业机械化水平（2 个）
	优势指标	人均主要农产品产量、农村人均用电量、工业增加值、工业资产总额、规模以上工业主营业务收入、规模以上工业利润总额、服务业增加值、服务业从业人员数、限额以上批零企业利税率、限额以上餐饮企业利税率、商品房销售收入、规模以上工业企业数（12 个）
	劣势指标	农业增加值增长率、人均农业增加值、农民人均纯收入增长率、工业增加值增长率、工业资产总额增长率、工业全员劳动生产率、服务业增加值增长率、人均服务业增加值、规模以上企业平均资产、规模以上企业平均收入、规模以上企业平均利润、规模以上企业劳动效率、城镇就业人员平均工资（13 个）
可持续发展竞争力（24 个）	强势指标	耕地面积、人均废水排放量、职业学校毕业生数（3 个）
	优势指标	主要能源矿产基础储量、人均工业废气排放量、一般工业固体废物综合利用率、自然灾害直接经济损失额、常住人口增长率、人口健康素质（6 个）
	劣势指标	人均国土面积、人均年水资源量、人均森林储积量、人均治理工业污染投资额、生活垃圾无害化处理率、15～64 岁人口比例、大专以上教育程度人口比例（7 个）

续表

二级指标	优劣势	四级指标
财政金融竞争力（22个）	强势指标	地方财政收入增长率（1个）
	优势指标	地方财政收入、地方财政支出、存款余额、贷款余额、保险费净收入（5个）
	劣势指标	地方财政收入占GDP比重、地方财政支出占GDP比重、税收收入占GDP比重、税收收入占财政总收入比重、人均地方财政收入、人均地方财政支出、人均税收收入、地方财政支出增长率、人均存款余额、人均贷款余额（10个）
知识经济竞争力（29个）	强势指标	万人中小学学校数、万人中小学专任教师数、高校专任教师数（3个）
	优势指标	R&D人员、R&D经费、高技术产业主营业务收入、高技术产品出口额占商品出口额比重、教育经费、高等学校数、文化批发零售业营业收入、图书和期刊出版数、电子出版物品种、城镇居民人均文化娱乐支出占消费性支出比重、农村居民人均文化娱乐支出占消费性支出比重（11个）
	劣势指标	人均教育经费、公共教育经费占财政支出比重、人均文化教育支出、城镇居民人均文化娱乐支出（4个）
发展环境竞争力（18个）	强势指标	全社会旅客周转量（1个）
	优势指标	铁路网线密度、公路网线密度、全社会货物周转量、网站域名数、万人外资企业数、个体私营企业数增长率、万人个体私营企业数、政府网站数、社会捐赠站点数（9个）
	劣势指标	人均邮电业务总量、电话普及率、人均耗电量、外资企业数增长率、交通事故直接财产损失（5个）
政府作用竞争力（16个）	强势指标	（0个）
	优势指标	财政支出用于基本建设投资比重、财政支出对GDP增长的拉动、调控城乡消费差距、最低工资标准（4个）
	劣势指标	物价调控、统筹经济社会发展、规范税收、工业生产出厂价格指数、医疗保险覆盖率、养老保险覆盖率、失业保险覆盖率（7个）
发展水平竞争力（18个）	强势指标	（0个）
	优势指标	工业增加值占GDP比重、高技术产品占商品出口额比重、城市平均建成区面积比重、非公有制经济产值占全社会总产值比重、社会投资占投资总额比重、私有和个体企业从业人员比重（6个）
	劣势指标	工业增加值增长率、数字经济应用、城镇化率、城镇居民人均可支配收入、人均拥有道路面积、人均日生活用水量、居民消费支出占总消费支出比重（7个）
统筹协调竞争力（16个）	强势指标	（0个）
	优势指标	环境竞争力与宏观经济竞争力比差、人力资源竞争力与宏观经济竞争力比差、城乡居民家庭人均收入比差、城乡居民人均消费支出比差（4个）
	劣势指标	能源消耗下降率、万元GDP综合能耗下降率、二三产业增加值比例、固定资产投资额占GDP比重（4个）

16.2 河南省经济综合竞争力各级指标具体分析

1. 河南省宏观经济竞争力指标排名变化情况

表 16－5 2019～2020 年河南省宏观经济竞争力指标组排位及变化趋势

指 标	2019 年	2020 年	排位升降	优劣势
1 宏观经济竞争力	13	11	2	中势
1.1 经济实力竞争力	8	11	－3	中势
地区生产总值	5	5	0	优势
地区生产总值增长率	10	26	－16	劣势
人均地区生产总值	17	18	－1	中势
财政总收入	8	10	－2	优势
财政总收入增长率	16	26	－10	劣势
人均财政总收入	25	27	－2	劣势
固定资产投资额	3	3	0	强势
固定资产投资额增长率	12	14	－2	中势
人均固定资产投资额	13	13	0	中势
全社会消费品零售总额	5	5	0	优势
全社会消费品零售总额增长率	4	18	－14	中势
人均全社会消费品零售总额	15	16	－1	中势
1.2 经济结构竞争力	15	15	0	中势
产业结构优化度	28	28	0	劣势
所有制经济结构优化度	6	7	－1	优势
城乡经济结构优化度	7	5	2	优势
就业结构优化度	11	14	－3	中势
实体经济结构优化度	5	5	0	优势
贸易结构优化度	28	28	0	劣势
1.3 经济外向度竞争力	20	13	7	中势
进出口总额	12	11	1	中势
进出口增长率	16	2	14	强势
出口总额	7	8	－1	优势
出口增长率	14	10	4	优势
实际 FDI	16	22	－6	劣势
实际 FDI 增长率	17	30	－13	劣势
外贸依存度	21	19	2	中势
外资企业数	12	13	－1	中势
对外直接投资额	9	15	－6	中势

2. 河南省产业经济竞争力指标排名变化情况

表16－6 2019～2020年河南省产业经济竞争力指标组排位及变化趋势

指 标	2019年	2020年	排位升降	优劣势
2 产业经济竞争力	10	11	－1	中势
2.1 农业竞争力	5	5	0	优势
农业增加值	3	3	0	强势
农业增加值增长率	23	21	2	劣势
人均农业增加值	23	24	－1	劣势
农民人均纯收入	16	19	－3	中势
农民人均纯收入增长率	15	26	－11	劣势
农产品出口占农林牧渔总产值比重	14	19	－5	中势
人均主要农产品产量	6	6	0	优势
农业机械化水平	2	2	0	强势
农村人均用电量	8	8	0	优势
财政支农资金比重	18	19	－1	中势
2.2 工业竞争力	7	10	－3	优势
工业增加值	5	5	0	优势
工业增加值增长率	8	29	－21	劣势
人均工业增加值	14	18	－4	中势
工业资产总额	5	6	－1	优势
工业资产总额增长率	24	25	－1	劣势
规模以上工业主营业务收入	6	6	0	优势
工业成本费用率	22	15	7	中势
规模以上工业利润总额	6	8	－2	优势
工业全员劳动生产率	26	25	1	劣势
工业收入利润率	8	18	－10	中势
2.3 服务业竞争力	8	9	－1	优势
服务业增加值	7	7	0	优势
服务业增加值增长率	16	21	－5	劣势
人均服务业增加值	20	21	－1	劣势
服务业从业人员数	2	4	－2	优势
限额以上批发零售企业主营业务收入	12	11	1	中势
限额以上批零企业利税率	9	9	0	优势
限额以上餐饮企业利税率	8	6	2	优势
旅游外汇收入	20	20	0	中势
商品房销售收入	6	6	0	优势
电子商务销售额	12	15	－3	中势

续表

指　标	2019 年	2020 年	排位升降	优劣势
2.4　企业竞争力	23	22	1	劣势
规模以上工业企业数	5	5	0	优势
规模以上企业平均资产	24	24	0	劣势
规模以上企业平均收入	26	26	0	劣势
规模以上企业平均利润	16	25	-9	劣势
规模以上企业劳动效率	31	31	0	劣势
城镇就业人员平均工资	31	31	0	劣势
新产品销售收入占主营业务收入比重	16	15	1	中势
产品质量抽查合格率	22	19	3	中势
工业企业 R&D 经费投入强度	15	15	0	中势
全国 500 强企业数	13	12	1	中势

3. 河南省可持续发展竞争力指标排名变化情况

表 16-7　2019～2020 年河南省可持续发展竞争力指标组排位及变化趋势

指　标	2019 年	2020 年	排位升降	优劣势
3　可持续发展竞争力	11	14	-3	中势
3.1　资源竞争力	26	25	1	劣势
人均国土面积	25	24	1	劣势
人均可使用海域和滩涂面积	13	13	0	中势
人均年水资源量	28	24	4	劣势
耕地面积	3	3	0	强势
人均耕地面积	16	16	0	中势
人均牧草地面积	17	17	0	中势
主要能源矿产基础储量	8	8	0	优势
人均主要能源矿产基础储量	15	15	0	中势
人均森林储积量	24	24	0	劣势
3.2　环境竞争力	9	9	0	优势
森林覆盖率	20	20	0	中势
人均废水排放量	3	3	0	强势
人均工业废气排放量	6	4	2	优势
人均工业固体废物排放量	15	16	-1	中势
人均治理工业污染投资额	13	21	-8	劣势
一般工业固体废物综合利用率	14	10	4	优势
生活垃圾无害化处理率	21	21	0	劣势
自然灾害直接经济损失额	11	9	2	优势

续表

指　标	2019 年	2020 年	排位升降	优劣势
3.3　人力资源竞争力	10	10	0	优势
常住人口增长率	18	4	14	优势
15~64 岁人口比例	28	31	-3	劣势
文盲率	18	15	3	中势
大专以上教育程度人口比例	28	30	-2	劣势
平均受教育程度	20	19	1	中势
人口健康素质	10	9	1	优势
职业学校毕业生数	1	1	0	强势

4. 河南省财政金融竞争力指标排名变化情况

表 16-8　2019~2020 年河南省财政金融竞争力指标组排位及变化趋势

指　标	2019 年	2020 年	排位升降	优劣势
4　财政金融竞争力	17	16	1	中势
4.1　财政竞争力	20	23	-3	劣势
地方财政收入	8	8	0	优势
地方财政支出	5	5	0	优势
地方财政收入占 GDP 比重	29	28	1	劣势
地方财政支出占 GDP 比重	25	26	-1	劣势
税收收入占 GDP 比重	29	27	2	劣势
税收收入占财政总收入比重	21	24	-3	劣势
人均地方财政收入	27	28	-1	劣势
人均地方财政支出	31	31	0	劣势
人均税收收入	28	28	0	劣势
地方财政收入增长率	5	3	2	强势
地方财政支出增长率	9	22	-13	劣势
税收收入增长率	4	15	-11	中势
4.2　金融竞争力	11	12	-1	中势
存款余额	9	10	-1	优势
人均存款余额	29	29	0	劣势
贷款余额	8	8	0	优势
人均贷款余额	30	31	-1	劣势
中长期贷款占贷款余额比重	15	15	0	中势
保险费净收入	4	5	-1	优势
保险密度	20	20	0	中势
保险深度	14	14	0	中势
国内上市公司数	12	12	0	中势
国内上市公司市值	12	13	-1	中势

5. 河南省知识经济竞争力指标排名变化情况

表 16－9　2019～2020 年河南省知识经济竞争力指标组排位及变化趋势

指　标	2019 年	2020 年	排位升降	优劣势
5　知识经济竞争力	7	7	0	优势
5.1　科技竞争力	11	9	2	优势
R&D 人员	6	5	1	优势
R&D 经费	5	9	－4	优势
R&D 经费投入强度	18	18	0	中势
发明专利授权量	12	12	0	中势
技术市场成交合同金额	17	16	1	中势
财政科技支出占地方财政支出比重	14	13	1	中势
高技术产业主营业务收入	5	5	0	优势
高技术产业收入占工业增加值比重	20	18	2	中势
高技术产品出口额占商品出口额比重	4	5	－1	优势
5.2　教育竞争力	4	4	0	优势
教育经费	4	5	－1	优势
教育经费占 GDP 比重	17	15	2	中势
人均教育经费	23	26	－3	劣势
公共教育经费占财政支出比重	29	30	－1	劣势
人均文化教育支出	26	29	－3	劣势
万人中小学学校数	1	1	0	强势
万人中小学专任教师数	1	1	0	强势
高等学校数	4	4	0	优势
高校专任教师数	1	1	0	强势
万人高等学校在校学生数	14	14	0	中势
5.3　文化竞争力	9	9	0	优势
文化制造业营业收入	12	12	0	中势
文化批发零售业营业收入	11	10	1	优势
文化服务业企业营业收入	13	13	0	中势
图书和期刊出版数	7	6	1	优势
电子出版物品种	7	7	0	优势
印刷用纸量	11	11	0	中势
城镇居民人均文化娱乐支出	24	24	0	劣势
农村居民人均文化娱乐支出	14	13	1	中势
城镇居民人均文化娱乐支出占消费性支出比重	13	7	6	优势
农村居民人均文化娱乐支出占消费性支出比重	8	9	－1	优势

6. 河南省发展环境竞争力指标排名变化情况

表 16 -10　2019 ~2020 年河南省发展环境竞争力指标组排位及变化趋势

指　标	2019 年	2020 年	排位升降	优劣势
6　发展环境竞争力	8	11	-3	中势
6.1　基础设施竞争力	8	8	0	优势
铁路网线密度	7	9	-2	优势
公路网线密度	4	5	-1	优势
人均内河航道里程	17	17	0	中势
全社会旅客周转量	2	3	-1	强势
全社会货物周转量	9	9	0	优势
人均邮电业务总量	23	26	-3	劣势
电话普及率	26	29	-3	劣势
网站域名数	4	4	0	优势
人均耗电量	25	27	-2	劣势
6.2　软环境竞争力	13	12	1	中势
外资企业数增长率	3	23	-20	劣势
万人外资企业数	25	10	15	优势
个体私营企业数增长率	19	10	9	优势
万人个体私营企业数	22	7	15	优势
万人商标注册件数	16	13	3	中势
政府网站数	3	6	-3	优势
交通事故直接财产损失	19	29	-10	劣势
罚没收入占财政收入比重	23	12	11	中势
社会捐赠站点数	18	10	8	优势

7. 河南省政府作用竞争力指标排名变化情况

表 16 -11　2019 ~2020 年河南省政府作用竞争力指标组排位及变化趋势

指　标	2019 年	2020 年	排位升降	优劣势
7　政府作用竞争力	25	25	0	劣势
7.1　政府发展经济竞争力	12	10	2	优势
财政支出用于基本建设投资比重	11	10	1	优势
财政支出对 GDP 增长的拉动	7	6	1	优势
政府公务员对经济的贡献	13	13	0	中势
政府消费对民间消费的拉动	20	17	3	中势
财政投资对社会投资的拉动	11	11	0	中势

续表

指　标	2019 年	2020 年	排位升降	优劣势
7.2　政府规调经济竞争力	30	28	2	劣势
物价调控	24	26	-2	劣势
调控城乡消费差距	12	8	4	优势
统筹经济社会发展	25	27	-2	劣势
规范税收	28	24	4	劣势
工业生产出厂价格指数	23	28	-5	劣势
7.3　政府保障经济竞争力	24	26	-2	劣势
城镇职工养老保险收支比	13	17	-4	中势
医疗保险覆盖率	28	28	0	劣势
养老保险覆盖率	22	23	-1	劣势
失业保险覆盖率	24	24	0	劣势
最低工资标准	8	8	0	优势
城镇登记失业率	20	17	3	中势

8. 河南省发展水平竞争力指标排名变化情况

表 16-12　2019~2020 年河南省发展水平竞争力指标组排位及变化趋势

指　标	2019 年	2020 年	排位升降	优劣势
8　发展水平竞争力	17	16	1	中势
8.1　工业化进程竞争力	14	10	4	优势
工业增加值占 GDP 比重	9	10	-1	优势
工业增加值增长率	26	24	2	劣势
高技术产业占工业增加值比重	14	15	-1	中势
高技术产品占商品出口额比重	4	5	-1	优势
数字经济应用	21	21	0	劣势
工农业增加值比值	15	17	-2	中势
8.2　城市化进程竞争力	24	25	-1	劣势
城镇化率	26	26	0	劣势
城镇居民人均可支配收入	26	28	-2	劣势
城市平均建成区面积比重	7	7	0	优势
人均拥有道路面积	22	26	-4	劣势
人均日生活用水量	23	26	-3	劣势
人均公共绿地面积	17	14	3	中势

续表

指　标	2019 年	2020 年	排位升降	优劣势
8.3　市场化进程竞争力	14	11	3	中势
非公有制经济产值占全社会总产值比重	6	7	-1	优势
社会投资占投资总额比重	5	4	1	优势
私有和个体企业从业人员比重	23	10	13	优势
亿元以上商品市场成交额	11	11	0	中势
亿元以上商品市场成交额占全社会消费品零售总额比重	19	18	1	中势
居民消费支出占总消费支出比重	23	23	0	劣势

9. 河南省统筹协调竞争力指标排名变化情况

表 16-13　2019 ~ 2020 年河南省统筹协调竞争力指标组排位及变化趋势

指　标	2019 年	2020 年	排位升降	优劣势
9　统筹协调竞争力	8	10	-2	优势
9.1　统筹发展竞争力	8	7	1	优势
社会劳动生产率	25	17	8	中势
能源消耗下降率	2	22	-20	劣势
万元 GDP 综合能耗下降率	2	25	-23	劣势
非农用地产出率	12	11	1	中势
居民收入占 GDP 比重	9	12	-3	中势
二三产业增加值比例	28	28	0	劣势
固定资产投资额占 GDP 比重	20	24	-4	劣势
固定资产投资增长率	20	12	8	中势
9.2　协调发展竞争力	9	4	5	优势
资源竞争力与宏观经济竞争力比差	19	20	-1	中势
环境竞争力与宏观经济竞争力比差	12	5	7	优势
人力资源竞争力与宏观经济竞争力比差	3	6	-3	优势
资源竞争力与工业竞争力比差	20	17	3	中势
环境竞争力与工业竞争力比差	9	17	-8	中势
城乡居民家庭人均收入比差	7	5	2	优势
城乡居民人均消费支出比差	12	8	4	优势
全社会消费品零售总额与外贸出口总额比差	14	14	0	中势

B.18
17
2019 ~2020年湖北省经济综合竞争力评价分析报告

湖北省简称“鄂”，省会武汉，地处中国中部地区，东邻安徽，西连重庆，西北与陕西接壤，南接江西、湖南，北与河南毗邻。全省面积为18.59万平方公里，2020年全省常住人口为5745万人，地区生产总值为43443亿元，同比增长－5%，人均GDP达74440元。本部分通过分析2019 ~2020年湖北省经济综合竞争力以及各要素竞争力的排名变化，从中找出湖北省经济综合竞争力的推动点及影响因素，为进一步提升湖北省经济综合竞争力提供决策参考。

17.1 湖北省经济综合竞争力总体分析

1. 湖北省经济综合竞争力一级指标概要分析

（1）从综合排位看，2020年湖北省经济综合竞争力综合排位在全国居第14位，这表明其在全国处于中势地位；与2019年相比，综合排位下降了4位。

（2）从指标所处区位看，2个指标处于上游区，分别为知识经济竞争力和统筹协调竞争力，这些为湖北省经济综合竞争力的优势指标。

（3）从指标变化趋势看，9个二级指标中，只有统筹协调竞争力指标处于上升趋势，这是湖北省经济综合竞争力的上升动力所在；有1个指标排位没有发生变化，是知识经济竞争力；有7个指标处于下降趋势，分别为宏观经济竞争力、产业经济竞争力、可持续发展竞争力、财政金融竞争力、发展环境竞争力、政府作用竞争力、发展水平竞争力，这些是湖北省经济综合竞争力的下降拉力所在。

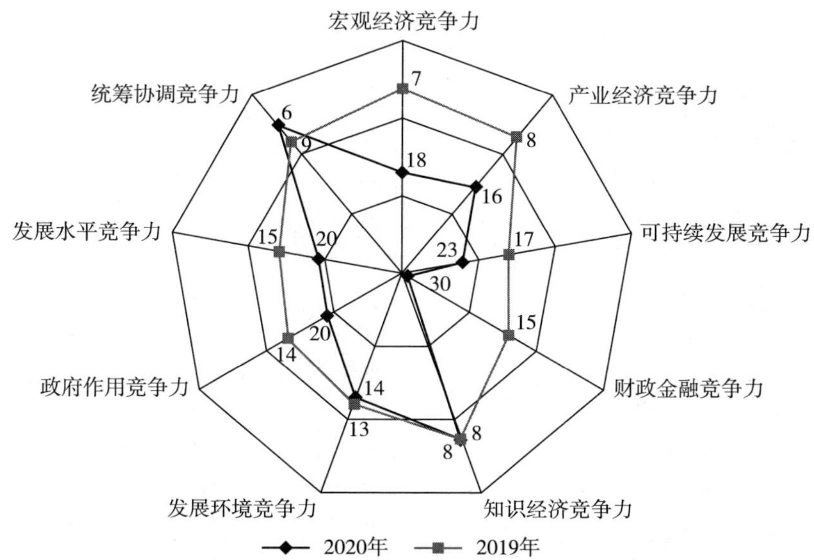

图 17－1　2019～2020 年湖北省经济综合竞争力二级指标比较

表 17－1　2019～2020 年湖北省经济综合竞争力二级指标表现情况

	宏观经济竞争力	产业经济竞争力	可持续发展竞争力	财政金融竞争力	知识经济竞争力	发展环境竞争力	政府作用竞争力	发展水平竞争力	统筹协调竞争力	**综合排位**
2019 年	7	8	17	15	8	13	14	15	9	10
2020 年	18	16	23	30	8	14	20	20	6	14
升降	－11	－8	－6	－15	0	－1	－6	－5	3	－4
优劣度	中势	中势	劣势	劣势	优势	中势	中势	中势	优势	中势

2. 湖北省经济综合竞争力各级指标动态变化分析

从表 17－2 可以看出，210 个四级指标中，上升指标有 52 个，占指标总数的 24.8%；下降指标有 94 个，占指标总数的 44.8%；保持不变的指标有 64 个，占指标总数的 30.5%。综上所述，湖北省经济综合竞争力的下降指标个数明显大于上升指标个数，上升动力不足，下降拉力较大，2019～2020 年湖北省经济综合竞争力排位下降。

表 17 –2　2019 ~ 2020 年湖北省经济综合竞争力各级指标排位变化情况

单位：个，%

二级指标	三级指标	四级指标数	上升		保持		下降		变化趋势
			指标数	比重	指标数	比重	指标数	比重	
宏观经济竞争力	经济实力竞争力	12	0	0.0	0	0.0	12	100.0	下降
	经济结构竞争力	6	4	66.7	1	16.7	1	16.7	下降
	经济外向度竞争力	9	3	33.3	3	33.3	3	33.3	上升
	小　计	**27**	7	25.9	4	14.8	16	59.3	下降
产业经济竞争力	农业竞争力	10	1	10.0	4	40.0	5	50.0	下降
	工业竞争力	10	1	10.0	2	20.0	7	70.0	下降
	服务业竞争力	10	1	10.0	4	40.0	5	50.0	下降
	企业竞争力	10	4	40.0	4	40.0	2	20.0	保持
	小　计	**40**	7	17.5	14	35.0	19	47.5	下降
可持续发展竞争力	资源竞争力	9	1	11.1	8	88.9	0	0.0	上升
	环境竞争力	8	2	25.0	4	50.0	2	25.0	下降
	人力资源竞争力	7	1	14.3	2	28.6	4	57.1	下降
	小　计	**24**	4	16.7	14	58.3	6	25.0	下降
财政金融竞争力	财政竞争力	12	4	33.3	1	8.3	7	58.3	下降
	金融竞争力	10	5	50.0	1	10.0	4	40.0	保持
	小　计	**22**	9	40.9	2	9.1	11	50.0	下降
知识经济竞争力	科技竞争力	9	2	22.2	3	33.3	4	44.4	保持
	教育竞争力	10	4	40.0	4	40.0	2	20.0	保持
	文化竞争力	10	2	20.0	3	30.0	5	50.0	下降
	小　计	**29**	8	27.6	10	34.5	11	37.9	保持
发展环境竞争力	基础设施竞争力	9	1	11.1	3	33.3	5	55.6	下降
	软环境竞争力	9	4	44.4	0	0.0	5	55.6	上升
	小　计	**18**	5	27.8	3	16.7	10	55.6	下降
政府作用竞争力	政府发展经济竞争力	5	0	0.0	1	20.0	4	80.0	下降
	政府规调经济竞争力	5	1	20.0	2	40.0	2	40.0	上升
	政府保障经济竞争力	6	1	16.7	3	50.0	2	33.3	下降
	小　计	**16**	2	12.5	6	37.5	8	50.0	下降
发展水平竞争力	工业化进程竞争力	6	0	0.0	2	33.3	4	66.7	下降
	城市化进程竞争力	6	1	16.7	4	66.7	1	16.7	上升
	市场化进程竞争力	6	2	33.3	1	16.7	3	50.0	保持
	小　计	**18**	3	16.7	7	38.9	8	44.4	下降

续表

二级指标	三级指标	四级指标数	上升		保持		下降		变化趋势
			指标数	比重	指标数	比重	指标数	比重	
统筹协调竞争力	统筹发展竞争力	8	3	37.5	2	25.0	3	37.5	上升
	协调发展竞争力	8	4	50.0	2	25.0	2	25.0	上升
	小　计	**16**	7	43.8	4	25.0	5	31.3	上升
合　计		**210**	52	24.8	64	30.5	94	44.8	下降

3. 湖北省经济综合竞争力各级指标优劣势结构分析

基于图17-2和表17-3，具体到四级指标，强势指标7个，占指标总数的3.3%；优势指标63个，占指标总数的30.0%；中势指标91个，占指标总数的43.3%；劣势指标49个，占指标总数的23.3%。从三级指标看，没有强势指标；优势指标8个，占三级指标总数的32.0%；中势指标12个，占三级指标总数的48.0%；劣势指标5个，占三级指标总数的20.0%。从二级指标看，没有强势指标；优势指标有2个，占二级指标总数的22.2%；中势指标有5个，占二级指标总数的55.6%；劣势指标有2个，占二级指标总数的22.2%。综合来看，由于中势指标在指标体系中居于主导地位，2020年湖北省经济综合竞争力处于中势地位。

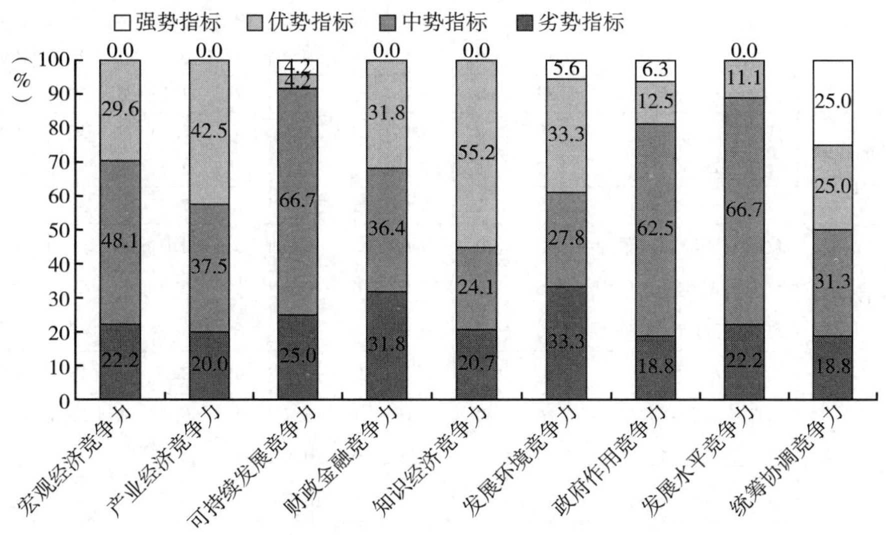

图17-2　2020年湖北省经济综合竞争力各级指标优劣势比较

表 17－3　2020 年湖北省经济综合竞争力各级指标优劣势情况

单位：个，%

二级指标	三级指标	四级指标数	强势指标		优势指标		中势指标		劣势指标		优劣势
			个数	比重	个数	比重	个数	比重	个数	比重	
宏观经济竞争力	经济实力竞争力	12	0	0.0	5	41.7	2	16.7	5	41.7	劣势
	经济结构竞争力	6	0	0.0	1	16.7	5	83.3	0	0.0	优势
	经济外向度竞争力	9	0	0.0	2	22.2	6	66.7	1	11.1	中势
	小　计	**27**	0	0.0	8	29.6	13	48.1	6	22.2	中势
产业经济竞争力	农业竞争力	10	0	0.0	4	40.0	3	30.0	3	30.0	劣势
	工业竞争力	10	0	0.0	5	50.0	2	20.0	3	30.0	中势
	服务业竞争力	10	0	0.0	6	60.0	3	30.0	1	10.0	中势
	企业竞争力	10	0	0.0	2	20.0	7	70.0	1	10.0	中势
	小　计	**40**	0	0.0	17	42.5	15	37.5	8	20.0	中势
可持续发展竞争力	资源竞争力	9	0	0.0	0	0.0	6	66.7	3	33.3	中势
	环境竞争力	8	1	12.5	0	0.0	5	62.5	2	25.0	中势
	人力资源竞争力	7	0	0.0	1	14.3	5	71.4	1	14.3	劣势
	小　计	**24**	1	4.2	1	4.2	16	66.7	6	25.0	劣势
财政金融竞争力	财政竞争力	12	0	0.0	3	25.0	2	16.7	7	58.3	劣势
	金融竞争力	10	0	0.0	4	40.0	6	60.0	0	0.0	优势
	小　计	**22**	0	0.0	7	31.8	8	36.4	7	31.8	劣势
知识经济竞争力	科技竞争力	9	0	0.0	7	77.8	2	22.2	0	0.0	优势
	教育竞争力	10	0	0.0	4	40.0	2	20.0	4	40.0	优势
	文化竞争力	10	0	0.0	5	50.0	3	30.0	2	20.0	优势
	小　计	**29**	0	0.0	16	55.2	7	24.1	6	20.7	优势
发展环境竞争力	基础设施竞争力	9	0	0.0	3	33.3	3	33.3	3	33.3	中势
	软环境竞争力	9	1	11.1	3	33.3	2	22.2	3	33.3	优势
	小　计	**18**	1	5.6	6	33.3	5	27.8	6	33.3	中势
政府作用竞争力	政府发展经济竞争力	5	0	0.0	2	40.0	3	60.0	0	0.0	中势
	政府规调经济竞争力	5	1	20.0	0	0.0	1	20.0	3	60.0	劣势
	政府保障经济竞争力	6	0	0.0	0	0.0	6	100.0	0	0.0	中势
	小　计	**16**	1	6.3	2	12.5	10	62.5	3	18.8	中势
发展水平竞争力	工业化进程竞争力	6	0	0.0	1	16.7	4	66.7	1	16.7	中势
	城市化进程竞争力	6	0	0.0	0	0.0	5	83.3	1	16.7	中势
	市场化进程竞争力	6	0	0.0	1	16.7	3	50.0	2	33.3	中势
	小　计	**18**	0	0.0	2	11.1	12	66.7	4	22.2	中势

续表

二级指标	三级指标	四级指标数	强势指标		优势指标		中势指标		劣势指标		优劣势
			个数	比重	个数	比重	个数	比重	个数	比重	
统筹协调竞争力	统筹发展竞争力	8	3	37.5	2	25.0	2	25.0	1	12.5	优势
	协调发展竞争力	8	1	12.5	2	25.0	3	37.5	2	25.0	优势
	小　计	**16**	4	25.0	4	25.0	5	31.3	3	18.8	优势
合　计		**210**	7	3.3	63	30.0	91	43.3	49	23.3	中势

4. 湖北省经济综合竞争力四级指标优劣势对比分析

表 17－4　2020 年湖北省经济综合竞争力各级指标优劣势情况

二级指标	优劣势	四级指标
宏观经济竞争力（27 个）	强势指标	（0 个）
	优势指标	地区生产总值、人均地区生产总值、固定资产投资额、全社会消费品零售总额、人均全社会消费品零售总额、城乡经济结构优化度、进出口增长率、出口增长率（8 个）
	劣势指标	地区生产总值增长率、财政总收入增长率、人均财政总收入、固定资产投资额增长率、全社会消费品零售总额增长率、外贸依存度（6 个）
产业经济竞争力（40 个）	强势指标	（0 个）
	优势指标	农业增加值、人均农业增加值、人均主要农产品产量、农业机械化水平、工业增加值、人均工业增加值、规模以上工业主营业务收入、规模以上工业利润总额、工业全员劳动生产率、服务业增加值、人均服务业增加值、服务业从业人员数、限额以上批零企业利税率、限额以上餐饮企业利税率、商品房销售收入、规模以上工业企业数、新产品销售收入占主营业务收入比重（17 个）
	劣势指标	农业增加值增长率、农民人均纯收入增长率、财政支农资金比重、工业增加值增长率、工业资产总额增长率、工业成本费用率、服务业增加值增长率、规模以上企业平均资产（8 个）
可持续发展竞争力（24 个）	强势指标	生活垃圾无害化处理率（1 个）
	优势指标	人口健康素质（1 个）
	劣势指标	人均牧草地面积、主要能源矿产基础储量、人均主要能源矿产基础储量、人均废水排放量、自然灾害直接经济损失额、常住人口增长率（6 个）

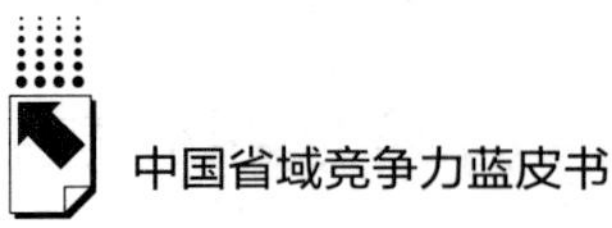

续表

二级指标	优劣势	四级指标
财政金融竞争力（22个）	强势指标	（0个）
	优势指标	地方财政支出、税收收入占财政总收入比重、地方财政支出增长率、贷款余额、中长期贷款占贷款余额比重、保险费净收入、保险密度（7个）
	劣势指标	地方财政收入占GDP比重、地方财政支出占GDP比重、税收收入占GDP比重、人均地方财政收入、人均税收收入、地方财政收入增长率、税收收入增长率（7个）
知识经济竞争力（29个）	强势指标	（0个）
	优势指标	R&D人员、R&D经费、R&D经费投入强度、发明专利授权量、技术市场成交合同金额、财政科技支出占地方财政支出比重、高技术产业主营业务收入、教育经费、高等学校数、高校专任教师数、万人高等学校在校学生数、文化制造业营业收入、文化服务业企业营业收入、图书和期刊出版数、印刷用纸量、农村居民人均文化娱乐支出（16个）
	劣势指标	教育经费占GDP比重、人均教育经费、公共教育经费占财政支出比重、人均文化教育支出、城镇居民人均文化娱乐支出、城镇居民人均文化娱乐支出占消费性支出比重（6个）
发展环境竞争力（18个）	强势指标	社会捐赠站点数（1个）
	优势指标	公路网线密度、人均内河航道里程、网站域名数、外资企业数增长率、个体私营企业数增长率、政府网站数（6个）
	劣势指标	人均邮电业务总量、电话普及率、人均耗电量、万人个体私营企业数、交通事故直接财产损失、罚没收入占财政收入比重（6个）
政府作用竞争力（16个）	强势指标	调控城乡消费差距（1个）
	优势指标	财政支出对GDP增长的拉动、政府公务员对经济的贡献（2个）
	劣势指标	物价调控、统筹经济社会发展、工业生产出厂价格指数（3个）
发展水平竞争力（18个）	强势指标	（0个）
	优势指标	工业增加值占GDP比重、私有和个体企业从业人员比重（2个）
	劣势指标	工业增加值增长率、城镇居民人均可支配收入、亿元以上商品市场成交额占全社会消费品零售总额比重、居民消费支出占总消费支出比重（4个）
统筹协调竞争力（16个）	强势指标	能源消耗下降率、居民收入占GDP比重、固定资产投资增长率、城乡居民人均消费支出比差（4个）
	优势指标	社会劳动生产率、非农用地产出率、环境竞争力与宏观经济竞争力比差、城乡居民家庭人均收入比差（4个）
	劣势指标	二三产业增加值比例、资源竞争力与宏观经济竞争力比差、资源竞争力与工业竞争力比差（3个）

17.2 湖北省经济综合竞争力各级指标具体分析

1. 湖北省宏观经济竞争力指标排名变化情况

表 17－5 2019～2020 年湖北省宏观经济竞争力指标组排位及变化趋势

指　标	2019 年	2020 年	排位升降	优劣势
1　宏观经济竞争力	7	18	－11	中势
1.1　经济实力竞争力	4	27	－23	劣势
地区生产总值	7	8	－1	优势
地区生产总值增长率	7	31	－24	劣势
人均地区生产总值	8	9	－1	优势
财政总收入	9	14	－5	中势
财政总收入增长率	10	31	－21	劣势
人均财政总收入	14	21	－7	劣势
固定资产投资额	5	10	－5	优势
固定资产投资额增长率	3	31	－28	劣势
人均固定资产投资额	6	12	－6	中势
全社会消费品零售总额	6	9	－3	优势
全社会消费品零售总额增长率	6	31	－25	劣势
人均全社会消费品零售总额	6	8	－2	优势
1.2　经济结构竞争力	6	10	－4	优势
产业结构优化度	26	18	8	中势
所有制经济结构优化度	10	12	－2	中势
城乡经济结构优化度	8	8	0	优势
就业结构优化度	24	18	6	中势
实体经济结构优化度	21	19	2	中势
贸易结构优化度	15	14	1	中势
1.3　经济外向度竞争力	18	14	4	中势
进出口总额	16	16	0	中势
进出口增长率	10	4	6	优势
出口总额	14	14	0	中势
出口增长率	17	4	13	优势
实际 FDI	11	14	－3	中势
实际 FDI 增长率	8	13	－5	中势
外贸依存度	24	22	2	劣势
外资企业数	11	11	0	中势
对外直接投资额	14	18	－4	中势

2. 湖北省产业经济竞争力指标排名变化情况

表 17-6　2019～2020 年湖北省产业经济竞争力指标组排位及变化趋势

指　标	2019 年	2020 年	排位升降	优劣势
2　产业经济竞争力	8	16	-8	中势
2.1　农业竞争力	11	21	-10	劣势
农业增加值	6	7	-1	优势
农业增加值增长率	13	28	-15	劣势
人均农业增加值	6	6	0	优势
农民人均纯收入	9	16	-7	中势
农民人均纯收入增长率	19	31	-12	劣势
农产品出口占农林牧渔总产值比重	15	12	3	中势
人均主要农产品产量	10	10	0	优势
农业机械化水平	9	9	0	优势
农村人均用电量	11	11	0	中势
财政支农资金比重	19	21	-2	劣势
2.2　工业竞争力	5	14	-9	中势
工业增加值	7	7	0	优势
工业增加值增长率	4	31	-27	劣势
人均工业增加值	7	7	0	优势
工业资产总额	10	11	-1	中势
工业资产总额增长率	20	24	-4	劣势
规模以上工业主营业务收入	7	9	-2	优势
工业成本费用率	21	24	-3	劣势
规模以上工业利润总额	7	9	-2	优势
工业全员劳动生产率	11	8	3	优势
工业收入利润率	10	13	-3	中势
2.3　服务业竞争力	9	16	-7	中势
服务业增加值	9	9	0	优势
服务业增加值增长率	10	31	-21	劣势
人均服务业增加值	9	9	0	优势
服务业从业人员数	8	9	-1	优势
限额以上批发零售企业主营业务收入	9	13	-4	中势
限额以上批零企业利税率	10	8	2	优势
限额以上餐饮企业利税率	7	7	0	优势
旅游外汇收入	12	12	0	中势
商品房销售收入	7	9	-2	优势
电子商务销售额	10	11	-1	中势

续表

指　标	2019 年	2020 年	排位升降	优劣势
2.4　企业竞争力	13	13	0	中势
规模以上工业企业数	9	9	0	优势
规模以上企业平均资产	23	23	0	劣势
规模以上企业平均收入	20	20	0	中势
规模以上企业平均利润	14	18	-4	中势
规模以上企业劳动效率	22	18	4	中势
城镇就业人员平均工资	19	20	-1	中势
新产品销售收入占主营业务收入比重	8	7	1	优势
产品质量抽查合格率	23	16	7	中势
工业企业 R&D 经费投入强度	12	11	1	中势
全国 500 强企业数	11	11	0	中势

3. 湖北省可持续发展竞争力指标排名变化情况

表 17-7　2019~2020 年湖北省可持续发展竞争力指标组排位及变化趋势

指　标	2019 年	2020 年	排位升降	优劣势
3　可持续发展竞争力	17	23	-6	劣势
3.1　资源竞争力	27	18	9	中势
人均国土面积	18	18	0	中势
人均可使用海域和滩涂面积	13	13	0	中势
人均年水资源量	20	11	9	中势
耕地面积	13	13	0	中势
人均耕地面积	14	14	0	中势
人均牧草地面积	24	24	0	劣势
主要能源矿产基础储量	21	21	0	劣势
人均主要能源矿产基础储量	24	24	0	劣势
人均森林储积量	18	18	0	中势
3.2　环境竞争力	11	15	-4	中势
森林覆盖率	15	15	0	中势
人均废水排放量	23	23	0	劣势
人均工业废气排放量	12	17	-5	中势
人均工业固体废物排放量	17	14	3	中势
人均治理工业污染投资额	22	13	9	中势
一般工业固体废物综合利用率	12	12	0	中势
生活垃圾无害化处理率	1	1	0	强势
自然灾害直接经济损失额	22	28	-6	劣势

续表

指　标	2019 年	2020 年	排位升降	优劣势
3.3　人力资源竞争力	15	23	-8	劣势
常住人口增长率	26	31	-5	劣势
15~64 岁人口比例	16	19	-3	中势
文盲率	21	13	8	中势
大专以上教育程度人口比例	11	18	-7	中势
平均受教育程度	13	13	0	中势
人口健康素质	6	7	-1	优势
职业学校毕业生数	13	13	0	中势

4. 湖北省财政金融竞争力指标排名变化情况

表 17－8　2019~2020 年湖北省财政金融竞争力指标组排位及变化趋势

指　标	2019 年	2020 年	排位升降	优劣势
4　财政金融竞争力	15	30	-15	劣势
4.1　财政竞争力	21	31	-10	劣势
地方财政收入	10	14	-4	中势
地方财政支出	10	8	2	优势
地方财政收入占 GDP 比重	30	31	-1	劣势
地方财政支出占 GDP 比重	26	24	2	劣势
税收收入占 GDP 比重	27	31	-4	劣势
税收收入占财政总收入比重	10	7	3	优势
人均地方财政收入	18	27	-9	劣势
人均地方财政支出	20	20	0	中势
人均税收收入	16	23	-7	劣势
地方财政收入增长率	16	31	-15	劣势
地方财政支出增长率	14	7	7	优势
税收收入增长率	12	31	-19	劣势
4.2　金融竞争力	10	10	0	优势
存款余额	11	12	-1	中势
人均存款余额	15	14	1	中势
贷款余额	11	10	1	优势
人均贷款余额	17	13	4	中势
中长期贷款占贷款余额比重	5	8	-3	优势
保险费净收入	9	9	0	优势
保险密度	11	8	3	优势
保险深度	21	16	5	中势
国内上市公司数	8	11	-3	中势
国内上市公司市值	11	12	-1	中势

5. 湖北省知识经济竞争力指标排名变化情况

表 17－9　2019～2020 年湖北省知识经济竞争力指标组排位及变化趋势

指　标	2019 年	2020 年	排位升降	优劣势
5　知识经济竞争力	8	8	0	优势
5.1　科技竞争力	7	7	0	优势
R&D 人员	8	8	0	优势
R&D 经费	9	8	1	优势
R&D 经费投入强度	9	8	1	优势
发明专利授权量	6	6	0	优势
技术市场成交合同金额	5	6	－1	优势
财政科技支出占地方财政支出比重	7	8	－1	优势
高技术产业主营业务收入	7	7	0	优势
高技术产业收入占工业增加值比重	14	16	－2	中势
高技术产品出口额占商品出口额比重	11	13	－2	中势
5.2　教育竞争力	10	10	0	优势
教育经费	10	10	0	优势
教育经费占 GDP 比重	29	28	1	劣势
人均教育经费	25	24	1	劣势
公共教育经费占财政支出比重	25	25	0	劣势
人均文化教育支出	23	25	－2	劣势
万人中小学学校数	16	13	3	中势
万人中小学专任教师数	17	16	1	中势
高等学校数	5	6	－1	优势
高校专任教师数	6	6	0	优势
万人高等学校在校学生数	7	7	0	优势
5.3　文化竞争力	8	10	－2	优势
文化制造业营业收入	8	9	－1	优势
文化批发零售业营业收入	10	11	－1	中势
文化服务业企业营业收入	6	6	0	优势
图书和期刊出版数	8	10	－2	优势
电子出版物品种	12	11	1	中势
印刷用纸量	8	8	0	优势
城镇居民人均文化娱乐支出	15	27	－12	劣势
农村居民人均文化娱乐支出	3	8	－5	优势
城镇居民人均文化娱乐支出占消费性支出比重	21	21	0	劣势
农村居民人均文化娱乐支出占消费性支出比重	15	14	1	中势

6. 湖北省发展环境竞争力指标排名变化情况

表 17－10　2019～2020 年湖北省发展环境竞争力指标组排位及变化趋势

指　标	2019 年	2020 年	排位升降	优劣势
6　发展环境竞争力	13	14	－1	中势
6.1　基础设施竞争力	13	14	－1	中势
铁路网线密度	16	16	0	中势
公路网线密度	7	6	1	优势
人均内河航道里程	7	7	0	优势
全社会旅客周转量	7	13	－6	中势
全社会货物周转量	11	12	－1	中势
人均邮电业务总量	29	29	0	劣势
电话普及率	29	30	－1	劣势
网站域名数	8	9	－1	优势
人均耗电量	21	22	－1	劣势
6.2　软环境竞争力	20	8	12	优势
外资企业数增长率	18	5	13	优势
万人外资企业数	11	15	－4	中势
个体私营企业数增长率	14	5	9	优势
万人个体私营企业数	8	25	－17	劣势
万人商标注册件数	14	18	－4	中势
政府网站数	5	8	－3	优势
交通事故直接财产损失	29	21	8	劣势
罚没收入占财政收入比重	15	23	－8	劣势
社会捐赠站点数	15	2	13	强势

7. 湖北省政府作用竞争力指标排名变化情况

表 17－11　2019～2020 年湖北省政府作用竞争力指标组排位及变化趋势

指　标	2019 年	2020 年	排位升降	优劣势
7　政府作用竞争力	14	20	－6	中势
7.1　政府发展经济竞争力	8	12	－4	中势
财政支出用于基本建设投资比重	7	11	－4	中势
财政支出对 GDP 增长的拉动	6	8	－2	优势
政府公务员对经济的贡献	8	10	－2	优势
政府消费对民间消费的拉动	16	19	－3	中势
财政投资对社会投资的拉动	15	15	0	中势

续表

指 标	2019年	2020年	排位升降	优劣势
7.2 政府规调经济竞争力	23	22	1	劣势
物价调控	25	24	1	劣势
调控城乡消费差距	2	2	0	强势
统筹经济社会发展	20	21	-1	劣势
规范税收	19	19	0	中势
工业生产出厂价格指数	23	24	-1	劣势
7.3 政府保障经济竞争力	16	18	-2	中势
城镇职工养老保险收支比	12	12	0	中势
医疗保险覆盖率	18	18	0	中势
养老保险覆盖率	14	14	0	中势
失业保险覆盖率	20	19	1	中势
最低工资标准	15	20	-5	中势
城镇登记失业率	6	15	-9	中势

8. 湖北省发展水平竞争力指标排名变化情况

表17-12 2019~2020年湖北省发展水平竞争力指标组排位及变化趋势

指 标	2019年	2020年	排位升降	优劣势
8 发展水平竞争力	15	20	-5	中势
8.1 工业化进程竞争力	12	14	-2	中势
工业增加值占GDP比重	8	8	0	优势
工业增加值增长率	5	31	-26	劣势
高技术产业占工业增加值比重	13	17	-4	中势
高技术产品占商品出口额比重	11	13	-2	中势
数字经济应用	14	14	0	中势
工农业增加值比值	14	16	-2	中势
8.2 城市化进程竞争力	20	19	1	中势
城镇化率	14	14	0	中势
城镇居民人均可支配收入	13	21	-8	劣势
城市平均建成区面积比重	19	19	0	中势
人均拥有道路面积	16	16	0	中势
人均日生活用水量	12	12	0	中势
人均公共绿地面积	23	17	6	中势

续表

指　标	2019 年	2020 年	排位升降	优劣势
8.3　市场化进程竞争力	19	19	0	中势
非公有制经济产值占全社会总产值比重	10	12	-2	中势
社会投资占投资总额比重	20	20	0	中势
私有和个体企业从业人员比重	4	8	-4	优势
亿元以上商品市场成交额	14	15	-1	中势
亿元以上商品市场成交额占全社会消费品零售总额比重	24	22	2	劣势
居民消费支出占总消费支出比重	30	28	2	劣势

9. 湖北省统筹协调竞争力指标排名变化情况

表 17－13　2019～2020 年湖北省统筹协调竞争力指标组排位及变化趋势

指　标	2019 年	2020 年	排位升降	优劣势
9　统筹协调竞争力	9	6	3	优势
9.1　统筹发展竞争力	12	9	3	优势
社会劳动生产率	9	10	-1	优势
能源消耗下降率	17	2	15	强势
万元 GDP 综合能耗下降率	11	19	-8	中势
非农用地产出率	9	10	-1	优势
居民收入占 GDP 比重	3	3	0	强势
二三产业增加值比例	24	21	3	劣势
固定资产投资额占 GDP 比重	19	19	0	中势
固定资产投资增长率	29	3	26	强势
9.2　协调发展竞争力	11	7	4	优势
资源竞争力与宏观经济竞争力比差	23	21	2	劣势
环境竞争力与宏观经济竞争力比差	10	9	1	优势
人力资源竞争力与宏观经济竞争力比差	5	11	-6	中势
资源竞争力与工业竞争力比差	23	22	1	劣势
环境竞争力与工业竞争力比差	7	12	-5	中势
城乡居民家庭人均收入比差	8	8	0	优势
城乡居民人均消费支出比差	2	2	0	强势
全社会消费品零售总额与外贸出口总额比差	25	19	6	中势

B.19
18
2019～2020年湖南省经济综合竞争力评价分析报告

湖南省简称“湘”，省会长沙，东临江西，西接重庆、贵州，南毗广东、广西，北连湖北。全省面积为21.18万平方公里，2020年全省常住人口为6645万人，地区生产总值为41781亿元，同比增长3.8%，人均GDP达62900元。本部分通过分析2019～2020年湖南省经济综合竞争力以及各要素竞争力的排名变化，从中找出湖南省经济综合竞争力的推动点及影响因素，为进一步提升湖南省经济综合竞争力提供决策参考。

18.1 湖南省经济综合竞争力总体分析

1. 湖南省经济综合竞争力一级指标概要分析

（1）从综合排位看，2020年湖南省经济综合竞争力综合排位在全国居第12位，这表明其在全国处于中势地位；与2019年相比，综合排位上升了2位。

（2）从指标所处区位看，4个指标处于上游区，分别为宏观经济竞争力、产业经济竞争力、知识经济竞争力、发展环境竞争力，这些为湖南省经济综合竞争力的优势指标。

（3）从指标变化趋势看，9个二级指标中，有7个指标处于上升趋势，分别为宏观经济竞争力、产业经济竞争力、可持续发展竞争力、知识经济竞争力、发展环境竞争力、发展水平竞争力、统筹协调竞争力，这些是湖南省经济综合竞争力的上升动力所在；有2个指标处于下降趋势，为财政金融竞争力和政府作用竞争力，这些是湖南省经济综合竞争力的下降拉力所在。

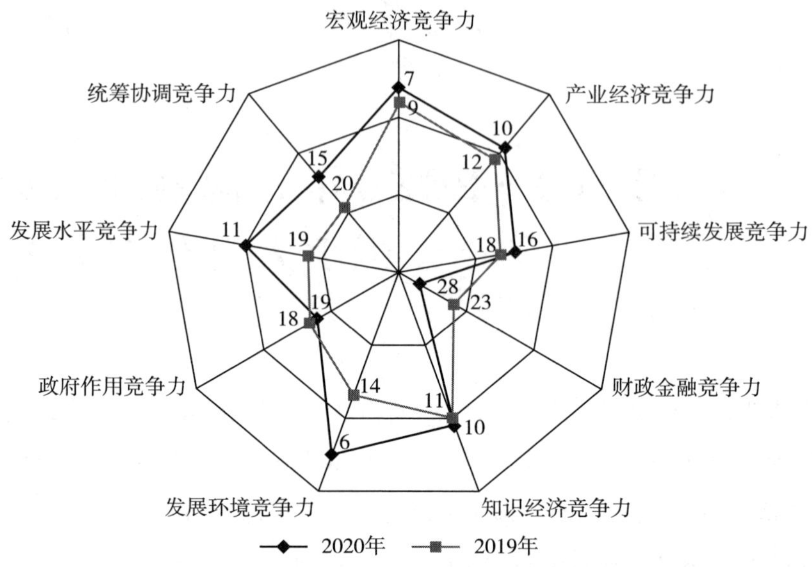

图 18－1　2019～2020 年湖南省经济综合竞争力二级指标比较

表 18－1　2019～2020 年湖南省经济综合竞争力二级指标表现情况

	宏观经济竞争力	产业经济竞争力	可持续发展竞争力	财政金融竞争力	知识经济竞争力	发展环境竞争力	政府作用竞争力	发展水平竞争力	统筹协调竞争力	**综合排位**
2019 年	9	12	18	23	11	14	18	19	20	14
2020 年	7	10	16	28	10	6	19	11	15	12
升降	2	2	2	－5	1	8	－1	8	5	2
优劣度	优势	优势	中势	劣势	优势	优势	中势	中势	中势	中势

2. 湖南省经济综合竞争力各级指标动态变化分析

从表 18－2 可以看出，210 个四级指标中，上升指标有 82 个，占指标总数的 39.0%；下降指标有 65 个，占指标总数的 31.0%；保持不变的指标有 63 个，占指标总数的 30.0%。综上所述，湖南省经济综合竞争力的上升指标个数明显大于下降指标个数，上升动力大于下降拉力，且排位保持不变的指标适中，2019～2020 年湖南省经济综合竞争力排位上升。

表 18－2　2019～2020 年湖南省经济综合竞争力各级指标排位变化情况

单位：个，%

二级指标	三级指标	四级指标数	上升		保持		下降		变化趋势
			指标数	比重	指标数	比重	指标数	比重	
宏观经济竞争力	经济实力竞争力	12	6	50.0	3	25.0	3	25.0	上升
	经济结构竞争力	6	1	16.7	1	16.7	4	66.7	下降
	经济外向度竞争力	9	5	55.6	1	11.1	3	33.3	下降
	小　计	**27**	12	44.4	5	18.5	10	37.0	上升
产业经济竞争力	农业竞争力	10	5	50.0	2	20.0	3	30.0	上升
	工业竞争力	10	5	50.0	3	30.0	2	20.0	上升
	服务业竞争力	10	3	30.0	3	30.0	4	40.0	上升
	企业竞争力	10	1	10.0	7	70.0	2	20.0	保持
	小　计	**40**	14	35.0	15	37.5	11	27.5	上升
可持续发展竞争力	资源竞争力	9	3	33.3	6	66.7	0	0.0	下降
	环境竞争力	8	3	37.5	3	37.5	2	25.0	上升
	人力资源竞争力	7	2	28.6	0	0.0	5	71.4	下降
	小　计	**24**	8	33.3	9	37.5	7	29.2	上升
财政金融竞争力	财政竞争力	12	8	66.7	2	16.7	2	16.7	上升
	金融竞争力	10	4	40.0	2	20.0	4	40.0	下降
	小　计	**22**	12	54.5	4	18.2	6	27.3	下降
知识经济竞争力	科技竞争力	9	3	33.3	4	44.4	2	22.2	保持
	教育竞争力	10	2	20.0	6	60.0	2	20.0	保持
	文化竞争力	10	3	30.0	4	40.0	3	30.0	保持
	小　计	**29**	8	27.6	14	48.3	7	24.1	上升
发展环境竞争力	基础设施竞争力	9	2	22.2	3	33.3	4	44.4	上升
	软环境竞争力	9	5	55.6	0	0.0	4	44.4	上升
	小　计	**18**	7	38.9	3	16.7	8	44.4	上升
政府作用竞争力	政府发展经济竞争力	5	1	20.0	3	60.0	1	20.0	保持
	政府规调经济竞争力	5	2	40.0	1	20.0	2	40.0	上升
	政府保障经济竞争力	6	4	66.7	0	0.0	2	33.3	下降
	小　计	**16**	7	43.8	4	25.0	5	31.3	下降
发展水平竞争力	工业化进程竞争力	6	2	33.3	3	50.0	1	16.7	下降
	城市化进程竞争力	6	3	50.0	1	16.7	2	33.3	上升
	市场化进程竞争力	6	2	33.3	2	33.3	2	33.3	上升
	小　计	**18**	7	38.9	6	33.3	5	27.8	上升

续表

二级指标	三级指标	四级指标数	上升		保持		下降		变化趋势
			指标数	比重	指标数	比重	指标数	比重	
统筹协调竞争力	统筹发展竞争力	8	5	62.5	0	0.0	3	37.5	上升
	协调发展竞争力	8	2	25.0	3	37.5	3	37.5	上升
	小　计	**16**	7	43.8	3	18.8	6	37.5	上升
合　计		**210**	82	39.0	63	30.0	65	31.0	上升

3. 湖南省经济综合竞争力各级指标优劣势结构分析

基于图 18－2 和表 18－3，具体到四级指标，强势指标 12 个，占指标总数的 5.7%；优势指标 63 个，占指标总数的 30.0%；中势指标 86 个，占指标总数的 41.0%；劣势指标 49 个，占指标总数的 23.3%。三级指标中，没有强势指标；优势指标 8 个，占三级指标总数的 32.0%；中势指标 15 个，占三级指标总数的 60.0%；劣势指标 2 个，占三级指标总数的 8.0%。从二级指标看，没有强势指标；优势指标有 4 个，占二级指标总数的 44.4%；中势指标有 4 个，占二级指标总数的 44.4%，劣势指标有 1 个，占二级指标总数的 11.1%。综合来看，由于中势指标在指标体系中居于主导地位，2020 年湖南省经济综合竞争力处于中势地位。

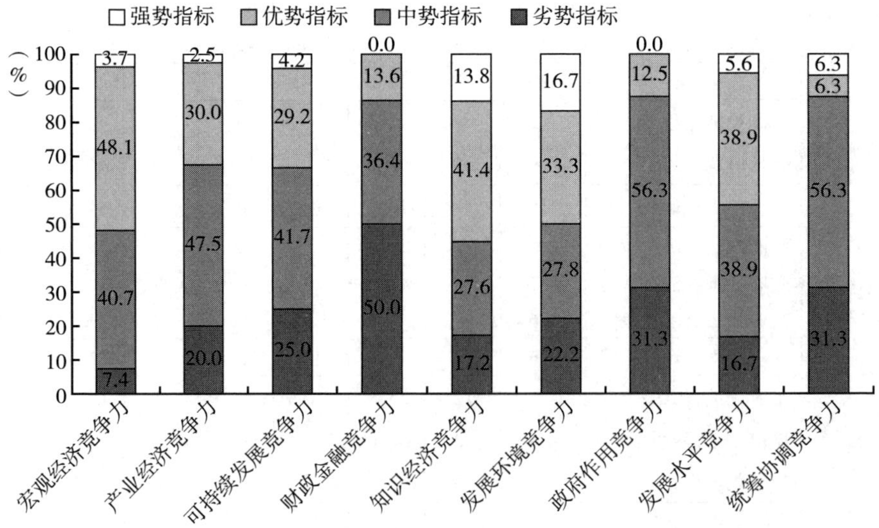

图 18－2　2020 年湖南省经济综合竞争力各级指标优劣势比较

表 18－3　2020 年湖南省经济综合竞争力各级指标优劣势情况

单位：个，%

二级指标	三级指标	四级指标数	强势指标		优势指标		中势指标		劣势指标		优劣势
			个数	比重	个数	比重	个数	比重	个数	比重	
宏观经济竞争力	经济实力竞争力	12	1	8.3	7	58.3	4	33.3	0	0.0	优势
	经济结构竞争力	6	0	0.0	3	50.0	2	33.3	1	16.7	优势
	经济外向度竞争力	9	0	0.0	3	33.3	5	55.6	1	11.1	中势
	小　计	**27**	1	3.7	13	48.1	11	40.7	2	7.4	优势
产业经济竞争力	农业竞争力	10	0	0.0	2	20.0	7	70.0	1	10.0	优势
	工业竞争力	10	0	0.0	3	30.0	5	50.0	2	20.0	中势
	服务业竞争力	10	1	10.0	3	30.0	6	60.0	0	0.0	优势
	企业竞争力	10	0	0.0	4	40.0	1	10.0	5	50.0	中势
	小　计	**40**	1	2.5	12	30.0	19	47.5	8	20.0	优势
可持续发展竞争力	资源竞争力	9	0	0.0	1	11.1	6	66.7	2	22.2	中势
	环境竞争力	8	1	12.5	4	50.0	1	12.5	2	25.0	优势
	人力资源竞争力	7	0	0.0	2	28.6	3	42.9	2	28.6	中势
	小　计	**24**	1	4.2	7	29.2	10	41.7	6	25.0	中势
财政金融竞争力	财政竞争力	12	0	0.0	2	16.7	4	33.3	6	50.0	劣势
	金融竞争力	10	0	0.0	1	10.0	4	40.0	5	50.0	劣势
	小　计	**22**	0	0.0	3	13.6	8	36.4	11	50.0	劣势
知识经济竞争力	科技竞争力	9	0	0.0	4	44.4	4	44.4	1	11.1	中势
	教育竞争力	10	0	0.0	5	50.0	1	10.0	4	40.0	中势
	文化竞争力	10	4	40.0	3	30.0	3	30.0	0	0.0	优势
	小　计	**29**	4	13.8	12	41.4	8	27.6	5	17.2	优势
发展环境竞争力	基础设施竞争力	9	0	0.0	3	33.3	3	33.3	3	33.3	中势
	软环境竞争力	9	3	33.3	3	33.3	2	22.2	1	11.1	优势
	小　计	**18**	3	16.7	6	33.3	5	27.8	4	22.2	优势
政府作用竞争力	政府发展经济竞争力	5	0	0.0	1	20.0	4	80.0	0	0.0	中势
	政府规调经济竞争力	5	0	0.0	0	0.0	3	60.0	2	40.0	中势
	政府保障经济竞争力	6	0	0.0	1	16.7	2	33.3	3	50.0	中势
	小　计	**16**	0	0.0	2	12.5	9	56.3	5	31.3	中势
发展水平竞争力	工业化进程竞争力	6	1	16.7	0	0.0	4	66.7	1	16.7	中势
	城市化进程竞争力	6	0	0.0	2	33.3	2	33.3	2	33.3	中势
	市场化进程竞争力	6	0	0.0	5	83.3	1	16.7	0	0.0	优势
	小　计	**18**	1	5.6	7	38.9	7	38.9	3	16.7	中势

续表

二级指标	三级指标	四级指标数	强势指标		优势指标		中势指标		劣势指标		优劣势
			个数	比重	个数	比重	个数	比重	个数	比重	
统筹协调竞争力	统筹发展竞争力	8	0	0.0	1	12.5	6	75.0	1	12.5	中势
	协调发展竞争力	8	1	12.5	0	0.0	3	37.5	4	50.0	中势
	小　计	**16**	1	6.3	1	6.3	9	56.3	5	31.3	中势
合　计		**210**	12	5.7	63	30.0	86	41.0	49	23.3	中势

4. 湖南省经济综合竞争力四级指标优劣势对比分析

表 18－4　2020 年湖南省经济综合竞争力各级指标优劣势情况

二级指标	优劣势	四级指标
宏观经济竞争力（27 个）	强势指标	财政总收入增长率（1 个）
	优势指标	地区生产总值、地区生产总值增长率、财政总收入、固定资产投资额、固定资产投资额增长率、人均固定资产投资额、全社会消费品零售总额、所有制经济结构优化度、实体经济结构优化度、贸易结构优化度、进出口增长率、出口增长率、对外直接投资额（13 个）
	劣势指标	城乡经济结构优化度、外贸依存度（2 个）
产业经济竞争力（40 个）	强势指标	限额以上批零企业利税率（1 个）
	优势指标	农业增加值、农业机械化水平、工业增加值、工业增加值增长率、工业资产总额增长率、服务业增加值、服务业从业人员数、限额以上餐饮企业利税率、规模以上工业企业数、新产品销售收入占主营业务收入比重、产品质量抽查合格率、工业企业 R&D 经费投入强度（12 个）
	劣势指标	农产品出口占农林牧渔总产值比重、工业成本费用率、工业全员劳动生产率、规模以上企业平均资产、规模以上企业平均收入、规模以上企业平均利润、规模以上企业劳动效率、城镇就业人员平均工资（8 个）
可持续发展竞争力（24 个）	强势指标	生活垃圾无害化处理率（1 个）
	优势指标	人均年水资源量、森林覆盖率、人均工业废气排放量、人均工业固体废物排放量、一般工业固体废物综合利用率、人口健康素质、职业学校毕业生数（7 个）
	劣势指标	人均耕地面积、人均主要能源矿产基础储量、人均治理工业污染投资额、自然灾害直接经济损失额、15～64 岁人口比例、大专以上教育程度人口比例（6 个）

续表

二级指标	优劣势	四级指标
财政金融竞争力（22个）	强势指标	（0个）
	优势指标	地方财政支出、税收收入增长率、国内上市公司数（3个）
	劣势指标	地方财政收入占GDP比重、地方财政支出占GDP比重、税收收入占GDP比重、人均地方财政收入、人均地方财政支出、人均税收收入、人均存款余额、人均贷款余额、中长期贷款占贷款余额比重、保险密度、保险深度（11个）
知识经济竞争力（29个）	强势指标	图书和期刊出版数、城镇居民人均文化娱乐支出、农村居民人均文化娱乐支出、城镇居民人均文化娱乐支出占消费性支出比重（4个）
	优势指标	R&D人员、R&D经费、发明专利授权量、高技术产业主营业务收入、教育经费、万人中小学学校数、万人中小学专任教师数、高等学校数、高校专任教师数、文化制造业营业收入、印刷用纸量、农村居民人均文化娱乐支出占消费性支出比重（12个）
	劣势指标	高技术产品出口额占商品出口额比重、教育经费占GDP比重、人均教育经费、公共教育经费占财政支出比重、人均文化教育支出（5个）
发展环境竞争力（18个）	强势指标	万人外资企业数、万人商标注册件数、罚没收入占财政收入比重（3个）
	优势指标	人均内河航道里程、全社会旅客周转量、网站域名数、个体私营企业数增长率、交通事故直接财产损失、社会捐赠站点数（6个）
	劣势指标	人均邮电业务总量、电话普及率、人均耗电量、外资企业数增长率（4个）
政府作用竞争力（16个）	强势指标	（0个）
	优势指标	财政投资对社会投资的拉动、城镇职工养老保险收支比（2个）
	劣势指标	规范税收、工业生产出厂价格指数、医疗保险覆盖率、最低工资标准、城镇登记失业率（5个）
发展水平竞争力（18个）	强势指标	工业增加值增长率（1个）
	优势指标	城镇居民人均可支配收入、人均日生活用水量、非公有制经济产值占全社会总产值比重、社会投资占投资总额比重、私有和个体企业从业人员比重、亿元以上商品市场成交额、亿元以上商品市场成交额占全社会消费品零售总额比重（7个）
	劣势指标	高技术产品占商品出口额比重、城镇化率、人均公共绿地面积（3个）
统筹协调竞争力（16个）	强势指标	人力资源竞争力与宏观经济竞争力比差（1个）
	优势指标	固定资产投资增长率（1个）
	劣势指标	固定资产投资额占GDP比重、资源竞争力与宏观经济竞争力比差、资源竞争力与工业竞争力比差、城乡居民家庭人均收入比差、全社会消费品零售总额与外贸出口总额比差（5个）

18.2 湖南省经济综合竞争力各级指标具体分析

1. 湖南省宏观经济竞争力指标排名变化情况

表 18－5 2019～2020 年湖南省宏观经济竞争力指标组排位及变化趋势

指　标	2019 年	2020 年	排位升降	优劣势
1　宏观经济竞争力	9	7	2	优势
1.1　经济实力竞争力	12	8	4	优势
地区生产总值	9	9	0	优势
地区生产总值增长率	5	9	－4	优势
人均地区生产总值	14	14	0	中势
财政总收入	13	9	4	优势
财政总收入增长率	31	1	30	强势
人均财政总收入	24	19	5	中势
固定资产投资额	6	5	1	优势
固定资产投资额增长率	4	9	－5	优势
人均固定资产投资额	12	8	4	优势
全社会消费品零售总额	10	10	0	优势
全社会消费品零售总额增长率	7	13	－6	中势
人均全社会消费品零售总额	14	13	1	中势
1.2　经济结构竞争力	2	5	－3	优势
产业结构优化度	10	15	－5	中势
所有制经济结构优化度	5	6	－1	优势
城乡经济结构优化度	22	24	－2	劣势
就业结构优化度	12	17	－5	中势
实体经济结构优化度	7	6	1	优势
贸易结构优化度	9	9	0	优势
1.3　经济外向度竞争力	11	16	－5	中势
进出口总额	19	19	0	中势
进出口增长率	2	5	－3	优势
出口总额	18	16	2	中势
出口增长率	3	6	－3	优势
实际 FDI	12	16	－4	中势
实际 FDI 增长率	29	16	13	中势
外贸依存度	27	26	1	劣势
外资企业数	13	12	1	中势
对外直接投资额	15	8	7	优势

2. 湖南省产业经济竞争力指标排名变化情况

表 18 －6　2019 ~ 2020 年湖南省产业经济竞争力指标组排位及变化趋势

指　标	2019 年	2020 年	排位升降	优劣势
2　产业经济竞争力	12	10	2	优势
2.1　农业竞争力	13	9	4	优势
农业增加值	7	6	1	优势
农业增加值增长率	13	11	2	中势
人均农业增加值	15	11	4	中势
农民人均纯收入	13	12	1	中势
农民人均纯收入增长率	24	13	11	中势
农产品出口占农林牧渔总产值比重	20	21	－1	劣势
人均主要农产品产量	13	13	0	中势
农业机械化水平	5	6	－1	优势
农村人均用电量	14	14	0	中势
财政支农资金比重	15	17	－2	中势
2.2　工业竞争力	15	13	2	中势
工业增加值	9	9	0	优势
工业增加值增长率	7	9	－2	优势
人均工业增加值	19	17	2	中势
工业资产总额	17	17	0	中势
工业资产总额增长率	13	8	5	优势
规模以上工业主营业务收入	11	11	0	中势
工业成本费用率	26	29	－3	劣势
规模以上工业利润总额	13	11	2	中势
工业全员劳动生产率	25	23	2	劣势
工业收入利润率	18	11	7	中势
2.3　服务业竞争力	11	10	1	优势
服务业增加值	10	10	0	优势
服务业增加值增长率	8	13	－5	中势
人均服务业增加值	13	13	0	中势
服务业从业人员数	10	8	2	优势
限额以上批发零售企业主营业务收入	17	19	－2	中势
限额以上批零企业利税率	4	3	1	强势
限额以上餐饮企业利税率	5	4	1	优势
旅游外汇收入	14	14	0	中势
商品房销售收入	10	11	－1	中势
电子商务销售额	14	16	－2	中势

续表

指　标	2019 年	2020 年	排位升降	优劣势
2.4　企业竞争力	16	16	0	中势
规模以上工业企业数	8	8	0	优势
规模以上企业平均资产	31	31	0	劣势
规模以上企业平均收入	27	27	0	劣势
规模以上企业平均利润	26	26	0	劣势
规模以上企业劳动效率	25	25	0	劣势
城镇就业人员平均工资	23	25	-2	劣势
新产品销售收入占主营业务收入比重	7	9	-2	优势
产品质量抽查合格率	11	10	1	优势
工业企业 R&D 经费投入强度	8	8	0	优势
全国 500 强企业数	19	19	0	中势

3. 湖南省可持续发展竞争力指标排名变化情况

表 18-7　2019～2020 年湖南省可持续发展竞争力指标组排位及变化趋势

指　标	2019 年	2020 年	排位升降	优劣势
3　可持续发展竞争力	18	16	2	中势
3.1　资源竞争力	19	20	-1	中势
人均国土面积	20	19	1	中势
人均可使用海域和滩涂面积	13	13	0	中势
人均年水资源量	11	9	2	优势
耕地面积	16	16	0	中势
人均耕地面积	23	23	0	劣势
人均牧草地面积	20	19	1	中势
主要能源矿产基础储量	20	20	0	中势
人均主要能源矿产基础储量	25	25	0	劣势
人均森林储积量	19	19	0	中势
3.2　环境竞争力	14	8	6	优势
森林覆盖率	8	8	0	优势
人均废水排放量	17	17	0	中势
人均工业废气排放量	4	7	-3	优势
人均工业固体废物排放量	6	4	2	优势
人均治理工业污染投资额	28	27	1	劣势
一般工业固体废物综合利用率	8	9	-1	优势
生活垃圾无害化处理率	1	1	0	强势
自然灾害直接经济损失额	27	25	2	劣势

续表

指 标	2019 年	2020 年	排位升降	优劣势
3.3 人力资源竞争力	14	16	-2	中势
常住人口增长率	21	18	3	中势
15~64 岁人口比例	29	28	1	劣势
文盲率	9	11	-2	中势
大专以上教育程度人口比例	20	29	-9	劣势
平均受教育程度	11	15	-4	中势
人口健康素质	3	4	-1	优势
职业学校毕业生数	7	8	-1	优势

4. 湖南省财政金融竞争力指标排名变化情况

表 18-8 2019~2020 年湖南省财政金融竞争力指标组排位及变化趋势

指 标	2019 年	2020 年	排位升降	优劣势
4 财政金融竞争力	23	28	-5	劣势
4.1 财政竞争力	25	22	3	劣势
地方财政收入	13	12	1	中势
地方财政支出	9	9	0	优势
地方财政收入占 GDP 比重	28	29	-1	劣势
地方财政支出占 GDP 比重	23	21	2	劣势
税收收入占 GDP 比重	31	30	1	劣势
税收收入占财政总收入比重	25	20	5	中势
人均地方财政收入	25	24	1	劣势
人均地方财政支出	27	25	2	劣势
人均税收收入	26	25	1	劣势
地方财政收入增长率	8	17	-9	中势
地方财政支出增长率	19	13	6	中势
税收收入增长率	6	6	0	优势
4.2 金融竞争力	16	28	-12	劣势
存款余额	13	14	-1	中势
人均存款余额	25	27	-2	劣势
贷款余额	14	14	0	中势
人均贷款余额	29	27	2	劣势
中长期贷款占贷款余额比重	7	30	-23	劣势
保险费净收入	11	11	0	中势
保险密度	24	22	2	劣势
保险深度	24	23	1	劣势
国内上市公司数	9	10	-1	优势
国内上市公司市值	13	11	2	中势

5. 湖南省知识经济竞争力指标排名变化情况

表 18－9　2019～2020 年湖南省知识经济竞争力指标组排位及变化趋势

指　标	2019 年	2020 年	排位升降	优劣势
5　知识经济竞争力	11	10	1	优势
5.1　科技竞争力	14	14	0	中势
R&D 人员	12	9	3	优势
R&D 经费	7	10	－3	优势
R&D 经费投入强度	13	13	0	中势
发明专利授权量	8	8	0	优势
技术市场成交合同金额	12	11	1	中势
财政科技支出占地方财政支出比重	13	12	1	中势
高技术产业主营业务收入	9	9	0	优势
高技术产业收入占工业增加值比重	17	17	0	中势
高技术产品出口额占商品出口额比重	19	21	－2	劣势
5.2　教育竞争力	14	14	0	中势
教育经费	8	8	0	优势
教育经费占 GDP 比重	21	22	－1	劣势
人均教育经费	28	28	0	劣势
公共教育经费占财政支出比重	28	28	0	劣势
人均文化教育支出	29	28	1	劣势
万人中小学学校数	9	10	－1	优势
万人中小学专任教师数	5	5	0	优势
高等学校数	7	7	0	优势
高校专任教师数	8	8	0	优势
万人高等学校在校学生数	22	19	3	中势
5.3　文化竞争力	7	7	0	优势
文化制造业营业收入	6	7	－1	优势
文化批发零售业营业收入	12	12	0	中势
文化服务业企业营业收入	9	11	－2	中势
图书和期刊出版数	4	3	1	强势
电子出版物品种	13	14	－1	中势
印刷用纸量	9	9	0	优势
城镇居民人均文化娱乐支出	4	3	1	强势
农村居民人均文化娱乐支出	2	1	1	强势
城镇居民人均文化娱乐支出占消费性支出比重	1	1	0	强势
农村居民人均文化娱乐支出占消费性支出比重	4	4	0	优势

6. 湖南省发展环境竞争力指标排名变化情况

表 18－10　2019～2020 年湖南省发展环境竞争力指标组排位及变化趋势

指　标	2019 年	2020 年	排位升降	优劣势
6　发展环境竞争力	14	6	8	优势
6.1　基础设施竞争力	15	13	2	中势
铁路网线密度	19	20	－1	中势
公路网线密度	14	15	－1	中势
人均内河航道里程	5	5	0	优势
全社会旅客周转量	4	4	0	优势
全社会货物周转量	20	20	0	中势
人均邮电业务总量	27	24	3	劣势
电话普及率	28	26	2	劣势
网站域名数	5	7	－2	优势
人均耗电量	29	30	－1	劣势
6.2　软环境竞争力	14	4	10	优势
外资企业数增长率	9	30	－21	劣势
万人外资企业数	17	2	15	强势
个体私营企业数增长率	30	4	26	优势
万人个体私营企业数	25	19	6	中势
万人商标注册件数	20	3	17	强势
政府网站数	9	11	－2	中势
交通事故直接财产损失	2	10	－8	优势
罚没收入占财政收入比重	26	3	23	强势
社会捐赠站点数	4	5	－1	优势

7. 湖南省政府作用竞争力指标排名变化情况

表 18－11　2019～2020 年湖南省政府作用竞争力指标组排位及变化趋势

指　标	2019 年	2020 年	排位升降	优劣势
7　政府作用竞争力	18	19	－1	中势
7.1　政府发展经济竞争力	11	11	0	中势
财政支出用于基本建设投资比重	18	18	0	中势
财政支出对 GDP 增长的拉动	9	11	－2	中势
政府公务员对经济的贡献	12	12	0	中势
政府消费对民间消费的拉动	15	14	1	中势
财政投资对社会投资的拉动	5	5	0	优势

续表

指　标	2019年	2020年	排位升降	优劣势
7.2　政府规调经济竞争力	21	20	1	中势
物价调控	21	11	10	中势
调控城乡消费差距	13	11	2	中势
统筹经济社会发展	15	17	-2	中势
规范税收	25	25	0	劣势
工业生产出厂价格指数	16	22	-6	劣势
7.3　政府保障经济竞争力	18	20	-2	中势
城镇职工养老保险收支比	11	6	5	优势
医疗保险覆盖率	24	22	2	劣势
养老保险覆盖率	12	11	1	中势
失业保险覆盖率	14	17	-3	中势
最低工资标准	29	21	8	劣势
城镇登记失业率	11	27	-16	劣势

8. 湖南省发展水平竞争力指标排名变化情况

表18-12　2019~2020年湖南省发展水平竞争力指标组排位及变化趋势

指　标	2019年	2020年	排位升降	优劣势
8　发展水平竞争力	19	11	8	中势
8.1　工业化进程竞争力	18	19	-1	中势
工业增加值占GDP比重	17	17	0	中势
工业增加值增长率	22	2	20	强势
高技术产业占工业增加值比重	15	13	2	中势
高技术产品占商品出口额比重	19	21	-2	劣势
数字经济应用	17	17	0	中势
工农业增加值比值	19	19	0	中势
8.2　城市化进程竞争力	17	15	2	中势
城镇化率	22	22	0	劣势
城镇居民人均可支配收入	10	9	1	优势
城市平均建成区面积比重	15	13	2	中势
人均拥有道路面积	15	13	2	中势
人均日生活用水量	7	8	-1	优势
人均公共绿地面积	26	27	-1	劣势

续表

指　标	2019 年	2020 年	排位升降	优劣势
8.3　市场化进程竞争力	11	4	7	优势
非公有制经济产值占全社会总产值比重	5	6	-1	优势
社会投资占投资总额比重	8	9	-1	优势
私有和个体企业从业人员比重	25	7	18	优势
亿元以上商品市场成交额	7	7	0	优势
亿元以上商品市场成交额占全社会消费品零售总额比重	10	9	1	优势
居民消费支出占总消费支出比重	14	14	0	中势

9. 湖南省统筹协调竞争力指标排名变化情况

表 18-13　2019~2020 年湖南省统筹协调竞争力指标组排位及变化趋势

指　标	2019 年	2020 年	排位升降	优劣势
9　统筹协调竞争力	20	15	5	中势
9.1　统筹发展竞争力	17	11	6	中势
社会劳动生产率	15	12	3	中势
能源消耗下降率	13	19	-6	中势
万元 GDP 综合能耗下降率	6	13	-7	中势
非农用地产出率	15	13	2	中势
居民收入占 GDP 比重	23	18	5	中势
二三产业增加值比例	12	18	-6	中势
固定资产投资额占 GDP 比重	23	22	1	劣势
固定资产投资增长率	28	4	24	优势
9.2　协调发展竞争力	21	18	3	中势
资源竞争力与宏观经济竞争力比差	24	25	-1	劣势
环境竞争力与宏观经济竞争力比差	13	14	-1	中势
人力资源竞争力与宏观经济竞争力比差	6	1	5	强势
资源竞争力与工业竞争力比差	24	24	0	劣势
环境竞争力与工业竞争力比差	18	18	0	中势
城乡居民家庭人均收入比差	22	24	-2	劣势
城乡居民人均消费支出比差	13	11	2	中势
全社会消费品零售总额与外贸出口总额比差	22	22	0	劣势

B.20
19
2019～2020年广东省经济综合竞争力评价分析报告

广东省简称"粤"，省会广州，位于南岭以南，南海之滨，与香港、澳门、广西、湖南、江西及福建接壤，与海南隔海相望。全省面积为17.97万平方公里，2020年全省常住人口为12624万人，地区生产总值为110761亿元，同比增长2.3%，人均GDP达88210元。本部分通过分析2019～2020年广东省经济综合竞争力以及各要素竞争力的排名变化，从中找出广东省经济综合竞争力的推动点及影响因素，为进一步提升广东省经济综合竞争力提供决策参考。

19.1 广东省经济综合竞争力总体分析

1. 广东省经济综合竞争力一级指标概要分析

（1）从综合排位看，2020年广东省经济综合竞争力综合排位在全国居第1位，这表明其在全国处于强势地位；与2019年相比，综合排位没有发生变化。

（2）从指标所处区位看，9个指标全部处于上游区，其中宏观经济竞争力、产业经济竞争力、可持续发展竞争力、财政金融竞争力、知识经济竞争力等5个指标为广东省经济综合竞争力的强势指标。

（3）从指标变化趋势看，9个二级指标中，有2个指标处于上升趋势，分别为可持续发展竞争力和发展水平竞争力，这些是广东省经济综合竞争力的上升动力所在；有4个指标排位没有发生变化，分别为宏观经济竞争力、产业经济竞争力、财政金融竞争力和知识经济竞争力；有3个指标处于下降趋势，分别为发展环境竞争力、政府作用竞争力和统筹协调竞争力，这些是广东省经济综合竞争力的下降拉力所在。

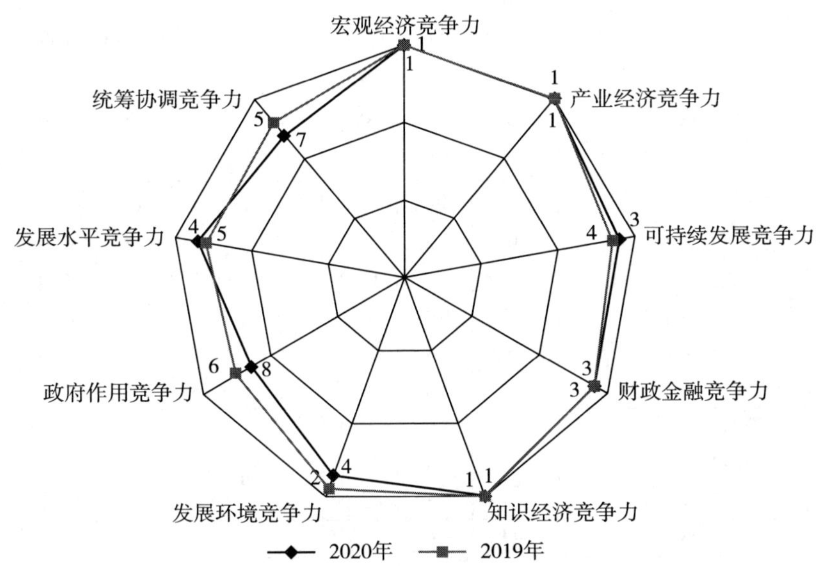

图 19－1　2019～2020 年广东省经济综合竞争力二级指标比较

表 19－1　2019～2020 年广东省经济综合竞争力二级指标表现情况

	宏观经济竞争力	产业经济竞争力	可持续发展竞争力	财政金融竞争力	知识经济竞争力	发展环境竞争力	政府作用竞争力	发展水平竞争力	统筹协调竞争力	**综合排位**
2019 年	1	1	4	3	1	2	6	5	5	1
2020 年	1	1	3	3	1	4	8	4	7	1
升降	0	0	1	0	0	－2	－2	1	－2	0
优劣度	强势	强势	强势	强势	强势	优势	优势	优势	优势	强势

2. 广东省经济综合竞争力各级指标动态变化分析

从表 19－2 可以看出，210 个四级指标中，上升指标有 42 个，占指标总数的 20.0%；下降指标有 80 个，占指标总数的 38.1%；保持不变的指标有 88 个，占指标总数的 41.9%。综上所述，广东省经济综合竞争力的上升动力略显不足，排位保持不变的指标占较大比重，2019～2020 年广东省经济综合竞争力排位保持不变。

表 19－2　2019～2020 年广东省经济综合竞争力各级指标排位变化情况

单位：个，%

二级指标	三级指标	四级指标数	上升		保持		下降		变化趋势
			指标数	比重	指标数	比重	指标数	比重	
宏观经济竞争力	经济实力竞争力	12	2	16.7	3	25.0	7	58.3	保持
	经济结构竞争力	6	0	0.0	3	50.0	3	50.0	上升
	经济外向度竞争力	9	3	33.3	5	55.6	1	11.1	保持
	小　计	**27**	5	18.5	11	40.7	11	40.7	保持
产业经济竞争力	农业竞争力	10	2	20.0	4	40.0	4	40.0	下降
	工业竞争力	10	1	10.0	6	60.0	3	30.0	下降
	服务业竞争力	10	0	0.0	7	70.0	3	30.0	保持
	企业竞争力	10	3	30.0	6	60.0	1	10.0	保持
	小　计	**40**	6	15.0	23	57.5	11	27.5	保持
可持续发展竞争力	资源竞争力	9	0	0.0	6	66.7	3	33.3	下降
	环境竞争力	8	3	37.5	2	25.0	3	37.5	上升
	人力资源竞争力	7	3	42.9	0	0.0	4	57.1	保持
	小　计	**24**	6	25.0	8	33.3	10	41.7	上升
财政金融竞争力	财政竞争力	12	3	25.0	4	33.3	5	41.7	保持
	金融竞争力	10	2	20.0	4	40.0	4	40.0	保持
	小　计	**22**	5	22.7	8	36.4	9	40.9	保持
知识经济竞争力	科技竞争力	9	1	11.1	7	77.8	1	11.1	保持
	教育竞争力	10	1	10.0	7	70.0	2	20.0	保持
	文化竞争力	10	2	20.0	4	40.0	4	40.0	保持
	小　计	**29**	4	13.8	18	62.1	7	24.1	保持
发展环境竞争力	基础设施竞争力	9	2	22.2	5	55.6	2	22.2	保持
	软环境竞争力	9	1	11.1	0	0.0	8	88.9	下降
	小　计	**18**	3	16.7	5	27.8	10	55.6	下降
政府作用竞争力	政府发展经济竞争力	5	2	40.0	1	20.0	2	40.0	上升
	政府规调经济竞争力	5	3	60.0	1	20.0	1	20.0	上升
	政府保障经济竞争力	6	1	16.7	1	16.7	4	66.7	下降
	小　计	**16**	6	37.5	3	18.8	7	43.8	下降
发展水平竞争力	工业化进程竞争力	6	2	33.3	2	33.3	2	33.3	保持
	城市化进程竞争力	6	0	0.0	4	66.7	2	33.3	上升
	市场化进程竞争力	6	1	16.7	2	33.3	3	50.0	下降
	小　计	**18**	3	16.7	8	44.4	7	38.9	上升

续表

二级指标	三级指标	四级指标数	上升		保持		下降		变化趋势
			指标数	比重	指标数	比重	指标数	比重	
统筹协调竞争力	统筹发展竞争力	8	2	25.0	1	12.5	5	62.5	上升
	协调发展竞争力	8	2	25.0	3	37.5	3	37.5	下降
	小　计	**16**	4	25.0	4	25.0	8	50.0	下降
合　计		**210**	42	20.0	88	41.9	80	38.1	保持

3. 广东省经济综合竞争力各级指标优劣势结构分析

基于图 19－2 和表 19－3，具体到四级指标，强势指标 62 个，占指标总数的 29.5%；优势指标 55 个，占指标总数的 26.2%；中势指标 44 个，占指标总数的 21.0%；劣势指标 49 个，占指标总数的 23.3%。三级指标中，强势指标 15 个，占三级指标总数的 60.0%；优势指标 6 个，占三级指标总数的 24.0%；中势指标 1 个，占三级指标总数的 4.0%；劣势指标 3 个，占三级指标总数的 12.0%。从二级指标看，强势指标 5 个，占二级指标总数的 55.6%；优势指标 4 个，占二级指标总数的 44.4%；没有中势指标。综合来看，由于强势指标和优势指标在指标体系中占较大比重，2020 年广东省经济综合竞争力处于强势地位。

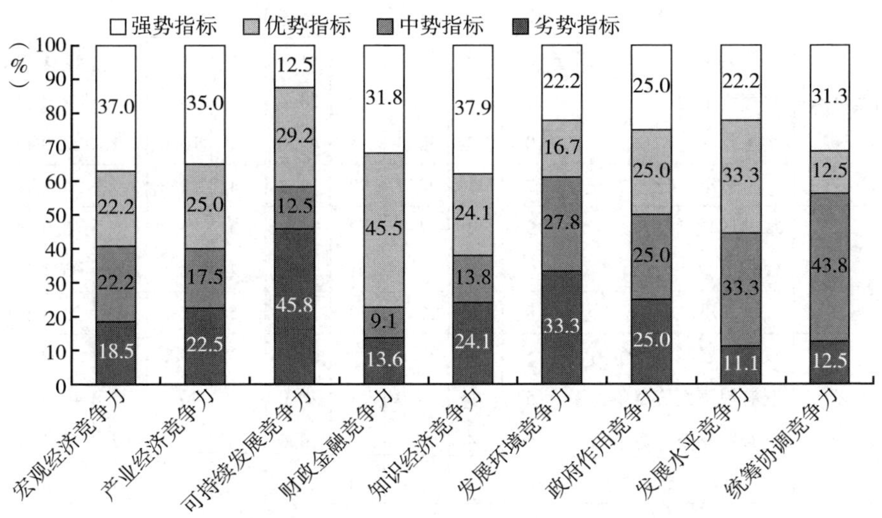

图 19－2　2020 年广东省经济综合竞争力各级指标优劣势比较

表 19-3　2020 年广东省经济综合竞争力各级指标优劣势情况

单位：个，%

二级指标	三级指标	四级指标数	强势指标		优势指标		中势指标		劣势指标		优劣势
			个数	比重	个数	比重	个数	比重	个数	比重	
宏观经济竞争力	经济实力竞争力	12	3	25.0	4	33.3	2	16.7	3	25.0	强势
	经济结构竞争力	6	1	16.7	2	33.3	1	16.7	2	33.3	优势
	经济外向度竞争力	9	6	66.7	0	0.0	3	33.3	0	0.0	强势
	小　计	**27**	10	37.0	6	22.2	6	22.2	5	18.5	强势
产业经济竞争力	农业竞争力	10	1	10.0	4	40.0	2	20.0	3	30.0	优势
	工业竞争力	10	4	40.0	2	20.0	2	20.0	2	20.0	强势
	服务业竞争力	10	6	60.0	1	10.0	2	20.0	1	10.0	强势
	企业竞争力	10	3	30.0	3	30.0	1	10.0	3	30.0	强势
	小　计	**40**	14	35.0	10	25.0	7	17.5	9	22.5	强势
可持续发展竞争力	资源竞争力	9	0	0.0	1	11.1	1	11.1	7	77.8	劣势
	环境竞争力	8	2	25.0	2	25.0	2	25.0	2	25.0	优势
	人力资源竞争力	7	1	14.3	4	57.1	0	0.0	2	28.6	强势
	小　计	**24**	3	12.5	7	29.2	3	12.5	11	45.8	强势
财政金融竞争力	财政竞争力	12	2	16.7	6	50.0	1	8.3	3	25.0	强势
	金融竞争力	10	5	50.0	4	40.0	1	10.0	0	0.0	强势
	小　计	**22**	7	31.8	10	45.5	2	9.1	3	13.6	强势
知识经济竞争力	科技竞争力	9	6	66.7	1	11.1	1	11.1	1	11.1	强势
	教育竞争力	10	2	20.0	2	20.0	2	20.0	4	40.0	强势
	文化竞争力	10	3	30.0	4	40.0	1	10.0	2	20.0	强势
	小　计	**29**	11	37.9	7	24.1	4	13.8	7	24.1	强势
发展环境竞争力	基础设施竞争力	9	4	44.4	2	22.2	3	33.3	0	0.0	强势
	软环境竞争力	9	0	0.0	1	11.1	2	22.2	6	66.7	劣势
	小　计	**18**	4	22.2	3	16.7	5	27.8	6	33.3	优势
政府作用竞争力	政府发展经济竞争力	5	0	0.0	3	60.0	2	40.0	0	0.0	优势
	政府规调经济竞争力	5	0	0.0	1	20.0	2	40.0	2	40.0	劣势
	政府保障经济竞争力	6	4	66.7	0	0.0	0	0.0	2	33.3	强势
	小　计	**16**	4	25.0	4	25.0	4	25.0	4	25.0	优势

续表

二级指标	三级指标	四级指标数	强势指标		优势指标		中势指标		劣势指标		优劣势
			个数	比重	个数	比重	个数	比重	个数	比重	
发展水平竞争力	工业化进程竞争力	6	2	33.3	2	33.3	2	33.3	0	0.0	强势
	城市化进程竞争力	6	1	16.7	3	50.0	1	16.7	1	16.7	优势
	市场化进程竞争力	6	1	16.7	1	16.7	3	50.0	1	16.7	优势
	小　计	**18**	4	22.2	6	33.3	6	33.3	2	11.1	优势
统筹协调竞争力	统筹发展竞争力	8	3	37.5	1	12.5	4	50.0	0	0.0	强势
	协调发展竞争力	8	2	25.0	1	12.5	3	37.5	2	25.0	中势
	小　计	**16**	5	31.3	2	12.5	7	43.8	2	12.5	优势
合　计		**210**	62	29.5	55	26.2	44	21.0	49	23.3	强势

4. 广东省经济综合竞争力四级指标优劣势对比分析

表 19 -4　2020 年广东省经济综合竞争力各级指标优劣势情况

二级指标	优劣势	四级指标
宏观经济竞争力（27 个）	强势指标	地区生产总值、财政总收入、全社会消费品零售总额、所有制经济结构优化度、进出口总额、出口总额、实际 FDI、外贸依存度、外资企业数、对外直接投资额（10 个）
	优势指标	人均地区生产总值、固定资产投资额、固定资产投资额增长率、人均全社会消费品零售总额、产业结构优化度、就业结构优化度（6 个）
	劣势指标	地区生产总值增长率、人均固定资产投资额、全社会消费品零售总额增长率、实体经济结构优化度、贸易结构优化度（5 个）
产业经济竞争力（40 个）	强势指标	农村人均用电量、工业增加值、工业资产总额、规模以上工业主营业务收入、规模以上工业利润总额、服务业增加值、服务业从业人员数、限额以上批发零售企业主营业务收入、旅游外汇收入、商品房销售收入、电子商务销售额、规模以上工业企业数、工业企业 R&D 经费投入强度、全国 500 强企业数（14 个）
	优势指标	农业增加值、农业增加值增长率、农民人均纯收入、农产品出口占农林牧渔总产值比重、人均工业增加值、工业资产总额增长率、人均服务业增加值、城镇就业人员平均工资、新产品销售收入占主营业务收入比重、产品质量抽查合格率（10 个）
	劣势指标	农民人均纯收入增长率、人均主要农产品产量、财政支农资金比重、工业增加值增长率、工业全员劳动生产率、限额以上批零企业利税率、规模以上企业平均资产、规模以上企业平均收入、规模以上企业劳动效率（9 个）

续表

二级指标	优劣势	四级指标
可持续发展竞争力（24个）	强势指标	人均工业废气排放量、人均工业固体废物排放量、常住人口增长率(3个)
	优势指标	人均可使用海域和滩涂面积、森林覆盖率、一般工业固体废物综合利用率、15～64岁人口比例、文盲率、平均受教育程度、职业学校毕业生数(7个)
	劣势指标	人均国土面积、耕地面积、人均耕地面积、人均牧草地面积、主要能源矿产基础储量、人均主要能源矿产基础储量、人均森林储积量、人均废水排放量、生活垃圾无害化处理率、大专以上教育程度人口比例、人口健康素质(11个)
财政金融竞争力（22个）	强势指标	地方财政收入、地方财政支出、存款余额、贷款余额、保险费净收入、国内上市公司数、国内上市公司市值(7个)
	优势指标	地方财政收入占GDP比重、税收收入占GDP比重、税收收入占财政总收入比重、人均地方财政收入、人均税收收入、地方财政收入增长率、人均存款余额、人均贷款余额、保险密度、保险深度(10个)
	劣势指标	地方财政支出占GDP比重、人均地方财政支出、地方财政支出增长率(3个)
知识经济竞争力（29个）	强势指标	R&D人员、R&D经费、发明专利授权量、技术市场成交合同金额、财政科技支出占地方财政支出比重、高技术产业主营业务收入、教育经费、高等学校数、文化制造业营业收入、文化服务业企业营业收入、印刷用纸量(11个)
	优势指标	R&D经费投入强度、人均教育经费、高校专任教师数、文化批发零售业营业收入、图书和期刊出版数、电子出版物品种、城镇居民人均文化娱乐支出(7个)
	劣势指标	高技术产业收入占工业增加值比重、教育经费占GDP比重、万人中小学学校数、万人中小学专任教师数、万人高等学校在校学生数、城镇居民人均文化娱乐支出占消费性支出比重、农村居民人均文化娱乐支出占消费性支出比重(7个)
发展环境竞争力（18个）	强势指标	全社会旅客周转量、全社会货物周转量、人均邮电业务总量、网站域名数(4个)
	优势指标	人均内河航道里程、电话普及率、外资企业数增长率(3个)
	劣势指标	万人外资企业数、个体私营企业数增长率、万人个体私营企业数、万人商标注册件数、交通事故直接财产损失、罚没收入占财政收入比重(6个)
政府作用竞争力（16个）	强势指标	城镇职工养老保险收支比、医疗保险覆盖率、失业保险覆盖率、最低工资标准(4个)
	优势指标	财政支出对GDP增长的拉动、政府公务员对经济的贡献、政府消费对民间消费的拉动、规范税收(4个)
	劣势指标	统筹经济社会发展、工业生产出厂价格指数、养老保险覆盖率、城镇登记失业率(4个)
发展水平竞争力（18个）	强势指标	高技术产业占工业增加值比重、数字经济应用、人均公共绿地面积、非公有制经济产值占全社会总产值比重(4个)
	优势指标	工业增加值占GDP比重、工农业增加值比值、城镇化率、城镇居民人均可支配收入、人均日生活用水量、亿元以上商品市场成交额(6个)
	劣势指标	人均拥有道路面积、私有和个体企业从业人员比重(2个)

续表

二级指标	优劣势	四级指标
统筹协调竞争力（16 个）	强势指标	非农用地产出率、固定资产投资额占 GDP 比重、固定资产投资增长率、环境竞争力与工业竞争力比差、全社会消费品零售总额与外贸出口总额比差(5 个)
	优势指标	社会劳动生产率、人力资源竞争力与宏观经济竞争力比差(2 个)
	劣势指标	资源竞争力与宏观经济竞争力比差、资源竞争力与工业竞争力比差(2 个)

19.2　广东省经济综合竞争力各级指标具体分析

1. 广东省宏观经济竞争力指标排名变化情况

表 19 -5　2019 ~2020 年广东省宏观经济竞争力指标组排位及变化趋势

指　标	2019 年	2020 年	排位升降	优劣势
1　宏观经济竞争力	1	1	0	强势
1.1　经济实力竞争力	2	2	0	强势
地区生产总值	1	1	0	强势
地区生产总值增长率	16	21	-5	劣势
人均地区生产总值	6	7	-1	优势
财政总收入	1	3	-2	强势
财政总收入增长率	18	13	5	中势
人均财政总收入	11	12	-1	中势
固定资产投资额	4	4	0	优势
固定资产投资额增长率	2	10	-8	优势
人均固定资产投资额	23	24	-1	劣势
全社会消费品零售总额	1	1	0	强势
全社会消费品零售总额增长率	13	22	-9	劣势
人均全社会消费品零售总额	8	7	1	优势
1.2　经济结构竞争力	11	9	2	优势
产业结构优化度	5	5	0	优势
所有制经济结构优化度	2	3	-1	强势
城乡经济结构优化度	20	20	0	中势
就业结构优化度	4	5	-1	优势
实体经济结构优化度	28	28	0	劣势
贸易结构优化度	21	22	-1	劣势

续表

指　标	2019 年	2020 年	排位升降	优劣势
1.3　经济外向度竞争力	1	1	0	强势
进出口总额	1	1	0	强势
进出口增长率	19	18	1	中势
出口总额	1	1	0	强势
出口增长率	15	13	2	中势
实际 FDI	1	2	-1	强势
实际 FDI 增长率	27	18	9	中势
外贸依存度	2	2	0	强势
外资企业数	1	1	0	强势
对外直接投资额	1	1	0	强势

2. 广东省产业经济竞争力指标排名变化情况

表 19－6　2019～2020 年广东省产业经济竞争力指标组排位及变化趋势

指　标	2019 年	2020 年	排位升降	优劣势
2　产业经济竞争力	1	1	0	强势
2.1　农业竞争力	6	7	-1	优势
农业增加值	5	4	1	优势
农业增加值增长率	8	10	-2	优势
人均农业增加值	12	17	-5	中势
农民人均纯收入	7	7	0	优势
农民人均纯收入增长率	16	22	-6	劣势
农产品出口占农林牧渔总产值比重	7	7	0	优势
人均主要农产品产量	28	29	-1	劣势
农业机械化水平	17	17	0	中势
农村人均用电量	2	2	0	强势
财政支农资金比重	30	29	1	劣势
2.2　工业竞争力	1	2	-1	强势
工业增加值	1	1	0	强势
工业增加值增长率	22	23	-1	劣势
人均工业增加值	5	5	0	优势
工业资产总额	1	1	0	强势
工业资产总额增长率	5	9	-4	优势
规模以上工业主营业务收入	1	1	0	强势
工业成本费用率	5	18	-13	中势
规模以上工业利润总额	1	1	0	强势
工业全员劳动生产率	31	31	0	劣势
工业收入利润率	15	14	1	中势

续表

指　标	2019 年	2020 年	排位升降	优劣势
2.3　服务业竞争力	1	1	0	强势
服务业增加值	1	1	0	强势
服务业增加值增长率	14	17	-3	中势
人均服务业增加值	6	7	-1	优势
服务业从业人员数	1	1	0	强势
限额以上批发零售企业主营业务收入	2	2	0	强势
限额以上批零企业利税率	21	21	0	劣势
限额以上餐饮企业利税率	16	20	-4	中势
旅游外汇收入	1	1	0	强势
商品房销售收入	1	1	0	强势
电子商务销售额	1	1	0	强势
2.4　企业竞争力	3	3	0	强势
规模以上工业企业数	1	1	0	强势
规模以上企业平均资产	26	26	0	劣势
规模以上企业平均收入	24	22	2	劣势
规模以上企业平均利润	21	19	2	中势
规模以上企业劳动效率	30	30	0	劣势
城镇就业人员平均工资	6	6	0	优势
新产品销售收入占主营业务收入比重	2	4	-2	优势
产品质量抽查合格率	8	6	2	优势
工业企业 R&D 经费投入强度	2	2	0	强势
全国 500 强企业数	2	2	0	强势

3. 广东省可持续发展竞争力指标排名变化情况

表 19 -7　2019 ~2020 年广东省可持续发展竞争力指标组排位及变化趋势

指　标	2019 年	2020 年	排位升降	优劣势
3　可持续发展竞争力	4	3	1	强势
3.1　资源竞争力	25	28	-3	劣势
人均国土面积	26	27	-1	劣势
人均可使用海域和滩涂面积	6	6	0	优势
人均年水资源量	15	20	-5	中势
耕地面积	21	21	0	劣势
人均耕地面积	29	29	0	劣势
人均牧草地面积	19	21	-2	劣势
主要能源矿产基础储量	28	28	0	劣势
人均主要能源矿产基础储量	30	30	0	劣势
人均森林储积量	21	21	0	劣势

续表

指　标	2019 年	2020 年	排位升降	优劣势
3.2　环境竞争力	6	4	2	优势
森林覆盖率	7	7	0	优势
人均废水排放量	28	27	1	劣势
人均工业废气排放量	3	3	0	强势
人均工业固体废物排放量	4	2	2	强势
人均治理工业污染投资额	18	19	-1	中势
一般工业固体废物综合利用率	6	7	-1	优势
生活垃圾无害化处理率	1	21	-20	劣势
自然灾害直接经济损失额	18	13	5	中势
3.3　人力资源竞争力	2	2	0	强势
常住人口增长率	3	1	2	强势
15~64 岁人口比例	5	7	-2	优势
文盲率	12	7	5	优势
大专以上教育程度人口比例	13	21	-8	劣势
平均受教育程度	7	5	2	优势
人口健康素质	29	31	-2	劣势
职业学校毕业生数	3	4	-1	优势

4. 广东省财政金融竞争力指标排名变化情况

表 19-8　2019~2020 年广东省财政金融竞争力指标组排位及变化趋势

指　标	2019 年	2020 年	排位升降	优劣势
4　财政金融竞争力	3	3	0	强势
4.1　财政竞争力	3	3	0	强势
地方财政收入	1	1	0	强势
地方财政支出	1	1	0	强势
地方财政收入占 GDP 比重	8	7	1	优势
地方财政支出占 GDP 比重	28	27	1	劣势
税收收入占 GDP 比重	7	7	0	优势
税收收入占财政总收入比重	7	8	-1	优势
人均地方财政收入	5	6	-1	优势
人均地方财政支出	14	23	-9	劣势
人均税收收入	6	6	0	优势
地方财政收入增长率	10	8	2	优势
地方财政支出增长率	11	26	-15	劣势
税收收入增长率	10	11	-1	中势

续表

指　标	2019 年	2020 年	排位升降	优劣势
4.2　金融竞争力	2	2	0	强势
存款余额	1	2	-1	强势
人均存款余额	5	6	-1	优势
贷款余额	1	1	0	强势
人均贷款余额	6	6	0	优势
中长期贷款占贷款余额比重	11	14	-3	中势
保险费净收入	1	1	0	强势
保险密度	3	5	-2	优势
保险深度	8	8	0	优势
国内上市公司数	4	1	3	强势
国内上市公司市值	4	2	2	强势

5. 广东省知识经济竞争力指标排名变化情况

表 19 -9　2019 ~2020 年广东省知识经济竞争力指标组排位及变化趋势

指　标	2019 年	2020 年	排位升降	优劣势
5　知识经济竞争力	1	1	0	强势
5.1　科技竞争力	1	1	0	强势
R&D 人员	1	1	0	强势
R&D 经费	1	1	0	强势
R&D 经费投入强度	4	4	0	优势
发明专利授权量	1	1	0	强势
技术市场成交合同金额	2	2	0	强势
财政科技支出占地方财政支出比重	1	2	-1	强势
高技术产业主营业务收入	1	1	0	强势
高技术产业收入占工业增加值比重	30	30	0	劣势
高技术产品出口额占商品出口额比重	13	12	1	中势
5.2　教育竞争力	2	2	0	强势
教育经费	1	1	0	强势
教育经费占 GDP 比重	23	21	2	劣势
人均教育经费	9	9	0	优势
公共教育经费占财政支出比重	11	11	0	中势
人均文化教育支出	10	12	-2	中势
万人中小学学校数	24	24	0	劣势
万人中小学专任教师数	24	24	0	劣势
高等学校数	2	2	0	强势
高校专任教师数	4	4	0	优势
万人高等学校在校学生数	27	28	-1	劣势

续表

指　标	2019 年	2020 年	排位升降	优劣势
5.3　文化竞争力	1	1	0	强势
文化制造业营业收入	1	1	0	强势
文化批发零售业营业收入	1	4	-3	优势
文化服务业企业营业收入	3	3	0	强势
图书和期刊出版数	6	5	1	优势
电子出版物品种	6	5	1	优势
印刷用纸量	1	1	0	强势
城镇居民人均文化娱乐支出	6	6	0	优势
农村居民人均文化娱乐支出	8	14	-6	中势
城镇居民人均文化娱乐支出占消费性支出比重	19	24	-5	劣势
农村居民人均文化娱乐支出占消费性支出比重	24	26	-2	劣势

6. 广东省发展环境竞争力指标排名变化情况

表 19-10　2019~2020 年广东省发展环境竞争力指标组排位及变化趋势

指　标	2019 年	2020 年	排位升降	优劣势
6　发展环境竞争力	2	4	-2	优势
6.1　基础设施竞争力	2	2	0	强势
铁路网线密度	20	18	2	中势
公路网线密度	11	11	0	中势
人均内河航道里程	4	4	0	优势
全社会旅客周转量	1	1	0	强势
全社会货物周转量	2	2	0	强势
人均邮电业务总量	3	3	0	强势
电话普及率	4	5	-1	优势
网站域名数	2	1	1	强势
人均耗电量	11	14	-3	中势
6.2　软环境竞争力	4	24	-20	劣势
外资企业数增长率	20	4	16	优势
万人外资企业数	2	21	-19	劣势
个体私营企业数增长率	3	21	-18	劣势
万人个体私营企业数	14	29	-15	劣势
万人商标注册件数	4	29	-25	劣势
政府网站数	8	13	-5	中势
交通事故直接财产损失	20	23	-3	劣势
罚没收入占财政收入比重	3	28	-25	劣势
社会捐赠站点数	8	14	-6	中势

7. 广东省政府作用竞争力指标排名变化情况

表 19-11　2019～2020 年广东省政府作用竞争力指标组排位及变化趋势

指　标	2019 年	2020 年	排位升降	优劣势
7　政府作用竞争力	6	8	-2	优势
7.1　政府发展经济竞争力	9	8	1	优势
财政支出用于基本建设投资比重	16	15	1	中势
财政支出对 GDP 增长的拉动	4	5	-1	优势
政府公务员对经济的贡献	6	7	-1	优势
政府消费对民间消费的拉动	11	8	3	优势
财政投资对社会投资的拉动	20	20	0	中势
7.2　政府规调经济竞争力	31	27	4	劣势
物价调控	29	20	9	中势
调控城乡消费差距	16	20	-4	中势
统筹经济社会发展	31	31	0	劣势
规范税收	6	4	2	优势
工业生产出厂价格指数	23	22	1	劣势
7.3　政府保障经济竞争力	2	3	-1	强势
城镇职工养老保险收支比	2	1	1	强势
医疗保险覆盖率	2	3	-1	强势
养老保险覆盖率	19	22	-3	劣势
失业保险覆盖率	2	3	-1	强势
最低工资标准	3	3	0	强势
城镇登记失业率	4	29	-25	劣势

8. 广东省发展水平竞争力指标排名变化情况

表 19-12　2019～2020 年广东省发展水平竞争力指标组排位及变化趋势

指　标	2019 年	2020 年	排位升降	优劣势
8　发展水平竞争力	5	4	1	优势
8.1　工业化进程竞争力	3	3	0	强势
工业增加值占 GDP 比重	6	4	2	优势
工业增加值增长率	14	20	-6	中势
高技术产业占工业增加值比重	1	2	-1	强势
高技术产品占商品出口额比重	13	12	1	中势
数字经济应用	3	3	0	强势
工农业增加值比值	5	5	0	优势

续表

指　标		2019 年	2020 年	排位升降	优劣势
8.2	城市化进程竞争力	6	5	1	优势
	城镇化率	4	4	0	优势
	城镇居民人均可支配收入	5	5	0	优势
	城市平均建成区面积比重	11	14	-3	中势
	人均拥有道路面积	28	29	-1	劣势
	人均日生活用水量	4	4	0	优势
	人均公共绿地面积	3	3	0	强势
8.3	市场化进程竞争力	5	9	-4	优势
	非公有制经济产值占全社会总产值比重	2	3	-1	强势
	社会投资占投资总额比重	17	18	-1	中势
	私有和个体企业从业人员比重	12	28	-16	劣势
	亿元以上商品市场成交额	6	6	0	优势
	亿元以上商品市场成交额占全社会消费品零售总额比重	21	19	2	中势
	居民消费支出占总消费支出比重	13	13	0	中势

9. 广东省统筹协调竞争力指标排名变化情况

表 19-13　2019~2020 年广东省统筹协调竞争力指标组排位及变化趋势

指　标		2019 年	2020 年	排位升降	优劣势
9	**统筹协调竞争力**	5	7	-2	优势
9.1	统筹发展竞争力	4	3	1	强势
	社会劳动生产率	4	7	-3	优势
	能源消耗下降率	11	15	-4	中势
	万元 GDP 综合能耗下降率	10	20	-10	中势
	非农用地产出率	2	2	0	强势
	居民收入占 GDP 比重	8	17	-9	中势
	二三产业增加值比例	16	13	3	中势
	固定资产投资额占 GDP 比重	1	3	-2	强势
	固定资产投资增长率	30	2	28	强势
9.2	协调发展竞争力	15	17	-2	中势
	资源竞争力与宏观经济竞争力比差	28	23	5	劣势
	环境竞争力与宏观经济竞争力比差	2	15	-13	中势
	人力资源竞争力与宏观经济竞争力比差	15	10	5	优势
	资源竞争力与工业竞争力比差	29	29	0	劣势
	环境竞争力与工业竞争力比差	1	2	-1	强势
	城乡居民家庭人均收入比差	20	20	0	中势
	城乡居民人均消费支出比差	16	20	-4	中势
	全社会消费品零售总额与外贸出口总额比差	1	1	0	强势

B.21
20
2019～2020年广西壮族自治区经济综合竞争力评价分析报告

广西壮族自治区简称“桂”，首府是南宁市，位于云贵高原东南边缘，地跨珠江、长江、红河、滨海四大水系。全区面积为23.76万平方公里，2020年全区常住人口为5019万人，地区生产总值为22157亿元，同比增长3.7%，人均GDP达44309元。本部分通过分析2019～2020年广西壮族自治区经济综合竞争力以及各要素竞争力的排名变化，从中找出广西壮族自治区经济综合竞争力的推动点及影响因素，为进一步提升广西壮族自治区经济综合竞争力提供决策参考。

20.1 广西壮族自治区经济综合竞争力总体分析

1. 广西壮族自治区经济综合竞争力一级指标概要分析

（1）从综合排位看，2020年广西壮族自治区经济综合竞争力综合排位居于全国第22位，这表明其在全国处于劣势地位；与2019年相比，综合排位没有发生变化。

（2）从指标所处区位看，仅有1个指标处于上游区，即财政金融竞争力，其是广西壮族自治区经济综合竞争力唯一的优势指标。

（3）从指标变化趋势看，9个二级指标中，有7个指标处于上升趋势，分别为宏观经济竞争力、产业经济竞争力、财政金融竞争力、发展环境竞争力、政府作用竞争力、发展水平竞争力以及统筹协调竞争力，这些是广西壮族自治区经济综合竞争力的上升动力所在；有2个指标处于下降趋势，分别为可持续发展竞争力和知识经济竞争力，这些是广西壮族自治区经济综合竞争力的下降拉力所在。

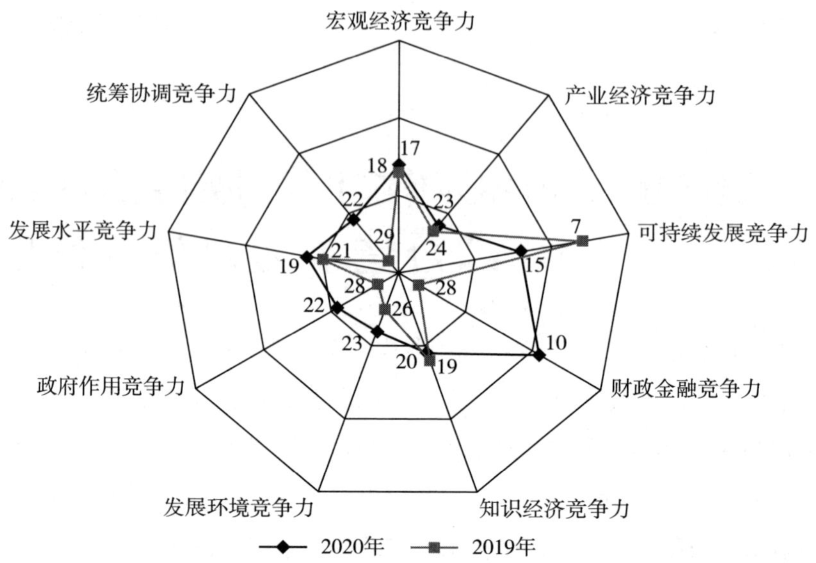

图 20－1　2019～2020 年广西壮族自治区经济综合竞争力二级指标比较

表 20－1　2019～2020 年广西壮族自治区经济综合竞争力二级指标表现情况

	宏观经济竞争力	产业经济竞争力	可持续发展竞争力	财政金融竞争力	知识经济竞争力	发展环境竞争力	政府作用竞争力	发展水平竞争力	统筹协调竞争力	**综合排位**
2019 年	18	24	7	28	19	26	28	21	29	22
2020 年	17	23	15	10	20	23	22	19	22	22
升降	1	1	－8	18	－1	3	6	2	7	0
优劣度	中势	劣势	中势	优势	中势	劣势	劣势	中势	劣势	劣势

2. 广西壮族自治区经济综合竞争力各级指标动态变化分析

从表 20－2 可以看出，210 个四级指标中，上升指标有 84 个，占指标总数的 40.0%；下降指标有 66 个，占指标总数的 31.4%；保持不变的指标有 60 个，占指标总数的 28.6%。综上所述，广西壮族自治区经济综合竞争力的上升动力大于下降拉力，但排位保持不变的指标也较多，受上述因素的综合作用，2019～2020 年广西壮族自治区经济综合竞争力排位保持不变。

表20－2　2019～2020年广西壮族自治区经济综合竞争力各级指标排位变化情况

单位：个，%

二级指标	三级指标	四级指标数	上升		保持		下降		变化趋势
			指标数	比重	指标数	比重	指标数	比重	
宏观经济竞争力	经济实力竞争力	12	4	33.3	4	33.3	4	33.3	上升
	经济结构竞争力	6	4	66.7	1	16.7	1	16.7	下降
	经济外向度竞争力	9	5	55.6	1	11.1	3	33.3	下降
	小　计	**27**	13	48.1	6	22.2	8	29.6	上升
产业经济竞争力	农业竞争力	10	3	30.0	4	40.0	3	30.0	上升
	工业竞争力	10	4	40.0	5	50.0	1	10.0	上升
	服务业竞争力	10	3	30.0	5	50.0	2	20.0	上升
	企业竞争力	10	3	30.0	3	30.0	4	40.0	下降
	小　计	**40**	13	32.5	17	42.5	10	25.0	上升
可持续发展竞争力	资源竞争力	9	1	11.1	7	77.8	1	11.1	下降
	环境竞争力	8	2	25.0	4	50.0	2	25.0	下降
	人力资源竞争力	7	1	14.3	1	14.3	5	71.4	下降
	小　计	**24**	4	16.7	12	50.0	8	33.3	下降
财政金融竞争力	财政竞争力	12	3	25.0	3	25.0	6	50.0	下降
	金融竞争力	10	7	70.0	0	0.0	3	30.0	上升
	小　计	**22**	10	45.5	3	13.6	9	40.9	上升
知识经济竞争力	科技竞争力	9	3	33.3	3	33.3	3	33.3	保持
	教育竞争力	10	7	70.0	1	10.0	2	20.0	下降
	文化竞争力	10	6	60.0	2	20.0	2	20.0	上升
	小　计	**29**	16	55.2	6	20.7	7	24.1	下降
发展环境竞争力	基础设施竞争力	9	4	44.4	3	33.3	2	22.2	保持
	软环境竞争力	9	5	55.6	0	0.0	4	44.4	上升
	小　计	**18**	9	50.0	3	16.7	6	33.3	上升
政府作用竞争力	政府发展经济竞争力	5	2	40.0	2	40.0	1	20.0	上升
	政府规调经济竞争力	5	3	60.0	0	0.0	2	40.0	上升
	政府保障经济竞争力	6	2	33.3	1	16.7	3	50.0	下降
	小　计	**16**	7	43.8	3	18.8	6	37.5	上升
发展水平竞争力	工业化进程竞争力	6	3	50.0	3	50.0	0	0.0	保持
	城市化进程竞争力	6	0	0.0	4	66.7	2	33.3	下降
	市场化进程竞争力	6	2	33.3	2	33.3	2	33.3	上升
	小　计	**18**	5	27.8	9	50.0	4	22.2	上升

续表

二级指标	三级指标	四级指标数	上升		保持		下降		变化趋势
			指标数	比重	指标数	比重	指标数	比重	
统筹协调竞争力	统筹发展竞争力	8	2	25.0	1	12.5	5	62.5	上升
	协调发展竞争力	8	5	62.5	0	0.0	3	37.5	上升
	小　计	**16**	7	43.8	1	6.3	8	50.0	上升
合　计		**210**	84	40.0	60	28.6	66	31.4	保持

3. 广西壮族自治区经济综合竞争力各级指标优劣势结构分析

基于图 20－2 和表 20－3，具体到四级指标，强势指标 12 个，占指标总数的 5.7%；优势指标 34 个，占指标总数的 16.2%；中势指标 80 个，占指标总数的 38.1%；劣势指标 84 个，占指标总数的 40.0%。三级指标中，没有强势指标；优势指标 4 个，占三级指标总数的 16.0%；中势指标 9 个，占三级指标总数的 36.0%；劣势指标 12 个，占三级指标总数的 48.0%。从二级指标看，没有强势指标；优势指标有 1 个，占二级指标总数的 11.1%；中势指标有 4 个，占二级指标总数的 44.44%；劣势指标有 4 个，占二级指标总数的 44.44%。综合来看，由于劣势指标在指标体系中居于主导地位，2020 年广西壮族自治区经济综合竞争力处于劣势地位。

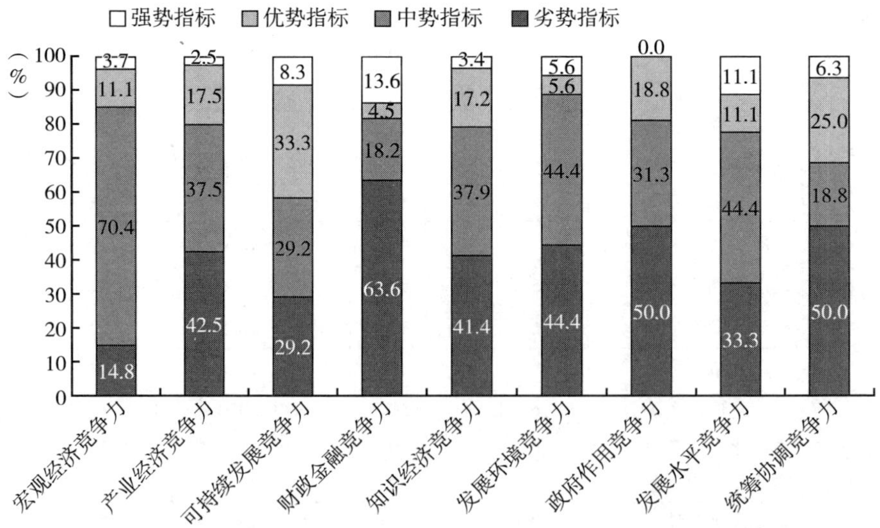

图 20－2　2020 年广西壮族自治区经济综合竞争力各级指标优劣势比较

表 20－3　2020 年广西壮族自治区经济综合竞争力各级指标优劣势情况

单位：个，%

二级指标	三级指标	四级指标数	强势指标		优势指标		中势指标		劣势指标		优劣势
			个数	比重	个数	比重	个数	比重	个数	比重	
宏观经济竞争力	经济实力竞争力	12	0	0.0	3	25.0	7	58.3	2	16.7	中势
	经济结构竞争力	6	0	0.0	0	0.0	4	66.7	2	33.3	劣势
	经济外向度竞争力	9	1	11.1	0	0.0	8	88.9	0	0.0	中势
	小　计	**27**	1	3.7	3	11.1	19	70.4	4	14.8	中势
产业经济竞争力	农业竞争力	10	0	0.0	4	40.0	4	40.0	2	20.0	中势
	工业竞争力	10	0	0.0	2	20.0	3	30.0	5	50.0	劣势
	服务业竞争力	10	1	10.0	1	10.0	5	50.0	3	30.0	中势
	企业竞争力	10	0	0.0	0	0.0	3	30.0	7	70.0	劣势
	小　计	**40**	1	2.5	7	17.5	15	37.5	17	42.5	劣势
可持续发展竞争力	资源竞争力	9	0	0.0	3	33.3	4	44.4	2	22.2	中势
	环境竞争力	8	2	25.0	3	37.5	1	12.5	2	25.0	优势
	人力资源竞争力	7	0	0.0	2	28.6	2	28.6	3	42.9	劣势
	小　计	**24**	2	8.3	8	33.3	7	29.2	7	29.2	中势
财政金融竞争力	财政竞争力	12	0	0.0	1	8.3	3	25.0	8	66.7	劣势
	金融竞争力	10	3	30.0	0	0.0	1	10.0	6	60.0	优势
	小　计	**22**	3	13.6	1	4.5	4	18.2	14	63.6	优势
知识经济竞争力	科技竞争力	9	0	0.0	0	0.0	3	33.3	6	66.7	劣势
	教育竞争力	10	1	10.0	2	20.0	4	40.0	3	30.0	劣势
	文化竞争力	10	0	0.0	3	30.0	4	40.0	3	30.0	中势
	小　计	**29**	1	3.4	5	17.2	11	37.9	12	41.4	中势
发展环境竞争力	基础设施竞争力	9	0	0.0	0	0.0	6	66.7	3	33.3	劣势
	软环境竞争力	9	1	11.1	1	11.1	2	22.2	5	55.6	中势
	小　计	**18**	1	5.6	1	5.6	8	44.4	8	44.4	劣势
政府作用竞争力	政府发展经济竞争力	5	0	0.0	1	20.0	3	60.0	1	20.0	中势
	政府规调经济竞争力	5	0	0.0	2	40.0	0	0.0	3	60.0	劣势
	政府保障经济竞争力	6	0	0.0	0	0.0	2	33.3	4	66.7	劣势
	小　计	**16**	0	0.0	3	18.8	5	31.3	8	50.0	劣势
发展水平竞争力	工业化进程竞争力	6	0	0.0	0	0.0	4	66.7	2	33.3	中势
	城市化进程竞争力	6	1	16.7	1	16.7	0	0.0	4	66.7	劣势
	市场化进程竞争力	6	1	16.7	1	16.7	4	66.7	0	0.0	优势
	小　计	**18**	2	11.1	2	11.1	8	44.4	6	33.3	中势

续表

二级指标	三级指标	四级指标数	强势指标		优势指标		中势指标		劣势指标		优劣势
			个数	比重	个数	比重	个数	比重	个数	比重	
统筹协调竞争力	统筹发展竞争力	8	0	0.0	2	25.0	0	0.0	6	75.0	劣势
	协调发展竞争力	8	1	12.5	2	25.0	3	37.5	2	25.0	优势
	小　计	**16**	1	6.3	4	25.0	3	18.8	8	50.0	劣势
合　计		**210**	12	5.7	34	16.2	80	38.1	84	40.0	劣势

4. 广西壮族自治区经济综合竞争力四级指标优劣势对比分析

表 20－4　2020 年广西壮族自治区经济综合竞争力各级指标优劣势情况

二级指标	优劣势	四级指标
宏观经济竞争力（27 个）	强势指标	实际 FDI 增长率（1 个）
	优势指标	财政总收入、财政总收入增长率、人均财政总收入（3 个）
	劣势指标	人均地区生产总值、人均全社会消费品零售总额、就业结构优化度、实体经济结构优化度（4 个）
产业经济竞争力（40 个）	强势指标	服务业增加值增长率（1 个）
	优势指标	农业增加值、农业增加值增长率、农民人均纯收入增长率、财政支农资金比重、工业资产总额增长率、工业成本费用率、旅游外汇收入（7 个）
	劣势指标	农民人均纯收入、人均主要农产品产量、工业增加值增长率、人均工业增加值、工业资产总额、规模以上工业利润总额、工业收入利润率、人均服务业增加值、限额以上批零企业利税率、电子商务销售额、规模以上企业平均资产、规模以上企业平均收入、规模以上企业平均利润、规模以上企业劳动效率、城镇就业人员平均工资、产品质量抽查合格率、工业企业 R&D 经费投入强度（17 个）
可持续发展竞争力（24 个）	强势指标	森林覆盖率、生活垃圾无害化处理率（2 个）
	优势指标	人均可使用海域和滩涂面积、人均年水资源量、人均森林储积量、人均废水排放量、人均工业废气排放量、人均工业固体废物排放量、常住人口增长率、职业学校毕业生数（8 个）
	劣势指标	主要能源矿产基础储量、人均主要能源矿产基础储量、人均治理工业污染投资额、自然灾害直接经济损失额、15～64 岁人口比例、大专以上教育程度人口比例、平均受教育程度（7 个）
财政金融竞争力（22 个）	强势指标	存款余额、人均存款余额、中长期贷款占贷款余额比重（3 个）
	优势指标	地方财政支出增长率（1 个）
	劣势指标	地方财政收入、地方财政收入占 GDP 比重、税收收入占 GDP 比重、税收收入占财政总收入比重、人均地方财政收入、人均地方财政支出、人均税收收入、地方财政收入增长率、人均贷款余额、保险费净收入、保险密度、保险深度、国内上市公司数、国内上市公司市值（14 个）

续表

二级指标	优劣势	四级指标
知识经济竞争力（29个）	强势指标	万人中小学专任教师数(1个)
	优势指标	教育经费占GDP比重、万人中小学学校数、农村居民人均文化娱乐支出、城镇居民人均文化娱乐支出占消费性支出比重、农村居民人均文化娱乐支出占消费性支出比重(5个)
	劣势指标	R&D人员、R&D经费、R&D经费投入强度、发明专利授权量、技术市场成交合同金额、财政科技支出占地方财政支出比重、公共教育经费占财政支出比重、人均文化教育支出、万人高等学校在校学生数、文化批发零售业营业收入、电子出版物品种、城镇居民人均文化娱乐支出(12个)
发展环境竞争力（18个）	强势指标	外资企业数增长率(1个)
	优势指标	万人外资企业数(1个)
	劣势指标	铁路网线密度、公路网线密度、电话普及率、个体私营企业数增长率、政府网站数、交通事故直接财产损失、罚没收入占财政收入比重、社会捐赠站点数(8个)
政府作用竞争力（16个）	强势指标	(0个)
	优势指标	财政支出用于基本建设投资比重、调控城乡消费差距、统筹经济社会发展(3个)
	劣势指标	财政投资对社会投资的拉动、物价调控、规范税收、工业生产出厂价格指数、医疗保险覆盖率、养老保险覆盖率、失业保险覆盖率、城镇登记失业率(8个)
发展水平竞争力（18个）	强势指标	人均日生活用水量、私有和个体企业从业人员比重(2个)
	优势指标	人均拥有道路面积、居民消费支出占总消费支出比重(2个)
	劣势指标	工业增加值占GDP比重、工农业增加值比值、城镇化率、城镇居民人均可支配收入、城市平均建成区面积比重、人均公共绿地面积(6个)
统筹协调竞争力（16个）	强势指标	环境竞争力与宏观经济竞争力比差(1个)
	优势指标	二三产业增加值比例、固定资产投资增长率、人力资源竞争力与宏观经济竞争力比差、城乡居民人均消费支出比差(4个)
	劣势指标	社会劳动生产率、能源消耗下降率、万元GDP综合能耗下降率、非农用地产出率、居民收入占GDP比重、固定资产投资额占GDP比重、资源竞争力与宏观经济竞争力比差、环境竞争力与工业竞争力比差(8个)

20.2 广西壮族自治区经济综合竞争力各级指标具体分析

1. 广西壮族自治区宏观经济竞争力指标排名变化情况

表 20－5 2019～2020 年广西壮族自治区宏观经济竞争力指标组排位及变化趋势

指 标	2019 年	2020 年	排位升降	优劣势
1 宏观经济竞争力	18	17	1	中势
1.1 经济实力竞争力	19	14	5	中势
地区生产总值	19	19	0	中势
地区生产总值增长率	22	12	10	中势
人均地区生产总值	29	29	0	劣势
财政总收入	22	7	15	优势
财政总收入增长率	19	5	14	优势
人均财政总收入	12	10	2	优势
固定资产投资额	14	14	0	中势
固定资产投资额增长率	6	15	-9	中势
人均固定资产投资额	16	17	-1	中势
全社会消费品零售总额	19	20	-1	中势
全社会消费品零售总额增长率	17	19	-2	中势
人均全社会消费品零售总额	28	28	0	劣势
1.2 经济结构竞争力	17	21	-4	劣势
产业结构优化度	21	14	7	中势
所有制经济结构优化度	16	17	-1	中势
城乡经济结构优化度	18	17	1	中势
就业结构优化度	25	24	1	劣势
实体经济结构优化度	25	24	1	劣势
贸易结构优化度	12	12	0	中势
1.3 经济外向度竞争力	14	18	-4	中势
进出口总额	14	15	-1	中势
进出口增长率	8	16	-8	中势
出口总额	19	19	0	中势
出口增长率	8	11	-3	中势
实际 FDI	20	13	7	中势
实际 FDI 增长率	5	3	2	强势
外贸依存度	12	11	1	中势
外资企业数	19	18	1	中势
对外直接投资额	25	20	5	中势

2. 广西壮族自治区产业经济竞争力指标排名变化情况

表 20－6　2019～2020 年广西壮族自治区产业经济竞争力指标组排位及变化趋势

指　标	2019 年	2020 年	排位升降	优劣势
2　产业经济竞争力	24	23	1	劣势
2.1　农业竞争力	15	11	4	中势
农业增加值	9	9	0	优势
农业增加值增长率	3	6	－3	优势
人均农业增加值	10	13	－3	中势
农民人均纯收入	22	22	0	劣势
农民人均纯收入增长率	8	5	3	优势
农产品出口占农林牧渔总产值比重	12	14	－2	中势
人均主要农产品产量	21	21	0	劣势
农业机械化水平	11	11	0	中势
农村人均用电量	15	13	2	中势
财政支农资金比重	13	9	4	优势
2.2　工业竞争力	26	24	2	劣势
工业增加值	20	20	0	中势
工业增加值增长率	16	21	－5	劣势
人均工业增加值	27	27	0	劣势
工业资产总额	23	23	0	劣势
工业资产总额增长率	23	4	19	优势
规模以上工业主营业务收入	20	20	0	中势
工业成本费用率	16	8	8	优势
规模以上工业利润总额	23	22	1	劣势
工业全员劳动生产率	20	20	0	中势
工业收入利润率	23	21	2	劣势
2.3　服务业竞争力	21	18	3	中势
服务业增加值	19	19	0	中势
服务业增加值增长率	26	2	24	强势
人均服务业增加值	29	29	0	劣势
服务业从业人员数	16	15	1	中势
限额以上批发零售企业主营业务收入	21	18	3	中势
限额以上批零企业利税率	16	22	－6	劣势
限额以上餐饮企业利税率	12	12	0	中势
旅游外汇收入	6	6	0	优势
商品房销售收入	14	16	－2	中势
电子商务销售额	22	22	0	劣势

续表

指　标	2019 年	2020 年	排位升降	优劣势
2.4　企业竞争力	28	30	-2	劣势
规模以上工业企业数	17	16	1	中势
规模以上企业平均资产	22	22	0	劣势
规模以上企业平均收入	22	25	-3	劣势
规模以上企业平均利润	23	27	-4	劣势
规模以上企业劳动效率	20	22	-2	劣势
城镇就业人员平均工资	22	22	0	劣势
新产品销售收入占主营业务收入比重	17	16	1	中势
产品质量抽查合格率	24	29	-5	劣势
工业企业 R&D 经费投入强度	27	27	0	劣势
全国 500 强企业数	19	16	3	中势

3. 广西壮族自治区可持续发展竞争力指标排名变化情况

表 20-7　2019~2020 年广西壮族自治区可持续发展竞争力指标组排位及变化趋势

指　标	2019 年	2020 年	排位升降	优劣势
3　可持续发展竞争力	7	15	-8	中势
3.1　资源竞争力	12	13	-1	中势
人均国土面积	13	12	1	中势
人均可使用海域和滩涂面积	10	10	0	优势
人均年水资源量	2	4	-2	优势
耕地面积	18	18	0	中势
人均耕地面积	18	18	0	中势
人均牧草地面积	15	15	0	中势
主要能源矿产基础储量	26	26	0	劣势
人均主要能源矿产基础储量	28	28	0	劣势
人均森林储积量	10	10	0	优势
3.2　环境竞争力	3	5	-2	优势
森林覆盖率	3	3	0	强势
人均废水排放量	11	10	1	优势
人均工业废气排放量	9	10	-1	优势
人均工业固体废物排放量	10	10	0	优势
人均治理工业污染投资额	26	25	1	劣势
一般工业固体废物综合利用率	16	20	-4	中势
生活垃圾无害化处理率	1	1	0	强势
自然灾害直接经济损失额	21	21	0	劣势

续表

指　标	2019 年	2020 年	排位升降	优劣势
3.3　人力资源竞争力	23	26	-3	劣势
常住人口增长率	10	5	5	优势
15~64 岁人口比例	22	30	-8	劣势
文盲率	10	17	-7	中势
大专以上教育程度人口比例	29	31	-2	劣势
平均受教育程度	22	24	-2	劣势
人口健康素质	15	20	-5	中势
职业学校毕业生数	9	9	0	优势

4. 广西壮族自治区财政金融竞争力指标排名变化情况

表 20-8　2019~2020 年广西壮族自治区财政金融竞争力指标组排位及变化趋势

指　标	2019 年	2020 年	排位升降	优劣势
4　财政金融竞争力	28	10	18	优势
4.1　财政竞争力	27	29	-2	劣势
地方财政收入	22	23	-1	劣势
地方财政支出	16	15	1	中势
地方财政收入占 GDP 比重	27	27	0	劣势
地方财政支出占 GDP 比重	13	13	0	中势
税收收入占 GDP 比重	28	28	0	劣势
税收收入占财政总收入比重	30	27	3	劣势
人均地方财政收入	29	31	-2	劣势
人均地方财政支出	26	27	-1	劣势
人均税收收入	30	31	-1	劣势
地方财政收入增长率	4	26	-22	劣势
地方财政支出增长率	10	8	2	优势
税收收入增长率	14	16	-2	中势
4.2　金融竞争力	27	7	20	优势
存款余额	21	1	20	强势
人均存款余额	31	2	29	强势
贷款余额	20	19	1	中势
人均贷款余额	28	30	-2	劣势
中长期贷款占贷款余额比重	4	3	1	强势
保险费净收入	25	22	3	劣势
保险密度	30	28	2	劣势
保险深度	28	26	2	劣势
国内上市公司数	21	23	-2	劣势
国内上市公司市值	25	27	-2	劣势

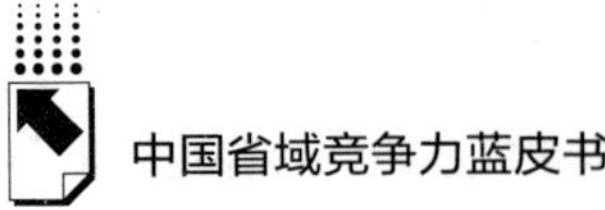

5. 广西壮族自治区知识经济竞争力指标排名变化情况

表 20 -9　2019 ~ 2020 年广西壮族自治区知识经济竞争力指标组排位及变化趋势

指　标	2019 年	2020 年	排位升降	优劣势
5　知识经济竞争力	19	20	-1	中势
5.1　科技竞争力	23	23	0	劣势
R&D 人员	20	22	-2	劣势
R&D 经费	22	21	1	劣势
R&D 经费投入强度	27	27	0	劣势
发明专利授权量	21	22	-1	劣势
技术市场成交合同金额	24	23	1	劣势
财政科技支出占地方财政支出比重	21	22	-1	劣势
高技术产业主营业务收入	20	20	0	中势
高技术产业收入占工业增加值比重	15	15	0	中势
高技术产品出口额占商品出口额比重	12	11	1	中势
5.2　教育竞争力	20	21	-1	劣势
教育经费	15	14	1	中势
教育经费占 GDP 比重	9	7	2	优势
人均教育经费	21	20	1	中势
公共教育经费占财政支出比重	22	23	-1	劣势
人均文化教育支出	21	23	-2	劣势
万人中小学学校数	6	5	1	优势
万人中小学专任教师数	3	2	1	强势
高等学校数	19	17	2	中势
高校专任教师数	16	15	1	中势
万人高等学校在校学生数	24	24	0	劣势
5.3　文化竞争力	19	14	5	中势
文化制造业营业收入	19	16	3	中势
文化批发零售业营业收入	20	21	-1	劣势
文化服务业企业营业收入	19	18	1	中势
图书和期刊出版数	11	13	-2	中势
电子出版物品种	25	25	0	劣势
印刷用纸量	15	15	0	中势
城镇居民人均文化娱乐支出	27	22	5	劣势
农村居民人均文化娱乐支出	12	7	5	优势
城镇居民人均文化娱乐支出占消费性支出比重	14	5	9	优势
农村居民人均文化娱乐支出占消费性支出比重	9	6	3	优势

6. 广西壮族自治区发展环境竞争力指标排名变化情况

表 20－10 2019～2020 年广西壮族自治区发展环境竞争力指标组排位及变化趋势

指 标	2019 年	2020 年	排位升降	优劣势
6 发展环境竞争力	26	23	3	劣势
6.1 基础设施竞争力	24	24	0	劣势
铁路网线密度	22	22	0	劣势
公路网线密度	25	24	1	劣势
人均内河航道里程	11	11	0	中势
全社会旅客周转量	14	11	3	中势
全社会货物周转量	14	14	0	中势
人均邮电业务总量	18	19	－1	中势
电话普及率	25	23	2	劣势
网站域名数	15	14	1	中势
人均耗电量	19	20	－1	中势
6.2 软环境竞争力	29	18	11	中势
外资企业数增长率	10	1	9	强势
万人外资企业数	23	7	16	优势
个体私营企业数增长率	26	30	－4	劣势
万人个体私营企业数	27	11	16	中势
万人商标注册件数	30	12	18	中势
政府网站数	10	27	－17	劣势
交通事故直接财产损失	30	26	4	劣势
罚没收入占财政收入比重	22	29	－7	劣势
社会捐赠站点数	9	28	－19	劣势

7. 广西壮族自治区政府作用竞争力指标排名变化情况

表 20－11 2019～2020 年广西壮族自治区政府作用竞争力指标组排位及变化趋势

指 标	2019 年	2020 年	排位升降	优劣势
7 政府作用竞争力	28	22	6	劣势
7.1 政府发展经济竞争力	17	13	4	中势
财政支出用于基本建设投资比重	5	6	－1	优势
财政支出对 GDP 增长的拉动	19	19	0	中势
政府公务员对经济的贡献	19	17	2	中势
政府消费对民间消费的拉动	22	16	6	中势
财政投资对社会投资的拉动	23	23	0	劣势

续表

指　标	2019年	2020年	排位升降	优劣势
7.2　政府规调经济竞争力	28	21	7	劣势
物价调控	31	26	5	劣势
调控城乡消费差距	6	7	-1	优势
统筹经济社会发展	21	9	12	优势
规范税收	26	23	3	劣势
工业生产出厂价格指数	12	29	-17	劣势
7.3　政府保障经济竞争力	21	24	-3	劣势
城镇职工养老保险收支比	17	16	1	中势
医疗保险覆盖率	19	21	-2	劣势
养老保险覆盖率	24	25	-1	劣势
失业保险覆盖率	22	22	0	劣势
最低工资标准	18	11	7	中势
城镇登记失业率	8	26	-18	劣势

8. 广西壮族自治区发展水平竞争力指标排名变化情况

表 20-12　2019~2020 年广西壮族自治区发展水平竞争力指标组排位及变化趋势

指　标	2019年	2020年	排位升降	优劣势
8　发展水平竞争力	21	19	2	中势
8.1　工业化进程竞争力	20	20	0	中势
工业增加值占 GDP 比重	26	26	0	劣势
工业增加值增长率	27	19	8	中势
高技术产业占工业增加值比重	19	16	3	中势
高技术产品占商品出口额比重	12	11	1	中势
数字经济应用	19	19	0	中势
工农业增加值比值	28	28	0	劣势
8.2　城市化进程竞争力	21	23	-2	劣势
城镇化率	27	27	0	劣势
城镇居民人均可支配收入	22	23	-1	劣势
城市平均建成区面积比重	23	23	0	劣势
人均拥有道路面积	7	7	0	优势
人均日生活用水量	3	3	0	强势
人均公共绿地面积	18	22	-4	劣势

续表

指　标	2019年	2020年	排位升降	优劣势
8.3　市场化进程竞争力	12	10	2	优势
非公有制经济产值占全社会总产值比重	16	17	-1	中势
社会投资占投资总额比重	18	19	-1	中势
私有和个体企业从业人员比重	10	3	7	强势
亿元以上商品市场成交额	19	18	1	中势
亿元以上商品市场成交额占全社会消费品零售总额比重	16	16	0	中势
居民消费支出占总消费支出比重	8	8	0	优势

9. 广西壮族自治区统筹协调竞争力指标排名变化情况

表20－13　2019～2020年广西壮族自治区统筹协调竞争力指标组排位及变化趋势

指　标	2019年	2020年	排位升降	优劣势
9　统筹协调竞争力	29	22	7	劣势
9.1　统筹发展竞争力	30	26	4	劣势
社会劳动生产率	28	30	-2	劣势
能源消耗下降率	20	27	-7	劣势
万元GDP综合能耗下降率	22	26	-4	劣势
非农用地产出率	21	21	0	劣势
居民收入占GDP比重	26	27	-1	劣势
二三产业增加值比例	9	7	2	优势
固定资产投资额占GDP比重	29	30	-1	劣势
固定资产投资增长率	26	6	20	优势
9.2　协调发展竞争力	22	8	14	优势
资源竞争力与宏观经济竞争力比差	20	27	-7	劣势
环境竞争力与宏观经济竞争力比差	21	2	19	强势
人力资源竞争力与宏观经济竞争力比差	12	4	8	优势
资源竞争力与工业竞争力比差	16	18	-2	中势
环境竞争力与工业竞争力比差	28	26	2	劣势
城乡居民家庭人均收入比差	18	17	1	中势
城乡居民人均消费支出比差	6	7	-1	优势
全社会消费品零售总额与外贸出口总额比差	17	16	1	中势

B.22
21
2019～2020年海南省经济综合竞争力评价分析报告

海南省简称“琼”，其省会是海口，位于华南地区，西临北部湾与广西壮族自治区、越南相对。全省面积为3.54万平方公里，2020年全省常住人口为1012万人，地区生产总值为5532亿元，同比增长3.5%，人均GDP达55131元。本部分通过分析2019～2020年海南省经济综合竞争力以及各要素竞争力的排名变化，从中找出海南省经济综合竞争力的推动点及影响因素，为进一步提升海南省经济综合竞争力提供决策参考。

21.1　海南省经济综合竞争力总体分析

1. 海南省经济综合竞争力一级指标概要分析

（1）从综合排位看，2020年海南省经济综合竞争力综合排位在全国居第19位，这表明其在全国处于中势地位；与2019年相比，综合排位上升了1位。

（2）从指标所处区位看，1个指标处于上游区，即可持续发展竞争力，其为海南省经济综合竞争力的优势指标。

（3）从指标变化趋势看，9个二级指标中，有3个指标处于上升趋势，分别为宏观经济竞争力、知识经济竞争力、发展环境竞争力，这些是海南省经济综合竞争力的上升动力所在；有6个指标处于下降趋势，分别为产业经济竞争力、可持续发展竞争力、财政金融竞争力、政府作用竞争力、发展水平竞争力和统筹协调竞争力，这些是海南省经济综合竞争力的下降拉力所在。

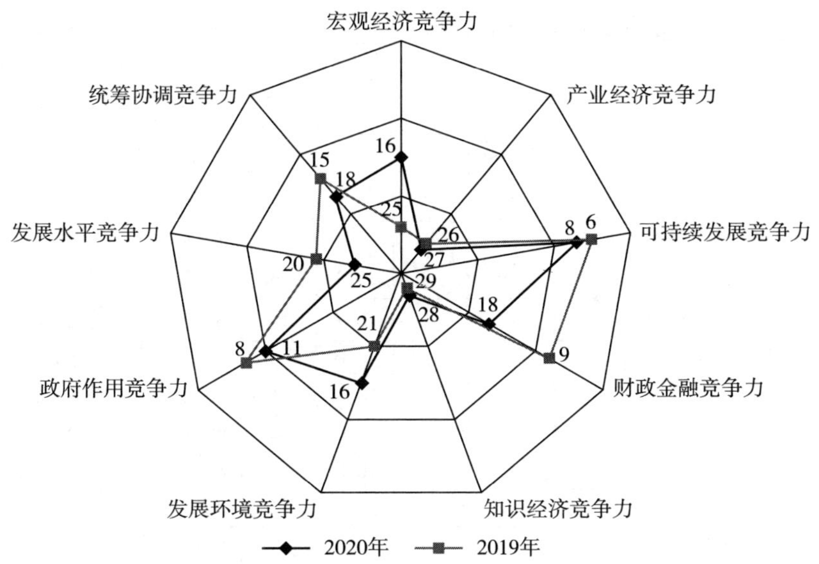

图 21－1　2019～2020 年海南省经济综合竞争力二级指标比较

表 21－1　2019～2020 年海南省经济综合竞争力二级指标表现情况

	宏观经济竞争力	产业经济竞争力	可持续发展竞争力	财政金融竞争力	知识经济竞争力	发展环境竞争力	政府作用竞争力	发展水平竞争力	统筹协调竞争力	**综合排位**
2019 年	25	26	6	9	29	21	8	20	15	20
2020 年	16	27	8	18	28	16	11	25	18	19
升降	9	－1	－2	－9	1	5	－3	－5	－3	1
优劣度	中势	劣势	优势	中势	劣势	中势	中势	劣势	中势	中势

2. 海南省经济综合竞争力各级指标动态变化分析

从表 21－2 可以看出，210 个四级指标中，上升指标有 57 个，占指标总数的 27. 1%；下降指标有 85 个，占指标总数的 40. 5%；保持不变的指标有 68 个，占指标总数的 32. 4%。综上所述，海南省经济综合竞争力排位保持不变的指标所占比重居中，虽然四级指标下降个数较多，但是三级指标上升个数的占比高于四级指标下降个数的占比，综合上述因素影响，2019～2020 年海南省经济综合竞争力排位有所上升。

表 21－2　2019～2020 年海南省经济综合竞争力各级指标排位变化情况

单位：个，%

二级指标	三级指标	四级指标数	上升		保持		下降		变化趋势
			指标数	比重	指标数	比重	指标数	比重	
宏观经济竞争力	经济实力竞争力	12	4	33.3	6	50.0	2	16.7	上升
	经济结构竞争力	6	4	66.7	1	16.7	1	16.7	上升
	经济外向度竞争力	9	3	33.3	3	33.3	3	33.3	上升
	小　计	**27**	11	40.7	10	37.0	6	22.2	上升
产业经济竞争力	农业竞争力	10	2	20.0	3	30.0	5	50.0	上升
	工业竞争力	10	2	20.0	5	50.0	3	30.0	下降
	服务业竞争力	10	3	30.0	4	40.0	3	30.0	上升
	企业竞争力	10	1	10.0	4	40.0	5	50.0	下降
	小　计	**40**	8	20.0	16	40.0	16	40.0	下降
可持续发展竞争力	资源竞争力	9	0	0.0	6	66.7	3	33.3	上升
	环境竞争力	8	2	25.0	3	37.5	3	37.5	下降
	人力资源竞争力	7	1	14.3	1	14.3	5	71.4	下降
	小　计	**24**	3	12.5	10	41.7	11	45.8	下降
财政金融竞争力	财政竞争力	12	4	33.3	2	16.7	6	50.0	下降
	金融竞争力	10	0	0.0	5	50.0	5	50.0	下降
	小　计	**22**	4	18.2	7	31.8	11	50.0	下降
知识经济竞争力	科技竞争力	9	3	33.3	6	66.7	0	0.0	上升
	教育竞争力	10	4	40.0	5	50.0	1	10.0	下降
	文化竞争力	10	3	30.0	1	10.0	6	60.0	上升
	小　计	**29**	10	34.5	12	41.4	7	24.1	上升
发展环境竞争力	基础设施竞争力	9	2	22.2	1	11.1	6	66.7	下降
	软环境竞争力	9	4	44.4	0	0.0	5	55.6	上升
	小　计	**18**	6	33.3	1	5.6	11	61.1	上升
政府作用竞争力	政府发展经济竞争力	5	1	20.0	1	20.0	3	60.0	下降
	政府规调经济竞争力	5	2	40.0	0	0.0	3	60.0	上升
	政府保障经济竞争力	6	0	0.0	1	16.7	5	83.3	下降
	小　计	**16**	3	18.8	2	12.5	11	68.8	下降
发展水平竞争力	工业化进程竞争力	6	1	16.7	4	66.7	1	16.7	下降
	城市化进程竞争力	6	1	16.7	2	33.3	3	50.0	下降
	市场化进程竞争力	6	2	33.3	1	16.7	3	50.0	下降
	小　计	**18**	4	22.2	7	38.9	7	38.9	下降

续表

二级指标	三级指标	四级指标数	上升		保持		下降		变化趋势
			指标数	比重	指标数	比重	指标数	比重	
统筹协调竞争力	统筹发展竞争力	8	3	37.5	2	25.0	3	37.5	下降
	协调发展竞争力	8	5	62.5	1	12.5	2	25.0	上升
	小　计	**16**	8	50.0	3	18.8	5	31.3	下降
合　计		**210**	57	27.1	68	32.4	85	40.5	上升

3. 海南省经济综合竞争力各级指标优劣势结构分析

基于图21－2和表21－3，具体到四级指标，强势指标16个，占指标总数的7.6%；优势指标35个，占指标总数的16.7%；中势指标64个，占指标总数的30.5%；劣势指标95个，占指标总数的45.2%。三级指标中，强势指标2个，占三级指标总数的8.0%；优势指标3个，占三级指标总数的12.0%；中势指标7个，占三级指标总数的28.0%；劣势指标13个，占三级指标总数的52.0%。从二级指标看，没有强势指标；优势指标有1个，占二级指标总数的11.1%；中势指标有5个，占二级指标总数的55.6%；劣势指标有3个，占二级指标总数的33.3%。综合来看，虽然劣势指标个数最多，但优势指标和中势指标在指标体系中比重较大，2020年海南省经济综合竞争力处于中势地位。

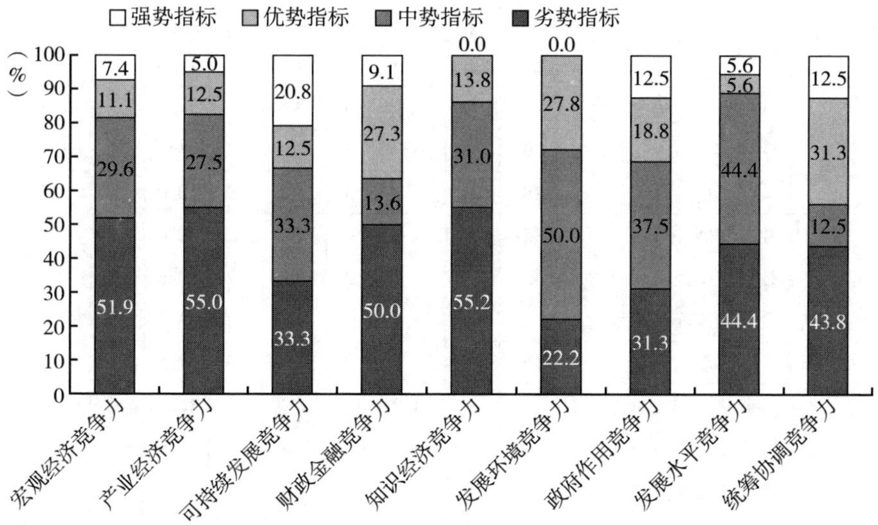

图21－2　2020年海南省经济综合竞争力各级指标优劣势比较

表 21 -3　2020 年海南省经济综合竞争力各级指标优劣势情况

单位：个，%

二级指标	三级指标	四级指标数	强势指标		优势指标		中势指标		劣势指标		优劣势
			个数	比重	个数	比重	个数	比重	个数	比重	
宏观经济竞争力	经济实力竞争力	12	0	0.0	2	16.7	4	33.3	6	50.0	劣势
	经济结构竞争力	6	0	0.0	1	16.7	3	50.0	2	33.3	中势
	经济外向度竞争力	9	2	22.2	0	0.0	1	11.1	6	66.7	优势
	小　计	**27**	2	7.4	3	11.1	8	29.6	14	51.9	中势
产业经济竞争力	农业竞争力	10	1	10.0	0	0.0	4	40.0	5	50.0	中势
	工业竞争力	10	0	0.0	0	0.0	3	30.0	7	70.0	劣势
	服务业竞争力	10	1	10.0	1	10.0	3	30.0	5	50.0	劣势
	企业竞争力	10	0	0.0	4	40.0	1	10.0	5	50.0	劣势
	小　计	**40**	2	5.0	5	12.5	11	27.5	22	55.0	劣势
可持续发展竞争力	资源竞争力	9	1	11.1	1	11.1	3	33.3	4	44.4	优势
	环境竞争力	8	4	50.0	1	12.5	2	25.0	1	12.5	强势
	人力资源竞争力	7	0	0.0	1	14.3	3	42.9	3	42.9	劣势
	小　计	**24**	5	20.8	3	12.5	8	33.3	8	33.3	优势
财政金融竞争力	财政竞争力	12	1	8.3	6	50.0	2	16.7	3	25.0	中势
	金融竞争力	10	1	10.0	0	0.0	1	10.0	8	80.0	劣势
	小　计	**22**	2	9.1	6	27.3	3	13.6	11	50.0	中势
知识经济竞争力	科技竞争力	9	0	0.0	0	0.0	1	11.1	8	88.9	劣势
	教育竞争力	10	0	0.0	4	40.0	2	20.0	4	40.0	劣势
	文化竞争力	10	0	0.0	0	0.0	6	60.0	4	40.0	劣势
	小　计	**29**	0	0.0	4	13.8	9	31.0	16	55.2	劣势
发展环境竞争力	基础设施竞争力	9	0	0.0	0	0.0	6	66.7	3	33.3	劣势
	软环境竞争力	9	0	0.0	5	55.6	3	33.3	1	11.1	中势
	小　计	**18**	0	0.0	5	27.8	9	50.0	4	22.2	中势
政府作用竞争力	政府发展经济竞争力	5	0	0.0	0	0.0	2	40.0	3	60.0	劣势
	政府规调经济竞争力	5	1	20.0	2	40.0	2	40.0	0	0.0	强势
	政府保障经济竞争力	6	1	16.7	1	16.7	2	33.3	2	33.3	优势
	小　计	**16**	2	12.5	3	18.8	6	37.5	5	31.3	中势
发展水平竞争力	工业化进程竞争力	6	0	0.0	1	16.7	1	16.7	4	66.7	劣势
	城市化进程竞争力	6	1	16.7	0	0.0	3	50.0	2	33.3	中势
	市场化进程竞争力	6	0	0.0	0	0.0	4	66.7	2	33.3	中势
	小　计	**18**	1	5.6	1	5.6	8	44.4	8	44.4	劣势

续表

二级指标	三级指标	四级指标数	强势指标		优势指标		中势指标		劣势指标		优劣势
			个数	比重	个数	比重	个数	比重	个数	比重	
统筹协调竞争力	统筹发展竞争力	8	1	12.5	3	37.5	0	0.0	4	50.0	劣势
	协调发展竞争力	8	1	12.5	2	25.0	2	25.0	3	37.5	中势
	小　计	**16**	2	12.5	5	31.3	2	12.5	7	43.8	中势
合　计		**210**	16	7.6	35	16.7	64	30.5	95	45.2	中势

4. 海南省经济综合竞争力四级指标优劣势对比分析

表 21-4　2020 年海南省经济综合竞争力各级指标优劣势情况

二级指标	优劣势	四级指标
宏观经济竞争力（27 个）	强势指标	实际 FDI、实际 FDI 增长率（2 个）
	优势指标	固定资产投资额增长率、全社会消费品零售总额增长率、产业结构优化度（3 个）
	劣势指标	地区生产总值、财政总收入、固定资产投资额、人均固定资产投资额、全社会消费品零售总额、人均全社会消费品零售总额、就业结构优化度、实体经济结构优化度、进出口总额、进出口增长率、出口总额、出口增长率、外资企业数、对外直接投资额（14 个）
产业经济竞争力（40 个）	强势指标	人均农业增加值、服务业增加值增长率（2 个）
	优势指标	限额以上批零企业利税率、规模以上企业平均资产、规模以上企业平均收入、规模以上企业平均利润、规模以上企业劳动效率（5 个）
	劣势指标	农业增加值、农业增加值增长率、人均主要农产品产量、农业机械化水平、农村人均用电量、工业增加值、工业增加值增长率、人均工业增加值、工业资产总额、规模以上工业主营业务收入、工业成本费用率、规模以上工业利润总额、服务业增加值、服务业从业人员数、限额以上批发零售企业主营业务收入、商品房销售收入、电子商务销售额、规模以上工业企业数、新产品销售收入占主营业务收入比重、产品质量抽查合格率、工业企业 R&D 经费投入强度、全国 500 强企业数（22 个）
可持续发展竞争力（24 个）	强势指标	人均可使用海域和滩涂面积、人均工业废气排放量、人均工业固体废物排放量、生活垃圾无害化处理率、自然灾害直接经济损失额（5 个）
	优势指标	人均森林储积量、森林覆盖率、常住人口增长率（3 个）
	劣势指标	耕地面积、人均耕地面积、人均牧草地面积、主要能源矿产基础储量、人均治理工业污染投资额、文盲率、大专以上教育程度人口比例、职业学校毕业生数（8 个）

续表

二级指标	优劣势	四级指标
财政金融竞争力（22个）	强势指标	地方财政收入占GDP比重、中长期贷款占贷款余额比重（2个）
	优势指标	地方财政支出占GDP比重、税收收入占GDP比重、人均地方财政收入、人均地方财政支出、人均税收收入、地方财政支出增长率（6个）
	劣势指标	地方财政收入、地方财政支出、税收收入增长率、存款余额、人均存款余额、贷款余额、保险费净收入、保险密度、保险深度、国内上市公司数、国内上市公司市值（11个）
知识经济竞争力（29个）	强势指标	（0个）
	优势指标	教育经费占GDP比重、人均教育经费、公共教育经费占财政支出比重、人均文化教育支出（4个）
	劣势指标	R&D人员、R&D经费、R&D经费投入强度、发明专利授权量、技术市场成交合同金额、高技术产业主营业务收入、高技术产业收入占工业增加值比重、高技术产品出口额占商品出口额比重、教育经费、万人中小学专任教师数、高等学校数、高校专任教师数、文化制造业营业收入、图书和期刊出版数、电子出版物品种、印刷用纸量（16个）
发展环境竞争力（18个）	强势指标	（0个）
	优势指标	外资企业数增长率、万人商标注册件数、交通事故直接财产损失、罚没收入占财政收入比重、社会捐赠站点数（5个）
	劣势指标	全社会旅客周转量、网站域名数、人均耗电量、政府网站数（4个）
政府作用竞争力（16个）	强势指标	工业生产出厂价格指数、失业保险覆盖率（2个）
	优势指标	调控城乡消费差距、规范税收、医疗保险覆盖率（3个）
	劣势指标	财政支出对GDP增长的拉动、政府消费对民间消费的拉动、财政投资对社会投资的拉动、最低工资标准、城镇登记失业率（5个）
发展水平竞争力（18个）	强势指标	人均日生活用水量（1个）
	优势指标	高技术产业占工业增加值比重（1个）
	劣势指标	工业增加值占GDP比重、工业增加值增长率、高技术产品占商品出口额比重、工农业增加值比值、城市平均建成区面积比重、人均公共绿地面积、亿元以上商品市场成交额、亿元以上商品市场成交额占全社会消费品零售总额比重（8个）
统筹协调竞争力（16个）	强势指标	二三产业增加值比例、资源竞争力与工业竞争力比差（2个）
	优势指标	能源消耗下降率、万元GDP综合能耗下降率、固定资产投资额占GDP比重、资源竞争力与宏观经济竞争力比差、城乡居民人均消费支出比差（5个）
	劣势指标	社会劳动生产率、非农用地产出率、居民收入占GDP比重、固定资产投资增长率、环境竞争力与宏观经济竞争力比差、环境竞争力与工业竞争力比差、全社会消费品零售总额与外贸出口总额比差（7个）

21.2　海南省经济综合竞争力各级指标具体分析

1. 海南省宏观经济竞争力指标排名变化情况

表 21－5　2019～2020 年海南省宏观经济竞争力指标组排位及变化趋势

指　标	2019 年	2020 年	排位升降	优劣势
1　宏观经济竞争力	25	16	9	中势
1.1　经济实力竞争力	28	22	6	劣势
地区生产总值	28	28	0	劣势
地区生产总值增长率	25	17	8	中势
人均地区生产总值	16	19	－3	中势
财政总收入	28	28	0	劣势
财政总收入增长率	13	18	－5	中势
人均财政总收入	18	17	1	中势
固定资产投资额	29	29	0	劣势
固定资产投资额增长率	29	6	23	优势
人均固定资产投资额	27	27	0	劣势
全社会消费品零售总额	28	28	0	劣势
全社会消费品零售总额增长率	25	5	20	优势
人均全社会消费品零售总额	22	22	0	劣势
1.2　经济结构竞争力	18	16	2	中势
产业结构优化度	4	4	0	优势
所有制经济结构优化度	8	16	－8	中势
城乡经济结构优化度	13	12	1	中势
就业结构优化度	28	21	7	劣势
实体经济结构优化度	27	26	1	劣势
贸易结构优化度	24	20	4	中势
1.3　经济外向度竞争力	23	6	17	优势
进出口总额	26	26	0	劣势
进出口增长率	23	23	0	劣势
出口总额	27	27	0	劣势
出口增长率	11	25	－14	劣势
实际 FDI	18	1	17	强势
实际 FDI 增长率	13	1	12	强势
外贸依存度	9	12	－3	中势
外资企业数	25	23	2	劣势
对外直接投资额	10	23	－13	劣势

2. 海南省产业经济竞争力指标排名变化情况

表 21－6　2019～2020 年海南省产业经济竞争力指标组排位及变化趋势

指　标	2019 年	2020 年	排位升降	优劣势
2　产业经济竞争力	26	27	－1	劣势
2.1　农业竞争力	21	19	2	中势
农业增加值	23	24	－1	劣势
农业增加值增长率	19	23	－4	劣势
人均农业增加值	1	2	－1	强势
农民人均纯收入	18	17	1	中势
农民人均纯收入增长率	30	14	16	中势
农产品出口占农林牧渔总产值比重	13	13	0	中势
人均主要农产品产量	23	26	－3	劣势
农业机械化水平	26	26	0	劣势
农村人均用电量	28	28	0	劣势
财政支农资金比重	11	12	－1	中势
2.2　工业竞争力	30	31	－1	劣势
工业增加值	30	30	0	劣势
工业增加值增长率	25	30	－5	劣势
人均工业增加值	30	30	0	劣势
工业资产总额	30	30	0	劣势
工业资产总额增长率	21	11	10	中势
规模以上工业主营业务收入	30	30	0	劣势
工业成本费用率	28	25	3	劣势
规模以上工业利润总额	29	29	0	劣势
工业全员劳动生产率	6	12	－6	中势
工业收入利润率	5	16	－11	中势
2.3　服务业竞争力	24	22	2	劣势
服务业增加值	28	28	0	劣势
服务业增加值增长率	14	1	13	强势
人均服务业增加值	12	12	0	中势
服务业从业人员数	27	28	－1	劣势
限额以上批发零售企业主营业务收入	28	27	1	劣势
限额以上批零企业利税率	5	6	－1	优势
限额以上餐饮企业利税率	24	16	8	中势
旅游外汇收入	19	19	0	中势
商品房销售收入	24	26	－2	劣势
电子商务销售额	24	24	0	劣势

续表

指　标	2019 年	2020 年	排位升降	优劣势
2.4　企业竞争力	15	21	-6	劣势
规模以上工业企业数	30	30	0	劣势
规模以上企业平均资产	7	7	0	优势
规模以上企业平均收入	3	4	-1	优势
规模以上企业平均利润	3	5	-2	优势
规模以上企业劳动效率	2	4	-2	优势
城镇就业人员平均工资	14	16	-2	中势
新产品销售收入占主营业务收入比重	31	29	2	劣势
产品质量抽查合格率	17	24	-7	劣势
工业企业 R&D 经费投入强度	30	30	0	劣势
全国 500 强企业数	30	30	0	劣势

3. 海南省可持续发展竞争力指标排名变化情况

表 21 -7　2019 ~2020 年海南省可持续发展竞争力指标组排位及变化趋势

指　标	2019 年	2020 年	排位升降	优劣势
3　可持续发展竞争力	6	8	-2	优势
3.1　资源竞争力	9	8	1	优势
人均国土面积	15	16	-1	中势
人均可使用海域和滩涂面积	1	1	0	强势
人均年水资源量	12	12	0	中势
耕地面积	27	27	0	劣势
人均耕地面积	24	25	-1	劣势
人均牧草地面积	23	23	0	劣势
主要能源矿产基础储量	27	27	0	劣势
人均主要能源矿产基础储量	19	20	-1	中势
人均森林储积量	8	8	0	优势
3.2　环境竞争力	2	3	-1	强势
森林覆盖率	5	5	0	优势
人均废水排放量	20	19	1	中势
人均工业废气排放量	1	2	-1	强势
人均工业固体废物排放量	3	3	0	强势
人均治理工业污染投资额	29	31	-2	劣势
一般工业固体废物综合利用率	17	13	4	中势
生活垃圾无害化处理率	1	1	0	强势
自然灾害直接经济损失额	2	3	-1	强势

续表

指　标	2019 年	2020 年	排位升降	优劣势
3.3　人力资源竞争力	13	25	-12	劣势
常住人口增长率	5	10	-5	优势
15~64 岁人口比例	17	16	1	中势
文盲率	15	23	-8	劣势
大专以上教育程度人口比例	12	26	-14	劣势
平均受教育程度	9	11	-2	中势
人口健康素质	17	19	-2	中势
职业学校毕业生数	25	25	0	劣势

4. 海南省财政金融竞争力指标排名变化情况

表 21-8　2019~2020 年海南省财政金融竞争力指标组排位及变化趋势

指　标	2019 年	2020 年	排位升降	优劣势
4　财政金融竞争力	9	18	-9	中势
4.1　财政竞争力	7	12	-5	中势
地方财政收入	28	28	0	劣势
地方财政支出	30	29	1	劣势
地方财政收入占 GDP 比重	4	3	1	强势
地方财政支出占 GDP 比重	8	7	1	优势
税收收入占 GDP 比重	3	4	-1	优势
税收收入占财政总收入比重	6	19	-13	中势
人均地方财政收入	7	8	-1	优势
人均地方财政支出	9	9	0	优势
人均税收收入	7	8	-1	优势
地方财政收入增长率	3	15	-12	中势
地方财政支出增长率	13	6	7	优势
税收收入增长率	9	30	-21	劣势
4.2　金融竞争力	25	26	-1	劣势
存款余额	28	28	0	劣势
人均存款余额	13	21	-8	劣势
贷款余额	28	28	0	劣势
人均贷款余额	13	15	-2	中势
中长期贷款占贷款余额比重	2	2	0	强势
保险费净收入	28	28	0	劣势
保险密度	22	24	-2	劣势
保险深度	20	21	-1	劣势
国内上市公司数	26	26	0	劣势
国内上市公司市值	26	28	-2	劣势

5. 海南省知识经济竞争力指标排名变化情况

表 21－9 2019～2020 年海南省知识经济竞争力指标组排位及变化趋势

指 标	2019 年	2020 年	排位升降	优劣势
5 知识经济竞争力	29	28	1	劣势
5.1 科技竞争力	31	29	2	劣势
R&D 人员	29	29	0	劣势
R&D 经费	29	29	0	劣势
R&D 经费投入强度	29	29	0	劣势
发明专利授权量	30	30	0	劣势
技术市场成交合同金额	28	27	1	劣势
财政科技支出占地方财政支出比重	18	16	2	中势
高技术产业主营业务收入	30	30	0	劣势
高技术产业收入占工业增加值比重	23	23	0	劣势
高技术产品出口额占商品出口额比重	27	26	1	劣势
5.2 教育竞争力	24	28	－4	劣势
教育经费	28	28	0	劣势
教育经费占 GDP 比重	5	4	1	优势
人均教育经费	7	7	0	优势
公共教育经费占财政支出比重	9	9	0	优势
人均文化教育支出	9	7	2	优势
万人中小学学校数	17	16	1	中势
万人中小学专任教师数	22	21	1	劣势
高等学校数	28	28	0	劣势
高校专任教师数	28	28	0	劣势
万人高等学校在校学生数	13	15	－2	中势
5.3 文化竞争力	25	24	1	劣势
文化制造业营业收入	21	21	0	劣势
文化批发零售业营业收入	25	16	9	中势
文化服务业企业营业收入	22	17	5	中势
图书和期刊出版数	27	29	－2	劣势
电子出版物品种	28	27	1	劣势
印刷用纸量	27	28	－1	劣势
城镇居民人均文化娱乐支出	12	14	－2	中势
农村居民人均文化娱乐支出	11	15	－4	中势
城镇居民人均文化娱乐支出占消费性支出比重	9	11	－2	中势
农村居民人均文化娱乐支出占消费性支出比重	11	16	－5	中势

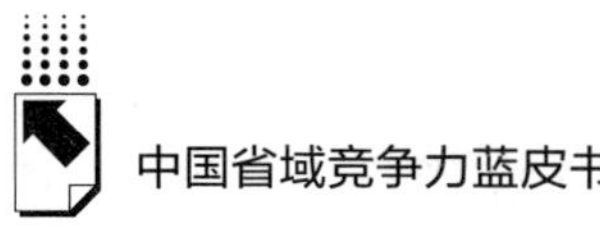

6. 海南省发展环境竞争力指标排名变化情况

表 21－10　2019～2020 年海南省发展环境竞争力指标组排位及变化趋势

指　标	2019 年	2020 年	排位升降	优劣势
6　发展环境竞争力	21	16	5	中势
6.1　基础设施竞争力	21	23	－2	劣势
铁路网线密度	11	13	－2	中势
公路网线密度	15	13	2	中势
人均内河航道里程	16	16	0	中势
全社会旅客周转量	28	29	－1	劣势
全社会货物周转量	24	17	7	中势
人均邮电业务总量	10	13	－3	中势
电话普及率	6	15	－9	中势
网站域名数	22	25	－3	劣势
人均耗电量	20	25	－5	劣势
6.2　软环境竞争力	21	11	10	中势
外资企业数增长率	4	7	－3	优势
万人外资企业数	9	11	－2	中势
个体私营企业数增长率	9	12	－3	中势
万人个体私营企业数	9	17	－8	中势
万人商标注册件数	10	7	3	优势
政府网站数	28	29	－1	劣势
交通事故直接财产损失	27	5	22	优势
罚没收入占财政收入比重	17	8	9	优势
社会捐赠站点数	29	4	25	优势

7. 海南省政府作用竞争力指标排名变化情况

表 21－11　2019～2020 年海南省政府作用竞争力指标组排位及变化趋势

指　标	2019 年	2020 年	排位升降	优劣势
7　政府作用竞争力	8	11	－3	中势
7.1　政府发展经济竞争力	26	27	－1	劣势
财政支出用于基本建设投资比重	14	16	－2	中势
财政支出对 GDP 增长的拉动	24	25	－1	劣势
政府公务员对经济的贡献	21	18	3	中势
政府消费对民间消费的拉动	25	26	－1	劣势
财政投资对社会投资的拉动	25	25	0	劣势

续表

指　标	2019年	2020年	排位升降	优劣势
7.2 政府规调经济竞争力	4	3	1	强势
物价调控	30	11	19	中势
调控城乡消费差距	17	10	7	优势
统筹经济社会发展	10	14	-4	中势
规范税收	4	7	-3	优势
工业生产出厂价格指数	1	3	-2	强势
7.3 政府保障经济竞争力	4	8	-4	优势
城镇职工养老保险收支比	8	14	-6	中势
医疗保险覆盖率	5	6	-1	优势
养老保险覆盖率	9	12	-3	中势
失业保险覆盖率	1	1	0	强势
最低工资标准	22	26	-4	劣势
城镇登记失业率	4	25	-21	劣势

8. 海南省发展水平竞争力指标排名变化情况

表21-12 2019~2020年海南省发展水平竞争力指标组排位及变化趋势

指　标	2019年	2020年	排位升降	优劣势
8 发展水平竞争力	20	25	-5	劣势
8.1 工业化进程竞争力	25	27	-2	劣势
工业增加值占GDP比重	30	30	0	劣势
工业增加值增长率	15	30	-15	劣势
高技术产业占工业增加值比重	9	9	0	优势
高技术产品占商品出口额比重	27	26	1	劣势
数字经济应用	13	13	0	中势
工农业增加值比值	31	31	0	劣势
8.2 城市化进程竞争力	19	20	-1	中势
城镇化率	18	20	-2	中势
城镇居民人均可支配收入	20	20	0	中势
城市平均建成区面积比重	25	24	1	劣势
人均拥有道路面积	14	20	-6	中势
人均日生活用水量	2	2	0	强势
人均公共绿地面积	28	29	-1	劣势

续表

指　标	2019年	2020年	排位升降	优劣势
8.3　市场化进程竞争力	8	16	-8	中势
非公有制经济产值占全社会总产值比重	8	16	-8	中势
社会投资占投资总额比重	9	14	-5	中势
私有和个体企业从业人员比重	15	13	2	中势
亿元以上商品市场成交额	29	29	0	劣势
亿元以上商品市场成交额占全社会消费品零售总额比重	29	28	1	劣势
居民消费支出占总消费支出比重	9	11	-2	中势

9. 海南省统筹协调竞争力指标排名变化情况

表21-13　2019~2020年海南省统筹协调竞争力指标组排位及变化趋势

指　标	2019年	2020年	排位升降	优劣势
9　统筹协调竞争力	15	18	-3	中势
9.1　统筹发展竞争力	9	22	-13	劣势
社会劳动生产率	21	21	0	劣势
能源消耗下降率	22	9	13	优势
万元GDP综合能耗下降率	26	5	21	优势
非农用地产出率	23	24	-1	劣势
居民收入占GDP比重	22	24	-2	劣势
二三产业增加值比例	2	2	0	强势
固定资产投资额占GDP比重	6	5	1	优势
固定资产投资增长率	3	29	-26	劣势
9.2　协调发展竞争力	23	20	3	中势
资源竞争力与宏观经济竞争力比差	9	10	-1	优势
环境竞争力与宏观经济竞争力比差	28	26	2	劣势
人力资源竞争力与宏观经济竞争力比差	28	17	11	中势
资源竞争力与工业竞争力比差	7	2	5	强势
环境竞争力与工业竞争力比差	31	31	0	劣势
城乡居民家庭人均收入比差	13	12	1	中势
城乡居民人均消费支出比差	17	10	7	优势
全社会消费品零售总额与外贸出口总额比差	15	21	-6	劣势

B.23
22
2019～2020年重庆市经济综合竞争力评价分析报告

重庆市简称“渝”，位于中国内陆西南部，是西南地区的重要交通枢纽，与四川、湖北等省相接。全市面积为8.24万平方公里，2020年全市常住人口为3209万人，地区生产总值为25003亿元，同比增长3.9%，人均GDP达78170元。本部分通过分析2019～2020年重庆市经济综合竞争力以及各要素竞争力的排名变化，从中找出重庆市经济综合竞争力的推动点及影响因素，为进一步提升重庆市经济综合竞争力提供决策参考。

22.1 重庆市经济综合竞争力总体分析

1. 重庆市经济综合竞争力一级指标概要分析

（1）从综合排位看，2020年重庆市经济综合竞争力综合排位在全国居第13位，这表明其在全国处于中势地位；与2019年相比，综合排位没有发生变化。

（2）从指标所处区位看，2个指标处于上游区，分别为政府作用竞争力和发展水平竞争力，这些为重庆市经济综合竞争力的优势指标。

（3）从指标变化趋势看，9个二级指标中，有4个指标处于上升趋势，分别为宏观经济竞争力、产业经济竞争力、可持续发展竞争力和政府作用竞争力，这些是重庆市经济综合竞争力的上升动力所在；有1个指标排位没有发生变化，为知识经济竞争力；有4个指标处于下降趋势，分别为财政金融竞争力、发展环境竞争力、发展水平竞争力和统筹协调竞争力，这些是重庆市经济综合竞争力的下降拉力所在。

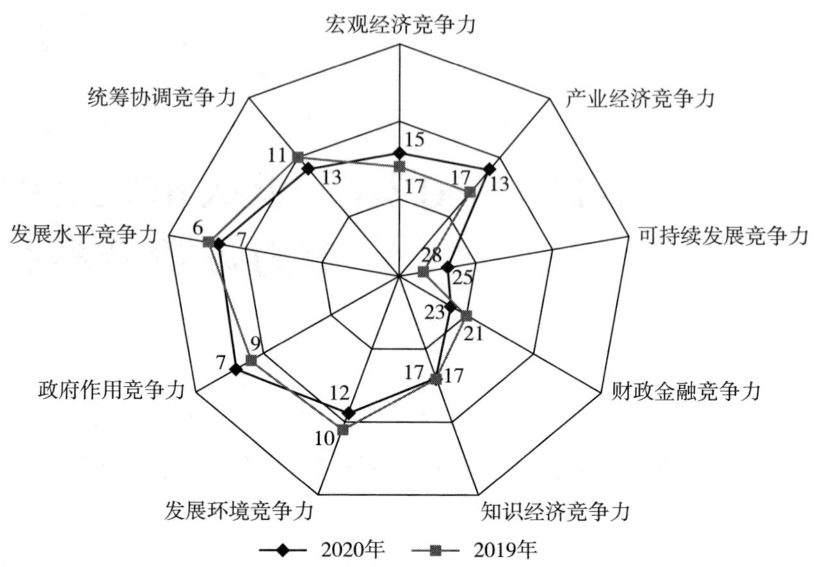

图 22－1　2019～2020 年重庆市经济综合竞争力二级指标比较

表 22－1　2019～2020 年重庆市经济综合竞争力二级指标表现情况

	宏观经济竞争力	产业经济竞争力	可持续发展竞争力	财政金融竞争力	知识经济竞争力	发展环境竞争力	政府作用竞争力	发展水平竞争力	统筹协调竞争力	**综合排位**
2019 年	17	17	28	21	17	10	9	6	11	13
2020 年	15	13	25	23	17	12	7	7	13	13
升降	2	4	3	－2	0	－2	2	－1	－2	0
优劣度	中势	中势	劣势	劣势	中势	中势	优势	优势	中势	中势

2. 重庆市经济综合竞争力各级指标动态变化分析

从表 22－2 可以看出，210 个四级指标中，上升指标有 71 个，占指标总数的 33.8%；下降指标有 71 个，占指标总数的 33.8%；保持不变的指标有 68 个，占指标总数的 32.4%。综上所述，重庆市经济综合竞争力的上升指标和下降指标个数相当，上升动力和下降拉力相当，排位保持不变的指标比重较大，2019～2020 年重庆市经济综合竞争力排位保持不变。

表 22－2 2019～2020 年重庆市经济综合竞争力各级指标排位变化情况

单位：个，%

二级指标	三级指标	四级指标数	上升		保持		下降		变化趋势
			指标数	比重	指标数	比重	指标数	比重	
宏观经济竞争力	经济实力竞争力	12	6	50.0	5	41.7	1	8.3	上升
	经济结构竞争力	6	2	33.3	1	16.7	3	50.0	下降
	经济外向度竞争力	9	5	55.6	2	22.2	2	22.2	保持
	小 计	**27**	13	48.2	8	29.6	6	22.2	上升
产业经济竞争力	农业竞争力	10	6	60.0	3	30.0	1	10.0	上升
	工业竞争力	10	4	40.0	4	40.0	2	20.0	下降
	服务业竞争力	10	3	30.0	5	50.0	2	20.0	上升
	企业竞争力	10	3	30.0	3	30.0	4	40.0	保持
	小 计	**40**	16	40.0	15	37.5	9	22.5	上升
可持续发展竞争力	资源竞争力	9	1	11.1	6	66.7	2	22.2	上升
	环境竞争力	8	3	37.5	3	37.5	2	25.0	下降
	人力资源竞争力	7	3	42.9	2	28.6	2	28.6	上升
	小 计	**24**	7	29.2	11	45.8	6	25.0	上升
财政金融竞争力	财政竞争力	12	2	16.7	1	8.3	9	75.0	下降
	金融竞争力	10	1	10.0	4	40.0	5	50.0	下降
	小 计	**22**	3	13.6	5	22.7	14	63.6	下降
知识经济竞争力	科技竞争力	9	2	22.2	5	55.6	2	22.2	保持
	教育竞争力	10	5	50.0	3	30.0	2	20.0	下降
	文化竞争力	10	4	40.0	3	30.0	3	30.0	上升
	小 计	**29**	11	37.9	11	37.9	7	24.1	保持
发展环境竞争力	基础设施竞争力	9	1	11.1	5	55.6	3	33.3	保持
	软环境竞争力	9	2	22.2	0	0.0	7	77.8	上升
	小 计	**18**	3	16.7	5	27.8	10	55.6	下降
政府作用竞争力	政府发展经济竞争力	5	2	40.0	3	60.0	0	0.0	上升
	政府规调经济竞争力	5	3	60.0	0	0.0	2	40.0	下降
	政府保障经济竞争力	6	3	50.0	1	16.7	2	33.3	上升
	小 计	**16**	8	50.0	4	25.0	4	25.0	上升
发展水平竞争力	工业化进程竞争力	6	2	33.3	4	66.7	0	0.0	保持
	城市化进程竞争力	6	1	16.7	2	33.3	3	50.0	下降
	市场化进程竞争力	6	1	16.7	1	16.7	4	66.7	下降
	小 计	**18**	4	22.2	7	38.9	7	38.9	下降

续表

二级指标	三级指标	四级指标数	上升		保持		下降		变化趋势
			指标数	比重	指标数	比重	指标数	比重	
统筹协调竞争力	统筹发展竞争力	8	4	50.0	2	25.0	2	25.0	保持
	协调发展竞争力	8	2	25.0	0	0.0	6	75.0	下降
	小　计	**16**	6	37.5	2	12.5	8	50.0	下降
合　计		**210**	71	33.8	68	32.4	71	33.8	保持

3. 重庆市经济综合竞争力各级指标优劣势结构分析

基于图 22－2 和表 22－3，具体到四级指标，强势指标 10 个，占指标总数的 4.8%；优势指标 57 个，占指标总数的 27.1%；中势指标 99 个，占指标总数的 47.1%；劣势指标 44 个，占指标总数的 21.0%。三级指标中，没有强势指标；优势指标 6 个，占三级指标总数的 24.0%；中势指标 13 个，占三级指标总数的 52.0%；劣势指标 6 个，占三级指标总数的 24.0%。从二级指标看，没有强势指标；优势指标有 2 个，占二级指标总数的 22.2%；中势指标有 5 个，占二级指标总数的 55.6%；劣势指标有 2 个，占二级指标总数的 22.2%。综合来看，由于中势指标在指标体系中居于主导地位，2020 年重庆市经济综合竞争力处于中势地位。

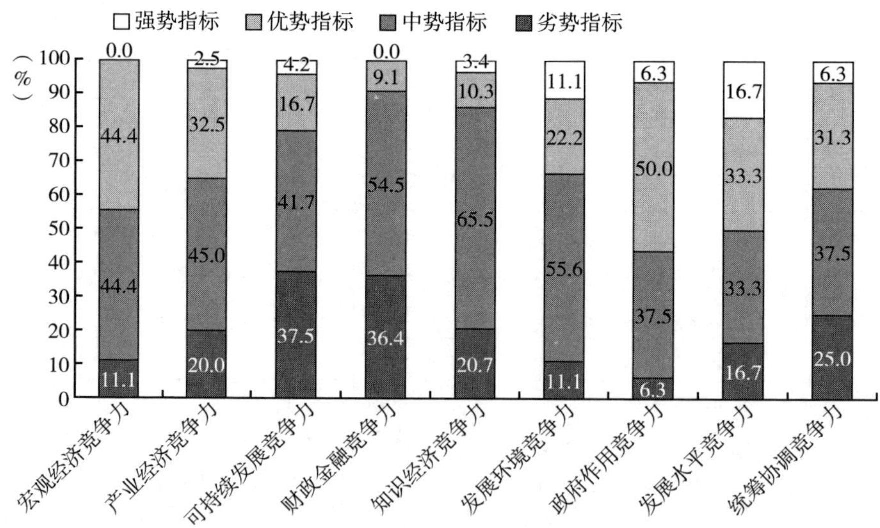

图 22－2　2020 年重庆市经济综合竞争力各级指标优劣势比较

表 22 – 3　2020 年重庆市经济综合竞争力各级指标优劣势情况

单位：个，%

二级指标	三级指标	四级指标数	强势指标		优势指标		中势指标		劣势指标		优劣势
			个数	比重	个数	比重	个数	比重	个数	比重	
宏观经济竞争力	经济实力竞争力	12	0	0.0	5	41.7	7	58.3	0	0.0	中势
	经济结构竞争力	6	0	0.0	3	50.0	1	16.7	2	33.3	中势
	经济外向度竞争力	9	0	0.0	4	44.4	4	44.4	1	11.1	中势
	小　计	**27**	0	0.0	12	44.4	12	44.4	3	11.1	中势
产业经济竞争力	农业竞争力	10	0	0.0	3	30.0	2	20.0	5	50.0	劣势
	工业竞争力	10	0	0.0	1	10.0	8	80.0	1	10.0	中势
	服务业竞争力	10	1	10.0	3	30.0	6	60.0	0	0.0	中势
	企业竞争力	10	0	0.0	6	60.0	2	20.0	2	20.0	优势
	小　计	**40**	1	2.5	13	32.5	18	45.0	8	20.0	中势
可持续发展竞争力	资源竞争力	9	0	0.0	0	0.0	5	55.6	4	44.4	劣势
	环境竞争力	8	0	0.0	2	25.0	2	25.0	4	50.0	劣势
	人力资源竞争力	7	1	14.3	2	28.6	3	42.9	1	14.3	中势
	小　计	**24**	1	4.2	4	16.7	10	41.7	9	37.5	劣势
财政金融竞争力	财政竞争力	12	0	0.0	0	0.0	4	33.3	8	66.7	劣势
	金融竞争力	10	0	0.0	2	20.0	8	80.0	0	0.0	中势
	小　计	**22**	0	0.0	2	9.1	12	54.5	8	36.4	劣势
知识经济竞争力	科技竞争力	9	1	11.1	0	0.0	6	66.7	2	22.2	中势
	教育竞争力	10	0	0.0	1	10.0	7	70.0	2	20.0	劣势
	文化竞争力	10	0	0.0	2	20.0	6	60.0	2	20.0	中势
	小　计	**29**	1	3.4	3	10.3	19	65.5	6	20.7	中势
发展环境竞争力	基础设施竞争力	9	1	11.1	2	22.2	5	55.6	1	11.1	中势
	软环境竞争力	9	1	11.1	2	22.2	5	55.6	1	11.1	优势
	小　计	**18**	2	11.1	4	22.2	10	55.6	2	11.1	中势
政府作用竞争力	政府发展经济竞争力	5	0	0.0	4	80.0	1	20.0	0	0.0	优势
	政府规调经济竞争力	5	0	0.0	1	20.0	3	60.0	1	20.0	中势
	政府保障经济竞争力	6	1	16.7	3	50.0	2	33.3	0	0.0	优势
	小　计	**16**	1	6.3	8	50.0	6	37.5	1	6.3	优势
发展水平竞争力	工业化进程竞争力	6	3	50.0	1	16.7	2	33.3	0	0.0	优势
	城市化进程竞争力	6	0	0.0	2	33.3	2	33.3	2	33.3	中势
	市场化进程竞争力	6	0	0.0	3	50.0	2	33.3	1	16.7	中势
	小　计	**18**	3	16.7	6	33.3	6	33.3	3	16.7	优势

续表

二级指标	三级指标	四级指标数	强势指标		优势指标		中势指标		劣势指标		优劣势
			个数	比重	个数	比重	个数	比重	个数	比重	
统筹协调竞争力	统筹发展竞争力	8	1	12.5	4	50.0	3	37.5	0	0.0	优势
	协调发展竞争力	8	0	0.0	1	12.5	3	37.5	4	50.0	劣势
	小　计	**16**	1	6.3	5	31.3	6	37.5	4	25.0	中势
合　计		**210**	10	4.8	57	27.1	99	47.1	44	21.0	中势

4. 重庆市经济综合竞争力四级指标优劣势对比分析

表 22-4　2020 年重庆市经济综合竞争力各级指标优劣势情况

二级指标	优劣势	四级指标
宏观经济竞争力（27 个）	强势指标	（0 个）
	优势指标	地区生产总值增长率、人均地区生产总值、人均固定资产投资额、全社会消费品零售总额增长率、人均全社会消费品零售总额、产业结构优化度、所有制经济结构优化度、就业结构优化度、进出口增长率、出口总额、出口增长率、外贸依存度（12 个）
	劣势指标	实体经济结构优化度、贸易结构优化度、实际 FDI（3 个）
产业经济竞争力（40 个）	强势指标	限额以上餐饮企业利税率（1 个）
	优势指标	农业增加值增长率、人均农业增加值、农民人均纯收入增长率、工业增加值增长率、人均服务业增加值、限额以上批零企业利税率、电子商务销售额、规模以上企业平均利润、城镇就业人员平均工资、新产品销售收入占主营业务收入比重、产品质量抽查合格率、工业企业 R&D 经费投入强度、全国 500 强企业数（13 个）
	劣势指标	农业增加值、农产品出口占农林牧渔总产值比重、农业机械化水平、农村人均用电量、财政支农资金比重、工业资产总额、规模以上企业平均资产、规模以上企业劳动效率（8 个）
可持续发展竞争力（24 个）	强势指标	人口健康素质（1 个）
	优势指标	人均工业固体废物排放量、一般工业固体废物综合利用率、常住人口增长率、文盲率（4 个）
	劣势指标	人均国土面积、耕地面积、人均耕地面积、人均牧草地面积、人均废水排放量、人均治理工业污染投资额、生活垃圾无害化处理率、自然灾害直接经济损失额、15～64 岁人口比例（9 个）

续表

二级指标	优劣势	四级指标
财政金融竞争力（22个）	强势指标	（0个）
	优势指标	人均贷款余额、中长期贷款占贷款余额比重（2个）
	劣势指标	地方财政支出、地方财政收入占GDP比重、地方财政支出占GDP比重、税收收入占GDP比重、税收收入占财政总收入比重、地方财政收入增长率、地方财政支出增长率、税收收入增长率（8个）
知识经济竞争力（29个）	强势指标	高技术产品出口额占商品出口额比重（1个）
	优势指标	万人高等学校在校学生数、文化服务业企业营业收入、城镇居民人均文化娱乐支出（3个）
	劣势指标	技术市场成交合同金额、高技术产业收入占工业增加值比重、万人中小学学校数、高等学校数、图书和期刊出版数、印刷用纸量（6个）
发展环境竞争力（18个）	强势指标	公路网线密度、政府网站数（2个）
	优势指标	人均内河航道里程、电话普及率、外资企业数增长率、罚没收入占财政收入比重（4个）
	劣势指标	人均耗电量、万人个体私营企业数（2个）
政府作用竞争力（16个）	强势指标	城镇登记失业率（1个）
	优势指标	财政支出对GDP增长的拉动、政府公务员对经济的贡献、政府消费对民间消费的拉动、财政投资对社会投资的拉动、规范税收、城镇职工养老保险收支比、养老保险覆盖率、失业保险覆盖率（8个）
	劣势指标	工业生产出厂价格指数（1个）
发展水平竞争力（18个）	强势指标	工业增加值增长率、高技术产业占工业增加值比重、高技术产品占商品出口额比重（3个）
	优势指标	数字经济应用、城镇化率、人均公共绿地面积、非公有制经济产值占全社会总产值比重、亿元以上商品市场成交额、亿元以上商品市场成交额占全社会消费品零售总额比重（6个）
	劣势指标	城市平均建成区面积比重、人均拥有道路面积、居民消费支出占总消费支出比重（3个）
统筹协调竞争力（16个）	强势指标	万元GDP综合能耗下降率（1个）
	优势指标	社会劳动生产率、能源消耗下降率、非农用地产出率、居民收入占GDP比重、全社会消费品零售总额与外贸出口总额比差（5个）
	劣势指标	资源竞争力与宏观经济竞争力比差、环境竞争力与宏观经济竞争力比差、人力资源竞争力与宏观经济竞争力比差、资源竞争力与工业竞争力比差（4个）

22.2 重庆市经济综合竞争力各级指标具体分析

1. 重庆市宏观经济竞争力指标排名变化情况

表 22－5 2019～2020 年重庆市宏观经济竞争力指标组排位及变化趋势

指 标	2019 年	2020 年	排位升降	优劣势
1 宏观经济竞争力	17	15	2	中势
1.1 经济实力竞争力	18	13	5	中势
地区生产总值	17	17	0	中势
地区生产总值增长率	14	4	10	优势
人均地区生产总值	9	8	1	优势
财政总收入	17	18	－1	中势
财政总收入增长率	30	17	13	中势
人均财政总收入	13	13	0	中势
固定资产投资额	16	16	0	中势
固定资产投资额增长率	18	18	0	中势
人均固定资产投资额	7	6	1	优势
全社会消费品零售总额	14	14	0	中势
全社会消费品零售总额增长率	10	4	6	优势
人均全社会消费品零售总额	7	6	1	优势
1.2 经济结构竞争力	19	20	－1	中势
产业结构优化度	10	10	0	优势
所有制经济结构优化度	9	10	－1	优势
城乡经济结构优化度	17	18	－1	中势
就业结构优化度	5	10	－5	优势
实体经济结构优化度	23	22	1	劣势
贸易结构优化度	26	25	1	劣势
1.3 经济外向度竞争力	15	15	0	中势
进出口总额	13	13	0	中势
进出口增长率	4	7	－3	优势
出口总额	10	9	1	优势
出口增长率	10	9	1	优势
实际 FDI	17	21	－4	劣势
实际 FDI 增长率	30	17	13	中势
外贸依存度	10	9	1	优势
外资企业数	17	17	0	中势
对外直接投资额	16	14	2	中势

2. 重庆市产业经济竞争力指标排名变化情况

表 22 -6　2019 ~ 2020 年重庆市产业经济竞争力指标组排位及变化趋势

指　标	2019 年	2020 年	排位升降	优劣势
2　产业经济竞争力	17	13	4	中势
2.1　农业竞争力	27	25	2	劣势
农业增加值	21	21	0	劣势
农业增加值增长率	10	7	3	优势
人均农业增加值	9	8	1	优势
农民人均纯收入	17	15	2	中势
农民人均纯收入增长率	12	7	5	优势
农产品出口占农林牧渔总产值比重	30	29	1	劣势
人均主要农产品产量	19	20	-1	中势
农业机械化水平	23	23	0	劣势
农村人均用电量	23	23	0	劣势
财政支农资金比重	26	24	2	劣势
2.2　工业竞争力	18	20	-2	中势
工业增加值	16	16	0	中势
工业增加值增长率	12	7	5	优势
人均工业增加值	11	11	0	中势
工业资产总额	22	21	1	劣势
工业资产总额增长率	3	12	-9	中势
规模以上工业主营业务收入	17	17	0	中势
工业成本费用率	6	17	-11	中势
规模以上工业利润总额	19	16	3	中势
工业全员劳动生产率	16	16	0	中势
工业收入利润率	20	12	8	中势
2.3　服务业竞争力	15	13	2	中势
服务业增加值	15	15	0	中势
服务业增加值增长率	24	13	11	中势
人均服务业增加值	8	8	0	优势
服务业从业人员数	20	19	1	中势
限额以上批发零售企业主营业务收入	14	15	-1	中势
限额以上批零企业利税率	8	5	3	优势
限额以上餐饮企业利税率	3	3	0	强势
旅游外汇收入	13	13	0	中势
商品房销售收入	12	13	-1	中势
电子商务销售额	9	9	0	优势

续表

指　标	2019年	2020年	排位升降	优劣势
2.4　企业竞争力	9	9	0	优势
规模以上工业企业数	16	17	-1	中势
规模以上企业平均资产	21	21	0	劣势
规模以上企业平均收入	15	14	1	中势
规模以上企业平均利润	17	9	8	优势
规模以上企业劳动效率	21	21	0	劣势
城镇就业人员平均工资	10	10	0	优势
新产品销售收入占主营业务收入比重	9	6	3	优势
产品质量抽查合格率	3	5	-2	优势
工业企业 R&D 经费投入强度	9	10	-1	优势
全国500强企业数	8	9	-1	优势

3. 重庆市可持续发展竞争力指标排名变化情况

表22-7　2019~2020年重庆市可持续发展竞争力指标组排位及变化趋势

指　标	2019年	2020年	排位升降	优劣势
3　可持续发展竞争力	28	25	3	劣势
3.1　资源竞争力	28	26	2	劣势
人均国土面积	21	21	0	劣势
人均可使用海域和滩涂面积	13	13	0	中势
人均年水资源量	17	14	3	中势
耕地面积	22	22	0	劣势
人均耕地面积	21	22	-1	劣势
人均牧草地面积	28	29	-1	劣势
主要能源矿产基础储量	16	16	0	中势
人均主要能源矿产基础储量	18	18	0	中势
人均森林储积量	17	17	0	中势
3.2　环境竞争力	22	23	-1	劣势
森林覆盖率	12	12	0	中势
人均废水排放量	22	22	0	劣势
人均工业废气排放量	28	11	17	中势
人均工业固体废物排放量	5	6	-1	优势
人均治理工业污染投资额	25	24	1	劣势
一般工业固体废物综合利用率	9	6	3	优势
生活垃圾无害化处理率	31	31	0	劣势
自然灾害直接经济损失额	9	26	-17	劣势

续表

指 标	2019年	2020年	排位升降	优劣势
3.3 人力资源竞争力	12	11	1	中势
常住人口增长率	9	8	1	优势
15~64岁人口比例	24	22	2	劣势
文盲率	13	10	3	优势
大专以上教育程度人口比例	8	13	-5	中势
平均受教育程度	16	18	-2	中势
人口健康素质	1	1	0	强势
职业学校毕业生数	18	18	0	中势

4. 重庆市财政金融竞争力指标排名变化情况

表22-8 2019~2020年重庆市财政金融竞争力指标组排位及变化趋势

指 标	2019年	2020年	排位升降	优劣势
4 财政金融竞争力	21	23	-2	劣势
4.1 财政竞争力	26	28	-2	劣势
地方财政收入	19	19	0	中势
地方财政支出	23	24	-1	劣势
地方财政收入占GDP比重	21	25	-4	劣势
地方财政支出占GDP比重	22	23	-1	劣势
税收收入占GDP比重	23	25	-2	劣势
税收收入占财政总收入比重	15	22	-7	劣势
人均地方财政收入	10	11	-1	中势
人均地方财政支出	13	15	-2	中势
人均税收收入	10	12	-2	中势
地方财政收入增长率	30	23	7	劣势
地方财政支出增长率	21	25	-4	劣势
税收收入增长率	26	23	3	劣势
4.2 金融竞争力	13	14	-1	中势
存款余额	16	18	-2	中势
人均存款余额	9	11	-2	中势
贷款余额	15	15	0	中势
人均贷款余额	9	9	0	优势
中长期贷款占贷款余额比重	6	6	0	优势
保险费净收入	16	15	1	中势
保险密度	10	11	-1	中势
保险深度	19	19	0	中势
国内上市公司数	14	18	-4	中势
国内上市公司市值	6	16	-10	中势

5. 重庆市知识经济竞争力指标排名变化情况

表 22－9　2019～2020 年重庆市知识经济竞争力指标组排位及变化趋势

指　标	2019 年	2020 年	排位升降	优劣势
5　知识经济竞争力	17	17	0	中势
5.1　科技竞争力	15	15	0	中势
R&D 人员	15	14	1	中势
R&D 经费	13	16	－3	中势
R&D 经费投入强度	12	14	－2	中势
发明专利授权量	16	16	0	中势
技术市场成交合同金额	25	22	3	劣势
财政科技支出占地方财政支出比重	17	17	0	中势
高技术产业主营业务收入	16	16	0	中势
高技术产业收入占工业增加值比重	29	29	0	劣势
高技术产品出口额占商品出口额比重	2	2	0	强势
5.2　教育竞争力	18	22	－4	劣势
教育经费	19	19	0	中势
教育经费占 GDP 比重	20	19	1	中势
人均教育经费	13	11	2	中势
公共教育经费占财政支出比重	19	18	1	中势
人均文化教育支出	18	19	－1	中势
万人中小学学校数	22	22	0	劣势
万人中小学专任教师数	21	17	4	中势
高等学校数	21	21	0	劣势
高校专任教师数	19	17	2	中势
万人高等学校在校学生数	8	9	－1	优势
5.3　文化竞争力	20	17	3	中势
文化制造业营业收入	13	13	0	中势
文化批发零售业营业收入	13	13	0	中势
文化服务业企业营业收入	11	10	1	优势
图书和期刊出版数	19	21	－2	劣势
电子出版物品种	9	12	－3	中势
印刷用纸量	21	22	－1	劣势
城镇居民人均文化娱乐支出	19	8	11	优势
农村居民人均文化娱乐支出	17	12	5	中势
城镇居民人均文化娱乐支出占消费性支出比重	22	14	8	中势
农村居民人均文化娱乐支出占消费性支出比重	20	20	0	中势

6. 重庆市发展环境竞争力指标排名变化情况

表 22－10　2019～2020 年重庆市发展环境竞争力指标组排位及变化趋势

指　标	2019 年	2020 年	排位升降	优劣势
6　发展环境竞争力	10	12	－2	中势
6.1　基础设施竞争力	11	11	0	中势
铁路网线密度	14	15	－1	中势
公路网线密度	1	1	0	强势
人均内河航道里程	6	6	0	优势
全社会旅客周转量	18	18	0	中势
全社会货物周转量	16	18	－2	中势
人均邮电业务总量	12	17	－5	中势
电话普及率	8	8	0	优势
网站域名数	21	19	2	中势
人均耗电量	23	23	0	劣势
6.2　软环境竞争力	11	10	1	优势
外资企业数增长率	28	10	18	优势
万人外资企业数	12	14	－2	中势
个体私营企业数增长率	10	16	－6	中势
万人个体私营企业数	15	21	－6	劣势
万人商标注册件数	8	11	－3	中势
政府网站数	27	1	26	强势
交通事故直接财产损失	9	17	－8	中势
罚没收入占财政收入比重	7	9	－2	优势
社会捐赠站点数	5	11	－6	中势

7. 重庆市政府作用竞争力指标排名变化情况

表 22－11　2019～2020 年重庆市政府作用竞争力指标组排位及变化趋势

指　标	2019 年	2020 年	排位升降	优劣势
7　政府作用竞争力	9	7	2	优势
7.1　政府发展经济竞争力	10	9	1	优势
财政支出用于基本建设投资比重	17	17	0	中势
财政支出对 GDP 增长的拉动	10	9	1	优势
政府公务员对经济的贡献	9	9	0	优势
政府消费对民间消费的拉动	8	4	4	优势
财政投资对社会投资的拉动	8	8	0	优势

续表

指　标	2019 年	2020 年	排位升降	优劣势
7.2　政府规调经济竞争力	15	16	-1	中势
物价调控	14	11	3	中势
调控城乡消费差距	15	17	-2	中势
统筹经济社会发展	24	20	4	中势
规范税收	9	8	1	优势
工业生产出厂价格指数	20	24	-4	劣势
7.3　政府保障经济竞争力	8	4	4	优势
城镇职工养老保险收支比	18	10	8	优势
医疗保险覆盖率	13	13	0	中势
养老保险覆盖率	7	6	1	优势
失业保险覆盖率	6	7	-1	优势
最低工资标准	10	13	-3	中势
城镇登记失业率	8	2	6	强势

8. 重庆市发展水平竞争力指标排名变化情况

表 22-12　2019~2020 年重庆市发展水平竞争力指标组排位及变化趋势

指　标	2019 年	2020 年	排位升降	优劣势
8　发展水平竞争力	6	7	-1	优势
8.1　工业化进程竞争力	4	4	0	优势
工业增加值占 GDP 比重	21	19	2	中势
工业增加值增长率	9	3	6	强势
高技术产业占工业增加值比重	3	3	0	强势
高技术产品占商品出口额比重	2	2	0	强势
数字经济应用	10	10	0	优势
工农业增加值比值	11	11	0	中势
8.2　城市化进程竞争力	16	17	-1	中势
城镇化率	8	8	0	优势
城镇居民人均可支配收入	12	13	-1	中势
城市平均建成区面积比重	31	31	0	劣势
人均拥有道路面积	26	28	-2	劣势
人均日生活用水量	17	13	4	中势
人均公共绿地面积	5	7	-2	优势

续表

指 标	2019 年	2020 年	排位升降	优劣势
8.3 市场化进程竞争力	10	14	-4	中势
非公有制经济产值占全社会总产值比重	9	10	-1	优势
社会投资占投资总额比重	10	12	-2	中势
私有和个体企业从业人员比重	1	20	-19	中势
亿元以上商品市场成交额	10	9	1	优势
亿元以上商品市场成交额占全社会消费品零售总额比重	7	7	0	优势
居民消费支出占总消费支出比重	29	30	-1	劣势

9. 重庆市统筹协调竞争力指标排名变化情况

表 22-13 2019~2020 年重庆市统筹协调竞争力指标组排位及变化趋势

指 标	2019 年	2020 年	排位升降	优劣势
9 统筹协调竞争力	11	13	-2	中势
9.1 统筹发展竞争力	10	10	0	优势
社会劳动生产率	8	8	0	优势
能源消耗下降率	18	7	11	优势
万元 GDP 综合能耗下降率	21	3	18	强势
非农用地产出率	8	8	0	优势
居民收入占 GDP 比重	5	4	1	优势
二三产业增加值比例	19	20	-1	中势
固定资产投资额占 GDP 比重	16	15	1	中势
固定资产投资增长率	14	18	-4	中势
9.2 协调发展竞争力	19	25	-6	劣势
资源竞争力与宏观经济竞争力比差	26	24	2	劣势
环境竞争力与宏观经济竞争力比差	9	22	-13	劣势
人力资源竞争力与宏观经济竞争力比差	4	23	-19	劣势
资源竞争力与工业竞争力比差	26	27	-1	劣势
环境竞争力与工业竞争力比差	13	14	-1	中势
城乡居民家庭人均收入比差	17	18	-1	中势
城乡居民人均消费支出比差	15	17	-2	中势
全社会消费品零售总额与外贸出口总额比差	10	9	1	优势

B.24
23
2019～2020年四川省经济综合竞争力评价分析报告

四川省简称“川”或“蜀”，位于中国西南地区内陆，与重庆、贵州、云南、西藏、青海、甘肃和陕西相接。全省面积为48.6万平方公里，2020年全省常住人口为8371万人，地区生产总值为48599亿元，同比增长3.8%，人均GDP达58126元。本部分通过分析2019～2020年四川省经济综合竞争力以及各要素竞争力的排名变化，从中找出四川省经济综合竞争力的推动点及影响因素，为进一步提升四川省经济综合竞争力提供决策参考。

23.1 四川省经济综合竞争力总体分析

1. 四川省经济综合竞争力一级指标概要分析

（1）从综合排位看，2020年四川省经济综合竞争力综合排位在全国居第10位，这表明其在全国处于优势地位；与2019年相比，综合排位上升1位。

（2）从指标所处区位看，4个指标处于上游区，分别为产业经济竞争力、财政金融竞争力、知识经济竞争力和发展水平竞争力，这些为四川省经济综合竞争力的优势指标。

（3）从指标变化趋势看，9个二级指标中，有4个指标处于上升趋势，分别为产业经济竞争力、可持续发展竞争力、财政金融竞争力和统筹协调竞争力，这些是四川省经济综合竞争力的上升动力所在；有2个指标的排位没有发生变化，分别为知识经济竞争力和发展水平竞争力；有3个指标处于下降趋势，分别为宏观经济竞争力、发展环境竞争力和政府作用竞争力，这些是四川省经济综合竞争力的下降拉力所在。

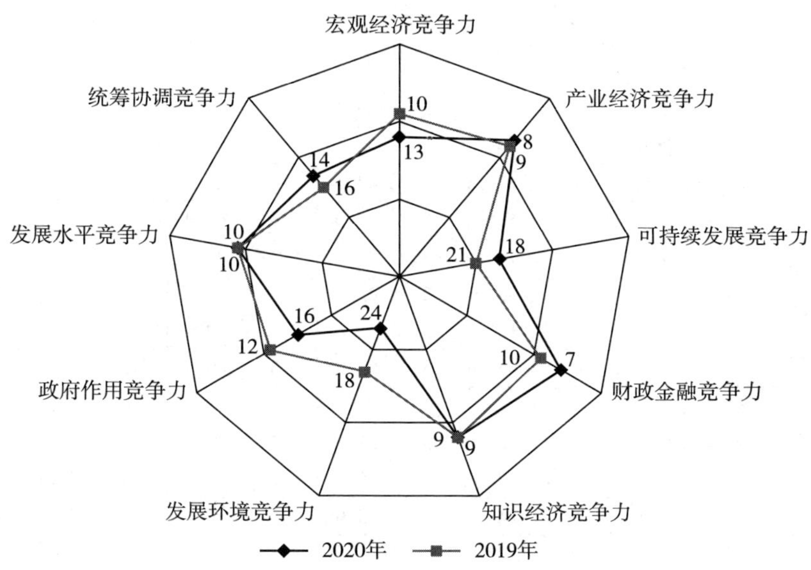

图 23 -1　2019 ~2020 年四川省经济综合竞争力二级指标比较

表 23 -1　2019 ~2020 年四川省经济综合竞争力二级指标表现情况

	宏观经济竞争力	产业经济竞争力	可持续发展竞争力	财政金融竞争力	知识经济竞争力	发展环境竞争力	政府作用竞争力	发展水平竞争力	统筹协调竞争力	**综合排位**
2019 年	10	9	21	10	9	18	12	10	16	11
2020 年	13	8	18	7	9	24	16	10	14	10
升降	-3	1	3	3	0	-6	-4	0	2	1
优劣度	中势	优势	中势	优势	优势	劣势	中势	优势	中势	优势

2. 四川省经济综合竞争力各级指标动态变化分析

从表 23 -2 可以看出，210 个四级指标中，上升指标有 77 个，占指标总数的 36. 7% ；下降指标有 71 个，占指标总数的 33. 8% ；保持不变的指标有 62 个，占指标总数的 29. 5% 。综上所述，四川省经济综合竞争力的上升动力大于下降拉力，2019 ~2020 年四川省经济综合竞争力排位上升。

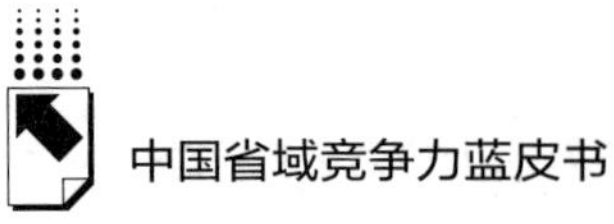

表 23－2　2019～2020 年四川省经济综合竞争力各级指标排位变化情况

单位：个，%

二级指标	三级指标	四级指标数	上升		保持		下降		变化趋势
			指标数	比重	指标数	比重	指标数	比重	
宏观经济竞争力	经济实力竞争力	12	5	41.7	4	33.3	3	25.0	保持
	经济结构竞争力	6	2	33.3	1	16.7	3	50.0	下降
	经济外向度竞争力	9	5	55.6	1	11.1	3	33.3	下降
	小　计	**27**	12	44.4	6	22.2	9	33.3	下降
产业经济竞争力	农业竞争力	10	3	30.0	6	60.0	1	10.0	上升
	工业竞争力	10	3	30.0	3	30.0	4	40.0	保持
	服务业竞争力	10	2	20.0	6	60.0	2	20.0	保持
	企业竞争力	10	5	50.0	1	10.0	4	40.0	上升
	小　计	**40**	13	32.5	16	40.0	11	27.5	上升
可持续发展竞争力	资源竞争力	9	1	11.1	8	88.9	0	0.0	上升
	环境竞争力	8	3	37.5	3	37.5	2	25.0	上升
	人力资源竞争力	7	2	28.6	1	14.3	4	57.1	上升
	小　计	**24**	6	25.0	12	50.0	6	25.0	上升
财政金融竞争力	财政竞争力	12	9	75.0	3	25.0	0	0.0	上升
	金融竞争力	10	0	0.0	5	50.0	5	50.0	下降
	小　计	**22**	9	40.9	8	36.4	5	22.7	上升
知识经济竞争力	科技竞争力	9	3	33.3	2	22.2	4	44.4	下降
	教育竞争力	10	1	10.0	4	40.0	5	50.0	下降
	文化竞争力	10	6	60.0	3	30.0	1	10.0	上升
	小　计	**29**	10	34.5	9	31.0	10	34.5	保持
发展环境竞争力	基础设施竞争力	9	4	44.4	2	22.2	3	33.3	上升
	软环境竞争力	9	2	22.2	1	11.1	6	66.7	下降
	小　计	**18**	6	33.3	3	16.7	9	50.0	下降
政府作用竞争力	政府发展经济竞争力	5	1	20.0	3	60.0	1	20.0	下降
	政府规调经济竞争力	5	3	60.0	0	0.0	2	40.0	下降
	政府保障经济竞争力	6	2	33.3	0	0.0	4	66.7	下降
	小　计	**16**	6	37.5	3	18.8	7	43.8	下降
发展水平竞争力	工业化进程竞争力	6	0	0.0	2	33.3	4	66.7	下降
	城市化进程竞争力	6	2	33.3	2	33.3	2	33.3	保持
	市场化进程竞争力	6	4	66.7	0	0.0	2	33.3	上升
	小　计	**18**	6	33.3	4	22.2	8	44.4	保持

续表

二级指标	三级指标	四级指标数	上升		保持		下降		变化趋势
			指标数	比重	指标数	比重	指标数	比重	
统筹协调竞争力	统筹发展竞争力	8	5	62.5	1	12.5	2	25.0	上升
	协调发展竞争力	8	4	50.0	0	0.0	4	50.0	下降
	小　计	**16**	9	56.3	1	6.3	6	37.5	上升
合　计		**210**	77	36.7	62	29.5	71	33.8	上升

3. 四川省经济综合竞争力各级指标优劣势结构分析

基于图23-2和表23-3，具体到四级指标，强势指标10个，占指标总数的4.8%；优势指标74个，占指标总数的35.2%；中势指标91个，占指标总数的43.3%；劣势指标35个，占指标总数的16.7%。三级指标中，没有强势指标；优势指标10个，占三级指标总数的40.0%；中势指标9个，占三级指标总数的36.0%；劣势指标6个，占三级指标总数的24.0%。从二级指标看，没有强势指标；优势指标有4个，占二级指标总数的44.45%；中势指标有4个，占二级指标总数的44.45%；劣势指标有1个，占二级指标总数的11.1%。综合来看，虽然中势指标在指标体系中居于主导地位，但优势指标的个数也占据较大比重，2020年四川省经济综合竞争力处于优势地位。

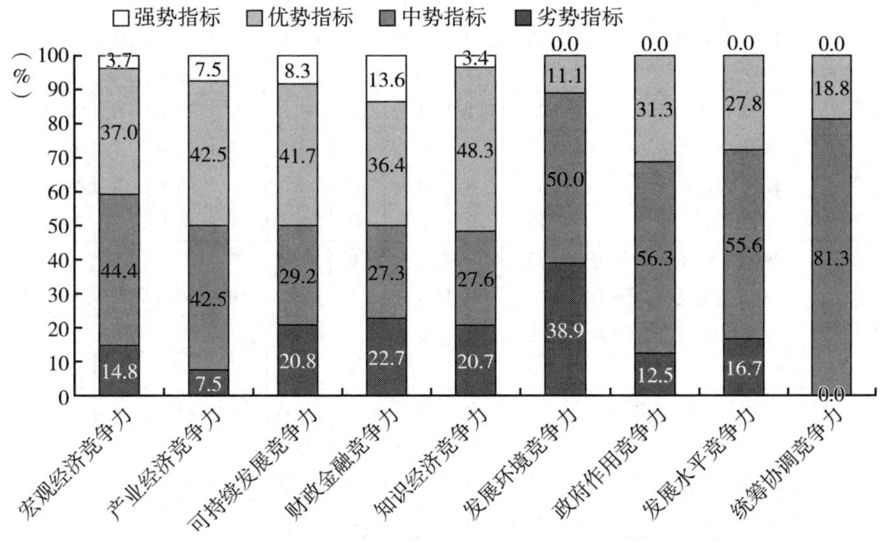

图23-2　2020年四川省经济综合竞争力各级指标优劣势比较

表 23－3　2020 年四川省经济综合竞争力各级指标优劣势情况

单位：个，%

二级指标	三级指标	四级指标数	强势指标		优势指标		中势指标		劣势指标		优劣势
			个数	比重	个数	比重	个数	比重	个数	比重	
宏观经济竞争力	经济实力竞争力	12	0	0.0	5	41.7	6	50.0	1	8.3	优势
	经济结构竞争力	6	0	0.0	0	0.0	4	66.7	2	33.3	劣势
	经济外向度竞争力	9	1	11.1	5	55.6	2	22.2	1	11.1	优势
	小　计	**27**	1	3.7	10	37.0	12	44.4	4	14.8	中势
产业经济竞争力	农业竞争力	10	2	20.0	3	30.0	3	30.0	2	20.0	优势
	工业竞争力	10	0	0.0	5	50.0	4	40.0	1	10.0	优势
	服务业竞争力	10	1	10.0	6	60.0	3	30.0	0	0.0	优势
	企业竞争力	10	0	0.0	3	30.0	7	70.0	0	0.0	中势
	小　计	**40**	3	7.5	17	42.5	17	42.5	3	7.5	优势
可持续发展竞争力	资源竞争力	9	0	0.0	6	66.7	3	33.3	0	0.0	中势
	环境竞争力	8	1	12.5	2	25.0	3	37.5	2	25.0	劣势
	人力资源竞争力	7	1	14.3	2	28.6	1	14.3	3	42.9	优势
	小　计	**24**	2	8.3	10	41.7	7	29.2	5	20.8	中势
财政金融竞争力	财政竞争力	12	2	16.7	3	25.0	3	25.0	4	33.3	优势
	金融竞争力	10	1	10.0	5	50.0	3	30.0	1	10.0	优势
	小　计	**22**	3	13.6	8	36.4	6	27.3	5	22.7	优势
知识经济竞争力	科技竞争力	9	0	0.0	5	55.6	3	33.3	1	11.1	中势
	教育竞争力	10	0	0.0	4	40.0	3	30.0	3	30.0	中势
	文化竞争力	10	1	10.0	5	50.0	2	20.0	2	20.0	优势
	小　计	**29**	1	3.4	14	48.3	8	27.6	6	20.7	优势
发展环境竞争力	基础设施竞争力	9	0	0.0	2	22.2	4	44.4	3	33.3	劣势
	软环境竞争力	9	0	0.0	0	0.0	5	55.6	4	44.4	劣势
	小　计	**18**	0	0.0	2	11.1	9	50.0	7	38.9	劣势
政府作用竞争力	政府发展经济竞争力	5	0	0.0	0	0.0	5	100.0	0	0.0	中势
	政府规调经济竞争力	5	0	0.0	2	40.0	1	20.0	2	40.0	劣势
	政府保障经济竞争力	6	0	0.0	3	50.0	3	50.0	0	0.0	中势
	小　计	**16**	0	0.0	5	31.3	9	56.3	2	12.5	中势
发展水平竞争力	工业化进程竞争力	6	0	0.0	3	50.0	2	33.3	1	16.7	优势
	城市化进程竞争力	6	0	0.0	0	0.0	5	83.3	1	16.7	劣势
	市场化进程竞争力	6	0	0.0	2	33.3	3	50.0	1	16.7	中势
	小　计	**18**	0	0.0	5	27.8	10	55.6	3	16.7	优势

续表

二级指标	三级指标	四级指标数	强势指标		优势指标		中势指标		劣势指标		优劣势
			个数	比重	个数	比重	个数	比重	个数	比重	
统筹协调竞争力	统筹发展竞争力	8	0	0.0	1	12.5	7	87.5	0	0.0	中势
	协调发展竞争力	8	0	0.0	2	25.0	6	75.0	0	0.0	中势
	小　计	**16**	0	0.0	3	18.8	13	81.3	0	0.0	中势
合　计		**210**	10	4.8	74	35.2	91	43.3	35	16.7	优势

4. 四川省经济综合竞争力四级指标优劣势对比分析

表 23－4　2020 年四川省经济综合竞争力各级指标优劣势情况

二级指标	优劣势	四级指标
宏观经济竞争力（27 个）	强势指标	出口增长率（1 个）
	优势指标	地区生产总值、地区生产总值增长率、财政总收入、固定资产投资额、全社会消费品零售总额、进出口总额、进出口增长率、出口总额、外资企业数、对外直接投资额（10 个）
	劣势指标	固定资产投资额增长率、就业结构优化度、贸易结构优化度、实际 FDI 增长率（4 个）
产业经济竞争力（40 个）	强势指标	农业增加值、农民人均纯收入增长率、限额以上餐饮企业利税率（3 个）
	优势指标	农业增加值增长率、农业机械化水平、农村人均用电量、工业增加值、工业资产总额、规模以上工业主营业务收入、规模以上工业利润总额、工业收入利润率、服务业增加值、服务业从业人员数、限额以上批发零售企业主营业务收入、限额以上批零企业利税率、商品房销售收入、电子商务销售额、规模以上工业企业数、规模以上企业平均利润、全国 500 强企业数（17 个）
	劣势指标	农民人均纯收入、农产品出口占农林牧渔总产值比重、工业成本费用率（3 个）
可持续发展竞争力（24 个）	强势指标	生活垃圾无害化处理率、职业学校毕业生数（2 个）
	优势指标	人均国土面积、人均年水资源量、耕地面积、人均牧草地面积、主要能源矿产基础储量、人均森林储积量、人均工业废气排放量、人均工业固体废物排放量、常住人口增长率、人口健康素质（10 个）
	劣势指标	一般工业固体废物综合利用率、自然灾害直接经济损失额、15～64 岁人口比例、文盲率、平均受教育程度（5 个）

续表

二级指标	优劣势	四级指标
财政金融竞争力（22个）	强势指标	地方财政收入增长率、税收收入增长率、中长期贷款占贷款余额比重（3个）
	优势指标	地方财政收入、地方财政支出、地方财政支出增长率、存款余额、贷款余额、保险费净收入、国内上市公司数、国内上市公司市值（8个）
	劣势指标	地方财政收入占GDP比重、税收收入占GDP比重、人均地方财政收入、人均地方财政支出、人均贷款余额（5个）
知识经济竞争力（29个）	强势指标	电子出版物品种（1个）
	优势指标	R&D经费、发明专利授权量、技术市场成交合同金额、高技术产业主营业务收入、高技术产品出口额占商品出口额比重、教育经费、万人中小学专任教师数、高等学校数、高校专任教师数、文化制造业营业收入、文化批发零售业营业收入、文化服务业企业营业收入、图书和期刊出版数、印刷用纸量（14个）
	劣势指标	高技术产业收入占工业增加值比重、人均教育经费、公共教育经费占财政支出比重、人均文化教育支出、农村居民人均文化娱乐支出、农村居民人均文化娱乐支出占消费性支出比重（6个）
发展环境竞争力（18个）	强势指标	（0个）
	优势指标	全社会旅客周转量、网站域名数（2个）
	劣势指标	铁路网线密度、公路网线密度、人均耗电量、万人外资企业数、万人商标注册件数、交通事故直接财产损失、社会捐赠站点数（7个）
政府作用竞争力（16个）	强势指标	（0个）
	优势指标	调控城乡消费差距、统筹经济社会发展、医疗保险覆盖率、养老保险覆盖率、城镇登记失业率（5个）
	劣势指标	物价调控、工业生产出厂价格指数（2个）
发展水平竞争力（18个）	强势指标	（0个）
	优势指标	高技术产业占工业增加值比重、高技术产品占商品出口额比重、数字经济应用、私有和个体企业从业人员比重、亿元以上商品市场成交额（5个）
	劣势指标	工农业增加值比值、城镇化率、社会投资占投资总额比重（3个）
统筹协调竞争力（16个）	强势指标	（0个）
	优势指标	固定资产投资增长率、环境竞争力与工业竞争力比差、城乡居民人均消费支出比差（3个）
	劣势指标	（0个）

23.2　四川省经济综合竞争力各级指标具体分析

1. 四川省宏观经济竞争力指标排名变化情况

表 23 –5　2019 ~2020 年四川省宏观经济竞争力指标组排位及变化趋势

指　标	2019 年	2020 年	排位升降	优劣势
1　宏观经济竞争力	10	13	-3	中势
1.1　经济实力竞争力	10	10	0	优势
地区生产总值	6	6	0	优势
地区生产总值增长率	7	9	-2	优势
人均地区生产总值	18	16	2	中势
财政总收入	5	5	0	优势
财政总收入增长率	17	11	6	中势
人均财政总收入	16	15	1	中势
固定资产投资额	7	7	0	优势
固定资产投资额增长率	10	24	-14	劣势
人均固定资产投资额	20	20	0	中势
全社会消费品零售总额	7	6	1	优势
全社会消费品零售总额增长率	5	12	-7	中势
人均全社会消费品零售总额	13	12	1	中势
1.2　经济结构竞争力	22	26	-4	劣势
产业结构优化度	15	12	3	中势
所有制经济结构优化度	13	14	-1	中势
城乡经济结构优化度	15	16	-1	中势
就业结构优化度	10	22	-12	劣势
实体经济结构优化度	19	15	4	中势
贸易结构优化度	31	31	0	劣势
1.3　经济外向度竞争力	6	8	-2	优势
进出口总额	10	9	1	优势
进出口增长率	3	6	-3	优势
出口总额	9	7	2	优势
出口增长率	6	1	5	强势
实际 FDI	10	12	-2	中势
实际 FDI 增长率	1	25	-24	劣势
外贸依存度	15	14	1	中势
外资企业数	10	10	0	优势
对外直接投资额	13	9	4	优势

2. 四川省产业经济竞争力指标排名变化情况

表 23－6　2019～2020 年四川省产业经济竞争力指标组排位及变化趋势

指　标	2019 年	2020 年	排位升降	优劣势
2　产业经济竞争力	9	8	1	优势
2.1　农业竞争力	7	6	1	优势
农业增加值	2	2	0	强势
农业增加值增长率	18	5	13	优势
人均农业增加值	16	14	2	中势
农民人均纯收入	21	21	0	劣势
农民人均纯收入增长率	7	2	5	强势
农产品出口占农林牧渔总产值比重	27	27	0	劣势
人均主要农产品产量	15	15	0	中势
农业机械化水平	8	8	0	优势
农村人均用电量	9	9	0	优势
财政支农资金比重	14	16	－2	中势
2.2　工业竞争力	8	8	0	优势
工业增加值	8	8	0	优势
工业增加值增长率	8	13	－5	中势
人均工业增加值	20	20	0	中势
工业资产总额	7	7	0	优势
工业资产总额增长率	4	14	－10	中势
规模以上工业主营业务收入	8	7	1	优势
工业成本费用率	24	27	－3	劣势
规模以上工业利润总额	8	6	2	优势
工业全员劳动生产率	13	14	－1	中势
工业收入利润率	9	7	2	优势
2.3　服务业竞争力	7	7	0	优势
服务业增加值	8	8	0	优势
服务业增加值增长率	5	11	－6	中势
人均服务业增加值	17	17	0	中势
服务业从业人员数	5	5	0	优势
限额以上批发零售企业主营业务收入	10	9	1	优势
限额以上批零企业利税率	7	10	－3	优势
限额以上餐饮企业利税率	4	2	2	强势
旅游外汇收入	15	15	0	中势
商品房销售收入	5	5	0	优势
电子商务销售额	8	8	0	优势

续表

指　标	2019 年	2020 年	排位升降	优劣势
2.4　企业竞争力	19	17	2	中势
规模以上工业企业数	10	10	0	优势
规模以上企业平均资产	20	19	1	中势
规模以上企业平均收入	19	16	3	中势
规模以上企业平均利润	13	8	5	优势
规模以上企业劳动效率	17	15	2	中势
城镇就业人员平均工资	12	13	-1	中势
新产品销售收入占主营业务收入比重	20	19	1	中势
产品质量抽查合格率	12	20	-8	中势
工业企业 R&D 经费投入强度	18	19	-1	中势
全国 500 强企业数	8	9	-1	优势

3. 四川省可持续发展竞争力指标排名变化情况

表 23-7　2019～2020 年四川省可持续发展竞争力指标组排位及变化趋势

指　标	2019 年	2020 年	排位升降	优劣势
3　可持续发展竞争力	21	18	3	中势
3.1　资源竞争力	15	12	3	中势
人均国土面积	10	10	0	优势
人均可使用海域和滩涂面积	13	13	0	中势
人均年水资源量	8	5	3	优势
耕地面积	10	10	0	优势
人均耕地面积	20	20	0	中势
人均牧草地面积	7	7	0	优势
主要能源矿产基础储量	9	9	0	优势
人均主要能源矿产基础储量	13	13	0	中势
人均森林储积量	6	6	0	优势
3.2　环境竞争力	28	24	4	劣势
森林覆盖率	17	17	0	中势
人均废水排放量	12	11	1	中势
人均工业废气排放量	8	9	-1	优势
人均工业固体废物排放量	7	7	0	优势
人均治理工业污染投资额	24	15	9	中势
一般工业固体废物综合利用率	29	29	0	劣势
生活垃圾无害化处理率	18	1	17	强势
自然灾害直接经济损失额	29	30	-1	劣势

续表

指　标	2019 年	2020 年	排位升降	优劣势
3.3　人力资源竞争力	9	8	1	优势
常住人口增长率	15	9	6	优势
15～64 岁人口比例	25	23	2	劣势
文盲率	23	24	-1	劣势
大专以上教育程度人口比例	16	19	-3	中势
平均受教育程度	25	26	-1	劣势
人口健康素质	5	6	-1	优势
职业学校毕业生数	2	2	0	强势

4. 四川省财政金融竞争力指标排名变化情况

表 23-8　2019～2020 年四川省财政金融竞争力指标组排位及变化趋势

指　标	2019 年	2020 年	排位升降	优劣势
4　财政金融竞争力	10	7	3	优势
4.1　财政竞争力	19	8	11	优势
地方财政收入	7	7	0	优势
地方财政支出	4	4	0	优势
地方财政收入占 GDP 比重	25	21	4	劣势
地方财政支出占 GDP 比重	18	17	1	中势
税收收入占 GDP 比重	25	21	4	劣势
税收收入占财政总收入比重	17	17	0	中势
人均地方财政收入	23	21	2	劣势
人均地方财政支出	25	24	1	劣势
人均税收收入	22	20	2	中势
地方财政收入增长率	12	2	10	强势
地方财政支出增长率	22	5	17	优势
税收收入增长率	13	3	10	强势
4.2　金融竞争力	7	8	-1	优势
存款余额	7	8	-1	优势
人均存款余额	16	18	-2	中势
贷款余额	7	7	0	优势
人均贷款余额	24	25	-1	劣势
中长期贷款占贷款余额比重	1	1	0	强势
保险费净收入	6	6	0	优势
保险密度	17	17	0	中势
保险深度	11	13	-2	中势
国内上市公司数	7	8	-1	优势
国内上市公司市值	8	8	0	优势

5. 四川省知识经济竞争力指标排名变化情况

表 23 －9 2019 ~2020 年四川省知识经济竞争力指标组排位及变化趋势

指 标	2019 年	2020 年	排位升降	优劣势
5 知识经济竞争力	9	9	0	优势
5.1 科技竞争力	10	11	－1	中势
R&D 人员	9	11	－2	中势
R&D 经费	12	7	5	优势
R&D 经费投入强度	14	12	2	中势
发明专利授权量	10	9	1	优势
技术市场成交合同金额	7	9	－2	优势
财政科技支出占地方财政支出比重	16	18	－2	中势
高技术产业主营业务收入	8	8	0	优势
高技术产业收入占工业增加值比重	24	24	0	劣势
高技术产品出口额占商品出口额比重	3	7	－4	优势
5.2 教育竞争力	8	11	－3	中势
教育经费	6	6	0	优势
教育经费占 GDP 比重	18	18	0	中势
人均教育经费	24	25	－1	劣势
公共教育经费占财政支出比重	26	29	－3	劣势
人均文化教育支出	25	27	－2	劣势
万人中小学学校数	18	18	0	中势
万人中小学专任教师数	8	10	－2	优势
高等学校数	6	5	1	优势
高校专任教师数	5	5	0	优势
万人高等学校在校学生数	17	18	－1	中势
5.3 文化竞争力	10	8	2	优势
文化制造业营业收入	7	6	1	优势
文化批发零售业营业收入	8	9	－1	优势
文化服务业企业营业收入	8	7	1	优势
图书和期刊出版数	8	8	0	优势
电子出版物品种	1	1	0	强势
印刷用纸量	12	10	2	优势
城镇居民人均文化娱乐支出	25	19	6	中势
农村居民人均文化娱乐支出	29	25	4	劣势
城镇居民人均文化娱乐支出占消费性支出比重	26	20	6	中势
农村居民人均文化娱乐支出占消费性支出比重	27	27	0	劣势

6. 四川省发展环境竞争力指标排名变化情况

表 23-10 2019~2020 年四川省发展环境竞争力指标组排位及变化趋势

指 标	2019 年	2020 年	排位升降	优劣势
6 发展环境竞争力	18	24	-6	劣势
6.1 基础设施竞争力	23	21	2	劣势
铁路网线密度	26	27	-1	劣势
公路网线密度	21	21	0	劣势
人均内河航道里程	12	12	0	中势
全社会旅客周转量	12	10	2	优势
全社会货物周转量	18	19	-1	中势
人均邮电业务总量	25	20	5	中势
电话普及率	10	12	-2	中势
网站域名数	7	5	2	优势
人均耗电量	27	26	1	劣势
6.2 软环境竞争力	10	28	-18	劣势
外资企业数增长率	25	11	14	中势
万人外资企业数	14	28	-14	劣势
个体私营企业数增长率	20	20	0	中势
万人个体私营企业数	19	16	3	中势
万人商标注册件数	12	27	-15	劣势
政府网站数	1	18	-17	中势
交通事故直接财产损失	6	28	-22	劣势
罚没收入占财政收入比重	8	19	-11	中势
社会捐赠站点数	12	21	-9	劣势

7. 四川省政府作用竞争力指标排名变化情况

表 23-11 2019~2020 年四川省政府作用竞争力指标组排位及变化趋势

指 标	2019 年	2020 年	排位升降	优劣势
7 政府作用竞争力	12	16	-4	中势
7.1 政府发展经济竞争力	13	14	-1	中势
财政支出用于基本建设投资比重	12	12	0	中势
财政支出对 GDP 增长的拉动	14	15	-1	中势
政府公务员对经济的贡献	14	14	0	中势
政府消费对民间消费的拉动	14	11	3	中势
财政投资对社会投资的拉动	17	17	0	中势

续表

指 标	2019 年	2020 年	排位升降	优劣势
7.2 政府规调经济竞争力	22	24	-2	劣势
物价调控	27	30	-3	劣势
调控城乡消费差距	7	6	1	优势
统筹经济社会发展	13	10	3	优势
规范税收	15	18	-3	中势
工业生产出厂价格指数	28	21	7	劣势
7.3 政府保障经济竞争力	9	11	-2	中势
城镇职工养老保险收支比	23	19	4	中势
医疗保险覆盖率	7	9	-2	优势
养老保险覆盖率	3	5	-2	优势
失业保险覆盖率	12	13	-1	中势
最低工资标准	12	17	-5	中势
城镇登记失业率	22	9	13	优势

8. 四川省发展水平竞争力指标排名变化情况

表 23-12 2019~2020 年四川省发展水平竞争力指标组排位及变化趋势

指 标	2019 年	2020 年	排位升降	优劣势
8 发展水平竞争力	10	10	0	优势
8.1 工业化进程竞争力	7	8	-1	优势
工业增加值占 GDP 比重	18	20	-2	中势
工业增加值增长率	11	12	-1	中势
高技术产业占工业增加值比重	7	8	-1	优势
高技术产品占商品出口额比重	3	7	-4	优势
数字经济应用	9	9	0	优势
工农业增加值比值	21	21	0	劣势
8.2 城市化进程竞争力	22	22	0	劣势
城镇化率	25	24	1	劣势
城镇居民人均可支配收入	18	16	2	中势
城市平均建成区面积比重	16	17	-1	中势
人均拥有道路面积	19	19	0	中势
人均日生活用水量	9	11	-2	中势
人均公共绿地面积	15	15	0	中势

续表

指　标	2019 年	2020 年	排位升降	优劣势
8.3　市场化进程竞争力	22	13	9	中势
非公有制经济产值占全社会总产值比重	13	14	-1	中势
社会投资占投资总额比重	22	23	-1	劣势
私有和个体企业从业人员比重	26	6	20	优势
亿元以上商品市场成交额	12	10	2	优势
亿元以上商品市场成交额占全社会消费品零售总额比重	17	15	2	中势
居民消费支出占总消费支出比重	18	17	1	中势

9. 四川省统筹协调竞争力指标排名变化情况

表 23-13　2019～2020 年四川省统筹协调竞争力指标组排位及变化趋势

指　标	2019 年	2020 年	排位升降	优劣势
9　统筹协调竞争力	16	14	2	中势
9.1　统筹发展竞争力	20	15	5	中势
社会劳动生产率	17	20	-3	中势
能源消耗下降率	24	20	4	中势
万元 GDP 综合能耗下降率	18	16	2	中势
非农用地产出率	17	17	0	中势
居民收入占 GDP 比重	13	15	-2	中势
二三产业增加值比例	13	12	1	中势
固定资产投资额占 GDP 比重	15	13	2	中势
固定资产投资增长率	22	10	12	优势
9.2　协调发展竞争力	8	11	-3	中势
资源竞争力与宏观经济竞争力比差	22	17	5	中势
环境竞争力与宏观经济竞争力比差	6	12	-6	中势
人力资源竞争力与宏观经济竞争力比差	1	16	-15	中势
资源竞争力与工业竞争力比差	21	20	1	中势
环境竞争力与工业竞争力比差	5	8	-3	优势
城乡居民家庭人均收入比差	15	16	-1	中势
城乡居民人均消费支出比差	7	6	1	优势
全社会消费品零售总额与外贸出口总额比差	16	13	3	中势

B.25

24

2019 ~ 2020年贵州省经济综合竞争力评价分析报告

贵州省简称“黔”或“贵”，省会贵阳，地处中国西南内陆地区腹地，北接四川和重庆，东毗湖南，南邻广西，西连云南。全省面积为 176167 平方公里，2020 年全省常住人口为 3858 万人，地区生产总值为 17827 亿元，同比增长 4.5%，人均 GDP 达 46267 元。本部分通过分析 2019 ~ 2020 年贵州省经济综合竞争力以及各要素竞争力的排名变化，从中找出贵州省经济综合竞争力的推动点及影响因素，为进一步提升贵州省经济综合竞争力提供决策参考。

24.1 贵州省经济综合竞争力总体分析

1. 贵州省经济综合竞争力一级指标概要分析

（1）从综合排位看，2020 年贵州省经济综合竞争力综合排位在全国居第 25 位，这表明其在全国处于劣势地位；与 2019 年相比，综合排位没有发生变化。

（2）从指标所处区位看，没有指标处于上游区，即贵州省目前不存在强势指标。

（3）从指标变化趋势看，9 个二级指标中，有 3 个指标处于上升趋势，分别为宏观经济竞争力、产业经济竞争力和统筹协调竞争力，这些是贵州省经济综合竞争力的上升动力所在；有 1 个指标排位没有发生变化，为政府作用竞争力；有 5 个指标处于下降趋势，分别为可持续发展竞争力、财政金融竞争力、知识经济竞争力、发展环境竞争力和发展水平竞争力，这些是贵州省经济综合竞争力的下降拉力所在。

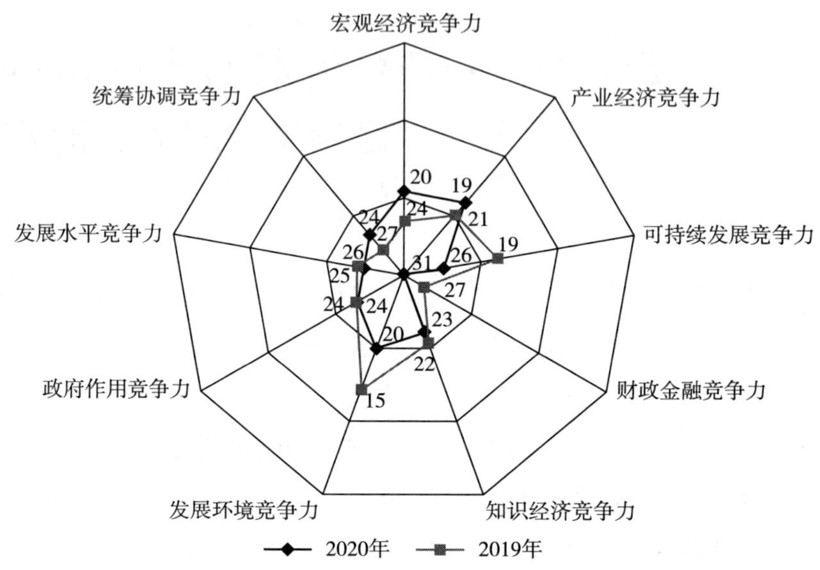

图 24－1　2019～2020 年贵州省经济综合竞争力二级指标比较

表 24－1　2019～2020 年贵州省经济综合竞争力二级指标表现情况

	宏观经济竞争力	产业经济竞争力	可持续发展竞争力	财政金融竞争力	知识经济竞争力	发展环境竞争力	政府作用竞争力	发展水平竞争力	统筹协调竞争力	**综合排位**
2019 年	24	21	19	27	22	15	24	25	27	25
2020 年	20	19	26	31	23	20	24	26	24	25
升降	4	2	－7	－4	－1	－5	0	－1	3	0
优劣度	中势	中势	劣势	劣势	劣势	中势	劣势	劣势	劣势	劣势

2. 贵州省经济综合竞争力各级指标动态变化分析

从表 24－2 可以看出，210 个四级指标中，上升指标有 72 个，占指标总数的 34.3%；下降指标有 66 个，占指标总数的 31.4%；保持不变的指标有 72 个，占指标总数的 34.3%。综上所述，贵州省经济综合竞争力的上升动力和下降拉力大致相当，且三种趋势的指标占比大致相同，2019 ~ 2020年贵州省经济综合竞争力排位保持不变。

表 24 –2　2019 ~2020 年贵州省经济综合竞争力各级指标排位变化情况

单位：个，%

二级指标	三级指标	四级指标数	上升		保持		下降		变化趋势
			指标数	比重	指标数	比重	指标数	比重	
宏观经济竞争力	经济实力竞争力	12	7	58.3	2	16.7	3	25.0	上升
	经济结构竞争力	6	2	33.3	1	16.7	3	50.0	下降
	经济外向度竞争力	9	5	55.6	4	44.4	0	0.0	上升
	小　计	**27**	14	40.7	7	22.2	6	22.2	上升
产业经济竞争力	农业竞争力	10	1	10.0	4	40.0	5	50.0	保持
	工业竞争力	10	3	30.0	4	40.0	3	30.0	下降
	服务业竞争力	10	4	40.0	5	50.0	1	10.0	上升
	企业竞争力	10	5	50.0	5	50.0	0	0.0	上升
	小　计	**40**	13	32.5	18	45.0	9	22.5	上升
可持续发展竞争力	资源竞争力	9	1	11.1	6	66.7	2	22.2	保持
	环境竞争力	8	2	25.0	3	37.5	3	37.5	下降
	人力资源竞争力	7	2	28.6	3	42.9	2	28.6	保持
	小　计	**24**	5	20.8	12	50.0	7	29.2	下降
财政金融竞争力	财政竞争力	12	2	16.7	2	16.7	8	66.7	下降
	金融竞争力	10	3	30.0	5	50.0	2	20.0	保持
	小　计	**22**	5	22.7	7	31.8	10	45.5	下降
知识经济竞争力	科技竞争力	9	2	22.2	6	66.7	1	11.1	保持
	教育竞争力	10	1	10.0	5	50.0	4	40.0	下降
	文化竞争力	10	5	50.0	1	10.0	4	40.0	上升
	小　计	**29**	8	27.6	12	41.4	9	31.0	下降
发展环境竞争力	基础设施竞争力	9	3	33.3	3	33.3	3	33.3	上升
	软环境竞争力	9	3	33.3	0	0.0	6	66.7	下降
	小　计	**18**	6	33.3	3	16.7	9	50.0	下降
政府作用竞争力	政府发展经济竞争力	5	3	60.0	2	40.0	0	0.0	上升
	政府规调经济竞争力	5	4	80.0	0	0.0	1	20.0	下降
	政府保障经济竞争力	6	2	33.3	0	0.0	4	66.7	上升
	小　计	**16**	9	56.3	2	12.5	5	31.3	保持
发展水平竞争力	工业化进程竞争力	6	1	16.7	4	66.7	1	16.7	下降
	城市化进程竞争力	6	3	50.0	2	33.3	1	16.7	上升
	市场化进程竞争力	6	1	16.7	3	50.0	2	33.3	保持
	小　计	**18**	5	27.8	9	50.0	4	22.2	下降

续表

二级指标	三级指标	四级指标数	上升		保持		下降		变化趋势
			指标数	比重	指标数	比重	指标数	比重	
统筹协调竞争力	统筹发展竞争力	8	2	25.0	1	12.5	5	62.5	下降
	协调发展竞争力	8	5	62.5	1	12.5	2	25.0	上升
	小　计	**16**	7	43.8	2	12.5	7	43.8	上升
合　计		**210**	72	34.3	72	34.3	66	31.4	保持

3. 贵州省经济综合竞争力各级指标优劣势结构分析

基于图 24－2 和表 24－3，具体到四级指标，强势指标 9 个，占指标总数的 4.3%；优势指标 36 个，占指标总数的 17.1%；中势指标 69 个，占指标总数的 32.9%；劣势指标 96 个，占指标总数的 45.7%。三级指标中，没有强势指标和优势指标；中势指标 10 个，占三级指标总数的 40.0%；劣势指标 15 个，占三级指标总数的 60.0%。从二级指标看，没有强势指标和优势指标；中势指标有 3 个，占二级指标总数的 33.3%；劣势指标有 6 个，占二级指标总数的 66.7%。综合来看，由于劣势指标在指标体系中占绝大多数且强势指标个数很少，2020 年贵州省经济综合竞争力处于劣势地位。

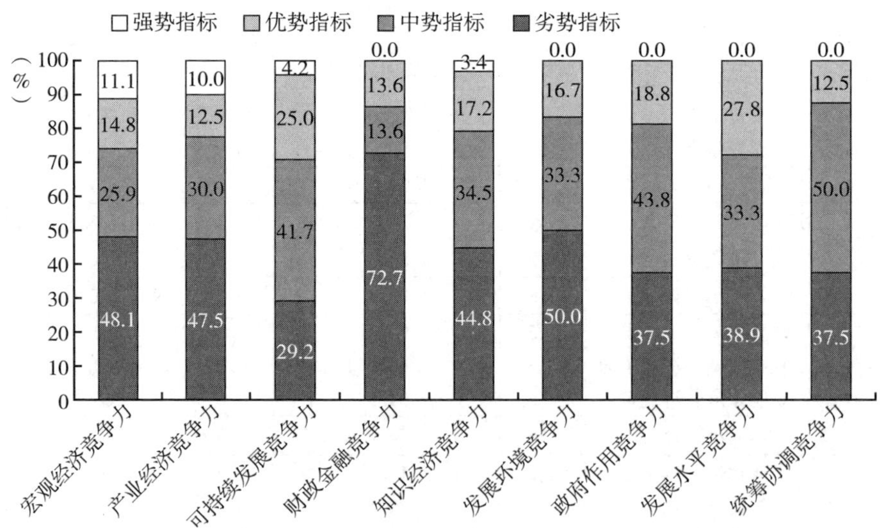

图 24－2　2020 年贵州省经济综合竞争力各级指标优劣势比较

表 24－3　2020 年贵州省经济综合竞争力各级指标优劣势情况

单位：个，%

二级指标	三级指标	四级指标数	强势指标		优势指标		中势指标		劣势指标		优劣势
			个数	比重	个数	比重	个数	比重	个数	比重	
宏观经济竞争力	经济实力竞争力	12	2	16.7	0	0.0	7	58.3	3	25.0	中势
	经济结构竞争力	6	1	16.7	1	16.7	0	0.0	4	66.7	劣势
	经济外向度竞争力	9	0	0.0	3	33.3	0	0.0	6	66.7	劣势
	小　计	**27**	3	11.1	4	14.8	7	25.9	13	48.1	中势
产业经济竞争力	农业竞争力	10	1	10.0	2	20.0	4	40.0	3	30.0	中势
	工业竞争力	10	1	10.0	2	20.0	2	20.0	5	50.0	劣势
	服务业竞争力	10	2	20.0	0	0.0	3	30.0	5	50.0	中势
	企业竞争力	10	0	0.0	1	10.0	3	30.0	6	60.0	劣势
	小　计	**40**	4	10.0	5	12.5	12	30.0	19	47.5	中势
可持续发展竞争力	资源竞争力	9	0	0.0	3	33.3	6	66.7	0	0.0	中势
	环境竞争力	8	1	12.5	2	25.0	2	25.0	3	37.5	中势
	人力资源竞争力	7	0	0.0	1	14.3	2	28.6	4	57.1	劣势
	小　计	**24**	1	4.2	6	25.0	10	41.7	7	29.2	劣势
财政金融竞争力	财政竞争力	12	0	0.0	2	16.7	3	25.0	7	58.3	劣势
	金融竞争力	10	0	0.0	1	10.0	0	0.0	9	90.0	劣势
	小　计	**22**	0	0.0	3	13.6	3	13.6	16	72.7	劣势
知识经济竞争力	科技竞争力	9	0	0.0	1	11.1	4	44.4	4	33.3	劣势
	教育竞争力	10	0	0.0	3	30.0	5	50.0	2	20.0	劣势
	文化竞争力	10	1	10.0	1	10.0	1	10.0	7	10.0	劣势
	小　计	**29**	1	3.4	5	17.2	10	34.5	13	44.8	劣势
发展环境竞争力	基础设施竞争力	9	0	0.0	1	11.1	5	55.6	3	33.3	中势
	软环境竞争力	9	0	0.0	2	22.2	1	11.1	6	66.7	劣势
	小　计	**18**	0	0.0	3	16.7	6	33.3	9	50.0	中势
政府作用竞争力	政府发展经济竞争力	5	0	0.0	0	0.0	2	40.0	3	60.0	劣势
	政府规调经济竞争力	5	0	0.0	1	20.0	4	80.0	0	0.0	中势
	政府保障经济竞争力	6	0	0.0	2	33.3	1	16.7	3	50.0	劣势
	小　计	**16**	0	0.0	3	18.8	7	43.8	6	37.5	劣势
发展水平竞争力	工业化进程竞争力	6	0	0.0	2	33.3	2	33.3	2	33.3	中势
	城市化进程竞争力	6	0	0.0	2	33.3	1	16.7	3	50.0	劣势
	市场化进程竞争力	6	0	0.0	1	16.7	3	50.0	2	33.3	劣势
	小　计	**18**	0	0.0	5	27.8	6	33.3	7	38.9	劣势

续表

二级指标	三级指标	四级指标数	强势指标		优势指标		中势指标		劣势指标		优劣势
			个数	比重	个数	比重	个数	比重	个数	比重	
统筹协调竞争力	统筹发展竞争力	8	0	0.0	1	12.5	4	50.0	3	37.5	劣势
	协调发展竞争力	8	0	0.0	1	12.5	4	50.0	3	37.5	劣势
	小　计	**16**	0	0.0	2	12.5	8	50.0	6	37.5	劣势
合　计		**210**	9	4.3	36	17.1	69	32.9	96	45.7	劣势

4. 贵州省经济综合竞争力四级指标优劣势对比分析

表 24－4　2020 年贵州省经济综合竞争力各级指标优劣势情况

二级指标	优劣势	四级指标
宏观经济竞争力（27 个）	强势指标	地区生产总值增长率、全社会消费品零售总额增长率、实体经济结构优化度（3 个）
	优势指标	贸易结构优化度、进出口增长率、出口增长率、实际 FDI 增长率（4 个）
	劣势指标	人均地区生产总值、人均财政总收入、固定资产投资额增长率、产业结构优化度、所有制经济结构优化度、城乡经济结构优化度、就业结构优化度、进出口总额、出口总额、实际 FDI、外贸依存度、外资企业数、对外直接投资额（13 个）
产业经济竞争力（40 个）	强势指标	农业增加值增长率、工业收入利润率、服务业增加值增长率、限额以上批零企业利税率（4 个）
	优势指标	农民人均纯收入增长率、财政支农资金比重、工业增加值增长率、工业全员劳动生产率、规模以上企业平均利润（5 个）
	劣势指标	农民人均纯收入、农产品出口占农林牧渔总产值比重、人均主要农产品产量、工业增加值、人均工业增加值、工业资产总额、规模以上工业主营业务收入、工业成本费用率、人均服务业增加值、服务业从业人员数、限额以上批发零售企业主营业务收入、旅游外汇收入、电子商务销售额、规模以上企业平均收入、规模以上企业劳动效率、新产品销售收入占主营业务收入比重、产品质量抽查合格率、工业企业 R&D 经费投入强度、全国 500 强企业数（19 个）
可持续发展竞争力（24 个）	强势指标	人均废水排放量（1 个）
	优势指标	人均年水资源量、主要能源矿产基础储量、人均主要能源矿产基础储量、森林覆盖率、人均治理工业污染投资额、人口健康素质（6 个）
	劣势指标	人均工业废气排放量、人均工业固体废物排放量、生活垃圾无害化处理率、15～64 岁人口比例、文盲率、大专以上教育程度人口比例、平均受教育程度（7 个）

续表

二级指标	优劣势	四级指标
财政金融竞争力（22个）	强势指标	（0个）
	优势指标	地方财政支出占GDP比重、地方财政收入增长率、国内上市公司市值（3个）
	劣势指标	地方财政收入、税收收入占GDP比重、税收收入占财政总收入比重、人均地方财政收入、人均税收收入、地方财政支出增长率、税收收入增长率、存款余额、人均存款余额、贷款余额、人均贷款余额、中长期贷款占贷款余额比重、保险费净收入、保险密度、保险深度、国内上市公司数（16个）
知识经济竞争力（29个）	强势指标	农村居民人均文化娱乐支出占消费性支出比重（1个）
	优势指标	高技术产品出口额占商品出口额比重、教育经费占GDP比重、公共教育经费占财政支出比重、万人中小学学校数、农村居民人均文化娱乐支出（5个）
	劣势指标	R&D人员、R&D经费、R&D经费投入强度、高技术产业主营业务收入、高校专任教师数、万人高等学校在校学生数、文化制造业营业收入、文化批发零售业营业收入、文化服务业企业营业收入、图书和期刊出版数、电子出版物品种、印刷用纸量、城镇居民人均文化娱乐支出（13个）
发展环境竞争力（18个）	强势指标	（0个）
	优势指标	人均邮电业务总量、外资企业数增长率、交通事故直接财产损失（3个）
	劣势指标	铁路网线密度、全社会货物周转量、电话普及率、万人外资企业数、个体私营企业数增长率、万人个体私营企业数、万人商标注册件数、政府网站数、罚没收入占财政收入比重（9个）
政府作用竞争力（16个）	强势指标	（0个）
	优势指标	统筹经济社会发展、城镇职工养老保险收支比、城镇登记失业率（3个）
	劣势指标	财政支出对GDP增长的拉动、政府公务员对经济的贡献、政府消费对民间消费的拉动、医疗保险覆盖率、养老保险覆盖率、失业保险覆盖率（6个）
发展水平竞争力（18个）	强势指标	（0个）
	优势指标	工业增加值增长率、高技术产品占商品出口额比重、人均拥有道路面积、人均公共绿地面积、私有和个体企业从业人员比重（5个）
	劣势指标	工业增加值占GDP比重、工农业增加值比值、城镇化率、城镇居民人均可支配收入、城市平均建成区面积比重、非公有制经济产值占全社会总产值比重、社会投资占投资总额比重（7个）
统筹协调竞争力（16个）	强势指标	（0个）
	优势指标	万元GDP综合能耗下降率、环境竞争力与宏观经济竞争力比差（2个）
	劣势指标	社会劳动生产率、固定资产投资额占GDP比重、固定资产投资增长率、环境竞争力与工业竞争力比差、城乡居民家庭人均收入比差、全社会消费品零售总额与外贸出口总额比差（6个）

24.2 贵州省经济综合竞争力各级指标具体分析

1. 贵州省宏观经济竞争力指标排名变化情况

表 24－5 2019～2020 年贵州省宏观经济竞争力指标组排位及变化趋势

指　标	2019 年	2020 年	排位升降	优劣势
1　宏观经济竞争力	24	20	4	中势
1.1　经济实力竞争力	21	18	3	中势
地区生产总值	22	20	2	中势
地区生产总值增长率	1	2	－1	强势
人均地区生产总值	25	28	－3	劣势
财政总收入	19	17	2	中势
财政总收入增长率	27	19	8	中势
人均财政总收入	29	29	0	劣势
固定资产投资额	17	17	0	中势
固定资产投资额增长率	24	21	3	劣势
人均固定资产投资额	18	19	－1	中势
全社会消费品零售总额	20	19	1	中势
全社会消费品零售总额增长率	27	1	26	强势
人均全社会消费品零售总额	24	20	4	中势
1.2　经济结构竞争力	21	25	－4	劣势
产业结构优化度	23	22	1	劣势
所有制经济结构优化度	22	25	－3	劣势
城乡经济结构优化度	30	30	0	劣势
就业结构优化度	8	23	－15	劣势
实体经济结构优化度	1	3	－2	强势
贸易结构优化度	8	5	3	优势
1.3　经济外向度竞争力	29	22	7	劣势
进出口总额	27	27	0	劣势
进出口增长率	31	8	23	优势
出口总额	26	24	2	劣势
出口增长率	26	7	19	优势
实际 FDI	25	24	1	劣势
实际 FDI 增长率	22	7	15	优势
外贸依存度	29	29	0	劣势
外资企业数	26	26	0	劣势
对外直接投资额	31	31	0	劣势

2. 贵州省产业经济竞争力指标排名变化情况

表 24-6 2019~2020 年贵州省产业经济竞争力指标组排位及变化趋势

指 标	2019 年	2020 年	排位升降	优劣势
2 产业经济竞争力	21	19	2	中势
2.1 农业竞争力	17	17	0	中势
农业增加值	14	14	0	中势
农业增加值增长率	2	2	0	强势
人均农业增加值	14	18	-4	中势
农民人均纯收入	30	30	0	劣势
农民人均纯收入增长率	3	6	-3	优势
农产品出口占农林牧渔总产值比重	22	25	-3	劣势
人均主要农产品产量	24	25	-1	劣势
农业机械化水平	15	16	-1	中势
农村人均用电量	19	19	0	中势
财政支农资金比重	7	4	3	优势
2.2 工业竞争力	20	21	-1	劣势
工业增加值	21	21	0	劣势
工业增加值增长率	1	10	-9	优势
人均工业增加值	24	25	-1	劣势
工业资产总额	26	25	1	劣势
工业资产总额增长率	15	20	-5	中势
规模以上工业主营业务收入	26	26	0	劣势
工业成本费用率	31	31	0	劣势
规模以上工业利润总额	21	19	2	中势
工业全员劳动生产率	5	4	1	优势
工业收入利润率	1	1	0	强势
2.3 服务业竞争力	16	12	4	中势
服务业增加值	23	20	3	中势
服务业增加值增长率	10	3	7	强势
人均服务业增加值	28	28	0	劣势
服务业从业人员数	23	21	2	劣势
限额以上批发零售企业主营业务收入	23	23	0	劣势
限额以上批零企业利税率	1	1	0	强势
限额以上餐饮企业利税率	20	14	6	中势
旅游外汇收入	27	27	0	劣势
商品房销售收入	19	20	-1	中势
电子商务销售额	23	23	0	劣势

续表

指　标	2019 年	2020 年	排位升降	优劣势
2.4　企业竞争力	29	28	1	劣势
规模以上工业企业数	20	20	0	中势
规模以上企业平均资产	19	17	2	中势
规模以上企业平均收入	29	29	0	劣势
规模以上企业平均利润	12	6	6	优势
规模以上企业劳动效率	26	26	0	劣势
城镇就业人员平均工资	13	12	1	中势
新产品销售收入占主营业务收入比重	23	23	0	劣势
产品质量抽查合格率	26	22	4	劣势
工业企业 R&D 经费投入强度	25	24	1	劣势
全国 500 强企业数	25	25	0	劣势

3. 贵州省可持续发展竞争力指标排名变化情况

表 24－7　2019～2020 年贵州省可持续发展竞争力指标组排位及变化趋势

指　标	2019 年	2020 年	排位升降	优劣势
3　可持续发展竞争力	19	26	－7	劣势
3.1　资源竞争力	14	14	0	中势
人均国土面积	12	13	－1	中势
人均可使用海域和滩涂面积	13	13	0	中势
人均年水资源量	10	8	2	优势
耕地面积	17	17	0	中势
人均耕地面积	11	13	－2	中势
人均牧草地面积	16	16	0	中势
主要能源矿产基础储量	5	5	0	优势
人均主要能源矿产基础储量	6	6	0	优势
人均森林储积量	13	13	0	中势
3.2　环境竞争力	8	19	－11	中势
森林覆盖率	10	10	0	优势
人均废水排放量	2	2	0	强势
人均工业废气排放量	26	30	－4	劣势
人均工业固体废物排放量	21	22	－1	劣势
人均治理工业污染投资额	20	10	10	优势
一般工业固体废物综合利用率	19	11	8	中势
生活垃圾无害化处理率	25	30	－5	劣势
自然灾害直接经济损失额	15	15	0	中势

续表

指　标	2019 年	2020 年	排位升降	优劣势
3.3　人力资源竞争力	30	30	0	劣势
常住人口增长率	12	14	-2	中势
15～64 岁人口比例	31	29	2	劣势
文盲率	28	29	-1	劣势
大专以上教育程度人口比例	31	24	7	劣势
平均受教育程度	30	30	0	劣势
人口健康素质	8	8	0	优势
职业学校毕业生数	12	12	0	中势

4. 贵州省财政金融竞争力指标排名变化情况

表 24－8　2019～2020 年贵州省财政金融竞争力指标组排位及变化趋势

指　标	2019 年	2020 年	排位升降	优劣势
4　财政金融竞争力	27	31	-4	劣势
4.1　财政竞争力	12	30	-18	劣势
地方财政收入	23	22	1	劣势
地方财政支出	15	18	-3	中势
地方财政收入占 GDP 比重	14	14	0	中势
地方财政支出占 GDP 比重	7	9	-2	优势
税收收入占 GDP 比重	14	22	-8	劣势
税收收入占财政总收入比重	26	31	-5	劣势
人均地方财政收入	22	23	-1	劣势
人均地方财政支出	11	17	-6	中势
人均税收收入	23	27	-4	劣势
地方财政收入增长率	18	10	8	优势
地方财政支出增长率	1	29	-28	劣势
税收收入增长率	27	27	0	劣势
4.2　金融竞争力	31	31	0	劣势
存款余额	23	23	0	劣势
人均存款余额	26	31	-5	劣势
贷款余额	21	21	0	劣势
人均贷款余额	19	24	-5	劣势
中长期贷款占贷款余额比重	31	31	0	劣势
保险费净收入	26	25	1	劣势
保险密度	29	29	0	劣势
保险深度	29	28	1	劣势
国内上市公司数	27	27	0	劣势
国内上市公司市值	17	9	8	优势

5. 贵州省知识经济竞争力指标排名变化情况

表 24-9　2019~2020 年贵州省知识经济竞争力指标组排位及变化趋势

指　标	2019 年	2020 年	排位升降	优劣势
5　知识经济竞争力	22	23	-1	劣势
5.1　科技竞争力	21	21	0	劣势
R&D 人员	24	21	3	劣势
R&D 经费	23	23	0	劣势
R&D 经费投入强度	25	26	-1	劣势
发明专利授权量	19	19	0	中势
技术市场成交合同金额	18	18	0	中势
财政科技支出占地方财政支出比重	15	14	1	中势
高技术产业主营业务收入	21	21	0	劣势
高技术产业收入占工业增加值比重	13	13	0	中势
高技术产品出口额占商品出口额比重	10	10	0	优势
5.2　教育竞争力	23	25	-2	劣势
教育经费	16	16	0	中势
教育经费占 GDP 比重	4	5	-1	优势
人均教育经费	10	12	-2	中势
公共教育经费占财政支出比重	7	7	0	优势
人均文化教育支出	8	11	-3	中势
万人中小学学校数	10	8	2	优势
万人中小学专任教师数	14	14	0	中势
高等学校数	20	20	0	中势
高校专任教师数	23	23	0	劣势
万人高等学校在校学生数	26	27	-1	劣势
5.3　文化竞争力	26	21	5	劣势
文化制造业营业收入	22	22	0	劣势
文化批发零售业营业收入	22	23	-1	劣势
文化服务业企业营业收入	23	22	1	劣势
图书和期刊出版数	22	23	-1	劣势
电子出版物品种	27	26	1	劣势
印刷用纸量	26	25	1	劣势
城镇居民人均文化娱乐支出	26	28	-2	劣势
农村居民人均文化娱乐支出	23	9	14	优势
城镇居民人均文化娱乐支出占消费性支出比重	11	16	-5	中势
农村居民人均文化娱乐支出占消费性支出比重	5	1	4	强势

6. 贵州省发展环境竞争力指标排名变化情况

表 24－10 2019～2020 年贵州省发展环境竞争力指标组排位及变化趋势

指 标	2019 年	2020 年	排位升降	优劣势
6 发展环境竞争力	15	20	－5	中势
6.1 基础设施竞争力	17	15	2	中势
铁路网线密度	23	23	0	劣势
公路网线密度	13	14	－1	中势
人均内河航道里程	13	13	0	中势
全社会旅客周转量	13	12	1	中势
全社会货物周转量	27	27	0	劣势
人均邮电业务总量	7	6	1	优势
电话普及率	20	24	－4	劣势
网站域名数	16	15	1	中势
人均耗电量	18	19	－1	中势
6.2 软环境竞争力	12	22	－10	劣势
外资企业数增长率	1	6	－5	优势
万人外资企业数	29	22	7	劣势
个体私营企业数增长率	18	25	－7	劣势
万人个体私营企业数	12	22	－10	劣势
万人商标注册件数	28	24	4	劣势
政府网站数	18	21	－3	劣势
交通事故直接财产损失	28	9	19	优势
罚没收入占财政收入比重	21	25	－4	劣势
社会捐赠站点数	17	19	－2	中势

7. 贵州省政府作用竞争力指标排名变化情况

表 24－11 2019～2020 年贵州省政府作用竞争力指标组排位及变化趋势

指 标	2019 年	2020 年	排位升降	优劣势
7 政府作用竞争力	24	24	0	劣势
7.1 政府发展经济竞争力	27	24	3	劣势
财政支出用于基本建设投资比重	15	14	1	中势
财政支出对 GDP 增长的拉动	25	23	2	劣势
政府公务员对经济的贡献	27	27	0	劣势
政府消费对民间消费的拉动	28	27	1	劣势
财政投资对社会投资的拉动	14	14	0	中势

续表

指　标	2019 年	2020 年	排位升降	优劣势
7.2　政府规调经济竞争力	9	13	-4	中势
物价调控	8	20	-12	中势
调控城乡消费差距	19	18	1	中势
统筹经济社会发展	6	5	1	优势
规范税收	21	15	6	中势
工业生产出厂价格指数	20	14	6	中势
7.3　政府保障经济竞争力	23	22	1	劣势
城镇职工养老保险收支比	6	7	-1	优势
医疗保险覆盖率	22	27	-5	劣势
养老保险覆盖率	25	26	-1	劣势
失业保险覆盖率	25	26	-1	劣势
最低工资标准	18	16	2	中势
城镇登记失业率	17	7	10	优势

8. 贵州省发展水平竞争力指标排名变化情况

表 24-12　2019～2020 年贵州省发展水平竞争力指标组排位及变化趋势

指　标	2019 年	2020 年	排位升降	优劣势
8　发展水平竞争力	25	26	-1	劣势
8.1　工业化进程竞争力	16	18	-2	中势
工业增加值占 GDP 比重	23	23	0	劣势
工业增加值增长率	21	8	13	优势
高技术产业占工业增加值比重	17	19	-2	中势
高技术产品占商品出口额比重	10	10	0	优势
数字经济应用	18	18	0	中势
工农业增加值比值	26	26	0	劣势
8.2　城市化进程竞争力	27	26	1	劣势
城镇化率	28	28	0	劣势
城镇居民人均可支配收入	24	22	2	劣势
城市平均建成区面积比重	22	22	0	劣势
人均拥有道路面积	25	8	17	优势
人均日生活用水量	13	15	-2	中势
人均公共绿地面积	7	5	2	优势

续表

指　标	2019年	2020年	排位升降	优劣势
8.3　市场化进程竞争力	24	24	0	劣势
非公有制经济产值占全社会总产值比重	22	25	-3	劣势
社会投资占投资总额比重	24	24	0	劣势
私有和个体企业从业人员比重	9	5	4	优势
亿元以上商品市场成交额	17	17	0	中势
亿元以上商品市场成交额占全社会消费品零售总额比重	13	13	0	中势
居民消费支出占总消费支出比重	17	20	-3	中势

9. 贵州省统筹协调竞争力指标排名变化情况

表24-13　2019～2020年贵州省统筹协调竞争力指标组排位及变化趋势

指　标	2019年	2020年	排位升降	优劣势
9　统筹协调竞争力	27	24	3	劣势
9.1　统筹发展竞争力	19	24	-5	劣势
社会劳动生产率	24	27	-3	劣势
能源消耗下降率	18	20	-2	中势
万元GDP综合能耗下降率	7	10	-3	优势
非农用地产出率	19	19	0	中势
居民收入占GDP比重	11	19	-8	中势
二三产业增加值比例	14	11	3	中势
固定资产投资额占GDP比重	27	25	2	劣势
固定资产投资增长率	8	24	-16	劣势
9.2　协调发展竞争力	29	22	7	劣势
资源竞争力与宏观经济竞争力比差	13	19	-6	中势
环境竞争力与宏观经济竞争力比差	23	7	16	优势
人力资源竞争力与宏观经济竞争力比差	2	12	-10	中势
资源竞争力与工业竞争力比差	15	13	2	中势
环境竞争力与工业竞争力比差	23	22	1	劣势
城乡居民家庭人均收入比差	30	30	0	劣势
城乡居民人均消费支出比差	19	18	1	中势
全社会消费品零售总额与外贸出口总额比差	29	28	1	劣势

B.26
25
2019～2020年云南省经济综合竞争力评价分析报告

云南省简称“云”或“滇”，省会昆明，位于西南地区，东部与贵州、广西为邻，北部与四川相连，西北部紧依西藏，西部与缅甸接壤，南部和老挝、越南毗邻。全省面积为39.41万平方公里，2020年全省常住人口为4722万人，地区生产总值为24522亿元，同比增长4%，人均GDP达51975元。本部分通过分析2019～2020年云南省经济综合竞争力以及各要素竞争力的排名变化，从中找出云南省经济综合竞争力的推动点及影响因素，为进一步提升云南省经济综合竞争力提供决策参考。

25.1 云南省经济综合竞争力总体分析

1. 云南省经济综合竞争力一级指标概要分析

（1）从综合排位看，2020年云南省经济综合竞争力综合排位在全国居第24位，这表明其在全国处于劣势地位；与2019年相比，综合排位没有发生变化。

（2）从指标所处区位看，没有指标处于上游区，即云南省目前不存在强势指标。

（3）从指标变化趋势看，9个二级指标中，有3个指标处于上升趋势，分别为产业经济竞争力、知识经济竞争力和统筹协调竞争力，这些是云南省经济综合竞争力的上升动力所在；有2个指标排位没有发生变化，分别为财政金融竞争力和发展水平竞争力；有4个指标处于下降趋势，分别为宏观经济竞争力、可持续发展竞争力、发展环境竞争力和政府作用竞争力，这些是云南省经济综合竞争力的下降拉力所在。

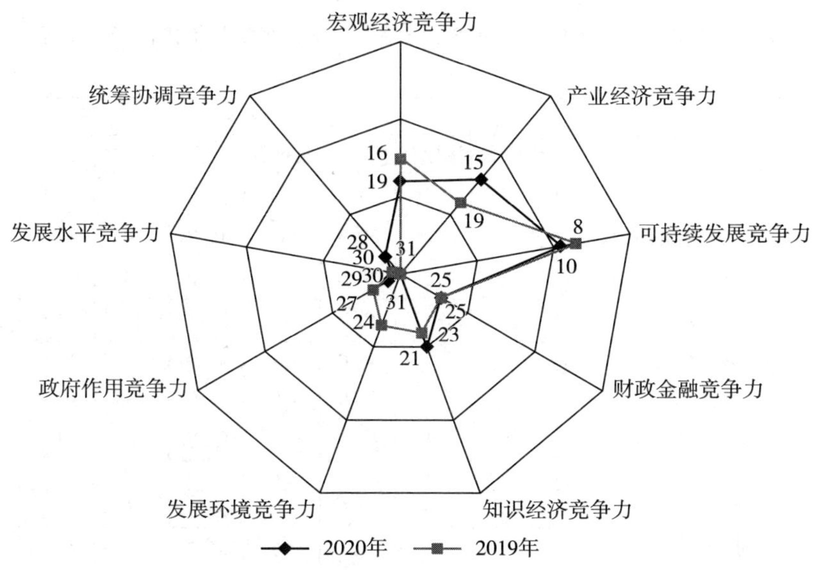

图 25－1 2019～2020 年云南省经济综合竞争力二级指标比较

表 25－1 2019～2020 年云南省经济综合竞争力二级指标表现情况

	宏观经济竞争力	产业经济竞争力	可持续发展竞争力	财政金融竞争力	知识经济竞争力	发展环境竞争力	政府作用竞争力	发展水平竞争力	统筹协调竞争力	**综合排位**
2019 年	16	19	8	25	23	24	27	30	31	24
2020 年	19	15	10	25	21	31	29	30	28	24
升降	－3	4	－2	0	2	－7	－2	0	3	0
优劣度	中势	中势	优势	劣势	劣势	劣势	劣势	劣势	劣势	劣势

2. 云南省经济综合竞争力各级指标动态变化分析

从表 25－2 可以看出，210 个四级指标中，上升指标有 74 个，占指标总数的 35.2%；下降指标有 70 个，占指标总数的 33.3%；保持不变的指标有 66 个，占指标总数的 31.4%。综上所述，云南省经济综合竞争力的上升动力和下降拉力大致相当，且排位保持不变的指标占较大比重，2019～2020 年云南省经济综合竞争力排位保持不变。

表 25－2　2019～2020 年云南省经济综合竞争力各级指标排位变化情况

单位：个，%

二级指标	三级指标	四级指标数	上升		保持		下降		变化趋势
			指标数	比重	指标数	比重	指标数	比重	
宏观经济竞争力	经济实力竞争力	12	4	33.3	5	41.7	3	25.0	下降
	经济结构竞争力	6	2	33.3	1	16.7	3	50.0	下降
	经济外向度竞争力	9	5	55.6	0	0.0	4	44.4	下降
	小　计	**27**	11	40.7	6	22.2	10	37.0	下降
产业经济竞争力	农业竞争力	10	4	40.0	4	40.0	2	20.0	下降
	工业竞争力	10	4	40.0	5	50.0	1	10.0	上升
	服务业竞争力	10	1	10.0	4	40.0	5	50.0	保持
	企业竞争力	10	7	70.0	1	10.0	2	20.0	上升
	小　计	**40**	16	40.0	14	35.0	10	25.0	上升
可持续发展竞争力	资源竞争力	9	1	11.1	6	66.7	2	22.2	上升
	环境竞争力	8	4	50.0	2	25.0	2	25.0	下降
	人力资源竞争力	7	2	28.6	1	14.3	4	57.1	上升
	小　计	**24**	7	29.2	9	37.5	8	33.3	下降
财政金融竞争力	财政竞争力	12	4	33.3	5	41.7	3	25.0	上升
	金融竞争力	10	3	30.0	3	30.0	4	40.0	上升
	小　计	**22**	7	31.8	8	36.4	7	31.8	保持
知识经济竞争力	科技竞争力	9	1	11.1	4	44.4	4	44.4	上升
	教育竞争力	10	2	20.0	5	50.0	3	30.0	上升
	文化竞争力	10	5	50.0	2	20.0	3	30.0	上升
	小　计	**29**	8	27.6	11	37.9	10	34.5	上升
发展环境竞争力	基础设施竞争力	9	4	44.4	5	55.6	0	0.0	上升
	软环境竞争力	9	2	22.2	0	0.0	7	77.8	下降
	小　计	**18**	6	33.3	5	27.8	7	38.9	下降
政府作用竞争力	政府发展经济竞争力	5	3	60.0	1	20.0	1	20.0	上升
	政府规调经济竞争力	5	2	40.0	0	0.0	3	60.0	下降
	政府保障经济竞争力	6	3	50.0	2	33.3	1	16.7	上升
	小　计	**16**	8	50.0	3	18.8	5	31.3	下降
发展水平竞争力	工业化进程竞争力	6	0	0.0	4	66.7	2	33.3	下降
	城市化进程竞争力	6	2	33.3	1	16.7	3	50.0	保持
	市场化进程竞争力	6	2	33.3	3	50.0	1	16.7	上升
	小　计	**18**	4	22.2	8	44.4	6	33.3	保持

续表

二级指标	三级指标	四级指标数	上升		保持		下降		变化趋势
			指标数	比重	指标数	比重	指标数	比重	
统筹协调竞争力	统筹发展竞争力	8	4	50.0	0	0.0	4	50.0	上升
	协调发展竞争力	8	3	37.5	2	25.0	3	37.5	上升
	小　计	**16**	7	43.8	2	12.5	7	43.8	上升
合　计		**210**	74	35.2	66	31.4	70	33.3	保持

3. 云南省经济综合竞争力各级指标优劣势结构分析

基于图25－2和表25－3，具体到四级指标，强势指标10个，占指标总数的4.8%；优势指标36个，占指标总数的17.1%；中势指标89个，占指标总数的42.4%；劣势指标75个，占指标总数的35.7%。三级指标中，没有强势指标；优势指标2个，占三级指标总数的8.0%；中势指标11个，占三级指标总数的44.0%；劣势指标12个，占三级指标总数的48.0%。从二级指标看，没有强势指标；优势指标有1个，占二级指标总数的11.1%；中势指标有2个，占二级指标总数的22.2%；劣势指标有6个，占二级指标总数的66.7%。综合来看，由于中势指标和劣势指标在指标体系中居于主导地位，2020年云南省经济综合竞争力处于劣势地位。

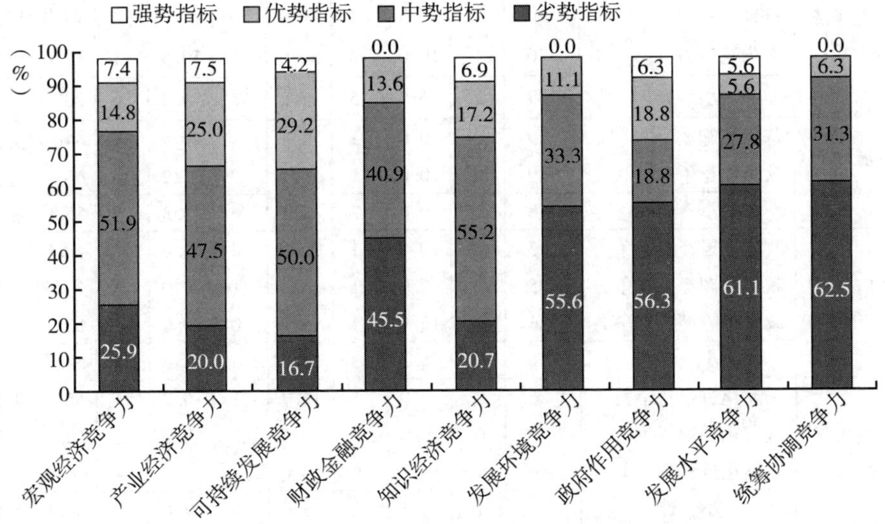

图25－2　2020年云南省经济综合竞争力各级指标优劣势比较

表 25－3　2020 年云南省经济综合竞争力各级指标优劣势情况

单位：个，%

二级指标	三级指标	四级指标数	强势指标		优势指标		中势指标		劣势指标		优劣势
			个数	比重	个数	比重	个数	比重	个数	比重	
宏观经济竞争力	经济实力竞争力	12	1	8.3	1	8.3	8	66.7	2	16.7	中势
	经济结构竞争力	6	1	16.7	1	16.7	1	16.7	3	50.0	劣势
	经济外向度竞争力	9	0	0.0	2	22.2	5	55.6	2	22.2	中势
	小　计	**27**	2	7.4	4	14.8	14	51.9	7	25.9	中势
产业经济竞争力	农业竞争力	10	1	10.0	3	30.0	5	50.0	1	10.0	中势
	工业竞争力	10	2	20.0	1	10.0	4	40.0	3	30.0	中势
	服务业竞争力	10	0	0.0	4	40.0	5	50.0	1	10.0	中势
	企业竞争力	10	0	0.0	2	20.0	5	50.0	3	30.0	中势
	小　计	**40**	3	7.5	10	25.0	19	47.5	8	20.0	中势
可持续发展竞争力	资源竞争力	9	0	0.0	5	55.6	4	44.4	0	0.0	优势
	环境竞争力	8	1	12.5	2	25.0	3	37.5	2	25.0	优势
	人力资源竞争力	7	0	0.0	0	0.0	5	71.4	2	28.6	中势
	小　计	**24**	1	4.2	7	29.2	12	50.0	4	16.7	优势
财政金融竞争力	财政竞争力	12	0	0.0	2	16.7	6	50.0	4	33.3	中势
	金融竞争力	10	0	0.0	1	10.0	3	30.0	6	60.0	劣势
	小　计	**22**	0	0.0	3	13.6	9	40.9	10	45.5	劣势
知识经济竞争力	科技竞争力	9	0	0.0	1	11.1	5	55.6	3	33.3	劣势
	教育竞争力	10	1	10.0	1	10.0	6	60.0	2	20.0	中势
	文化竞争力	10	1	10.0	3	30.0	5	50.0	1	10.0	中势
	小　计	**29**	2	6.9	5	17.2	16	55.2	6	20.7	劣势
发展环境竞争力	基础设施竞争力	9	0	0.0	1	11.1	4	44.4	4	44.4	劣势
	软环境竞争力	9	0	0.0	1	11.1	2	22.2	6	66.7	劣势
	小　计	**18**	0	0.0	2	11.1	6	33.3	10	55.6	劣势
政府作用竞争力	政府发展经济竞争力	5	0	0.0	1	20.0	2	40.0	2	40.0	中势
	政府规调经济竞争力	5	0	0.0	1	20.0	1	20.0	3	60.0	劣势
	政府保障经济竞争力	6	1	16.7	1	16.7	0	0.0	4	66.7	劣势
	小　计	**16**	1	6.3	3	18.8	3	18.8	9	56.3	劣势
发展水平竞争力	工业化进程竞争力	6	0	0.0	1	16.7	1	16.7	4	66.7	劣势
	城市化进程竞争力	6	0	0.0	0	0.0	3	50.0	3	50.0	劣势
	市场化进程竞争力	6	1	16.7	0	0.0	1	16.7	4	66.7	劣势
	小　计	**18**	1	5.6	1	5.6	5	27.8	11	61.1	劣势

续表

二级指标	三级指标	四级指标数	强势指标		优势指标		中势指标		劣势指标		优劣势
			个数	比重	个数	比重	个数	比重	个数	比重	
统筹协调竞争力	统筹发展竞争力	8	0	0.0	1	12.5	2	25.0	5	62.5	劣势
	协调发展竞争力	8	0	0.0	0	0.0	3	37.5	5	62.5	劣势
	小　计	**16**	0	0.0	1	6.3	5	31.3	10	62.5	劣势
合　计		**210**	10	4.8	36	17.1	89	42.4	75	35.7	劣势

4. 云南省经济综合竞争力四级指标优劣势对比分析

表 25-4　2020 年云南省经济综合竞争力各级指标优劣势情况

二级指标	优劣势	四级指标
宏观经济竞争力（27 个）	强势指标	地区生产总值增长率、贸易结构优化度（2 个）
	优势指标	固定资产投资额增长率、实体经济结构优化度、出口增长率、实际 FDI 增长率（4 个）
	劣势指标	人均地区生产总值、人均财政总收入、所有制经济结构优化度、城乡经济结构优化度、就业结构优化度、外贸依存度、外资企业数（7 个）
产业经济竞争力（40 个）	强势指标	农业增加值增长率、工业资产总额增长率、工业全员劳动生产率（3 个）
	优势指标	农业增加值、农产品出口占农林牧渔总产值比重、财政支农资金比重、工业收入利润率、服务业增加值增长率、限额以上批零企业利税率、限额以上餐饮企业利税率、旅游外汇收入、规模以上企业平均利润、规模以上企业劳动效率（10 个）
	劣势指标	农民人均纯收入、人均工业增加值、规模以上工业主营业务收入、工业成本费用率、人均服务业增加值、规模以上工业企业数、新产品销售收入占主营业务收入比重、工业企业 R&D 经费投入强度（8 个）
可持续发展竞争力（24 个）	强势指标	生活垃圾无害化处理率（1 个）
	优势指标	人均国土面积、人均年水资源量、耕地面积、人均耕地面积、人均森林储积量、森林覆盖率、人均废水排放量（7 个）
	劣势指标	人均工业固体废物排放量、自然灾害直接经济损失额、文盲率、平均受教育程度（4 个）

续表

二级指标	优劣势	四级指标
财政金融竞争力（22个）	强势指标	（0个）
	优势指标	地方财政收入增长率、税收收入增长率、中长期贷款占贷款余额比重（3个）
	劣势指标	地方财政收入占GDP比重、税收收入占GDP比重、人均地方财政收入、人均税收收入、人均存款余额、人均贷款余额、保险费净收入、保险密度、保险深度、国内上市公司数（10个）
知识经济竞争力（29个）	强势指标	万人中小学学校数、农村居民人均文化娱乐支出占消费性支出比重（2个）
	优势指标	高技术产业收入占工业增加值比重、教育经费占GDP比重、城镇居民人均文化娱乐支出、农村居民人均文化娱乐支出、城镇居民人均文化娱乐支出占消费性支出比重（5个）
	劣势指标	R&D经费投入强度、技术市场成交合同金额、财政科技支出占地方财政支出比重、高校专任教师数、万人高等学校在校学生数、印刷用纸量（6个）
发展环境竞争力（18个）	强势指标	（0个）
	优势指标	人均邮电业务总量、万人个体私营企业数（2个）
	劣势指标	铁路网线密度、公路网线密度、全社会货物周转量、电话普及率、万人外资企业数、个体私营企业数增长率、政府网站数、交通事故直接财产损失、罚没收入占财政收入比重、社会捐赠站点数（10个）
政府作用竞争力（16个）	强势指标	城镇登记失业率（1个）
	优势指标	财政支出用于基本建设投资比重、统筹经济社会发展、城镇职工养老保险收支比（3个）
	劣势指标	政府公务员对经济的贡献、财政投资对社会投资的拉动、物价调控、调控城乡消费差距、规范税收、医疗保险覆盖率、养老保险覆盖率、失业保险覆盖率、最低工资标准（9个）
发展水平竞争力（18个）	强势指标	私有和个体企业从业人员比重（1个）
	优势指标	工业增加值增长率（1个）
	劣势指标	工业增加值占GDP比重、高技术产业占工业增加值比重、数字经济应用、工农业增加值比值、城镇化率、人均拥有道路面积、人均公共绿地面积、非公有制经济产值占全社会总产值比重、社会投资占投资总额比重、亿元以上商品市场成交额、亿元以上商品市场成交额占全社会消费品零售总额比重（11个）
统筹协调竞争力（16个）	强势指标	（0个）
	优势指标	二三产业增加值比例（1个）
	劣势指标	社会劳动生产率、能源消耗下降率、万元GDP综合能耗下降率、非农用地产出率、固定资产投资额占GDP比重、环境竞争力与宏观经济竞争力比差、环境竞争力与工业竞争力比差、城乡居民家庭人均收入比差、城乡居民人均消费支出比差、全社会消费品零售总额与外贸出口总额比差（10个）

25.2　云南省经济综合竞争力各级指标具体分析

1. 云南省宏观经济竞争力指标排名变化情况

表 25－5　2019～2020 年云南省宏观经济竞争力指标组排位及变化趋势

指　标	2019 年	2020 年	排位升降	优劣势
1　宏观经济竞争力	16	19	－3	中势
1.1　经济实力竞争力	15	17	－2	中势
地区生产总值	18	18	0	中势
地区生产总值增长率	2	3	－1	强势
人均地区生产总值	24	23	1	劣势
财政总收入	21	20	1	中势
财政总收入增长率	14	16	－2	中势
人均财政总收入	26	26	0	劣势
固定资产投资额	15	15	0	中势
固定资产投资额增长率	11	8	3	优势
人均固定资产投资额	17	15	2	中势
全社会消费品零售总额	16	16	0	中势
全社会消费品零售总额增长率	3	16	－13	中势
人均全社会消费品零售总额	18	18	0	中势
1.2　经济结构竞争力	20	28	－8	劣势
产业结构优化度	14	17	－3	中势
所有制经济结构优化度	26	27	－1	劣势
城乡经济结构优化度	29	29	0	劣势
就业结构优化度	20	30	－10	劣势
实体经济结构优化度	10	8	2	优势
贸易结构优化度	5	3	2	强势
1.3　经济外向度竞争力	7	19	－12	中势
进出口总额	21	20	1	中势
进出口增长率	1	14	－13	中势
出口总额	22	20	2	中势
出口增长率	2	5	－3	优势
实际 FDI	22	19	3	中势
实际 FDI 增长率	10	4	6	优势
外贸依存度	22	23	－1	劣势
外资企业数	20	21	－1	劣势
对外直接投资额	19	16	3	中势

2. 云南省产业经济竞争力指标排名变化情况

表 25－6　2019～2020 年云南省产业经济竞争力指标组排位及变化趋势

指　标	2019 年	2020 年	排位升降	优劣势
2　产业经济竞争力	19	15	4	中势
2.1　农业竞争力	9	12	－3	中势
农业增加值	11	10	1	优势
农业增加值增长率	4	3	1	强势
人均农业增加值	17	15	2	中势
农民人均纯收入	28	28	0	劣势
农民人均纯收入增长率	5	11	－6	中势
农产品出口占农林牧渔总产值比重	9	9	0	优势
人均主要农产品产量	18	17	1	中势
农业机械化水平	14	14	0	中势
农村人均用电量	17	18	－1	中势
财政支农资金比重	8	8	0	优势
2.2　工业竞争力	21	16	5	中势
工业增加值	19	19	0	中势
工业增加值增长率	2	15	－13	中势
人均工业增加值	26	26	0	劣势
工业资产总额	21	20	1	中势
工业资产总额增长率	25	3	22	强势
规模以上工业主营业务收入	22	22	0	劣势
工业成本费用率	30	30	0	劣势
规模以上工业利润总额	22	20	2	中势
工业全员劳动生产率	1	1	0	强势
工业收入利润率	13	4	9	优势
2.3　服务业竞争力	14	14	0	中势
服务业增加值	16	16	0	中势
服务业增加值增长率	6	9	－3	优势
人均服务业增加值	23	23	0	劣势
服务业从业人员数	12	13	－1	中势
限额以上批发零售企业主营业务收入	19	20	－1	中势
限额以上批零企业利税率	6	7	－1	优势
限额以上餐饮企业利税率	6	8	－2	优势
旅游外汇收入	4	4	0	优势
商品房销售收入	17	17	0	中势
电子商务销售额	21	19	2	中势

续表

指　标	2019 年	2020 年	排位升降	优劣势
2.4　企业竞争力	22	19	3	中势
规模以上工业企业数	21	21	0	劣势
规模以上企业平均资产	14	12	2	中势
规模以上企业平均收入	14	12	2	中势
规模以上企业平均利润	10	7	3	优势
规模以上企业劳动效率	6	5	1	优势
城镇就业人员平均工资	9	11	-2	中势
新产品销售收入占主营业务收入比重	28	26	2	劣势
产品质量抽查合格率	19	18	1	中势
工业企业 R&D 经费投入强度	24	23	1	劣势
全国 500 强企业数	18	19	-1	中势

3. 云南省可持续发展竞争力指标排名变化情况

表 25-7　2019~2020 年云南省可持续发展竞争力指标组排位及变化趋势

指　标	2019 年	2020 年	排位升降	优劣势
3　可持续发展竞争力	8	10	-2	优势
3.1　资源竞争力	11	10	1	优势
人均国土面积	8	8	0	优势
人均可使用海域和滩涂面积	13	13	0	中势
人均年水资源量	9	6	3	优势
耕地面积	9	9	0	优势
人均耕地面积	9	9	0	优势
人均牧草地面积	11	12	-1	中势
主要能源矿产基础储量	13	13	0	中势
人均主要能源矿产基础储量	11	11	0	中势
人均森林储积量	4	5	-1	优势
3.2　环境竞争力	5	6	-1	优势
森林覆盖率	6	6	0	优势
人均废水排放量	4	4	0	优势
人均工业废气排放量	18	20	-2	中势
人均工业固体废物排放量	20	23	-3	劣势
人均治理工业污染投资额	21	14	7	中势
一般工业固体废物综合利用率	25	16	9	中势
生活垃圾无害化处理率	18	1	17	强势
自然灾害直接经济损失额	23	22	1	劣势

续表

指　标	2019 年	2020 年	排位升降	优劣势
3. 3　人力资源竞争力	22	20	2	中势
常住人口增长率	13	15	-2	中势
15 ~64 岁人口比例	13	15	-2	中势
文盲率	25	27	-2	劣势
大专以上教育程度人口比例	26	20	6	中势
平均受教育程度	28	29	-1	劣势
人口健康素质	14	13	1	中势
职业学校毕业生数	11	11	0	中势

4. 云南省财政金融竞争力指标排名变化情况

表 25 -8　2019 ~2020 年云南省财政金融竞争力指标组排位及变化趋势

指　标	2019 年	2020 年	排位升降	优劣势
4　财政金融竞争力	25	25	0	劣势
4. 1　财政竞争力	23	18	5	中势
地方财政收入	20	18	2	中势
地方财政支出	13	13	0	中势
地方财政收入占 GDP 比重	22	22	0	劣势
地方财政支出占 GDP 比重	11	12	-1	中势
税收收入占 GDP 比重	24	24	0	劣势
税收收入占财政总收入比重	23	18	5	中势
人均地方财政收入	26	26	0	劣势
人均地方财政支出	18	18	0	中势
人均税收收入	25	26	-1	劣势
地方财政收入增长率	13	9	4	优势
地方财政支出增长率	7	19	-12	中势
税收收入增长率	15	5	10	优势
4. 2　金融竞争力	28	25	3	劣势
存款余额	19	20	-1	中势
人均存款余额	30	30	0	劣势
贷款余额	19	20	-1	中势
人均贷款余额	27	28	-1	劣势
中长期贷款占贷款余额比重	9	7	2	优势
保险费净收入	21	23	-2	劣势
保险密度	28	27	1	劣势
保险深度	27	27	0	劣势
国内上市公司数	24	24	0	劣势
国内上市公司市值	28	20	8	中势

5. 云南省知识经济竞争力指标排名变化情况

表 25－9　2019～2020 年云南省知识经济竞争力指标组排位及变化趋势

指　标	2019 年	2020 年	排位升降	优劣势
5　知识经济竞争力	23	21	2	劣势
5.1　科技竞争力	25	24	1	劣势
R&D 人员	19	20	－1	中势
R&D 经费	20	19	1	中势
R&D 经费投入强度	24	24	0	劣势
发明专利授权量	20	20	0	中势
技术市场成交合同金额	23	24	－1	劣势
财政科技支出占地方财政支出比重	25	25	0	劣势
高技术产业主营业务收入	19	19	0	中势
高技术产业收入占工业增加值比重	7	8	－1	优势
高技术产品出口额占商品出口额比重	17	20	－3	中势
5.2　教育竞争力	22	16	6	中势
教育经费	11	11	0	中势
教育经费占 GDP 比重	7	9	－2	优势
人均教育经费	16	19	－3	中势
公共教育经费占财政支出比重	18	19	－1	中势
人均文化教育支出	19	18	1	中势
万人中小学学校数	2	2	0	强势
万人中小学专任教师数	13	13	0	中势
高等学校数	17	17	0	中势
高校专任教师数	21	21	0	劣势
万人高等学校在校学生数	28	25	3	劣势
5.3　文化竞争力	22	16	6	中势
文化制造业营业收入	18	18	0	中势
文化批发零售业营业收入	18	20	－2	中势
文化服务业企业营业收入	18	20	－2	中势
图书和期刊出版数	18	19	－1	中势
电子出版物品种	17	16	1	中势
印刷用纸量	23	21	2	劣势
城镇居民人均文化娱乐支出	18	9	9	优势
农村居民人均文化娱乐支出	26	10	16	优势
城镇居民人均文化娱乐支出占消费性支出比重	8	8	0	优势
农村居民人均文化娱乐支出占消费性支出比重	12	3	9	强势

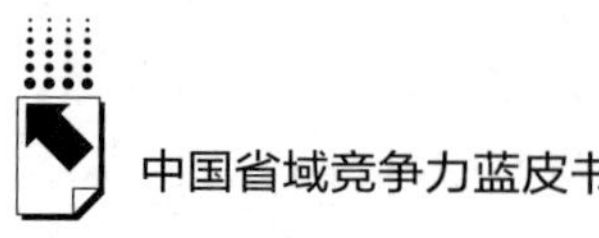

6. 云南省发展环境竞争力指标排名变化情况

表 25－10　2019～2020 年云南省发展环境竞争力指标组排位及变化趋势

指　标	2019 年	2020 年	排位升降	优劣势
6　发展环境竞争力	24	31	－7	劣势
6.1　基础设施竞争力	28	27	1	劣势
铁路网线密度	28	28	0	劣势
公路网线密度	22	22	0	劣势
人均内河航道里程	15	14	1	中势
全社会旅客周转量	19	19	0	中势
全社会货物周转量	26	26	0	劣势
人均邮电业务总量	13	10	3	优势
电话普及率	27	25	2	劣势
网站域名数	18	18	0	中势
人均耗电量	22	18	4	中势
6.2　软环境竞争力	19	31	－12	劣势
外资企业数增长率	2	20	－18	中势
万人外资企业数	24	29	－5	劣势
个体私营企业数增长率	28	29	－1	劣势
万人个体私营企业数	21	9	12	优势
万人商标注册件数	24	20	4	中势
政府网站数	20	22	－2	劣势
交通事故直接财产损失	10	30	－20	劣势
罚没收入占财政收入比重	16	27	－11	劣势
社会捐赠站点数	21	28	－7	劣势

7. 云南省政府作用竞争力指标排名变化情况

表 25－11　2019～2020 年云南省政府作用竞争力指标组排位及变化趋势

指　标	2019 年	2020 年	排位升降	优劣势
7　政府作用竞争力	27	29	－2	劣势
7.1　政府发展经济竞争力	22	19	3	中势
财政支出用于基本建设投资比重	6	5	1	优势
财政支出对 GDP 增长的拉动	21	20	1	中势
政府公务员对经济的贡献	20	21	－1	劣势
政府消费对民间消费的拉动	26	20	6	中势
财政投资对社会投资的拉动	24	24	0	劣势

续表

指　标	2019年	2020年	排位升降	优劣势
7.2　政府规调经济竞争力	20	31	-11	劣势
物价调控	11	31	-20	劣势
调控城乡消费差距	28	29	-1	劣势
统筹经济社会发展	9	8	1	优势
规范税收	22	26	-4	劣势
工业生产出厂价格指数	22	19	3	中势
7.3　政府保障经济竞争力	27	23	4	劣势
城镇职工养老保险收支比	4	4	0	优势
医疗保险覆盖率	26	24	2	劣势
养老保险覆盖率	30	29	1	劣势
失业保险覆盖率	27	27	0	劣势
最低工资标准	22	26	-4	劣势
城镇登记失业率	22	3	19	强势

8. 云南省发展水平竞争力指标排名变化情况

表25-12　2019～2020年云南省发展水平竞争力指标组排位及变化趋势

指　标	2019年	2020年	排位升降	优劣势
8　发展水平竞争力	30	30	0	劣势
8.1　工业化进程竞争力	23	26	-3	劣势
工业增加值占GDP比重	28	28	0	劣势
工业增加值增长率	3	5	-2	优势
高技术产业占工业增加值比重	23	23	0	劣势
高技术产品占商品出口额比重	17	20	-3	中势
数字经济应用	25	25	0	劣势
工农业增加值比值	27	27	0	劣势
8.2　城市化进程竞争力	29	29	0	劣势
城镇化率	30	30	0	劣势
城镇居民人均可支配收入	17	18	-1	中势
城市平均建成区面积比重	14	15	-1	中势
人均拥有道路面积	24	22	2	劣势
人均日生活用水量	20	19	1	中势
人均公共绿地面积	25	26	-1	劣势

续表

指　标	2019 年	2020 年	排位升降	优劣势
8.3　市场化进程竞争力	30	27	3	劣势
非公有制经济产值占全社会总产值比重	26	27	-1	劣势
社会投资占投资总额比重	28	28	0	劣势
私有和个体企业从业人员比重	11	1	10	强势
亿元以上商品市场成交额	25	25	0	劣势
亿元以上商品市场成交额占全社会消费品零售总额比重	30	30	0	劣势
居民消费支出占总消费支出比重	20	16	4	中势

9. 云南省统筹协调竞争力指标排名变化情况

表 25-13　2019～2020 年云南省统筹协调竞争力指标组排位及变化趋势

指　标	2019 年	2020 年	排位升降	优劣势
9　统筹协调竞争力	31	28	3	劣势
9.1　统筹发展竞争力	27	23	4	劣势
社会劳动生产率	27	29	-2	劣势
能源消耗下降率	28	29	-1	劣势
万元 GDP 综合能耗下降率	15	28	-13	劣势
非农用地产出率	24	23	1	劣势
居民收入占 GDP 比重	18	13	5	中势
二三产业增加值比例	7	8	-1	优势
固定资产投资额占 GDP 比重	24	23	1	劣势
固定资产投资增长率	21	11	10	中势
9.2　协调发展竞争力	30	28	2	劣势
资源竞争力与宏观经济竞争力比差	12	13	-1	中势
环境竞争力与宏观经济竞争力比差	25	28	-3	劣势
人力资源竞争力与宏观经济竞争力比差	19	19	0	中势
资源竞争力与工业竞争力比差	13	12	1	中势
环境竞争力与工业竞争力比差	25	23	2	劣势
城乡居民家庭人均收入比差	29	29	0	劣势
城乡居民人均消费支出比差	28	29	-1	劣势
全社会消费品零售总额与外贸出口总额比差	24	23	1	劣势

B.27

26

2019～2020年西藏自治区经济综合竞争力评价分析报告

西藏自治区简称“藏”，首府设在拉萨，位于青藏高原的西南部，北邻新疆，东接四川，东北紧靠青海，东南连接云南，周边与印度、尼泊尔等国家及地区接壤。全区面积为122.84万平方公里，2020年全区常住人口为366万人，地区生产总值为1903亿元，同比增长7.8%，人均GDP达52345元。本部分通过分析2019～2020年西藏自治区经济综合竞争力以及各要素竞争力的排名变化，从中找出西藏自治区经济综合竞争力的推动点及影响因素，为进一步提升西藏自治区经济综合竞争力提供决策参考。

26.1 西藏自治区经济综合竞争力总体分析

1. 西藏自治区经济综合竞争力一级指标概要分析

（1）从综合排位看，2020年西藏自治区经济综合竞争力综合排位在全国居第31位，这表明其在全国处于劣势地位；与2019年相比，综合排位没有发生变化。

（2）从指标所处区位看，没有指标处于上游区，即西藏自治区目前不存在强势指标。

（3）从指标变化趋势看，9个二级指标中，有3个指标处于上升趋势，分别为产业经济竞争力、发展环境竞争力和统筹协调竞争力，这些是西藏自治区经济综合竞争力的上升动力所在；有4个指标排位没有发生变化，分别为可持续发展竞争力、知识经济竞争力、政府作用竞争力和发展水平竞争力；有 2 个指标处于下降趋势，分别为宏观经济竞争力和财政金融竞争力，这些是西藏自治区经济综合竞争力的下降拉力所在。

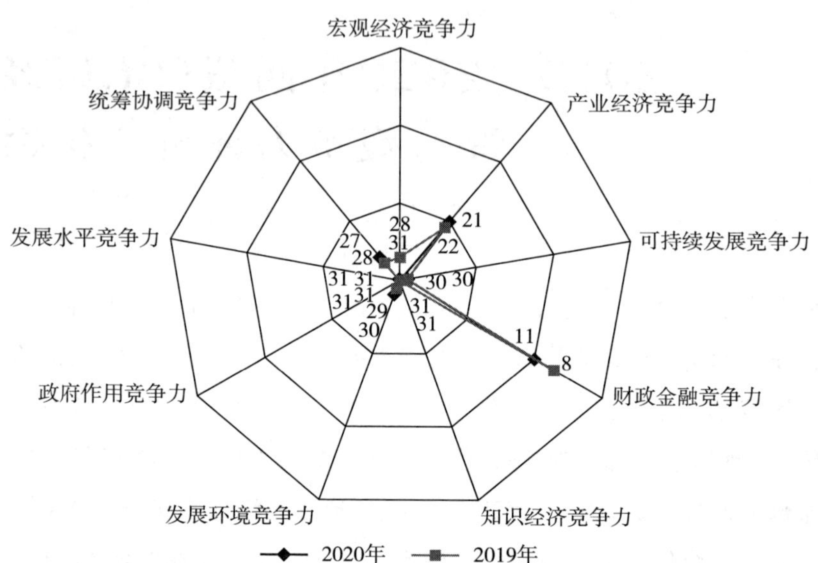

图 26－1　2019～2020 年西藏自治区经济综合竞争力二级指标比较

表 26－1　2019～2020 年西藏自治区经济综合竞争力二级指标表现情况

	宏观经济竞争力	产业经济竞争力	可持续发展竞争力	财政金融竞争力	知识经济竞争力	发展环境竞争力	政府作用竞争力	发展水平竞争力	统筹协调竞争力	**综合排位**
2019 年	28	22	30	8	31	30	31	31	28	31
2020 年	31	21	30	11	31	29	31	31	27	31
升降	－3	1	0	－3	0	1	0	0	1	0
优劣度	劣势	劣势	劣势	中势	劣势	劣势	劣势	劣势	劣势	劣势

2. 西藏自治区经济综合竞争力各级指标动态变化分析

从表 26－2 可以看出，210 个四级指标中，上升指标有 50 个，占指标总数的 23.8%；下降指标有 49 个，占指标总数的 23.3%；保持不变的指标有 111 个，占指标总数的 52.9%。综上所述，西藏自治区经济综合竞争力的上升指标和下降指标个数接近，且保持指标的个数占主导地位，所以 2019～2020 年西藏自治区经济综合竞争力排位保持不变，仍为最后一名。

表 26 –2　2019 ~2020 年西藏自治区经济综合竞争力各级指标排位变化情况

单位：个，%

二级指标	三级指标	四级指标数	上升		保持		下降		变化趋势
			指标数	比重	指标数	比重	指标数	比重	
宏观经济竞争力	经济实力竞争力	12	5	41.7	5	41.7	2	16.7	下降
	经济结构竞争力	6	2	33.3	1	16.7	3	50.0	上升
	经济外向度竞争力	9	1	11.1	4	44.4	4	44.4	下降
	小　计	**27**	8	29.6	10	37.0	9	33.3	下降
产业经济竞争力	农业竞争力	10	2	20.0	4	40.0	4	40.0	保持
	工业竞争力	10	3	30.0	6	60.0	1	10.0	上升
	服务业竞争力	10	0	0.0	8	80.0	2	20.0	下降
	企业竞争力	10	1	10.0	7	70.0	2	20.0	下降
	小　计	**40**	6	15.0	25	62.5	9	22.5	上升
可持续发展竞争力	资源竞争力	9	1	11.1	7	77.8	1	11.1	保持
	环境竞争力	8	2	25.0	2	25.0	4	50.0	上升
	人力资源竞争力	7	2	28.6	4	57.1	1	14.3	保持
	小　计	**24**	5	20.8	13	54.2	6	25.0	保持
财政金融竞争力	财政竞争力	12	1	8.3	4	33.3	7	58.3	保持
	金融竞争力	10	3	30.0	3	30.0	4	40.0	下降
	小　计	**22**	4	18.2	7	31.8	11	50.0	下降
知识经济竞争力	科技竞争力	9	0	0.0	9	100.0	0	0.0	下降
	教育竞争力	10	0	0.0	10	100.0	0	0.0	上升
	文化竞争力	10	3	30.0	7	70.0	0	0.0	保持
	小　计	**29**	3	10.3	26	89.7	0	0.0	保持
发展环境竞争力	基础设施竞争力	9	1	11.1	7	77.8	1	11.1	保持
	软环境竞争力	9	7	77.8	0	0.0	2	22.2	上升
	小　计	**18**	8	44.4	7	38.9	3	16.7	上升
政府作用竞争力	政府发展经济竞争力	5	0	0.0	5	100.0	0	0.0	保持
	政府规调经济竞争力	5	0	0.0	2	40.0	3	60.0	下降
	政府保障经济竞争力	6	2	33.3	2	33.3	2	33.3	上升
	小　计	**16**	2	12.5	9	56.3	5	31.3	保持
发展水平竞争力	工业化进程竞争力	6	3	50.0	3	50.0	0	0.0	保持
	城市化进程竞争力	6	3	50.0	2	33.3	1	16.7	上升
	市场化进程竞争力	6	2	33.3	4	66.7	0	0.0	保持
	小　计	**18**	8	44.4	9	50.0	1	5.6	保持

续表

二级指标	三级指标	四级指标数	上升		保持		下降		变化趋势
			指标数	比重	指标数	比重	指标数	比重	
统筹协调竞争力	统筹发展竞争力	8	3	37.5	2	25.0	3	37.5	下降
	协调发展竞争力	8	3	37.5	3	37.5	2	25.0	上升
	小　计	**16**	6	37.5	5	31.3	5	31.3	上升
合　计		**210**	50	23.8	111	52.9	49	23.3	保持

3. 西藏自治区经济综合竞争力各级指标优劣势结构分析

基于图 26－2 和表 26－3，具体到四级指标，强势指标 30 个，占指标总数的 14.3%；优势指标 24 个，占指标总数的 11.4%；中势指标 23 个，占指标总数的 11.0%；劣势指标 133 个，占指标总数的 63.3%。三级指标中，强势指标 1 个，占三级指标总数的 4.0%；优势指标 3 个，占三级指标总数的 12.0%；中势指标 1 个，占三级指标总数的 4.0%；劣势指标 20 个，占三级指标总数的 80.0%。从二级指标看，没有强势指标和优势指标；中势指标有 1 个，占二级指标总数的 11.1%；劣势指标有 8 个，占二级指标总数的 88.9%。综合来看，由于劣势指标占绝大多数，所以 2020 年西藏自治区经济综合竞争力处于劣势地位。

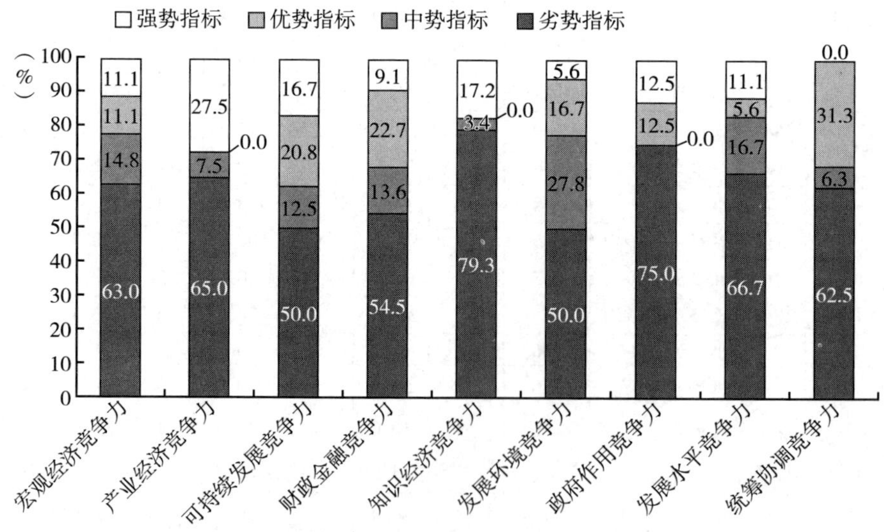

图 26－2　2020 年西藏自治区经济综合竞争力各级指标优劣势比较

表 26－3　2020 年西藏自治区经济综合竞争力各级指标优劣势情况

单位：个，%

二级指标	三级指标	四级指标数	强势指标		优势指标		中势指标		劣势指标		优劣势
			个数	比重	个数	比重	个数	比重	个数	比重	
宏观经济竞争力	经济实力竞争力	12	2	16.7	2	16.7	3	25.0	5	41.7	劣势
	经济结构竞争力	6	1	16.7	1	16.7	1	16.7	3	50.0	劣势
	经济外向度竞争力	9	0	0.0	0	0.0	0	0.0	9	100.0	劣势
	小　计	**27**	3	11.1	3	11.1	4	14.8	17	63.0	劣势
产业经济竞争力	农业竞争力	10	3	30.0	0	0.0	1	10.0	6	60.0	中势
	工业竞争力	10	4	40.0	0	0.0	1	10.0	5	50.0	优势
	服务业竞争力	10	2	20.0	0	0.0	0	0.0	8	80.0	劣势
	企业竞争力	10	2	20.0	0	0.0	1	10.0	7	70.0	劣势
	小　计	**40**	11	27.5	0	0.0	3	7.5	26	65.0	劣势
可持续发展竞争力	资源竞争力	9	4	44.4	1	11.1	1	11.1	3	33.3	强势
	环境竞争力	8	0	0.0	3	37.5	0	0.0	5	62.5	劣势
	人力资源竞争力	7	0	0.0	1	14.3	2	28.6	4	57.1	劣势
	小　计	**24**	4	16.7	5	20.8	3	12.5	12	50.0	劣势
财政金融竞争力	财政竞争力	12	2	16.7	2	16.7	3	25.0	5	41.7	优势
	金融竞争力	10	0	0.0	3	30.0	0	0.0	7	70.0	劣势
	小　计	**22**	2	9.1	5	22.7	3	13.6	12	54.5	中势
知识经济竞争力	科技竞争力	9	1	11.1	0	0.0	0	0.0	8	88.9	劣势
	教育竞争力	10	4	40.0	0	0.0	0	0.0	6	60.0	劣势
	文化竞争力	10	0	0.0	0	0.0	1	10.0	9	90.0	劣势
	小　计	**29**	5	17.2	0	0.0	1	3.4	23	79.3	劣势
发展环境竞争力	基础设施竞争力	9	0	0.0	0	0.0	1	11.1	8	88.9	劣势
	软环境竞争力	9	1	11.1	3	33.3	4	44.4	1	11.1	优势
	小　计	**18**	1	5.6	3	16.7	5	27.8	9	50.0	劣势
政府作用竞争力	政府发展经济竞争力	5	0	0.0	1	20.0	0	0.0	4	80.0	劣势
	政府规调经济竞争力	5	1	20.0	1	20.0	0	0.0	3	60.0	劣势
	政府保障经济竞争力	6	1	16.7	0	0.0	0	0.0	5	83.3	劣势
	小　计	**16**	2	12.5	2	12.5	0	0.0	12	75.0	劣势
发展水平竞争力	工业化进程竞争力	6	1	16.7	0	0.0	0	0.0	5	83.3	劣势
	城市化进程竞争力	6	1	16.7	1	16.7	1	16.7	3	50.0	劣势
	市场化进程竞争力	6	0	0.0	0	0.0	2	33.3	4	66.7	劣势
	小　计	**18**	2	11.1	1	5.6	3	16.7	12	66.7	劣势

续表

二级指标	三级指标	四级指标数	强势指标		优势指标		中势指标		劣势指标		优劣势
			个数	比重	个数	比重	个数	比重	个数	比重	
统筹协调竞争力	统筹发展竞争力	8	0	0.0	2	25.0	0	0.0	6	75.0	劣势
	协调发展竞争力	8	0	0.0	3	37.5	1	12.5	4	50.0	劣势
	小　计	**16**	0	0.0	5	31.3	1	6.3	10	62.5	劣势
合　计		**210**	30	14.3	24	11.4	23	11.0	133	63.3	劣势

4. 西藏自治区经济综合竞争力四级指标优劣势对比分析

表 26－4　2020 年西藏自治区经济综合竞争力各级指标优劣势情况

二级指标	优劣势	四级指标
宏观经济竞争力（27 个）	强势指标	地区生产总值增长率、人均财政总收入、实体经济结构优化度（3 个）
	优势指标	财政总收入增长率、人均固定资产投资额、贸易结构优化度（3 个）
	劣势指标	地区生产总值、人均地区生产总值、财政总收入、固定资产投资额、全社会消费品零售总额、产业结构优化度、城乡经济结构优化度、就业结构优化度、进出口总额、进出口增长率、出口总额、出口增长率、实际 FDI、实际 FDI 增长率、外贸依存度、外资企业数、对外直接投资额（17 个）
产业经济竞争力（40 个）	强势指标	农业增加值增长率、农民人均纯收入增长率、财政支农资金比重、工业增加值增长率、工业资产总额增长率、工业成本费用率、工业全员劳动生产率、限额以上批零企业利税率、限额以上餐饮企业利税率、规模以上企业平均资产、城镇就业人员平均工资（11 个）
	优势指标	（0 个）
	劣势指标	农业增加值、人均农业增加值、农民人均纯收入、农产品出口占农林牧渔总产值比重、农业机械化水平、农村人均用电量、工业增加值、人均工业增加值、工业资产总额、规模以上工业主营业务收入、规模以上工业利润总额、服务业增加值、服务业增加值增长率、人均服务业增加值、服务业从业人员数、限额以上批发零售企业主营业务收入、旅游外汇收入、商品房销售收入、电子商务销售额、规模以上工业企业数、规模以上企业平均收入、规模以上企业平均利润、新产品销售收入占主营业务收入比重、产品质量抽查合格率、工业企业 R&D 经费投入强度、全国 500 强企业数（26 个）
可持续发展竞争力（24 个）	强势指标	人均国土面积、人均年水资源量、人均牧草地面积、人均森林储积量（4 个）
	优势指标	人均耕地面积、人均废水排放量、人均工业固体废物排放量、自然灾害直接经济损失额、大专以上教育程度人口比例（5 个）
	劣势指标	耕地面积、主要能源矿产基础储量、人均主要能源矿产基础储量、森林覆盖率、人均工业废气排放量、人均治理工业污染投资额、一般工业固体废物综合利用率、生活垃圾无害化处理率、文盲率、平均受教育程度、人口健康素质、职业学校毕业生数（12 个）

续表

二级指标	优劣势	四级指标
财政金融竞争力（22个）	强势指标	地方财政支出占GDP比重、人均地方财政支出（2个）
	优势指标	地方财政收入占GDP比重、税收收入占GDP比重、人均存款余额、人均贷款余额、中长期贷款占贷款余额比重（5个）
	劣势指标	地方财政收入、地方财政支出、税收收入占财政总收入比重、地方财政支出增长率、税收收入增长率、存款余额、贷款余额、保险费净收入、保险密度、保险深度、国内上市公司数、国内上市公司市值（12个）
知识经济竞争力（29个）	强势指标	高技术产业收入占工业增加值比重、教育经费占GDP比重、人均教育经费、公共教育经费占财政支出比重、人均文化教育支出（5个）
	优势指标	（0个）
	劣势指标	R&D人员、R&D经费、R&D经费投入强度、发明专利授权量、技术市场成交合同金额、财政科技支出占地方财政支出比重、高技术产业主营业务收入、高技术产品出口额占商品出口额比重、教育经费、万人中小学学校数、万人中小学专任教师数、高等学校数、高校专任教师数、万人高等学校在校学生数、文化制造业营业收入、文化批发零售业营业收入、文化服务业企业营业收入、图书和期刊出版数、印刷用纸量、城镇居民人均文化娱乐支出、农村居民人均文化娱乐支出、城镇居民人均文化娱乐支出占消费性支出比重、农村居民人均文化娱乐支出占消费性支出比重（23个）
发展环境竞争力（18个）	强势指标	万人个体私营企业数（1个）
	优势指标	万人商标注册件数、政府网站数、罚没收入占财政收入比重（3个）
	劣势指标	铁路网线密度、公路网线密度、人均内河航道里程、全社会旅客周转量、全社会货物周转量、电话普及率、网站域名数、人均耗电量、社会捐赠站点数（9个）
政府作用竞争力（16个）	强势指标	统筹经济社会发展、城镇职工养老保险收支比（2个）
	优势指标	财政支出用于基本建设投资比重、物价调控（2个）
	劣势指标	财政支出对GDP增长的拉动、政府公务员对经济的贡献、政府消费对民间消费的拉动、财政投资对社会投资的拉动、调控城乡消费差距、规范税收、工业生产出厂价格指数、医疗保险覆盖率、养老保险覆盖率、失业保险覆盖率、最低工资标准、城镇登记失业率（12个）
发展水平竞争力（18个）	强势指标	工业增加值增长率、人均日生活用水量（2个）
	优势指标	人均拥有道路面积（1个）
	劣势指标	工业增加值占GDP比重、高技术产业占工业增加值比重、高技术产品占商品出口额比重、数字经济应用、工农业增加值比值、城镇化率、城市平均建成区面积比重、人均公共绿地面积、社会投资占投资总额比重、亿元以上商品市场成交额、亿元以上商品市场成交额占全社会消费品零售总额比重、居民消费支出占总消费支出比重（12个）

续表

二级指标	优劣势	四级指标
统筹协调竞争力（16个）	强势指标	（0个）
	优势指标	能源消耗下降率、居民收入占GDP比重、资源竞争力与宏观经济竞争力比差、资源竞争力与工业竞争力比差、环境竞争力与工业竞争力比差（5个）
	劣势指标	社会劳动生产率、万元GDP综合能耗下降率、非农用地产出率、二三产业增加值比例、固定资产投资额占GDP比重、固定资产投资增长率、人力资源竞争力与宏观经济竞争力比差、城乡居民家庭人均收入比差、城乡居民人均消费支出比差、全社会消费品零售总额与外贸出口总额比差（10个）

26.2 西藏自治区经济综合竞争力各级指标具体分析

1. 西藏自治区宏观经济竞争力指标排名变化情况

表26－5 2019～2020年西藏自治区宏观经济竞争力指标组排位及变化趋势

指　标	2019年	2020年	排位升降	优劣势
1 宏观经济竞争力	28	31	－3	劣势
1.1 经济实力竞争力	29	31	－2	劣势
地区生产总值	31	31	0	劣势
地区生产总值增长率	2	1	1	强势
人均地区生产总值	23	22	1	劣势
财政总收入	27	26	1	劣势
财政总收入增长率	21	10	11	优势
人均财政总收入	1	1	0	强势
固定资产投资额	31	31	0	劣势
固定资产投资额增长率	26	11	15	中势
人均固定资产投资额	9	10	－1	优势
全社会消费品零售总额	31	31	0	劣势
全社会消费品零售总额增长率	11	15	－4	中势
人均全社会消费品零售总额	19	19	0	中势
1.2 经济结构竞争力	26	23	3	劣势
产业结构优化度	7	25	－18	劣势
所有制经济结构优化度	23	20	3	中势
城乡经济结构优化度	26	26	0	劣势
就业结构优化度	15	27	－12	劣势
实体经济结构优化度	3	1	2	强势
贸易结构优化度	1	7	－6	优势

续表

指　标	2019 年	2020 年	排位升降	优劣势
1.3　经济外向度竞争力	24	31	-7	劣势
进出口总额	30	31	-1	劣势
进出口增长率	20	31	-11	劣势
出口总额	30	30	0	劣势
出口增长率	1	31	-30	劣势
实际 FDI	31	31	0	劣势
实际 FDI 增长率	28	22	6	劣势
外贸依存度	30	30	0	劣势
外资企业数	31	31	0	劣势
对外直接投资额	27	30	-3	劣势

2. 西藏自治区产业经济竞争力指标排名变化情况

表 26 -6　2019 ~2020 年西藏自治区产业经济竞争力指标组排位及变化趋势

指　标	2019 年	2020 年	排位升降	优劣势
2　产业经济竞争力	22	21	1	劣势
2.1　农业竞争力	20	20	0	中势
农业增加值	29	29	0	劣势
农业增加值增长率	6	1	5	强势
人均农业增加值	28	29	-1	劣势
农民人均纯收入	24	23	1	劣势
农民人均纯收入增长率	1	1	0	强势
农产品出口占农林牧渔总产值比重	29	31	-2	劣势
人均主要农产品产量	17	18	-1	中势
农业机械化水平	27	27	0	劣势
农村人均用电量	31	31	0	劣势
财政支农资金比重	1	2	-1	强势
2.2　工业竞争力	25	9	16	优势
工业增加值	31	31	0	劣势
工业增加值增长率	10	1	9	强势
人均工业增加值	31	31	0	劣势
工业资产总额	31	31	0	劣势
工业资产总额增长率	9	1	8	强势
规模以上工业主营业务收入	31	31	0	劣势
工业成本费用率	1	1	0	强势
规模以上工业利润总额	30	31	-1	劣势
工业全员劳动生产率	3	3	0	强势
工业收入利润率	30	19	11	中势

续表

指　标	2019 年	2020 年	排位升降	优劣势
2.3　服务业竞争力	17	21	-4	劣势
服务业增加值	31	31	0	劣势
服务业增加值增长率	2	22	-20	劣势
人均服务业增加值	21	24	-3	劣势
服务业从业人员数	31	31	0	劣势
限额以上批发零售企业主营业务收入	31	31	0	劣势
限额以上批零企业利税率	2	2	0	强势
限额以上餐饮企业利税率	1	1	0	强势
旅游外汇收入	28	28	0	劣势
商品房销售收入	31	31	0	劣势
电子商务销售额	31	31	0	劣势
2.4　企业竞争力	27	29	-2	劣势
规模以上工业企业数	31	31	0	劣势
规模以上企业平均资产	2	2	0	强势
规模以上企业平均收入	30	30	0	劣势
规模以上企业平均利润	30	30	0	劣势
规模以上企业劳动效率	23	20	3	中势
城镇就业人员平均工资	3	3	0	强势
新产品销售收入占主营业务收入比重	24	31	-7	劣势
产品质量抽查合格率	16	23	-7	劣势
工业企业 R&D 经费投入强度	31	31	0	劣势
全国 500 强企业数	30	30	0	劣势

3. 西藏自治区可持续发展竞争力指标排名变化情况

表 26-7　2019～2020 年西藏自治区可持续发展竞争力指标组排位及变化趋势

指　标	2019 年	2020 年	排位升降	优劣势
3　可持续发展竞争力	30	30	0	劣势
3.1　资源竞争力	2	2	0	强势
人均国土面积	1	1	0	强势
人均可使用海域和滩涂面积	13	13	0	中势
人均年水资源量	3	1	2	强势
耕地面积	28	28	0	劣势
人均耕地面积	7	8	-1	优势
人均牧草地面积	1	1	0	强势
主要能源矿产基础储量	30	30	0	劣势
人均主要能源矿产基础储量	27	27	0	劣势
人均森林储积量	1	1	0	强势

续表

指标	2019年	2020年	排位升降	优劣势
3.2 环境竞争力	29	27	2	劣势
森林覆盖率	27	27	0	劣势
人均废水排放量	10	9	1	优势
人均工业废气排放量	19	22	-3	劣势
人均工业固体废物排放量	1	5	-4	优势
人均治理工业污染投资额	31	26	5	劣势
一般工业固体废物综合利用率	31	31	0	劣势
生活垃圾无害化处理率	24	26	-2	劣势
自然灾害直接经济损失额	2	5	-3	优势
3.3 人力资源竞争力	31	31	0	劣势
常住人口增长率	2	18	-16	中势
15~64岁人口比例	23	13	10	中势
文盲率	31	31	0	劣势
大专以上教育程度人口比例	30	4	26	优势
平均受教育程度	31	31	0	劣势
人口健康素质	29	29	0	劣势
职业学校毕业生数	31	31	0	劣势

4. 西藏自治区财政金融竞争力指标排名变化情况

表26-8 2019~2020年西藏自治区财政金融竞争力指标组排位及变化趋势

指标	2019年	2020年	排位升降	优劣势
4 财政金融竞争力	8	11	-3	中势
4.1 财政竞争力	6	6	0	优势
地方财政收入	31	31	0	劣势
地方财政支出	28	28	0	劣势
地方财政收入占GDP比重	6	8	-2	优势
地方财政支出占GDP比重	1	1	0	强势
税收收入占GDP比重	8	9	-1	优势
税收收入占财政总收入比重	18	28	-10	劣势
人均地方财政收入	12	14	-2	中势
人均地方财政支出	1	1	0	强势
人均税收收入	14	15	-1	中势
地方财政收入增长率	29	19	10	中势
地方财政支出增长率	8	24	-16	劣势
税收收入增长率	18	26	-8	劣势

续表

指　标	2019 年	2020 年	排位升降	优劣势
4.2　金融竞争力	29	30	-1	劣势
存款余额	31	31	0	劣势
人均存款余额	8	9	-1	优势
贷款余额	31	31	0	劣势
人均贷款余额	7	8	-1	优势
中长期贷款占贷款余额比重	3	4	-1	优势
保险费净收入	31	30	1	劣势
保险密度	31	30	1	劣势
保险深度	31	30	1	劣势
国内上市公司数	29	29	0	劣势
国内上市公司市值	15	29	-14	劣势

5. 西藏自治区知识经济竞争力指标排名变化情况

表 26-9　2019～2020 年西藏自治区知识经济竞争力指标组排位及变化趋势

指　标	2019 年	2020 年	排位升降	优劣势
5　知识经济竞争力	31	31	0	劣势
5.1　科技竞争力	29	31	-2	劣势
R&D 人员	31	31	0	劣势
R&D 经费	31	31	0	劣势
R&D 经费投入强度	31	31	0	劣势
发明专利授权量	31	31	0	劣势
技术市场成交合同金额	31	31	0	劣势
财政科技支出占地方财政支出比重	31	31	0	劣势
高技术产业主营业务收入	31	31	0	劣势
高技术产业收入占工业增加值比重	3	3	0	强势
高技术产品出口额占商品出口额比重	31	31	0	劣势
5.2　教育竞争力	28	27	1	劣势
教育经费	30	30	0	劣势
教育经费占 GDP 比重	1	1	0	强势
人均教育经费	1	1	0	强势
公共教育经费占财政支出比重	1	1	0	强势
人均文化教育支出	1	1	0	强势
万人中小学学校数	26	26	0	劣势
万人中小学专任教师数	29	29	0	劣势
高等学校数	31	31	0	劣势
高校专任教师数	31	31	0	劣势
万人高等学校在校学生数	30	30	0	劣势

续表

指　标	2019年	2020年	排位升降	优劣势
5.3 文化竞争力	31	31	0	劣势
文化制造业营业收入	31	31	0	劣势
文化批发零售业营业收入	31	31	0	劣势
文化服务业企业营业收入	30	29	1	劣势
图书和期刊出版数	30	30	0	劣势
电子出版物品种	20	19	1	中势
印刷用纸量	31	30	1	劣势
城镇居民人均文化娱乐支出	31	31	0	劣势
农村居民人均文化娱乐支出	31	31	0	劣势
城镇居民人均文化娱乐支出占消费性支出比重	31	31	0	劣势
农村居民人均文化娱乐支出占消费性支出比重	31	31	0	劣势

6. 西藏自治区发展环境竞争力指标排名变化情况

表26-10　2019~2020年西藏自治区发展环境竞争力指标组排位及变化趋势

指　标	2019年	2020年	排位升降	优劣势
6 发展环境竞争力	30	29	1	劣势
6.1 基础设施竞争力	31	31	0	劣势
铁路网线密度	31	31	0	劣势
公路网线密度	31	31	0	劣势
人均内河航道里程	28	28	0	劣势
全社会旅客周转量	31	31	0	劣势
全社会货物周转量	31	31	0	劣势
人均邮电业务总量	14	12	2	中势
电话普及率	24	27	-3	劣势
网站域名数	31	31	0	劣势
人均耗电量	31	31	0	劣势
6.2 软环境竞争力	18	9	9	优势
外资企业数增长率	22	18	4	中势
万人外资企业数	30	16	14	中势
个体私营企业数增长率	17	18	-1	中势
万人个体私营企业数	7	3	4	强势
万人商标注册件数	18	10	8	优势
政府网站数	22	7	15	优势
交通事故直接财产损失	8	16	-8	中势
罚没收入占财政收入比重	9	6	3	优势
社会捐赠站点数	30	23	7	劣势

7. 西藏自治区政府作用竞争力指标排名变化情况

表 26－11 2019～2020 年西藏自治区政府作用竞争力指标组排位及变化趋势

指　标	2019 年	2020 年	排位升降	优劣势
7　政府作用竞争力	31	31	0	劣势
7.1　政府发展经济竞争力	31	31	0	劣势
财政支出用于基本建设投资比重	4	4	0	优势
财政支出对 GDP 增长的拉动	31	31	0	劣势
政府公务员对经济的贡献	31	31	0	劣势
政府消费对民间消费的拉动	31	31	0	劣势
财政投资对社会投资的拉动	31	31	0	劣势
7.2　政府规调经济竞争力	12	29	－17	劣势
物价调控	5	9	－4	优势
调控城乡消费差距	31	31	0	劣势
统筹经济社会发展	1	1	0	强势
规范税收	8	27	－19	劣势
工业生产出厂价格指数	7	29	－22	劣势
7.3　政府保障经济竞争力	31	29	2	劣势
城镇职工养老保险收支比	3	2	1	强势
医疗保险覆盖率	31	29	2	劣势
养老保险覆盖率	31	31	0	劣势
失业保险覆盖率	31	31	0	劣势
最低工资标准	25	29	－4	劣势
城镇登记失业率	13	22	－9	劣势

8. 西藏自治区发展水平竞争力指标排名变化情况

表 26－12 2019～2020 年西藏自治区发展水平竞争力指标组排位及变化趋势

指　标	2019 年	2020 年	排位升降	优劣势
8　发展水平竞争力	31	31	0	劣势
8.1　工业化进程竞争力	31	31	0	劣势
工业增加值占 GDP 比重	31	31	0	劣势
工业增加值增长率	4	1	3	强势
高技术产业占工业增加值比重	29	28	1	劣势
高技术产品占商品出口额比重	31	31	0	劣势
数字经济应用	31	31	0	劣势
工农业增加值比值	30	29	1	劣势

续表

指　标	2019 年	2020 年	排位升降	优劣势
8.2　城市化进程竞争力	31	30	1	劣势
城镇化率	31	31	0	劣势
城镇居民人均可支配收入	15	11	4	中势
城市平均建成区面积比重	24	25	-1	劣势
人均拥有道路面积	20	10	10	优势
人均日生活用水量	1	1	0	强势
人均公共绿地面积	29	28	1	劣势
8.3　市场化进程竞争力	31	31	0	劣势
非公有制经济产值占全社会总产值比重	23	20	3	中势
社会投资占投资总额比重	31	31	0	劣势
私有和个体企业从业人员比重	18	18	0	中势
亿元以上商品市场成交额	31	31	0	劣势
亿元以上商品市场成交额占全社会消费品零售总额比重	31	31	0	劣势
居民消费支出占总消费支出比重	27	25	2	劣势

9. 西藏自治区统筹协调竞争力指标排名变化情况

表 26－13　2019～2020 年西藏自治区统筹协调竞争力指标组排位及变化趋势

指　标	2019 年	2020 年	排位升降	优劣势
9　统筹协调竞争力	28	27	1	劣势
9.1　统筹发展竞争力	25	27	-2	劣势
社会劳动生产率	30	25	5	劣势
能源消耗下降率	4	8	-4	优势
万元 GDP 综合能耗下降率	28	24	4	劣势
非农用地产出率	31	31	0	劣势
居民收入占 GDP 比重	6	6	0	优势
二三产业增加值比例	11	26	-15	劣势
固定资产投资额占 GDP 比重	30	29	1	劣势
固定资产投资增长率	6	26	-20	劣势
9.2　协调发展竞争力	27	26	1	劣势
资源竞争力与宏观经济竞争力比差	4	7	-3	优势
环境竞争力与宏观经济竞争力比差	18	17	1	中势
人力资源竞争力与宏观经济竞争力比差	24	21	3	劣势
资源竞争力与工业竞争力比差	6	6	0	优势

续表

指　标	2019 年	2020 年	排位升降	优劣势
环境竞争力与工业竞争力比差	19	7	12	优势
城乡居民家庭人均收入比差	26	26	0	劣势
城乡居民人均消费支出比差	31	31	0	劣势
全社会消费品零售总额与外贸出口总额比差	28	30	-2	劣势

B.28

27
2019～2020年陕西省经济综合竞争力评价分析报告

陕西省简称“陕”或“秦”，省会西安，位于中国内陆腹地、黄河中游，东邻山西、河南，西连宁夏、甘肃，南抵四川、重庆、湖北，北接内蒙古。全省面积为205600平方公里，2020年全省常住人口为3955万人，地区生产总值为26182亿元，同比增长2.2%，人均GDP达66292元。本部分通过分析2019～2020年陕西省经济综合竞争力以及各要素竞争力的排名变化，从中找出陕西省经济综合竞争力的推动点及影响因素，为进一步提升陕西省经济综合竞争力提供决策参考。

27.1 陕西省经济综合竞争力总体分析

1. 陕西省经济综合竞争力一级指标概要分析

（1）从综合排位看，2020年陕西省经济综合竞争力综合排位在全国居第17位，这表明其在全国处于中势地位；与2019年相比，综合排位下降1位。

（2）从指标所处区位看，没有指标处于上游区，即陕西省目前不存在强势指标。

（3）从指标变化趋势看，9个二级指标中，有3个指标处于上升趋势，分别为财政金融竞争力、政府作用竞争力和统筹协调竞争力，这些是陕西省经济综合竞争力的上升动力所在；有6个指标处于下降趋势，分别为宏观经济竞争力、产业经济竞争力、可持续发展竞争力、知识经济竞争

力、发展环境竞争力和发展水平竞争力，这些是陕西省经济综合竞争力的下降拉力所在。

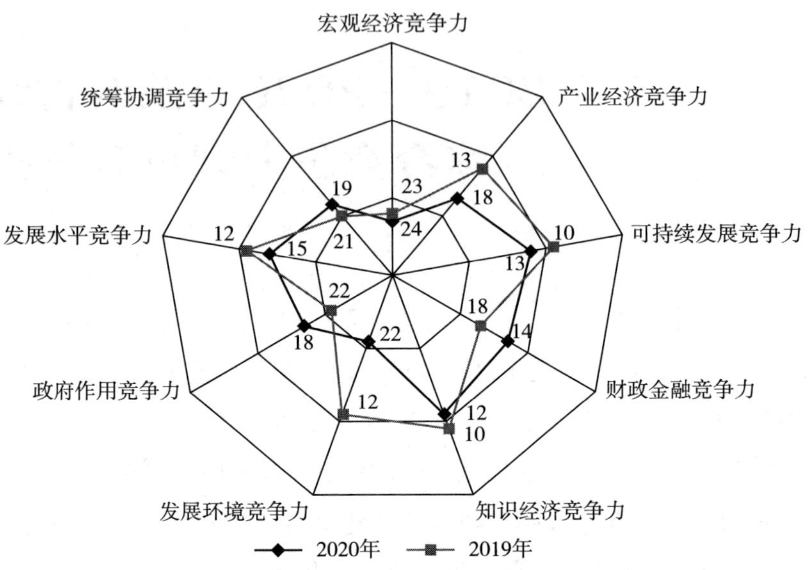

图 27－1　2019～2020 年陕西省经济综合竞争力二级指标比较

表 27－1　2019～2020 年陕西省经济综合竞争力二级指标表现情况

	宏观经济竞争力	产业经济竞争力	可持续发展竞争力	财政金融竞争力	知识经济竞争力	发展环境竞争力	政府作用竞争力	发展水平竞争力	统筹协调竞争力	**综合排位**
2019 年	23	13	10	18	10	12	22	12	21	16
2020 年	24	18	13	14	12	22	18	15	19	17
升降	－1	－5	－3	4	－2	－10	4	－3	2	－1
优劣度	劣势	中势	中势	中势	中势	劣势	中势	中势	中势	中势

2. 陕西省经济综合竞争力各级指标动态变化分析

从表 27－2 可以看出，210 个四级指标中，上升指标有 70 个，占指标总数的 33.3%；下降指标有 82 个，占指标总数的 39.0%；保持不变的指标有 58 个，占指标总数的 27.6%。综上所述，陕西省经济综合竞争力下降拉力明显大于上升动力，2019～2020 年陕西省经济综合竞争力排位下降了 1 位。

表 27－2　2019～2020 年陕西省经济综合竞争力各级指标排位变化情况

单位：个，%

二级指标	三级指标	四级指标数	上升		保持		下降		变化趋势
			指标数	比重	指标数	比重	指标数	比重	
宏观经济竞争力	经济实力竞争力	12	2	16.7	4	33.3	6	50.0	保持
	经济结构竞争力	6	2	33.3	2	33.3	2	33.3	上升
	经济外向度竞争力	9	4	44.4	1	11.1	4	44.4	上升
	小　计	**27**	8	29.6	7	25.9	12	44.4	下降
产业经济竞争力	农业竞争力	10	5	50.0	3	30.0	2	20.0	保持
	工业竞争力	10	1	10.0	3	30.0	6	60.0	下降
	服务业竞争力	10	5	50.0	2	20.0	3	30.0	上升
	企业竞争力	10	1	10.0	4	40.0	5	50.0	下降
	小　计	**40**	12	30.0	12	30.0	16	40.0	下降
可持续发展竞争力	资源竞争力	9	0	0.0	8	88.9	1	11.1	下降
	环境竞争力	8	3	37.5	2	25.0	3	37.5	下降
	人力资源竞争力	7	3	42.9	1	14.3	3	42.9	上升
	小　计	**24**	6	25.0	11	45.8	7	29.2	下降
财政金融竞争力	财政竞争力	12	4	33.3	4	33.3	4	33.3	上升
	金融竞争力	10	5	50.0	2	20.0	3	30.0	上升
	小　计	**22**	9	40.9	6	27.3	7	31.8	上升
知识经济竞争力	科技竞争力	9	1	11.1	3	33.3	5	55.6	下降
	教育竞争力	10	3	30.0	4	40.0	3	30.0	下降
	文化竞争力	10	4	40.0	2	20.0	4	40.0	下降
	小　计	**29**	8	27.6	9	31.0	12	41.4	下降
发展环境竞争力	基础设施竞争力	9	3	33.3	3	33.3	3	33.3	保持
	软环境竞争力	9	1	11.1	0	0.0	8	88.9	下降
	小　计	**18**	4	22.2	3	16.7	11	61.1	下降
政府作用竞争力	政府发展经济竞争力	5	2	40.0	2	40.0	1	20.0	上升
	政府规调经济竞争力	5	2	40.0	2	40.0	1	20.0	上升
	政府保障经济竞争力	6	5	83.3	0	0.0	1	16.7	上升
	小　计	**16**	9	56.3	4	25.0	3	18.8	上升
发展水平竞争力	工业化进程竞争力	6	1	16.7	2	33.3	3	50.0	保持
	城市化进程竞争力	6	4	66.7	0	0.0	2	33.3	下降
	市场化进程竞争力	6	4	66.7	1	16.7	1	16.7	保持
	小　计	**18**	9	50.0	3	16.7	6	33.3	下降

续表

二级指标	三级指标	四级指标数	上升		保持		下降		变化趋势
			指标数	比重	指标数	比重	指标数	比重	
统筹协调竞争力	统筹发展竞争力	8	2	25.0	1	12.5	5	62.5	下降
	协调发展竞争力	8	3	37.5	2	25.0	3	37.5	上升
	小　计	**16**	5	31.3	3	18.8	8	50.0	上升
合　计		**210**	70	33.3	58	27.6	82	39.0	下降

3. 陕西省经济综合竞争力各级指标优劣势结构分析

基于图 27－2 和表 27－3，具体到四级指标，强势指标 6 个，占指标总数的 2.9%；优势指标 32 个，占指标总数的 15.2%；中势指标 121 个，占指标总数的 57.6%；劣势指标 51 个，占指标总数的 24.3%。三级指标中，没有强势指标；优势指标 4 个，占三级指标总数的 16.0%；中势指标 14 个，占三级指标总数的 56.0%；劣势指标 7 个，占三级指标总数的 28.0%。从二级指标看，没有强势指标和优势指标；中势指标有 7 个，占二级指标总数的 77.8%；劣势指标有 2 个，占二级指标总数的 22.2%。综合来看，由于中势指标在指标体系中居于主导地位，2020 年陕西省经济综合竞争力处于中势地位。

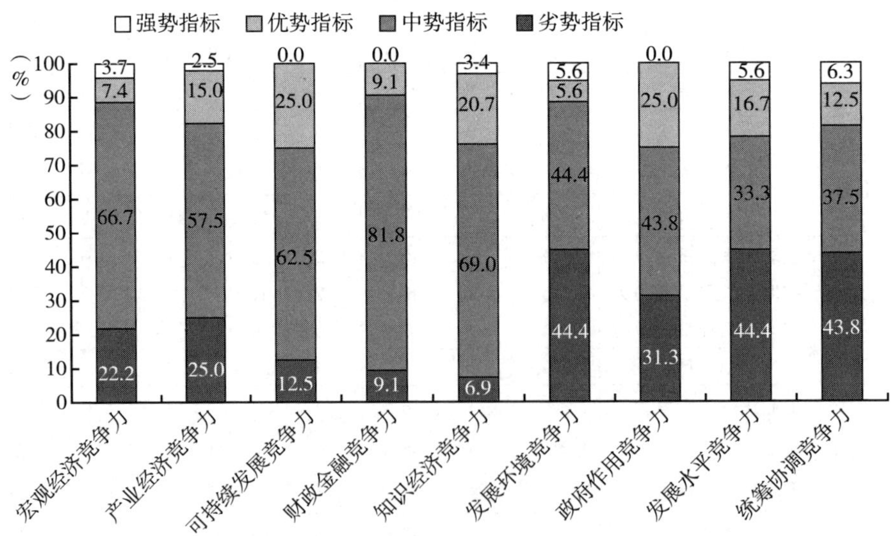

图 27－2　2020 年陕西省经济综合竞争力各级指标优劣势比较

表 27－3　2020 年陕西省经济综合竞争力各级指标优劣势情况

单位：个，%

二级指标	三级指标	四级指标数	强势指标		优势指标		中势指标		劣势指标		优劣势
			个数	比重	个数	比重	个数	比重	个数	比重	
宏观经济竞争力	经济实力竞争力	12	1	8.3	0	0.0	9	75.0	2	16.7	中势
	经济结构竞争力	6	0	0.0	1	16.7	1	16.7	4	66.7	劣势
	经济外向度竞争力	9	0	0.0	1	11.1	8	88.9	0	0.0	中势
	小　计	**27**	1	3.7	2	7.4	18	66.7	6	22.2	劣势
产业经济竞争力	农业竞争力	10	0	0.0	1	10.0	6	60.0	3	30.0	劣势
	工业竞争力	10	1	10.0	2	20.0	4	40.0	3	30.0	中势
	服务业竞争力	10	0	0.0	2	20.0	7	70.0	1	10.0	中势
	企业竞争力	10	0	0.0	1	10.0	6	60.0	3	30.0	中势
	小　计	**40**	1	2.5	6	15.0	23	57.5	10	25.0	中势
可持续发展竞争力	资源竞争力	9	0	0.0	3	33.3	5	55.6	1	11.1	劣势
	环境竞争力	8	0	0.0	1	12.5	5	62.5	2	25.0	优势
	人力资源竞争力	7	0	0.0	2	28.6	5	71.4	0	0.0	中势
	小　计	**24**	0	0.0	6	25.0	15	62.5	3	12.5	中势
财政金融竞争力	财政竞争力	12	0	0.0	1	8.3	9	75.0	2	16.7	中势
	金融竞争力	10	0	0.0	1	10.0	9	90.0	0	0.0	中势
	小　计	**22**	0	0.0	2	9.1	18	81.8	2	9.1	中势
知识经济竞争力	科技竞争力	9	1	11.1	2	22.2	5	55.6	1	11.1	优势
	教育竞争力	10	0	0.0	2	20.0	8	80.0	0	0.0	中势
	文化竞争力	10	0	0.0	2	20.0	7	70.0	1	10.0	中势
	小　计	**29**	1	3.4	6	20.7	20	69.0	2	6.9	中势
发展环境竞争力	基础设施竞争力	9	0	0.0	1	11.1	7	77.8	1	11.1	中势
	软环境竞争力	9	1	11.1	0	0.0	1	11.1	7	77.8	劣势
	小　计	**18**	1	5.6	1	5.6	8	44.4	8	44.4	劣势
政府作用竞争力	政府发展经济竞争力	5	0	0.0	1	20.0	3	60.0	1	20.0	中势
	政府规调经济竞争力	5	0	0.0	1	20.0	3	60.0	1	20.0	优势
	政府保障经济竞争力	6	0	0.0	2	33.3	1	16.7	3	50.0	劣势
	小　计	**16**	0	0.0	4	25.0	7	43.8	5	31.3	中势
发展水平竞争力	工业化进程竞争力	6	1	16.7	2	33.3	2	33.3	1	16.7	优势
	城市化进程竞争力	6	0	0.0	1	16.7	3	50.0	2	33.3	中势
	市场化进程竞争力	6	0	0.0	0	0.0	1	16.7	5	83.3	劣势
	小　计	**18**	1	5.6	3	16.7	6	33.3	8	44.4	中势

续表

二级指标	三级指标	四级指标数	强势指标		优势指标		中势指标		劣势指标		优劣势
			个数	比重	个数	比重	个数	比重	个数	比重	
统筹协调竞争力	统筹发展竞争力	8	0	0.0	2	25.0	3	37.5	3	37.5	中势
	协调发展竞争力	8	1	12.5	0	0.0	3	37.5	4	50.0	劣势
	小　计	**16**	1	6.3	2	12.5	6	37.5	7	43.8	中势
合　计		**210**	6	2.9	32	15.2	121	57.6	51	24.3	中势

4. 陕西省经济综合竞争力四级指标优劣势对比分析

表 27－4　2020 年陕西省经济综合竞争力各级指标优劣势情况

二级指标	优劣势	四级指标
宏观经济竞争力（27 个）	强势指标	人均固定资产投资额（1 个）
	优势指标	实体经济结构优化度、实际 FDI 增长率（2 个）
	劣势指标	地区生产总值增长率、全社会消费品零售总额增长率、产业结构优化度、所有制经济结构优化度、城乡经济结构优化度、贸易结构优化度（6 个）
产业经济竞争力（40 个）	强势指标	工业收入利润率（1 个）
	优势指标	农民人均纯收入增长率、人均工业增加值、工业全员劳动生产率、限额以上餐饮企业利税率、旅游外汇收入、规模以上企业平均利润（6 个）
	劣势指标	农民人均纯收入、农产品出口占农林牧渔总产值比重、人均主要农产品产量、工业增加值增长率、工业资产总额增长率、工业成本费用率、电子商务销售额、城镇就业人员平均工资、新产品销售收入占主营业务收入比重、产品质量抽查合格率（10 个）
可持续发展竞争力（24 个）	强势指标	（0 个）
	优势指标	人均牧草地面积、主要能源矿产基础储量、人均主要能源矿产基础储量、人均治理工业污染投资额、大专以上教育程度人口比例、平均受教育程度（6 个）
	劣势指标	人均年水资源量、人均工业固体废物排放量、生活垃圾无害化处理率（3 个）
财政金融竞争力（22 个）	强势指标	（0 个）
	优势指标	税收收入占财政总收入比重、中长期贷款占贷款余额比重（2 个）
	劣势指标	地方财政收入占 GDP 比重、地方财政收入增长率（2 个）

续表

二级指标	优劣势	四级指标
知识经济竞争力（29个）	强势指标	高技术产品出口额占商品出口额比重（1个）
	优势指标	R&D经费投入强度、技术市场成交合同金额、高校专任教师数、万人高等学校在校学生数、电子出版物品种、城镇居民人均文化娱乐支出占消费性支出比重（6个）
	劣势指标	财政科技支出占地方财政支出比重、农村居民人均文化娱乐支出（2个）
发展环境竞争力（18个）	强势指标	交通事故直接财产损失（1个）
	优势指标	电话普及率（1个）
	劣势指标	人均内河航道里程、外资企业数增长率、万人外资企业数、个体私营企业数增长率、万人个体私营企业数、万人商标注册件数、罚没收入占财政收入比重、社会捐赠站点数（8个）
政府作用竞争力（16个）	强势指标	（0个）
	优势指标	财政支出用于基本建设投资比重、工业生产出厂价格指数、城镇职工养老保险收支比、城镇登记失业率（4个）
	劣势指标	政府消费对民间消费的拉动、调控城乡消费差距、医疗保险覆盖率、养老保险覆盖率、失业保险覆盖率（5个）
发展水平竞争力（18个）	强势指标	高技术产品占商品出口额比重（1个）
	优势指标	工业增加值占GDP比重、数字经济应用、城市平均建成区面积比重（3个）
	劣势指标	工业增加值增长率、人均拥有道路面积、人均公共绿地面积、非公有制经济产值占全社会总产值比重、社会投资占投资总额比重、私有和个体企业从业人员比重、亿元以上商品市场成交额占全社会消费品零售总额比重、居民消费支出占总消费支出比重（8个）
统筹协调竞争力（16个）	强势指标	人力资源竞争力与宏观经济竞争力比差（1个）
	优势指标	能源消耗下降率、居民收入占GDP比重（2个）
	劣势指标	二三产业增加值比例、固定资产投资额占GDP比重、固定资产投资增长率、环境竞争力与宏观经济竞争力比差、环境竞争力与工业竞争力比差、城乡居民家庭人均收入比差、城乡居民人均消费支出比差（7个）

27.2 陕西省经济综合竞争力各级指标具体分析

1. 陕西省宏观经济竞争力指标排名变化情况

表 27－5 2019～2020 年陕西省宏观经济竞争力指标组排位及变化趋势

指　标	2019 年	2020 年	排位升降	优劣势
1　宏观经济竞争力	23	24	－1	劣势
1.1　经济实力竞争力	16	16	0	中势
地区生产总值	14	14	0	中势
地区生产总值增长率	22	22	0	劣势
人均地区生产总值	12	12	0	中势
财政总收入	18	19	－1	中势
财政总收入增长率	12	20	－8	中势
人均财政总收入	20	20	0	中势
固定资产投资额	12	13	－1	中势
固定资产投资额增长率	23	16	7	中势
人均固定资产投资额	5	3	2	强势
全社会消费品零售总额	15	17	－2	中势
全社会消费品零售总额增长率	16	21	－5	劣势
人均全社会消费品零售总额	12	14	－2	中势
1.2　经济结构竞争力	31	30	1	劣势
产业结构优化度	30	30	0	劣势
所有制经济结构优化度	25	24	1	劣势
城乡经济结构优化度	27	27	0	劣势
就业结构优化度	14	20	－6	中势
实体经济结构优化度	6	10	－4	优势
贸易结构优化度	30	29	1	劣势
1.3　经济外向度竞争力	27	20	7	中势
进出口总额	17	17	0	中势
进出口增长率	25	11	14	中势
出口总额	16	18	－2	中势
出口增长率	29	17	12	中势
实际 FDI	15	17	－2	中势
实际 FDI 增长率	26	8	18	优势
外贸依存度	16	17	－1	中势
外资企业数	18	19	－1	中势
对外直接投资额	22	17	5	中势

2. 陕西省产业经济竞争力指标排名变化情况

表 27 –6　2019 ~2020 年陕西省产业经济竞争力指标组排位及变化趋势

指　标	2019 年	2020 年	排位升降	优劣势
2　产业经济竞争力	13	18	–5	中势
2.1　农业竞争力	22	22	0	劣势
农业增加值	18	15	3	中势
农业增加值增长率	9	14	–5	中势
人均农业增加值	13	12	1	中势
农民人均纯收入	27	27	0	劣势
农民人均纯收入增长率	9	8	1	优势
农产品出口占农林牧渔总产值比重	26	22	4	劣势
人均主要农产品产量	22	22	0	劣势
农业机械化水平	19	19	0	中势
农村人均用电量	13	17	–4	中势
财政支农资金比重	16	14	2	中势
2.2　工业竞争力	9	15	–6	中势
工业增加值	13	14	–1	中势
工业增加值增长率	20	26	–6	劣势
人均工业增加值	8	10	–2	优势
工业资产总额	15	15	0	中势
工业资产总额增长率	1	27	–26	劣势
规模以上工业主营业务收入	15	15	0	中势
工业成本费用率	29	22	7	劣势
规模以上工业利润总额	10	14	–4	中势
工业全员劳动生产率	4	5	–1	优势
工业收入利润率	2	2	0	强势
2.3　服务业竞争力	18	17	1	中势
服务业增加值	17	17	0	中势
服务业增加值增长率	20	15	5	中势
人均服务业增加值	14	15	–1	中势
服务业从业人员数	17	16	1	中势
限额以上批发零售企业主营业务收入	13	12	1	中势
限额以上批零企业利税率	13	20	–7	中势
限额以上餐饮企业利税率	10	9	1	优势
旅游外汇收入	10	10	0	优势
商品房销售收入	16	15	1	中势
电子商务销售额	20	21	–1	劣势

续表

指　标	2019 年	2020 年	排位升降	优劣势
2.4　企业竞争力	17	18	-1	中势
规模以上工业企业数	15	15	0	中势
规模以上企业平均资产	11	14	-3	中势
规模以上企业平均收入	12	13	-1	中势
规模以上企业平均利润	4	4	0	优势
规模以上企业劳动效率	12	17	-5	中势
城镇就业人员平均工资	21	21	0	劣势
新产品销售收入占主营业务收入比重	19	21	-2	劣势
产品质量抽查合格率	14	21	-7	劣势
工业企业 R&D 经费投入强度	17	17	0	中势
全国 500 强企业数	16	13	3	中势

3. 陕西省可持续发展竞争力指标排名变化情况

表 27-7　2019～2020 年陕西省可持续发展竞争力指标组排位及变化趋势

指　标	2019 年	2020 年	排位升降	优劣势
3　可持续发展竞争力	10	13	-3	中势
3.1　资源竞争力	18	22	-4	劣势
人均国土面积	11	11	0	中势
人均可使用海域和滩涂面积	13	13	0	中势
人均年水资源量	18	21	-3	劣势
耕地面积	19	19	0	中势
人均耕地面积	17	17	0	中势
人均牧草地面积	9	9	0	优势
主要能源矿产基础储量	4	4	0	优势
人均主要能源矿产基础储量	5	5	0	优势
人均森林储积量	11	11	0	中势
3.2　环境竞争力	4	7	-3	优势
森林覆盖率	13	13	0	中势
人均废水排放量	16	15	1	中势
人均工业废气排放量	5	18	-13	中势
人均工业固体废物排放量	18	21	-3	劣势
人均治理工业污染投资额	7	8	-1	优势
一般工业固体废物综合利用率	26	17	9	中势
生活垃圾无害化处理率	21	21	0	劣势
自然灾害直接经济损失额	19	16	3	中势

续表

指　标	2019年	2020年	排位升降	优劣势
3.3　人力资源竞争力	19	14	5	中势
常住人口增长率	19	13	6	中势
15~64岁人口比例	10	18	-8	中势
文盲率	16	19	-3	中势
大专以上教育程度人口比例	18	9	9	优势
平均受教育程度	12	7	5	优势
人口健康素质	13	16	-3	中势
职业学校毕业生数	19	19	0	中势

4. 陕西省财政金融竞争力指标排名变化情况

表27-8　2019~2020年陕西省财政金融竞争力指标组排位及变化趋势

指　标	2019年	2020年	排位升降	优劣势
4　财政金融竞争力	18	14	4	中势
4.1　财政竞争力	16	15	1	中势
地方财政收入	18	17	1	中势
地方财政支出	18	17	1	中势
地方财政收入占GDP比重	23	23	0	劣势
地方财政支出占GDP比重	19	18	1	中势
税收收入占GDP比重	15	15	0	中势
税收收入占财政总收入比重	5	6	-1	优势
人均地方财政收入	17	16	1	中势
人均地方财政支出	16	16	0	中势
人均税收收入	13	13	0	中势
地方财政收入增长率	19	21	-2	劣势
地方财政支出增长率	16	17	-1	中势
税收收入增长率	8	20	-12	中势
4.2　金融竞争力	17	15	2	中势
存款余额	15	16	-1	中势
人均存款余额	11	12	-1	中势
贷款余额	18	17	1	中势
人均贷款余额	15	14	1	中势
中长期贷款占贷款余额比重	8	5	3	优势
保险费净收入	15	14	1	中势
保险密度	14	16	-2	中势
保险深度	18	18	0	中势
国内上市公司数	16	16	0	中势
国内上市公司市值	27	14	13	中势

5. 陕西省知识经济竞争力指标排名变化情况

表 27－9　2019～2020 年陕西省知识经济竞争力指标组排位及变化趋势

指　标	2019 年	2020 年	排位升降	优劣势
5　知识经济竞争力	10	12	－2	中势
5.1　科技竞争力	8	10	－2	优势
R&D 人员	14	16	－2	中势
R&D 经费	17	14	3	中势
R&D 经费投入强度	7	7	0	优势
发明专利授权量	15	15	0	中势
技术市场成交合同金额	4	5	－1	优势
财政科技支出占地方财政支出比重	20	24	－4	劣势
高技术产业主营业务收入	13	14	－1	中势
高技术产业收入占工业增加值比重	16	20	－4	中势
高技术产品出口额占商品出口额比重	1	1	0	强势
5.2　教育竞争力	9	12	－3	中势
教育经费	18	18	0	中势
教育经费占 GDP 比重	19	16	3	中势
人均教育经费	17	18	－1	中势
公共教育经费占财政支出比重	17	16	1	中势
人均文化教育支出	14	16	－2	中势
万人中小学学校数	14	15	－1	中势
万人中小学专任教师数	20	18	2	中势
高等学校数	13	13	0	中势
高校专任教师数	10	10	0	优势
万人高等学校在校学生数	4	4	0	优势
5.3　文化竞争力	16	18	－2	中势
文化制造业营业收入	16	17	－1	中势
文化批发零售业营业收入	16	17	－1	中势
文化服务业企业营业收入	15	15	0	中势
图书和期刊出版数	17	16	1	中势
电子出版物品种	10	9	1	优势
印刷用纸量	19	19	0	中势
城镇居民人均文化娱乐支出	14	13	1	中势
农村居民人均文化娱乐支出	20	26	－6	劣势
城镇居民人均文化娱乐支出占消费性支出比重	7	4	3	优势
农村居民人均文化娱乐支出占消费性支出比重	7	18	－11	中势

6. 陕西省发展环境竞争力指标排名变化情况

表 27－10　2019～2020 年陕西省发展环境竞争力指标组排位及变化趋势

指　标	2019 年	2020 年	排位升降	优劣势
6　发展环境竞争力	12	22	－10	劣势
6.1　基础设施竞争力	18	18	0	中势
铁路网线密度	18	17	1	中势
公路网线密度	19	20	－1	中势
人均内河航道里程	21	21	0	劣势
全社会旅客周转量	15	14	1	中势
全社会货物周转量	17	16	1	中势
人均邮电业务总量	11	15	－4	中势
电话普及率	9	9	0	优势
网站域名数	17	17	0	中势
人均耗电量	16	17	－1	中势
6.2　软环境竞争力	8	26	－18	劣势
外资企业数增长率	16	28	－12	劣势
万人外资企业数	13	27	－14	劣势
个体私营企业数增长率	12	28	－16	劣势
万人个体私营企业数	3	26	－23	劣势
万人商标注册件数	11	30	－19	劣势
政府网站数	7	15	－8	中势
交通事故直接财产损失	15	3	12	强势
罚没收入占财政收入比重	5	22	－17	劣势
社会捐赠站点数	13	24	－11	劣势

7. 陕西省政府作用竞争力指标排名变化情况

表 27－11　2019～2020 年陕西省政府作用竞争力指标组排位及变化趋势

指　标	2019 年	2020 年	排位升降	优劣势
7　政府作用竞争力	22	18	4	中势
7.1　政府发展经济竞争力	16	15	1	中势
财政支出用于基本建设投资比重	10	9	1	优势
财政支出对 GDP 增长的拉动	13	14	－1	中势
政府公务员对经济的贡献	15	15	0	中势
政府消费对民间消费的拉动	24	21	3	劣势
财政投资对社会投资的拉动	13	13	0	中势

续表

指　标	2019 年	2020 年	排位升降	优劣势
7.2　政府规调经济竞争力	25	9	16	优势
物价调控	19	18	1	中势
调控城乡消费差距	24	24	0	劣势
统筹经济社会发展	16	16	0	中势
规范税收	10	17	-7	中势
工业生产出厂价格指数	30	5	25	优势
7.3　政府保障经济竞争力	25	21	4	劣势
城镇职工养老保险收支比	14	9	5	优势
医疗保险覆盖率	27	25	2	劣势
养老保险覆盖率	23	21	2	劣势
失业保险覆盖率	26	25	1	劣势
最低工资标准	10	13	-3	中势
城镇登记失业率	20	9	11	优势

8. 陕西省发展水平竞争力指标排名变化情况

表 27-12　2019~2020 年陕西省发展水平竞争力指标组排位及变化趋势

指　标	2019 年	2020 年	排位升降	优劣势
8　发展水平竞争力	12	15	-3	中势
8.1　工业化进程竞争力	5	5	0	优势
工业增加值占 GDP 比重	4	7	-3	优势
工业增加值增长率	20	29	-9	劣势
高技术产业占工业增加值比重	16	14	2	中势
高技术产品占商品出口额比重	1	1	0	强势
数字经济应用	7	7	0	优势
工农业增加值比值	9	12	-3	中势
8.2　城市化进程竞争力	15	16	-1	中势
城镇化率	17	15	2	中势
城镇居民人均可支配收入	19	17	2	中势
城市平均建成区面积比重	6	8	-2	优势
人均拥有道路面积	18	21	-3	劣势
人均日生活用水量	19	18	1	中势
人均公共绿地面积	27	23	4	劣势

续表

指　标	2019 年	2020 年	排位升降	优劣势
8.3　市场化进程竞争力	29	29	0	劣势
非公有制经济产值占全社会总产值比重	25	24	1	劣势
社会投资占投资总额比重	25	26	-1	劣势
私有和个体企业从业人员比重	21	21	0	劣势
亿元以上商品市场成交额	21	20	1	中势
亿元以上商品市场成交额占全社会消费品零售总额比重	27	24	3	劣势
居民消费支出占总消费支出比重	24	22	2	劣势

9. 陕西省统筹协调竞争力指标排名变化情况

表 27-13　2019～2020 年陕西省统筹协调竞争力指标组排位及变化趋势

指　标	2019 年	2020 年	排位升降	优劣势
9　统筹协调竞争力	21	19	2	中势
9.1　统筹发展竞争力	14	18	-4	中势
社会劳动生产率	11	13	-2	中势
能源消耗下降率	25	9	16	优势
万元 GDP 综合能耗下降率	24	14	10	中势
非农用地产出率	11	12	-1	中势
居民收入占 GDP 比重	4	5	-1	优势
二三产业增加值比例	30	30	0	劣势
固定资产投资额占 GDP 比重	25	26	-1	劣势
固定资产投资增长率	9	23	-14	劣势
9.2　协调发展竞争力	24	21	3	劣势
资源竞争力与宏观经济竞争力比差	17	15	2	中势
环境竞争力与宏观经济竞争力比差	17	23	-6	劣势
人力资源竞争力与宏观经济竞争力比差	7	3	4	强势
资源竞争力与工业竞争力比差	19	15	4	中势
环境竞争力与工业竞争力比差	12	21	-9	劣势
城乡居民家庭人均收入比差	27	27	0	劣势
城乡居民人均消费支出比差	24	24	0	劣势
全社会消费品零售总额与外贸出口总额比差	13	15	-2	中势

B.29

28

2019～2020年甘肃省经济综合竞争力评价分析报告

甘肃省位于中国西北地区，东通陕西，西达新疆，南瞰四川、青海，北扼宁夏、内蒙古，西北端与蒙古国接壤。全省面积为425800平方公里，2020年全省常住人口为2501万人，地区生产总值为9017亿元，同比增长3.9%，人均GDP达35995元。本部分通过分析2019～2020年甘肃省经济综合竞争力以及各要素竞争力的排名变化，从中找出甘肃省经济综合竞争力的推动点及影响因素，为进一步提升甘肃省经济综合竞争力提供决策参考。

28.1 甘肃省经济综合竞争力总体分析

1. 甘肃省经济综合竞争力一级指标概要分析

（1）从综合排位看，2020年甘肃省经济综合竞争力综合排位在全国居第30位，这表明其在全国处于劣势地位；与2019年相比，综合排位没有发生变化。

（2）从指标所处区位看，9个指标都处于下游区，分别为宏观经济竞争力、产业经济竞争力、可持续发展竞争力、财政金融竞争力、知识经济竞争力、发展环境竞争力、政府作用竞争力、发展水平竞争力和统筹协调竞争力，这些是甘肃省经济综合竞争力的劣势指标。

（3）从指标变化趋势看，9个二级指标中，有4个指标处于上升趋势，分别为宏观经济竞争力、产业经济竞争力、可持续发展竞争力、财政金融竞争力，这些是甘肃省经济综合竞争力的上升动力所在；有2个指标排位没有发生变化，分别为发展环境竞争力和政府作用竞争力；有3个指标处于下降趋势，分别为知识经济竞争力、发展水平竞争力和统筹协调竞争力，这些是甘肃省经济综合竞争力的下降拉力所在。

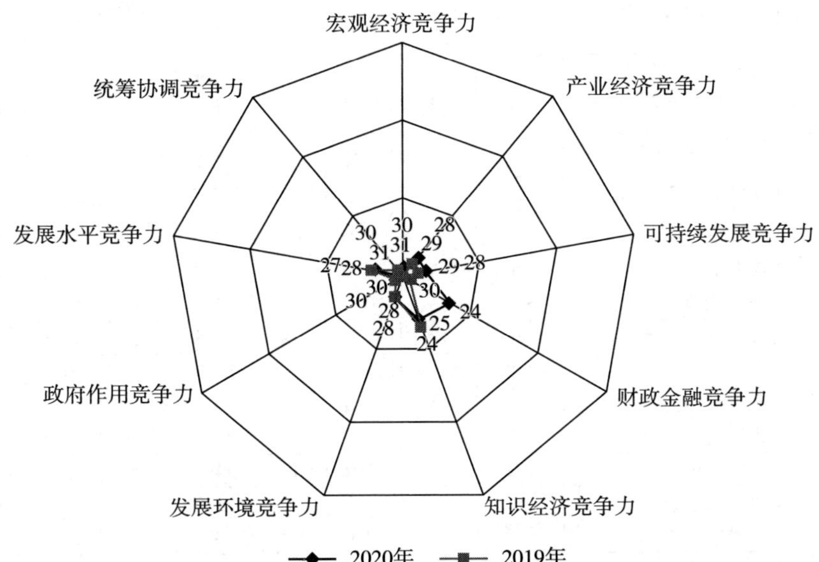

图28－1　2019～2020年甘肃省经济综合竞争力二级指标比较

表28－1　2019～2020年甘肃省经济综合竞争力二级指标表现情况

	宏观经济竞争力	产业经济竞争力	可持续发展竞争力	财政金融竞争力	知识经济竞争力	发展环境竞争力	政府作用竞争力	发展水平竞争力	统筹协调竞争力	**综合排位**
2019年	31	29	29	30	24	28	30	27	30	30
2020年	30	28	28	24	25	28	30	28	31	30
升降	1	1	1	6	－1	0	0	－1	－1	0
优劣度	劣势	劣势	劣势	劣势	劣势	劣势	劣势	劣势	劣势	劣势

2. 甘肃省经济综合竞争力各级指标动态变化分析

从表28－2可以看出，210个四级指标中，上升指标有75个，占指标总数的35.7%；下降指标有44个，占指标总数的21.0%；保持不变的指标有91个，占指标总数的43.3%。综上所述，虽然甘肃省经济综合竞争力的上升动力大于下降拉力，但排位保持不变的指标占较大比重，2019～2020年甘肃省经济综合竞争力排位保持不变。

表 28－2　2019～2020 年甘肃省经济综合竞争力各级指标排位变化情况

单位：个，%

二级指标	三级指标	四级指标数	上升		保持		下降		变化趋势
			指标数	比重	指标数	比重	指标数	比重	
宏观经济竞争力	经济实力竞争力	12	5	41.7	6	50.0	1	8.3	上升
	经济结构竞争力	6	2	33.3	2	33.3	2	33.3	下降
	经济外向度竞争力	9	2	22.2	5	55.6	2	22.2	上升
	小　计	**27**	9	33.3	13	48.1	5	18.5	上升
产业经济竞争力	农业竞争力	10	3	30.0	5	50.0	2	20.0	保持
	工业竞争力	10	3	30.0	5	50.0	2	20.0	保持
	服务业竞争力	10	3	30.0	6	60.0	1	10.0	上升
	企业竞争力	10	3	30.0	3	30.0	4	40.0	下降
	小　计	**40**	12	30.0	19	47.5	9	22.5	上升
可持续发展竞争力	资源竞争力	9	1	11.1	8	88.9	0	0.0	上升
	环境竞争力	8	3	37.5	3	37.5	2	25.0	下降
	人力资源竞争力	7	3	42.9	2	28.6	2	28.6	下降
	小　计	**24**	7	29.2	13	54.2	4	16.7	上升
财政金融竞争力	财政竞争力	12	8	66.7	3	25.0	1	8.3	上升
	金融竞争力	10	5	50.0	3	30.0	2	20.0	上升
	小　计	**22**	13	59.1	6	27.3	3	13.6	上升
知识经济竞争力	科技竞争力	9	2	22.2	3	33.3	4	44.4	下降
	教育竞争力	10	4	40.0	6	60.0	0	0.0	下降
	文化竞争力	10	6	60.0	2	20.0	2	20.0	上升
	小　计	**29**	12	41.4	11	37.9	6	20.7	下降
发展环境竞争力	基础设施竞争力	9	4	44.4	4	44.4	1	11.1	保持
	软环境竞争力	9	5	55.6	1	11.1	3	33.3	上升
	小　计	**18**	9	50.0	5	27.8	4	22.2	保持
政府作用竞争力	政府发展经济竞争力	5	0	0.0	4	80.0	1	20.0	保持
	政府规调经济竞争力	5	2	40.0	1	20.0	2	40.0	上升
	政府保障经济竞争力	6	0	0.0	1	16.7	5	83.3	下降
	小　计	**16**	2	12.5	6	37.5	8	50.0	保持
发展水平竞争力	工业化进程竞争力	6	1	16.7	3	50.0	2	33.3	下降
	城市化进程竞争力	6	1	16.7	5	83.3	0	0.0	下降
	市场化进程竞争力	6	3	50.0	3	50.0	0	0.0	保持
	小　计	**18**	5	27.8	11	61.1	2	11.1	下降
统筹协调竞争力	统筹发展竞争力	8	2	25.0	4	50.0	2	25.0	上升
	协调发展竞争力	8	4	50.0	3	37.5	1	12.5	上升
	小　计	**16**	6	37.5	7	43.8	3	18.8	下降
合　计		**210**	75	35.7	91	43.3	44	21.0	保持

3. 甘肃省经济综合竞争力各级指标优劣势结构分析

基于图 28－2 和表 28－3，具体到四级指标，强势指标 12 个，占指标总数的 5.7%；优势指标 28 个，占指标总数的 13.3%；中势指标 45 个，占指标总数的 21.4%；劣势指标 125 个，占指标总数的 59.5%。三级指标中，没有强势指标；优势指标 1 个，占三级指标总数的 4.0%；中势指标 4 个，占三级指标总数的 16.0%；劣势指标 20 个，占三级指标总数的 80.0%。从二级指标看，没有强势指标、优势指标和中势指标，都是劣势指标。综合来看，由于劣势指标在指标体系中居于主导地位，2020 年甘肃省经济综合竞争力处于劣势地位。

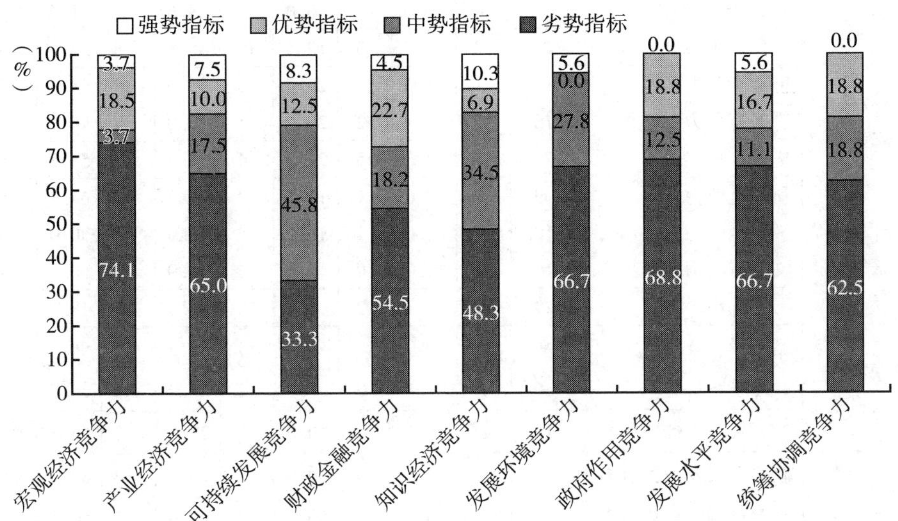

图 28－2　2020 年甘肃省经济综合竞争力各级指标优劣势比较

表 28－3　2020 年甘肃省经济综合竞争力各级指标优劣势情况

单位：个，%

二级指标	三级指标	四级指标数	强势指标		优势指标		中势指标		劣势指标		优劣势
			个数	比重	个数	比重	个数	比重	个数	比重	
宏观经济竞争力	经济实力竞争力	12	0	0.0	3	25.0	1	8.3	8	66.7	劣势
	经济结构竞争力	6	1	16.7	1	16.7	0	0.0	4	66.7	劣势
	经济外向度竞争力	9	0	0.0	1	11.1	0	0.0	8	88.9	劣势
	小　计	**27**	1	3.7	5	18.5	1	3.7	20	74.1	劣势

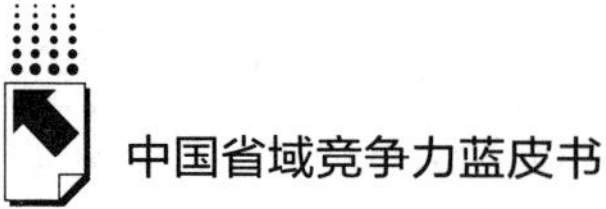

续表

二级指标	三级指标	四级指标数	强势指标		优势指标		中势指标		劣势指标		优劣势
			个数	比重	个数	比重	个数	比重	个数	比重	
产业经济竞争力	农业竞争力	10	1	10.0	1	10.0	3	30.0	5	50.0	劣势
	工业竞争力	10	2	20.0	0	0.0	1	10.0	7	70.0	劣势
	服务业竞争力	10	0	0.0	0	0.0	2	20.0	8	80.0	劣势
	企业竞争力	10	0	0.0	3	30.0	1	10.0	6	60.0	劣势
	小　计	**40**	3	7.5	4	10.0	7	17.5	26	65.0	劣势
可持续发展竞争力	资源竞争力	9	0	0.0	3	33.3	6	66.7	0	0.0	中势
	环境竞争力	8	2	25.0	0	0.0	3	37.5	3	37.5	劣势
	人力资源竞争力	7	0	0.0	0	0.0	2	28.6	5	71.4	劣势
	小　计	**24**	2	8.3	3	12.5	11	45.8	8	33.3	劣势
财政金融竞争力	财政竞争力	12	1	8.3	3	25.0	3	25.0	5	41.7	中势
	金融竞争力	10	0	0.0	2	20.0	1	10.0	7	70.0	劣势
	小　计	**22**	1	4.5	5	22.7	4	18.2	12	54.5	劣势
知识经济竞争力	科技竞争力	9	0	0.0	1	11.1	2	22.2	6	66.7	劣势
	教育竞争力	10	2	20.0	1	10.0	4	40.0	3	30.0	劣势
	文化竞争力	10	1	10.0	0	0.0	4	40.0	5	50.0	劣势
	小　计	**29**	3	10.3	2	6.9	10	34.5	14	48.3	劣势
发展环境竞争力	基础设施竞争力	9	0	0.0	0	0.0	3	33.3	6	66.7	劣势
	软环境竞争力	9	1	11.1	0	0.0	2	22.2	6	66.7	中势
	小　计	**18**	1	5.6	0	0.0	5	27.8	12	66.7	劣势
政府作用竞争力	政府发展经济竞争力	5	0	0.0	0	0.0	1	20.0	4	80.0	劣势
	政府规调经济竞争力	5	0	0.0	3	60.0	0	0.0	2	40.0	优势
	政府保障经济竞争力	6	0	0.0	0	0.0	1	16.7	5	83.3	劣势
	小　计	**16**	0	0.0	3	18.8	2	12.5	11	68.8	劣势
发展水平竞争力	工业化进程竞争力	6	0	0.0	0	0.0	1	16.7	5	83.3	劣势
	城市化进程竞争力	6	0	0.0	2	33.3	1	16.7	3	50.0	劣势
	市场化进程竞争力	6	1	16.7	1	16.7	0	0.0	4	66.7	劣势
	小　计	**18**	1	5.6	3	16.7	2	11.1	12	66.7	劣势
统筹协调竞争力	统筹发展竞争力	8	0	0.0	2	25.0	1	12.5	5	62.5	中势
	协调发展竞争力	8	0	0.0	1	12.5	2	25.0	5	62.5	劣势
	小　计	**16**	0	0.0	3	18.8	3	18.8	10	62.5	劣势
合　计		**210**	12	5.7	28	13.3	45	21.4	125	59.5	劣势

4. 甘肃省经济综合竞争力四级指标优劣势对比分析

表 28 – 4　2020 年甘肃省经济综合竞争力各级指标优劣势情况

二级指标	优劣势	四级指标
宏观经济竞争力（27 个）	强势指标	贸易结构优化度（1 个）
	优势指标	地区生产总值增长率、固定资产投资额增长率、全社会消费品零售总额增长率、产业结构优化度、进出口增长率（5 个）
	劣势指标	地区生产总值、人均地区生产总值、财政总收入、人均财政总收入、固定资产投资额、人均固定资产投资额、全社会消费品零售总额、人均全社会消费品零售总额、所有制经济结构优化度、城乡经济结构优化度、就业结构优化度、实体经济结构优化度、进出口总额、出口总额、出口增长率、实际 FDI、实际 FDI 增长率、外贸依存度、外资企业数、对外直接投资额（20 个）
产业经济竞争力（40 个）	强势指标	财政支农资金比重、工业增加值增长率、工业成本费用率（3 个）
	优势指标	农业增加值增长率、规模以上企业平均资产、规模以上企业平均收入、规模以上企业劳动效率（4 个）
	劣势指标	农业增加值、人均农业增加值、农民人均纯收入、农产品出口占农林牧渔总产值比重、农村人均用电量、工业增加值、人均工业增加值、工业资产总额、工业资产总额增长率、规模以上工业主营业务收入、规模以上工业利润总额、工业收入利润率、服务业增加值、人均服务业增加值、服务业从业人员数、限额以上批发零售企业主营业务收入、限额以上批零企业利税率、旅游外汇收入、商品房销售收入、电子商务销售额、规模以上工业企业数、规模以上企业平均利润、城镇就业人员平均工资、新产品销售收入占主营业务收入比重、工业企业 R&D 经费投入强度、全国 500 强企业数（26 个）
可持续发展竞争力（24 个）	强势指标	人均废水排放量、生活垃圾无害化处理率（2 个）
	优势指标	人均国土面积、人均耕地面积、人均牧草地面积（3 个）
	劣势指标	森林覆盖率、人均治理工业污染投资额、自然灾害直接经济损失额、常住人口增长率、15 ~64 岁人口比例、文盲率、平均受教育程度、职业学校毕业生数（8 个）
财政金融竞争力（22 个）	强势指标	地方财政支出占 GDP 比重（1 个）
	优势指标	地方财政收入增长率、地方财政支出增长率、税收收入增长率、中长期贷款占贷款余额比重、保险深度（5 个）
	劣势指标	地方财政收入、地方财政支出、税收收入占财政总收入比重、人均地方财政收入、人均税收收入、存款余额、人均存款余额、贷款余额、保险费净收入、保险密度、国内上市公司数、国内上市公司市值（12 个）

续表

二级指标	优劣势	四级指标
知识经济竞争力（29个）	强势指标	教育经费占GDP比重、万人中小学学校数、农村居民人均文化娱乐支出占消费性支出比重（3个）
	优势指标	高技术产业收入占工业增加值比重、万人中小学专任教师数（2个）
	劣势指标	R&D人员、R&D经费、R&D经费投入强度、发明专利授权量、财政科技支出占地方财政支出比重、高技术产业主营业务收入、教育经费、高等学校数、高校专任教师数、文化制造业营业收入、文化批发零售业营业收入、文化服务业企业营业收入、电子出版物品种、印刷用纸量（14个）
发展环境竞争力（18个）	强势指标	外资企业数增长率（1个）
	优势指标	（0个）
	劣势指标	铁路网线密度、公路网线密度、人均内河航道里程、全社会货物周转量、电话普及率、网站域名数、万人外资企业数、个体私营企业数增长率、万人商标注册件数、政府网站数、交通事故直接财产损失、社会捐赠站点数（12个）
政府作用竞争力（16个）	强势指标	（0个）
	优势指标	物价调控、统筹经济社会发展、工业生产出厂价格指数（3个）
	劣势指标	财政支出对GDP增长的拉动、政府公务员对经济的贡献、政府消费对民间消费的拉动、财政投资对社会投资的拉动、调控城乡消费差距、规范税收、城镇职工养老保险收支比、医疗保险覆盖率、养老保险覆盖率、失业保险覆盖率、最低工资标准（11个）
发展水平竞争力（18个）	强势指标	居民消费支出占总消费支出比重（1个）
	优势指标	城市平均建成区面积比重、人均公共绿地面积、私有和个体企业从业人员比重（3个）
	劣势指标	工业增加值占GDP比重、工业增加值增长率、高技术产业占工业增加值比重、数字经济应用、工农业增加值比值、城镇化率、城镇居民人均可支配收入、人均日生活用水量、非公有制经济产值占全社会总产值比重、社会投资占投资总额比重、亿元以上商品市场成交额、亿元以上商品市场成交额占全社会消费品零售总额比重（12个）
统筹协调竞争力（16个）	强势指标	（0个）
	优势指标	二三产业增加值比例、固定资产投资额占GDP比重、资源竞争力与工业竞争力比差（3个）
	劣势指标	社会劳动生产率、能源消耗下降率、万元GDP综合能耗下降率、非农用地产出率、居民收入占GDP比重、人力资源竞争力与宏观经济竞争力比差、环境竞争力与工业竞争力比差、城乡居民家庭人均收入比差、城乡居民人均消费支出比差、全社会消费品零售总额与外贸出口总额比差（10个）

28.2 甘肃省经济综合竞争力各级指标具体分析

1. 甘肃省宏观经济竞争力指标排名变化情况

表 28-5 2019~2020 年甘肃省宏观经济竞争力指标组排位及变化趋势

指 标	2019 年	2020 年	排位升降	优劣势
1 宏观经济竞争力	31	30	1	劣势
1.1 经济实力竞争力	27	26	1	劣势
地区生产总值	27	27	0	劣势
地区生产总值增长率	16	4	12	优势
人均地区生产总值	31	31	0	劣势
财政总收入	26	27	-1	劣势
财政总收入增长率	20	12	8	中势
人均财政总收入	28	28	0	劣势
固定资产投资额	27	27	0	劣势
固定资产投资额增长率	14	7	7	优势
人均固定资产投资额	29	29	0	劣势
全社会消费品零售总额	26	25	1	劣势
全社会消费品零售总额增长率	15	10	5	优势
人均全社会消费品零售总额	30	30	0	劣势
1.2 经济结构竞争力	30	31	-1	劣势
产业结构优化度	6	7	-1	优势
所有制经济结构优化度	31	31	0	劣势
城乡经济结构优化度	31	31	0	劣势
就业结构优化度	19	31	-12	劣势
实体经济结构优化度	24	23	1	劣势
贸易结构优化度	3	2	1	强势
1.3 经济外向度竞争力	30	27	3	劣势
进出口总额	28	28	0	劣势
进出口增长率	30	9	21	优势
出口总额	29	29	0	劣势
出口增长率	30	27	3	劣势
实际 FDI	28	29	-1	劣势
实际 FDI 增长率	19	27	-8	劣势
外贸依存度	28	28	0	劣势
外资企业数	27	27	0	劣势
对外直接投资额	26	26	0	劣势

2. 甘肃省产业经济竞争力指标排名变化情况

表 28－6　2019～2020 年甘肃省产业经济竞争力指标组排位及变化趋势

指　标	2019 年	2020 年	排位升降	优劣势
2　产业经济竞争力	29	28	1	劣势
2.1　农业竞争力	24	24	0	劣势
农业增加值	24	23	1	劣势
农业增加值增长率	1	4	－3	优势
人均农业增加值	26	26	0	劣势
农民人均纯收入	31	31	0	劣势
农民人均纯收入增长率	21	18	3	中势
农产品出口占农林牧渔总产值比重	23	24	－1	劣势
人均主要农产品产量	16	14	2	中势
农业机械化水平	20	20	0	中势
农村人均用电量	25	25	0	劣势
财政支农资金比重	3	3	0	强势
2.2　工业竞争力	27	27	0	劣势
工业增加值	27	27	0	劣势
工业增加值增长率	22	3	19	强势
人均工业增加值	29	29	0	劣势
工业资产总额	27	27	0	劣势
工业资产总额增长率	28	31	－3	劣势
规模以上工业主营业务收入	27	27	0	劣势
工业成本费用率	19	2	17	强势
规模以上工业利润总额	27	27	0	劣势
工业全员劳动生产率	12	11	1	中势
工业收入利润率	29	30	－1	劣势
2.3　服务业竞争力	26	25	1	劣势
服务业增加值	27	27	0	劣势
服务业增加值增长率	18	18	0	中势
人均服务业增加值	31	31	0	劣势
服务业从业人员数	26	26	0	劣势
限额以上批发零售企业主营业务收入	24	24	0	劣势
限额以上批零企业利税率	26	29	－3	劣势
限额以上餐饮企业利税率	21	17	4	中势
旅游外汇收入	30	30	0	劣势
商品房销售收入	28	25	3	劣势
电子商务销售额	28	27	1	劣势

续表

指　标	2019年	2020年	排位升降	优劣势
2.4　企业竞争力	24	25	-1	劣势
规模以上工业企业数	27	27	0	劣势
规模以上企业平均资产	9	9	0	优势
规模以上企业平均收入	7	9	-2	优势
规模以上企业平均利润	20	21	-1	劣势
规模以上企业劳动效率	11	9	2	优势
城镇就业人员平均工资	26	23	3	劣势
新产品销售收入占主营业务收入比重	26	27	-1	劣势
产品质量抽查合格率	20	15	5	中势
工业企业R&D经费投入强度	23	25	-2	劣势
全国500强企业数	21	21	0	劣势

3. 甘肃省可持续发展竞争力指标排名变化情况

表28-7　2019～2020年甘肃省可持续发展竞争力指标组排位及变化趋势

指　标	2019年	2020年	排位升降	优劣势
3　可持续发展竞争力	29	28	1	劣势
3.1　资源竞争力	13	11	2	中势
人均国土面积	5	5	0	优势
人均可使用海域和滩涂面积	13	13	0	中势
人均年水资源量	19	18	1	中势
耕地面积	11	11	0	中势
人均耕地面积	5	5	0	优势
人均牧草地面积	5	5	0	优势
主要能源矿产基础储量	15	15	0	中势
人均主要能源矿产基础储量	12	12	0	中势
人均森林储积量	14	14	0	中势
3.2　环境竞争力	21	26	-5	劣势
森林覆盖率	29	29	0	劣势
人均废水排放量	1	1	0	强势
人均工业废气排放量	22	19	3	中势
人均工业固体废物排放量	11	15	-4	中势
人均治理工业污染投资额	23	22	1	劣势
一般工业固体废物综合利用率	24	19	5	中势

续表

指　标	2019 年	2020 年	排位升降	优劣势
生活垃圾无害化处理率	1	1	0	强势
自然灾害直接经济损失额	13	27	-14	劣势
3.3　人力资源竞争力	27	28	-1	劣势
常住人口增长率	16	26	-10	劣势
15~64 岁人口比例	15	21	-6	劣势
文盲率	29	28	1	劣势
大专以上教育程度人口比例	24	12	12	中势
平均受教育程度	27	27	0	劣势
人口健康素质	11	11	0	中势
职业学校毕业生数	23	22	1	劣势

4. 甘肃省财政金融竞争力指标排名变化情况

表 28-8　2019~2020 年甘肃省财政金融竞争力指标组排位及变化趋势

指　标	2019 年	2020 年	排位升降	优劣势
4　财政金融竞争力	30	24	6	劣势
4.1　财政竞争力	29	19	10	中势
地方财政收入	27	27	0	劣势
地方财政支出	25	25	0	劣势
地方财政收入占 GDP 比重	16	17	-1	中势
地方财政支出占 GDP 比重	3	3	0	强势
税收收入占 GDP 比重	22	19	3	中势
税收收入占财政总收入比重	27	26	1	劣势
人均地方财政收入	31	30	1	劣势
人均地方财政支出	15	12	3	中势
人均税收收入	31	30	1	劣势
地方财政收入增长率	27	6	21	优势
地方财政支出增长率	27	9	18	优势
税收收入增长率	28	10	18	优势
4.2　金融竞争力	26	22	4	劣势
存款余额	27	27	0	劣势
人均存款余额	27	28	-1	劣势
贷款余额	26	27	-1	劣势

续表

指　标	2019 年	2020 年	排位升降	优劣势
人均贷款余额	20	20	0	中势
中长期贷款占贷款余额比重	14	10	4	优势
保险费净收入	27	25	2	劣势
保险密度	26	25	1	劣势
保险深度	9	6	3	优势
国内上市公司数	25	25	0	劣势
国内上市公司市值	30	24	6	劣势

5. 甘肃省知识经济竞争力指标排名变化情况

表 28－9　2019～2020 年甘肃省知识经济竞争力指标组排位及变化趋势

指　标	2019 年	2020 年	排位升降	优劣势
5　知识经济竞争力	24	25	－1	劣势
5.1　科技竞争力	24	25	－1	劣势
R&D 人员	25	26	－1	劣势
R&D 经费	26	26	0	劣势
R&D 经费投入强度	21	22	－1	劣势
发明专利授权量	26	28	－2	劣势
技术市场成交合同金额	19	20	－1	中势
财政科技支出占地方财政支出比重	28	27	1	劣势
高技术产业主营业务收入	27	27	0	劣势
高技术产业收入占工业增加值比重	4	4	0	优势
高技术产品出口额占商品出口额比重	16	15	1	中势
5.2　教育竞争力	21	23	－2	劣势
教育经费	25	25	0	劣势
教育经费占 GDP 比重	3	3	0	强势
人均教育经费	19	17	2	中势
公共教育经费占财政支出比重	15	12	3	中势
人均文化教育支出	16	15	1	中势
万人中小学学校数	3	3	0	强势
万人中小学专任教师数	6	6	0	优势
高等学校数	27	27	0	劣势
高校专任教师数	25	25	0	劣势
万人高等学校在校学生数	18	17	1	中势

续表

指　标	2019 年	2020 年	排位升降	优劣势
5.3　文化竞争力	28	22	6	劣势
文化制造业营业收入	28	29	-1	劣势
文化批发零售业营业收入	23	25	-2	劣势
文化服务业企业营业收入	27	27	0	劣势
图书和期刊出版数	21	20	1	中势
电子出版物品种	29	28	1	劣势
印刷用纸量	28	27	1	劣势
城镇居民人均文化娱乐支出	29	11	18	中势
农村居民人均文化娱乐支出	24	18	6	中势
城镇居民人均文化娱乐支出占消费性支出比重	27	15	12	中势
农村居民人均文化娱乐支出占消费性支出比重	2	2	0	强势

6. 甘肃省发展环境竞争力指标排名变化情况

表 28-10　2019～2020 年甘肃省发展环境竞争力指标组排位及变化趋势

指　标	2019 年	2020 年	排位升降	优劣势
6　发展环境竞争力	28	28	0	劣势
6.1　基础设施竞争力	29	29	0	劣势
铁路网线密度	27	26	1	劣势
公路网线密度	27	27	0	劣势
人均内河航道里程	25	25	0	劣势
全社会旅客周转量	16	16	0	中势
全社会货物周转量	21	22	-1	劣势
人均邮电业务总量	19	18	1	中势
电话普及率	21	21	0	劣势
网站域名数	25	24	1	劣势
人均耗电量	17	13	4	中势
6.2　软环境竞争力	23	19	4	中势
外资企业数增长率	13	2	11	强势
万人外资企业数	26	24	2	劣势
个体私营企业数增长率	27	27	0	劣势
万人个体私营企业数	26	20	6	中势

续表

指　标	2019年	2020年	排位升降	优劣势
万人商标注册件数	31	26	5	劣势
政府网站数	15	25	-10	劣势
交通事故直接财产损失	5	27	-22	劣势
罚没收入占财政收入比重	20	11	9	中势
社会捐赠站点数	26	27	-1	劣势

7. 甘肃省政府作用竞争力指标排名变化情况

表28－11　2019～2020年甘肃省政府作用竞争力指标组排位及变化趋势

指　标	2019年	2020年	排位升降	优劣势
7　政府作用竞争力	30	30	0	劣势
7.1　政府发展经济竞争力	30	30	0	劣势
财政支出用于基本建设投资比重	13	13	0	中势
财政支出对GDP增长的拉动	29	29	0	劣势
政府公务员对经济的贡献	29	29	0	劣势
政府消费对民间消费的拉动	27	28	-1	劣势
财政投资对社会投资的拉动	28	28	0	劣势
7.2　政府规调经济竞争力	14	10	4	优势
物价调控	4	6	-2	优势
调控城乡消费差距	30	30	0	劣势
统筹经济社会发展	5	4	1	优势
规范税收	29	28	1	劣势
工业生产出厂价格指数	3	4	-1	优势
7.3　政府保障经济竞争力	30	31	-1	劣势
城镇职工养老保险收支比	22	23	-1	劣势
医疗保险覆盖率	29	30	-1	劣势
养老保险覆盖率	28	30	-2	劣势
失业保险覆盖率	28	28	0	劣势
最低工资标准	27	30	-3	劣势
城镇登记失业率	15	16	-1	中势

8. 甘肃省发展水平竞争力指标排名变化情况

表 28－12　2019～2020 年甘肃省发展水平竞争力指标组排位及变化趋势

指　标	2019 年	2020 年	排位升降	优劣势
8　发展水平竞争力	27	28	－1	劣势
8.1　工业化进程竞争力	22	25	－3	劣势
工业增加值占 GDP 比重	24	24	0	劣势
工业增加值增长率	2	21	－19	劣势
高技术产业占工业增加值比重	24	29	－5	劣势
高技术产品占商品出口额比重	16	15	1	中势
数字经济应用	23	23	0	劣势
工农业增加值比值	24	24	0	劣势
8.2　城市化进程竞争力	26	27	－1	劣势
城镇化率	29	29	0	劣势
城镇居民人均可支配收入	29	29	0	劣势
城市平均建成区面积比重	10	10	0	优势
人均拥有道路面积	11	11	0	中势
人均日生活用水量	22	22	0	劣势
人均公共绿地面积	14	10	4	优势
8.3　市场化进程竞争力	28	28	0	劣势
非公有制经济产值占全社会总产值比重	31	31	0	劣势
社会投资占投资总额比重	27	27	0	劣势
私有和个体企业从业人员比重	22	9	13	优势
亿元以上商品市场成交额	27	26	1	劣势
亿元以上商品市场成交额占全社会消费品零售总额比重	26	25	1	劣势
居民消费支出占总消费支出比重	3	3	0	强势

9. 甘肃省统筹协调竞争力指标排名变化情况

表 28－13　2019～2020 年甘肃省统筹协调竞争力指标组排位及变化趋势

指　标	2019 年	2020 年	排位升降	优劣势
9　统筹协调竞争力	30	31	－1	劣势
9.1　统筹发展竞争力	15	14	1	中势
社会劳动生产率	31	31	0	劣势
能源消耗下降率	3	24	－21	劣势

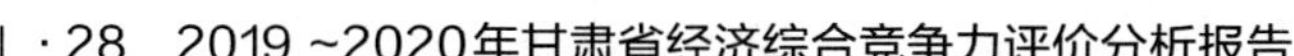

续表

	指　标	2019 年	2020 年	排位升降	优劣势
	万元 GDP 综合能耗下降率	3	22	-19	劣势
	非农用地产出率	28	28	0	劣势
	居民收入占 GDP 比重	30	30	0	劣势
	二三产业增加值比例	6	6	0	优势
	固定资产投资额占 GDP 比重	8	7	1	优势
	固定资产投资增长率	18	14	4	中势
9.2	协调发展竞争力	31	30	1	劣势
	资源竞争力与宏观经济竞争力比差	8	11	-3	中势
	环境竞争力与宏观经济竞争力比差	29	19	10	中势
	人力资源竞争力与宏观经济竞争力比差	29	22	7	劣势
	资源竞争力与工业竞争力比差	9	9	0	优势
	环境竞争力与工业竞争力比差	29	27	2	劣势
	城乡居民家庭人均收入比差	31	31	0	劣势
	城乡居民人均消费支出比差	30	30	0	劣势
	全社会消费品零售总额与外贸出口总额比差	30	29	1	劣势

B.30
29
2019～2020年青海省经济综合竞争力评价分析报告

青海省位于中国西北内陆，北部和东部同甘肃相接，西北部与新疆相邻，南部和西南部与西藏毗连，东南部与四川接壤。全省面积为722300平方公里，2020年全省常住人口为593万人，地区生产总值为3006亿元，同比增长1.5%，人均GDP达50819元。本部分通过分析2019～2020年青海省经济综合竞争力以及各要素竞争力的排名变化，从中找出青海省经济综合竞争力的推动点及影响因素，为进一步提升青海省经济综合竞争力提供决策参考。

29.1 青海省经济综合竞争力总体分析

1. 青海省经济综合竞争力一级指标概要分析

（1）从综合排位看，2020年青海省经济综合竞争力综合排位在全国居第29位，这表明其在全国处于劣势地位；与2019年相比，综合排位没有发生变化。

（2）从指标所处区位看，1个指标处于中游区，为财政金融竞争力；宏观经济竞争力、产业经济竞争力、可持续发展竞争力、知识经济竞争力、发展环境竞争力和发展水平竞争力等8个指标为青海省经济综合竞争力的劣势指标。

（3）从指标变化趋势看，9个二级指标中，有1个指标处于上升趋势，为财政金融竞争力，这是青海省经济综合竞争力的上升动力所在；有4个指标排位没有发生变化，分别为产业经济竞争力、知识经济竞争力、发展环境竞争力和发展水平竞争力；有4个指标处于下降趋势，分别为宏观经济竞争力、可持续发展竞争力、政府作用竞争力和统筹协调竞争力，这些是青海省经济综合竞争力的下降拉力所在。

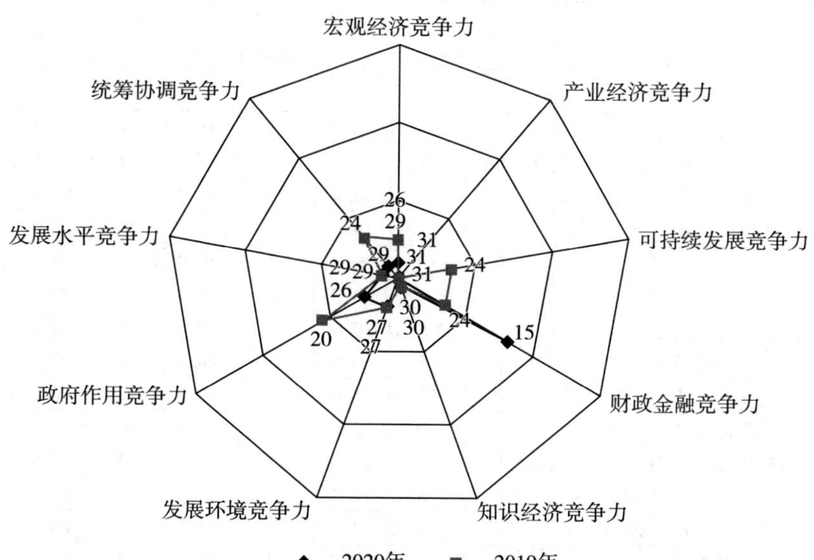

图 29－1　2019～2020 年青海省经济综合竞争力二级指标比较

表 29－1　2019～2020 年青海省经济综合竞争力二级指标表现情况

	宏观经济竞争力	产业经济竞争力	可持续发展竞争力	财政金融竞争力	知识经济竞争力	发展环境竞争力	政府作用竞争力	发展水平竞争力	统筹协调竞争力	**综合排位**
2019 年	26	31	24	24	30	27	20	29	24	29
2020 年	29	31	31	15	30	27	26	29	29	29
升降	－3	0	－7	9	0	0	－6	0	－5	0
优劣度	劣势	劣势	劣势	中势	劣势	劣势	劣势	劣势	劣势	劣势

2. 青海省经济综合竞争力各级指标动态变化分析

从表 29－2 可以看出，210 个四级指标中，上升指标有 65 个，占指标总数的 31.0%；下降指标有 57 个，占指标总数的 27.1%；保持不变的指标有 88 个，占指标总数的 41.9%。综上所述，青海省经济综合竞争力的上升动力和下降拉力大致相当，且排位保持不变的指标占较大比重，2019～2020 年青海省经济综合竞争力排位保持不变。

表 29－2　2019～2020 年青海省经济综合竞争力各级指标排位变化情况

单位：个，%

二级指标	三级指标	四级指标数	上升		保持		下降		变化趋势
			指标数	比重	指标数	比重	指标数	比重	
宏观经济竞争力	经济实力竞争力	12	0	0.0	5	41.7	7	58.3	下降
	经济结构竞争力	6	1	16.7	3	50.0	2	33.3	保持
	经济外向度竞争力	9	4	44.4	4	44.4	1	11.1	上升
	小　计	**27**	5	18.5	12	44.4	10	37.0	下降
产业经济竞争力	农业竞争力	10	3	30.0	3	30.0	4	40.0	下降
	工业竞争力	10	4	40.0	3	30.0	3	30.0	保持
	服务业竞争力	10	2	20.0	5	50.0	3	30.0	下降
	企业竞争力	10	5	50.0	4	40.0	1	10.0	上升
	小　计	**40**	14	35.0	15	37.5	11	27.5	保持
可持续发展竞争力	资源竞争力	9	2	22.2	7	77.8	0	0.0	保持
	环境竞争力	8	2	25.0	3	37.5	3	37.5	下降
	人力资源竞争力	7	5	71.4	1	14.3	1	14.3	上升
	小　计	**24**	9	37.5	11	45.8	4	16.7	下降
财政金融竞争力	财政竞争力	12	8	66.7	2	16.7	2	16.7	上升
	金融竞争力	10	4	40.0	4	40.0	2	20.0	上升
	小　计	**22**	12	54.5	6	27.3	4	18.2	上升
知识经济竞争力	科技竞争力	9	0	0.0	7	77.8	2	22.2	保持
	教育竞争力	10	0	0.0	10	100.0	0	0.0	上升
	文化竞争力	10	5	50.0	3	30.0	2	20.0	保持
	小　计	**29**	5	17.2	20	69.0	4	13.8	保持
发展环境竞争力	基础设施竞争力	9	3	33.3	6	66.7	0	0.0	保持
	软环境竞争力	9	5	55.6	0	0.0	4	44.4	上升
	小　计	**18**	8	44.4	6	33.3	4	22.2	保持
政府作用竞争力	政府发展经济竞争力	5	0	0.0	5	100.0	0	0.0	上升
	政府规调经济竞争力	5	1	20.0	0	0.0	4	80.0	下降
	政府保障经济竞争力	6	2	33.3	1	16.7	3	50.0	下降
	小　计	**16**	3	18.8	6	37.5	7	43.8	下降
发展水平竞争力	工业化进程竞争力	6	1	16.7	4	66.7	1	16.7	下降
	城市化进程竞争力	6	2	33.3	1	16.7	3	50.0	保持
	市场化进程竞争力	6	2	33.3	2	33.3	2	33.3	上升
	小　计	**18**	5	27.8	7	38.9	6	33.3	保持
统筹协调竞争力	统筹发展竞争力	8	1	12.5	3	37.5	4	50.0	上升
	协调发展竞争力	8	3	37.5	2	25.0	3	37.5	下降
	小　计	**16**	4	25.0	5	31.3	7	43.8	下降
合　计		**210**	65	31.0	88	41.9	57	27.1	保持

3. 青海省经济综合竞争力各级指标优劣势结构分析

基于图 29－2 和表 29－3，具体到四级指标，强势指标 15 个，占指标总数的 7.1%；优势指标 23 个，占指标总数的 11.0%；中势指标 31 个，占指标总数的 14.8%；劣势指标 141 个，占指标总数的 67.1%。三级指标中，没有强势指标；优势指标 2 个，占三级指标总数的 8.0%；中势指标 2 个，占三级指标总数的 8.0%；劣势指标 21 个，占三级指标总数的 84.0%。从二级指标看，没有强势指标和优势指标；中势指标有 1 个，占二级指标总数的 11.1%；劣势指标有 8 个，占三级指标总数的 88.9%。综合来看，由于劣势指标在指标体系中居于主导地位，2020 年青海省经济综合竞争力处于劣势地位。

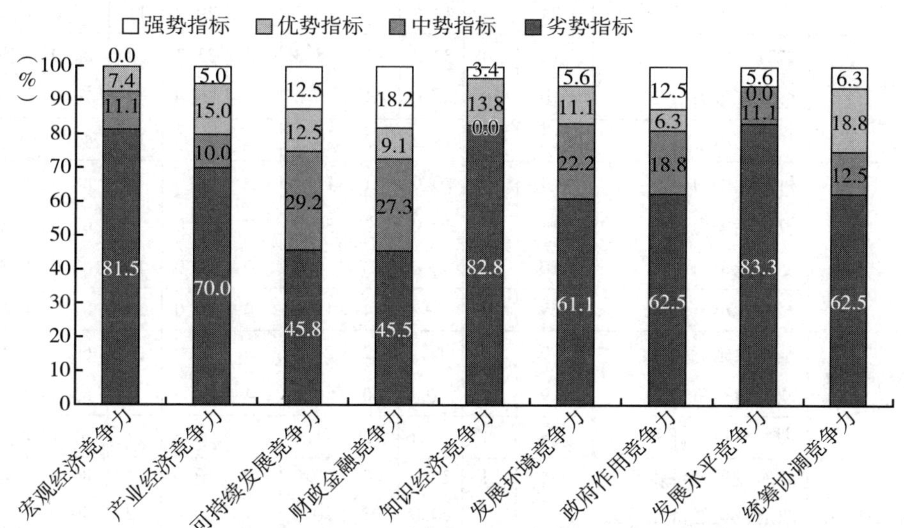

图 29－2　2020 年青海省经济综合竞争力各级指标优劣势比较

表 29－3　2020 年青海省经济综合竞争力各级指标优劣势情况

单位：个，%

二级指标	三级指标	四级指标数	强势指标		优势指标		中势指标		劣势指标		优劣势
			个数	比重	个数	比重	个数	比重	个数	比重	
宏观经济竞争力	经济实力竞争力	12	0	0.0	1	8.3	1	8.3	10	83.3	劣势
	经济结构竞争力	6	0	0.0	1	16.7	2	33.3	3	50.0	劣势
	经济外向度竞争力	9	0	0.0	0	0.0	0	0.0	9	100.0	劣势
	小　计	**27**	0	0.0	2	7.4	3	11.1	22	81.5	劣势

续表

二级指标	三级指标	四级指标数	强势指标		优势指标		中势指标		劣势指标		优劣势
			个数	比重	个数	比重	个数	比重	个数	比重	
产业经济竞争力	农业竞争力	10	0	0.0	2	20.0	2	20.0	6	60.0	劣势
	工业竞争力	10	1	10.0	1	10.0	1	10.0	7	70.0	劣势
	服务业竞争力	10	0	0.0	0	0.0	0	0.0	10	100.0	劣势
	企业竞争力	10	1	10.0	3	30.0	1	10.0	5	50.0	劣势
	小　计	**40**	2	5.0	6	15.0	4	10.0	28	70.0	劣势
可持续发展竞争力	资源竞争力	9	3	33.3	1	11.1	4	44.4	1	11.1	优势
	环境竞争力	8	0	0.0	1	12.5	1	12.5	6	75.0	劣势
	人力资源竞争力	7	0	0.0	1	14.3	2	28.6	4	57.1	劣势
	小　计	**24**	3	12.5	3	12.5	7	29.2	11	45.8	劣势
财政金融竞争力	财政竞争力	12	4	33.3	1	8.3	4	33.3	3	25.0	优势
	金融竞争力	10	0	0.0	1	10.0	2	20.0	7	70.0	劣势
	小　计	**22**	4	18.2	2	9.1	6	27.3	10	45.5	中势
知识经济竞争力	科技竞争力	9	0	0.0	1	11.1	0	0.0	8	88.9	劣势
	教育竞争力	10	1	10.0	3	30.0	0	0.0	6	60.0	劣势
	文化竞争力	10	0	0.0	0	0.0	0	0.0	10	100.0	劣势
	小　计	**29**	1	3.4	4	13.8	0	0.0	24	82.8	劣势
发展环境竞争力	基础设施竞争力	9	1	11.1	2	22.2	0	0.0	6	66.7	劣势
	软环境竞争力	9	0	0.0	0	0.0	4	44.4	5	55.6	劣势
	小　计	**18**	1	5.6	2	11.1	4	22.2	11	61.1	劣势
政府作用竞争力	政府发展经济竞争力	5	1	20.0	0	0.0	0	0.0	4	80.0	劣势
	政府规调经济竞争力	5	1	20.0	1	20.0	1	20.0	2	40.0	中势
	政府保障经济竞争力	6	0	0.0	0	0.0	2	33.3	4	66.7	劣势
	小　计	**16**	2	12.5	1	6.3	3	18.8	10	62.5	劣势
发展水平竞争力	工业化进程竞争力	6	0	0.0	0	0.0	0	0.0	6	100.0	劣势
	城市化进程竞争力	6	0	0.0	0	0.0	2	33.3	4	66.7	劣势
	市场化进程竞争力	6	1	16.7	0	0.0	0	0.0	5	83.3	劣势
	小　计	**18**	1	5.6	0	0.0	2	11.1	15	83.3	劣势
统筹协调竞争力	统筹发展竞争力	8	0	0.0	2	25.0	2	25.0	4	50.0	中势
	协调发展竞争力	8	1	12.5	1	12.5	0	0.0	6	75.0	劣势
	小　计	**16**	1	6.3	3	18.8	2	12.5	10	62.5	劣势
合　计		**210**	15	7.1	23	11.0	31	14.8	141	67.1	劣势

4. 青海省经济综合竞争力四级指标优劣势对比分析

表 29 – 4　2020 年青海省经济综合竞争力各级指标优劣势情况

二级指标	优劣势	四级指标
宏观经济竞争力（27 个）	强势指标	（0 个）
	优势指标	人均固定资产投资额、贸易结构优化度（2 个）
	劣势指标	地区生产总值、地区生产总值增长率、人均地区生产总值、财政总收入、财政总收入增长率、固定资产投资额、固定资产投资额增长率、全社会消费品零售总额、全社会消费品零售总额增长率、人均全社会消费品零售总额、产业结构优化度、所有制经济结构优化度、城乡经济结构优化度、进出口总额、进出口增长率、出口总额、出口增长率、实际 FDI、实际 FDI 增长率、外贸依存度、外资企业数、对外直接投资额（22 个）
产业经济竞争力（40 个）	强势指标	工业成本费用率、规模以上企业平均资产（2 个）
	优势指标	农业增加值增长率、财政支农资金比重、工业全员劳动生产率、规模以上企业平均收入、规模以上企业劳动效率、城镇就业人员平均工资（6 个）
	劣势指标	农业增加值、农民人均纯收入、农产品出口占农林牧渔总产值比重、人均主要农产品产量、农业机械化水平、农村人均用电量、工业增加值、人均工业增加值、工业资产总额、工业资产总额增长率、规模以上工业主营业务收入、规模以上工业利润总额、工业收入利润率、服务业增加值、服务业增加值增长率、人均服务业增加值、服务业从业人员数、限额以上批发零售企业主营业务收入、限额以上批零企业利税率、限额以上餐饮企业利税率、旅游外汇收入、商品房销售收入、电子商务销售额、规模以上工业企业数、新产品销售收入占主营业务收入比重、产品质量抽查合格率、工业企业 R&D 经费投入强度、全国 500 强企业数（28 个）
可持续发展竞争力（24 个）	强势指标	人均国土面积、人均年水资源量、人均牧草地面积（3 个）
	优势指标	人均主要能源矿产基础储量、自然灾害直接经济损失额、大专以上教育程度人口比例（3 个）
	劣势指标	耕地面积、森林覆盖率、人均工业废气排放量、人均工业固体废物排放量、人均治理工业污染投资额、一般工业固体废物综合利用率、生活垃圾无害化处理率、常住人口增长率、文盲率、平均受教育程度、职业学校毕业生数（11 个）
财政金融竞争力（22 个）	强势指标	地方财政支出占 GDP 比重、人均地方财政支出、地方财政收入增长率、税收收入增长率（4 个）
	优势指标	税收收入占财政总收入比重、中长期贷款占贷款余额比重（2 个）
	劣势指标	地方财政收入、地方财政支出、人均地方财政收入、存款余额、贷款余额、保险费净收入、保险密度、保险深度、国内上市公司数、国内上市公司市值（10 个）

续表

二级指标	优劣势	四级指标
知识经济竞争力（29个）	强势指标	教育经费占GDP比重（1个）
	优势指标	高技术产业收入占工业增加值比重、人均教育经费、公共教育经费占财政支出比重、人均文化教育支出（4个）
	劣势指标	R&D人员、R&D经费、R&D经费投入强度、发明专利授权量、技术市场成交合同金额、财政科技支出占地方财政支出比重、高技术产业主营业务收入、高技术产品出口额占商品出口额比重、教育经费、万人中小学学校数、万人中小学专任教师数、高等学校数、高校专任教师数、万人高等学校在校学生数、文化制造业营业收入、文化批发零售业营业收入、文化服务业企业营业收入、图书和期刊出版数、电子出版物品种、印刷用纸量、城镇居民人均文化娱乐支出、农村居民人均文化娱乐支出、城镇居民人均文化娱乐支出占消费性支出比重、农村居民人均文化娱乐支出占消费性支出比重（24个）
发展环境竞争力（18个）	强势指标	人均耗电量（1个）
	优势指标	人均邮电业务总量、电话普及率（2个）
	劣势指标	铁路网线密度、公路网线密度、人均内河航道里程、全社会旅客周转量、全社会货物周转量、网站域名数、外资企业数增长率、万人外资企业数、万人商标注册件数、政府网站数、社会捐赠站点数（11个）
政府作用竞争力（16个）	强势指标	财政支出用于基本建设投资比重、统筹经济社会发展（2个）
	优势指标	工业生产出厂价格指数（1个）
	劣势指标	财政支出对GDP增长的拉动、政府公务员对经济的贡献、政府消费对民间消费的拉动、财政投资对社会投资的拉动、调控城乡消费差距、规范税收、医疗保险覆盖率、失业保险覆盖率、最低工资标准、城镇登记失业率（10个）
发展水平竞争力（18个）	强势指标	居民消费支出占总消费支出比重（1个）
	优势指标	（0个）
	劣势指标	工业增加值占GDP比重、工业增加值增长率、高技术产业占工业增加值比重、高技术产品占商品出口额比重、数字经济应用、工农业增加值比值、城镇化率、城镇居民人均可支配收入、人均日生活用水量、人均公共绿地面积、非公有制经济产值占全社会总产值比重、社会投资占投资总额比重、私有和个体企业从业人员比重、亿元以上商品市场成交额、亿元以上商品市场成交额占全社会消费品零售总额比重（15个）
统筹协调竞争力（16个）	强势指标	资源竞争力与宏观经济竞争力比差（1个）
	优势指标	能源消耗下降率、万元GDP综合能耗下降率、资源竞争力与工业竞争力比差（3个）
	劣势指标	非农用地产出率、居民收入占GDP比重、固定资产投资额占GDP比重、固定资产投资增长率、环境竞争力与宏观经济竞争力比差、人力资源竞争力与宏观经济竞争力比差、环境竞争力与工业竞争力比差、城乡居民家庭人均收入比差、城乡居民人均消费支出比差、全社会消费品零售总额与外贸出口总额比差（10个）

29.2　青海省经济综合竞争力各级指标具体分析

1. 青海省宏观经济竞争力指标排名变化情况

表 29－5　2019～2020 年青海省宏观经济竞争力指标组排位及变化趋势

指　标	2019 年	2020 年	排位升降	优劣势
1　宏观经济竞争力	26	29	－3	劣势
1.1　经济实力竞争力	20	30	－10	劣势
地区生产总值	30	30	0	劣势
地区生产总值增长率	14	24	－10	劣势
人均地区生产总值	22	24	－2	劣势
财政总收入	30	30	0	劣势
财政总收入增长率	2	21	－19	劣势
人均财政总收入	9	11	－2	中势
固定资产投资额	28	28	0	劣势
固定资产投资额增长率	21	30	－9	劣势
人均固定资产投资额	3	5	－2	优势
全社会消费品零售总额	30	30	0	劣势
全社会消费品零售总额增长率	24	25	－1	劣势
人均全社会消费品零售总额	29	29	0	劣势
1.2　经济结构竞争力	24	24	0	劣势
产业结构优化度	21	23	－2	劣势
所有制经济结构优化度	29	30	－1	劣势
城乡经济结构优化度	28	28	0	劣势
就业结构优化度	21	16	5	中势
实体经济结构优化度	13	13	0	中势
贸易结构优化度	4	4	0	优势
1.3　经济外向度竞争力	31	30	1	劣势
进出口总额	31	30	1	劣势
进出口增长率	29	30	－1	劣势
出口总额	31	31	0	劣势
出口增长率	31	29	2	劣势
实际 FDI	30	30	0	劣势
实际 FDI 增长率	31	28	3	劣势
外贸依存度	31	31	0	劣势
外资企业数	30	30	0	劣势
对外直接投资额	30	27	3	劣势

2. 青海省产业经济竞争力指标排名变化情况

表 29－6　2019～2020 年青海省产业经济竞争力指标组排位及变化趋势

指　标	2019 年	2020 年	排位升降	优劣势
2　产业经济竞争力	31	31	0	劣势
2.1　农业竞争力	26	29	－3	劣势
农业增加值	26	27	－1	劣势
农业增加值增长率	6	8	－2	优势
人均农业增加值	21	19	2	中势
农民人均纯收入	29	29	0	劣势
农民人均纯收入增长率	4	19	－15	中势
农产品出口占农林牧渔总产值比重	31	30	1	劣势
人均主要农产品产量	26	23	3	劣势
农业机械化水平	28	28	0	劣势
农村人均用电量	30	30	0	劣势
财政支农资金比重	5	10	－5	优势
2.2　工业竞争力	29	29	0	劣势
工业增加值	29	29	0	劣势
工业增加值增长率	13	18	－5	中势
人均工业增加值	23	24	－1	劣势
工业资产总额	29	29	0	劣势
工业资产总额增长率	17	30	－13	劣势
规模以上工业主营业务收入	29	29	0	劣势
工业成本费用率	10	3	7	强势
规模以上工业利润总额	31	30	1	劣势
工业全员劳动生产率	8	6	2	优势
工业收入利润率	31	28	3	劣势
2.3　服务业竞争力	29	30	－1	劣势
服务业增加值	30	30	0	劣势
服务业增加值增长率	23	26	－3	劣势
人均服务业增加值	24	26	－2	劣势
服务业从业人员数	30	30	0	劣势
限额以上批发零售企业主营业务收入	30	29	1	劣势
限额以上批零企业利税率	18	23	－5	劣势
限额以上餐饮企业利税率	25	24	1	劣势
旅游外汇收入	31	31	0	劣势
商品房销售收入	30	30	0	劣势
电子商务销售额	30	30	0	劣势

续表

指　标	2019年	2020年	排位升降	优劣势
2.4　企业竞争力	31	27	4	劣势
规模以上工业企业数	29	29	0	劣势
规模以上企业平均资产	3	3	0	强势
规模以上企业平均收入	10	6	4	优势
规模以上企业平均利润	31	16	15	中势
规模以上企业劳动效率	14	8	6	优势
城镇就业人员平均工资	8	8	0	优势
新产品销售收入占主营业务收入比重	29	24	5	劣势
产品质量抽查合格率	31	31	0	劣势
工业企业R&D经费投入强度	29	28	1	劣势
全国500强企业数	25	26	-1	劣势

3.青海省可持续发展竞争力指标排名变化情况

表29-7　2019～2020年青海省可持续发展竞争力指标组排位及变化趋势

指　标	2019年	2020年	排位升降	优劣势
3　可持续发展竞争力	24	31	-7	劣势
3.1　资源竞争力	6	6	0	优势
人均国土面积	2	2	0	强势
人均可使用海域和滩涂面积	13	13	0	中势
人均年水资源量	4	2	2	强势
耕地面积	26	26	0	劣势
人均耕地面积	12	11	1	中势
人均牧草地面积	2	2	0	强势
主要能源矿产基础储量	18	18	0	中势
人均主要能源矿产基础储量	7	7	0	优势
人均森林储积量	15	15	0	中势
3.2　环境竞争力	30	31	-1	劣势
森林覆盖率	30	30	0	劣势
人均废水排放量	14	14	0	中势
人均工业废气排放量	30	26	4	劣势
人均工业固体废物排放量	31	31	0	劣势
人均治理工业污染投资额	9	28	-19	劣势
一般工业固体废物综合利用率	13	26	-13	劣势

续表

指　标	2019 年	2020 年	排位升降	优劣势
生活垃圾无害化处理率	26	28	-2	劣势
自然灾害直接经济损失额	7	4	3	优势
3.3 人力资源竞争力	28	27	1	劣势
常住人口增长率	8	21	-13	劣势
15~64 岁人口比例	14	11	3	中势
文盲率	30	30	0	劣势
大专以上教育程度人口比例	17	5	12	优势
平均受教育程度	29	28	1	劣势
人口健康素质	19	15	4	中势
职业学校毕业生数	30	29	1	劣势

4. 青海省财政金融竞争力指标排名变化情况

表 29-8　2019~2020 年青海省财政金融竞争力指标组排位及变化趋势

指　标	2019 年	2020 年	排位升降	优劣势
4　财政金融竞争力	24	15	9	中势
4.1 财政竞争力	14	7	7	优势
地方财政收入	30	30	0	劣势
地方财政支出	29	30	-1	劣势
地方财政收入占 GDP 比重	18	15	3	中势
地方财政支出占 GDP 比重	2	2	0	强势
税收收入占 GDP 比重	21	12	9	中势
税收收入占财政总收入比重	19	10	9	优势
人均地方财政收入	24	22	2	劣势
人均地方财政支出	4	2	2	强势
人均税收收入	24	19	5	中势
地方财政收入增长率	14	1	13	强势
地方财政支出增长率	4	16	-12	中势
税收收入增长率	24	1	23	强势
4.2 金融竞争力	30	29	1	劣势
存款余额	30	30	0	劣势
人均存款余额	17	19	-2	中势
贷款余额	30	30	0	劣势

续表

指 标	2019 年	2020 年	排位升降	优劣势
人均贷款余额	11	11	0	中势
中长期贷款占贷款余额比重	10	9	1	优势
保险费净收入	30	29	1	劣势
保险密度	27	26	1	劣势
保险深度	26	25	1	劣势
国内上市公司数	31	31	0	劣势
国内上市公司市值	29	31	-2	劣势

5. 青海省知识经济竞争力指标排名变化情况

表 29-9 2019～2020 年青海省知识经济竞争力指标组排位及变化趋势

指 标	2019 年	2020 年	排位升降	优劣势
5 知识经济竞争力	30	30	0	劣势
5.1 科技竞争力	30	30	0	劣势
R&D 人员	30	30	0	劣势
R&D 经费	30	30	0	劣势
R&D 经费投入强度	28	28	0	劣势
发明专利授权量	29	29	0	劣势
技术市场成交合同金额	29	30	-1	劣势
财政科技支出占地方财政支出比重	30	30	0	劣势
高技术产业主营业务收入	29	29	0	劣势
高技术产业收入占工业增加值比重	6	9	-3	优势
高技术产品出口额占商品出口额比重	30	30	0	劣势
5.2 教育竞争力	30	29	1	劣势
教育经费	29	29	0	劣势
教育经费占 GDP 比重	2	2	0	强势
人均教育经费	4	4	0	优势
公共教育经费占财政支出比重	4	4	0	优势
人均文化教育支出	4	4	0	优势
万人中小学学校数	23	23	0	劣势
万人中小学专任教师数	26	26	0	劣势
高等学校数	30	30	0	劣势
高校专任教师数	30	30	0	劣势
万人高等学校在校学生数	31	31	0	劣势

续表

指　标	2019 年	2020 年	排位升降	优劣势
5.3　文化竞争力	30	30	0	劣势
文化制造业营业收入	30	30	0	劣势
文化批发零售业营业收入	30	30	0	劣势
文化服务业企业营业收入	29	31	-2	劣势
图书和期刊出版数	31	31	0	劣势
电子出版物品种	29	28	1	劣势
印刷用纸量	29	31	-2	劣势
城镇居民人均文化娱乐支出	30	26	4	劣势
农村居民人均文化娱乐支出	30	28	2	劣势
城镇居民人均文化娱乐支出占消费性支出比重	28	26	2	劣势
农村居民人均文化娱乐支出占消费性支出比重	26	24	2	劣势

6. 青海省发展环境竞争力指标排名变化情况

表 29－10　2019～2020 年青海省发展环境竞争力指标组排位及变化趋势

指　标	2019 年	2020 年	排位升降	优劣势
6　发展环境竞争力	27	27	0	劣势
6.1　基础设施竞争力	25	25	0	劣势
铁路网线密度	30	30	0	劣势
公路网线密度	30	30	0	劣势
人均内河航道里程	27	27	0	劣势
全社会旅客周转量	29	28	1	劣势
全社会货物周转量	30	30	0	劣势
人均邮电业务总量	8	5	3	优势
电话普及率	12	7	5	优势
网站域名数	30	30	0	劣势
人均耗电量	3	3	0	强势
6.2　软环境竞争力	27	21	6	劣势
外资企业数增长率	15	25	-10	劣势
万人外资企业数	28	23	5	劣势
个体私营企业数增长率	25	15	10	中势
万人个体私营企业数	20	12	8	中势
万人商标注册件数	27	23	4	劣势
政府网站数	25	26	-1	劣势
交通事故直接财产损失	26	20	6	中势
罚没收入占财政收入比重	11	13	-2	中势
社会捐赠站点数	27	28	-1	劣势

7. 青海省政府作用竞争力指标排名变化情况

表 29-11 2019~2020 年青海省政府作用竞争力指标组排位及变化趋势

指 标	2019 年	2020 年	排位升降	优劣势
7 政府作用竞争力	20	26	-6	劣势
7.1 政府发展经济竞争力	23	22	1	劣势
财政支出用于基本建设投资比重	1	1	0	强势
财政支出对 GDP 增长的拉动	30	30	0	劣势
政府公务员对经济的贡献	28	28	0	劣势
政府消费对民间消费的拉动	30	30	0	劣势
财政投资对社会投资的拉动	30	30	0	劣势
7.2 政府规调经济竞争力	2	11	-9	中势
物价调控	9	20	-11	中势
调控城乡消费差距	20	23	-3	劣势
统筹经济社会发展	3	2	1	强势
规范税收	14	22	-8	劣势
工业生产出厂价格指数	4	6	-2	优势
7.3 政府保障经济竞争力	28	30	-2	劣势
城镇职工养老保险收支比	27	20	7	中势
医疗保险覆盖率	25	26	-1	劣势
养老保险覆盖率	18	19	-1	中势
失业保险覆盖率	29	29	0	劣势
最低工资标准	31	21	10	劣势
城镇登记失业率	3	31	-28	劣势

8. 青海省发展水平竞争力指标排名变化情况

表 29-12 2019~2020 年青海省发展水平竞争力指标组排位及变化趋势

指 标	2019 年	2020 年	排位升降	优劣势
8 发展水平竞争力	29	29	0	劣势
8.1 工业化进程竞争力	27	28	-1	劣势
工业增加值占 GDP 比重	22	22	0	劣势
工业增加值增长率	19	25	-6	劣势
高技术产业占工业增加值比重	25	24	1	劣势

续表

指　标	2019年	2020年	排位升降	优劣势
高技术产品占商品出口额比重	30	30	0	劣势
数字经济应用	30	30	0	劣势
工农业增加值比值	22	22	0	劣势
8.2　城市化进程竞争力	28	28	0	劣势
城镇化率	20	21	-1	劣势
城镇居民人均可支配收入	27	25	2	劣势
城市平均建成区面积比重	20	20	0	中势
人均拥有道路面积	13	15	-2	中势
人均日生活用水量	24	23	1	劣势
人均公共绿地面积	24	25	-1	劣势
8.3　市场化进程竞争力	27	26	1	劣势
非公有制经济产值占全社会总产值比重	29	30	-1	劣势
社会投资占投资总额比重	30	29	1	劣势
私有和个体企业从业人员比重	24	22	2	劣势
亿元以上商品市场成交额	30	30	0	劣势
亿元以上商品市场成交额占全社会消费品零售总额比重	22	23	-1	劣势
居民消费支出占总消费支出比重	2	2	0	强势

9. 青海省统筹协调竞争力指标排名变化情况

表 29-13　2019~2020年青海省统筹协调竞争力指标组排位及变化趋势

指　标	2019年	2020年	排位升降	优劣势
9　统筹协调竞争力	24	29	-5	劣势
9.1　统筹发展竞争力	13	12	1	中势
社会劳动生产率	19	19	0	中势
能源消耗下降率	1	4	-3	优势
万元GDP综合能耗下降率	1	4	-3	优势
非农用地产出率	30	30	0	劣势
居民收入占GDP比重	19	21	-2	劣势
二三产业增加值比例	20	19	1	中势
固定资产投资额占GDP比重	31	31	0	劣势
固定资产投资增长率	11	21	-10	劣势

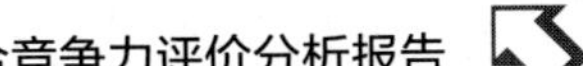

续表

指　标	2019 年	2020 年	排位升降	优劣势
9.2　协调发展竞争力	28	31	-3	劣势
资源竞争力与宏观经济竞争力比差	10	3	7	强势
环境竞争力与宏观经济竞争力比差	14	25	-11	劣势
人力资源竞争力与宏观经济竞争力比差	16	31	-15	劣势
资源竞争力与工业竞争力比差	8	5	3	优势
环境竞争力与工业竞争力比差	26	24	2	劣势
城乡居民家庭人均收入比差	28	28	0	劣势
城乡居民人均消费支出比差	20	23	-3	劣势
全社会消费品零售总额与外贸出口总额比差	31	31	0	劣势

B.31

30
2019～2020年宁夏回族自治区经济综合竞争力评价分析报告

宁夏回族自治区简称“宁”，位于中国西北内陆地区，东邻陕西，西、北接内蒙古，南连甘肃，位于四大地理区划的西北地区。宁夏回族自治区总面积66400平方公里，2020年全区常住人口为721万人，地区生产总值为3921亿元，同比增长3.9%，人均GDP达54528元。本部分通过分析2019～2020年宁夏回族自治区经济综合竞争力以及各要素竞争力的排名变化，从中找出宁夏回族自治区经济综合竞争力的推动点及影响因素，为进一步提升宁夏回族自治区经济综合竞争力提供决策参考。

30.1 宁夏回族自治区经济综合竞争力总体分析

1. 宁夏回族自治区经济综合竞争力一级指标概要分析

（1）从综合排位看，2020年宁夏回族自治区经济综合竞争力综合排位在全国居第27位，这表明其在全国处于劣势地位；与2019年相比，综合排位没有发生变化。

（2）从指标所处区位看，1个指标处于上游区，为政府作用竞争力，发展水平竞争力为宁夏回族自治区经济综合竞争力的中势指标。

（3）从指标变化趋势看，9个二级指标中，有2个指标处于上升趋势，分别为财政金融竞争力和政府作用竞争力，这些是宁夏回族自治区经济综合竞争力的上升动力所在；有7个指标处于下降趋势，分别为宏观经济竞争力、产业经济竞争力、可持续发展竞争力、知识经济竞争力、发展环境竞争力、发展水平竞争力和统筹协调竞争力，这些是宁夏回族自治区经济综合竞争力的下降拉力所在。

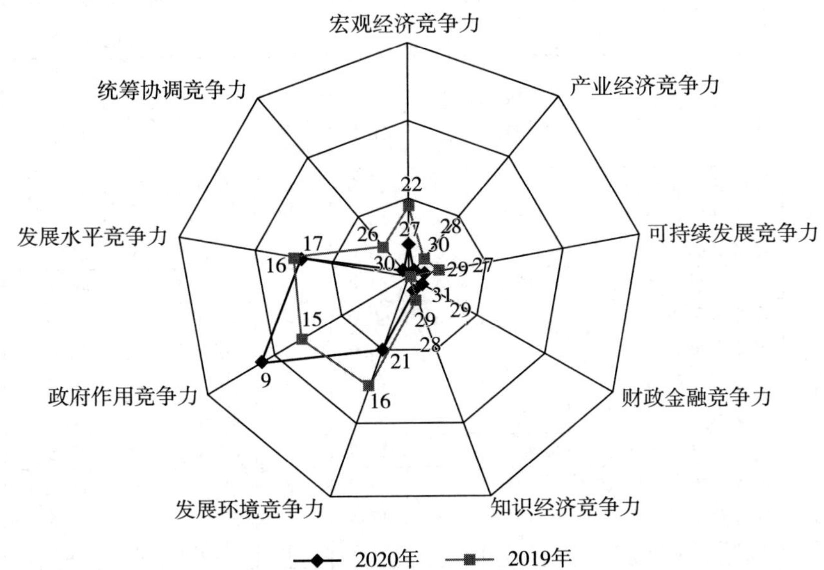

图 30－1　2019～2020 年宁夏回族自治区经济综合竞争力二级指标比较

表 30－1　2019～2020 年宁夏回族自治区经济综合竞争力二级指标表现情况

	宏观经济竞争力	产业经济竞争力	可持续发展竞争力	财政金融竞争力	知识经济竞争力	发展环境竞争力	政府作用竞争力	发展水平竞争力	统筹协调竞争力	综合排位
2019 年	22	28	27	31	28	16	15	16	26	27
2020 年	27	30	29	29	29	21	9	17	30	27
升降	－5	－2	－2	2	－1	－5	6	－1	－4	0
优劣度	劣势	劣势	劣势	劣势	劣势	劣势	优势	中势	劣势	劣势

2. 宁夏回族自治区经济综合竞争力各级指标动态变化分析

从表 30－2 可以看出，210 个四级指标中，上升指标有 67 个，占指标总数的 31.9%；下降指标有 59 个，占指标总数的 28.1%；保持不变的指标有 84 个，占指标总数的 40.0%。综上所述，宁夏回族自治区经济综合竞争力的上升动力和下降拉力大致相当，且排位保持不变的指标占最大比重，2019～2020 年宁夏回族自治区经济综合竞争力排位保持不变。

表 30－2　2019～2020 年宁夏回族自治区经济综合竞争力各级指标排位变化情况

单位：个，%

二级指标	三级指标	四级指标数	上升		保持		下降		变化趋势
			指标数	比重	指标数	比重	指标数	比重	
宏观经济竞争力	经济实力竞争力	12	3	25.0	6	50.0	3	25.0	下降
	经济结构竞争力	6	1	16.7	3	50.0	2	33.3	下降
	经济外向度竞争力	9	0	0.0	3	33.3	6	66.7	下降
	小　计	**27**	4	14.8	12	44.4	11	40.7	下降
产业经济竞争力	农业竞争力	10	6	60.0	4	40.0	0	0.0	上升
	工业竞争力	10	2	20.0	5	50.0	3	30.0	下降
	服务业竞争力	10	4	40.0	5	50.0	1	10.0	上升
	企业竞争力	10	1	10.0	4	40.0	5	50.0	下降
	小　计	**40**	13	32.5	18	45.0	9	22.5	下降
可持续发展竞争力	资源竞争力	9	0	0.0	8	88.9	1	11.1	下降
	环境竞争力	8	3	37.5	4	50.0	1	12.5	下降
	人力资源竞争力	7	4	57.1	1	14.3	2	28.6	上升
	小　计	**24**	7	29.2	13	54.2	4	16.7	下降
财政金融竞争力	财政竞争力	12	6	50.0	4	33.3	2	16.7	上升
	金融竞争力	10	1	10.0	6	60.0	3	30.0	保持
	小　计	**22**	7	31.8	10	45.5	5	22.7	上升
知识经济竞争力	科技竞争力	9	4	44.4	3	33.3	2	22.2	保持
	教育竞争力	10	1	10.0	6	60.0	3	30.0	保持
	文化竞争力	10	5	50.0	3	30.0	2	20.0	上升
	小　计	**29**	10	34.5	12	41.4	7	24.1	下降
发展环境竞争力	基础设施竞争力	9	0	0.0	5	55.6	4	44.4	下降
	软环境竞争力	9	3	33.3	0	0.0	6	66.7	下降
	小　计	**18**	3	16.7	5	27.8	10	55.6	下降
政府作用竞争力	政府发展经济竞争力	5	2	40.0	2	40.0	1	20.0	下降
	政府规调经济竞争力	5	4	80.0	1	20.0	0	0.0	上升
	政府保障经济竞争力	6	3	50.0	1	16.7	2	33.3	上升
	小　计	**16**	9	56.3	4	25.0	3	18.8	上升
发展水平竞争力	工业化进程竞争力	6	2	33.3	1	16.7	3	50.0	下降
	城市化进程竞争力	6	2	33.3	4	66.7	0	0.0	保持
	市场化进程竞争力	6	3	50.0	3	50.0	0	0.0	上升
	小　计	**18**	7	38.9	8	44.4	3	16.7	下降

续表

二级指标	三级指标	四级指标数	上升		保持		下降		变化趋势
			指标数	比重	指标数	比重	指标数	比重	
统筹协调竞争力	统筹发展竞争力	8	4	50.0	1	12.5	3	37.5	下降
	协调发展竞争力	8	3	37.5	1	12.5	4	50.0	下降
	小　计	**16**	7	43.8	2	12.5	7	43.8	下降
合　计		**210**	67	31.9	84	40.0	59	28.1	保持

3. 宁夏回族自治区经济综合竞争力各级指标优劣势结构分析

基于图30－2和表30－3，具体到四级指标，强势指标7个，占指标总数的3.3%；优势指标38个，占指标总数的18.1%；中势指标56个，占指标总数的26.7%；劣势指标109个，占指标总数的51.9%。三级指标中，没有强势指标；优势指标3个，占三级指标总数的12.0%；中势指标4个，占三级指标总数的16.0%；劣势指标18个，占三级指标总数的72.0%。从二级指标看，没有强势指标；优势指标有1个，占二级指标总数的11.1%；中势指标有1个，占二级指标总数的11.1%；劣势指标有7个，占二级指标总数的77.8%。综合来看，由于劣势指标在指标体系中居于主导地位，2020年宁夏回族自治区经济综合竞争力处于劣势地位。

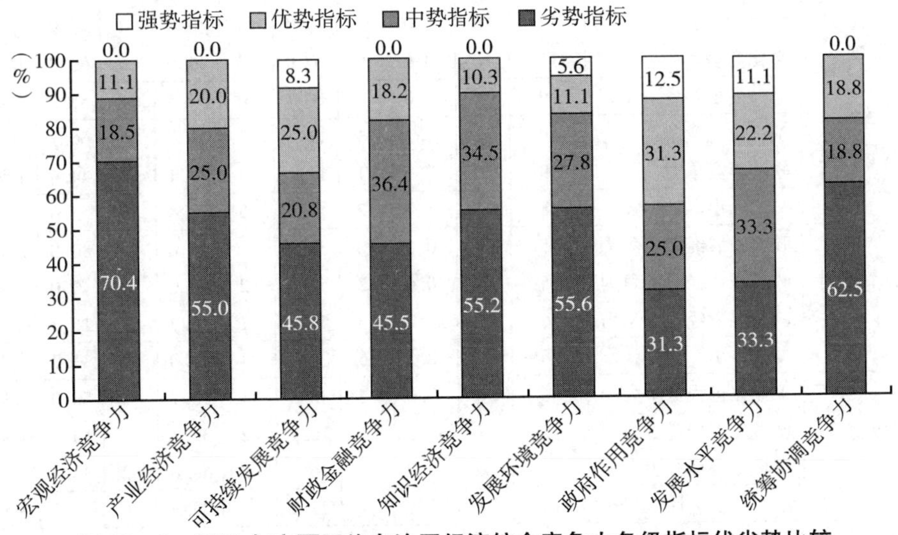

图30－2　2020年宁夏回族自治区经济综合竞争力各级指标优劣势比较

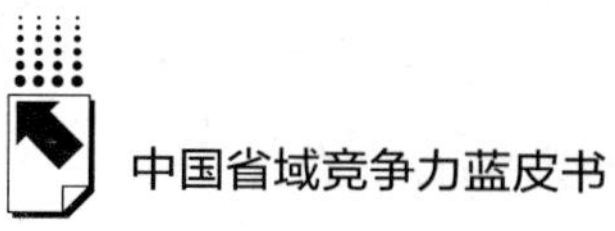

表 30－3　2020 年宁夏回族自治区经济综合竞争力各级指标优劣势情况

单位：个，%

二级指标	三级指标	四级指标数	强势指标		优势指标		中势指标		劣势指标		优劣势
			个数	比重	个数	比重	个数	比重	个数	比重	
宏观经济竞争力	经济实力竞争力	12	0	0.0	2	16.7	2	16.7	8	66.7	劣势
	经济结构竞争力	6	0	0.0	1	16.7	3	50.0	2	33.3	中势
	经济外向度竞争力	9	0	0.0	0	0.0	0	0.0	9	100.0	劣势
	小　计	**27**	0	0.0	3	11.1	5	18.5	19	70.4	劣势
产业经济竞争力	农业竞争力	10	0	0.0	3	30.0	3	30.0	4	40.0	劣势
	工业竞争力	10	0	0.0	1	10.0	3	30.0	6	60.0	劣势
	服务业竞争力	10	0	0.0	1	10.0	1	10.0	8	80.0	劣势
	企业竞争力	10	0	0.0	3	30.0	3	30.0	4	40.0	劣势
	小　计	**40**	0	0.0	8	20.0	10	25.0	22	55.0	劣势
可持续发展竞争力	资源竞争力	9	0	0.0	4	44.4	2	22.2	3	33.3	劣势
	环境竞争力	8	2	25.0	1	12.5	0	0.0	5	62.5	劣势
	人力资源竞争力	7	0	0.0	1	14.3	3	42.9	3	42.9	劣势
	小　计	**24**	2	8.3	6	25.0	5	20.8	11	45.8	劣势
财政金融竞争力	财政竞争力	12	0	0.0	3	25.0	6	50.0	3	25.0	劣势
	金融竞争力	10	0	0.0	1	10.0	2	20.0	7	70.0	劣势
	小　计	**22**	0	0.0	4	18.2	8	36.4	10	45.5	劣势
知识经济竞争力	科技竞争力	9	0	0.0	1	11.1	2	22.2	6	66.7	劣势
	教育竞争力	10	0	0.0	2	20.0	4	40.0	4	40.0	劣势
	文化竞争力	10	0	0.0	0	0.0	4	40.0	6	60.0	劣势
	小　计	**29**	0	0.0	3	10.3	10	34.5	16	55.2	劣势
发展环境竞争力	基础设施竞争力	9	1	11.1	1	11.1	1	11.1	6	66.7	中势
	软环境竞争力	9	0	0.0	1	11.1	4	44.4	4	44.4	中势
	小　计	**18**	1	5.6	2	11.1	5	27.8	10	55.6	劣势
政府作用竞争力	政府发展经济竞争力	5	0	0.0	0	0.0	1	20.0	4	80.0	劣势
	政府规调经济竞争力	5	1	20.0	2	40.0	2	40.0	0	0.0	优势
	政府保障经济竞争力	6	1	16.7	3	50.0	1	16.7	1	16.7	优势
	小　计	**16**	2	12.5	5	31.3	4	25.0	5	31.3	优势
发展水平竞争力	工业化进程竞争力	6	0	0.0	2	33.3	1	16.7	3	50.0	劣势
	城市化进程竞争力	6	2	33.3	1	16.7	2	33.3	1	16.7	优势
	市场化进程竞争力	6	0	0.0	1	16.7	3	50.0	2	33.3	中势
	小　计	**18**	2	11.1	4	22.2	6	33.3	6	33.3	中势

续表

二级指标	三级指标	四级指标数	强势指标		优势指标		中势指标		劣势指标		优劣势
			个数	比重	个数	比重	个数	比重	个数	比重	
统筹协调竞争力	统筹发展竞争力	8	0	0.0	1	12.5	2	25.0	5	62.5	劣势
	协调发展竞争力	8	0	0.0	2	25.0	1	12.5	5	62.5	劣势
	小　计	**16**	0	0.0	3	18.8	3	18.8	10	62.5	劣势
合　计		**210**	7	3.3	38	18.1	56	26.7	109	51.9	劣势

4. 宁夏回族自治区经济综合竞争力四级指标优劣势对比分析

表 30－4　2020 年宁夏回族自治区经济综合竞争力各级指标优劣势情况

二级指标	优劣势	四级指标
宏观经济竞争力（27 个）	强势指标	（0 个）
	优势指标	地区生产总值增长率、财政总收入增长率、实体经济结构优化度（3 个）
	劣势指标	地区生产总值、财政总收入、人均财政总收入、固定资产投资额、人均固定资产投资额、全社会消费品零售总额、全社会消费品零售总额增长率、人均全社会消费品零售总额、产业结构优化度、城乡经济结构优化度、进出口总额、进出口增长率、出口总额、出口增长率、实际 FDI、实际 FDI 增长率、外贸依存度、外资企业数、对外直接投资额（19 个）
产业经济竞争力（40 个）	强势指标	（0 个）
	优势指标	农民人均纯收入增长率、人均主要农产品产量、财政支农资金比重、工业成本费用率、服务业增加值增长率、规模以上企业平均资产、规模以上企业平均收入、城镇就业人员平均工资（8 个）
	劣势指标	农业增加值、农民人均纯收入、农业机械化水平、农村人均用电量、工业增加值、工业资产总额、工业资产总额增长率、规模以上工业主营业务收入、规模以上工业利润总额、工业收入利润率、服务业增加值、服务业从业人员数、限额以上批发零售企业主营业务收入、限额以上批零企业利税率、限额以上餐饮企业利税率、旅游外汇收入、商品房销售收入、电子商务销售额、规模以上工业企业数、新产品销售收入占主营业务收入比重、产品质量抽查合格率、全国 500 强企业数（22 个）
可持续发展竞争力（24 个）	强势指标	人均治理工业污染投资额、生活垃圾无害化处理率（2 个）
	优势指标	人均国土面积、人均耕地面积、人均牧草地面积、人均主要能源矿产基础储量、自然灾害直接经济损失额、大专以上教育程度人口比例（6 个）
	劣势指标	人均年水资源量、耕地面积、人均森林储积量、森林覆盖率、人均废水排放量、人均工业废气排放量、人均工业固体废物排放量、一般工业固体废物综合利用率、文盲率、人口健康素质、职业学校毕业生数（11 个）

续表

二级指标	优劣势	四级指标
财政金融竞争力（22个）	强势指标	（0个）
	优势指标	地方财政支出占GDP比重、人均地方财政支出、税收收入增长率、保险深度（4个）
	劣势指标	地方财政收入、地方财政支出、税收收入占财政总收入比重、存款余额、人均存款余额、贷款余额、中长期贷款占贷款余额比重、保险费净收入、国内上市公司数、国内上市公司市值（10个）
知识经济竞争力（29个）	强势指标	（0个）
	优势指标	高技术产业收入占工业增加值比重、教育经费占GDP比重、人均文化教育支出（3个）
	劣势指标	R&D人员、R&D经费、发明专利授权量、技术市场成交合同金额、高技术产业主营业务收入、高技术产品出口额占商品出口额比重、教育经费、万人中小学专任教师数、高等学校数、高校专任教师数、文化制造业营业收入、文化批发零售业营业收入、文化服务业企业营业收入、图书和期刊出版数、电子出版物品种、印刷用纸量（16个）
发展环境竞争力（18个）	强势指标	人均耗电量（1个）
	优势指标	人均邮电业务总量、交通事故直接财产损失（2个）
	劣势指标	铁路网线密度、公路网线密度、人均内河航道里程、全社会旅客周转量、全社会货物周转量、网站域名数、万人外资企业数、个体私营企业数增长率、万人商标注册件数、政府网站数（10个）
政府作用竞争力（16个）	强势指标	物价调控、城镇登记失业率（2个）
	优势指标	统筹经济社会发展、工业生产出厂价格指数、医疗保险覆盖率、养老保险覆盖率、失业保险覆盖率（5个）
	劣势指标	财政支出用于基本建设投资比重、财政支出对GDP增长的拉动、政府公务员对经济的贡献、政府消费对民间消费的拉动、最低工资标准（5个）
发展水平竞争力（18个）	强势指标	人均拥有道路面积、人均公共绿地面积（2个）
	优势指标	工业增加值占GDP比重、工业增加值增长率、城市平均建成区面积比重、亿元以上商品市场成交额占全社会消费品零售总额比重（4个）
	劣势指标	高技术产业占工业增加值比重、高技术产品占商品出口额比重、数字经济应用、城镇居民人均可支配收入、社会投资占投资总额比重、亿元以上商品市场成交额（6个）
统筹协调竞争力（16个）	强势指标	（0个）
	优势指标	固定资产投资额占GDP比重、资源竞争力与宏观经济竞争力比差、资源竞争力与工业竞争力比差（3个）
	劣势指标	能源消耗下降率、万元GDP综合能耗下降率、非农用地产出率、二三产业增加值比例、固定资产投资增长率、环境竞争力与宏观经济竞争力比差、人力资源竞争力与宏观经济竞争力比差、环境竞争力与工业竞争力比差、城乡居民家庭人均收入比差、全社会消费品零售总额与外贸出口总额比差（10个）

30.2　宁夏回族自治区经济综合竞争力各级指标具体分析

1. 宁夏回族自治区宏观经济竞争力指标排名变化情况

表 30 -5　2019 ~2020 年宁夏回族自治区宏观经济竞争力指标组排位及变化趋势

指　标	2019 年	2020 年	排位升降	优劣势
1　宏观经济竞争力	22	27	-5	劣势
1.1　经济实力竞争力	26	28	-2	劣势
地区生产总值	29	29	0	劣势
地区生产总值增长率	13	4	9	优势
人均地区生产总值	20	20	0	中势
财政总收入	31	31	0	劣势
财政总收入增长率	1	8	-7	优势
人均财政总收入	30	30	0	劣势
固定资产投资额	30	30	0	劣势
固定资产投资额增长率	30	17	13	中势
人均固定资产投资额	22	23	-1	劣势
全社会消费品零售总额	29	29	0	劣势
全社会消费品零售总额增长率	26	23	3	劣势
人均全社会消费品零售总额	23	24	-1	劣势
1.2　经济结构竞争力	16	17	-1	中势
产业结构优化度	23	24	-1	劣势
所有制经济结构优化度	18	18	0	中势
城乡经济结构优化度	25	25	0	劣势
就业结构优化度	23	11	12	中势
实体经济结构优化度	9	9	0	优势
贸易结构优化度	11	13	-2	中势
1.3　经济外向度竞争力	22	29	-7	劣势
进出口总额	29	29	0	劣势
进出口增长率	12	29	-17	劣势
出口总额	28	28	0	劣势
出口增长率	16	28	-12	劣势
实际 FDI	27	28	-1	劣势

续表

指　标	2019 年	2020 年	排位升降	优劣势
实际 FDI 增长率	6	26	-20	劣势
外贸依存度	26	27	-1	劣势
外资企业数	29	29	0	劣势
对外直接投资额	23	24	-1	劣势

2. 宁夏回族自治区产业经济竞争力指标排名变化情况

表 30-6　2019～2020 年宁夏回族自治区产业经济竞争力指标组排位及变化趋势

指　标	2019 年	2020 年	排位升降	优劣势
2　产业经济竞争力	28	30	-2	劣势
2.1　农业竞争力	28	26	2	劣势
农业增加值	27	26	1	劣势
农业增加值增长率	13	13	0	中势
人均农业增加值	25	20	5	中势
农民人均纯收入	26	25	1	劣势
农民人均纯收入增长率	11	9	2	优势
农产品出口占农林牧渔总产值比重	21	20	1	中势
人均主要农产品产量	5	5	0	优势
农业机械化水平	25	25	0	劣势
农村人均用电量	29	29	0	劣势
财政支农资金比重	9	5	4	优势
2.2　工业竞争力	24	28	-4	劣势
工业增加值	28	28	0	劣势
工业增加值增长率	11	11	0	中势
人均工业增加值	16	19	-3	中势
工业资产总额	28	28	0	劣势
工业资产总额增长率	10	28	-18	劣势
规模以上工业主营业务收入	28	28	0	劣势
工业成本费用率	13	4	9	优势
规模以上工业利润总额	28	28	0	劣势
工业全员劳动生产率	18	17	1	中势
工业收入利润率	25	29	-4	劣势

续表

指　标	2019 年	2020 年	排位升降	优劣势
2.3　服务业竞争力	30	28	2	劣势
服务业增加值	29	29	0	劣势
服务业增加值增长率	20	7	13	优势
人均服务业增加值	19	18	1	中势
服务业从业人员数	29	29	0	劣势
限额以上批发零售企业主营业务收入	29	30	-1	劣势
限额以上批零企业利税率	27	25	2	劣势
限额以上餐饮企业利税率	30	28	2	劣势
旅游外汇收入	29	29	0	劣势
商品房销售收入	29	29	0	劣势
电子商务销售额	29	29	0	劣势
2.4　企业竞争力	20	24	-4	劣势
规模以上工业企业数	28	28	0	劣势
规模以上企业平均资产	5	6	-1	优势
规模以上企业平均收入	9	10	-1	优势
规模以上企业平均利润	15	20	-5	中势
规模以上企业劳动效率	7	11	-4	中势
城镇就业人员平均工资	11	9	2	优势
新产品销售收入占主营业务收入比重	22	22	0	劣势
产品质量抽查合格率	30	30	0	劣势
工业企业 R&D 经费投入强度	16	16	0	中势
全国 500 强企业数	25	26	-1	劣势

3. 宁夏回族自治区可持续发展竞争力指标排名变化情况

表 30－7　2019～2020 年宁夏回族自治区可持续发展竞争力指标组排位及变化趋势

指　标	2019 年	2020 年	排位升降	优劣势
3　可持续发展竞争力	27	29	-2	劣势
3.1　资源竞争力	21	24	-3	劣势
人均国土面积	7	7	0	优势
人均可使用海域和滩涂面积	13	13	0	中势
人均年水资源量	27	29	-2	劣势
耕地面积	24	24	0	劣势
人均耕地面积	6	6	0	优势

续表

指　标	2019 年	2020 年	排位升降	优劣势
人均牧草地面积	6	6	0	优势
主要能源矿产基础储量	14	14	0	中势
人均主要能源矿产基础储量	4	4	0	优势
人均森林储积量	26	26	0	劣势
3.2　环境竞争力	18	22	-4	劣势
森林覆盖率	26	26	0	劣势
人均废水排放量	21	21	0	劣势
人均工业废气排放量	29	29	0	劣势
人均工业固体废物排放量	28	28	0	劣势
人均治理工业污染投资额	5	1	4	强势
一般工业固体废物综合利用率	28	23	5	劣势
生活垃圾无害化处理率	15	1	14	强势
自然灾害直接经济损失额	5	7	-2	优势
3.3　人力资源竞争力	29	24	5	劣势
常住人口增长率	6	20	-14	中势
15~64 岁人口比例	19	12	7	中势
文盲率	27	25	2	劣势
大专以上教育程度人口比例	15	6	9	优势
平均受教育程度	23	17	6	中势
人口健康素质	23	25	-2	劣势
职业学校毕业生数	28	28	0	劣势

4. 宁夏回族自治区财政金融竞争力指标排名变化情况

表 30-8　2019~2020 年宁夏回族自治区财政金融竞争力指标组排位及变化趋势

指　标	2019 年	2020 年	排位升降	优劣势
4　财政金融竞争力	31	29	2	劣势
4.1　财政竞争力	30	25	5	劣势
地方财政收入	29	29	0	劣势
地方财政支出	31	31	0	劣势
地方财政收入占 GDP 比重	11	11	0	中势
地方财政支出占 GDP 比重	5	6	-1	优势
税收收入占 GDP 比重	16	14	2	中势

续表

指　标	2019 年	2020 年	排位升降	优劣势
税收收入占财政总收入比重	31	29	2	劣势
人均地方财政收入	15	15	0	中势
人均地方财政支出	7	8	-1	优势
人均税收收入	18	17	1	中势
地方财政收入增长率	28	20	8	中势
地方财政支出增长率	29	20	9	中势
税收收入增长率	30	9	21	优势
4.2　金融竞争力	24	24	0	劣势
存款余额	29	29	0	劣势
人均存款余额	20	23	-3	劣势
贷款余额	29	29	0	劣势
人均贷款余额	12	12	0	中势
中长期贷款占贷款余额比重	21	21	0	劣势
保险费净收入	29	27	2	劣势
保险密度	13	14	-1	中势
保险深度	5	5	0	优势
国内上市公司数	30	30	0	劣势
国内上市公司市值	16	30	-14	劣势

5. 宁夏回族自治区知识经济竞争力指标排名变化情况

表 30-9　2019~2020 年宁夏回族自治区知识经济竞争力指标组排位及变化趋势

指　标	2019 年	2020 年	排位升降	优劣势
5　知识经济竞争力	28	29	-1	劣势
5.1　科技竞争力	26	26	0	劣势
R&D 人员	28	27	1	劣势
R&D 经费	28	28	0	劣势
R&D 经费投入强度	19	19	0	中势
发明专利授权量	28	27	1	劣势
技术市场成交合同金额	27	28	-1	劣势
财政科技支出占地方财政支出比重	12	15	-3	中势
高技术产业主营业务收入	28	28	0	劣势
高技术产业收入占工业增加值比重	9	7	2	优势
高技术产品出口额占商品出口额比重	26	24	2	劣势

续表

指　标	2019 年	2020 年	排位升降	优劣势
5.2　教育竞争力	31	31	0	劣势
教育经费	31	31	0	劣势
教育经费占 GDP 比重	8	8	0	优势
人均教育经费	12	13	-1	中势
公共教育经费占财政支出比重	12	15	-3	中势
人均文化教育支出	12	9	3	优势
万人中小学学校数	12	12	0	中势
万人中小学专任教师数	16	22	-6	劣势
高等学校数	29	29	0	劣势
高校专任教师数	29	29	0	劣势
万人高等学校在校学生数	16	16	0	中势
5.3　文化竞争力	27	26	1	劣势
文化制造业营业收入	25	25	0	劣势
文化批发零售业营业收入	29	29	0	劣势
文化服务业企业营业收入	31	30	1	劣势
图书和期刊出版数	27	27	0	劣势
电子出版物品种	29	28	1	劣势
印刷用纸量	30	29	1	劣势
城镇居民人均文化娱乐支出	9	20	-11	中势
农村居民人均文化娱乐支出	21	20	1	中势
城镇居民人均文化娱乐支出占消费性支出比重	6	13	-7	中势
农村居民人均文化娱乐支出占消费性支出比重	13	11	2	中势

6. 宁夏回族自治区发展环境竞争力指标排名变化情况

表 30-10　2019~2020 年宁夏回族自治区发展环境竞争力指标组排位及变化趋势

指　标	2019 年	2020 年	排位升降	优劣势
6　发展环境竞争力	16	21	-5	劣势
6.1　基础设施竞争力	16	19	-3	中势
铁路网线密度	21	21	0	劣势
公路网线密度	24	25	-1	劣势
人均内河航道里程	26	26	0	劣势
全社会旅客周转量	30	30	0	劣势

续表

指　标	2019年	2020年	排位升降	优劣势
全社会货物周转量	29	29	0	劣势
人均邮电业务总量	6	7	-1	优势
电话普及率	14	18	-4	中势
网站域名数	29	29	0	劣势
人均耗电量	1	2	-1	强势
6.2　软环境竞争力	17	20	-3	中势
外资企业数增长率	6	13	-7	中势
万人外资企业数	20	30	-10	劣势
个体私营企业数增长率	11	23	-12	劣势
万人个体私营企业数	10	18	-8	中势
万人商标注册件数	22	25	-3	劣势
政府网站数	26	24	2	劣势
交通事故直接财产损失	23	4	19	优势
罚没收入占财政收入比重	6	15	-9	中势
社会捐赠站点数	27	16	11	中势

7. 宁夏回族自治区政府作用竞争力指标排名变化情况

表30-11　2019~2020年宁夏回族自治区政府作用竞争力指标组排位及变化趋势

指　标	2019年	2020年	排位升降	优劣势
7　政府作用竞争力	15	9	6	优势
7.1　政府发展经济竞争力	28	29	-1	劣势
财政支出用于基本建设投资比重	22	22	0	劣势
财政支出对GDP增长的拉动	27	26	1	劣势
政府公务员对经济的贡献	24	22	2	劣势
政府消费对民间消费的拉动	23	24	-1	劣势
财政投资对社会投资的拉动	19	19	0	中势
7.2　政府规调经济竞争力	5	4	1	优势
物价调控	2	1	1	强势
调控城乡消费差距	21	19	2	中势
统筹经济社会发展	7	7	0	优势
规范税收	17	13	4	中势
工业生产出厂价格指数	14	8	6	优势

续表

指　标	2019 年	2020 年	排位升降	优劣势
7.3　政府保障经济竞争力	10	6	4	优势
城镇职工养老保险收支比	20	11	9	中势
医疗保险覆盖率	9	8	1	优势
养老保险覆盖率	4	4	0	优势
失业保险覆盖率	5	6	-1	优势
最低工资标准	24	28	-4	劣势
城镇登记失业率	29	3	26	强势

8. 宁夏回族自治区发展水平竞争力指标排名变化情况

表 30-12　2019~2020 年宁夏回族自治区发展水平竞争力指标组排位及变化趋势

指　标	2019 年	2020 年	排位升降	优劣势
8　发展水平竞争力	16	17	-1	中势
8.1　工业化进程竞争力	21	22	-1	劣势
工业增加值占 GDP 比重	10	9	1	优势
工业增加值增长率	7	9	-2	优势
高技术产业占工业增加值比重	22	25	-3	劣势
高技术产品占商品出口额比重	26	24	2	劣势
数字经济应用	26	26	0	劣势
工农业增加值比值	10	13	-3	中势
8.2　城市化进程竞争力	8	8	0	优势
城镇化率	12	12	0	中势
城镇居民人均可支配收入	25	24	1	劣势
城市平均建成区面积比重	9	9	0	优势
人均拥有道路面积	1	1	0	强势
人均日生活用水量	18	17	1	中势
人均公共绿地面积	1	1	0	强势
8.3　市场化进程竞争力	20	18	2	中势
非公有制经济产值占全社会总产值比重	18	18	0	中势
社会投资占投资总额比重	23	22	1	劣势
私有和个体企业从业人员比重	19	14	5	中势
亿元以上商品市场成交额	28	28	0	劣势
亿元以上商品市场成交额占全社会消费品零售总额比重	14	10	4	优势
居民消费支出占总消费支出比重	12	12	0	中势

9. 宁夏回族自治区统筹协调竞争力指标排名变化情况

表 30－13　2019～2020 年宁夏回族自治区统筹协调竞争力指标组排位及变化趋势

指　标	2019 年	2020 年	排位升降	优劣势
9　统筹协调竞争力	26	30	－4	劣势
9.1　统筹发展竞争力	23	30	－7	劣势
社会劳动生产率	14	15	－1	中势
能源消耗下降率	30	24	6	劣势
万元 GDP 综合能耗下降率	30	23	7	劣势
非农用地产出率	25	25	0	劣势
居民收入占 GDP 比重	15	20	－5	中势
二三产业增加值比例	25	24	1	劣势
固定资产投资额占 GDP 比重	10	9	1	优势
固定资产投资增长率	2	30	－28	劣势
9.2　协调发展竞争力	26	29	－3	劣势
资源竞争力与宏观经济竞争力比差	11	9	2	优势
环境竞争力与宏观经济竞争力比差	30	31	－1	劣势
人力资源竞争力与宏观经济竞争力比差	25	30	－5	劣势
资源竞争力与工业竞争力比差	11	10	1	优势
环境竞争力与工业竞争力比差	24	29	－5	劣势
城乡居民家庭人均收入比差	25	25	0	劣势
城乡居民人均消费支出比差	21	19	2	中势
全社会消费品零售总额与外贸出口总额比差	20	24	－4	劣势

B.32

31

2019～2020年新疆维吾尔自治区经济综合竞争力评价分析报告

新疆维吾尔自治区简称“新”，位于中国西北地区，全区面积为166.49万平方公里，2020年全区常住人口为2590万人，地区生产总值为13798亿元，同比增长3.4%，人均GDP达53593元。本部分通过分析2019～2020年新疆维吾尔自治区经济综合竞争力以及各要素竞争力的排名变化，从中找出新疆维吾尔自治区经济综合竞争力的推动点及影响因素，为进一步提升新疆维吾尔自治区经济综合竞争力提供决策参考。

31.1 新疆维吾尔自治区经济综合竞争力总体分析

1. 新疆维吾尔自治区经济综合竞争力一级指标概要分析

（1）从综合排位看，2020年新疆维吾尔自治区经济综合竞争力综合排位在全国居第23位，这表明其在全国处于劣势地位；与2019年相比，综合排位没有发生变化。

（2）从指标所处区位看，3个指标处于中游区，分别为可持续发展竞争力、政府作用竞争力和统筹协调竞争力，这些为新疆维吾尔自治区经济综合竞争力的中势指标。

（3）从指标变化趋势看，9个二级指标中，有3个指标处于上升趋势，分别为可持续发展竞争力、知识经济竞争力和政府作用竞争力，这些是新疆维吾尔自治区经济综合竞争力的上升动力所在；有2个指标排位没有发生变化，分别为发展水平竞争力和统筹协调竞争力；有 4 个指标处于下降趋势，分别为宏观经济竞争力、产业经济竞争力、财政金融竞争力和发展环境竞争力，这些是新疆维吾尔自治区经济综合竞争力的下降拉力所在。

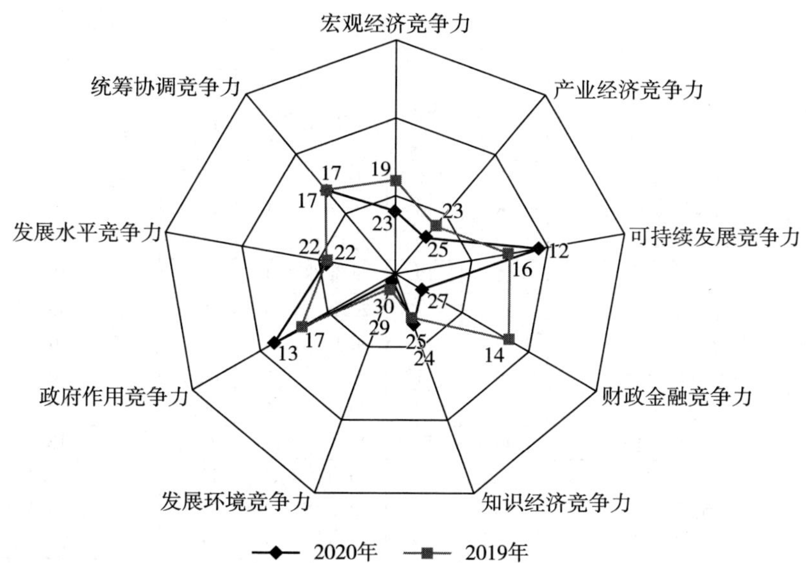

图 31－1　2019～2020 年新疆维吾尔自治区经济综合竞争力二级指标比较

表 31－1　2019～2020 年新疆维吾尔自治区经济综合竞争力二级指标表现情况

	宏观经济竞争力	产业经济竞争力	可持续发展竞争力	财政金融竞争力	知识经济竞争力	发展环境竞争力	政府作用竞争力	发展水平竞争力	统筹协调竞争力	**综合排位**
2019 年	19	23	16	14	25	29	17	22	17	23
2020 年	23	25	12	27	24	30	13	22	17	23
升降	－4	－2	4	－13	1	－1	4	0	0	0
优劣度	劣势	劣势	中势	劣势	劣势	劣势	中势	劣势	中势	劣势

2. 新疆维吾尔自治区经济综合竞争力各级指标动态变化分析

从表 31－2 可以看出，210 个四级指标中，上升指标有 58 个，占指标总数的 27.6%；下降指标有 84 个，占指标总数的 40.0%；保持不变的指标有 68 个，占指标总数的 32.4%。综上所述，虽然新疆维吾尔自治区经济综

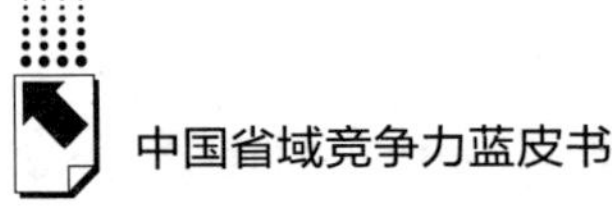

合竞争力的上升动力小于下降拉力，但排位保持不变的指标占较大比重，2019～2020年新疆维吾尔自治区经济综合竞争力排位保持不变。

表31－2 2019～2020年新疆维吾尔自治区经济综合竞争力各级指标排位变化情况

单位：个，%

二级指标	三级指标	四级指标数	上升		保持		下降		变化趋势
			指标数	比重	指标数	比重	指标数	比重	
宏观经济竞争力	经济实力竞争力	12	6	50.0	2	16.7	4	33.3	上升
	经济结构竞争力	6	4	66.7	1	16.7	1	16.7	下降
	经济外向度竞争力	9	2	22.2	1	11.1	6	66.7	下降
	小　计	**27**	12	44.4	4	14.8	11	40.7	下降
产业经济竞争力	农业竞争力	10	2	20.0	3	30.0	5	50.0	保持
	工业竞争力	10	3	30.0	3	30.0	4	40.0	保持
	服务业竞争力	10	1	10.0	6	60.0	3	30.0	下降
	企业竞争力	10	2	20.0	3	30.0	5	50.0	保持
	小　计	**40**	8	20.0	15	37.5	17	42.5	下降
可持续发展竞争力	资源竞争力	9	0	0.0	7	77.8	2	22.2	保持
	环境竞争力	8	1	12.5	2	25.0	5	62.5	下降
	人力资源竞争力	7	3	42.9	2	28.6	2	28.6	上升
	小　计	**24**	4	16.7	11	45.8	9	37.5	上升
财政金融竞争力	财政竞争力	12	1	8.3	3	25.0	8	66.7	下降
	金融竞争力	10	4	40.0	2	20.0	4	40.0	下降
	小　计	**22**	5	22.7	5	22.7	12	54.6	下降
知识经济竞争力	科技竞争力	9	2	22.2	5	55.6	2	22.2	保持
	教育竞争力	10	1	10.0	7	70.0	2	20.0	保持
	文化竞争力	10	4	40.0	1	10.0	5	50.0	上升
	小　计	**29**	7	24.1	13	44.8	9	31.0	上升
发展环境竞争力	基础设施竞争力	9	1	11.1	6	66.7	2	22.2	保持
	软环境竞争力	9	2	22.2	1	11.1	6	66.7	下降
	小　计	**18**	3	16.7	7	38.9	8	44.4	下降
政府作用竞争力	政府发展经济竞争力	5	1	20.0	4	80.0	0	0.0	上升
	政府规调经济竞争力	5	4	80.0	1	20.0	0	0.0	上升
	政府保障经济竞争力	6	1	16.7	1	16.7	4	66.7	下降
	小　计	**16**	6	37.5	6	37.5	4	25.0	上升
发展水平竞争力	工业化进程竞争力	6	0	0.0	4	66.7	2	33.3	下降
	城市化进程竞争力	6	1	16.7	1	16.7	4	66.7	下降
	市场化进程竞争力	6	4	66.7	1	16.7	1	16.7	上升
	小　计	**18**	5	27.8	6	33.3	7	38.9	保持

续表

二级指标	三级指标	四级指标数	上升		保持		下降		变化趋势
			指标数	比重	指标数	比重	指标数	比重	
统筹协调竞争力	统筹发展竞争力	8	3	37.5	1	12.5	4	50.0	下降
	协调发展竞争力	8	5	62.5	0	0.0	3	37.5	下降
	小　计	**16**	8	50.0	1	6.3	7	43.8	保持
合　计		**210**	58	27.6	68	32.4	84	40.0	保持

3. 新疆维吾尔自治区经济综合竞争力各级指标优劣势结构分析

基于图 31－2 和表 31－3，具体到四级指标，强势指标 17 个，占指标总数的 8.1%；优势指标 36 个，占指标总数的 17.1%；中势指标 47 个，占指标总数的 22.4%；劣势指标 110 个，占指标总数的 52.4%。三级指标中，强势指标 1 个，占三级指标总数的 4.0%；优势指标 3 个，占三级指标总数的 12.0%；中势指标 6 个，占三级指标总数的 24.0%；劣势指标 15 个，占三级指标总数的 60%。从二级指标看，没有强势指标和优势指标；中势指标有 3 个，占二级指标总数的 33.3%；劣势指标有 6 个，占二级指标总数的 66.7%。综合来看，由于劣势指标在指标体系中居于主导地位，2020 年新疆维吾尔自治区经济综合竞争力处于劣势地位。

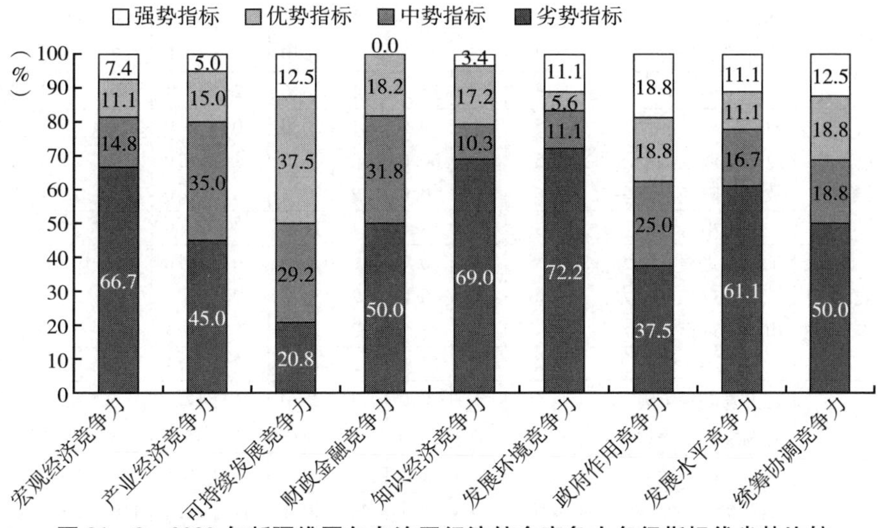

图 31－2　2020 年新疆维吾尔自治区经济综合竞争力各级指标优劣势比较

表 31-3　2020 年新疆维吾尔自治区经济综合竞争力各级指标优劣势情况

单位：个，%

二级指标	三级指标	四级指标数	强势指标		优势指标		中势指标		劣势指标		优劣势
			个数	比重	个数	比重	个数	比重	个数	比重	
宏观经济竞争力	经济实力竞争力	12	1	8.3	1	8.3	1	8.3	9	75.0	中势
	经济结构竞争力	6	1	16.7	1	16.7	2	33.3	2	33.3	中势
	经济外向度竞争力	9	0	0.0	1	11.1	1	11.1	7	77.8	劣势
	小　计	**27**	2	7.4	3	11.1	4	14.8	18	66.7	劣势
产业经济竞争力	农业竞争力	10	1	10.0	3	30.0	5	50.0	1	10.0	优势
	工业竞争力	10	1	10.0	1	10.0	4	40.0	4	40.0	劣势
	服务业竞争力	10	0	0.0	0	0.0	1	10.0	9	90.0	劣势
	企业竞争力	10	0	0.0	2	20.0	4	40.0	4	40.0	劣势
	小　计	**40**	2	5.0	6	15.0	14	35.0	18	45.0	劣势
可持续发展竞争力	资源竞争力	9	3	33.3	5	55.6	1	11.1	0	0.0	优势
	环境竞争力	8	0	0.0	1	12.5	3	37.5	4	50.0	劣势
	人力资源竞争力	7	0	0.0	3	42.9	3	42.9	1	14.3	劣势
	小　计	**24**	3	12.5	9	37.5	7	29.2	5	20.8	中势
财政金融竞争力	财政竞争力	12	0	0.0	3	25.0	4	33.3	5	41.7	劣势
	金融竞争力	10	0	0.0	1	10.0	3	30.0	6	60.0	劣势
	小　计	**22**	0	0.0	4	18.2	7	31.8	11	50.0	劣势
知识经济竞争力	科技竞争力	9	1	11.1	0	0.0	0	0.0	8	88.9	中势
	教育竞争力	10	0	0.0	4	40.0	1	10.0	5	50.0	劣势
	文化竞争力	10	0	0.0	1	10.0	2	20.0	7	70.0	劣势
	小　计	**29**	1	3.4	5	17.2	3	10.3	20	69.0	劣势
发展环境竞争力	基础设施竞争力	9	0	0.0	1	11.1	2	22.2	6	66.7	劣势
	软环境竞争力	9	2	22.2	0	0.0	0	0.0	7	77.8	劣势
	小　计	**18**	2	11.1	1	5.6	2	11.1	13	72.2	劣势
政府作用竞争力	政府发展经济竞争力	5	0	0.0	1	20.0	0	0.0	4	80.0	劣势
	政府规调经济竞争力	5	3	60.0	0	0.0	1	20.0	1	20.0	强势
	政府保障经济竞争力	6	0	0.0	2	33.3	3	50.0	1	16.7	中势
	小　计	**16**	3	18.8	3	18.8	4	25.0	6	37.5	中势
发展水平竞争力	工业化进程竞争力	6	0	0.0	0	0.0	0	0.0	6	100.0	劣势
	城市化进程竞争力	6	0	0.0	2	33.3	2	33.3	2	33.3	中势
	市场化进程竞争力	6	2	33.3	0	0.0	1	16.7	3	50.0	优势
	小　计	**18**	2	11.1	2	11.1	3	16.7	11	61.1	劣势
统筹协调竞争力	统筹发展竞争力	8	0	0.0	2	25.0	1	12.5	5	62.5	劣势
	协调发展竞争力	8	2	25.0	1	12.5	2	25.0	3	37.5	中势
	小　计	**16**	2	12.5	3	18.8	3	18.8	8	50.0	中势
合　计		**210**	17	8.1	36	17.1	47	22.4	110	52.4	劣势

4. 新疆维吾尔自治区经济综合竞争力四级指标优劣势对比分析

表 31－4 2020 年新疆维吾尔自治区经济综合竞争力各级指标优劣势情况

二级指标	优劣势	四级指标
宏观经济竞争力（27 个）	强势指标	固定资产投资额增长率、贸易结构优化度（2 个）
	优势指标	财政总收入增长率、实体经济结构优化度、实际 FDI 增长率（3 个）
	劣势指标	地区生产总值、人均地区生产总值、财政总收入、人均财政总收入、固定资产投资额、人均固定资产投资额、全社会消费品零售总额、全社会消费品零售总额增长率、人均全社会消费品零售总额、所有制经济结构优化度、就业结构优化度、进出口总额、进出口增长率、出口总额、出口增长率、实际 FDI、外资企业数、对外直接投资额（18 个）
产业经济竞争力（40 个）	强势指标	财政支农资金比重、工业增加值增长率（2 个）
	优势指标	农业增加值增长率、人均农业增加值、人均主要农产品产量、工业全员劳动生产率、规模以上企业平均资产、规模以上企业劳动效率（6 个）
	劣势指标	农民人均纯收入、工业增加值、人均工业增加值、规模以上工业主营业务收入、规模以上工业利润总额、服务业增加值、服务业增加值增长率、服务业从业人员数、限额以上批发零售企业主营业务收入、限额以上批零企业利税率、限额以上餐饮企业利税率、旅游外汇收入、商品房销售收入、电子商务销售额、规模以上工业企业数、新产品销售收入占主营业务收入比重、工业企业 R&D 经费投入强度、全国 500 强企业数（18 个）
可持续发展竞争力（24 个）	强势指标	人均国土面积、主要能源矿产基础储量、人均主要能源矿产基础储量（3 个）
	优势指标	人均年水资源量、耕地面积、人均耕地面积、人均牧草地面积、人均森林储积量、人均废水排放量、常住人口增长率、大专以上教育程度人口比例、平均受教育程度（9 个）
	劣势指标	森林覆盖率、人均工业废气排放量、一般工业固体废物综合利用率、生活垃圾无害化处理率、人口健康素质（5 个）
财政金融竞争力（22 个）	强势指标	（0 个）
	优势指标	地方财政收入占 GDP 比重、地方财政支出占 GDP 比重、人均地方财政支出、保险深度（4 个）
	劣势指标	地方财政收入、税收收入占财政总收入比重、人均税收收入、地方财政收入增长率、税收收入增长率、存款余额、人均存款余额、贷款余额、人均贷款余额、保险费净收入、国内上市公司市值（11 个）

续表

二级指标	优劣势	四级指标
知识经济竞争力（29个）	强势指标	高技术产业收入占工业增加值比重(1个)
	优势指标	教育经费占GDP比重、人均教育经费、公共教育经费占财政支出比重、人均文化教育支出、农村居民人均文化娱乐支出占消费性支出比重(5个)
	劣势指标	R&D人员、R&D经费、R&D经费投入强度、发明专利授权量、技术市场成交合同金额、财政科技支出占地方财政支出比重、高技术产业主营业务收入、高技术产品出口额占商品出口额比重、教育经费、万人中小学学校数、高等学校数、高校专任教师数、万人高等学校在校学生数、文化制造业营业收入、文化批发零售业营业收入、文化服务业企业营业收入、电子出版物品种、印刷用纸量、城镇居民人均文化娱乐支出、城镇居民人均文化娱乐支出占消费性支出比重(20个)
发展环境竞争力（18个）	强势指标	交通事故直接财产损失、罚没收入占财政收入比重(2个)
	优势指标	人均耗电量(1个)
	劣势指标	铁路网线密度、公路网线密度、人均内河航道里程、全社会旅客周转量、全社会货物周转量、网站域名数、外资企业数增长率、万人外资企业数、个体私营企业数增长率、万人个体私营企业数、万人商标注册件数、政府网站数、社会捐赠站点数(13个)
政府作用竞争力（16个）	强势指标	物价调控、统筹经济社会发展、工业生产出厂价格指数(3个)
	优势指标	财政支出用于基本建设投资比重、城镇职工养老保险收支比、最低工资标准(3个)
	劣势指标	财政支出对GDP增长的拉动、政府公务员对经济的贡献、政府消费对民间消费的拉动、财政投资对社会投资的拉动、调控城乡消费差距、城镇登记失业率(6个)
发展水平竞争力（18个）	强势指标	亿元以上商品市场成交额占全社会消费品零售总额比重、居民消费支出占总消费支出比重(2个)
	优势指标	城市平均建成区面积比重、人均拥有道路面积(2个)
	劣势指标	工业增加值占GDP比重、工业增加值增长率、高技术产业占工业增加值比重、高技术产品占商品出口额比重、数字经济应用、工农业增加值比值、城镇化率、城镇居民人均可支配收入、非公有制经济产值占全社会总产值比重、社会投资占投资总额比重、私有和个体企业从业人员比重(11个)
统筹协调竞争力（16个）	强势指标	资源竞争力与宏观经济竞争力比差、资源竞争力与工业竞争力比差(2个)
	优势指标	二三产业增加值比例、固定资产投资额占GDP比重、全社会消费品零售总额与外贸出口总额比差(3个)
	劣势指标	社会劳动生产率、能源消耗下降率、万元GDP综合能耗下降率、非农用地产出率、固定资产投资增长率、环境竞争力与宏观经济竞争力比差、人力资源竞争力与宏观经济竞争力比差、城乡居民人均消费支出比差(8个)

31.2 新疆维吾尔自治区经济综合竞争力各级指标具体分析

1. 新疆维吾尔自治区宏观经济竞争力指标排名变化情况

表 31-5 2019~2020 年新疆维吾尔自治区宏观经济竞争力指标组排位及变化趋势

指 标	2019 年	2020 年	排位升降	优劣势
1 宏观经济竞争力	19	23	-4	劣势
1.1 经济实力竞争力	25	20	5	中势
地区生产总值	25	24	1	劣势
地区生产总值增长率	16	18	-2	中势
人均地区生产总值	19	21	-2	劣势
财政总收入	16	25	-9	劣势
财政总收入增长率	22	4	18	优势
人均财政总收入	27	25	2	劣势
固定资产投资额	22	21	1	劣势
固定资产投资额增长率	22	1	21	强势
人均固定资产投资额	24	22	2	劣势
全社会消费品零售总额	27	27	0	劣势
全社会消费品零售总额增长率	23	30	-7	劣势
人均全社会消费品零售总额	31	31	0	劣势
1.2 经济结构竞争力	12	18	-6	中势
产业结构优化度	16	18	-2	中势
所有制经济结构优化度	27	26	1	劣势
城乡经济结构优化度	23	19	4	中势
就业结构优化度	26	25	1	劣势
实体经济结构优化度	4	4	0	优势
贸易结构优化度	2	1	1	强势
1.3 经济外向度竞争力	19	28	-9	劣势
进出口总额	20	21	-1	劣势
进出口增长率	7	28	-21	劣势
出口总额	20	22	-2	劣势
出口增长率	5	30	-25	劣势
实际 FDI	29	27	2	劣势

续表

指　标	2019 年	2020 年	排位升降	优劣势
实际 FDI 增长率	12	10	2	优势
外贸依存度	13	16	-3	中势
外资企业数	28	28	0	劣势
对外直接投资额	17	21	-4	劣势

2. 新疆维吾尔自治区产业经济竞争力指标排名变化情况

表 31-6　2019～2020 年新疆维吾尔自治区产业经济竞争力指标组排位及变化趋势

指　标	2019 年	2020 年	排位升降	优劣势
2　产业经济竞争力	23	25	-2	劣势
2.1　农业竞争力	10	10	0	优势
农业增加值	20	19	1	中势
农业增加值增长率	5	9	-4	优势
人均农业增加值	8	9	-1	优势
农民人均纯收入	23	24	-1	劣势
农民人均纯收入增长率	17	20	-3	中势
农产品出口占农林牧渔总产值比重	17	18	-1	中势
人均主要农产品产量	4	4	0	优势
农业机械化水平	13	13	0	中势
农村人均用电量	16	16	0	中势
财政支农资金比重	2	1	1	强势
2.2　工业竞争力	23	23	0	劣势
工业增加值	24	24	0	劣势
工业增加值增长率	26	2	24	强势
人均工业增加值	21	23	-2	劣势
工业资产总额	19	19	0	中势
工业资产总额增长率	6	16	-10	中势
规模以上工业主营业务收入	24	24	0	劣势
工业成本费用率	25	16	9	中势
规模以上工业利润总额	25	24	1	劣势
工业全员劳动生产率	7	10	-3	优势
工业收入利润率	17	20	-3	中势

续表

指 标	2019 年	2020 年	排位升降	优劣势
2.3 服务业竞争力	23	26	-3	劣势
服务业增加值	24	24	0	劣势
服务业增加值增长率	8	25	-17	劣势
人均服务业增加值	18	20	-2	中势
服务业从业人员数	22	22	0	劣势
限额以上批发零售企业主营业务收入	20	21	-1	劣势
限额以上批零企业利税率	30	27	3	劣势
限额以上餐饮企业利税率	22	22	0	劣势
旅游外汇收入	25	25	0	劣势
商品房销售收入	27	27	0	劣势
电子商务销售额	25	25	0	劣势
2.4 企业竞争力	26	26	0	劣势
规模以上工业企业数	23	23	0	劣势
规模以上企业平均资产	8	8	0	优势
规模以上企业平均收入	13	15	-2	中势
规模以上企业平均利润	11	14	-3	中势
规模以上企业劳动效率	9	10	-1	优势
城镇就业人员平均工资	18	17	1	中势
新产品销售收入占主营业务收入比重	30	30	0	劣势
产品质量抽查合格率	21	17	4	中势
工业企业 R&D 经费投入强度	28	29	-1	劣势
全国 500 强企业数	21	23	-2	劣势

3. 新疆维吾尔自治区可持续发展竞争力指标排名变化情况

表 31－7 2019～2020 年新疆维吾尔自治区可持续发展竞争力指标组排位及变化趋势

指 标	2019 年	2020 年	排位升降	优劣势
3 可持续发展竞争力	16	12	4	中势
3.1 资源竞争力	4	4	0	优势
人均国土面积	3	3	0	强势
人均可使用海域和滩涂面积	13	13	0	中势
人均年水资源量	6	10	-4	优势
耕地面积	5	5	0	优势
人均耕地面积	3	4	-1	优势

续表

指　标	2019 年	2020 年	排位升降	优劣势
人均牧草地面积	4	4	0	优势
主要能源矿产基础储量	3	3	0	强势
人均主要能源矿产基础储量	3	3	0	强势
人均森林储积量	9	9	0	优势
3.2　环境竞争力	25	29	-4	劣势
森林覆盖率	31	31	0	劣势
人均废水排放量	8	8	0	优势
人均工业废气排放量	25	28	-3	劣势
人均工业固体废物排放量	25	20	5	中势
人均治理工业污染投资额	10	16	-6	中势
一般工业固体废物综合利用率	18	27	-9	劣势
生活垃圾无害化处理率	26	29	-3	劣势
自然灾害直接经济损失额	11	12	-1	中势
3.3　人力资源竞争力	26	21	5	劣势
常住人口增长率	4	6	-2	优势
15~64 岁人口比例	26	14	12	中势
文盲率	14	20	-6	中势
大专以上教育程度人口比例	10	10	0	优势
平均受教育程度	19	10	9	优势
人口健康素质	31	30	1	劣势
职业学校毕业生数	20	20	0	中势

4. 新疆维吾尔自治区财政金融竞争力指标排名变化情况

表 31-8　2019~2020 年新疆维吾尔自治区财政金融竞争力指标组排位及变化趋势

指　标	2019 年	2020 年	排位升降	优劣势
4　财政金融竞争力	14	27	-13	劣势
4.1　财政竞争力	10	26	-16	劣势
地方财政收入	24	24	0	劣势
地方财政支出	19	19	0	中势
地方财政收入占 GDP 比重	9	10	-1	优势
地方财政支出占 GDP 比重	4	4	0	优势
税收收入占 GDP 比重	12	17	-5	中势

续表

指　标	2019年	2020年	排位升降	优劣势
税收收入占财政总收入比重	29	30	-1	劣势
人均地方财政收入	14	17	-3	中势
人均地方财政支出	6	7	-1	优势
人均税收收入	17	21	-4	劣势
地方财政收入增长率	15	28	-13	劣势
地方财政支出增长率	24	15	9	中势
税收收入增长率	1	28	-27	劣势
4.2　金融竞争力	22	23	-1	劣势
存款余额	26	26	0	劣势
人均存款余额	21	26	-5	劣势
贷款余额	27	26	1	劣势
人均贷款余额	18	22	-4	劣势
中长期贷款占贷款余额比重	22	20	2	中势
保险费净收入	24	24	0	劣势
保险密度	16	19	-3	中势
保险深度	10	9	1	优势
国内上市公司数	14	16	-2	中势
国内上市公司市值	31	23	8	劣势

5. 新疆维吾尔自治区知识经济竞争力指标排名变化情况

表31-9　2019～2020年新疆维吾尔自治区知识经济竞争力指标组排位及变化趋势

指　标	2019年	2020年	排位升降	优劣势
5　知识经济竞争力	25	24	1	劣势
5.1　科技竞争力	20	20	0	中势
R&D人员	27	28	-1	劣势
R&D经费	27	27	0	劣势
R&D经费投入强度	30	30	0	劣势
发明专利授权量	27	26	1	劣势
技术市场成交合同金额	30	29	1	劣势
财政科技支出占地方财政支出比重	27	28	-1	劣势
高技术产业主营业务收入	24	24	0	劣势
高技术产业收入占工业增加值比重	1	1	0	强势
高技术产品出口额占商品出口额比重	29	29	0	劣势

续表

指　标	2019 年	2020 年	排位升降	优劣势
5.2　教育竞争力	26	26	0	劣势
教育经费	21	21	0	劣势
教育经费占 GDP 比重	6	6	0	优势
人均教育经费	8	8	0	优势
公共教育经费占财政支出比重	5	6	-1	优势
人均文化教育支出	5	5	0	优势
万人中小学学校数	21	21	0	劣势
万人中小学专任教师数	18	20	-2	中势
高等学校数	25	24	1	劣势
高校专任教师数	27	27	0	劣势
万人高等学校在校学生数	29	29	0	劣势
5.3　文化竞争力	29	27	2	劣势
文化制造业营业收入	29	28	1	劣势
文化批发零售业营业收入	24	24	0	劣势
文化服务业企业营业收入	21	23	-2	劣势
图书和期刊出版数	19	18	1	中势
电子出版物品种	22	28	-6	劣势
印刷用纸量	25	26	-1	劣势
城镇居民人均文化娱乐支出	23	30	-7	劣势
农村居民人均文化娱乐支出	28	17	11	中势
城镇居民人均文化娱乐支出占消费性支出比重	25	28	-3	劣势
农村居民人均文化娱乐支出占消费性支出比重	18	5	13	优势

6. 新疆维吾尔自治区发展环境竞争力指标排名变化情况

表 31-10　2019~2020 年新疆维吾尔自治区发展环境竞争力指标组排位及变化趋势

指　标	2019 年	2020 年	排位升降	优劣势
6　发展环境竞争力	29	30	-1	劣势
6.1　基础设施竞争力	26	26	0	劣势
铁路网线密度	29	29	0	劣势
公路网线密度	29	29	0	劣势
人均内河航道里程	28	28	0	劣势
全社会旅客周转量	22	22	0	劣势

续表

指　标	2019年	2020年	排位升降	优劣势
全社会货物周转量	22	24	-2	劣势
人均邮电业务总量	17	11	6	中势
电话普及率	16	17	-1	中势
网站域名数	28	28	0	劣势
人均耗电量	4	4	0	优势
6.2　软环境竞争力	28	30	-2	劣势
外资企业数增长率	8	27	-19	劣势
万人外资企业数	31	31	0	劣势
个体私营企业数增长率	29	31	-2	劣势
万人个体私营企业数	16	31	-15	劣势
万人商标注册件数	25	31	-6	劣势
政府网站数	24	31	-7	劣势
交通事故直接财产损失	22	1	21	强势
罚没收入占财政收入比重	27	1	26	强势
社会捐赠站点数	25	28	-3	劣势

7. 新疆维吾尔自治区政府作用竞争力指标排名变化情况

表31－11　2019～2020年新疆维吾尔自治区政府作用竞争力指标组排位及变化趋势

指　标	2019年	2020年	排位升降	优劣势
7　政府作用竞争力	17	13	4	中势
7.1　政府发展经济竞争力	29	25	4	劣势
财政支出用于基本建设投资比重	8	7	1	优势
财政支出对GDP增长的拉动	28	28	0	劣势
政府公务员对经济的贡献	30	30	0	劣势
政府消费对民间消费的拉动	29	29	0	劣势
财政投资对社会投资的拉动	29	29	0	劣势
7.2　政府规调经济竞争力	3	1	2	强势
物价调控	1	1	0	强势
调控城乡消费差距	29	27	2	劣势
统筹经济社会发展	4	3	1	强势
规范税收	16	14	2	中势
工业生产出厂价格指数	4	1	3	强势

续表

指　标	2019 年	2020 年	排位升降	优劣势
7.3　政府保障经济竞争力	13	17	-4	中势
城镇职工养老保险收支比	10	5	5	优势
医疗保险覆盖率	14	14	0	中势
养老保险覆盖率	17	20	-3	中势
失业保险覆盖率	13	14	-1	中势
最低工资标准	9	10	-1	优势
城镇登记失业率	2	30	-28	劣势

8. 新疆维吾尔自治区发展水平竞争力指标排名变化情况

表 31－12　2019～2020 年新疆维吾尔自治区发展水平竞争力指标组排位及变化趋势

指　标	2019 年	2020 年	排位升降	优劣势
8　发展水平竞争力	22	22	0	劣势
8.1　工业化进程竞争力	28	30	-2	劣势
工业增加值占 GDP 比重	20	21	-1	劣势
工业增加值增长率	16	28	-12	劣势
高技术产业占工业增加值比重	31	31	0	劣势
高技术产品占商品出口额比重	29	29	0	劣势
数字经济应用	24	24	0	劣势
工农业增加值比值	25	25	0	劣势
8.2　城市化进程竞争力	9	11	-2	中势
城镇化率	24	25	-1	劣势
城镇居民人均可支配收入	23	26	-3	劣势
城市平均建成区面积比重	5	5	0	优势
人均拥有道路面积	5	4	1	优势
人均日生活用水量	14	16	-2	中势
人均公共绿地面积	10	16	-6	中势
8.3　市场化进程竞争力	17	7	10	优势
非公有制经济产值占全社会总产值比重	27	26	1	劣势
社会投资占投资总额比重	29	30	-1	劣势
私有和个体企业从业人员比重	29	23	6	劣势
亿元以上商品市场成交额	16	14	2	中势
亿元以上商品市场成交额占全社会消费品零售总额比重	3	1	2	强势
居民消费支出占总消费支出比重	1	1	0	强势

9. 新疆维吾尔自治区统筹协调竞争力指标排名变化情况

表 31－13 2019～2020 年新疆维吾尔自治区统筹协调竞争力指标组排位及变化趋势

指 标	2019 年	2020 年	排位升降	优劣势
9 统筹协调竞争力	17	17	0	中势
9.1 统筹发展竞争力	18	21	－3	劣势
社会劳动生产率	16	22	－6	劣势
能源消耗下降率	25	23	2	劣势
万元 GDP 综合能耗下降率	23	21	2	劣势
非农用地产出率	29	29	0	劣势
居民收入占 GDP 比重	10	11	－1	中势
二三产业增加值比例	10	9	1	优势
固定资产投资额占 GDP 比重	7	8	－1	优势
固定资产投资增长率	10	22	－12	劣势
9.2 协调发展竞争力	14	15	－1	中势
资源竞争力与宏观经济竞争力比差	3	1	2	强势
环境竞争力与宏观经济竞争力比差	26	27	－1	劣势
人力资源竞争力与宏观经济竞争力比差	27	29	－2	劣势
资源竞争力与工业竞争力比差	5	3	2	强势
环境竞争力与工业竞争力比差	20	16	4	中势
城乡居民家庭人均收入比差	23	19	4	中势
城乡居民人均消费支出比差	29	27	2	劣势
全社会消费品零售总额与外贸出口总额比差	9	10	－1	优势

Ⅲ 专题分析报告

The Reports on Subject Analysis

B.33 专题1 "双碳"战略下中国区域产业转型升级研究

陈洪昭 陈伟雄 张宝英*

摘 要： 推进区域产业转型升级是加快转变经济发展方式的重要途径，是推动经济高质量发展的必然选择，也是实现"双碳"目标的内在要求。"双碳"战略下中国区域产业转型升级有利于调整优化产业结构以有效降低碳排放强度，也有利于开发绿色低碳技术以加大节能减排力度，以及有利于引导消费转型升级以形成绿色低碳生活方式。同时，"双碳"战略下中国区域产业转型升级面临生产要素成本上升、能源资源利用效率低、自主创新能力不足、产业区域发展不平衡以及产业供需结构失衡等制约因素。要以供

* 陈洪昭，福建师范大学经济学院讲师，研究方向为生态经济；陈伟雄，福建师范大学经济学院副教授，硕士生导师，研究方向为生态经济；张宝英，福建师范大学经济学院副教授，硕士生导师，研究方向为技术经济、文化经济。

给侧改革为主线，从要素驱动转向创新驱动，释放创新要素配置潜能；从政府管理转向公共服务，推动政府职能深刻转变；从补短板逐步走向锻长板，提高产业链供应链韧性。要以需求侧管理为重点，以消费需求升级推动产业发展质量变革，以扩大有效投资推进产业结构优化调整，以优化贸易结构推动产业国际竞争力提升。

关键词： “双碳”战略　区域产业转型升级　供需双侧

一 “双碳”战略下加快推进区域产业转型升级的重要意义

产业转型升级既表现为产业结构合理化、高级化，也包括各个产业部门内部的优化升级，从微观层面上又体现为产业内的企业升级和产品结构优化。产业转型升级的核心在于推动产业从高投入、高消耗、高污染、低产出、低质量、低效益向低投入、低消耗、低污染、高产出、高质量、高效益转型升级，也就是说，从要素驱动型、投资驱动型向创新驱动型转型升级，从低附加值向高附加值转型升级，从粗放型向集约型转型升级。因此，加快推进区域产业转型升级对于推动实现碳达峰、碳中和目标具有十分重要的意义。

（一）加快推进区域产业转型升级，有利于调整优化产业结构，有效降低碳排放强度

产业转型升级本质上是一个以创新为根本驱动力，以降低能源消耗、减少要素投入、提高经济附加值和产业竞争力为目标的产业演进过程。产业转型升级必然会推动产业结构的调整优化，从而达到降低碳排放强度的预期效果。许多学者的研究结论都支持产业结构优化有利于促进区域减排的观点。当前，我国的碳排放量高居世界第一位，根据国际能源署（IEA）的数据，

我国二氧化碳总体排放量从2005年的54.07亿吨增长到2019年的98.09亿吨，增长了近一倍。[①] 2020年，我国碳排放量达到100亿吨，经济增长与碳排放尚未“脱钩”，碳排放强度依然较大，其中，产业结构不够优化是一个重要原因。长期以来，我国产业结构的重化工业特征较为明显，工业能源消费碳排放量占全国能源消费碳排放量的65%，钢铁、建材、石油化工、有色金属、电力等高耗能行业的能源消费量则占据了工业能源消费量的75%。[②] 人类生产活动产生的二氧化碳约95%来源于煤炭、石油、天然气等化石能源的消耗，而这些化石能源占我国一次能源消费的85%。由此可见，由于产业结构和能源消费结构的不合理，我国碳减排还面临着较大的压力，要想如期实现“双碳”目标，推进产业转型升级、促进产业结构优化是重要路径之一。

（二）加快推进区域产业转型升级，有利于开发绿色低碳技术，加大节能减排力度

当前，中国经济已由高速增长阶段转向高质量发展阶段。受要素成本上升、资源环境压力加大以及后发国家工业化和发达国家再工业化等国内外发展环境变化的双重影响，以往依靠要素驱动、投资驱动的增长模式已经难以为继，迫切需要转型发展，更多依靠科技创新驱动经济发展。绿色低碳是新一轮技术革命和产业变革的重要特征，也是转型发展的必然趋势。推进区域产业转型升级，不仅要求优化三次产业结构，而且强调促进各个产业部门内部的优化升级以及产业内的企业升级和产品结构优化，这就必然要求企业加快推进生产方式转变，大力开发绿色低碳技术，从而加大节能减排力度，推动经济高质量发展。因此，加快推进区域产业转型升级将有利于更好地发挥科学技术尤其是绿色低碳技术在推进碳达峰、碳中

① 刘仁厚等：《中国科技创新支撑碳达峰、碳中和的路径研究》，《广西社会科学》2021年第8期。

② 郭士伊、刘文强、赵卫东：《调整产业结构降低碳排放强度的国际比较及经验启示》，《中国工程科学》2021年第6期。

和中的积极作用，提升产业可持续发展能力。随着绿色低碳技术的开发应用，中国碳排放强度呈现逐年下降的趋势，2019 年较 2005 年单位 GDP 二氧化碳排放量下降约 60%。[①] 而在数字经济时代，利用数字技术推动区域产业数字化转型升级，对于促进节能减排、推动实现“双碳”目标也具有深远的影响。

（三）加快推进区域产业转型升级，有利于引导消费转型升级，形成绿色低碳生活方式

研究表明，居民消费产生的碳排放量占碳排放总量的一半以上，对碳排放的“贡献”不容忽视。倡导绿色低碳、节约环保、文明健康的生活方式是我国加快生态文明建设、应对气候变化的重要路径。推动实现碳达峰、碳中和，需要进一步增强公众绿色低碳意识，扩大绿色低碳产品供给和消费，减少过度消费、高碳消费，让全社会形成绿色低碳生活新风尚。而产业升级与消费升级互为支撑、相互促进，产业升级能够引导消费者转变消费模式，促进消费升级，消费升级又会反作用于产业升级。产业和消费“双升级”符合供给侧结构性改革的要求，有利于推动供需双方协调提升和生产生活方式协同升级，助力我国经济的高质量发展，尤其是当前我国提出要“加快构建以国内大循环为主体、国内国际双循环相互促进的新发展格局”，强调要“坚持扩大内需这个战略基点”，形成需求牵引供给、供给创造需求的更高水平的动态平衡。在此背景下，消费引领经济增长更加明显，产业升级促进消费升级的步伐加快，不仅创造了新的增长点，进一步畅通了经济循环，也推动了生产生活方式的绿色转型。因此，推进区域产业转型升级还有利于通过产业结构的合理化、高级化实现供给侧结构性改革，从而引导消费转型升级，推动形成绿色低碳生活方式，降低由居民消费产生的碳排放量。

---

① 刘仁厚等：《中国科技创新支撑碳达峰、碳中和的路径研究》，《广西社会科学》2021 年第 8 期。

二　中国区域产业转型升级与碳排放现状分析

我国基于推动实现可持续发展的内在要求和构建人类命运共同体的责任担当，宣布了碳达峰、碳中和目标愿景。然而，作为发展中国家，我国目前仍处于新型工业化、信息化、城镇化、农业现代化加快推进阶段，实现“双碳”目标的时间紧、压力大，尤其是当前我国煤炭和石油消费量较高、经济下行压力下产业结构转型升级存在巨大挑战。因此，实现“双碳”目标，高能耗地区的产业结构调整将成为能源消费强度控制的着眼点之一，以煤炭为主的传统能源地区将面临主体性产业替换的严重冲击，以钢铁、有色金属、化工、水泥等高耗能产业为主导的区域将面临巨大的挑战。①

在工业化进程中，发达国家的产业结构变化显示的规律：随着经济增长，农业占比不断下降，工业占比先上升后下降，服务业占比不断上升，产业结构不断优化。碳排放变化也呈现与其类似的变动轨迹：随着经济增长，碳排放水平首先快速提高，然后进入峰值平台期，进而开始下降。② 我国国情决定了工业是立国之本、制造业是强国之基。并且，当前我国工业依然处于快速发展时期，实现碳达峰、碳中和的压力较大。但产业结构变化与碳排放之间存在阶段性变化，这种分阶段的变化表现为“增长期—峰值期—下降期”；前者是原因，取决于经济发展的内在规律；后者是结果，归因于产业结构的先行调整。③ 因此，实现“双碳”目标，要不断推进产业结构优化，降低高能耗产业比例。

① 白永秀、鲁能、李双媛：《“双碳”目标提出的背景、挑战、机遇及实现路径》，搜狐网，2021 年 6 月 10 日，https://www.sohu.com/a/471453544_120815451。

② 郭士伊、刘文强、赵卫东：《调整产业结构降低碳排放强度的国际比较及经验启示》，《中国工程科学》2021 年第 6 期。

③ 郭士伊、刘文强、赵卫东：《调整产业结构降低碳排放强度的国际比较及经验启示》，《中国工程科学》2021 年第 6 期。

（一）我国产业转型升级及能源消耗状况

产业结构问题较为复杂，不仅涉及三次产业占比、行业结构变化、产品结构优化，还包括产业空间布局、区域协调发展等，产业之间相互依赖、相互联系，不合理的调整可能会对经济正常运行造成不利影响。近年来，我国产业不断转型升级，产业空间布局不断优化，三次产业占比呈现向高级化与合理化变化的特征。第三产业和新兴产业快速发展，并逐渐成长为国民经济的主导产业，有力地推动了我国产业体系的健康发展。从表1－1中可以看出，2015～2020年我国第一产业和第二产业所占的比重总体呈现下降的态势，第三产业的比重不仅超过了50%，而且呈现逐步上升的态势。

表1－1　2015～2020年我国三次产业的构成

单位：%

年份	第一产业	第二产业	第三产业
2015	8.4	40.8	50.8
2016	8.1	39.6	52.4
2017	7.5	39.9	52.7
2018	7.0	39.7	53.3
2019	7.1	38.6	54.3
2020	7.7	37.8	54.5

数据来源：《中国统计年鉴（2021）》。

庞大的经济总量，以及较高速的增长注定我国是能源消费大国。但一方面，我国产业结构不断优化，减少了单位GDP能源消耗与碳排放。从表1－2中可以看出，2015～2019年无论是单位GDP能源消费量，还是单位GDP的CO_2排放量，都呈现逐步减少的趋势。单位GDP能源消费量从2015年的0.63吨标准煤/万元，逐步下降到2019年的0.55吨标准煤/万元。单位GDP的CO_2排放量，从2015年的1.60吨/万元降低到2019年的1.40吨/万元。另一方面，在我国节能减排措施的影响下，能源利用效率不断提升。2012～2019年，我国以能源消费年均2.8%的增长支撑了国民经济年均7%

的增长，能源利用效率显著提高。在降低能源消耗的同时，碳排放量逐步降低。[①] 2017 年能源消费总量 44.9 亿吨标准煤，比 2016 年增长 2.9%，煤炭消费量增长 0.4%，原油消费量增长 5.2%，天然气消费量增长 14.8%，电力消费量增长 6.6%。2017 年煤炭消费量占能源消费总量的 60.4%，比上年下降 1.6 个百分点，全国万元 GDP 的 CO_2 排放量下降 5.1%。[②] 2018 年能源消费总量 46.4 亿吨标准煤，比上年增长 3.3%，煤炭消费量增长 1.0%，原油消费量增长 6.5%，天然气消费量增长 17.7%，电力消费量增长 8.5%。2018 年煤炭消费量占能源消费总量的 59.0%，比上年下降 1.4 个百分点，全国万元 GDP 的 CO_2 排放量下降 4.0%。[③] 2019 年能源消费总量 48.6 亿吨标准煤，比上年增长 3.3%，煤炭消费量增长 1.0%，原油消费量增长 6.8%，天然气消费量增长 8.6%，电力消费量增长 4.5%。2019 年煤炭消费量占能源消费总量的 57.7%，比上年下降 1.5 个百分点，全国万元 GDP 的 CO_2 排放量下降 4.1%。[④] 2020 年能源消费总量 49.8 亿吨标准煤，比上年增长 2.2%，煤炭消费量增长 0.6%，原油消费量增长 3.3%，天然气消费量增长 7.2%，电力消费量增长 3.1%。2020 年煤炭消费量占能源消费总量的 56.8%，比上年下降 0.9 个百分点，全国万元 GDP 的 CO_2 排放量下降 1.0%。[⑤]

产业结构优化推进的碳减排效果逐渐显现，日本海洋研究开发机构的一个研究团队在欧洲专业杂志发表论文称，观测发现从 2009 年开始，10 年间中国碳排放减少了 35%，认为中国防治大气污染对策取得积极进展。[⑥]

---

① 丁怡婷：《加快形成能源节约型社会（经济新方位·聚焦“十四五”目标）》，《人民日报》2021 年 8 月 10 日。

② 《中华人民共和国 2017 年国民经济和社会发展统计公报》，国家统计局，2018 年 2 月 28 日，http://www.stats.gov.cn/tjsj/zxfb/201802/t20180228_1585631.html。

③ 《中华人民共和国 2018 年国民经济和社会发展统计公报》，国家统计局，2019 年 2 月 28 日，http://www.stats.gov.cn/tjsj/zxfb/201902/t20190228_1651265.html。

④ 《中华人民共和国 2019 年国民经济和社会发展统计公报》，国家统计局，2020 年 2 月 28 日，http://www.stats.gov.cn/tjsj/zxfb/202002/t20200228_1728913.html。

⑤ 《中华人民共和国 2020 年国民经济和社会发展统计公报》，国家统计局，2021 年 2 月 28 日，http://www.stats.gov.cn/tjsj/zxfb/202102/t20210227_1814154.html。

⑥ 苏海河：《中国碳排放 10 年间减少 35%》，新华网，2020 年 7 月 24 日，http://www.xinhuanet.com/energy/2020-07/24/c_1126278861.htm。

表1-2 2015~2019年我国单位GDP能源消费量及其的 CO_2 排放量

年份	单位GDP能源消费量（吨标准煤/万元）	单位GDP煤炭消费量（吨/万元）	单位GDP焦炭消费量（吨/万元）	单位GDP石油消费量（吨/万元）	单位GDP原油消费量（吨/万元）	单位GDP燃料油消费量（吨/万元）	单位GDP电力消费量（万千瓦时/万元）	单位GDP的 CO_2 排放量（吨/万元）
2015	0.63	0.58	0.06	0.08	0.08	0.01	0.08	1.60
2016	0.60	0.53	0.06	0.08	0.08	0.01	0.08	1.52
2017	0.58	0.50	0.06	0.08	0.08	0.01	0.08	1.47
2018	0.56	0.47	0.05	0.07	0.07	0.01	0.09	1.42
2019	0.55	0.45	0.05	0.07	0.08	0.01	0.08	1.40

注：GDP按2015年可比价格计算；标准煤的 CO_2 排放量按2.54吨估算，参考涂华、刘翠杰《标准煤二氧化碳排放的计算》，《煤质技术》2014年第2期。

数据来源：《中国统计年鉴（2021）》。

从表1-3的行业能源消费量可以看出，2015~2019年，工业，尤其是制造业一直是能源消费的主要行业。制造业能源消费量占消费总量的比重从2015年的56.97%波动下降到2019年的55.06%。这就意味着，要想实现能源消耗降低，减少碳排放，优化产业结构，降低工业尤其是制造业在国内生产总值中的比重，推进产业转型升级，以及通过科技创新发展新兴产业是最为有效的途径。但对当前还处在工业化和城市化发展阶段中后期的我国而言，未来仍需保持较高的经济增长率。尽管不断加大节能降碳力度，但能源总需求在一定时期内还会持续增长，碳排放也将呈缓慢增长趋势。[①] 但是，越早进行产业转型升级，进一步优化减排战略，碳排放达峰时间越早，峰值排放量越低，越有利于实现长期碳中和愿景，否则会付出更大的成本和代价。

① 孙秀艳、寇江泽：《瞄准碳中和 推动碳达峰——访国家气候变化专家委员会副主任何建坤》，《人民日报》2021年2月1日。

表 1-3　2015~2019 年我国按行业分能源消费量

单位：万吨标准煤

行业	2015 年	2016 年	2017 年	2018 年	2019 年
消费总量	429905.1	435818.63	448529.14	471925	487488
农、林、牧、渔业	8231.66	8544.06	8931.23	8781	9018
工业	292275.96	290255.00	294488.04	311151	322503
采矿业	19258.44	17425.61	17680.23	18981	19233
制造业	244919.56	242514.87	245139.54	258604	268426
电力、热力、燃气及水生产和供应业	28097.96	30313.58	31668.27	33566	34844
建筑业	7696.41	7990.93	8554.51	8685	9142
交通运输、仓储和邮政业	38317.66	39651.21	42190.79	43617	43909
批发和零售业、住宿和餐饮业	11403.69	12015.23	12475.43	12994	13624
其他	21880.78	23154.47	24268.83	26262	27582
居民生活	50098.96	54208.66	57620.31	60436	61709

数据来源：2016~2020 年《中国统计年鉴》。

实现碳达峰的核心是降低碳强度，以“强度”下降抵消 GDP 增长带来的 CO_2 排放量的增加。“十四五”规划纲要将“单位 GDP 能源消耗降低 13.5%”作为经济社会发展主要约束性指标之一。在实现碳达峰、碳中和目标的背景下，经初步研究预测，为实现“单位 GDP 能源消耗降低 13.5%”的目标，“十四五”时期，我国将以年均 2% 左右的能源消费增长支撑 5% 左右的 GDP 增速。其中，单位 GDP 能耗降幅每扩大 1 个百分点，每年可减少能源消费量 0.5 亿吨标准煤以上，相应减少 CO_2 排放量 1 亿吨以上；经济增量部分对应的能耗强度仅为目前的 1/3 左右，我国将以更大力度减少高耗能高排放项目。① 再加上，当前我国经济结构中第二产业的比重、高耗能产业的比重相对较高。产业结构优化调整在一定程度上可以降低能源消耗与碳排放。因此，通过加强产业结构调整和优化，大力发展数字经济、高新科技产业和现代服务业，抑制煤电、钢铁、石化等高耗能重化工业的产

① 丁怡婷：《加快形成能源节约型社会（经济新方位·聚焦“十四五”目标）》，《人民日报》2021 年 8 月 10 日。

能扩张，实现结构节能；通过产业技术升级，推广先进节能技术，提高能效，实现技术节能。① 从而能够实现在稳定经济增长的同时，保障"双碳"战略的实施。

（二）我国各区域产业转型与能源消耗、碳排放状况

不同区域的产业结构不同，能源消耗以及碳排放状况也不尽相同。尽管近年来各区域都在实施相关节能减排措施，但在稳定经济增长的压力下，产业结构转型升级步伐受到一定影响，因此，不同的产业结构状况影响了不同区域的能源消耗以及碳排放。

从表1－4中可以看出，2019年多数省份能源消费量都小于3亿吨标准煤，能源消费量超过3亿吨标准煤的省份有山东、广东、河北以及江苏，其中山东能源消费量超过4亿吨标准煤。2016～2019年，能源消费量减少的省份有6个，分别为吉林、河南、黑龙江、重庆、上海和天津，能源消费量分别减少了882万吨标准煤、817万吨标准煤、666万吨标准煤、315万吨标准煤、16万吨标准煤和4万吨标准煤。而能源消费量增长的省份为24个，其中能源消费增长量超过2000万吨标准煤的省份有内蒙古、广东、河北、辽宁、山东、新疆、浙江和宁夏，其中内蒙古增长量超过5000万吨标准煤。

表1－4　2016～2019年我国31个省份的能源消费量

单位：万吨标准煤

省份	2016年	2017年	2018年	2019年
北　京	6962	7133	7270	7360
天　津	8245	8011	7973	8241
河　北	29794	30386	32185	32545
山　西	19401	20057	20199	20859
内蒙古	19457	19915	23068	25346
辽　宁	21031	21556	22321	23749
吉　林	8014	8015	7000	7132

① 孙秀艳、寇江泽：《瞄准碳中和 推动碳达峰——访国家气候变化专家委员会副主任何建坤》，《人民日报》2021年2月1日。

续表

省份	2016 年	2017 年	2018 年	2019 年
黑龙江	12280	12536	11436	11614
上　海	11712	11859	11454	11696
江　苏	31054	31430	31635	32526
浙　江	20276	21030	21675	22393
安　徽	12695	13052	13295	13870
福　建	12358	12890	13131	13718
江　西	8747	8995	9286	9665
山　东	38723	38684	40581	41390
河　南	23117	22944	22659	22300
湖　北	16850	17150	16682	17316
湖　南	15804	16171	15544	16001
广　东	31241	32342	33330	34142
广　西	10092	10458	10823	11270
海　南	2006	2103	2170	2264
重　庆	9204	9545	8557	8889
四　川	20362	20874	19916	20791
贵　州	10227	10482	10036	10423
云　南	10656	11091	11590	12158
西　藏				
陕　西	12120	12537	12900	13478
甘　肃	7334	7538	7823	7818
青　海	4111	4202	4364	4235
宁　夏	5592	6489	7100	7648
新　疆	16302	17392	17694	18490

注：西藏数据暂缺。

数据来源：2017～2020 年《中国能源统计年鉴》。

尽管能源消费量与 GDP 有关，但并不是必然的关系。因为，不同区域的产业结构不同，决定了各区域的单位 GDP 能耗不同，当然也就决定了不同区域的单位 GDP 的 CO_2 排放量不同。从表 1－5 中可以看出，2019 年单位 GDP 能耗超过全国平均值（0.55 吨标准煤/万元）的省份为宁夏、内蒙古、青海、新疆、山西、辽宁、河北、甘肃、黑龙江、贵州、吉林、天津与山东。与能源消费量相对比，尽管 2019 年广东能源消费量为 34142 万吨标准煤，排在第二位，但其单位 GDP 能耗仅 0.32 吨标准煤/万元，低于全国 0.55 吨标准煤/万元的平均值。从单位 GDP 的 CO_2 排放量来看，2019 年超过 3 吨/万元的省份为宁夏、内蒙古、青海、新疆与山西，分别为 5.18 吨/万元、3.73 吨/万元、3.63 吨/万元、3.45 吨/万元与 3.12 吨/万元。

表 1-5 2019 年我国 31 个省份的单位 GDP 能耗与其的 CO_2 排放量

省份	能源消费量（万吨标准煤）	GDP（亿元）	单位 GDP 能耗（吨标准煤/万元）	单位 GDP 的 CO_2 排放量（吨/万元）
北 京	7360	35371.28	0.21	0.53
天 津	8241	14104.28	0.58	1.47
河 北	32545	35104.52	0.93	2.36
山 西	20859	17026.68	1.23	3.12
内蒙古	25346	17212.53	1.47	3.73
辽 宁	23749	24909.45	0.95	2.41
吉 林	7132	11726.82	0.61	1.55
黑龙江	11614	13612.68	0.85	2.16
上 海	11696	38155.32	0.31	0.79
江 苏	32526	99631.52	0.33	0.84
浙 江	22393	62351.74	0.36	0.91
安 徽	13870	37113.98	0.37	0.94
福 建	13718	42395.00	0.32	0.81
江 西	9665	24757.50	0.39	0.99
山 东	41390	71067.53	0.58	1.47
河 南	22300	54259.20	0.41	1.04
湖 北	17316	45828.31	0.38	0.97
湖 南	16001	39752.12	0.40	1.02
广 东	34142	107671.07	0.32	0.81
广 西	11270	21237.14	0.53	1.35
海 南	2264	5308.93	0.43	1.09
重 庆	8889	23605.77	0.38	0.97
四 川	20791	46615.82	0.45	1.14
贵 州	10423	16769.34	0.62	1.57

续表

省份	能源消费量（万吨标准煤）	GDP（亿元）	单位 GDP 能耗（吨标准煤/万元）	单位 GDP 的 CO_2 排放量（吨/万元）
云　南	12158	23223.75	0.52	1.32
西　藏		1697.82		
陕　西	13478	25793.17	0.52	1.32
甘　肃	7818	8718.30	0.90	2.29
青　海	4235	2965.95	1.43	3.63
宁　夏	7648	3748.48	2.04	5.18
新　疆	18490	13597.11	1.36	3.45

注：西藏除 GDP 数据外，其他数据暂缺；标准煤的 CO_2 排放量按 2.54 吨估算。

数据来源：《中国统计年鉴（2020）》。

通过前文分析可见，虽然广东 GDP 大，能源消费量高，但单位 GDP 能耗仅 0.32 吨标准煤/万元，仅比北京与上海多，远低于全国平均值。从表 1-6 可以看出，2019 年广东第三产业占比为 55.5%，在全国排名第 5。而单位 GDP 能耗较高的宁夏、内蒙古、青海、新疆与山西，第三产业占比分别为 50.3%、49.6%、50.7%、51.6% 和 51.4%，均低于全国平均值（54.3%）。北京、上海 2019 年第三产业占比分别为 83.5% 和 72.7%，产业结构高度化特征明显，因此，这两市的单位 GDP 的 CO_2 排放量较少，分别为 0.53 吨/万元和 0.79 吨/万元。第二产业是能源消耗与碳排放量较多的产业，因此，一般而言，区域第二产业占比越大，能源消耗越多，碳排放量就越高。2019 年第二产业占比超过全国平均值（38.6%）的有福建、陕西、江苏、江西、山西、河南、浙江、宁夏、湖北、安徽、广东、重庆、山东、内蒙古、青海以及河北，其中宁夏、内蒙古、青海与山西都是单位 GDP 能源消费量较高的省份。从上述分析可知，产业结构高度化、第三产业的快速发展，能够减少单位 GDP 的能源消耗与碳排放。

同时也可以发现，尽管新疆、辽宁、甘肃、黑龙江、贵州、吉林、天津等省份的第二产业占比较低，但单位能耗较高。而福建第二产业占比高达 48.5%，居全国第一，但其单位 GDP 能耗仅 0.32 吨标准煤/万元，单位 GDP 的 CO_2 排放量 0.81 吨/万元，属于单位能耗与碳排放量较少的省份。

这主要是因为福建近年来没有大规模增加重工业产能，而是推动数字经济较快发展。结合部分区域第二产业占比较低但能耗较大与碳排放量较高的现象，可以总结出，区域经济发展中可以通过加强产业结构调整和优化、通过发展新兴产业，控制煤电、钢铁、石化等高耗能重化工业的产能扩张，通过产业技术升级、推广先进节能技术，提高能效，实现经济稳定增长的同时，减少碳排放。

表 1－6 2019 年我国 31 个省份的三次产业构成

单位：%

省份	第一产业	第二产业	第三产业
北 京	0.3	16.2	83.5
天 津	1.3	35.2	63.5
河 北	10.0	38.7	51.3
山 西	4.8	43.8	51.4
内蒙古	10.8	39.6	49.6
辽 宁	8.7	38.3	53.0
吉 林	11.0	35.2	53.8
黑龙江	23.4	26.6	50.1
上 海	0.3	27.0	72.7
江 苏	4.3	44.4	51.3
浙 江	3.4	42.6	54.0
安 徽	7.9	41.3	50.8
福 建	6.1	48.5	45.3
江 西	8.3	44.2	47.5
山 东	7.2	39.8	53.0
河 南	8.5	43.5	48.0
湖 北	8.3	41.7	50.0
湖 南	9.2	37.6	53.2
广 东	4.0	40.4	55.5
广 西	16.0	33.3	50.7
海 南	20.3	20.7	59.0
重 庆	6.6	40.2	53.2
四 川	10.3	37.3	52.4
贵 州	13.6	36.1	50.3
云 南	13.1	34.3	52.6

续表

省份	第一产业	第二产业	第三产业
西　藏	8.2	37.4	54.4
陕　西	7.7	46.4	45.8
甘　肃	12.0	32.8	55.1
青　海	10.2	39.1	50.7
宁　夏	7.5	42.3	50.3
新　疆	13.1	35.3	51.6

数据来源：《中国统计年鉴（2020）》。

三　“双碳”战略下中国区域产业转型升级面临的机遇与挑战

“双碳”目标是我国基于推动构建人类命运共同体的责任担当和实现可持续发展的内在要求做出的重大战略决策，必将对我国经济社会发展产生深远的影响，也给我国区域产业转型升级带来了机遇和挑战。

（一）“双碳”战略下中国区域产业转型升级面临的机遇

1．“双碳”目标倒逼产业转型升级

我国提出2030年“碳达峰”与2060年“碳中和”的目标，中间只有30年时间，而欧美发达国家从碳达峰到承诺实现碳中和，中间有45～70年时间。由此可见，我国在碳达峰后的减排速度和力度将远超发达国家，这就必然倒逼我国加快区域产业转型升级，通过优化产业结构进一步降低碳排放。因此，实现“双碳”目标要求我国加快从粗放型发展模式转向集约型发展模式，推动经济高质量发展，为我国区域产业转型升级提供了良好的机遇。2021年10月，《中共中央、国务院关于完整准确全面贯彻新发展理念做好碳达峰碳中和工作的意见》明确提出，要“深度调整产业结构”，强调着力推动产业结构优化升级，坚决遏制高耗能、高排放项目盲目发展，大力发展绿色低碳产业。随着“双碳”战略的推进，能源、钢铁、有色金属、石

化、建材等传统产业将以节能降碳为导向，加快转型升级，高能耗、高排放的传统产业将面临产能压减，新能源、光伏、储能等一批新型产业将不断兴起，工业制造业尤其是初级制造业向绿色低碳转型升级。

2. 全国碳交易市场上线推动产业格局重塑

碳交易市场的建立是治理碳排放的重要手段。为了更好地推进“双碳”战略，2021 年 7 月 16 日，全国碳排放权交易市场经过长期的试点准备后在上海环境能源交易所开市，我国正式进入了由市场机制控制和减少温室气体排放的阶段。其中，发电行业成为首个被纳入碳交易市场的行业。全国碳交易市场的上线将为产业转型升级带来更好的契机。全国碳排放权交易市场推出后，将成为全球覆盖温室气体排放量规模最大的碳市场，也将成为我国实现碳达峰、碳中和目标的关键环节。全国碳交易市场上线将加快产业格局重塑，发电、石化、建材、钢铁、有色金属、造纸等涉及碳排放的行业将被纳入碳交易市场，这些行业的产能扩张力度将受到较为严格的碳排放限制，具有能效优势的优质企业将受益于碳资产的增量收益。通过逐步减少碳配额来提高二氧化碳的价格、增加碳排放企业运营成本，以此来倒逼区域产业转型升级，积极引入清洁能源，促进绿色低碳发展，推动碳达峰、碳中和目标的实现。

3. 绿色投资增加为产业转型升级提供良好契机

推进“双碳”战略，必然要求增加绿色投资，开发清洁高效节能环保低碳技术，大力发展绿色低碳环保产业，这也为区域产业转型升级提供了良好的契机。在“双碳”目标的指引下，绿色投资需求将会大幅增加，促进投资结构和产业结构优化。从能源投入来看，为实现“双碳”目标，各个产业的能源投入结构将进一步优化，风电、光伏等非化石能源投资将增加；从设备投入来看，为了降低碳排放，高耗能、高排放产业需要新增大量的清洁能源设备、低碳排放设备等硬件改造投资，这就为产业转型升级提供了物质保障。同时，为了实现快速降低碳排放的目标，着力提升绿色技术创新水平是关键，这又需要新增大量绿色、低碳、零碳等方面的技术投资，从而进一步助推区域产业转型升级。由此可见，在“双碳”战略目标下，绿色投资需求将会大幅增加，并广泛分布在能源、工业、建筑、交通等众多领域，这将为推动区域产业转型升级提供千载难逢的机遇。

（二）“双碳”战略下中国区域产业转型升级面临的挑战

1. 传统产业转型升级任重道远

当前，我国整体处于工业化中后期阶段，产业结构不合理问题依然较为突出，传统“三高一低”（高投入、高能耗、高污染、低效益）产业仍占较高比重。传统产业的技术、工艺、产品、市场都已比较成熟，发展模式和思维方式不易改变。由于长期依赖低要素成本投入获取比较优势，我国相当规模的制造业在国际产业链、价值链中还处于中低端，产品附加值低、能耗物耗高等问题明显，尤其是钢铁、有色金属、化工、建材等国民经济发展的重要支撑行业在减碳中面临很大的挑战，这些行业基数较大，减排任务较为艰巨，特别是像钢铁等行业目前处在发展阶段，还不是谈减量的阶段，面临绿色转型的“阵痛”、挑战。因此，在我国经济由高速增长转向高质量发展的新阶段，产业转型升级依然面临生产要素成本上升、能源资源利用效率低、自主创新能力不足等挑战，迫切需要加快转变建立在化石能源基础上的工业体系，加快推动供给侧结构性改革，改变要素驱动的传统增长模式。

2. 外部环境变化给我国产业转型升级带来挑战

当今，世界正经历百年未有之大变局，新一轮科技革命和产业变革是大变局的重要推动力量，深刻改变着国际社会的生产生活方式，重塑世界政治经济格局，国际力量对比深刻调整尤其是“东升西降”是大变局发展的主要方向。在制造业领域，发达国家纷纷推出再工业化战略，表现出继续抢占高端制造业的战略意图，同时我国在关键核心技术领域面临“卡脖子”的困局，这给我国产业转型升级带来了严峻的挑战。与此同时，以越南、印度尼西亚、菲律宾等为代表的一些东南亚国家近年来凭借人力、资源和政策优势，持续推动外向型经济扩张，与西方国家间的商品和要素流通较中国更加顺畅，在区域产业结构调整中获得了一定的竞争力，这意味着我国在中低端制造业领域将面临更加激烈的竞争。由此可见，我国的产业转型升级将面临来自高端和中低端制造业竞争的双重压力。

3. 绿色技术创新支撑产业转型升级的动力不足

尽管“双碳”战略的实施对产业转型升级提出了更高的要求，为绿色低碳技术的开发运用提供了良好的发展前景，但目前我国绿色技术创新支撑产业转型升级的动力仍然不足，尤其是高碳排放行业面临较大的发展压力。按照“双碳”目标的要求，我国将在2060年前实现碳中和，这就需要大部分行业在30~40年时间里大幅度降低碳排放。一方面，我国高碳行业产业规模大，绿色技术创新程度低，技术和装备更新成本高，产业结构调整和技术升级的动力不足，难以构建先进低碳技术研发体系和工业清洁技术替代体系；另一方面，我国深度脱碳技术成本高且不成熟，低碳、零碳、负碳技术涉及可再生能源、负排放技术等领域，不同低碳技术的特性、应用领域、边际减排成本和减排潜力差异很大，需要系统性的技术创新。现阶段还没有能做到零排放的成熟的清洁能源技术，降低“零碳经济”的成本需要较长时间。当前，被寄予期望的碳捕集、利用与封存（CCUS）技术大多处于实验阶段，大规模工业化应用尚不成熟，且成本十分高昂，动辄数亿元甚至数十亿元的投资和运行成本以及收益不足等问题，限制了CCUS项目的顺利建设。① 此外，我国目前的新能源技术利用效率依然偏低，平均弃风、弃光率较高，这些都不利于节能减排，在一定程度上制约了区域产业转型升级。

四 “双碳”战略下加快推进中国区域产业转型升级的路径探讨

区域产业转型升级的实质是产品更新换代并向高效率转变，② 以及产业链、价值链向中高端跃升。我国区域产业转型升级是一个复合型和系统型的

① 庄贵阳：《我国实现“双碳”目标面临的挑战及对策》，《人民论坛》2021年第18期。

② 徐礼伯、武蓓、张雪平：《产业结构升级的内在机理与遵循之策——兼论供给侧改革的着力点》，《现代经济探讨》2016年第9期。

全局性变革过程，既包含区域产业内部结构高加工度化，也包含区域产业之间的结构转化，以及产业跨区域联动协同转型发展。“双碳”战略下，面对生产要素成本上升、能源资源利用效率低、自主创新能力不足、产业区域发展不平衡以及产业供需结构失衡等制约产业转型升级的因素，我国区域产业亟须探索出一条具有中国特色的转型升级道路。

（一）以供给侧改革为主线，增强产业转型升级的动力支撑

供给侧结构性改革的实质是着眼于要素市场的优化配置，提升供给体系的质量效率，增强经济持续高质量发展的动力。其中，坚持供给侧结构性改革主线，主体是企业、关键在创新、导向是市场、引导在政府。“双碳”战略下，我国区域产业转型升级的动力主要由创新驱动、政策引导构成，加快新旧动能转换，使得我国区域产业转型升级获得长足发展，尤其是“双碳”战略正开创我国区域产业转型升级新局面，以技术升级、市场升级和管理升级带动区域产业创新链、产业链和价值链的升级，以节能效应、减排效应促进我国区域产业转型升级，是新时期我国区域产业转型升级的重要路径。

1. 从要素驱动转向创新驱动，释放创新要素配置潜能

要素禀赋和要素配置是区域产业发展的关键因素。我国区域产业转型升级要突破资源、资本、劳动力等传统要素的瓶颈，积极培育技术、创新、信息、数据、人才等高级要素禀赋，推动我国区域要素禀赋结构逐步合理化和高端化，并通过优化区域要素禀赋结构，形成区域竞争优势和产业结构比较优势，强化区域间资源要素互补，推动我国区域产业转型升级。其中，创新驱动是提高产业供给质量的内在要求，[①] 从要素驱动转向创新驱动也是“双碳”目标下产业进行新旧动能转换和资源配置效率提升的关键。坚持创新驱动区域产业转型升级，一是加快集聚创新要素，加快科技成果要素转化，激发创新活力，大力发展新产业、新业态和新模式，推动一批高端产业集群

① 刘名远：《中国产业结构高度化的供给侧结构性改革研究》，《宏观经济研究》2018 年第 6 期。

向创新集群、低碳集群转型升级。二是推动创新资源要素与其他传统要素的有效融合，进一步释放创新要素配置潜能，带动区域传统产业转型升级，实现传统产业特色化、高端化。三是增强区域间创新要素的空间传播与应用，建设以低碳技术创新为主体的系统集成创新体系，强化创新驱动对区域产业转型升级的溢出效应，加强资源的空间优化配置效应。

2. 从政府管理转向政府公共服务，推动政府职能深刻转变

合理有效的政府转型可以促进区域产业转型升级，同时，政府公共服务水平会直接影响地区产业转型的进程。[①] “双碳”战略下，我国区域产业转型升级需要打破产业空间形态和区域功能边界，也需要结合国家与地方中长期发展战略和行动计划，明确“双碳”战略下我国区域产业转型升级的调整方向，尤其对于资源型地区，现阶段我国亟须加快政府职能深刻转变，以政府制度创新为切入点、以区域产业转型升级需求为导向，在坚持市场资源配置决定性作用的基础上，推动政府治理从政府管理转向政府公共服务。“双碳”目标正倒逼我国区域产业转型体制机制创新，急需制度性创新保障我国区域产业转型升级，加快落实区域产业协调发展战略。同时，受新冠肺炎疫情影响，我国区域产业转型升级面临更大的挑战，急需在明晰产业公共服务内在需求的基础上，实现制度的有效供给与要素的集约节约化供给、产品的有效优质供给相结合，为新时期我国区域产业转型升级打造良好的外部条件。

3. 从补短板逐步走向锻长板，提高产业链供应链韧性

2020 年 7 月 30 日的中共中央政治局会议提出，要提高产业链供应链稳定性和竞争力，更加注重补短板和锻长板。“双碳”战略下，我国区域产业转型升级要在注重创新、补短板的同时，注重巩固竞争优势、锻长板，使区域产业基础高级化、产业链现代化，提高其供应链安全性。“十四五”时期是我国区域产业转型升级的关键时期，可以从两个方面提高区域产业链供应链韧性：一方面，通过加快推动新基建，赋能区域传统产业和新兴产业，打

① 赵波等：《政府转型、公共服务与制造业转型升级》，《产经评论》2019 年第 6 期。

通不同区域优势产业链的各个环节，整合产业链上游、中游和下游各个环节的资源要素，逐步打造一个完整的产业链平台，以保障低碳产业链的整体效应；另一方面，通过推动供应链、产业链数字化转型，提升产业链供应链的生产效率，增强我国区域产业转型的安全性和稳定性，以保障供应链的协同效应。

（二）以需求侧管理为重点，挖掘产业转型升级的市场潜力

“双碳”战略下我国区域产业转型升级，不仅要注重供给侧结构性改革的贡献，也要注重需求侧管理的作用。供给侧结构性改革与需求侧管理相辅相成、相互促进，共同推进我国区域产业转型升级，尤其在双循环新发展格局下，需求结构调整对产业转型升级具有关键作用。同时，需求侧管理不仅要刺激消费，扩大内需，还要强化有效投资和优化出口贸易，是在正确处理消费、投资和出口关系基础上的一系列制度性改革。“双碳”战略下我国区域产业转型升级，要注重消费需求升级、扩大有效投资和优化出口贸易在区域产业转型升级中的拉动作用。

1. 以消费需求升级推动产业发展质量变革

互联网时代，尤其在零售模式创新推动下，直播等线上销售平台的创新大大刺激了消费需求。但过快增长的消费需求规模也可能引致卖方市场的形成，不利于产业效率的提升。因此，“双碳”目标下要循序推进消费者从根本上确立低碳消费、绿色消费的观念，守住绿色消费底线，提升消费需求的质量，带动全民消费需求升级。一方面，通过消费需求升级倒逼产业供给侧结构性改革，提高产品层次和质量，进而推动产业结构向合理化和高度化演进；另一方面，通过消费需求升级倒逼企业加快推进管理创新的动力，提高全要素生产率，进而推进区域产业结构转型升级。此外，消费需求有现实和潜在之分，要加强低碳技术、碳吸收技术、碳中和技术、信息技术、现代物流体系等基础设施建设，降低消费成本，把潜在消费需求转化为现实消费需求，推进消费需求升级与产业转型升级相融合，从而进一步促进区域产业竞争力的提升。

2. 以扩大有效投资推进产业结构优化调整

从本质上来看，通过有效投资推动产品、服务的升级迭代，符合产业转型升级的内在规律。投资结构和产业结构具有高度关联性，区域间和产业间投资结构的优化，可以直接推动区域产业结构的转型升级。一方面，优化投资结构，从传统劳动密集型产业向高端制造业、高新技术产业的新兴产业转型升级，形成产业竞争优势；另一方面，注重投资集聚效应，提高产业投资效率。尽量避免多元化、分散化的投资倾向，以表面“全面”守住投资效益而忽视产业转型升级趋势的规律，从长远来看，这种多元化、分散化的投资行为对产业转型升级成效具有一定的抑制作用。因此，要从保增长目标的全面投资转向促效率目标的有效投资，强化市场约束，预防以扩大投资为名进行的投资项目，注重地区特色产业发展和差异化发展。

3. 以优化贸易结构推动产业国际竞争力提升

加强需求侧管理，处理好消费、投资和储蓄的关系，有效释放国内市场效应的同时，注重优化出口贸易结构，对我国出口优势产业转型升级具有重要推动作用，尤其在国内大循环、国际国内双循环新发展格局下，通过全面提升开放型经济水平，优化对外贸易结构，积极参与全球价值链变革，有助于我国区域产业转型升级。其中，货物贸易和服务贸易的结构与我国区域产业转型升级存在长期的协同关系。① 一方面，加快优化出口贸易结构，推动高新技术产品出口，进一步发挥出口对我国区域产业转型升级的倒逼作用；另一方面，改善进口贸易结构，扩大先进技术装备、国内紧缺能源资源进口，进一步发挥进口对我国区域产业转型升级的推动作用。此外，相对于传统贸易，依托互联网技术的数字贸易，对贸易效率和产品创新具有显著的正效应，对产业国际竞争力提升具有乘数效应。

① 唐辉亮：《对外贸易结构优化对产业转型升级的影响研究》，《老区建设》2018 年第 12 期。

B.34
专题2
"双碳"战略下中国碳金融发展现状及政策展望

易小丽　白华　程俊恒*

摘　要： 碳达峰、碳中和战略目标彰显了中国加速推进绿色发展的决心和伟力，金融支持是绿色发展的重要支撑和关键路径。为此，党中央和各级政府持续出台多项政策，推动碳金融快速经历萌芽期和探索期，进入发展期。当前，我国碳金融发展呈现交易量和交易额增长平稳的趋好特征，但是仍存在交易主体较为单一、交易内容以配额现货交易为主、交易价格偏低等不足之处。展望未来，面对全球碳金融发展带来的机遇和挑战，基于国际碳金融发展现状和优秀经验，要想进一步提高碳金融的发展效率和效益，需要以"改"为根本，完善碳金融发展的顶层设计；以"新"为动力，丰富碳金融发展的产品供给；以"融"为主题，实现碳金融发展的内外统一；以"技"为手段，加强碳金融发展的风险防范；以"智"为保障，夯实碳金融发展的人才支撑。

关键词： "双碳"战略　碳金融　碳市场　碳排放

---

* 易小丽，福建师范大学经济学院副教授，硕士生导师，研究方向为宏观经济；白华，福建师范大学经济学院副教授，硕士生导师，研究方向为数据挖掘；程俊恒，福建师范大学经济学院副教授，硕士生导师，研究方向为系统工程。

气候变化是一个关系人类社会未来可持续发展的全球性问题。自2005年起，中国碳排放总量连续15年居世界首位，占全球碳排放总量的比重不断攀升。2020年，新冠肺炎疫情使世界各国工业发展遭受不同程度的冲击，碳排放总量出现下滑，只有中国的碳排放总量仍保持正增加，碳减排压力倍增。为此，2020年9月22日，习近平总书记首次对外宣布：“中国将提高国家自主贡献力度，采取更加有力的政策和措施，二氧化碳排放力争于2030年前达到峰值，努力争取2060年前实现碳中和。”① 实现“双碳”目标，离不开金融的保驾护航，金融服务碳达峰、碳中和将成为未来金融工作的重点领域。本专题结合碳排放权市场的发展，梳理了我国碳金融发展的历程及现状，接着从“双碳”目标的新要求出发，总结了我国碳金融发展面临的机遇与挑战，在借鉴国际碳金融发展经验的基础上，提出“双碳”战略下推动我国碳金融发展的对策建议。

一 中国碳金融发展历程及现状

碳金融有广义和狭义两种定义。广义的碳金融是指在一个碳排放受限的社会，通过市场化手段解决气候问题的金融工具和方法；② 狭义的碳金融是指出售基于项目的温室气体减排量或交易碳排放许可证所获得的一系列现金流的统称③。综合广义和狭义的碳金融定义，本专题将碳金融定义为，以减少温室气体排放为目的的各种金融交易活动和金融制度安排，包括碳配额、碳减排及其金融衍生品交易，基于碳减排的直接投融资活动和相关金融中介等服务。碳金融作为绿色金融的一个新兴领域，是促进碳达峰、碳中和目标实现的有效工具。

① 刘毅：《有力有序降碳促进高质量发展》，《人民日报》2021年12月7日。

② S. Labatt, R. R. White, *Carbon Finance: the Financial Implications of Climate Change* (Hoboken. N. J. John Wiley and Sons, 2007).

③ 世界银行著《碳金融十年》，广州东润发环境资源有限公司译，石油工业出版社，2011。

（一）中国碳金融发展历程

碳金融衍生自碳市场，且贯穿于碳市场各个主要流程和环节，是围绕碳交易而展开的金融活动。结合碳市场的发展，可将我国碳金融发展历程划分为三个阶段。

1. 第一阶段（2002～2012年）：清洁发展下，碳金融萌芽期

碳金融的发展起源于早期国际社会为应对气候变化而签署的一系列国际框架协议，比如1992年5月的《联合国气候变化框架公约》（以下简称《公约》）。《公约》是关于气候变化影响方面的第一个国际公约，于1994年3月正式生效。《公约》根据“共同但有区别的责任”原则，要求发达国家采取具体措施限制温室气体排放，同时向发展中国家提供资金用于支付它们履行《公约》义务所需的费用。为了进一步推动《公约》的落实，1997年12月缔约方通过了《京都议定书》。该议定书于2005年2月生效，规定了发达国家温室气体排放标准和时限，要求主要工业发达国家的温室气体排放量在2008～2012年第一个承诺期内比1990年平均减少5.2%。由于世界各国处于不同的经济发展阶段，减排成本存在很大差异，拥有排放限额的国家往往不具备低成本减排能力，于是碳排放权就产生了可交易的商品属性。为了减排温室气体，《京都议定书》首次提出了“碳排放权”① 的减排机制，即把市场机制作为控制和减少温室气体减排的新路径，具体包括国际排放贸易机制（International Emission Trading，IET）、联合履行机制（Joint Implement-ation，JI）、清洁发展机制（Clean Development Mechanism，CDM）三种灵活机制，其中CDM是指《京都议定书》附件1的缔约方通过提供资金和技术与未列入《京都议定书》附件1的缔约方开展项目合作，通过项目所实现的核证减排量（Certified Emission Reduction，CER）帮助附件1的缔约方实现其减排目标，这是一种发达国家与发展中国家之间基于项目合作进行

---

① 碳排放权的概念起源于1968年，美国经济学家戴尔斯提出的“排放权交易”，即拥有合法的污染物排放的权利，以排放许可证的形式，将环境资源作为商品进行买卖。

温室气体减排的机制。在《公约》和《京都议定书》的框架下，不少国家和地区陆续建立了碳排放权交易体系。截至2020年底，全球已建成的碳交易体系有24个，其中欧盟碳交易额占全球碳交易总额的比重将近90%。市场合作机制的建立，为金融机构参与碳排放交易提供了条件和机会，最终促进了全球碳金融交易的发展。

我国于1998年5月签署并在2002年8月核准《京都议定书》，之后一直致力于CDM项目的开发。CDM是中国参与国际碳排放市场交易最主要的方式，中国也已成为CDM市场中最大的卖家。这是因为，中国暂不需要承担《京都议定书》第一阶段的减排任务，因此，在我国境内所有减少的二氧化碳等温室气体排放量，可依据CDM转换成有价商品，出售给发达国家。为了确保CDM项目的顺利运行，我国于2005年10月发布《清洁发展机制项目运行管理办法》，规定我国境内的中资或中资控股企业可对外开展CDM项目。2005年以来，我国CDM注册项目数逐年增长，从2005年的3项增加到2012年的1855项。在CDM注册项目中，新能源和可再生能源项目数占比最高，达到80%以上，其次是节能和提高能效项目、甲烷回收利用项目。① 在已签发的CDM项目中，内蒙古、云南、四川、甘肃的项目数量占比较多。中国CDM市场开发的巨大潜力，使其成为全球温室气体减排额采购的主战场，为我国带来较多的经济收益，也吸引了不少国内金融机构参与。中国人民银行公布的数据显示，2020年底，我国绿色贷款余额有11.95万亿元，其中直接或间接投向碳减排项目的贷款余额8.08万亿元，占全部绿色贷款余额的67.6%，清洁能源产业贷款是重要的投放领域之一。然而，CDM项目的发展也受到诸多因素阻碍。比如，从2009年下半年起，全球碳交易市场的扩张速度开始放缓，碳市场交易价格开始下降，从历史最高价格23欧元/吨降到6欧元/吨，到2012年12月甚至跌至0.66欧元/吨，国际碳价下滑直接影响了我国CDM项目收益，导致我国碳资产严重缩水。② 再者，《京都议定书》规

① 中国清洁发展机制网，http：//cdm.ccchina.org.cn。

② 中国碳排放交易网，http：//www.tanpaifang.com。

定的第一承诺期减排时限截至2012年，2012年以后CDM如何运行、是否有效、现有注册成功的CER是否有效，这种不确定性直接影响了相关项目的投融资，使得CDM项目发展前景面临较大风险。因此，我国亟须建立国内碳交易市场，降低CDM项目对外依存度，促进国内CDM项目的发展。

总的来说，这一阶段的碳金融发展主要表现为应对气候变化的绿色信贷发展，通过清洁能源项目与发达国家合作，基于CDM项目获得相应的经济收益。尽管我国CDM项目注册数居于世界首位，但并没有形成与CDM项目签发相匹配的碳金融环境，且没有构建自己的碳金融市场。碳定价权完全被发达国家掌控，CDM项目收益存在较大的风险。

2. 第二阶段（2013～2017年）：国内碳试点下，碳金融探索期

碳交易是市场机制下解决温室气体排放问题的重要途径，只要碳交易存在，建立碳金融交易体系就非常必要。与其他国家不同，我国选择在地方试点经验的基础上建立全国统一的碳市场。2011年10月，《国家发展改革委办公厅关于开展碳排放权交易试点工作的通知》提出，为落实"十二五"规划关于逐步建立国内碳交易市场的要求，将在北京、天津、上海、重庆、湖北、广东、深圳开展碳排放权交易试点。自2013年起，我国先后在上述地区以及2016年新增的福建开展碳排放权交易试点工作，试点行业包括发电、化工、石化、建材、钢铁、有色金属、造纸、国内民航等八个高耗能行业。我国碳市场涉及碳排放配额（Chinese Emission Allowance，CEA）和国家核证自愿减排量（Chinese Certified Emission Reduction，CCER）两大市场，其中以CEA市场为主、以CCER市场为辅。CEA是政府以无偿或有偿方式分配给企业的排放权，通过配额的市场交易可有效发挥市场对资源配置的作用，使全社会以较低成本达到控制碳排放的目的；CCER，即企业通过可再生能源、甲烷利用、林业碳汇等项目实现减排并量化核证以及注册登记，可为控排企业出售核证量以抵消控排企业的超额碳排放。国内碳市场的试点为碳金融发展创造了有利条件。2016年8月，中国人民银行、国家发改委等7部委联合出台《关于构建绿色金融体系的指导意见》，提出碳金融是绿色金融体系的重要一环，并在北京、上海等试点市场积极探索碳金融产品创新。

围绕碳排放权交易试点，国内多家银行积极开展各类融资创新业务。除了提供传统的碳交易资金结算清算及存管业务、碳交易资金管理服务，不少银行还试水了其他创新业务，包括碳期货、碳交易类、碳融资类、碳支持类产品。2014 年 5 月，浦发银行主承销的 10 亿元中广核风电有限公司附加碳收益中期票据，是我国首单企业碳债券，这也是国内首单与节能减排相关的绿色债券。2014 年 9 月，兴业银行武汉分行、湖北宜化集团和湖北碳排放权交易中心签订“碳排放权质押贷款协议”，成为我国首单碳资产质押贷款项目。2014 年 11 月，华能集团和诺安基金共同发布全国首支“碳排放权专项资产管理计划”基金。2014 年 12 月，浦发银行与广州大学城华电新能源公司合作落地国内首单碳排放配额抵押融资业务。2014 年 12 月，中信证券和北京华远意通热力科技股份有限公司签署了国内首笔碳排放配额回购融资协议。2015 年 3 月，中建投信托发布《中建投信托 · 涌泉 1 号集合资金信托计划》，这是国内首个碳信托产品。2015 年 6 月，中信证券、北京京能源创碳资产管理有限公司、北京环境交易所签署了国内首笔碳配额场外掉期合约。

总的来说，这一阶段碳金融发展的特点是围绕国内碳市场试点，探索碳金融产品创新。在产品创新开发方面，主要借鉴欧美市场同类产品的运营经验，进行相关碳金融业务创新。尽管不少银行在碳金融业务创新方面形成了一些成熟产品，但国内碳市场交易活跃度不高，大部分碳排放权只在当地主体间交易，碳金融产品的创新仅停留在“首单效应”，只有碳配额质押贷款、碳基金、碳配额托管等几个产品实现了可复制，导致相关业务规模发展较慢，难以形成规模效应。由于碳市场发育程度不高，碳市场的金融属性尚未充分开发，碳金融发展仍处于初步探索阶段，碳金融交易主体主要集中在控排履约企业。

3. 第三阶段（2018年至今）：全国碳市场建设下，碳金融发展期

碳金融要建立在较为完备的碳交易体系上。随着国内碳试点工作的不断深入，2017 年 12 月，国家发改委发布《全国碳排放权交易市场建设方案（发电行业）》，全国碳交易市场正式启动。全国碳市场的建设推动我国碳金融进入第三个发展阶段。2018 年 3 月，国务院机构改革，碳排放管理隶属

生态环境部。2020 年 12 月 31 日，生态环境部发布《碳排放权交易管理办法（试行)》，明确于 2021 年 2 月 1 日正式生效，这标志着全国碳市场第一个履约周期正式启动。2021 年 7 月 16 日，全国碳排放权交易市场正式上线，2000 多家发电企业作为首批交易主体进入市场，当日成交量达 410. 4 万吨，成交额超过 2. 1 亿元。① 全国碳市场采取“双城”模式，上海负责交易系统，武汉负责登记结算系统。随着全国碳市场的启动，碳金融体系的市场规模和流动性将大幅提高，交易主体和需求类别更趋多元化，可交易的碳金融衍生品也将迎来快速发展。

2021 年 3 月，中国银行间市场交易商协会发布《关于明确碳中和债相关机制的通知》，我国成为世界首个将“碳中和”贴标绿色债券并成功发行碳中和债的国家。2021 年 6 月，广东省办理首单林业碳汇价值综合保险，同年 8 月，南京银行发放全国首笔贷款利率与控排企业碳表现挂钩的贷款“鑫减碳”，11 月，交通银行与申能碳科技有限公司、太保产险合作达成全国首笔碳排放配额质押叠加保证保险融资业务。随着碳交易的发展，碳排放权抵质押贷款、碳汇保险等碳金融产品不断涌现。国家开发银行发行了全国首单、全球最大的“碳中和”专题绿色金融债券，中国农业银行和兴业银行共同承销了市场首单权益出资型碳中和债券，北京银行发行了银行间市场全国首单“碳中和”小微金融债券，浦发银行落地了全国首单碳排放权、CCER 组合质押融资，中信银行发行了国内首个挂钩“碳中和”绿色金融债的结构性存款产品，中银理财发行了市场首批以“碳达峰”为主题的理财产品。

总的来说，这一阶段碳金融发展的特点是，依托全国碳市场为行业、区域发展低碳经济，实现“双碳”目标提供投融资渠道。金融机构参与碳市场更多的是提供包括交易、结算、托管等方面的辅助服务，同时探索一些碳资产抵质押贷款，开发部分碳资产的金融服务产品。目前，碳市场的金融化程度较低，碳金融仍处于零星试点状态，缺乏系统的碳金融市场。

① 上海环境能源交易所，http：//www. cneeex. com。

（二）中国碳金融发展现状

随着碳市场的发展，我国碳金融发展呈现以下几方面特征。

1. 从交易规模看，碳市场交易量和交易额平稳增长

从全国碳市场交易规模看，碳市场交易规模整体呈现增长态势。2021年7月16日全国碳市场上线交易以来，截至2021年12月31日，其共运行了114个交易日，CEA累计成交量为1.79亿吨，累计成交额为76.61亿元，履约完成率达99.5%。[①] 可见，在第一个履约周期中，全国碳市场整体运行平稳，减排作用初步显现。在以后的履约周期中，随着交易时间的延长，交易行业范围的扩大，即从首期的电力行业扩围到八大行业，交易量和交易金额将迎来大幅增长，最终将突破千亿元规模。

从试点地方碳市场交易规模看，各地方碳市场发展水平存在较大差异。从图2-1可以看出，广东、湖北、深圳的碳交易量位居前三，其中广东远高于其他地区。从试点地方碳市场交易额看，2020年受疫情影响，国内碳试点总交易量出现下降，但总交易额却是上升的，碳交易量与交易额之间首次出现分歧。具体从图2-2可以看出，2020年湖北、天津碳交易额同比有所增长，其他碳试点均是降低的。与碳交易量相似，广东的碳交易额也是最高的。作为全国八个碳排放交易试点之一，广东选择了一条高度市场化的道路，2013年12月，广州碳排放权交易所开市，当月就在全国率先试点配额免费和有偿发放相结合的制度，通过竞价形式发放碳配额。截至2020年12月，广东碳排放配额累计成交量为1.69亿吨，累计成交额达34.89亿元，稳居全国首位。[②] 广东省生态环境厅的数据显示，广东的电力、钢铁、水泥、石化、造纸、航空六大行业通过配额注册登记系统或可用于抵消的CCER和广东碳普惠减排量，顺利完成2020年度履约工作。

---

① 上海环境能源交易所：《2021碳市场工作报告》，2022年4月。

② Wind数据库。

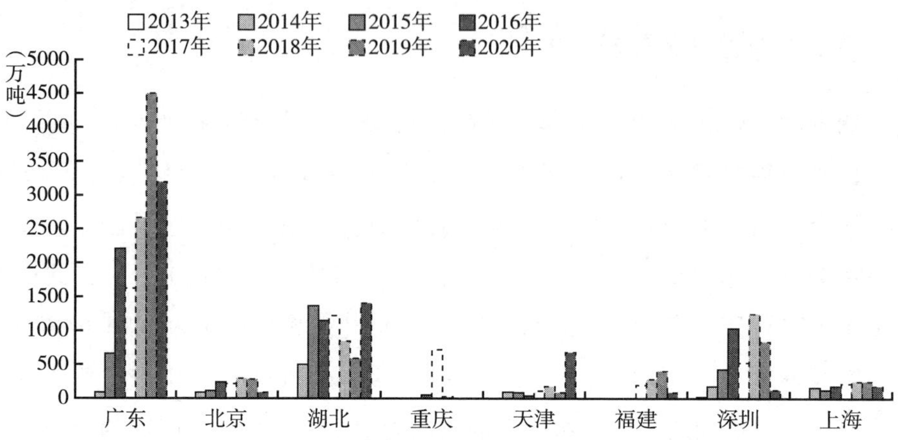

图 2－1　2013～2020 年我国碳试点交易量的变化

数据来源：Wind，图 2－2 至图 2－3 相同，此后不赘。

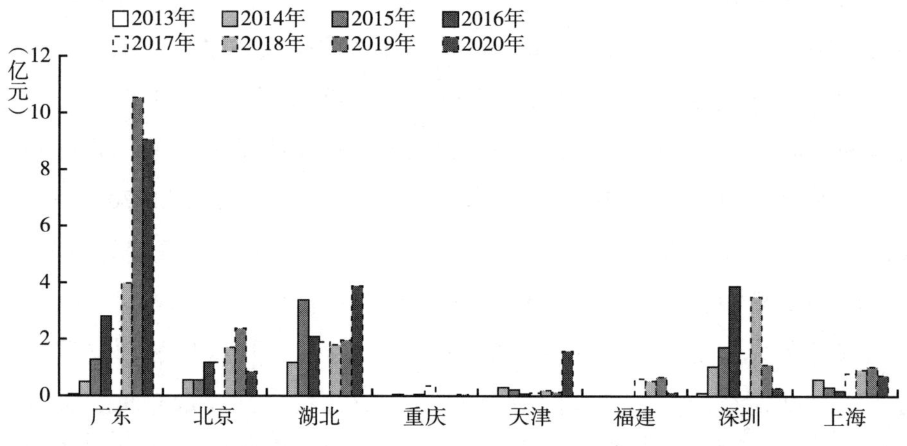

图 2－2　2013～2020 年我国碳试点交易额的变化

2. 从交易类型看，碳市场以配额现货交易为主

目前，我国碳市场采用的是以配额现货交易为主、以核证自愿减排量为补充的双轨体系，其中碳配额全部免费发放，未来随着其他高耗能行业的企业加入，再适时引入有偿分配，降低免费配额比例。也就是说，当前碳配额几乎没有成本。在首个履约期中，由于 CCER 价格低于 CEA 价格，成本更

低，不少控排企业也会采用 CCER 抵消碳排放配额进行履约，不过当前市场可用的 CCER 项目不多。2020 年 9 月，《中国（北京）自由贸易试验区总体方案》获批，该方案提出，在北京城市副中心探索建立全国自愿减排等碳交易中心，北京交易所将对标国际领先的碳市场标准，开发新型碳金融工具。2021 年 10 月，生态环境部发布《关于做好全国碳排放权交易市场第一个履约周期碳排放配额清缴工作的通知》，提出有意愿使用 CCER 清缴的单位尽快完成 CCER 购买并申请注销。按照 5% 的碳排放配额抵消比例，预计未来 CCER 需求量将增加。2022 年 1 月，河北省发布的《关于完整准确全面贯彻新发展理念认真做好碳达峰碳中和工作的实施意见》提到，积极推动北京与雄安联合设立国家级 CCER 交易市场。

不论是碳配额还是 CCER，都是现货交易，碳金融衍生品的交易较少，这严重限制了碳交易市场的活跃程度。随着全国碳交易市场的发展，金融机构以碳减排指标、碳配额为标的，相继开展了一系列碳金融产品和服务的探索，包括以开户、结算、存管等业务为主的碳金融基础服务，以碳配额抵质押、碳债券、碳资产回购等为主的碳融资服务，以碳托管、碳金融理财或咨询为主的碳资产管理服务等。种类较齐全，但是这些碳金融产品出现的频率并不高，大部分产品是企业为了自身宣传而进行的尝试，往往出现在首单、首个、首支等事件，之后就没有下文了，可见与碳金融相关的商业行为并没有成为常态，国内尚未建立起具有金融属性的多层次碳市场产品体系。总的来说，虽然我国碳金融市场已启动运行，碳金融业务也随之展开，但碳基金、碳债券、碳配额回购融资等业务水平和创新程度明显不够，与国际碳金融市场差距较大。

相较而言，欧洲能源交易所上市的品种包括排放权拍卖、期权、期货、掉期、远期合约等衍生品，其中期货交易占 95% 以上。可见，期货市场才是碳交易的主要市场。目前，全球碳金融市场每年交易规模超过 600 亿美元，其中起步最早、市场交易最活跃的品种是碳期货，年交易额占 1/3。①

---

① 中国人民银行研究局课题组：《推动我国碳金融市场加快发展》，《中国人民银行政策研究》2021 年第 1 期。

由于试点碳市场不具备期货交易资格，只能探索开发碳金融非标准化衍生品。2016 年 3 月，广东交易所以场外交易方式，为广州微碳投资有限公司办理了国内第一单碳配额远期交易业务。该业务可以为交易双方规避未来碳配额价格波动造成的风险，与碳资产组合成固定收益的产品，为控排企业进一步衍生化提供基础资产。之后，湖北、上海也相继推出了碳远期产品。与广东不同，湖北和上海的碳远期产品采取标准化合约，进行线上交易，其中湖北采用集中撮合成交模式，十分接近期货的形式和功能。但是，这些交易占碳交易量的比重较小，且在运行较短时间后，就因监管问题被终止。2021 年 4 月，广州期货交易所成立，这是我国以碳排放为首个品种的期货交易所，碳排放权期货、电力期货将是未来重要的发展方向。

考虑到“双碳”目标，下一阶段我国碳市场发展中，免费碳配额比例将继续下降，碳配额总量也将下降，这意味着企业将更加主动减排，企业在同样的碳排放量下需要购买更多的碳配额，碳交易的减排作用将进一步增强。碳金融市场的快速发展，将逐步形成现货、期货同时覆盖，交易方式和交易品种不断丰富的局面。

3. 从交易主体看，参与碳市场的主体较为单一

从全国碳市场看，其启动初期仅覆盖电力企业，2000 多家发电企业是参与碳交易的唯一主体。2022 年，我国确定将钢铁、有色金属、石化、化工纳入全国碳市场。除了被分配到碳排放配额的企业可参与交易，个人与机构投资者都无法参与。《中华人民共和国商业银行法》规定，银行不能直接参与交易，只能为碳市场参与者提供中介服务。目前，我国碳市场只有控排企业能参与，金融机构还未参与进来。没有金融机构的参与，碳市场在价格发现、风险管理等方面的作用将无法充分发挥，甚至可能影响减排目标的实现。碳排放权作为一种无形的财产权利，并不属于《中华人民共和国民法典》规定的可以出质的权利，但在实践中，中国人民银行等监管部门对碳排放权质押业务是持认可态度的。由于没有从法律上给予认可，且不能直接参与交易，银行始终保持谨慎态度，主要针对传统优质客户开展碳排放权抵质押融资服务。兴业银行、浦发银行、邮储银行、瑞丰银行等多家机构推出了与碳排放权相关的抵质押贷款产品。中信证券开发出碳配额回购融资、场外掉期、互换等产品，是为数不多表现活跃的券商。随着全国碳市场的日益成熟，未来将有更多的市场主体陆续加入，比如建材、造纸、航空等领域也将陆续被纳入全国碳市场，林业、可再生能源、工业气体、农业、交通运输等领域都是可以产生 CCER 的市场主体。除了控排企业外，全国碳市场正积极推进合格机构投资者入市，探索引入境外投资者。2021 年 9 月，海南发布《关于贯彻落实金融支持海南全面深化改革开放意见的实施方案》，其中提到，推动设立海南国际碳排放权交易场所，突出差异化发展定位，链接全国碳交易市场与国际市场。

从试点地方碳市场看，碳交易主体有控排企业、机构投资者、个人投资者、境外投资者。2014 年以前，碳市场主要用于满足试点企业的履约需求，2015 年，试点地区放宽了市场参与主体的准入资格，个人投资者、机构投资者等交易主体数量大幅增加，其中参与碳市场的金融机构有商业银行、投资银行、碳基金等，不同类型的金融机构通过做市、报价、撮合交易等方式，提升市场流动性和活跃度。2014 年 8 月，深圳碳市场成为全国首家向境外投资者开放的碳市场。2015 年 6 月，湖北碳市场被批复允许合格境外投资者参与碳市场。2020 年 8 月，广东印发《关于贯彻落实金融支持粤港澳大湾区建设意见的实施方案》，支持符合条件的境外投资者以外汇参与碳排放权交易，鼓励境外投资者以人民币参与碳排放权交易。2021 年 9 月，广东在《广东省深入推进资本要素市场化配置改革行动方案》中提出，推动港澳投资者参与广东碳市场交易，建立碳排放权跨境交易机制。

4. 从交易结果看，碳市场交易价格总体偏低

我国政府在能源市场扮演“大管家”角色，大部分控排企业属于高耗能的国企，在政府指导能源价格的背景下，这些企业通过交易降低碳排放成本的意识并不强，导致我国碳市场交易量低，且交易时间集中在履约期附近，交易价格总体偏低。在第一个履约周期中，有近 3/4 的交易发生在 2021 年 12 月；碳市场交易价格从首日 48 元/吨一度上升至 61.07 元/吨，之

后开始下跌，直到履约期临近，碳价才再次回升到首日开盘价之上。[①] 关于碳价的争议从未中断，对电力企业来说，碳价太高，不利于火电厂经营转型，但是相关机构投资者基于未来需求认为，目前碳价偏低，从长期看，碳价最终会回归到碳减排的社会成本。

从图 2－3 可以看出，2013～2017 年，除各别碳试点外，大部分碳试点平均碳价呈现先下降，之后开始有所回升的趋势。2021 年最新数据显示，各试点平均碳价呈现趋同趋势，北京碳市场平均碳价超过 50 元/吨，深圳和福建碳市场平均碳价介于 10～20 元/吨，剩余 5 个碳市场平均碳价基本处于 30～50 元/吨。可见，当前我国并未形成统一的碳价，再加上各地配额松紧度、市场活跃度、政策指导方向的不同，各试点碳价差别仍较大。与国际碳市场相比，我国各试点碳价仍处于中等偏下的水平，碳价与企业减排成本并未完全挂钩。碳价低迷严重影响了碳配额的投资价值，控排企业和其他交易主体基于碳配额开展投融资活动的动力不足。目前，国际上的碳定价权被欧美等发达国家控制，我国碳交易市场并未链接其他市场，碳价主要由配额供需情况决定，在碳定价方面仍处于从属地位，碳价话语权较小。

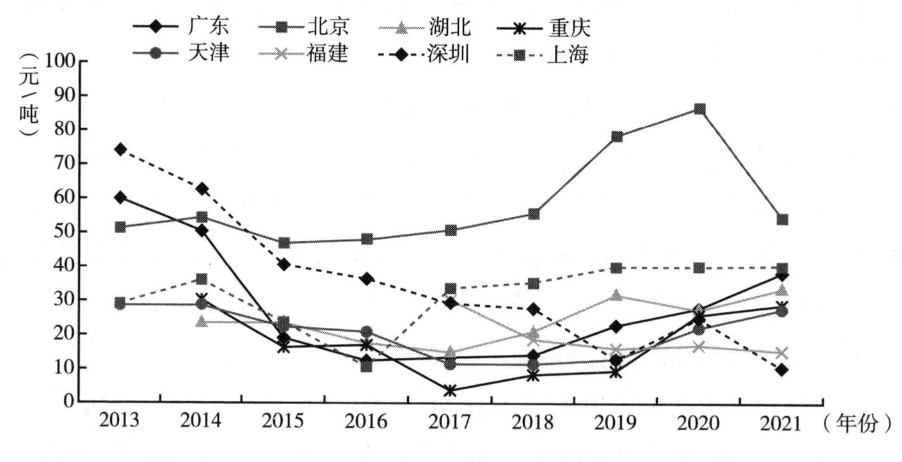

图 2－3　2013～2021 年我国碳试点平均碳价的变化

① Wind 数据库。

二 “双碳”战略下中国碳金融发展面临的机遇与挑战

（一）“双碳”战略下中国碳金融发展面临的机遇

综合中国碳金融发展历程及阶段可知，我国是世界上最大的碳排放资源国，碳排放总量约占全球的1/3，约为美国的2倍、欧盟的3倍。2020年，我国碳排放量达98.94亿吨，相比2019年增加0.88亿吨。我国的高碳排放主要由于以煤炭等石化燃料为主的能源结构，来源主要为电力行业和工业行业，两个行业碳排放量占比超过80%。[①]“双碳”背景下，碳交易市场取得蓬勃发展。碳交易市场为实现“双碳”目标提供了最核心的政策工具，为碳排放相关行业提供了良好的市场机会，也为以碳排放权为标的的金融产品与机制提供了巨大的机遇。

1. 低碳投融资需求持续增加，碳金融发展前景广阔

2021年全国碳排放交易市场正式启动后，仅一周时间碳排放配额成交量就达483.3万吨，成交额接近2.5亿元。预计“十四五”期间，控排企业范围将逐步扩展到钢铁、有色金属、建材、化工、煤炭、石化等重能耗领域，企业数接近万家，碳配额量将达50亿吨，届时我国将成为全球最大的碳排放交易市场。根据国际能源署发布的《世界能源展望2019》预测，2030年我国碳交易量将可能增长至80亿吨，而全球排名第二的美国也将不到20亿吨。庞大的碳排放交易市场及其发展潜力，将有力促进社会资本流向低碳领域，激发企业加大低碳投资力度、积极开展低碳技术研发活动、开发低碳产品与服务、培育低碳生产和商业模式。

同时，在“双碳”战略下，我国企业自愿减排项目市场活跃。2020年，我国CCER市场减排量达6170万吨，较2019年增长43%，上海、广东和天

---

① 中国碳排放交易网，http：//www.tanpaifang.com。

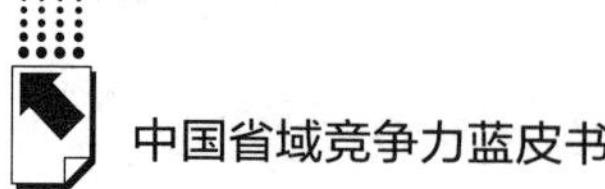

津等地市场活跃。随着全国碳排放交易市场的正式启用，以及控排单位逐步从电力行业向钢铁等其他行业的扩展，全国其他地区的 CCER 项目也将蓬勃发展。

央行调查数据显示，2020 年全球碳金融市场规模超过了 600 亿美元，其中碳期货等衍生品占比约为 1/3。世界银行预测数据显示，“十四五”期间，我国碳金融成交量有望超过 260 亿吨，以 50 元/吨计算，碳金融交易额将超万亿元；以欧盟碳价预估我国碳价上涨情况，到 2030 年我国碳交易额约为 3 万亿元，碳金融市场前景广阔。

2. 碳金融发展政策法规陆续出台，市场机制日益完善

我国签订《联合国气候变化框架公约》、《京都议定书》和《巴黎协定》等国际气候公约以来，积极履行相关约定，陆续出台了多项环境治理和金融支持政策。① 2007 年，银监会通过了《节能减排授信工作指导意见》，要求商业银行支持节能减排项目，不支持高污染、高耗能或产能落后的企业项目，积极创新支持节能减排授信工作。2008 年，我国先后成立北京环境交易所、上海环境能源交易所和天津碳排放权交易所，明确了相关减排标准，形成了初步的市场机制。2010 年，国务院将节能环保产业列为战略性新兴产业之首，提出健全我国碳排放交易制度，并在“十二五”规划中指出建立碳排放交易制度的必要性。2011 年，国务院发布《控制温室气体排放工作方案》，确立了排放目标和要求。2012 年，国家发改委提出碳交易的技术和规则，以及可申请自愿减排项目备案的央企名单。2013 年，《国务院关于加快发展节能环保产业的意见》的发布，确定了碳排放交易试点建设工作，随后出台了发电、电网、钢铁等重排行业的温室气体排放核算方法及指南。

2013 ~2014 年，我国先后建立了 7 个碳排放权交易试点，并出台了试点在管理、核查、配额和交易等方面的内容与规则。其间，《国家应对气候

① 丁辉：《双碳背景下中国气候投融资政策与发展研究》，博士学位论文，中国科学技术大学，2021。

变化规划（2014—2020 年）》确立了 2020 年减排目标，有力推动了碳排放交易市场的发展。2014 年国家发改委发布《碳排放权交易管理暂行办法》，正式确定了配额、监督、核查、配额清缴管理相关事项的内容、规范和工作要求。同年，《国务院关于进一步促进资本市场健康发展的若干意见》出台，提出开发碳金融产品以支持碳交易发展。2016 年中国人民银行等 7 部委联合发布的《关于构建绿色金融体系的指导意见》强调，要发展碳远期、碳掉期、碳债券、碳期权、碳基金、碳资产证券化等金融产品。2017 年国家发改委发布的《全国碳排放权交易市场建设方案（发电行业）》有力推动了碳交易市场建设工作。2020 年生态环境部等 5 部门联合发布的《关于促进应对气候变化投融资的指导意见》支持机构与资本安全有序探索和开发运营与碳排放相关的金融产品与服务。2021 年，全国碳排放交易市场正式运行，《全国碳排放交易管理办法（试行）》确定了重点排放单位纳入标准，以及碳排放配额和清缴，碳排放交易、结算、核查、监管等规则。2021 年 12 月 29 日，生态环境部、国家发改委、工信部等 9 部门联合印发《气候投融资试点工作方案》，提出通过 3～5 年的努力，培育一批气候友好型市场主体，探索一批气候投融资发展模式。该方案还指出，要引导和促进更多资金投向应对气候变化领域，鼓励试点地区金融机构在依法合规、风险可控的前提下，稳妥有序探索开展碳基金、碳资产质押贷款、碳保险等碳金融服务。

当前，国家正加紧编制《2030 年前碳排放达峰行动方案》《国家适应气候变化战略 2035》《减污降碳协同增效实施方案》等政策文件，完善环境管制法律法规，推动碳交易市场发展，鼓励碳金融产品的创新发展。

3. “双碳”目标推动金融创新，碳金融产品和服务不断丰富

在碳排放权交易机制下，企业获得初始分配的碳排放权，在生产经营过程中，碳排放超过配额值的，需要购买配额达到减排目标，而有配额剩余的企业可通过出售配额获取收益。碳排放权交易需要为满足交易活动的资金服务，同时以碳排放权交易为核心，衍生出大量新的金融产品，如碳远期、碳期货、碳债券、碳基金、碳期权等。此外，企业实施碳减排项目过程中产生了以管理自身碳资产为目的的碳金融行为。为服务以上碳金融需求，银行等金融服务机构设计和开发了多类碳金融业务和产品。碳排放和碳交易、企业管理低碳减排项目和金融机构碳金融活动构成了碳金融的丰富内涵。

目前，我国碳金融业务不断涌现，碳金融产品和服务创新成果显著。2010 年以来，商业银行广泛开展了绿色信贷业务。兴业银行、中国银行、深圳发展银行等开发了碳金融理财产品，并提供 CDM 项目咨询服务。围绕碳交易，多家商业银行积极提供了如下方面的碳金融服务：一是与碳排放交易平台积极提供资金存管、清算和结算等服务；二是为重点控排企业提供集团化、特色化的综合碳金融服务方案，提供履约交易中所需的主体对接和中介代理等服务，如碳配额托管服务、碳市场集合资产管理计划等；三是为企业提供围绕碳资产的 CCER 质押融资、碳资产质押授信、碳配额抵押贷款、碳配额回购融资、绿色结构存款等融资服务，以及碳资产买入反售、售出回购等资产管理服务；四是与监管部门和碳资产管理公司等合作提供基金产品服务；五是探索碳远期、碳期货、碳掉期、碳期权等碳金融衍生产品，以及碳债券、碳指数等结构化金融产品，碳金融产品和服务不断创新和丰富。① 同时，围绕低碳投资和碳减排，我国目前已开发中国清洁发展机制基金、中国绿色碳基金等，为碳基金的完善和发展做出了创新尝试。

4. 科学技术不断进步，为碳金融市场创新发展提供技术支撑

碳交易市场的发展是基于科斯提出的边界理论，即只要清晰界定二氧化碳排放产权，并且使交易成本降到极小，则能为企业选择最小成本的经营方式实现环境目标提供条件，通过市场优化资源配置，使全社会以最小的气候代价获取最大的经济产出。因此，碳排放权交易市场发挥作用必须满足两个条件：一是能对碳排放进行测度核查和清晰界定，二是交易成本要极低。针对碳排放的测度和核算，目前全球尚无统一的核算标准。我国利用作为全球最大的碳交易市场的优势，编制明晰的核算标准体系，制定科学新标准，这

---

① 吴浩青：《中国碳金融发展现状及政策研究》，硕士学位论文，华北电力大学（北京），2021。

依赖于碳汇方法学、林业碳汇等技术发展。针对市场交易成本的降低，在完善交易制度及配套的监管和金融服务体系以外，还仰赖于新一代信息技术和数字经济的飞速发展。大数据、云计算、传感器和物联网等技术的发展可以有效提升企业在生产过程中的互联能力，实现智能化和精细化生产。通过数字技术与企业实际业务及数据的深入结合，优化决策流程，提升企业决策效率，能够有效降低能源等生产要素投入量，减少污染物和碳排放。而数字技术的广泛应用，能够收集融通企业、碳排放交易平台、碳金融服务平台等多方数据，为碳金融产品和服务的低成本交易提供支撑，并为社会投资者和个人投资者参与碳金融投资提供便利。

此外，当前世界正逐步跨入互联网和大数据时代，网络信息技术正渗透到各行各业，对低碳产业发展具有巨大的推动作用。例如在清洁能源、低碳技术、节能减排、循环经济等产业中，信息技术提供了各产业整合能源流、信息流和物质流的技术条件，协助打通生产、流通、消费、回收和再利用的产业链全过程。推动数字技术与低碳产业的有机结合，对建立健全环境评测体系和应急系统、改善城市环境、推进绿色技术和绿色产业发展起着重要作用。为发展和壮大绿色低碳产业，促进碳金融市场发展提供重要关联技术。

（二）“双碳”战略下中国碳金融发展面临的挑战

虽然近年来我国碳交易和碳金融市场发展取得了显著成就，2020 年碳排放量为 98.94 亿吨，预计 2030 年控制达到峰值，约 106 亿吨。[①] 但相较于西方国家，我国“双碳”目标实现进程远远落后。20 世纪 90 年代，欧盟基本实现了碳达峰，其峰值为 59 亿吨。2007 年，美国也实现了碳达峰，目前全球实现碳达峰的国家已有约 50 个。西方国家从碳达峰到碳中和的转变时间进程为 50 ~ 70 年，而我国需要用 30 年的时间完成。因此，我国实现碳达峰、碳中和的目标仍面临巨大的发展差距和挑战。

① 中国碳排放交易网，http：//www. tanpaifang. com。

1. 碳金融发展起步晚，碳金融市场机制尚未完善

近年来，我国碳金融产品和服务正逐步丰富，但相对于西方国家仍然较为落后，尤其是环境风险管理、中介市场机制、碳交易定价机制以及碳金融监管机制方面尚有待完善。

环境风险管理是碳金融发展过程中的重要环节，国际普遍将其纳入银行信贷管理体系。而我国商业银行由于在碳金融发展中尚处于起步阶段，针对绿色项目融资主要简单检查企业的排放和污染指标情况及合法合规情况，缺乏全面的环境风险把控能力，尚未将其融入银行风险管理体系，这不利于碳金融的持续健康发展。

中介市场机制方面，由于碳减排额是虚拟产品，因此交易规则严格、过程复杂，通常合同期较长，需要先对企业项目实际减排情况进行核准评估，再由专业中介机构联系项目持有者和购买者。国际 CDM 下，通常是专业中介机构来评估及购买 CDM 项目，非专业机构一般较难开发和执行此类复杂项目。但当前我国评估核准机构和中介媒介机构都严重缺乏，难以开发及执行大量项目，并且缺乏技术咨询体系为企业和金融机构分析、评估和预测交易风险。

碳交易定价机制是实现“双碳”目标最重要的政策工具。目前，我国首先将发电行业重点企业纳入控排企业名单，发展全国碳交易市场，然而当前碳定价机制尚未完善，与“双碳”目标的联系密切程度不足，碳排放和自愿减排产权明确度不够，市场主体的参与意愿和活跃度偏低。

碳金融交易属于政府监管下的市场行为，但当前我国碳金融发展刚刚起步，各地在市场准入、主体资格审查以及交易程序等方面都存在较大差异，且在发展过程中创新产品不断推出，都需要确立监管标准，这给碳金融监管带来了较大难度。同时，碳金融监管又影响到市场定价机制、信息透明度和市场公允度的有效性，因此未来如何有效把控监管力度，既稳定市场秩序又不扼杀市场活跃性将是面临的重大挑战。

因此，在“双碳”实施过程中，针对性加强环境风险管理、中介市场机制、碳交易定价机制和碳金融监管的建设，是完善碳金融市场机制亟待解决的重要问题。

2. 原有经济模式制约低碳转型，有限占比制约碳金融市场发展

我国改革开放以来的经济腾飞在很大程度上依赖于发展劳动密集型及资源密集型产业，工业高耗能、高污染、高排放现象突出。虽然近年来，国家大力发展绿色经济，实施供给侧结构性改革和生态文明体制改革，促进粗放经济增长模式向高附加值、高技术和低碳模式转变。然而这一过程是缓慢渐进的，较难在短时间内迅速转变。如制造业虽然实现了产业价值链的提升，产品主体实现了从低端向中高端的升级，但芯片制造、精密仪器、高端装备等产业关键共性技术仍受制于人，钢铁、建材、石化等资源密集型产业仍然是当前国家经济发展需要的重要产业；电力作为我国最常用的能源形式，近年来发电能源中可再生能源占比大幅提升，但火力发电依然是最主要的能源形式之一，能耗高且污染大。因此，低碳经济在我国经济总体中占比仍然较小，从而围绕低碳经济发展的投融资需求和配套金融服务较为有限，在一定程度上制约了碳金融市场的壮大。

3. 碳金融产品和服务创新仍然不足，金融供给与低碳产业融资需求间缺口大

虽然近年来我国碳金融产品和服务在政策鼓励下发展迅速，但相较于发达国家，碳金融技术发展仍然落后、产品创新度仍旧不高。

碳金融技术方面，我国监测技术和设施相对落后，碳计量和测度等能力不足，且缺乏完善统一的软件检测标准。同时，由于国际技术封锁和知识产权保护等，我国越来越难以从国外引进成熟的碳金融市场技术，因此碳金融技术本身的更新换代和进步面临较大阻力。

我国碳金融和服务的创新度方面，虽然近年来国家和各商业银行推出了众多与碳减排相关的金融产品，但是仍然难以满足多类型、多层次的碳交易市场需要。信贷产品是碳金融市场上的主体，碳证券、碳保险等产品的占比相对较小，碳期货、碳期权、碳掉期等衍生产品仍然在计划推出中。因此，碳金融产品的有限供给，使低碳中小企业面临融资选择少、融资困难，社会资本对低碳产业的投资缺乏渠道，导致低碳产业融资缺口较大。

与此同时，社会公众对碳金融市场认识模糊，尚未了解碳金融市场蕴藏的商机，参与度较低，进一步加剧了碳金融产品与投融资市场需求匹配度不

高的问题。当前商业银行绿色金融以信贷为主，碳基金也主要是政策性基金，成交规模和交易量都较为有限，未能有效激活碳金融市场，发挥较大的碳交易市场潜力。而低迷的碳金融市场又反过来影响碳交易市场的活跃性和流动性。

4. 企业高碳资产价值减损，金融机构贷款违约风险上升

“双碳”战略虽然能带来巨大的发展和投资机遇，但排放量高的企业和产业将面临多方面挑战。高排放企业在向低碳转型的过程中，原有的高碳资产将面临价值减损，从而形成大量“搁浅资产”，基于高碳资产的金融产品（如贷款）可能存在估值下降或坏账风险，导致金融机构贷款违约风险上升。[①] 例如中国金融学会绿色金融专业委员会主任马骏团队，曾对高碳行业的金融风险进行测算，结果显示典型煤电企业贷款违约率可能从 2021 年的 3% 上涨至 2030 年的 22%。这是因为发电行业在控排过程中实施能源转型，将降低对煤炭等传统化石能源用量，提升新能源用量，所以将导致煤电企业营业收入减少。同时，光伏、核电、风电等新能源的发电成本和传输成本将随着技术进步而大幅下降，这又将进一步使煤电降低价格。因此，市场占有量和电力单价的双向挤压将大幅削减煤电企业的利润，加剧其经营困难，导致其违约概率的上升。因此，在“双碳”背景下，电力企业需要加强科技研发，加快企业低碳转型步伐，应对减排要求带来的挑战。

5. 碳金融业务相关人才储备较为缺乏，服务水平有待提升

“双碳”战略不仅对我国区域发展、产业布局、能源结构等方面产生深远影响，也带来了新的人才需求。碳交易催生了碳核查、碳会计、碳审计等新的职业需求，2021 年 1 月，人社部公布的《关于对拟发布集成电路工程技术人员等职业信息进行公示的公告》中，拟新增职业包括“碳排放管理员”。生态环境部也表示，“十四五”期间，将把环境保护、节能减排作为约束性指标，分解落实到各地方，用于各级领导班子、领导干部综合考核评

① 赵辉：《浦发银行董事长郑杨：“双碳”目标将带来巨大金融服务空间》，《中国银行保险报》2021 年 12 月 13 日。

价和奖惩任免。① 要实现“双碳”目标，需直面人才储备等方面的挑战。

碳金融衍生的碳债券、碳保险等工作专业性强，比如碳质押业务，相关业务人员需要具备深厚的金融基础，又要有一定的法学背景。因此，“双碳”背景下，随着碳市场的发展，碳金融行业的就业前景十分乐观，对复合型人才的需求比较旺盛。未来对碳金融人才的培养和引进也显得尤为必要。

三 碳金融发展的国际经验

近年来，随着环境和气候问题愈演愈烈，极端天气增加、海平面上升等气候变化逐渐引起全球范围的关注，全球各主要经济体已经达成在未来一段时间内逐步实现碳减排的基本共识。以美国、日本、英国、德国等为代表的发达国家纷纷制定了实现碳中和的时间表和路径图。发展碳金融的根本目的是要利用各种金融工具来更好地实现经济和环境的可持续协调发展，国外金融机构和政府在这一领域起步较早，进行了大量的实践探索，积累了丰富的经验，在《京都议定书》框架下，很多发达国家已经建立了较为完善的碳金融支持体系，开发了较为成熟的碳金融衍生工具，具体可以总结为如下几个方面。

（一）着力构建碳金融法律体系，碳金融发展的法律环境逐步优化

欧盟、日本和美国是在碳金融法律体系建设方面比较有代表性的国家和地区。欧盟碳金融发展的法律基础是1992年生效的《联合国气候变化框架公约》和1995年签订的《京都议定书》。在这两项法律规制的基础上，为了进一步巩固减排实施效果，欧盟又继续通过了一系列相关法案。1994年，德国发布的《循环经济和废物管理法》明确了温室气体排放的法律界定和约束。2008年，英国发布了《气候变化法》，这一法规明确提出计划到

① 孙金龙：《持续改善环境质量》，《人民日报》2021年1月7日。

2050 年，将碳排放量减少到 80%。同年，欧盟在《欧盟温室气体排放交易指令》（2003）和《欧盟能源技术战略计划》（2007）基础上发布了适用于各个成员国的《可再生能源促进指令》，该指令共包括 25 个条文和 6 个附件，表现出欧盟在碳减排立法领域已经达成共识。日本也是《京都议定书》的重要参与者。自 2007 年开始，日本明确了建立低碳经济的 2050 年的重点战略发展目标。当前，日本已提出一系列节能对策，具体包括《面向 2050 年的日本低碳社会情景》（2004）、《面向低碳社会的十二大行动》（2008）、《立场绿色经济与社会变革》（2011）等。《京都议定书》签订后，美国相继通过了《碳封存研究计划》（1997）、《碳封存研发计划路线图》（2003）、《能源政策法》（2005）和紧随其后的“先进能源计划”（2006）及《能源独立及安全法案》（2007）、《美国复苏和再投资法案》（2009）、《美国电力法案》（2010）和《清洁能源与安全法案》（2011）。2001 年，小布什政府执政期间以美国经济受到损害为由退出了《京都议定书》，不再做出减排承诺，但是美国政府并未完全放弃在碳金融立法方面的努力，如奥巴马政府在 2009 年颁布了《美国复苏和再投资法案》。除联邦政府积极推动碳金融立法行动方案外，美国州一级层面政府也在碳金融立法领域进行了很多探索，如加利福尼亚州是美国第一个通过立法对碳减排目标进行约束的州，其于 2006 年颁布的《加利福尼亚州全球变暖解决方案法》中明确要求到 2020 年该州温室气体的排放量要减少到 1990 年的水平。此外，2007 年美国加利福尼亚州、华盛顿州、亚利桑那州、新墨西哥州及俄勒冈州等 7 个州与加拿大 4 个省共同制定了“西部气候倡议”，倡议内容规定到 2020 年将碳排放量减少到各州（省）2005 年碳排放量水平的 85%。通过联邦政府和州政府的立法良性互动互促，美国在碳金融立法领域走在全球前列。

（二）着力加大政府层面碳金融支持力度，碳金融发展成效显著

为了给碳金融发展创造良好环境，各发达国家政府除法律法规外还纷纷依据自身发展特点自上而下制定了一系列支持碳减排的金融政策。如，英国政府为推动本国碳金融发展，由政府作为主要出资方投资 30 亿英镑建立英

国绿色投资银行，政府拥有这一政策性银行的全部资本和股权，但是该银行可以独立运营，主要投资重点为具有商业性质的绿色基础设施项目，可以有效解决此类项目建设过程中不可避免的市场失灵问题。英国绿色投资银行引导了大量私人资本进入绿色产业，有效加快了英国传统产业的绿色转型。此外，很多欧盟商业金融机构的碳金融工具产品都是在政府政策的强有力支持下诞生并发展的。如欧盟主张为绿色信贷及绿色证券化产品提供税收优惠，以立法的模式来支持“污染者付费”，并颁布实施《欧盟环境责任指令》，有效推动了绿色保险产品在欧洲获得较快发展。美国也约束金融机构、投资者和第三方评级机构，要求其明确贷方的环境责任，且强调这一责任需要可以追溯，如标准普尔就在对公司进行评级的过程中充分考虑了环境、社会和公司治理（ESG）因素。

总体上，可以把各发达国家在政府层面的碳金融支持政策总结为三个主要方面：一是通过征收一定额度碳税的形式来降低本国的二氧化碳排放量，同时加强碳税减免和补贴等政策工具的使用以提高本国企业参加碳排放权交易的积极性；二是发达国家政府直接出资，或者与企业联合出资共同组建碳基金，通过碳基金的形式购买国际市场上的核证减排量，然后出售给本国企业，从而降低本国的中小企业在直接参加国际碳交易过程中会遇到的直接风险，为本国中小企业提供稳定的碳收益；三是通过降低碳交易税、环境规制等方式鼓励机构投资者在其投资过程中进行负责任地投资，充分考虑环境因素，建立绿色机构投资者网络，强化债券发行企业和上市公司符合企业环境保护社会责任规范。

（三）着力推进碳金融交易市场建设，碳金融市场环境持续优化

西方碳金融市场的出现源于《联合国气候变化框架公约》和《京都议定书》两个国际公约。为了真正降低各个缔约国在碳减排中的成本，《京都议定书》明确规定了三类交易机制，具体包括国际排放交易机制、联合履行机制和清洁发展机制。根据《京都议定书》的协定，各缔约国可以根据本国发展实际，灵活选择碳排放交易机制，碳市场应运而生。不同于传统的

实物商品市场的自发形成和交易机制，碳市场是通过法律的形式进行总量界定而人为构建的一个政策性交易市场，其运行的基本要求是对碳排放主体的二氧化碳气体排放总量进行上限设定，通过对二氧化碳气体排放总量的确定来保证二氧化碳气体排放权的稀缺性。由此，通过既定的原则和方式，碳排放总量被分解为碳排放限额并被进一步分配给碳排放主体，碳排放额可以在主体间进行交易。由此，碳市场可以按照交易目的被区分为履约市场和自愿市场，履约市场是目前全球最主要的碳排放权交易市场类型。当前，全球范围内碳市场的建设和发展还在初级阶段，尚未形成国际统一的碳市场，各个市场上的交易产品类型及结构并不相同，交易管理规则也不统一，相对成熟的碳市场分布在欧盟、美国、韩国等发达国家和地区。全球最早的碳市场是2005年启动的欧盟碳市场，覆盖了欧盟28个成员国、挪威、冰岛和列支敦士登，陆续涵盖了电力、工业和航空等行业。在世界各地分散的区域市场中，从成交量、覆盖范围和成交金额来看，欧盟碳排放交易市场长期扮演全球引领者的角色，欧盟碳市场价格和成交量是全球碳金融交易的核心指标。2005~2007年是欧盟碳市场的试运行阶段，只涵盖了电厂和能源工业。受到排放数据难以获得的制约，在试运行阶段中，欧盟碳市场的实际排放额并未达到总配额，2007年欧盟碳排放配额价格降至0欧元/吨，但是未履约会存在40欧元/吨的碳排放惩罚。2008年之后，欧盟碳市场进一步降低了配额上线，降低了免费发放的比例，并将未履约惩罚提高至100欧元/吨，这一阶段欧盟虽然将航空业等行业纳入碳市场覆盖范围，但是碳交易依然供大于求。当前，管线输送等新行业不断加入欧盟碳市场，免费发放的比例逐年降低，在2019年欧盟引入“市场稳定储备机制”后，欧盟碳市场碳价格上涨更加稳健。碳排放权交易市场是碳金融体系能够良性运转的核心和基础，碳排放权交易市场上的碳金融工具有利于推动温室气体排放量较小的低碳绿色企业在碳市场上更快更好地获得更多绿色收益，鼓励了减排水平较好的绿色企业优先发展，同时也给高排放企业更多的权衡空间和转型时间，从而以尽可能低的成本推动实现全社会范围内的碳减排。

（四）着力创设各类碳金融衍生品，碳金融交易工具不断丰富创新

全球范围内，碳市场分布广泛。随着市场需求迅速扩大，基于碳交易的碳债券、碳期货、碳期权、碳保险、碳基金等金融工具和金融产品不断出现。在多种多样的碳金融衍生品中，碳信贷、碳保险、碳期货、碳基金等四类工具具有相对较好的代表性。碳信贷的核心是以碳资产作为风险抵押进行质押融资，发达国家当前的低碳信贷工具包括以低碳信用卡、低碳汽车信贷为代表的低碳产品消费类信贷和低碳项目融资类信贷两个主要类型。低碳产业和能源产业发展需要巨额资金作为投入，银行为各发达国家提供了基本的碳信贷产品，加速资金余缺在低碳产业资金供需者之间的调剂。碳保险是保险公司合作参与创设的，为碳汇价格和减排设备提供的风险保障，能够减少参与企业在低碳改造和碳交易中的风险需求，发达国家在碳保险领域积累了很多实践经验。2006 年，达信保险经纪公司与 AIG 合作，面向私营公司提供了碳排放信贷担保。瑞士再保险为保证碳交易可以在一定的成本范围内完成也推出了“减排交易或有资本期货”碳保险产品。碳期货是碳金融工具对碳市场的有效补充和完善，通过远期合约的市场化运作帮助碳交易主体对冲市场风险。很多发达国家通过设立碳基金的形式引导社会资本参与碳融资活动，这是国外碳金融发展中除银行间融资外最灵活的碳融资渠道。如欧盟碳市场现在既有碳产品的现货交易，也有标准化的碳减排期货产品，其期货产品成交规模是现货产品的 30 倍，对投资者的市场预期起到充分的引导作用，帮助很多企业实现了风险对冲。碳基金是诸多发达国家主动创设的碳金融衍生品的典型代表。世界银行碳基金是最早启动的碳基金金融衍生品，具体包括社区发展碳基金、生物碳基金、原型碳基金等面向特定对象和项目的碳基金产品与欧洲碳基金、意大利碳基金等面向特定国家和地区的机制和产品。[①] 此后，由政府投资主导，但是采用企业模式经营的英国碳基金成立于 2001 年，这一基金的政府投资主要来源于英国政府向工业、商业及交通等

① 中国碳排放交易网，http：//www. tanpaifang. com。

公共部门征缴的气候变化税。不同于英国碳基金，日本和德国的碳基金投资主体由政府、企业和投资银行等多方构成，如德国复兴银行作为主要投资方，投资1000万欧元创建了服务德国购买碳交易证书的工具，这一基金的7000万欧元总投资中还包括政府投资的800万欧元，具有典型的投资主体多元化特点。类似地，日本的碳基金由两家私营企业和两个政策性贷款机构共同出资建立。发达国家创设的各类碳金融衍生品具有较好的市场基础，因为全球相关产业和企业都面临气候、市场等变化造成的各种不确定性，碳金融衍生品通过对冲风险，为碳交易买卖双方提供便利，赋予交易主体更好的稳定性和风险防控的能力。

（五）着力鼓励商业银行广泛参与，碳金融交易主体日趋多元化

商业银行是发达国家碳市场交易的主要参与者。很多大型商业银行，如美国银行、荷兰银行已经在碳金融衍生品方面进行了很多创新实验，并取得了很多值得发展中国家借鉴的经验和成果。总体上，国外商业银行进行碳金融交易主要有两种参与方式。

一是直接开展银行碳金融信贷业务，面向低碳减排企业开展贷款融资等定向服务。如摩根大通进行的清洁能源项目就是对法律和政策支持的清洁能源相关技术提供长期的金融融资服务支持，这一类技术往往需要较大额度的前期投资，但是随着碳交易市场的逐步活跃，此类项目往往也可以给提供投融资服务的银行带来更高的后期收益，还有一些商业银行提供个人购买绿色房屋所需的贷款服务，此类产品有效鼓励了绿色建筑的推广和发展，此外，法国兴业银行、美国花旗银行、瑞士银行等很多大型国外商业银行建立了碳基金，并为个人投资者提供碳金融理财服务。值得注意的是，很多国际大型商业银行在实施碳金融类信贷项目时，会根据环境变化和成本情况来进行差别化信贷项目和产品的投放，旨在通过这一方式引导高排放量的企业主动进行绿色技术改造，鼓励低碳企业快速发展。如摩根大通、花旗等银行对高污染、高排放行业的信贷额度进行了一定程度的缩减，而对环保、清洁能源等低碳行业的信贷额度进行了大幅提高。西方大型商业银行碳金融领域的差别

化信贷投放，不仅取得了较好的经济收益，还有效降低了高排放地区、产业和企业的环境负面影响。

二是为碳交易双方提供居间中介服务。商业银行在碳金融居间服务中，客户资源和专业特长的既有优势可以有效衔接碳交易双方，为买方和卖方提供可信赖的沟通桥梁和中介服务。例如，很多欧洲碳市场相对成熟的商业银行为交易企业提供先进的碳金融期货合约等金融产品，帮助企业进行套期保值。荷兰银行为其大量客户提供碳交易咨询和碳汇购入代理服务等中介工具，在取得较好佣金收益的同时也有效提高了金融机构的客户满意度，增加了商业银行的客户黏性，提高了碳交易市场的活跃度，为全球各个国家和地区进行碳金融交易提供了便利与基础。

四 “双碳”战略下推动中国碳金融发展的对策建议

“双碳”战略是我国在应对气候行动中展现大国担当的重要举措，也是我国迈向高质量发展的必经之路。目前，我国实现碳达峰、碳中和目标的时间紧、任务重，为了加大金融服务“双碳”的支持力度，需要多措并举，从顶层设计、产品供给、市场融合、风险防范、人才支撑等多个方面共同发力，以全国碳市场为基础，积极开创我国碳金融发展的新局面，推动打造国际碳交易中心、碳定价中心、碳金融中心。

（一）以“改”为根本，完善碳金融发展的顶层设计

“双碳”目标的实现，需要处理好发展与减排、短期与中长期等诸多关系，需要政府从顶层设计做好部署。首先，积极谋划，统筹经济发展目标与“双碳”目标。“双碳”目标与经济发展并不冲突，减排降碳不仅是一场能源革命，更是一种新型发展。经济发展要建立在高效利用资源、严格保护生态环境、有效控制温室气体排放的基础上，经济发展导致的碳排放问题，最终要通过更好地发展进行解决。因此，我国首先需增加金融机构对节能环保、清洁生产、清洁能源的金融支持，推动构建

绿色经济体系，建设低碳经济。其次，加快立法，制定与碳金融市场配套的法律法规和部门规章。全国碳交易市场的交易产品是碳排放权配额，没有对碳排放权做出明确的定义，便无法解释碳排放权的法律性质以及流转交易所适用的法律基础。因此，需明确碳排放权担保物权设定和抵押登记，完善《中华人民共和国民法典》中碳排放权的法律属性，尤其是对是否出质等细节问题予以说明，同时颁布“碳排放权抵质押管理条例”，规范碳排放权抵质押融资活动。推动《碳排放权交易管理暂行条例》尽快出台，统一市场监管、交易制度、激励约束机制等相关内容。随着全国碳市场不断纳入新的参与主体和交易产品，单一行业的交易制度已无法全面支撑，应尽快通过国家立法，推动全国碳市场运行有法可依，以较高层级的立法来保证碳市场的权威性。最后，强化约束，建立职责明确的碳金融管理体系。提高地方政府对“双碳”的认识，强化责任意识，增加地方政府的主体责任。鼓励“一行两会”积极参与碳市场，与生态环境部共同组建工作协调机制，从制度上保障碳金融市场的高效发展。加强对地方政府、行业企业的碳金融培训，为碳金融统一市场做准备。加大宣传力度，推动环保理念在企业、金融机构商业行为中的渗透，提升其参与碳市场的动力。

（二）以“新”为动力，丰富碳金融发展的产品供给

当前我国碳金融仍未产生规模效应，主要交易产品落地还处于试验阶段，需进一步提高碳市场的金融属性，丰富碳市场的交易方式和交易品种。首先，积极探索，在拓展基于现货交易的碳金融工具的同时，有序开发各类金融衍生品，进一步丰富和完善碳金融市场产品体系，为碳市场的发展提供套期保值、价格引导、风险管理的功能。确保现货市场良性健康发展，增加现货市场金融属性的需求，为发展衍生品市场奠定基础。分阶段、分步骤地发展碳金融衍生品市场，按照从场外衍生品向场内衍生品发展的方向，有序推进。在市场发展的初期阶段，探索碳远期、碳掉期等场外金融工具，在市场基础设施较完善后，发展碳期货等场内金融工具，最

终实现现货市场与衍生品市场并存、场外工具与场内工具相结合、标准化产品与非标准化产品共生的碳金融市场。其次，明确碳市场交易主体，适当放宽准入标准，鼓励有经验的金融机构、第三方咨询机构、个人投资者参与碳市场交易，推动碳金融产品创新。鼓励银行、保险等金融机构参与碳交易过程，鼓励银行将碳排放权纳入抵质押担保范围，将企业碳表现纳入授信管理流程，鼓励保险机构创新研发更多碳保险产品。以金融机构为主体，鼓励更多中介机构参与，推动与碳金融业务相关的咨询、信用评级等业务，通过提供完备的第三方服务，降低交易成本，激发碳金融市场整体发展活力。高度重视碳交易市场主体建设，积极帮助石化、化工、建材、钢铁、有色金属、造纸、航空等七大高耗能行业企业进入碳市场，并为其在开户、清算、结算等过程中提供服务支持。最后，建立完善的碳定价机制，提升碳定价的有效性。由于我国碳交易市场起步时间较晚，在国际市场上还未获得充分的发言权，碳价长期被欧盟、美国、日本等发达国家和地区掌握着。因此，我国需要在已有试点基础上，逐步扩大碳市场覆盖范围，将交易产品从现货转向期货、衍生品，发展碳排放权期货市场，提高碳市场体系的市场化程度，提供公开透明的远期价格，形成有效的碳定价，提升金融资源配置的有效性。通过持有期货合约实现跨期投资，满足社会资本对碳资产的配置和交易需要，拓展碳市场的边界，提升碳定价能力，提高中国在全球碳交易市场上的地位。

（三）以“融”为主题，实现碳金融发展的内外统一

解决共同面临的温室气体排放问题，需建立统一的碳市场，实现市场格局从一个行业到多个行业、从区域试点到全国统一、从国内发展到走向国际市场。一方面，要加速全国碳排放交易所与试点地方碳市场的融合，激发碳市场交易活力。首先，鼓励更多行业企业参与全国碳市场，强化与自愿减排量抵扣联动。以电力行业作为突破口，尽快明确石化、化工、建材、钢铁、有色金属、造纸、航空等其他重点排放行业企业参与碳市场的时间安排，倒逼其他市场主体加紧推进碳市场的建设，尽早建立相关管理

制度，以便将来更好地参与全国碳市场。其次，全国碳交易所在地方碳市场试点基础上，根据企业的需求，逐步推出借碳交易、回购交易等产品，满足实体经济对碳金融的市场需求。为避免不同行业之间、不同地区之间“一刀切”，我国逐步将地方碳市场过渡融合到全国碳市场。最后，加大地方碳市场与全国碳市场在碳价、碳配额分配等方面的协调力度，维护市场完整性，推动全国碳市场实现“一盘棋”。实现各地方碳市场与全国碳市场规则统一，有效解决企业所持配额结转问题，有效改变八大试点碳市场的割裂分散状态，实现高度集中和统一，释放我国碳市场的规模潜力，发挥碳价信号的引导作用。针对碳金融区域发展不平衡问题，继续支持发达省（市）建设水平一流的碳排放交易所，适当向中西部地区倾斜，支持中西部地区碳排放交易所建设，促进国内碳金融市场协调发展。另一方面，要加速全国碳排放交易所与外国碳市场的融合。首先，积极借鉴发达国家在碳金融市场建设中的先进经验，建立具有国际影响力的碳交易所，积极参与碳规则的制定。其次，实现国际碳市场互联互通。应对气候变化，国与国之间无法物理隔绝，加快国内与国际碳市场交易机制之间的政策协调，做到从竞争到学习、合作的转变，积极构建人类命运共同体，提高我国在全球碳金融市场的地位和声望，提升 CER 的定价话语权，提高我国在未来全球碳市场体系中的参与度和竞争力。最后，推动绿色分类标准“国内统一、国际趋同”。制定一套绿色金融标准来界定绿色信贷、绿色债券、绿色项目的范围，完善界定标准和披露体系。切实落实中欧绿色伙伴关系，引进欧洲的低碳技术和低成本资金。

（四）以“技”为手段，加强碳金融发展的风险防范

碳金融市场涵盖对象较为复杂，无法遵循“分业经营、分业监管”的原则，需要打破传统，由金融监管部门共同参与碳市场的监管，将碳市场纳入金融监管的范畴。首先，要立足以煤为主的基本国情，防范化石能源产业等企业退出的风险。在实现“双碳”战略目标过程中，既要考虑遵守全球气候变化协议，也要基于国内经济发展水平和能源结构的客观现实。大幅减

少化石能源使用虽有助于大幅减少温室气体排放，但也会增加金融机构存量金融资产的风险。对此，金融机构应提前做好对每个服务对象碳风险的评估，对于持续经营无望、不得已退出市场的企业尽早布局。其次，要加大风险压力测试的力度，防范出现新的产业、产品的市场风险。“双碳”目标的实施，会产生一大批新能源等低碳产业，金融机构在充分支持新的产品、产能的同时，也要注意防范新的风险，应设置风险处置与化解机制。与传统金融产品相比，碳金融产品更为复杂，当前针对碳金融监管制度的空白亟须填补，需与传统金融市场的法律规范紧密衔接。比如进行场内交易的标准化碳金融产品，可依据《中华人民共和国证券法》《期货交易管理条例》等已有法规进行监管。《碳排放权交易管理办法（试行）》对未履约企业的处罚力度相对较轻，警示作用较为有限，对碳配额履约机制的有效发挥形成一定的制约。未来需不断提高碳配额履约监管执法的有效性，为碳市场功能的发挥提供制度保障。最后，要运用区块链技术，防范碳产业链存在的风险。以碳为核心要素的产业链是经济发展中最长最重的产业链之一，各个节点之间“传染性”极强，应加强供应链各个风险节点的“隔离”，加强对碳产业链各个节点的控制，综合应用金融科技，持续改善风险管理手段。鼓励数字技术在碳金融领域的应用，利用新技术在客户筛选、交易定价、信息披露等方面提供更多支持，降低信息不对称性。建立信息披露管理制度，及时公开发布碳市场供求变化信息，保障碳交易公开透明、有效竞争，提高碳交易机构管理能力和服务水平，注意避免价格操纵和内幕交易等行为。

（五）以“智”为保障，夯实碳金融发展的人才支撑

碳金融属于新兴领域，涉及金融、环境、法律、技术等多个跨学科知识，应高度关注相关复合型人才的培养问题。首先，加强基础理论和交叉学科研究，解决碳市场构建的共性问题。现有理论研究大多以国外学者和机构为主，国内对碳排放权的法律属性、碳定价等问题的研究相对薄弱，需要不同领域专家学者共同研究探讨，结合中国国情，探索适合我国发展低碳经济的碳金融模式。设置碳金融专业课程或研究课题，结合碳金融发展实践，开

展相关理论的研究。其次，建立专门的碳金融人才储备库。通过设立专项基金，组织专业人员对地方政府官员、金融机构从业人员、实体企业职员进行碳金融知识的培训，保证碳金融市场的有效运行。加大对碳核查员的专业培训力度，确保核查数据的准确性。碳排放核算的准确性是保障碳市场高效运行的基础，随着可再生能源对化石能源的替代以及新一代信息技术的发展，以电力行业为代表的工业企业的温室气体核算方法和监测体系亟须升级。考虑到不同地区发展程度的不同，不同行业碳排放标准、核算和认证的差异，亟须建立一套全国统一规范的碳排放统计核算体系。最后，鼓励和支持高校积极与国外大学合作，大力培养国际化、能投身碳市场运行的专门人才。加强同国外的交流，加大国外碳金融、碳管理人才引进力度，支持高校碳金融、碳管理师资队伍建设和人才培养。

B.35
专题3
“双碳”战略下中国区域能源结构调整转型研究

郑清英　黄新焕　李成宇　陈　莹*

摘　要： 长期以来，我国都面临严峻的能源问题，煤炭能源消费占比高居不下，石油、天然气对外依存度不断攀升，能源资源禀赋和能源消费需求呈现明显的逆向分布特征，等等，不利于碳达峰、碳中和目标的顺利实现。从我国经济发展和能源供需实际来看，保证“双碳”战略顺利实施的关键在于推动区域能源结构调整转型，而区域能源结构调整转型的重点在于进一步推动煤炭资源的清洁生产和利用，优化可再生能源的发展规划与布局，加强跨区域电力输送能力，并推动生产和生活方式的绿色转型。政府应当通过全面深化能源体制改革、全方位加强能源国际合作、创新能源发展融资服务、完善能源财税政策、完善能源人才引培机制等综合举措，推动并保证区域能源结构调整转型。

关键词： “双碳”战略　区域能源结构调整　能源结构转型

---

* 郑清英，福建师范大学经济学院副教授，硕士生导师，研究方向为气候经济、能源金融；黄新焕，福建师范大学经济学院副教授，硕士生导师，研究方向为绿色创新管理；李成宇，福建师范大学经济学院讲师，研究方向为国际贸易；陈莹，福建师范大学经济学院讲师，研究方向为可持续创业、战略管理。

2021 年 10 月，为了深入贯彻习近平生态文明思想，落实碳达峰、碳中和战略，国务院印发了《2030 年前碳达峰行动方案》。该方案明确提出，到 2025 年非化石能源在我国能源消费中的占比要达到 20% 左右，到 2030 年非化石能源消费比重要达到 25% 左右。此外，2025 年，我国单位国内生产总值二氧化碳排放比 2020 年下降 18%，2030 年，我国单位国内生产总值二氧化碳排放比 2005 年下降 65% 以上。要想实现上述目标，并最终达到碳达峰、碳中和，我国区域能源结构调整转型迫在眉睫。

一 中国区域能源供需现状与特征

我国幅员辽阔，各个区域的资源禀赋特点差异较大，能源在空间分布上具有异质性，因此在能源改革的推进过程中，需要结合各区域的发展情况制定相应的战略。本部分拟从中国东部地区、中部地区和西部地区三个区域分析我国目前区域能源供需的现状，剖析各区域能源结构的现状和特征，为各区域能源结构调整转型奠定基础。其中，东部地区包括北京、天津、河北、辽宁、上海、江苏、浙江、福建、山东、广东和海南 11 个省份，中部地区包括山西、吉林、黑龙江、安徽、江西、河南、湖北和湖南 8 个省份，西部地区包括内蒙古、广西、重庆、四川、贵州、云南、陕西、甘肃、青海、宁夏和新疆 11 个省份（台湾和西藏的能源数据未涉及）。

（一）中国东中西部区域能源供需现状

1. 我国能源及其大类构成的生产和消费总体发展趋势分析

从能源生产上看，2010 ~ 2019 年，我国一次能源生产总量总体上呈现上升的趋势，2010 年我国一次能源生产总量为 312125 万吨标准煤，2019 年达到 397317 万吨标准煤，涨幅达 27.3%。其中，原煤和原油占一次能源生产总量的比重总体上呈现下降的趋势，分别从 2010 年的 76.2% 下降到 2019 年的 68.5%，从 2010 年的 9.3% 下降到 2019 年的 6.9%。天然气和一次电力及其他能源占一次能源生产总量的比重总体上呈现上升趋势，分别从 2010 年的

4.1%上升到2019年的5.6%，从2010年的10.4%上升到2019年的19.0%（见表3－1和图3－1）。整体而言，从供给侧上看，原煤、原油的生产总量有所下降，非化石能源的生产总量有所提升，我国能源总量结构调整初见成效。

表3－1 2010～2019年我国一次能源生产总量及其构成情况

指标	2010年	2011年	2012年	2013年	2014年
一次能源生产总量（万吨标准煤）	312125	340178	351041	358784	362212
原煤占一次能源生产总量的比重（%）	76.2	77.8	76.2	75.4	73.5
原油占一次能源生产总量的比重（%）	9.3	8.5	8.5	8.4	8.3
天然气占一次能源生产总量的比重（%）	4.1	4.1	4.1	4.4	4.7
一次电力及其他能源占一次能源生产总量的比重（%）	10.4	9.6	11.2	11.8	13.5
指标	2015年	2016年	2017年	2018年	2019年
一次能源生产总量（万吨标准煤）	362193	345954	358867	378859	397317
原煤占一次能源生产总量的比重（%）	72.2	69.8	69.6	69.2	68.5
原油占一次能源生产总量的比重（%）	8.5	8.3	7.6	7.2	6.9
天然气占一次能源生产总量的比重（%）	4.8	5.2	5.4	5.4	5.6
一次电力及其他能源占一次能源生产总量的比重（%）	14.5	16.7	17.4	18.2	19.0

数据来源：国家统计局。

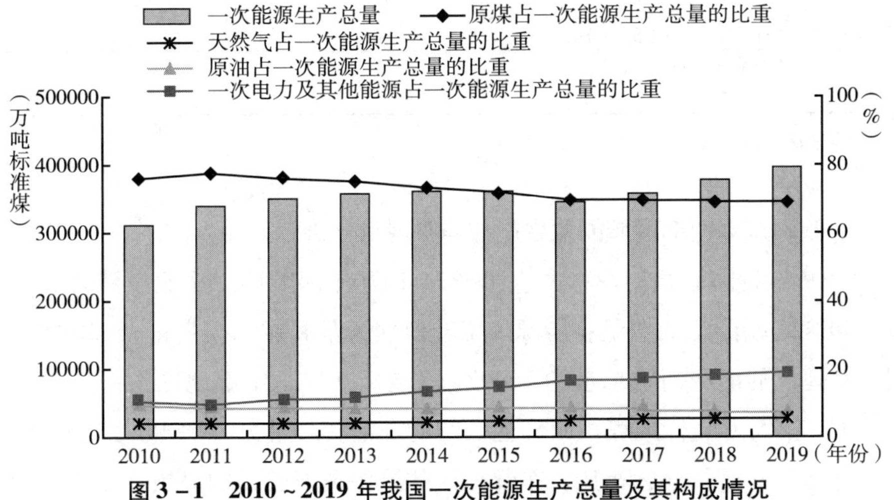

图3－1 2010～2019年我国一次能源生产总量及其构成情况

数据来源：国家统计局。

从能源消费上看，2010～2019年我国能源消费总量呈现上升的趋势，2010年我国能源消费总量为360648万吨标准煤，2019年达到487488万吨标准煤，涨幅达35.2%。其中，煤炭占能源消费总量的比重整体呈现下降的趋势，从2010年的69.2%下降到2019年57.7%。石油、天然气、一次电力及其他能源占能源总量的比重整体呈现上升的趋势，其中天然气的消费比重翻了一番，从2010年的4.0%上升到2019年的8.0%（见表3－2和图3－2）。从需求侧角度来看，我国煤炭的消费总量有所下降，石油、天然气的消费总量有所上升，非石化能源的消费总量有较大的增加。

表3－2　2010～2019我国能源消费总量及其构成情况

指标	2010年	2011年	2012年	2013年	2014年
能源消费总量(万吨标准煤)	360648	387043	402138	416913	428334
煤炭占能源消费总量的比重(%)	69.2	70.2	68.5	67.4	65.8
石油占能源消费总量的比重(%)	17.4	16.8	17.0	17.1	17.3
天然气占能源消费总量的比重(%)	4.0	4.6	4.8	5.3	5.6
一次电力及其他能源占能源总量的比重(%)	9.4	8.4	9.7	10.2	11.3
指标	2015年	2016年	2017年	2018年	2019年
能源消费总量(万吨标准煤)	434113	441492	455827	471925	487488
煤炭占能源消费总量的比重(%)	63.8	62.2	60.6	59.0	57.7
石油占能源消费总量的比重(%)	18.4	18.7	18.9	18.9	19.0
天然气占能源消费总量的比重(%)	5.8	6.1	6.9	7.6	8.0
一次电力及其他能源占能源总量的比重(%)	12.0	13.0	13.6	14.5	15.3

数据来源：国家统计局。

2. 我国东中西部区域能源生产与消费现状分析

2019年我国能源消费总量达到487488万吨标准煤。从能量消费总量上看（包含终端能源消费量、能源加工转换损失量和能源损失量），2019年我国东部地区的能源消费总量为230024万吨标准煤，中部地区的能源消费总量为1187575万吨标准煤，西部地区的能源消费总量为140546万吨标准煤。与中部地区和西部地区相比，东部地区的能源消费总量明显更多，占全国能源消费总量的47%，而西部地区在能源消费的总量上比中部地区要高，占

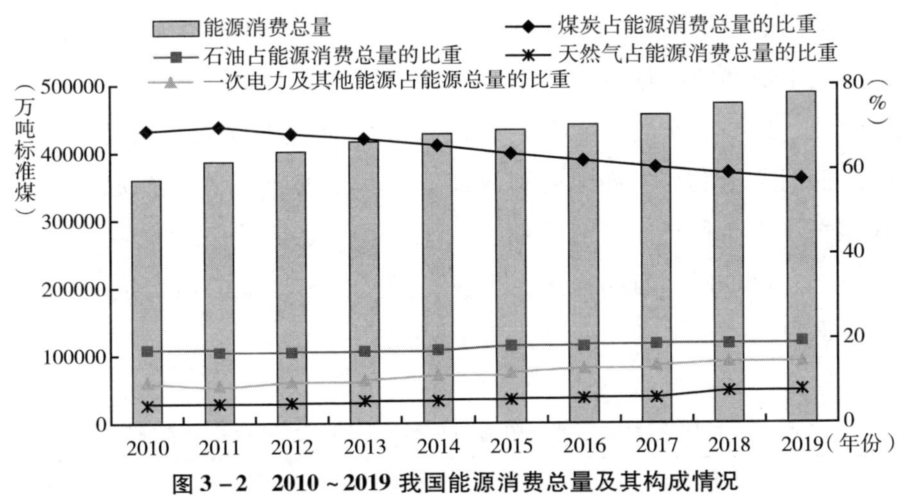

图 3－2　2010～2019 我国能源消费总量及其构成情况

数据来源：《中国能源统计年鉴（2020）》，图 3－3 至图 3－8 以及表 3－3 至表 3－6 相同，此后不赘。

全国能源消费总量的 29%，中部地区的能源消费总量最少，占全国能源消费总量的 24%（见表 3－3 和图 3－3）。

表 3－3　2019 年我国东部、中部和西部地区能源消费总量及其占比情况

单位：万吨标准煤，%

区域	能源消费总量	占比
东部	230024	47
中部	118757	24
西部	140546	29

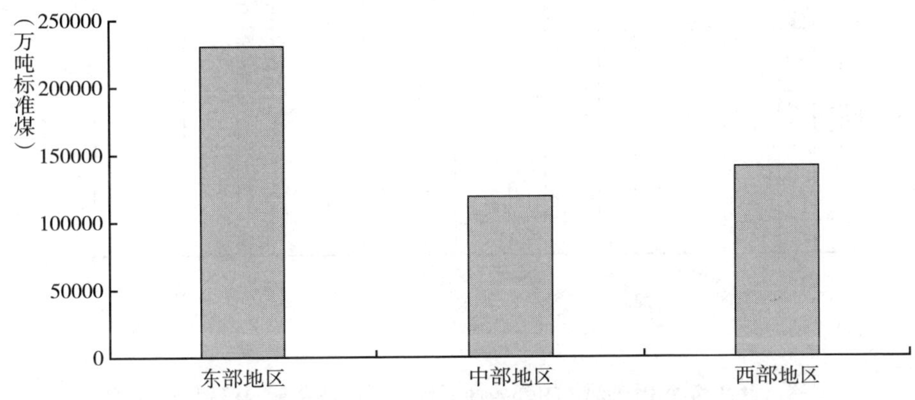

图 3－3　2019 年我国东部、中部和西部地区能源消费总量情况

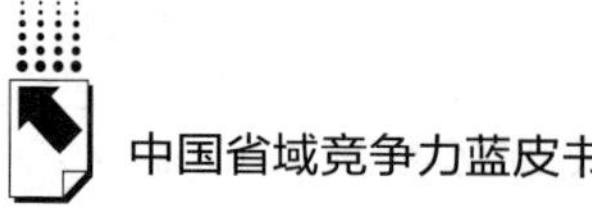

从不同品种的能源消费量上看，2019 年我国东部地区的能源消费量均超过了中部和西部地区的能源消费量（见表 3 -4）。其中，东部地区在燃料油、原油、石油、煤油、天然气和焦炭的消耗量上均超过了 50%，在煤炭的消费量上与中部地区和西部地区基本处于持平的情况。中部地区在煤炭、汽油和柴油的消费量上占比较高，在原油、煤油和燃料油的消费量上占比较低。西部地区在煤炭、天然气和柴油的消费量上占比较高，在燃料油的消费量上占比最低（见图 3 -4）。

表 3 -4　2019 年我国东部、中部和西部地区不同品种能源消费量情况

区域	煤炭消费量（万吨）	焦炭消费量（万吨）	石油消费量（万吨）	原油消费量（万吨）	汽油消费量（万吨）
东部	164030. 93	24990. 31	32167. 35	47854. 81	7395. 69
中部	141378. 38	9193. 54	13446. 60	7268. 34	4376. 19
西部	156858. 20	9566. 34	12309. 01	10473. 55	3782. 94

区域	煤油消费量（万吨）	柴油消费量（万吨）	燃料油消费量（万吨）	天然气消费量（亿立方米）
东部	2698. 08	7604. 60	4125. 51	1570. 24
中部	471. 20	5182. 95	324. 97	463. 54
西部	762. 58	5055. 98	242. 10	867. 51

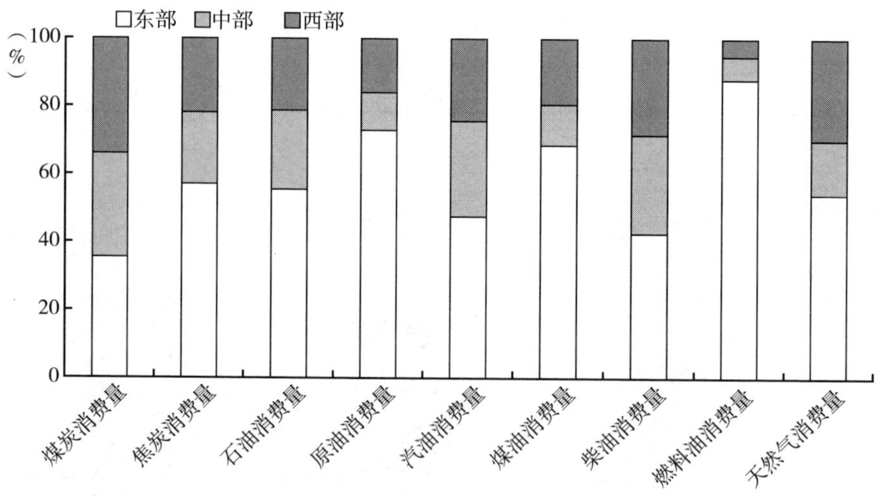

图 3 -4　2019 年我国东部、中部和西部地区不同品种能源消费量占比情况

2019 年，我国东部地区在原煤、焦炭和煤油的生产量上贡献较大，在天然气生产量上贡献最低；中部地区在汽油、煤油、柴油和燃料油的生产量上贡献较大，在天然气和原煤的生产量上贡献较低；西部在天然气的生产量上贡献达到了 78% 以上，在燃料油和煤油的生产量上贡献较低（见表 3－5 和图 3－5）。

表 3－5　2019 年我国东部、中部和西部地区不同品种能源生产量情况

区域	原煤生产（万吨）	焦炭生产（万吨）	原油生产（万吨）	汽油生产（万吨）	煤油生产（万吨）	柴油生产（万吨）	燃料油生产量（万吨）	天然气生产量（亿立方米）
东部	224016.00	24582.00	8414.60	5609.90	2497.57	6203.04	1113.71	248.13
中部	36709.00	10992.00	4038.20	5277.21	1930.52	6530.69	995.90	123.24
西部	123908.00	11553.00	6710.20	3233.57	844.47	3904.54	360.10	1382.24

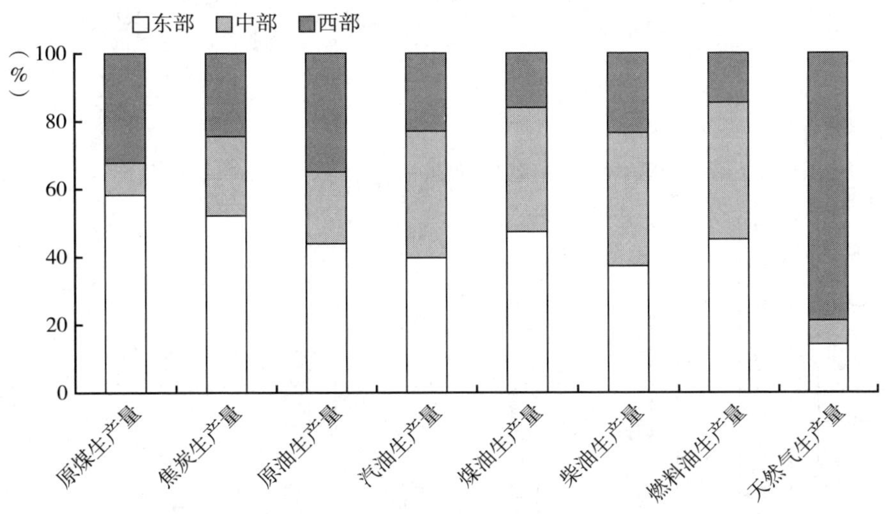

图 3－5　2019 年我国东部、中部和西部地区不同品种能源生产量占比情况

从供需情况上看，2019 年我国东部地区焦炭、原油、汽油、煤油、柴油、燃料油和天然气的消费量均超过了其生产量；中部地区焦炭、汽油、煤油、柴油和燃料油的生产量超过了其消费量，原油和天然气的消费量超过了其生产量；西部地区焦炭、煤油、燃料油和天然气的生产量超过了其消费量，原油、汽油和柴油的消费量超过了其生产量（见图 3－6）。总的来说，2019 年我国东部地区的能源需求需要中部和西部地区的支持。

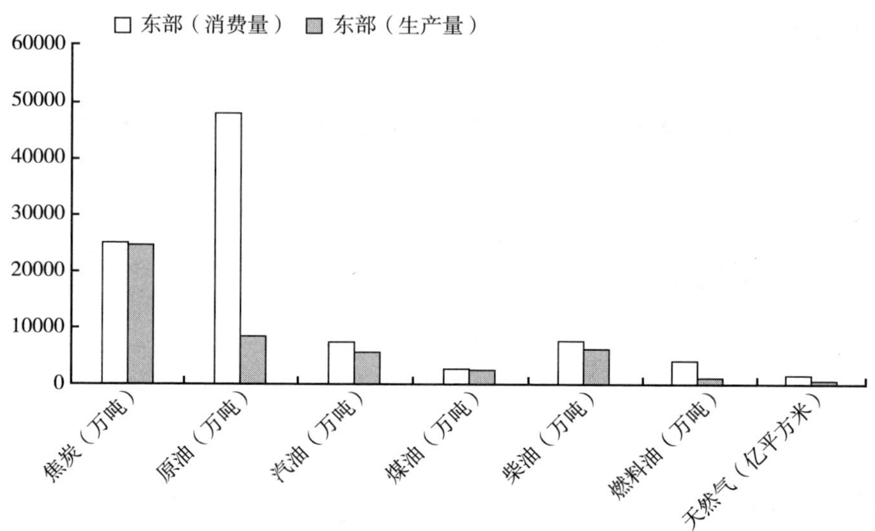

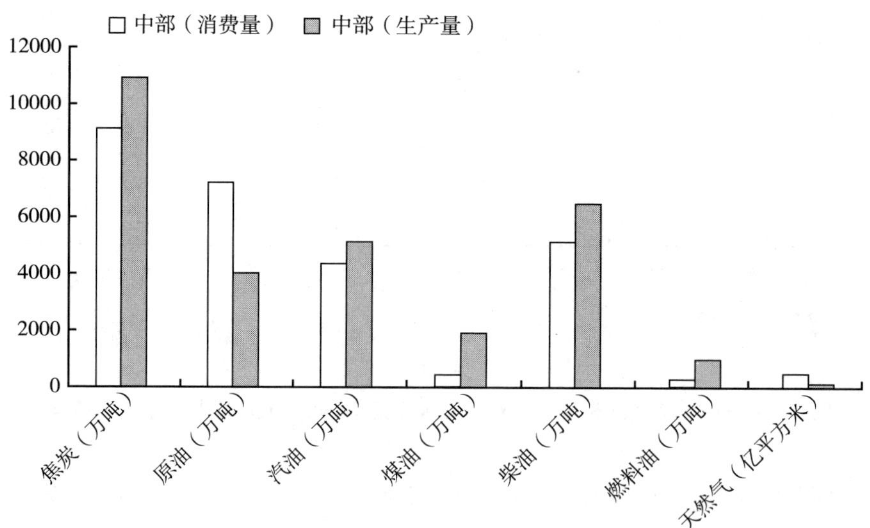

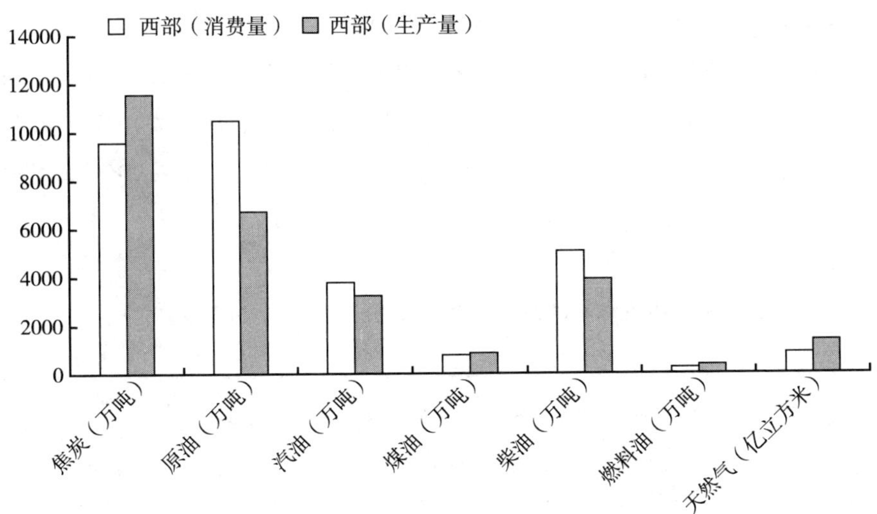

图3－6 2019年我国东部、中部和西部地区不同品种能源生产量和消费量情况

3. 我国东中西部区域电力能源生产与消费情况

在发电总量上，2019年我国东部地区的发电总量最高，中部次之，西部的发电总量最少；在用电总量上，东部最高，西部次之，中部的用电总量最少。在区域的电力能源供需上，我国东部地区的用电总量高于发电总量，供小于求；中部和西部的发电总量高于用电总量，供大于求（见图3－7）。

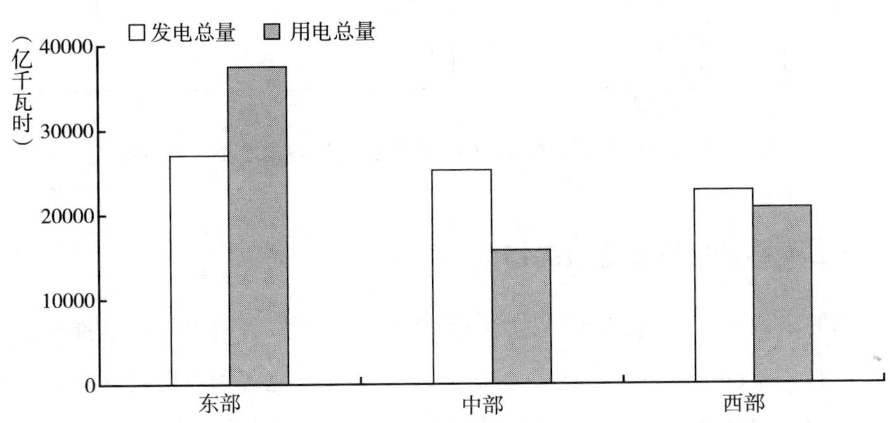

图3－7 2019年我国东部、中部和西部地区发电总量与用电总量情况

在构成上，2019 年我国东部、中部和西部地区的发电主要为火力发电，水力发电主要集中于西部地区，风力发电则主要集中在东部和西部地区，核能发电主要在东部和中部地区。总体而言，核能发电量、风力发电量、太阳能发电量占总发电量的比重较低，东部为 15.03%，中部为 12.90%，西部为 10.84%（见表3－6 和图 3－8）。

表 3－6　2019 年我国东部、中部和西部地区发电总量及其构成

单位：亿千瓦时，%

区域	水力发电量	火力发电量	核能发电量	风力发电量	太阳能发电量	核能发电量、风力发电量、太阳能发电量占比
东部	559.28	22389.69	1284.71	1893.07	882.07	15.03
中部	3103.43	18841.01	1930.10	718.32	601.18	12.90
西部	9313.18	10966.91	268.73	1448.76	748.27	10.84

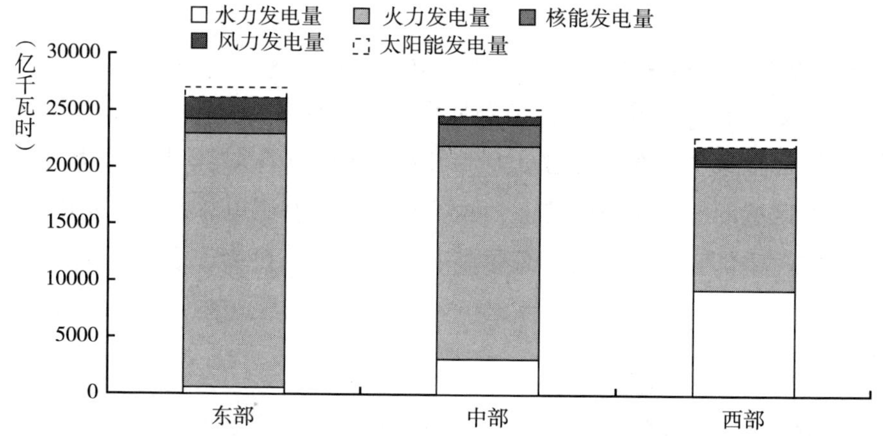

图 3－8　2019 年我国东部、中部和西部地区发电总量及其构成

（二）中国区域能源供需特征

总的来说，各区域在能源生产和消费方面存在显著的差异。从能源消费总量上看，东部地区的能源消费总量显著大于中部地区和西部地区。东部地区是我国能源消费的主力军，2019 年能源消费占全国的 47%。东部地区包含了北京、上海、广东、浙江、江苏等，是我国经济最具活力的地区，因此能源消费需求相比于中部地区和西部地区更多。从能源生产量上看，东部地区在焦炭和原油上有更多的贡献量，中部地区在焦炭、柴油、汽油和原油上的贡献较大，西部地区则在焦炭的贡献上最大。这说明东部、中部和西部地区在能源上的发展有较大的差异，这些区域能源的发展差异启示我国在进行能源结构调整转型的时候，应当根据不同区域的情况制定相应的策略，以此推动我国东部、中部和西部地区的能源发展，从而实现碳达峰、碳中和。具体来说，我国能源在东部、中部和西部地区的供需主要有以下特征。

1. 煤炭能源在东中西部区域能源结构中占较大的比重

我国是以煤炭为主的能源结构，而煤炭不仅仅会在终端消费造成污染，在开采的过程中也会带来污染地下水的问题，因此，降低对煤炭的依赖程度是我国能源结构调整转型的一个重要目标。“十三五”以来，我国在能源结构上进行了一系列的调整转型，我国的煤炭消费总量有了明显下降。但是也要看到，煤炭目前仍然是我国最主要的能源消费来源。如前文所述，从能源的总消费上看，2019 年我国煤炭消费占能源消费总量的 57.7%。而东部、中部和西部地区在煤炭能源的消费上，呈现大致相当的比例，2019 年分别消费了约 1/3 的煤炭总量。总的来看，东部地区的煤炭消费量占东部地区的能源消费总量的比重比中部和西部地区占其能源消费总量的比重要低，中西部地区对煤炭消费的依赖程度要高于东部地区。

2. 新能源开发在东部和西部地区发展较快

新能源的开发利用是我国能源结构调整转型的一个重要发展趋势，目前我国东部、中部和西部地区在风力、太阳能等新能源的开发上差异较大。从能源的发电占比情况来看，我国目前还处于能源转型的初级阶段。在电源结构上，火力发电仍然是东部、中部和西部地区的主要发电来源，占比较大。目前，东部地区主要还是依靠火力发电，而西部地区的水力发电占比与火力发电大致相当。从新能源的开发情况来看，在风力发电上，东部地区的风力发电量大于中部和西部地区，中部地区的风力发电量最少。在太阳能发电上，发电量由大到小排序依次为东部地区、西部地区和中部地区。从太阳能和风能的开发情况来看，整体上，太阳能发电量少于风力发电量。从总体的占比情况来看，风力发电和太阳能发电占总发电量的比重还是较低，未来还有待进一步加强东部地区、中部地区和西部地区的新能源开发。

3. 水电开发主要集中在西部地区

水电作为可再生清洁能源，可再生、无污染，且运行费用低，是我国区域能源结构中的重要组成部分。我国的水资源居世界首位，为了有效合理地开发水资源，在原电力工业部的主持下，我国十二大水电基地的规划于1989年形成，该规划要求对黄河上游、南盘江、金沙江、大渡河、乌江、长江上游、红水河、雅砻江等12个大型水电基地进行布局。在此布局下，我国东部地区、中部地区和西部地区因水资源分布的区域性特点而在水电开发的力度上有所不同。目前，我国大型水电基地开发主要以四川、云南和湖北为重心。2019年，根据各省统计年鉴，四川是全国水力发电量最多的省份，云南和湖北紧随其后。而四川和云南主要在西部地区，湖北在中部地区，因此整体上，水力发电主要在西部地区，东部地区和中部地区的水力发电量占比较小。

4. 核电分布主要集中在东部地区和中部地区

核电站是利用原子核内部蕴藏的能量产生电能的新型发电站。我国目前核电的发电量与布局和我国多年来的政策推动相关。早期我国的核电站主要分布在能源短缺、经济水平较高的东部地区，随后国家能源局在“十二五”能源规划中指出，要推动内陆核电项目，形成东中部核电带，因此目前核电站分布有向中部地区发展的趋势。根据我国核能行业协会统计，截至2020年12月31日，我国运行的核电机组共有49台（不包含台湾地区核电信息），主要分布在浙江、福建、广东、江苏、山东、黑龙江、吉林、辽宁等地。其中，浙江和广东的核电站较多，分别为5个和4个。[①] 2019年，从核能发电量的情况来看，中部地区贡献了最多的核能发电量，东部其次，西部核能发电量较少。

---

① 《2021年中国核电站行业运营现状及发展前景分析》，“东方财富网”百家号，2021年4月20日，https：//baijiahao. baidu. com/s?id = 1697540681565521183&wfr = spider&for = pc。

二 “双碳”战略下区域能源结构调整转型面临的要求与挑战

调整区域能源结构，既要从需求端出发，调整重工业化的产业结构，减少一次能源消费，也要从供给端出发，降低一次能源的生产比重，控制一次能源的总量。更重要的是，要创新绿色低碳技术，在加强节能减排、提高能源效率的同时，提高可再生能源的生产比重。另外，考虑到中国实现“双碳”目标的时间比发达国家或地区更短，能源结构调整转型的任务必然也就更加紧迫、更加艰巨。

（一）产业结构调整带来的挑战

针对能源结构问题来调整高碳的产业结构，需要从能源的供给和需求双侧来控制和改进生产消费活动。因此，能源结构调整转型面临的挑战也应从供给和需求双侧来考虑。从供给侧来看，以煤炭、石油、天然气等一次能源的开采、加工为支柱产业的传统能源地区“倚能重能”，产业结构单一、不合理已是“老大难”的问题。这些地区因能源而兴、因能源而建，形成了纵横交错、规模庞大的能源工业体系。相关能源型产业也对当地的GDP有较大贡献，支撑当地的经济社会发展。同时，也正是因为这些能源型产业举足轻重、“尾大不掉”，推动其转型发展困难重重。一方面，能源型产业前期并不重视研发投入，缺乏核心技术以及中高端人才。传统能源地区对人才、资金的吸引力也不强，甚至还产生了“挤出效应”。因此，能源型产业没有扎实的转型基础。另一方面，传统能源地区区位优势并不显著，政策体系不完善，且基础设施条件差，具有交通和物流薄弱、信息化水平低等特点。因此，能源型产业不具备良好的转型环境。总的来说，传统能源地区转变能源型产业的发展方式，或发展接续替代产业，面临极大的困难。

从需求侧来看，高能耗、高排放量、高污染的行业主要集中在重工业，比如钢铁制造业、水泥、化工等，而且在这些行业的能源消费中，煤炭消费占的比重非常高。但当前，这些行业往往又是中国的优势行业。也就是说，重工业化的产业结构是中国经济发展的阶段性特征。短期内，严格控制这些行业的产能和产量，抑或推动这些行业降低对煤炭等能源的依赖程度，就会增加生产成本，失去价格优势，削弱竞争力①，甚至可能打破整个产业链和供应链的平衡，并最终对中国整体经济发展造成颠覆性冲击。除此之外，就煤电机组等能源领域的投资而言，很多地区并未达到周期性回报时间。据中国电力企业联合会可靠性管理中心统计数据，在中国，煤电机组发电少于10年的比重在40%～56%，发电10～20年的比重在40%左右。而在发达国家，80%以上的煤电机组发电时间已经超过了30年。因此，在城镇化、工业化进程中，从经济发展的角度来看，中国存在对煤炭等能源的刚性需求，不宜过早去重工业。而且，还需要指出的是，中国的煤炭资源非常丰富，在化石能源储量中具有非常重要的地位。根据2020年英国石油公司（BP）发布的《世界能源统计评论》，中国已探明的煤炭储量占世界总储量的13%，总量位居世界第四。相对而言，中国具有煤炭资源禀赋优势，呈“富煤贫油少气”的特征。2020年，中国石油和天然气的对外依存度已经非常高，分别为73%和43%。如果继续鼓励减少煤炭消费，而增加其他能源消费，会在一定程度上增加能源供应安全风险。毕竟可再生能源及新能源在能源供给中占比还非常少。总的来看，调整产业结构既会产生经济问题，比如地区差距拉大、企业倒闭潮，也会产生社会问题，比如企业大面积裁员、失业率提高、电力供应不稳定②等。这也是区域能源结构调整转型需要面临的挑战。

（二）绿色低碳技术创新带来的挑战

加强绿色低碳技术的推广应用，实现产业绿色化转型，也是助推能源结

① 这些重工业更多处于产业链的上游，处于下游的制造业部门生产成本会“连锁”上涨，从而削弱“中国制造”的竞争力。

② 中国的电力供应主要来自火力发电，尤其是燃煤发电。根据《中国电力统计年鉴（2021）》公布的统计数据计算发现，2020年，中国总发电量为76264亿千瓦时，其中燃煤发电量占总发电量的60.7%，水电发电量的占比为17.8%，核电、风电和太阳能发电量的占比仅为14.3%。如果压缩煤炭产量，限制燃煤电厂的产能，就会造成电力短缺，影响电力供应稳定。

构调整转型的重要途径。但很多绿色低碳技术尚处于开发状态或仍然不够成熟，难以推广应用。比如，在制造业31个门类中，钢铁行业的碳排放量是最高的。因此，钢铁行业的超低排放改造是降低碳排放的重要途径。但在低碳工艺技术方面，很多技术仍然处于瓶颈期，[①] 大大延缓了绿色化转型的进度。而且在很多绿色低碳核心技术领域，中国与西方发达国家还有差距，也存在较大的技术创新障碍问题。另外，国外企业进行技术垄断，并防止技术扩散，也进一步限制了绿色低碳技术在国内的应用。还有一些绿色低碳技术成本高昂，难以实现大范围普及。具体地，可以从减碳技术、无碳技术和去碳技术三个方面来看区域能源结构调整转型在绿色低碳技术创新上的挑战。

首先，减碳技术。减碳技术包括节能减排、煤的清洁高效利用、油气资源和煤层气的勘探开发技术等。就节能发光二极管（LED）技术而言，中国的大部分芯片依赖进口，国内主要做封装和应用。虽然这并没有妨碍国内LED产业的迅速发展，但关键核心技术受制于人，就会形成“卡脖子”问题。其次，无碳技术。无碳技术主要围绕清洁能源（可再生能源及新能源）的生产与储存。近年来，中国加速开发利用可再生能源，可再生能源技术在很多领域也已经取得了优势，比如水电、风电、太阳能、核能等。但生物质能难以实现大规模利用、电解技术尚处于实验基础研究阶段等问题依然存在。而且，由于运输优化、储能技术不足，电网侧高效平稳并网接入技术仍未能突破，新能源电力消纳困难，可再生能源的利用率偏低。最后，去碳技术，如碳捕集、利用与封存（CCUS）技术可以从大气中吸收或捕获二氧化碳，继而投入新的生产过程进行循环再利用，是解决能源综合利用水平低的有效手段。但碳捕集与碳储存（CCS）技术的应用水平不一致。其中，“碳捕集技术至少存在三个问题：成本高昂、耗能量大、储存空间大。高昂的成本，即使发达国家可以承受，发展中国家也无法容忍。除了技术本身风险高、成本大，碳捕集还将加速能源短缺，进一步推高能源价格和成本”[②]。

---

① 比如，基于氢气的直接还原铁工艺（Hydrogen-based，DRI），理论上可以实现近零碳排放，但目前该技术尚未完全成熟，传统炼钢工艺仍然是主流。

② 林伯强等：《节能和碳排放约束下的中国能源结构战略调整》，《中国社会科学》2010年第1期。

捕集起来的二氧化碳在长期储存的过程中，也需要防范泄漏等安全性问题，对技术要求非常高。总之，如何实现绿色低碳技术的重大突破和有效应用是能源结构调整转型面临的巨大挑战。

当然，除了绿色低碳技术本身的创新问题以外，在其推广应用方面也存在诸多挑战。以中西部地区为例。随着西部大开发和中部崛起战略的深入推进，以及国际国内产业分工的深刻调整，东部地区污染产业大量向中西部地区转移。这些产业目前很可能还处在成本回收阶段，尚未实现其投资回报。换句话说，未来一段时间内，中西部地区极可能会处于高耗能、高污染、高排放的“碳锁定”状态。如果不加考虑地舍弃前期投资，放弃这些产业，转向推广绿色低碳技术、发展绿色低碳产业，必然给企业和当地政府造成巨大损失，这些损失有可能是毁灭性的。而维持这一状态，又会给当地绿色低碳技术创新带来不良影响，阻碍当地的绿色低碳发展，甚至可能出现“三高”项目的不降反增。

（三）“双碳”目标实现带来的挑战

中国宣布“力争2030年前二氧化碳排放达到峰值，努力争取2060年前实现碳中和”，并承诺“到2030年，中国单位国内生产总值二氧化碳排放将比2005年下降65%以上，非化石能源占一次能源消费比重将达到25%左右”。[①] 也就是说，中国要用不到10年的时间实现碳达峰，再用30年左右的时间实现碳中和。而且，“十四五”时期是实现“双碳”目标的一个关键期和窗口期。中国将“单位国内生产总值能源消耗和二氧化碳排放分别降低13.5%、18%”作为“十四五”期间的减排目标。这是一个很高的约束性减排目标。据统计，从碳达峰到碳中和，欧盟为71年（1979~2050年），美国为43年（2007~2050年），日本为42年（2008~2050年），而中国只设定了30年（2030~2060年）。[②] 因此，相较于发达国家或地区，中国承诺

① 王永中：《双碳目标对中国能源和经济的影响》，《煤炭经济研究》2021年第4期。

② BP：*Statistical Review of World Energy 2021*.

从碳达峰到碳中和的时间更短。但中国需要完成的碳排放降幅非常大。从发展阶段来看，中国是一个发展中国家，整体正处于工业化中后期。传统的“三高一低”（高投入、高能耗、高污染、低效益）产业仍然是推动中国经济增长的主要力量。这也是造成中国碳排放总量大的主要原因之一。而且，当前中国对化石能源的需求在不断增加，碳排放量还在逐年增长。在2021全球绿色经济财富论坛开幕式暨“碳中和”主题论坛上，工信部原部长、中国工业经济联合会会长李毅中在主旨演讲时指出，“2019年中国生产和消费活动产生的二氧化碳达到100亿吨，全球总量为331亿吨，中国的比重达到30%，仍保持年约1.5%左右的增幅”①。面对这么高的碳排放总量，以及持续增长的碳排放，要实现“双碳”目标，难度非常大。更为重要的是，中国的工业化进程比西方发达国家少140年左右②。从碳达峰向碳中和过渡时，很多西方发达国家的人均GDP已经达到2万美元，且工业化进程已经基本完成，实现经济发展与减少碳排放的条件也已非常成熟。而中国的工业发展还处于爬坡阶段。传统的“三高一低”产业很多，且仍处于全球产业链、价值链的低端，减排条件并不成熟。它们的绿色转型发展需要一定的缓冲期，不可能毕其功于一役。一味地搞“运动式”减碳、拉闸限电等不尊重经济规律的盲目行动显然是不可取的。从区域发展差异来看，中部少数地区以及西部大多数地区工业基础都相对薄弱，实现能源结构转型发展需要时日。中国需要探索经济增长与绿色发展的平衡，保证传统产业由高碳向低碳平稳过渡。总的来说，中国实现“双碳”目标的时间更紧迫，完成碳排放下降的幅度更大，任务更加艰巨。而能源结构调整转型是实现“双碳”的重要任务之一，也是必然趋势。这就意味着，能源结构调整转型需要面临同样的严峻挑战——时间紧、任务重。

---

① 根据《世界能源统计评论2021》的统计，2019年，中国碳排放量为98.11亿吨，占全球的比重为28.6%。到2020年，中国碳排放量达到98.99亿吨，占全球的比重为30.7%，较2019年提高2.1个百分点。

② 国家气候变化专家委员会主任、科技部原副部长刘燕华指出，西方发达国家工业化进程长达200年，中国只有60年左右。

（四）区域财政可持续发展受到挑战

区域能源结构调整转型，既有财政收入压力，也有财政支出压力。从财政收入来看，区域能源结构调整转型会减少当地财政收入。无论是传统能源地区，还是产业高碳排放集中地区，相关产业都是当地财政收入的主要来源，也就是说，这些地区的财政状况与相关产业的兴衰密切相关。在减少传统能源供给、限制产能、提高税收等宏观政策的约束下，相关产业必然是“伤筋动骨”，其财政收入会受到较大冲击，大幅下降。从财政支出来看，区域能源结构调整转型会在多个方面增加本地财政支出。[①] 首先，为提高可再生能源供给比重，需要因地制宜推进大型风电、光伏基地建设，发展水能、氢能等。内蒙古、陕西、甘肃、青海、宁夏等地已开工多个大型风电光伏基地项目，需要大量的财力投入。比如，内蒙古2020年度可再生能源电价附加补助资金497706万元，占全年财政收入的2.4%左右。其次，在进行绿色低碳技术创新时，企业需要持续的、巨大的研发投入。为提高企业低碳转型的积极性、主动性和创造性，地方政府必须强化财政支持，给予一定税收优惠或财政补贴。最后，相较于经济发达地区，未来经济欠发达地区可能需要购买更多的碳排放权，以此来抵消当地的高碳排放，并维持经济增长。当然，在生态修复、科技成果转化、新兴产业培育、产业园区建设等方面也需要增加财政支出。总的来说，区域能源结构调整转型会在降低财政收入的同时，增加财政支出，给当地财政的可持续发展造成巨大冲击，尤其是经济欠发达地区或地方债务较高的地区。

三　“双碳”战略下区域能源结构调整转型的重点任务

从我国经济和社会发展实际出发，考虑区域能源消费和生产特点，以及“双碳”目标对能源消费和生产转型的迫切要求，我国区域能源结构调整转型的关键在于以下几个方面。

---

① 财政低收入地区往往需要承担更多能源结构调整转型的任务，相关财政支出压力也会更大。

（一）促进煤炭能源清洁生产和利用

煤炭一直是我国能源供应的“压舱石”，在保障电力供应、保证能源安全方面具有十分重要的作用和意义。“双碳”目标下，降低以煤炭为主的化石能源占比成为必然。但我国以煤为主的禀赋现实，以及经济和社会进一步发展的客观需要，决定了这一过程必须充分考虑、合理规划、循序渐进。从现有技术和成本来看，短时期内以非化石能源大量替代化石能源并不可行，而从中长期来看也仍然需要火电来缓冲可再生能源的不稳定性给电网和能源供应带来的不良影响。因此，在加快非化石能源发展的同时，更为关键的是要推动化石能源发展，特别是煤炭能源的高效清洁生产和利用。

第一，要依据资源禀赋、市场区位、环境容量等因素优化煤炭开发布局，推动煤炭生产重心向晋、陕、内蒙古等资源富集、竞争能力强的省份集中。在此过程中，考虑到煤炭供需地域逆向分布的矛盾可能加剧，必须同时加强铁路运输能力，保障北煤南运、西煤东调的运输需要。第二，要进一步淘汰行业过剩落后产能，保障优质产能的增长区间。煤炭工业协会统计数据显示，2018 年我国年产能在 120 万吨以下的中小煤矿产能占了生产煤矿产能的 27.03%，年产能在 30 万吨以下的落后煤矿产能占了生产煤矿产能的 7.22%，千万吨级煤矿核定产能仅占全国生产煤矿总产能的 18.6%，煤炭产能“增优减劣”仍有相当空间。第三，要加快煤炭产业升级改造，推动智能化技术与煤炭产业融合发展，加快煤炭智能开采、无人开采等技术的研发与应用，推进保水开采，煤矸石返井、充填开采，煤与瓦斯共采等绿色开采技术的研发与应用，降低煤炭资源开发、生产、加工、储运等各个环节的碳排放水平，提高煤炭产业智能发展与绿色发展水平。第四，要进一步推进煤电高效清洁发展。2019 年煤电在我国火电发电量中占比为 90.3%，在全口径发电量中占比为62.2%。[①] 我国煤电发电技术在煤电效率、排放水平、发电性能等方面达到了国际先进水平，但在煤气化燃料电池

① 《中国电力统计年鉴（2020）》。

发电，碳捕集、利用和封存，燃煤耦合生物质发电等方面仍需进一步突破。深入推进煤电清洁高效发展，需要进一步完善政策设计，加大支持力度，促进燃煤电厂超低排放和节能改造。第五，要加强散煤治理，全面提升煤炭清洁化利用水平。散煤燃烧污染物排放为电煤的10~20倍，“十三五”以来，在行政手段和财政补贴的推动下，工业散煤和民用散煤治理取得了显著效果，但由于电力供应、成本、管控力度等方面的问题，散煤复烧依然存在，北方农村地区尤其突出。“双碳”目标下，政府需要进一步完善顶层设计，通过源头控制、以电代煤、可再生能源替代等方式，多方位进一步推动散煤治理，减少散煤燃烧带来的污染排放。

（二）优化可再生能源发展规划与布局

可再生能源包括风电、光伏、水电、生物质能、潮汐能、地热能等，具有可循环再生、清洁低碳等优点，可再生能源发展对我国乃至全球碳中和而言至关重要，也是各国维护自身能源安全的重要途径。在政府的推动下，我国可再生能源发展从无到有，实现了跨越式发展，取得了令人瞩目的成绩。国家能源局数据显示，截至2020年底，我国可再生能源发电总装机容量达到9.3亿千瓦，占全球总装机容量的42.4%。其中，水电、风电、光伏和生物质发电装机容量分别达到3.7亿千瓦、2.8亿千瓦、2.5亿千瓦和2952万千瓦，居全球首位。然而可再生能源发电受自然条件影响较大，具有较强的间歇性发电特征，对电力系统消纳能力的要求较高，我国可再生能源在大规模应用上也因此面临不可避免的难题，弃水、弃风、弃光等现象经常发生，部分地区较为严重。全国新能源消纳监测预警中心的报告显示，截至2020年底，蒙西、青海和新疆三个地区弃风率分别达到7%、4.7%和10.3%。

提高可再生能源在能源消费中的占比，需要加快前沿技术研发和关键技术突破，做好可再生能源发展规划和布局。一是要全面梳理各地区可再生能源资源开发条件与土地、环境承载力等制约性因素，深入评估各地区可再生能源开发潜力，在满足“双碳”目标需求的前提下，充分考虑和利用各地区可再生能源资源条件和并网消纳空间，在可再生能源资源富集地区，科学规划、布局一批以可再生能源为主的大型电源基地，实现可再生能源的集约高效利用。二是要坚持集中式和分布式并举的思路，加快突破多能互补、先进燃料电池、高效储能等可再生能源电力技术瓶颈，加快分布式能源、新型储能、智能电网、微电网等基础设施网络建设，推动分布式发电市场化交易，鼓励分布式发电项目与就近电力用户间的直接电力交易，促进可再生能源的就地、就近开发利用，大力扩大风电、光伏等可再生能源发电规模。三是要提升电力系统灵活调节能力，完善可再生能源调度机制，落实主管部门、电源、电网、用户等各类主体的消纳责任，建立可再生能源消纳的长效机制。在电网保障消纳的基础上，通过源网荷储一体化等途径，积极保障和扩大可再生能源发展空间，不断提升可再生能源电力比重。

（三）强化跨区域电力输送能力①

我国能源资源分布和能源消费需求存在较为明显的空间矛盾，如煤炭、风电、光伏等资源主要分布在西部和北部地区，水能资源主要集中在西南地区，而用能、用电需求又集中在东部地区，能源资源与消费需求的逆向分布对我国能源输送保障能力提出了很大挑战，以煤炭为主的化石能源清洁利用和以可再生能源为主的新能源的发展在很大程度上取决于远距离、跨区域电力输送通道的建设成效。“十三五”期间我国电网建设取得了良好成效，为经济和社会发展提供了有力支撑。但我国基于行政区划的多个同步电网格局没有改变，网间联系薄弱、跨区输电通道利用率低、资源配置能力不强，以及“强直弱交”等问题依然突出，不但影响已建直流电网发挥作用，也给电网埋下了安全隐患。

“双碳”目标下，想在确保能源安全的同时，实现能源生产和消费结构的清洁转型，必须进一步加强电力跨区外送通道建设，推动输配电网升级改

---

① 《中国“十四五”电力发展规划研究》，搜狐网，2020 年 8 月 5 日，https：//www. sohu. com/a/411546038_ 100005941。

造，提升跨地区电力输送能力。一是要加快推动特高压骨干通道建设，提高跨区跨省支援能力。结合“西电东送”“北电南送”实际需要，统筹推进大型能源基地外送特高压直流通道以及各地区特高压交流主网架建设，提升电力输送通道利用效率和跨地区电力交换能力，提高电网安全稳定水平和抵御严重故障的能力。二是要加快区域电网建设，强化与周边电网的互联互通。依托特高压骨干网架，进一步加强华北、华东、华中、东北、西北、西南和南方等各个区域500千伏、750千伏超高压主网架建设，优化完善各个区域220千伏、330千伏电网分层分级。在持续优化主网架的同时，加强保底电网建设，实现各级电网的协调发展。三是要升级改造配电网，打造一流现代化配电网。做好配网规划与主网规划的衔接，持续加强城镇配电网建设，推进农村配电网改造升级，解决配电网发展不平衡不充分问题；着力解决配电网薄弱问题，完善优化配电网结构，提升装备水平，提高配电网的安全性和经济性。四是要强化“互联网+”智能电网建设，加快电网智能化发展步伐。推动智能终端及终端基础设施建设，强化骨干通信网和终端通信接入网建设，完善提升智能电网调度控制系统，加强调度数据网络及网络安全防护体系建设，推动配电网从单一供电向智能互动的能源互联网转变，提升电力系统的智能化水平。

（四）加快生产和生活方式的绿色转型

能源结构清洁化转型需要能源供给侧和能源需求侧的双重配合。我国目前仍然处于工业化、城镇化快速发展阶段，经济发展任务依然十分繁重。区域能源结构调整转型、“双碳”目标实现的重点任务和重要保障之一是要建立健全绿色低碳循环发展经济体系，积极推行绿色生产、绿色流通、绿色消费，确保发展建立在高效利用资源、严格保护生态环境和有效控制温室气体排放的基础上，实现经济社会发展的全面绿色转型。

一是要健全绿色低碳循环生产体系。首先是要加快工业绿色发展转型。落实能耗“双控”目标和控制碳排放强度，严控“两高”项目建设，依法有序推动落后工业产能退出。严格控制钢铁、水泥、煤化工等主要用煤行业的煤炭消费，提升电力在工业终端用能中的占比，鼓励清洁能源对工业行业生产中的用能进行替代及工业绿色低碳微电网建设，推动工业能源消费结构的清洁化转型。加快重点行业的节能减排技术应用和创新，推动重点设备系统的节能减排改造，加强对废钢铁、废塑料、废纸等再生资源和高温散料、含尘废气余热等余热余能的回收利用以及对工业固废的规模化利用，提高能源利用效率和污染排放效率。加快钢铁、石材化工、有色金属、纺织等传统工业行业绿色低碳发展，发展壮大新能源、新能源汽车、新材料、绿色环保等战略性新兴产业，推动产业结构高端绿色转型。其次是要加快服务业绿色发展转型。加快服务业品牌化、信息化、数字化、智能化发展，积极探索生产性服务业和生活性服务业的新产业、新技术、新业态、新模式发展，实现服务业高端化转型。大力发展绿色金融、文化体育、康养医疗等新兴绿色服务业，积极发展共享服务、在线医疗、远程教育、智慧社区等新模式，不断提升服务业绿色化发展水平。最后是要加快农业绿色发展转型。提高能源利用效率，推广节地、节水、节能、节肥、节药等节约型农业技术，推进畜禽粪污、农作物秸秆等废弃物的能源化、资源化利用，发展生态循环农业。

二是要健全绿色低碳循环发展流通体系。首先是将节能减排理念贯穿交通基础设施规划、建设、运营与维护的各个环节，打造绿色公路、绿色铁路、绿色港口、绿色空港，加强新能源汽车充换电、加氢等配套基础设施建设，推动废旧路面、沥青、疏浚土等材料以及建筑垃圾的资源化利用，提升交通基础设施绿色发展水平。其次是促进现代绿色物流体系发展。强化现有物流基础设施利用和改造，提高设施使用效率，发挥设施综合效能。加强各类运输方式的衔接，完善综合交通运输网络，推进铁水、公铁、公水等多式联运。加强物流运输组织管理，推动物流信息系统发展和公共信息平台建设，支持物流企业构建数字化运营平台，鼓励发展智慧仓储、智慧运输，提高物流资源的利用率和经济性。

三是要健全绿色低碳循环发展消费体系。首先是倡导绿色低碳生活方式。加大宣传力度，培养公众节约习惯，减少不必要消费，杜绝无端浪费。加强对过度包装的治理，严格执行强制性国家标准，限制商品过度包装，从源头减少资源消耗和废弃物产生。推进生活垃圾分类工作，提高生活垃圾减量化、资源化、无害化水平。加强公共交通基础设施建设，提升交通系统智能化水平，积极引导公众绿色出行。其次是促进绿色消费。加快建立统一的绿色产品与服务标准和标识，加强绿色产品和服务认证管理，完善认证机构信用监管机制。加大政府对绿色产品与服务的采购力度，扩大对绿色产品和服务的采购范围。加强对企业和居民购买绿色产品和服务的引导，推动线上和线下平台设立绿色产品销售专区，允许地方政府通过补贴、积分奖励等多种方式促进绿色消费。推广绿色电力证书交易，促进全社会绿色电力消费，提高绿色电力在电力消费中的占比。

四　“双碳”战略下区域能源结构调整转型的保障举措

我国应通过全面深化能源体制改革、全方位加强能源国际合作、创新能源发展融资服务、完善能源财税政策、完善能源人才引培体系等举措推动区域能源结构调整转型。

（一）全面深化能源体制改革

发挥市场配置资源的决定性作用，还原能源商品属性，推动建立统一公开、竞争有序的市场经济体制。推动深化重大能源领域与关键环节的改革，集中发力突破体制机制障碍，为推进能源高效可持续发展营造良好的制度环境。

构建有效竞争的能源市场。鼓励合理竞争，统一市场准入，推动多元投资，加快形成企业自主经营、消费者自由选择、商品和要素自由流动的现代能源市场机制。着力破除市场壁垒，提高能源资源配置效率，促进市场公平竞争。全面推进能源行政审批制度改革，完善负面清单，支持市场各类主体依法平等进入负面清单之外的能源投资领域。减少中央对能源项目的核准，将部分能源项目下放地方审批，取消可由市场主体自主决定的能源项目审批。大力支持民营经济主体进军新能源领域，加快健全市场主体退出激励机制。形成体系完整的油气、煤炭、电力、天然气等能源交易市场，确保公平透明。推动油气体制改革，深化油气勘查开采制度革新，放宽油气勘查开采、进出口和上下游环节的竞争性市场准入，完善非常规油气、深海油气、天然铀等资源勘探开发的相关能源项目政策；推进构建现代化的煤炭资源市场体系，积极推进动力煤、炼焦煤、原油期货交易；推进电力市场体制建设，有序放开发电和配售电业务，合理开展售电侧改革；完成天然气现货交易改革。

建立市场决定价格机制。全面放开竞争性环节产品价格，使能由市场决定的价格全部由市场主体自行决定。按照“管住中间、放开两头”的工作思路，逐步放开竞争性领域，推动能源产品价格体现市场供求关系、引导资源合理配置。强化政府定价成本监督审查，促进能源市场价格科学合理、公开透明。发挥价格杠杆调节作用，进一步完善新能源补贴管理制度，逐渐减少交叉补贴。严格监管重要民生和部分自然垄断环节价格，构建能源价格监管体系。

完善能源科学管理模式。积极完善战略谋划、规划实施、政策协调、监督到位的能源管理模式。提高对能源重要问题进行战略规划与顶层设计的能力，确保能源宏观管理的全面性、预见性、针对性。促进能源政策和产业政策的协调互动，形成统一执行、监测、检验、评估的机制，以保证政策执行效果，进一步提高政策的科学性、权威性。创新和健全能源宏观调控政策，将数量调控政策与价格定向施策相结合，综合考虑短期与中长期、国内与国际、经济变革与经济快速发展的不同需要，进一步优化区域能源结构，防范能源系统风险。完善能源交易市场监督，创新能源监督管理工作机制，理顺能源监管职责关系，明晰中央和地方政府的监督职能。创新监管方法和手段，开设全国能源监督热线，充分发挥社会监督功能。推进能源领域信用体系建设，依法建立严重失信人员名单制度，对失信人士进行严惩，提高信用监管实效。

完善优化能源法治体系。发挥法治保障作用，以能源法协调各方利益，凝聚能源革新发展战略共识，坚持在法治下推进改革，保证能源立法各项工作与新能源发展相贯通，逐渐建立科学完整、先进合理的能源法律法规体系。加快电力、煤炭、石油、天然气等领域规范性文件的“立改废”，及时对不符合新能源发展要求的法律法规进行修订和废止。规范地方能源监督立法工作，完善相关配套法规实施细则。

（二）全方位加强能源国际合作

遵循互利共赢的原则开展国际合作，充分利用国内外两个市场，持续深化能源领域对外开放，推进“一带一路”能源设施互联互通，推进全球能源技术和装备制造合作，积极参与全球能源治理，打造能源合作利益共同体和命运共同体。

加强能源领域投资贸易。推进能源领域投资贸易自由化便利化，逐步取消煤炭、油气、电力（除核电外）、新能源等应用领域的外商直接投资准入限制。积极拓展全球能源市场，推动能源龙头企业合理布局海外重点合作地区，进一步拓展能源国际合作重点领域，打造全球能源服务平台，培养具备国际影响力的能源供应链管理能力，建立跨境能源产业链体系。按照“一线”放开、“二线”管住的要求，在特定区域放宽原油、成品油等能源商品进出口的资质和数量管理，打造全球性或者区域性的能源贸易中心。积极创新技术贸易国际合作模式，大力发展能源技术贸易，创建国家能源技术贸易基地。

加强国际能源技术和装备制造合作。加强国际能源技术领域合作，积极引入清洁煤、乏燃料处理等先进能源技术，推动先进技术消化吸收和再创新，促进能源产业对外深度融合。鼓励拥有领先技术的企业参与国外非常规油气勘查开发、清洁低碳能源开发利用等项目，提升我国能源企业的国际竞争力。推动能源装备制造企业积极融入全球能源装备制造产业链，推动能源生产和高效节能装备技术“走出去”。发挥我国能源装备制造企业的比较优势，积极培育一批“链主”企业和“专精特新”中小企业，增强能源装备制造产业链、供应链韧性，为推动我国区域能源结构调整转型提供强劲支撑。

推进“一带一路”能源合作。坚持共商共建共享原则，秉承开放、绿色、廉洁理念，力争达到高标准、惠民生、可持续的目标，与共建“一带一路”国家和地区加强能源合作。加快发展联合建设项目，推动能源基础设施互联互通。全面提高能源供应互补水平，提高我国与共建“一带一路”国家和地区的能源供应能力。巩固现有油气战略进口通道，推进联合建立新能源管道，确保能源道路畅通。积极与共建“一带一路”国家和地区及其跨国公司进行清洁能源领域合作，促进各国在更大范围内进行能源合作开发和优化配置。共建“一带一路”国家和地区应在保障本国能源安全的同时更多惠及其他国家和人民，实现共享共惠发展。

积极参与全球能源治理。始终贯彻多边主义，基于互惠共赢原则进行双边及多边能源协作，积极促进国际能源组织与国际能源合作机制在全球能源治理中发挥引领作用，主动参与二十国集团、金砖机制、亚太经合组织、国际能源署等国际平台机构的相关能源事务及规则制定。在全球多边合作框架下，大力推动全球能源市场平衡发展、绿色转型发展，确保全球能源供应安全。倡导地区间能源合作，积极帮助发展中国家开发清洁能源，为其他国家和地区提供清洁能源利用、提高能效等方面的培训，为促进全球能源可持续发展贡献中国智慧、中国力量。

（三）创新能源发展融资服务

以金融支持能源产业绿色改造升级为主线，创新绿色金融产品和工具，完善能源金融体系，大力拓宽融资渠道，加强对区域能源结构转型的投融资支持。

加大信贷支持力度。建立和完善绿色信贷管理制度，鼓励银行业金融机构加大对能源企业经营的信贷投放力度。打造绿色信贷审批专项通道，精简审核程序，优化审批流程，提高审批效率。支持银行创新绿色信贷产品与服务，大力推广绿色信贷资产证券化、合同环境服务、合同能源管理未来收益权质押贷款、特许经营权质押、排污权抵押贷款、碳排放权融资、节能减排融资等金融产品和服务。在风险可控、符合法律法规的前提下，优先对绿色能源企业和新能源、智慧能源等项目予以信贷支持，出台贴息贷款政策，在贷款额度、贷款期限及贷款利率等方面给予倾斜。建立政府、能源企业和金融机构之间的绿色信息共享机制，金融机构主动做好与政府相关管理部门的信息沟通和衔接工作，积极了解绿色能源、能源生产、能源安全生产等方面最新政策要求，着重核查企业环境行为情况，切实发挥绿色信贷的引导作用。

扩大绿色债券规模。完善绿色债券相关管理办法和绿色债券激励机制，出台相关配套政策，鼓励符合条件的能源企业通过发行企业债券、专项债券、项目收益债券、绿色债务融资工具和绿色资产支持证券等方式进行直接融资，不断扩大绿色债券规模。利用发行专项债券融资，积极推进政府购买服务，完善特许经营制度。推动各类型投资主体投资绿色债券市场、优化配置各类型绿色债券资产，支持能源企业转型升级。持续推动绿色债券市场基础性制度统一和中外绿色债券标准趋同，更好地服务于区域能源结构调整转型。

利用资本市场拓宽能源企业融资渠道。积极推进投融资机构与能源企业建立投融资服务平台，加强绿色能源产业与绿色金融的对接。大力支持国有能源企业、优质民营能源企业与中小能源企业在境内外上市融资，加快推动上市能源公司资产重组，提高上市公司再融资能力和融资质量。加快设立能源产业并购基金，支持投资基金与商业银行加强“投贷联动”，共同制订面向能源结构转型的综合性金融服务解决方案。积极推广政府和社会资本合作（PPP）模式，促进形成以财政投入带动社会力量共同参与的能源资金筹措机制，激发社会投资融资活力，整合相关资金资源，共同设立绿色能源、智慧能源发展基金。

（四）完善能源财税政策

健全能源发展相关的财政、税收政策，增强政府引导扶持，带动企业与社会资金共同投入，建立长效机制来保障区域能源结构调整转型所需资金。

加强财政资金支持。充分发挥各类财政专项资金的带动作用，利用基金、股权投资、贴息等财政资金的杠杆效应，撬动更多社会资本支撑能源产业转型发展。鼓励有条件的地方财政对社会资本投资的相关新能源项目给予运营补贴，并强化财政支出责任监管。对节能降耗、能源新技术应用、智慧能源的示范项目，给予专项补贴。安排中央预算内投资专项，支持如农村电网改造升级、石油天然气储备基地建设、煤矿安全改造等能源革新改造项目。积极推动能源企业争取国家重大科技专项资金、自主创新及高新技术产业发展专项资金、节能专项资金、技术改造专项资金、中小企业发展专项资金等中央专项支持资金，推动新能源技术、智慧能源项目的发展。

完善能源税收政策。全面推进资源税收改革，将能源项目纳入企业所得税优惠目录，落实扶持企业实施能源转型发展项目的各项税收优惠政策，进一步加大企业增值税转型、企业科研发展费加计抵扣、清洁能源企业税收优惠等政策的贯彻力度。全面实施资源税从价计征，对绝大部分应税能源产品实行从价计征，对经营分散、难以控管的少数应税能源产品选择实行从价计征或者从量计征，指导市场主体科学合理利用能源。全面实施环境保护税，合理调节企业能源开发收益。鼓励地方政府因地制宜地制定清洁能源改造建设税费支持政策，大力推进清洁能源发展。

（五）完善能源人才引培体系

紧扣能源产业发展需求，灵活应用各类人才政策，面向国内外引进培育引领能源产业高质量发展的优秀人才，服务于区域能源结构调整转型。

加快各层次能源人才培养。深化校企合作，能源企业应加大与国内知名高校的合作力度，积极开展“产教融合”，推动产学研深度融合，培养研发先进能源技术的高端人才。支持油气、煤炭、电力、天然气领域的龙头企业与国内知名高校联合设立博士后工作站，培育一批能源行业的专业团队。支持高校、职业技术院校根据新能源产业发展方向调整专业学科设置，加快建设面向能源产业高质量发展的人才队伍。鼓励企业与高校、职业技术院校协同建立学生实训基地，满足新能源产业用人需求。搭建协同育人平台，开展招生即招聘、入校即入企、校企联合培养的人才培养试点工作。总结部分高校能源产业学院的成功运营模式，加大对成功模式的推广力度。充分发挥行业协会作用，建立行业专家库，整合、调动各方面智力技能为培育新型能源人才提供服务。

积极引进海外高层次能源人才。完善高层次能源人才引进策略，凝聚一批海外高层次人才和团队。鼓励和支持有条件的中央企业、高校和科研机构建立海外高层次能源人才创新创业基地，推进产学研紧密结合，联合攻关能源领域前沿技术。依托国家高新区、经济开发区和工业园区，搭建引进海外能源专才的服务载体。积极参与各类国际人才洽谈会，提高结识能源专业人才的层次和质量。建立统一的海外高端人才信息库，构建遍布全球的能源人才网络，为高端能源人才引进提供坚实支撑。实施海外高层次人才跟踪计划，适时准确地了解海外人才的有关信息，密切能源各领域人才与用人单位的沟通联系。

完善能源人才激励政策与服务保障体系。完善人才激励政策，强化高层次能源人才的引进激励，鼓励能源企业通过科技成果转化取得股权或期权激励、创造收益按比例返还等方式留住高层次人才；高等院校和科研机构对能源领域的急需人才在职称评聘、项目立项等方面给予政策倾斜。加强能源人才的选拔任用，将能源人才纳入高层次人才评定范围，根据能源人才的贡献授予相应的荣誉奖励。营造社会尊重人才、见贤思齐的良好氛围，完善能源人才服务保障体系，在安家补助、子女教育、健康保障、住房保障、出入境和居留便利等方面给予支持，确保能源人才“引得进、留得住、用得好”，为区域能源结构调整转型提供强大的智力支持。

B.36
专题4
“双碳”战略下中国区域科技创新研究

王珍珍　郑　蔚　韩　莹　周利梅*

摘　要：“双碳”目标的提出是我国积极参与全球治理以及推动构建生态共同体的重大战略举措，实现“双碳”目标离不开科技创新，科技创新可以为“双碳”目标的实现提供战略支撑。本报告从科技创新这一视角出发，探讨了科技创新对“双碳”目标实现的战略价值作用、当前我国在依托科技创新推动“双碳”目标实现所采取的措施以及取得的成效，在此基础上总结了“双碳”目标下科技创新政策实施的难点和障碍并提出了相应的对策建议。

关键词：碳达峰　碳中和　科技创新

力争2030年前实现碳达峰、2060年前实现碳中和，是我国积极参与全球环境治理以及推动构建生态共同体的重大战略决策，事关全局、事关未来、事关国家利益、事关人民福祉。实现碳达峰、碳中和，需要充分发挥科技创新在其中的支撑性和引领性作用，“双碳”目标的提出会在倒逼经济转型升级的同时带来科技创新领域的突破与发展。因此，探讨科技创新政策对

* 王珍珍，福建师范大学经济学院副教授，硕士生导师，研究方向为技术创新与管理；郑蔚，福建师范大学经济学院副教授，硕士生导师，研究方向为技术创新与管理；韩莹，福建师范大学经济学院副教授，硕士生导师，研究方向为技术创新与管理；周利梅，福建师范大学经济学院副教授，硕士生导师，研究方向为国际贸易。

“双碳”目标实现的价值逻辑，对当前中国推动“双碳”科技创新所取得的成效、面临的困难意义重大，有助于抓住核心关键技术环节，最终实现碳达峰和碳中和。

一　“双碳”战略下中国区域科技创新的价值逻辑

（一）“双碳”战略是我国积极参与全球环境治理的重要抓手

当前，全球生态环境受到来自气候变暖、臭氧层出现漏洞等问题的威胁，需要各国践行多边主义，共同维护地球生态环境。中国作为全球气候治理的重要参与者，正同其他国家一起认真贯彻碳达峰、碳中和两个目标。

1.“双碳”战略体现我国推动构建生态共同体的使命担当

当今世界各国已经逐渐构成一个相互依存又相互竞争的现代国际社会体系。全球化下各国不再是孤立的个体，一国经济的发展会带动其他国家经济的发展。但同时，一国出现的重大问题往往会波及周边国家甚至全世界，如气候变暖等。党的十八大明确提出构建人类命运共同体，其中就包含生态共同体，倡导构建一个清洁美丽的世界，这在全球治理变革的进程中彰显强大的吸引力和感召力。气候变化属于全球性问题，没有一个国家能不受气候变化的负面影响，只有各个国家齐心协力、休戚与共，树立生态共同体意识，才能有效应对全球气候变化的问题。为了实现该目标，促进各国平等互助发展，我国提出了在气候治理方面的一系列目标，其中包括“十四五”规划纲要中提到的单位 GDP 能源消耗降低 13.5%，二氧化碳排放降低 18%，这一系列目标的提出，彰显了我国实现碳达峰、碳中和两个目标的坚定决心。

2.“双碳”战略是人类实现可持续发展的本质要求

1990 年，第一份关于气候变化的评估报告发布，其中指出大气中的二氧化碳、甲烷等温室气体的排放在很大程度上受人类活动的影响，由此也带来了全球气候变暖、生物多样性减少、生态环境恶化等问题。为了有效地改善生态环境，推动人类社会的可持续发展，使人与自然和谐共处，各国迫切需要形成合力共同推进碳达峰、碳中和。因此，各国为了应对气候变化达成了一系列共识，《京都议定书》和《巴黎协定》便是在这个过程中产生的重要文件。《京都议定书》首次以法规形式限制人类活动中排放的温室气体，但对减排责任只进行简单的二分，只有发达国家才需承担减排责任。《巴黎协定》在《京都议定书》的基础上进一步发展，提倡各国根据自身国情自愿减排。《联合国气候变化框架公约》发布以来，中国就积极主动承担温室气体减排任务，积极应对气候变化。近年来，我国一直开展国土绿化行动，大规模退耕还林还草，第八次全国森林资源清查结果显示，2014 年我国森林蓄积量已达到 151 亿立方米，实现“到 2020 年森林蓄积量增加 13 亿立方米”的目标，这是实现碳中和目标的重要基础；在可再生能源方面，《中国应对气候变化的政策与行动》白皮书指出，经核算，2020 年我国可再生能源占能源消费总量的比重提高 15.9%，与 2005 年相比提升了 8.5 个百分点，能源结构进一步优化；在碳排放强度方面，2020 年我国的碳排放强度相比 2005 年降低了 48.4%，基本扭转了我国二氧化碳快速增长的局面，为全球气候治理做出了巨大的贡献。[①]

3. “双碳”战略体现以合作创新促进全球生态安全的迫切需要

气候变暖是一个世界性问题，需要每个国家积极参与减少碳排放量的行动。但技术创新的滞后性是目前实施“双碳”战略的最主要障碍。一方面，发达国家的科学技术水平并不足以带动全球实现“双碳”目标；另一方面，发展中国家在科技水平上比较落后，不利于节能减排目标的实现。因此，“双碳”战略不仅需要发达国家之间的合作创新，还需要发达国家给予发展中国家技术上的支持。发达国家之间的合作创新能够通过规模经济、知识的流通和共享、企业之间的协调合作，促进科技创新效率的提高；发达国家对于发展中国家技术上的支持不仅能够帮助发展中国家更快地推进实现“双碳”目标的进度，还能够通过应用于不同地区科学技术局限性问题的解决，促进科技创新的发展。中国虽是一个发展中国家，但主动承担起了帮助其他

① 《中国应对气候变化的政策与行动》，人民出版社，2021。

发展中国家减少碳排放、实现可持续发展的任务。中国积极推动应对气候变化南南合作，设立“一带一路”绿色发展国际联盟，为广大发展中国家提供资金、技术和人力支持，帮助其提高应对气候变化的能力。截至2019年9月，中国已经与其他发展中国家签署了30多份气候变化南南合作谅解备忘录，合作建设低碳示范区。在气象灾害多发的刚果民主共和国，中国为其提供气象设备和相应配套系统，有效提高刚果本地对气象灾害的预警能力，相应的基础设施能激发和提高刚果本地的创新能力。

（二）“双碳”战略是加快构建新发展格局的重大战略决策和伟大实践

将碳达峰、碳中和纳入生态文明建设整体布局是贯彻新发展理念以及构建新发展格局的重要抓手，有助于改善生态环境，为科技创新战略的制定指明方向，并最终实现高质量发展。

1.“双碳”战略孕育发展转型和生态环境改善的重大机遇

在新发展格局下，一方面要实现“国内可循环”“产业安全自主可控”“制造业比重基本稳定”等产业发展目标；另一方面要实现“碳达峰”“碳中和”“单位GDP碳排放大幅下降”等阶段性目标，即要在“双碳”战略背景下实现产业发展目标。这一系列目标的实现面临众多的问题。一是我国许多领域处在全球价值链、产业链低端，资源型、高能耗产品占比较高，传统行业发展存在惯性，对它们的调整需要付出极大的努力；二是“双碳”战略下的能源需求与传统资源禀赋存在矛盾，我国的能源供给现状为以煤为主，石油、天然气对外依赖度较高，要推进“双碳”战略的实施，就需要进行可再生清洁能源对化石能源的替代，这是一个相当庞大的工程，并且可再生清洁能源相关技术还不成熟，短时间内以煤为主的能源结构难以扭转。但是，危机孕育着新机、变局预示着新局，发展中存在的问题正预示着巨大的发展机遇。“双碳”战略孕育着传统产业低碳转型和新型产业崛起的机遇，尤其体现在第二产业方面。电力、交通、建筑和工业是当前需要深度转型的行业，这些行业在低碳转型的过程中会产生一批绿色低碳的新产业，与绿色转型成功的传统产业组成新业态，从而有助于提高生态环境质量。因此，“双碳”战略孕育发展转型和生态环境改善的重大机遇，将为从能源结构深度调整角度入手改善生态环境提供确切性的解决方案。

2.“双碳”战略为科技创新发展战略方针的调整指明新方向

实现高水平的科技自立自强是构建新发展格局的根本路径。无论是通过解决“卡脖子”技术占据国际循环优势位置，还是通过三大产业协调互动畅通国内大循环，都需依托科技创新。推动科技创新，需要以绿色发展理念为指导，习近平总书记在全国科技创新大会上指出，“绿色发展是生态文明建设的必然要求，代表了当今科技和产业变革方向”①。“双碳”战略是绿色发展理念映射到现实的一个具体目标，因此科技创新发展需要紧紧依靠碳达峰和碳中和两大战略。为此，党中央在“十四五”规划目标中大力支持发展低碳科技。在新型基础设施建设方面，“十四五”规划提出加快5G网络规模化部署，推动物联网全面发展。5G网络每比特能耗仅为4G网络的1/10，能够有效减少通信网络运行能源消耗，并且5G网络为物联网发展提供技术支持，能够满足物联网应用覆盖面广、高速稳定等需求。物联网作为一种新兴技术，任何产业都能借助它随时随地连接互联网，能有效提高工作效率，并且能起到降低能源损耗和减少环境污染的作用。比如在电力行业，利用物联网技术对电网进行监控管理，能够大大降低在传输中损耗的电能。在产业升级方面，“十四五”规划指出深入推进工业、建筑、交通等行业低碳转型。这些行业的低碳转型都需要科技创新的支持。电力行业需要推进分布可再生能源模式；交通行业需要建设现代化综合交通运输体系，提升网络效应和运营效率；建筑行业需要体现绿色建筑理念；工业发展需要提高传统化石能源的利用效率和推广新型可再生能源的应用。

3.“双碳”战略为区域协调发展提出新要求

当前，我国已经逐步形成了长江经济带、京津冀一体化、粤港澳大湾区的区域发展战略，区域与区域之间存在发展的不平衡。2020年提出的“双碳”战略向区域协调发展战略提出了新的要求。首先，各个区域的资源禀

① 《为建设世界科技强国而奋斗》，《人民日报》2016年6月1日。

赋和区位特征不同，产业结构和发展水平也存在显著的差异，因此在制定“双碳”战略时，需要兼顾各个区域经济发展的实际，不能因为“双碳”战略的实施而进一步拉大各个区域的经济差距，偏离区域协调发展战略。其次，“双碳”战略的实施不仅是某个行业或领域的低碳发展，而是全局性、系统性的低碳发展。它要求各个区域技术、制度和管理一体化，系统性地实现“双碳”目标。技术创新是实现“双碳”目标的根本所在，但是实现“双碳”目标不单单只靠一项技术，需要形成一个完整的技术体系，才能实现协同减排效应，最大化地减少碳排放量。这就需要各个区域通过系统性的制度安排来激励创新主体进行科技创新、引导创新主体进行深入协调和联动，并通过集成管理以降低沟通成本和信息成本。此外，要特别注意遏制投机行为，避免市场风险过度集中和市场操纵。

（三）区域科技创新是“双碳”战略得以顺利实施的重要保障

科技创新是“双碳”战略得以顺利实施的重要保障，在产业转型升级、能源转型、新旧动能转换、投资结构优化以及攻关减污降碳技术中发挥着至关重要的作用。

1. 以区域科技创新推动产业结构优化升级

目前，我国已经形成以第二产业和第三产业为主的产业结构，据国家统计局统计，2020 年我国第二产业增加值占 GDP 的比重为 38%，第三产业增加值占 GDP 的比重为 55%。与发达国家相比，我国第二产业的占比还是偏高，第三产业的占比还有待进一步提高，传统的高投入、高消耗、高污染、低效益产业的占比偏高。此外，我国工业能源带来的碳排放量占所有能源碳排放量的 65%，需要特别注意的是，高耗能、高排放行业的比重较高，钢铁、化工、建材、电力等行业的能源消耗占整个工业能源消耗的 75%，二氧化碳排放量预计还将持续上升。① 从发达国家产业转型的成功经验来看，

① 郭士伊等：《调整产业结构降低碳排放强度的国际比较及经验启示》，《中国工程科学》2021 年第 6 期。

科技创新可以有效提升生产效率、增强产业竞争能力。集中发展新能源汽车、航空航天、生物技术、电子信息等高附加值、低消耗的高端制造业，能够在较低的水平维持碳排放强度，是实现经济增长与碳排放脱钩的有效手段。因此，我国要降低碳排放量，实现“双碳”发展目标，一条重要的途径是依靠区域科技创新推动第二产业低碳化发展以及不断提升现代服务业和高新技术产业等第三产业的比重。凭借先进技术和创新驱动产业的发展，提高要素生产率，提高供给质量和效益，使得产业价值链向中高端发展，大力发展新型绿色低碳经济，逐步促成经济增长和碳排放脱钩。

2. 以区域科技创新加快我国能源转型

我国是全球最大的能源生产国和消费国，能源消费总量总体上高于能源生产总量，2020 年一次能源生产总量高达 40.8 亿吨标准煤，能源消费总量高达 49.8 亿吨标准煤，仍有 9 亿吨标准煤的缺口。要弥补这一缺口，就要提高可再生能源的利用率，主要是水电、核电、风电等可再生能源的利用率，但目前这些可再生能源的利用率还有待提高。据国家统计局统计，2020 年，煤炭、石油、天然气等化石能源消费量占能源消费总量的 84.1%，煤炭消费量占能源消费总量的比重高达 56.8%，而天然气、水电、核电、风电等低排放的清洁能源消费量仅占能源消费总量的 24.3%。以煤炭为主的化石能源的过度消费会导致碳排放量急剧上升，严重污染自然环境。我国当下的人均 GDP 与美国、日本、德国这几个国家 1975 ~ 1980 年的水平相近，但在单位 GDP 二氧化碳排放水平方面却高于发达国家。此外，我国正处于工业化和城镇化快速发展时期，常住人口城镇化率超过 60%，大规模的基础设施建设和房地产建设不断推进，对高耗能产品（如钢筋、水泥）需求较大，造成能源消费量和碳排放量的持续增加。要打赢碳达峰、碳中和这场“硬战”，必须加快我国能源转型，而科技创新能为能源转型提供强有力的支撑。科技创新可以实现可再生能源使用比例的提升，使我国更多使用太阳能、风能、生物质能等可再生能源，促进煤炭、石油等化石能源的高效化、清洁化使用，实现碳达峰、碳中和的美好愿景。

3. 以区域科技创新加速新旧动能转换

2012 年以来，我国经济增速有所放缓。经济发展进入新常态以来，阻碍中国可持续发展的问题从社会生产不足转向如何实现经济从高增速向高质量的转变。长期以来的经济高速增长是以能源高消耗和环境高污染为代价，对能源和资源依赖程度较高，依靠劳动、资本、土地等资源，通过利用效率提升和人口红利的这种高碳高污染模式给我国经济社会发展和生态环境带来了较大压力。在此背景下，实现“双碳”目标亟待以新动能替代旧动能，实现新旧动能转换，摆脱传统粗放的经济发展方式，引领经济朝着绿色低碳的方向发展。通过科技创新培育新动能、改造旧动能并对其加以替换，加快新旧动能转换，构建“高科技、高效益、低消耗、低污染”的绿色低碳发展模式。

4. 以区域科技创新改善优化投资结构

投资是促进区域经济增长的重要动力。过去的投资注重经济的高速增长，集中在工业、能源、建筑、交通等四大行业，忽略了经济增长与环境保护间的平衡关系，资源环境问题日益凸显。2012 年，世界上第一家绿色投资银行在英国成立，它的业务领域包含能效产业、废物处理以及以生物质能、海上风电为主的可再生能源，通过提供融资方案，引导资本流入低碳经济，以最低的成本有效实现降碳减排，同时实现投资效益和环境效益。我国要想实现由高碳发展向低碳发展的转型升级，有效实现碳达峰、碳中和目标，需进一步优化投资结构，引导资本流入绿色环保产业、新能源产业，从传统的高耗能、高排放领域中逐步抽离出来，促成绿色可持续发展。因此，在“双碳”战略下，我国要以新一轮科技革命和产业变革为契机，通过培养“双碳”科技创新人才、研发“双碳”新技术，提高能源利用效率。依靠科技创新更好地提高战略性新兴产业和新基建的投资效率，进一步吸引投资向绿色环保产业、新能源等产业转移，向碳减排、可再生能源、低碳项目流动，使得投资结构的优化有效地推动实现碳达峰、碳中和。

5. 以区域科技创新突破减污降碳技术

近年来，我国依托科技创新有效推动了降碳减污，2020 年单位 GDP 二氧化碳排放量相比 2015 年下降了 18.8%，基本上控制住了碳排放量的大幅度增长。但由于产业结构中第二产业的占比偏高，对煤炭等资源的消耗量较大，清洁能源利用率较低，环境污染现象严重，与我国大力强调的可持续发展理念相背离。减污降碳形势严峻，现有的减污降碳技术却难以支撑我国有效实现碳达峰目标。2020 年，10 亿千瓦的可再生能源装机已被安装使用，在容量占比大于 40% 的情况下发电量却只有总发电量的 30% 及以下，这说明我国在智能电网和大规模储能技术领域仍存在很大的提升空间。因此，如何实现减污降碳技术的突破，更好地推动实现“双碳”目标，是一项亟须完成的任务。欧盟于 2019 年颁布的《欧洲绿色新政》，列出工业、能源、建筑、交通等重点行业的技术需求，确定需重点突破和推广应用的关键技术，希望通过加大科技创新的投入力度为减污降碳提供技术支撑。实现减污降碳的根本途径，不管是开发利用新能源，还是优化产业结构，不管是从源头上减少碳排放和污染物的排放，还是末端治理，都离不开科技创新。因此，我国应在重点领域突破零碳排放技术，碳捕集、利用与封存（CCUS）技术和生态系统固碳增汇技术等减污降碳技术，在低碳、零碳、负碳等方面攻关新技术，为我国实现碳达峰目标及碳中和愿景提供科技支撑。

二 “双碳”战略下中国区域科技创新的做法成效

（一）科技创新在推动高能耗、高污染的传统产业转型方面的运用

打好打赢碳达峰、碳中和这场“硬仗”，实施绿色低碳转型战略，传统高能耗、高污染产业转型升级是紧要点、关键处。在“双碳”目标倒逼下，全国各省纷纷加速推动相关企业科技创新，有力促进绿色低碳转型之路。

在火电行业，黑龙江、山西等地不断探索科技创新。长期以来，作为全国重要的能源工业基地之一，黑龙江的原煤消耗量一直居高不下，为降低燃煤排放污染，黑龙江在本地火电厂中积极推广以秸秆为主要燃料的生物质热电联产项目，燃烧秸秆过程中排放的二氧化碳总量与秸秆在生长过程中吸收

的二氧化碳总量可以互相抵消，以此实现零碳排放。山西则通过加强技术改造、灵活性改造等措施，在火力发电领域深挖深耕、做精做优，实现火电企业内涵集约化发展，大力提升了传统火电企业投入产出水平和火电资产质量。此外，山西还推行“智慧电厂”数字化转型建设，“三维虚拟技术”“智能巡检”等技术创新，高效完成发电设备拆解、装配、设备故障诊断与评估等常规管理任务，全面提升火电厂管理水平。而河南从煤炭开采出发，鼓励大型燃煤电厂、煤炭企业等改扩建储煤设施，合理布局建设大型煤炭储备基地，以配合实现火电机组调峰灵活性改造。河南将“智慧能化”列为重点建设项目，大力实施煤矿智能化建设。目前，河南在高标准省级智能化示范矿、智能化工作面、智能化掘进工作面等方面居于全国前列。

在石油化工、能源化工行业，山东、河南等地不断进行生产工艺升级换代。山东东营市为降低石化产业碳排放，2019 年开始尝试对现有技术升级换代，通过与大学进行产学研合作，引进专家团队，联合开发二氧化碳捕集并同步制氮工艺技术，通过试点后并全区推广。截至 2021 年，借助 CCUS 技术的推广应用，该项目实现二氧化碳捕集能力达 10 万吨/年，同步副产氮气 1.6 万米^3/时，实现了捕碳与增效的双赢，东营市众多石化企业从中获益匪浅。① 河南则把握“双碳”发展机遇，本地能源化工集团与科研院所合作，加大科技创新力度，积极进行转型，推动企业从传统高耗能源使用向新能源使用转变、从基础化工材料向新材料转变，加快智能化煤矿建设，重点建设高端功能性新材料、生物性可降解新材料等低碳环保项目。

在钢铁生产行业，江苏从生产流程入手，想方设法降低碳排放。江苏南京钢铁集团大胆采用新技术和新工艺，从产生废气最多的炼焦和烧结两个环节入手，主动淘汰所有低端燃煤锅炉，引进先进的脱硫脱硝技术，以达到固化废气中的硫化物、氮氧化物颗粒。技术改造后，二氧化硫、氮氧化物、颗粒物排放量分别下降 67.32%、74.02% 和 62.9%。与此同时，还实现了烧

① 王俊杰：《东营，“双碳”路上发力“绿富美”——东营市统筹推进碳达峰碳中和工作纪实（下）》，《东营日报》2021 年 9 月 7 日。

结余热、煤气余压全部回收发电，且向南京江北新区提供蒸汽资源。江苏南京钢铁集团通过生产流程工艺的创新有效实现了钢铁企业向低碳、脱碳、绿色转型。

（二）科技创新在新能源、可再生能源方面的运用

在新能源方面，目前国内已经形成了粤港澳大湾区（广东）、长三角（江浙沪）和环渤海（京津冀鲁辽）三大创新集聚区。其中，广东佛山在氢能研发方面颇受瞩目。作为广东燃料电池汽车示范应用城市群的牵头城市，佛山积极推进自主氢能技术研发，在氢能燃料电池发动机的续航里程、零排放、百公里氢耗能、大功率载重等方面不懈努力，打造出领先全国的高端氢能产业。目前，佛山氢能产业依靠其完善的政策体系和加氢基础设施，已经打造出一个较为完整的氢能产业链，成为全国唯一的国家标准技术创新基地（氢能）。在长三角，江苏则充分利用其沿海地区丰富的风能、光能，打造风电产业链，通过建设盐城国家级海上风电检验中心，打造具有全球影响力的新能源产业基地。为推动风电技术进步，仅2018年，江苏以1620件专利申请成为我国风电技术领域专利申请量最多的省份。

在可再生能源方面，上海、山东、河南、江苏等地充分利用城市空间和技术创新发展绿色清洁可再生能源。上海崇明横沙岛、山东东营推出“渔光互补”项目，通过在池塘上覆盖光伏板，实现了板上可发电，板下可养鱼的绿电创新，既不影响鱼虾养殖，又增加了光伏发电收益，实现了光伏发电与现代农业的有效结合。河南鲁山县鼓励水泥企业在工厂区山坡上铺盖光伏板、江苏推出的“整县屋顶光伏开发试点”项目，则是光伏发电与传统生产制造企业、城市绿色低碳管理相结合的典范，不仅满足了当地企业和当地居民自身生产生活用电，还能把盈余入网交易，为日后纳入“碳交易市场”提前布局。为提升能源利用效率，各地积极推进光伏电池板生产制造技术创新。其中，山东润马光能科技有限公司坚持加大研发投入力度与推进科技创新，研制出可以实现双面发电的双玻双面电池板，成为山东乃至全国光伏组件制造产业的佼佼者。双玻双面电池板可以在利用正面发电的同时，

利用背面吸收太阳散射光进行二次发电，可以有效提升发电效率，减少二氧化碳排放。

（三）科技创新在绿色建筑施工方面的运用

河北、北京等省（市）在推动绿色建筑方面取得了显著的成效。河北在绿色建筑领域取得了不俗成绩。目前，城镇新建绿色建筑占比处于全国第一梯队，累积建设被动式超低能耗建筑的总面积位居全国第一。为进一步提升节能标准，河北全面实现了绿色建筑统一标识，未来新建星级绿色建筑占比要达到总绿色建筑面积的50%。同时将在雄安新区、石家庄、保定、唐山等地打造超低能耗建筑产业示范基地，进一步扩大被动式超低能耗建筑建设规模。

在废弃建筑改造方面，北京表现突出，“首钢老工业区改造西十冬奥广场项目”荣获2020年度全国绿色建筑创新奖。首钢老工业区的改造，在规划设计、施工建造及运行等阶段采用了创新管理模式，实际运行效果良好。该项目的改造，既实现了资源节约，又取得了显著的经济、社会、环境效益，具备良好的推广应用价值。

为探索绿色低碳施工，深圳市南山区开展“党建＋基层社区环境治理”试点工作，与16家施工单位党组织组建联合活动，切实解决了建筑施工附近居民经常投诉施工噪声、扬尘扰民、废气处理等问题，实现绿色低碳施工与高质量党建的有效融合与创新。

（四）科技创新在绿色金融方面的运用

推动各区域、各生产领域绿色低碳转型离不开资金的支持、离不开绿色金融创新。为实现区域经济绿色低碳和高质量发展，各地金融业也积极推进绿色金融创新，以配合各地“双碳”目标的实现。

在发挥重点机构示范引领作用方面，上海、广州、深圳、北京等地成绩不俗。为吸引更多企业研发低碳技术，主动进行碳减排，2013～2016年，深圳、上海、北京、广东、天津、湖北、重庆、福建等八个试点碳市场陆续开市交易，其中，上海碳交易市场吸引了近500家投资机构参与交易。截至2021年底，仅上海一家碳交易市场碳现货各品种累计成交量高达2.06亿吨，累计成交金额29.24亿元，总成交量位居全国前列。上海通过吸引国家绿色发展基金的落户，吸引更多社会资本投入污染防治、清洁能源、环境保护、生态修复、空间绿化等发展中的领域，还通过设立“绿色技术银行”推动绿色科技成果转移与转化，绿色技术银行的设立，使得上海在短时间内汇集了资源节约、安全高效、环境友好等可持续发展重点领域中的先进的、实用性强的绿色技术。广州在绿色金融基础设施、绿色金融体制机制、绿色金融标准、绿色金融产业与服务等方面分别取得了不俗的创新成果。其中，截至2020年末，绿色贷款、绿色债券、碳排放交易所配额现货交易量累积成交额等多个指标领先于全国其他试验区。深圳于2020年11月出台全国首部绿色金融领域法规。该条例从绿色信贷、绿色保险等方面创新了诸如绿色供应链、绿色建筑、个人绿色消费等绿色信贷产品，以及环境污染责任险、绿色建筑质量险等绿色保险业务。

在加强绿色产业扶持方面，安徽、湖南等地也积极进行创新。2021年8月，浦发银行滁州分行联合苏州分行向相关企业发放了价值1.09亿元的“碳中和挂钩贷款”，这在全国是首创。该贷款主要用于光伏电站建设，以帮助滁州当地打造“购—建—产—销”光伏产业全链条。同时，该笔贷款给光伏产业链带来了“延链、补链、强链”以及绿色发展跨省金融合作的多重示范效应。中国人民银行湘潭中心支行及浦发银行湘潭分行为响应湘潭市国家低碳试点城市建设，针对清洁能源产业链上的小微企业推出了绿色订单贷款，该贷款专用于订单项下原材料的采购、产品的生产与储运，希望通过金融创新鼓励企业大胆接受订单，实现稳定运转。

（五）科技创新在城市绿色交通方面的运用

在交通领域，重庆、浙江等地积极创新，效果显著。由于特殊的地貌特点，山城重庆交通复杂，规划难度高，但经过多年的不懈努力，目前重庆已经形成了以低碳轨道交通为骨干，以新能源公交车、出租车、自行车等为补充的多层次绿色低碳公交体系。2021年4月，全球首条自动无人驾驶、电池驱动、小运量胶轮有轨电车系统“云巴”在重庆投入运营。该系统采用了多项智慧技术，有效地降低了运营成本，且绿色低碳给老百姓的出行减轻了负担。浙江则充分落实公交优先战略，提高清洁能源及新能源车使用比例，积极开展公共机构节能技术改造，积极创建绿色交通省。

（六）科技创新在绿色低碳社区生活方面的运用

实现“双碳”目标离不开普通民众、基层社区组织的支持。居民传统生活方式的转变也是实现“双碳”目标的重要措施之一。

江苏无锡市2020年率先在江苏全省开展“碳普惠制”试点建设，倡导绿色低碳生活方式，从打造纯公益平台“碳时尚”App，鼓励民众低碳出行攒积分并可兑换电影票、蛋糕券，到评选低碳家庭、低碳学校、低碳社区等一系列的举措引领居民生活绿色转型。中国人民银行衢州中心支行为了鼓励民众更好地绿色低碳生活，在全国首创“个人碳账号”金融创新服务，计算群众的绿色行为，包括绿色支付、绿色出行、旧物回收、节能节水等，进一步核算出个人减少的碳排放量，生成用户的减排积分，并以此将用户分为“深绿”“中绿”“浅绿”不同等级给予差异化的优惠政策。

为推动居民进行垃圾分类，福建福州市在全国首创垃圾分类“三端四定”的工作模式。“三端”，即前端分类设施建设到位、中端收运体系规范到位、后端处理设施完善到位。“四定”则涉及每一端口，即前端垃圾分类实现定时投放、定点收集、定人监管、定位监控；中端垃圾收运实现定好企业、定好车辆、定好时限、定好点位；后端垃圾处置实现定点查验、定厂处置、定准流程、定责监管。该工作模式的推广，直接提升了福州市生活垃圾分类水平，降低了居民生活碳排放，也为城市居民生活方式实现低碳、绿色转型发挥了优良的示范作用。

三　“双碳”战略下中国区域科技创新的瓶颈分析

目前，中国仍处于工业化和城市化不断推进的过程中。在“双碳”战略下，我国区域科技创新对“双碳”相关技术、零碳技术、负碳技术等技术创新的需求逐渐增加。尽管近年来我国“双碳”相关技术不断取得显著进展，但在科技创新如何更好地服务碳达峰、碳中和等具体实践中，仍存在部分瓶颈有待进一步突破。如何修正“双碳”创新发展范式、降低“双碳”相关技术创新成本、弥补“双碳”创新人才缺口、统筹区域创新发展、构建“双碳”战略下更加良好的区域技术创新生态等，均是目前面临的主要挑战。

（一）“双碳”创新发展范式尚存认识偏差

1. 产业转型动力不足制约了“双碳”科技创新能力的提升

目前，我国仍有部分区域处于工业化中后期，传统的“三高一低”产业仍占较高比重。由于生产经营规模化、高碳燃料消耗量大、能源和物质消耗高、产品附加值低等问题，我国相当规模的制造业仍处在全球产业链的中低端。新形势下，我国区域创新结构优化转型面临自主创新不足、技术瓶颈严重、能源利用效率降低、各种要素成本上升等问题，受限于资源和劳动力等因素，以化石能源和传统增长模式为基础的产业体系转型迫在眉睫。但由于传统产业的发展存在锁定效应和路径依赖，并且新兴市场需要更多的刺激，虽然中国“双碳”战略不断实施和推进，但在“双碳”相关技术的创新过程中，实际增速远低于潜在增速，“双碳”相关技术的应用必然会在宏观环境下，面临一系列调整产业体系、稳定经济、保障就业的客观压力，经济结构调整和工业现代化的挑战使“双碳”相关技术发展与短期经济增长脱节，为“双碳”相关技术创新造成较大阻力。

2. 意识形态偏差导致“双碳”相关技术供需下降

在“双碳”战略的发展过程中，很多人对“双碳”相关技术创新的理解还存在一些偏差。“双碳”相关技术是一种低能耗、低物质消耗、低排放、高效率的技术，能够降低成本、提高效率、提高资源利用率，实现废弃物资源化利用，获得经济效益和生态效益。但是，与发达国家相比，我国“双碳”相关技术起步较晚，“双碳”相关技术创新推广应用风险仍然较高，比较优势尚未充分发挥。当前，化石能源技术和机械技术仍然发挥主要作用，意识形态偏差导致“双碳”相关技术供需减少，在目前这一概念的主导下，人们固然怀疑“双碳”相关技术的有效性与必要性，并不完全理解增加实际产量和保护环境的双重价值。这种认知偏差使“双碳”相关技术缺乏有效供给和有效需求，导致对“双碳”相关技术的生产性关注较少，创新成果的实用型不强。

3. 部分企业在“双碳”相关技术创新方面仍缺乏主动性

从路径依赖方面来看，根据美国学者布赖恩·亚瑟的理论，原先技术的递增收益导致技术依赖。而现有的碳基技术在一定程度上阻碍了“双碳”相关技术的创新发展。例如，正在进行的燃煤电厂建设，不仅巩固了二氧化碳排放，而且锁定了煤炭和常规电力的市场需求。这种情况将抑制太阳能、风能和电力等新能源产品的市场需求，而这些产品广泛应用于新能源汽车等工业、建筑节能等低碳技术领域。从风险测度方面来看，经过多年的实施和发展，现有能源技术的发展已经越来越成熟，而对于“双碳”战略下催生的新兴产业，不少企业认为其未来发展前景尚不明朗，特别是一些中小企业本身面临巨大的技术创新风险，更不能保证未来的收入会平衡成本并实现预期的经济效益。虽然创新本身就有风险，但不同的公司对风险的承受能力完全不同。一旦失败，抗风险能力弱的中小企业就可能倒闭。从公共资源的特点来看，环境资源是公共资产，具有非竞争性和非排他性。技术知识外溢的影响可能使中小企业无法通过引进新技术获得预期的回报，这将影响中小企业实现“双碳”战略目标的积极性。

（二）“双碳”核心技术难题仍有待突破

1. “双碳”相关技术研发费用昂贵且不成熟

为了实现碳达峰和碳中和，我国需要将一个从工业革命后建立的以化石能源为中心的能源系统转变为以可再生能源为导向的新型能源系统，实现能源系统的零排放或负排放，包括生物质能源、CCUS。从区域创新角度来看，低碳、零碳、负碳技术发展尚不成熟，各种技术体系集成困难、衔接配置复杂、成本高昂，系统性的技术创新刻不容缓。“双碳”相关技术体系包括可再生能源、负排放技术等领域，各种技术的特点、应用领域、降低排放限值的成本和减排潜力都存在显著差异。中国的碳去除成本曲线显示，可再生能源电力可为我国最初约50%的人类活动温室气体排放低成本脱碳，每年减排成本约220亿美元，但达到75%脱碳后，曲线进入“高成本脱碳”区间，每年实现90%脱碳的成本，约为1.8万亿美元。如果目前政策、投资和碳减排目标继续推行下去，现有的低碳、零碳和负碳技术将无法支撑中国到2060年实现碳中和。CCUS技术非常昂贵，数以亿计的投资、较高的运营成本和收入的不足阻碍了CCUS相关技术的顺利运用。

2.“双碳”技术创新成果转化率较低

技术创新是“双碳”战略可持续发展的关键之一，而技术创新取决于技术、投资、推广和应用。但我国“双碳”相关技术的研发目标性不够，石化减量化和替代技术能力有限，对一些高碳技术的依赖仍然较强。同时，科研投入不足，现有科研成果质量不高，“双碳”相关技术还缺乏配套的推广服务体系，这些都阻碍了科技成果向生产力的转化。总体而言，目前我国区域科技创新成果转化率不高、转化路径不畅，导致对碳达峰、碳中和推动作用不足，技术推广不及时，效能发挥不够充分。

3.部分企业受限于自身技术水平难以真正落实“双碳”战略

“双碳”相关技术创新是一个需要市场、技术、生产等各个环节有效衔接与合作的综合过程，因此，开展“双碳”相关技术创新对于资源的要求相对较高。而大多数中小企业采用传统家族企业模式，这恰恰使资源获取成为中小企业的薄弱环节，限制了“双碳”相关技术创新决策的制定和实施。再加上中小企业创新的原始起点低，往往缺乏具有战略眼光和高素质的企业家支持“双碳”相关技术创新，生产工艺和设备相对落后。此外，由于后方硬件条件的限制，“双碳”相关技术创新研究经费不足，很难攻克先进复杂的核心技术，从而在“双碳”相关技术方面的创新更是难上加难。此外，对于中小企业的“双碳”相关技术创新来说，政府、企业、技术、资本四大要素并没有做到很好的融合和协同，这严重阻碍了中小企业开展创新活动。

（三）“双碳”相关技术创新人才缺口较大

1. 高校学科布局限制了“双碳”技术人才的培养

我国高校院系的设置长期以来都是在教育部的统筹管理之下，关于“双碳”领域的相关板块尚未纳入其中。由于历史因素，国内关于低碳经济和可再生能源在很长一段时间内发展缓慢且规模较小，因此，早期对“双碳”人才的需求相对有限。而近年来由于“双碳”战略的逐步实施，大众逐渐将“双碳”科技视为下一个高层次科技引导者，“双碳”科技人才也成为我国人才队伍建设和培养的重点。培养出类拔萃的实用“双碳”人才，能够帮助一国掌握话语权和新技术定位。而我国部分高校对于“双碳”技术人才培养的意识还比较欠缺，急需将培养“双碳”人才纳入国家教育规划，包括职业技术教育、本科和研究生教育，不断推动高校积极培育“双碳”产业人才。

2. 人才培养与“双碳”产业发展脱节

由于“双碳”相关技术发展较快，部分高校培养的人才已不能满足“双碳”产业发展的需要。虽然这些年“双碳”产业发展迅速，但总体创新能力仍然不够，对关键核心技术的掌握还有所欠缺，如根据劳动力市场的反馈，太阳能发电厂、太阳能电池制造商等“双碳”行业的劳动力需求明显增加，但实际人才供应水平较低。从职业学校里有很多专业研究人员毕业前就被企业聘用了可以看出，“双碳”人才的市场需求非常旺盛。因此，有必要加大对师资、教具、实习、实训设备的投入，紧跟专业人才的培养需要。

3. “双碳”产学研技术合作还需进一步加强

“双碳”技术的开发离不开政府、企业和大学所提供的创新舞台。我国目前尚未出台关于“双碳”的相关法律，产学研合作尚处于起步阶段，这在一定程度上阻碍了“双碳”相关技术的科技成果转化和产学研人才的培养。一方面，要使科研人员直接面向社会前沿，在学术和科研中直观地感受经济社会发展所需要的条件，提升对市场做出反应的能力，促进学科发展；

另一方面，企业可以快速地将科研成果推向市场，获得利润，促进产业发展。通过产学研合作，企业与高校的人才不仅补充了企业的人才短缺，也填补了学术型大学师资培训的不足，形成了良好的合作关系。

（四）区域创新发展不平衡制约了“双碳”战略的实施

1. 区域创新与“双碳”战略目标的实现息息相关

实施碳达峰和碳中和战略是世界各国为应对全球气候变化而采取的普遍行动，根据国际组织的相关研究报告，科技创新是解决碳中和问题的关键，是实现碳中和目标的重要支撑。因此，碳中和本身就是一种技术创新的竞争。发达国家开展低碳的实践表明，“双碳”是能源生产、消费和技术的一场革命，是通过依靠技术进步和创新来支持人们对生活水平和生活质量所提出的更高要求的现实需要，实现碳达峰，科技进步和创新是重要支撑。因此，创新也必然是实现碳达峰和碳中和目标的重要驱动力。总体来说，“双碳”相关技术的实现基于创新，创新的进步可以加速“双碳”相关技术的实现。

2. 区域创新能力的不平衡将导致不同区域的“双碳”创新能力参差不齐

区域被认为是创新生产最基本的节点，特别是当全球竞争的成功取决于知识和思想的创造性使用时，区域创新能力直接决定“双碳”创新实践活动的活跃程度。但是，随着部分地区加大对创新的支持力度，创新活动的形式和模式更加多样化，区域创新能力的差距也在不断扩大，即便在同一“双碳”战略目标下的指引下，各地“双碳”创新实施活动也存在明显差距。

3. 区域创新发展不平衡的常态化延迟了“双碳”创新增长点的出现

区域创新发展不平衡是经济发展过程中表现出的正常现象，区域创新发展的不平衡不应发展成极不相称的状态，我国正在努力实现区域创新和发展的相对平衡。由于经济发展水平与技术创新密切相关，目前我国部分区域创新要素与创新成果之间的差距过大，会进一步拉大区域间的发展差距，对区域经济社会发展的协调与可持续发展具有重大影响，必然不利于我国“双碳”战略的顺利实施。区域创新实力的相对平衡能够通过高质量发展形成新的“双碳”技术的创新增长点和增长极，进而推动经济社会的整体平衡，为“双碳”相关技术谋求变革发展，为实现经济高质量发展提供重要支撑，使更多“双碳”相关新兴产业率先涌现，加快形成新动能。

（五）“双碳”背景下技术创新产业环境尚未优化

1.“双碳”相关技术创新受到产业技术水平的制约

与发达国家相比，我国“双碳”相关技术问题主要体现在创新布局不合理、缺乏核心技术等，如我国与“双碳”相关的技术专利数量虽然近年来有了较大增加，但与欧美相比，“双碳”技术具体分布的领域主要集中在传统建筑和工业节能，在先进汽车技术和可再生能源领域的应用还需进一步加强。同时，在“双碳”创新技术的质量上，中小企业的核心技术非常缺乏。例如，我国风力发电能力和太阳能产品总产量居世界前列，具有巨大增长潜力的中小企业数量不断增加，但核心风机控制系统和太阳能综合利用系统主要还是依赖于进口。

2.“双碳”相关技术创新受到制度因素的制约

如果没有有效的制度作为基础，“双碳”相关技术进步就不会被产业化，也不会成为生产力。根据路径依赖理论，“双碳”新技术面临现有技术收益递增导致的技术锁定问题。“双碳”相关技术创新结合了不同的复杂基础设施和辅助技术，这些基础设施的实现通常会考虑较高的成本和较长的服务周期，即使某企业通过技术创新掌握了更先进的技术，现有制度也可能仍然选择现有技术而阻碍了“双碳”相关技术创新的应用趋势，特别对于中小企业，现阶段在技术层面尚未建立妥善保护“双碳”新技术专利和鼓励中小企业开展创新活动的制度，在具体的利益分配制度设计上，大型国有企业集中提供政策、技术、资金支持，而中小企业创新资源不足，自身资源基础相对薄弱，无法应对宏观减排任务，面临严峻的“双碳”相关技术创新难题。

四 “双碳”战略下中国区域科技创新的路径探讨

（一）提高对“双碳”创新发展范式的认识

1. 完善对“双碳”科技创新政策的研究

2020年9月宣布“双碳”目标以来，国家、地方政府、行业协会和企业纷纷制订“双碳”实施行动方案，但是仍然有部分地区采取“一刀切”的方式，简单粗暴地拉闸限电的方式严重影响社会正常的生产和生活，缺乏从科技创新的视角去探讨推动“双碳”目标的实现。因此，下一步要进一步完善对“双碳”科技创新政策的研究，制定适合本地区的“双碳”科技创新政策。充分发挥高端科技智库的作用，将“双碳”科技创新战略研究作为重要研究工作，以市场需求为导向，围绕能源布局科学化、能源结构绿色化、能源供应多元化、能源消费低碳化、能源金融市场化、能源科技协同化、能源系统智慧化、能源装备国产化、能源基地集约化、能源产业数字化等问题展开研究。

2. 树立全民低碳创新理念

引导公众充分认识当前实施“双碳”战略的重大历史和现实意义，尤其是着重从当下全球气候变暖、能源危机、节能减排等角度来帮助公众认识加强低碳经济建设的战略价值，通过科普的方式帮助公众树立全面低碳创新理念，引导公众改变传统的消费观念，树立低碳的消费理念，购买低碳产品。倡导低碳的生活方式，例如提倡公民选择绿色低碳的出行方式，包括乘坐公共交通、共享单车等，节约家庭用电用水消费。鼓励公众积极参与森林碳汇、植树造林、垃圾分类等活动。树立全民参与、全民行动的环境保护意识。对于企业来说应该主动改变传统的、落后的、高能耗的生产方式，选择清洁低碳的生产模式。

3. 制定“双碳”科技创新规划

“双碳”科技创新规划既涉及国家层面也包括地方层面，对于国家来说，要制定以“双碳”技术为核心的国家创新目标，加快出台《科技创新支撑碳达峰碳中和行动方案》，分阶段制定短期、中期和长期行动方案以及各个阶段的目标，注重科技创新在“双碳”目标实现过程中的实用性。对于地方来说，“双碳”科技创新规划是地方实施“双碳”战略、实现“双碳”目标的总体指引，政府应该结合地区经济发展的需要制定适合本地的“双碳”科技创新路线图，围绕区域产业布局实施“双碳”科技创新重点任务，确保“双碳”科技创新工作的有序推进。实施基础前沿技术研究工程、实施关键核心技术创新工程、实施先进技术成果转化工程、实施创新平台能级提升工程、实施创业创新主体培育工程、实施可持续发展示范引领工程、实施高端人才团队引育工程、实施低碳技术开放合作工程等。

4. 借鉴学习发达国家“双碳”科技创新工作

国际上一些先进发达国家非常注重发挥科技创新在推动节能减排、低碳发展道路过程中的作用。欧盟在 2019 年颁布的《欧洲绿色新政》具体制定了能源、工业、建筑、交通、粮食、生态以及环境的行动路线图，日本在《绿色增长战略》中明确了海上风电、燃料电池、氢能、核能、交通物流和建筑等 14 个重点领域的“双碳”技术路线图。目前，大多数发达国家通过科技创新实践已经实现了碳达峰目标，我国在科技创新驱动“双碳”目标实现的过程中可以积极借鉴这些国家的先进经验和做法，制定清晰的阶段性目标。

（二）突破“双碳”核心技术难题

1. 加大对“双碳”核心技术的基础研究力度

以基础研究驱动的科技攻关是实现“双碳”目标的关键，因此要强化国家战略科技力量，加快攻克重点领域“卡脖子”技术，加大对“双碳”技术相关研发的投入力度，降低企业或者科研院所进行“双碳”科技创新的成本，抓紧部署“双碳”前沿技术研究，加快碳达峰、碳中和关键核心技术的研发与创新，形成以企业为主体的创新地位，争取在新能源、新材料领域实现重大突破，推动高能效、资源循环利用、零碳能源、负排放等领域的关键共性技术、前沿引领技术、颠覆性创新技术的研发创新和应用推广，打造负碳技术规模化道路。推动化学、物理学、生物学等各个学科参与“双碳”目标的研究。

2. 探索“双碳”技术创新的应用领域

根据2021年中央经济工作会议精神，“立足以煤为主的基本国情，抓好煤炭清洁高效利用、增加新能源消纳能力，推动煤炭和新能源优化组合”①。因此，要依靠科技创新手段对我国煤炭开采和使用的重点区域、关键领域以及行业等进行监测，加大力度研发煤电低负荷运行技术，加大力度改造燃煤电厂的CCUS技术和共燃技术，制定CCUS的发展战略和路线图，有侧重、分阶段并结合区域特点、潜力支持该技术的发展。探讨如何利用甲烷直接空气捕获利用技术、甲烷转化利用技术、微生物甲烷去除技术、新型化肥技术及针对重点动物（牛）的零甲烷排放养殖技术等来减少甲烷排放。风力方面的技术创新应用包括漂浮式离岸风电；太阳能方面的技术创新应用包括聚光光伏（CPV）、有机印刷薄膜光伏、线性菲涅耳反射镜（LF）、太阳能热能供暖；其他可再生能源方面的技术创新应用包括Kallina循环低温地热、海洋温差发电（OTEC）、波浪能转换器（WEC）、海水盐度梯度发电；其他非化石燃料方面的技术创新应用包括木质纤维酶解发酵制备乙醇、废弃物气化和合成气发酵、二氧化碳制备液体燃料；具有减排潜力的燃烧技术方面的创新应用包括利用相变材料的余热回收系统、整体煤气化联合循环发电系统，实现碳捕集；核能发电方面的具体技术创新应用包括小型模块化轻水堆、核聚变。通过储能技术和智能电网，让能源系统更灵活，具体运用的技术包括CCUS技术、电池技术、氢与燃料电池技术、智能电网技术。未来也可以考虑通过人工智能技术设计二氧化碳催化剂。

3. 推动“双碳”科技创新全球合作

随着中国“双碳”目标的提出，一些清洁能源产业例如风力发电、天

---

① 《新视野丨推动煤炭和新能源优化组合》，中央纪委国家监委网站，2021年12月14日，https://www.ccdi.gov.cn/yaowenn/202112/t20211214158112.html。

然气、光伏产业等将迎来新的发展机遇，而这些产业对于共建“一带一路”国家基础设施的建设又发挥着巨大的作用，因此，在“双碳”目标的指引下，中国可以积极学习借鉴发达国家先进经验，以二十国集团、“一带一路”建设、金砖国家等为依托，建立基于全球合作的“双碳”实验室，推进5G、人工智能、大数据等在“双碳”领域的运用，共同开展在“双碳”技术未来发展战略、能源结构升级、负碳排放等关键领域的研究，加强在新能源发电、先进储能、绿色零碳建筑等领域的合作，主动参与制定国际标准，逐步形成全球碳达峰、碳中和的创新中心。在一些具体的国别合作方面，中国可以加强同俄罗斯在天然气全产业链的合作，加强与共建“一带一路”国家在水力发电、风力发电、光伏产业等领域的合作，推动我国与蒙古国、中亚、俄罗斯等周边国家电力互联互通。

4. 推动“双碳”产学研协同创新体系建设

碳达峰、碳中和目标的共同实现需要政府、企业、行业协会、公民各方共同参与形成合力，整合政府、产业界、学术界构建产学研协同创新体系。推动企业成为科技创新的真正主体，才能引领它们多参与一些关键技术领域的创新，尤其是针对中小企业在“双碳”科技创新研发投入相对不足的情况下，要加大力度鼓励中小企业开展“双碳”科技创新活动，加大政府对“双碳”技术的扶持力度，推动高校以及科研院所加强对“双碳”的相关理论研究，提高“双碳”技术创新成果转化率。

（三）建设“双碳”人才体系

1. 鼓励高等院校设立与“双碳”相关的学科专业

《中共中央、国务院关于完整准确全面贯彻新发展理念做好碳达峰碳中和工作的意见》中明确指出建设碳达峰、碳中和人才体系。“双碳”涉及自然科学和社会科学多个学科领域，随着“双碳”目标的提出，未来5～10年我国对“双碳”人才的需求将大幅度增加，具体来说包括熟悉碳市场、碳核查、碳会计、碳审计、碳资产管理、碳信贷、碳保险、碳债券等相关知识的人才。因此，要强化学科设置与国家目标和市场需求的对接，在所设立的专业学科的基础上进一步修订培养方案，增加与“双碳”相关的方向，在课堂教学过程中融入与“双碳”相关的内容，设立“双碳”技术与人才培养研究院，开设低碳科技与管理专业，探讨碳责任确认、碳减排激励、碳抵消管理、碳信息披露和碳效果激励五个关键科学问题，融合碳中和科学技术相关专业知识，支持与海外高校建立合作关系，培养“双碳”目标下学生的国际视野、创新意识和跨界思维，突破专业壁垒，支持多学科培养复合型“双碳”人才。

2. 加大对与“双碳”相关的工作人员的培训力度

引入第三方培训机构，加大对与“双碳”相关的工作人员的培训力度，例如，碳排放管理员是目前“双碳”目标下比较紧缺的人才之一，它已经正式被列入《中华人民共和国职业分类大典》，因此，相关培训机构应及时了解国家在“双碳”上的最新政策动向，开设碳管理师的培训，帮助他们更好地了解碳排放交易的基本知识，包括碳市场政策、第三方碳核准标准、碳资产管理和开发、碳交易基本原理和核心要素、国际碳交易规则等。加大高学历、高技能型人才职业培训力度，以“双碳”技术创新为重点领域促进高学历人才及时就业。

3. 引进“双碳”核心研究团队

为了更好地开展“双碳”基础研究和关键技术攻关，我国迫切需要充分发挥技术中心、科技创新园、院士工作站等平台的作用引进专业的“双碳”核心研究团队，具体探讨“双碳”技术在节能环保、信息产业、清洁能源、钢铁、煤炭、电力、造船、纺织、轻工等领域的应用，培养一批能够从事低碳、零碳技术开发和推广应用的“碳中和”科技创新人才。为此，应该在服务政策方面为这些人才提供全方位的高端服务，让他们可以全身心投入“双碳”的研究工作。

（四）优化“双碳”技术创新环境

1. 搭建“双碳”科技创新信息平台

构建“双碳”技术创新服务平台，降低创新的各类信息成本，中国人民大学重阳金融研究院已经联合东方国信打造了“双碳监测平台”，该平台构建了包括碳排放总量、碳汇、碳达峰达成率、碳中和达成率、碳强度等各项监管指数，确保“双碳”各项工作稳步推进。此外，可以考虑成立产业技术综合开发机构，为社会提供必要的技术创新、推广、应用等服务，为企业和公众提供重大关键性“双碳”技术的信息共享与相关服务。充分利用数字化手段构建大数据平台，为“双碳”目标的实现提供智能方案。

2. 设立“双碳”科技创新专项资金

“双碳”科技创新相关工作的开展需要资金的支持，目前我国尚有百万亿元的资金缺口，为了更好地实现“双碳”目标，我国要进一步加大金融对绿色低碳产业的扶持力度，加大金融对碳汇、碳捕集技术等负碳产业的资助力度。目前，北京、海南等地已经出台政策支持绿色金融的发展。政府可以通过项目申报的方式设立科技创新专项资金，鼓励符合条件的企业积极申报，推动各类创业投资基金支持绿色低碳技术创新成果转化，重点投入“双碳”关键技术攻关领域，促进新技术产业化。提供节能环保设备投资辅助金，制定“双碳”技术创新转化的政府补贴政策。

3. 完善与“双碳”技术创新相关的法律法规

目前，天津出台了《天津市碳达峰碳中和促进条例》，以法治的力量保障“双碳”目标的实现，其中特别从科技创新的维度探讨了方案与措施。相关法律法规的出台可以为“双碳”目标的实现提供全方位的保障，包括鼓励机构开展相关的基础性研究、积极推动科技成果转化、开展相关的产业化应用项目等都需要有法律条文给予支持鼓励，避免政策缺位、交叉、“打架”。

B.37
专题5
“双碳”战略下中国区域生态环境优化研究

叶 琪　林寿富　吴武林*

摘　要： 随着人们对美好生活环境的需求不断提高和对生态环境保护的意识显著增强，特别是在中国进入新发展阶段、开启第二个一百年奋斗目标之际，坚持节能减排、推动绿色低碳发展、优化区域生态环境已经成为国家意志和全民共识。“双碳”战略下，中国要聚焦三大产业中重点领域的绿色低碳转型，通过强化区域节能降碳合作、加强从源头到生产再到消费的全程节能减碳、完善加快实现“双碳”目标的软硬基础设施建设等措施，推进中国区域生态环境优化进程。

关键词： “双碳”战略　区域生态环境优化　绿色低碳转型

工业化的快速推进使我国经济高速增长，但粗放式的增长也让生态环境付出了沉重的代价，环境污染、生态退化、生物多样性减少、沙漠化、石漠化等现象日益严峻，自然灾害频发，严重威胁人们的生存空间和生命健康。中国已是全球二氧化碳排放量最大的国家，且尚未完成工业化，二氧化碳排

---

* 叶琪，福建师范大学经济学院副教授、硕士生导师，主要研究方向为环境经济学；林寿富，福建师范大学经济学院教授、博士生导师，主要研究方向为环境经济学；吴武林，福建师范大学经济学院讲师，主要研究方向为环境经济学。

放量仍将持续上升，这对我国参与全球气候治理、应对气候变化带来了巨大挑战。随着人们对美好生活环境的需求不断提高和对生态环境保护的意识不断增强，特别是近年来，我国经济发展由高速增长阶段转向高质量发展阶段，坚持节能减排、推动绿色低碳发展、优化区域生态环境逐渐成为国家意志和全民共识，生态文明建设取得了实质性的成效。2020 年 9 月，习近平在第七十五届联合国大会上正式提出中国“双碳”战略目标，中国庄严地承诺用比世界上所有国家都短的时间实现从碳达峰到碳中和，充分展示了我国应对全球气候变化的雄心和大国担当，也为我国有序推进节能减排进程、优化区域生态环境、实现绿色高质量发展目标指明了前进方向。“双碳”战略为我国生态文明建设注入了新的目标、新的内容、新的手段，必将充分发挥推动我国区域生态环境优化的加速器和指挥棒作用。

一　“双碳”战略与区域生态环境优化的关系

在我国进入新发展阶段、开启社会主义现代化强国建设的第二个一百年奋斗目标之际，“双碳”战略目标的提出不仅是一个负责任大国在新的发展起点上的庄严承诺，也是一个已经摆脱贫困、走向富裕的发展中国家的责任担当，更是一个不断满足广大人民对美好生活需要特别是对优美生态环境需要的行动回应。“双碳”战略目标同时明确和细化了我国高质量发展的目标方式，确定了我国生态文明建设向纵深方向推进的施工图和路线图。党的十九届六中全会强调：“党中央以前所未有的力度抓生态文明建设，美丽中国建设迈出重大步伐，我国生态环境保护发生历史性、转折性、全局性变化。”① 这是对我国生态文明建设所取得成效的充分肯定，也指出我国生态文明建设步入了一个从全面多点治理到精细化质量提升、从存量问题解决到系统发展建设、从满足生态环境末端需求到增加美好生态环境前端供给、从

① 《深入学习贯彻十九届六中全会精神⑧丨新时代中国生态文明建设新的历史方位》，“中国发展观察”百家号，2022 年 2 月 27 日，https：//baijiahao. baidu. com/s? id = 1725721875079011411&wfr = spider&for = pc。

绿色发展理念传导到生态环境指标硬约束落实的新阶段。“历史”“转折”“全局”既肯定了我国生态环境保护取得的巨大成效，也显示了我国生态环境保护所处的阶段和地位，同时指出了我国生态环境保护所面临的更大挑战和更艰巨的任务。“双碳”战略目标的提出是建立在我国生态环境质量已经有了较大改善的基础上，充分表达了我国进一步积极应对挑战的信心和决心。

（一）“双碳”战略引领区域生态环境优化

1. “双碳”战略是区域生态环境优化的客观标准

区域生态环境优化是生态文明建设的重要目标，“优化”代表的是一个由“不好”向“好”、由“好”向“更好”转变的过程，但怎样才算“优化”并没有一个统一的量化标准。碳达峰、碳中和刻画出伴随经济发展和工业化进程，通过发展低碳经济、优化能源结构体系等，我国二氧化碳排放量加速排放到高点后逐渐下降的变化趋势。碳达峰、碳中和并不是以牺牲经济发展为代价，而是以先进技术为支撑。与经济高质量发展相匹配的高水平的碳排放控制，是提升生态环境承载力和减缓全球气候变暖的重要举措。因此，二氧化碳排放量从高增长到低增长，再到零增长的过程就是区域生态环境优化的过程，为区域生态环境优化提供了一个重要的客观衡量标准。

2. “双碳”战略是区域生态环境优化的重要手段

应对气候变化是加强生态环境保护的重要组成部分，虽然世界各国意识到全球气候持续变暖将可能使人类生存环境和空间受到巨大破坏，但全球气候谈判进程却十分缓慢，主要原因是发达国家与发展中国家之间的责任和义务划分迟迟未能达成一致，各项协定难以落到实处。因此，伴随全球气候谈判的进程，全球碳排放量仍在持续增加，平均气温持续上升，生态环境趋于恶化。我国做出的碳达峰、碳中和承诺，既是负责任大国的担当，也是中国切实的积极行动。围绕如何实现“双碳”目标，从“1＋N”政策体系的加速构建到顶层设计与行动路线图的谋划，再到产业行业部门的积极落实履行，“双碳”战略所布局的从宏观到微观、从中央到地方的一系列具体实施行动，构建了区域生态环境优化的重要政策体系。此外，围绕“双碳”战略开展的新能源技术、低碳技术创新也为区域生态环境优化提供了重要的技术手段。

3.“双碳”战略是区域生态环境优化的基础保障

生态环境是脆弱的，如果治理基础不牢，很容易因为自然灾害侵袭而被再次破坏。2021 年 3 月，已经消失多年的沙尘暴重新席卷北京，虽然这一灾害主要是由自然因素引起的，但也反映了我国生态环境依旧脆弱、环境优化基础不牢的客观现实，只有稳扎稳打地走好生态环境治理每一步，从根源上破解生态环境破坏的症结，才能不断夯实生态环境基础，为生态环境优化提供可靠支撑。“双碳”战略就是通过强约束、硬任务，从源头上调整能源结构，以可再生能源替代化石能源，大力提高新能源比例，推动处于中后端的产业结构和消费结构随之调整，真正实现从末端治理向源头控制、从单因素治理向多因素协同治理的转变，进而实现对区域生态环境整体性、系统性的优化，不断夯实区域生态环境优化的基础保障。

（二）区域生态环境优化保障“双碳”战略目标顺利实现

1. 更好地满足人民日益增长的优美生态环境需要

进入新时代，我国社会主要矛盾发生了转变，人民对美好生活的需要既包括对更高质量的物质生活和精神生活的需要，也包括对优美生态环境的需要，人民期待享受更清新的空气、更干净的水、更安全的食品。“双碳”战略通过转变高耗能、高排放、高污染的粗放式生产模式，加快推进安全、清洁、低碳的能源供给和高效可及的能源消费。一方面通过减少二氧化碳排放量，控制全球气候变暖可能引发的海平面上升、生物多样性减少、粮食生产效率降低等不利影响，减少相伴随的次生自然灾害；另一方面依托低碳技术和节能技术的广泛使用，带给人们更先进、更高质量的产品，提高人们的生活质量和生活品位。“双碳”战略实施归根结底可以更好地增进广大人民群众的生态福利，有效化解社会主要矛盾。

2. 更加扎实地提升我国自主绿色技术创新水平

“双碳”战略的实施要以碳捕集、利用与封存技术，新能源技术，低功耗半导体和通信技术，零耗能建筑技术，零碳冶炼技术，资源循环利用技术等先进技术为基础和支撑。因此要扎实提升绿色技术创新能力和水平，将关键核心技术牢牢把控在手里，努力实现高水平科技自立自强，提升在全球气候谈判中的地位和话语权。2021 年中央经济工作会议中提出要狠抓绿色低碳技术攻关，加快油气等资源先进开采技术开发应用等，把技术创新摆在了实施“双碳”战略的重要地位，具体指明了绿色技术创新的重点领域，将其纳入我国关键核心技术攻关布局。因此，“双碳”战略实施后，国家加大对绿色技术创新的支持力度，引导企业自觉开展绿色技术创新，将区域生态环境优化建立在更高技术水平基础之上。

3. 更加稳步地推进生态环境保护力度与经济发展水平的协同提升

发达国家的现代化以大量使用化石能源、大量排放污染物为代价，这样的发展路径与生态文明建设格格不入，也是地球生态系统难以支撑的。这意味着我国建设社会主义现代化国家不能再走大量消耗化石能源的老路，但也不能为了保护生态环境而放慢经济发展速度，而是要在经济发展和生态环境保护之间寻求最佳平衡，要以高质量发展为依托，推进区域生态环境优化。“双碳”目标与 2035 年基本实现社会主义现代化和 21 世纪中叶建成社会主义现代化强国的目标高度契合，通过高新技术推动产业链供应链向中高端迈进，发展绿色低碳产业，为社会主义现代化强国建设提供可持续新动能。“双碳”战略深刻地回答了中国经济高质量发展要发展什么、怎样发展、靠什么塑造发展优势等问题，把生态环境保护与经济高质量发展共同统一于社会主义现代化建设的大局中。

4. 更高水平地实现人与自然的和谐共生

人与自然和谐共生既是人与自然最原始、最淳朴的关系，也是人与自然在更高发展阶段的和解。自然为人类的生存和发展提供最基本的物质和空间，人类的生产和生活也要遵循自然界变化的基本规律，牢固树立尊重自然、顺应自然、保护自然的理念。“双碳”战略的实施既是对自然资源和国土空间利用的优化，通过先进技术赋能碳排放的精准识别和管控，促进生态环境的修复和改善，变自然力为社会生产力；同时也是不断夯实和筑牢环境承载力的过程，不仅为人类生产生活提供更加安全可控的自然环境，也为自然界生物提供生存、生长、繁衍的良好空间载体，保护生物多样性，维护生态系统的良性循环和动态平衡。区域生态环境优化是更高水平的人与自然和谐共生的优化，是中国传统文化与马克思主义人与自然关系理念的融合，是中国式现代化独特优势的体现。

二　“双碳”战略对中国区域生态环境保护提出的迫切要求

（一）要求进一步强化绿色低碳发展引领

当前，绿色低碳发展已经成为主要的发展趋势。一方面，从国内来看，近年来我国积极推进生态系统保护修复工作，且取得了一定的成绩，森林、草原的面积和质量得到显著提升。然而，我国当前仍处于社会主义初级阶段，人口众多，资源总量丰富但人均占有量小，环境承载力较弱，生态环境形势十分严峻，经济社会快速发展和人口增长与资源环境约束之间的矛盾依然突出。因此，改变消耗高、污染严重的发展模式，以利于经济社会的可持续发展成为迫切需要。另一方面，从世界范围来看，许多国家把发展绿色产业作为推动经济结构调整的重要举措，以绿色、智能、可持续为特征的世界新技术革命和产业革命正在加紧孕育。各国在绿色产业方面的竞争异常激烈，特别是发达国家利用其在经济科技方面的优势，加大投入和研发，已在绿色产业的国际竞争中处于优势地位。在这种形势下，我国传统高碳产业如不即时转型升级，与发达国家的差距将越发明显。

践行绿色发展理念、推进低碳经济的发展对各产业尤其是重工业来说意义重大。低碳化会倒逼产业转型升级，比如老旧车、黄标车被淘汰，新能源汽车有逐渐替代传统燃油车的趋势，核能、风能和太阳能发电等逐渐替代传统煤炭发电，这些都是产业转型升级和高质量发展的重要体现。此外，低碳化在促进能源投资、推动就业、带动经济发展方面的作用已被实践证明。因此，要确保实现碳达峰、碳中和目标，就必须进一步强化绿色低碳发展引领，加快发展模式创新，在推动经济社会发展的同时注重提高资源利用效率、保护生态环境，以绿色低碳发展带动经济、就业和产业转型升级。首先，要发挥规划的引导作用，将双碳目标融入经济发展的长期规划，协同推进经济高质量发展和生态环境高水平保护。其次，要坚持绿色发展，着力筑牢绿色发展根基，持续推动结构调整，优化产业、能源、交通运输、农业投入与用地结构。坚持低碳发展，积极开展碳达峰行动，加强温室气体排放控制，加强应对气候变化的能力。最后，要坚持全民行动，提高全体公民的生态环保意识，推动形成简约、适度、绿色、低碳的生活方式。

（二）要求加快巩固提升生态系统碳汇能力

碳汇一般指从空气中清除二氧化碳的过程、活动、机制，确切地说，是指植物通过光合作用吸收二氧化碳，将其储存到植被或者土壤中，以此来减少温室气体在空气中的浓度。生态系统碳汇是对以往碳汇概念的拓展与创新，不仅包含通过植树造林、植被恢复等吸收大气中的二氧化碳，同时增加了草原、湿地、海洋等生态系统对碳吸收的贡献，以及土壤、冻土对碳储存、碳固定的维持，强调各种生态系统的平衡发展对整个碳循环的维持作用。

2020 年 12 月，中央经济工作会议决定将“提升生态系统碳汇能力”作为“双碳”战略的重点任务之一，森林、草原、湿地等生态系统对实现“双碳”目标的作用和意义也被提升到一个新的高度。多年来，提起碳减排，人们一直将主要精力放在碳行业的压减、改造和提升上，比如压减煤炭消费总量，淘汰钢铁、水泥、建材等产能，促进能源转型，打造低碳产业，而对于生态系统的碳汇关注很少。近两年，国内专家对森林、草原、湿地等生态系统进行了大量的研究，发现森林、草原、湿地等的碳存储量在整个生态系统碳存储量中占有相当大的比重，并且在固碳、维持生物多样性等方面同样发挥着至关重要的作用。

当前，我国森林、草原等生态系统质量较差。中国科学院生态环境研究中心的有关数据显示，森林、草原生态系统质量为“低”等级和“差”等级的面积分别占总面积的43.7%和68.2%，且局部地区的生态系统质量仍在下降。黄土高原的水土流失、新疆和内蒙古等省区的土地沙漠化、西南地区的石漠化等都是目前主要的生态问题。因此，加快推进生态保护和修复刻不容缓。要提高生态系统碳汇能力，首先，必须在植树造林的基础上保护好天然林草资源，落实林业采伐政策，严禁乱砍滥伐。其次，要加强对已治理区域的管理和保护，对自然及人为造成的破坏及时采取修补措施，提高治理保护率。最后，还须果断制止新的垦荒行为，严格推行封山禁牧，把人工治理与植被的自然恢复结合起来，这样才能实现生态环境的根本转变。

（三）要求加快完善绿色低碳市场体系

“双碳”战略对中国区域生态环境保护提出了许多迫切要求，其中至关重要的一条就是加快完善绿色低碳市场体系。市场对于我国经济发展起到了重要作用，专业化的市场运作使价格机制得以实现，从而达到市场的供需平衡，极大地提高了社会生产的积极性和生产效率，促进我国经济的飞速发展。与此同时，经济的飞速发展带来的是生态环境的破坏，大气污染、水污染、土壤污染、土地荒漠化、水土流失问题日趋严重，生态环境的破坏不仅抑制了我国经济的持续发展，而且对人们的生命健康构成了威胁。因此，党的十八大以来，我国政府提出转变经济发展方式，摒弃以往只追求速度、不追求质量和效益的观念，实现经济的绿色发展和高质量发展。市场是高效的工具，因此，“双碳”战略要求加快完善绿色低碳市场体系。

市场包括消费者、企业、政府以及各种社会团体和组织，其中企业根据其所属的行业不同又可以分为第一产业、第二产业和第三产业，主要包括农业、工业和服务业。因此，加快完善绿色低碳市场体系可以从加快构建绿色农业、绿色工业和绿色服务业发展模式来统筹协调推进。

首先，构建绿色农业发展模式。注重农业技术的使用和创新，减少化肥的使用，降低污染，节约水资源。大力发展“农家乐”经济，不仅能推动绿色农业经济的发展，更能带动乡村旅游业的发展，增加农民的收入，进而实现乡村振兴。

其次，构建绿色工业发展模式。传统高耗能行业中大量化石能源的使用造成了生态环境的破坏以及温室气体的大量排放，而在“双碳”战略下，我国应该加快传统高耗能行业的绿色转型升级，降低能耗和温室气体排放。企业应设置自身的碳达峰、碳中和目标，通过有计划地实施减排措施达成预期的减排目标。尤其要加大科研经费的投入，开展低碳技术创新，减少碳排放。同时，政府应加快实施排污许可制度，对于排碳、排污超标的企业予以整改或取缔。此外，要加快新能源的开发和利用，不断加大对风电、核电、太阳能等基础设施的投资和建设力度。

最后，构建绿色服务业发展模式。政府应该加快推进全国碳排放权交易市场建设，建立相关法律法规，明确全国碳排放权交易市场各主体的权利和义务，为碳交易高效有序进行提供制度保障。尤其是金融机构应该设立绿色信贷、绿色债券、绿色基金、绿色保险等业务，建立绿色金融生态体系，促进资金融通，助力绿色生态可持续发展。

（四）要求加快完善绿色低碳政策体系

尽管我国提出了“双碳”战略和经济高质量发展战略，但是针对区域生态环境保护的一系列法律法规和政策体系还有待完善，加快完善绿色低碳政策体系，对于中国区域生态环境保护至关重要。根据《国务院关于加快建立健全绿色低碳循环发展经济体系的指导意见》，地方各级政府应完善有利于绿色低碳行业发展的财税、价格、金融、土地、政府采购等一系列法律法规和政策。大力发展绿色金融，推进排污权、用能权、用水权、碳排放权的市场化交易；加快推进全国碳排放权交易市场建设，健全自然资源有偿使用制度，引导资本投向绿色和可持续发展领域。

第一，强化法律法规支撑。我国政府应该加快完善涉及绿色生产、清洁生产、绿色经济、绿色金融、碳排放权交易市场等的法律法规建设，切实保障绿色低碳产业的利益，促进绿色低碳产业的长足发展。同时，建立和完善关于绿色技术的知识产权保护法律法规，激励更多的企业加大创新投入，创造更多的绿色专利，研发更多的绿色创新产品，从而减少碳排放。政府应加强执法监督力度，加大对违法排放污水、废气行为的惩处力度和整治力度，加强执法部门、监督部门和司法部门的沟通与合作。

第二，健全绿色收费价格机制。完善污水处理收费政策，遵循污水处理设施正常运营和污泥处理处置成本并合理盈利的原则，建立有效的价格控制体系。根据各地区实际情况，制定和完善生活垃圾处理收费制度，完善节能环保电价政策，促进农业水价的改革，继续落实好居民阶梯电价、气价、水价制度。

第三，加大财税扶持力度。政府应该充分发挥财政政策的作用，加大对绿色产业、绿色基础设施、绿色技术研发的财政资金投入。建立针对节能环保、资源合理利用、环境治理企业的所得税和增值税的优惠政策，做好资源税征收和水资源费改税试点工作。

第四，提升绿色产品在政府购买中的比重。政府在日常消费中应该积极购买绿色低碳产品。在政府招标中，政府部门也应该适当增加对绿色产业的倾斜力度，根据环保绿色以及成本最小化原则，选择最优的投标企业。

三　“双碳”战略下中国区域生态环境优化的重点领域

根据“双碳”战略目标的要求，为了优化我国区域生态环境、实现发展方式的绿色低碳转型，应该把推进高碳排放和高污染排放行业领域的污染防治和节能减排放在首位。从我国现阶段三大产业的发展实情出发，重点推动农业、制造业以及交通运输业等三个领域的绿色低碳转型。

（一）推动农业绿色低碳转型是优化区域生态环境的基本前提

长期以来，在增长导向型发展方式下，我国农业生产效率明显偏低，农业资源被过度消耗，这就造成了我国农业投入成本较高而经济效益低下的发展困境，由此带来了一系列生态环境问题。“双碳”战略目标下，我国农业发展开始从以往的增产导向型模式转向提质导向型模式，农业发展的内部动因和外部环境均发生了深刻变化，人民不仅要求吃得饱，更要求吃得好、吃得健康、吃得绿色，增加生态、绿色和优质的农产品已经成为现代农业生产的主旋律。实现农业绿色低碳转型，应重点推进农业资源的高效利用、高质量农产品的供给以及美丽乡村的建设和保护等。为此，我国应该从农业生产全过程着手，重点解决农业产前阶段、农业产中阶段、农业产后阶段这三个过程中涉及的生态环境问题，从而促进农业绿色高质量发展，提高区域生态环境质量。

1. 农业产前阶段重点推动树立绿色低碳生产理念

农业绿色低碳生产理念是指以绿色农业技术、绿色农产品和低碳排放为主要特征，采用现代农业设备、先进科学技术和先进管理理念，以生产绿色农产品和倡导农产品标准化为主要目的，建立农业资源高效利用、农产品安全可靠和农业生态环境良好的新型农业发展模式。农业产前阶段主要涉及农民的生产意识问题，具体包括计划采用何种农业生产模式、农产品的数量与质量如何平衡、农业生产的经济效益与生态环境效益如何协调三个方面。长期以来，我国农业生产以农村小农经济模式为主，农业规模化生产与现代化高效率运作模式主要存在于大型农业企业和农村合作社。在如何协调经济效益与生态环境效益这一关键问题面前，做好广大小农户的绿色低碳生产意识引导工作具有较大难度。一方面，小农户生产主要以分散式形态分布在广大农村地区，这些区域内短期无法有效推广规模化和现代化的农业生产模式。在日常生产过程中，以家庭耕种为主的小农户更加关注农产品数量和农业经济效益问题，在缺乏政策福利和经济补偿的情况下，难以做到牺牲自身利益来自觉树立与践行绿色低碳生产理念。另一方面，虽然我国早已实施各类惠农政策，特别是乡村振兴战略实施以来，各级政府对本地区农业发展的政策支持和经济补偿力度持续加大，但仍有部分农民没有享受到政策福利和经济补偿，导致这部分农民为了追求短期的经济效益而忽视生态环境保护的重要性。

2. 农业产中阶段重点聚焦绿色低碳生产模式

农业产中阶段是制造污染排放和破坏农业生态环境最主要和最严重的时期，因此对农业产中阶段进行重点把控和污染防治非常关键。当前，我国广大农村地区普遍存在先进农业设备较少、先进农业技术普及不到位等现象，农户在生产过程中通常依靠增加化肥、农药、农地膜的使用来保障农产品的产出数量，由此直接造成了空气、水域和耕地等生态环境载体的污染破坏，严重冲击了农业生态环境系统。根据统计数据，2017 年我国农业化肥施用量为 5895.4 万吨，农业机械总动力为 98783.3 万千瓦，农业的土壤板结、面源污染和环境污染等问题日趋严重。[①] 农业碳排放是众多污染物排放中的重要一环，其主要来源于秸秆燃烧、化肥施用、农地膜产品使用等。“双碳”战略目标下，未来我国应通过重点打造再生农业、推广可持续养殖、减少农药化肥使用等方式，积极发挥免耕、覆盖作物、整合牲畜、作物多样性等的作用，充分利用农作物秸秆还田固碳、绿色饲料生产、发酵床养殖、林下生态养殖等前沿技术，减少农业污染物排放，促进农业绿色高质量发展，推动农业生产向绿色低碳模式转型。

3. 农业产后阶段重点关注农业污染治理

农业产后阶段是产生农业生产废弃物的主要源头，研发和利用高效的农业废弃物处理技术对农业产后阶段的污染治理十分关键。近年来，我国不断加大推进农业生产机械化和规模化的力度，但农药、化肥、农地膜等农业物资的使用量仍然保持高位，这使得农产品生产和供应过程中产生的废弃物随之增加。科学的解决方案必须兼顾农业经济效益和农业生态环境之间的协调可持续发展，这对农业污染治理相关技术提出了巨大挑战。据统计，当前我国平均每亩耕地的农药化肥施用量是发达国家的几十倍，但是利用率只有 30% ~40%，明显低于发达国家的 70% ~80%。[②] 2018 年，我国农药使用量高达 150 万吨，化肥施用量高达 5653 万吨，农地膜回收率仅为 60%，畜禽

---

① 付伟、罗明灿、陈建成：《农业绿色发展演变过程及目标实现路径研究》，《生态经济》2021 年第 7 期。

② 胡新智等：《以农业产业高质量发展助推乡村振兴》，《学习时报》2018 年 6 月 11 日。

粪污染综合利用率仅为70%，直接导致我国农业生产废弃物增加、农业面源污染加剧、农业生态破坏，环境污染问题越发严重。在此背景下，未来应聚焦农业面源污染治理、农业生产废弃物减量化，以及农业资源高效利用这三个主要方面，创新运用农田氧化亚氮减排、秸秆能源化利用、农村沼气综合利用、保护性耕作固碳等减排固碳技术，逐步减少农药化肥施用量，推进农业用水总量控制工程，基本实现农地膜、秸秆和畜禽粪便的资源化利用，提高农地膜回收率、秸秆综合利用率以及畜禽养殖废弃物综合利用率，加快建设生态环境友好型农业。

（二）推动制造业绿色低碳转型是优化区域生态环境的核心举措

制造业是我国国民经济重要组成部分之一，是对农产品和采掘业进行加工和再加工的物质生产部门。由于生产过程需要投入和消耗大量自然资源，同时伴随大量副产品的产生，因此制造业是对生态环境影响最大的产业部门。

2021年12月3日，工业和信息化部发布的《“十四五”工业绿色发展规划》中提出了工业碳达峰战略目标，即到2025年，我国碳排放强度持续下降，单位工业增加值二氧化碳排放降低18%，钢铁、有色金属、建材等重点行业碳排放总量控制取得阶段性成果。工业领域的节能减排任务艰巨、意义重大，目前主要有三个推进方向：一是进行传统制造业的绿色化改造，大力发展绿色工厂、绿色园区、绿色设计产品、绿色供应链；二是推广污染防治、环保监测技术以及清洁生产技术等；三是促进再生资源利用，推动再制造、再利用产业的发展。由于制造业在我国工业中占据主导地位，推动我国制造业绿色低碳转型就成为“十四五”阶段甚至更长时期内实现“双碳”战略目标的关键途径和重要内容。

1. 加强绿色低碳技术创新应用，加快工业企业绿色化改造提升

绿色低碳技术是污染防治和减碳固碳的重要技术支撑，是实现“双碳”战略目标的关键途径，也是推进工业企业绿色化改造的技术保障。据统计，2018年我国工业能源消耗量占能源消耗总量的65.9%，其中制造

业能源消耗量占比为54.8%，制造业成为生产和排放废气、废水及固体废物等污染物最多的产业部门之一，对我国生态环境造成巨大影响。2021年9月3日，工业和信息化部、人民银行、银保监会、证监会联合发布了《关于加强产融合作推动工业绿色发展的指导意见》，重点强调创新驱动工业绿色发展的原则与重要性。在此背景下，一方面，应重点聚焦低碳、环保、节水、节能、清洁生产和资源综合利用等领域的共性技术研发，积极开展减碳、零碳和负碳技术综合性示范，通过加强绿色低碳技术创新攻关，打造绿色制造领域创新中心，支持发展新材料，新能源，新能源汽车，新能源航空器，新能源动力，绿色农机，绿色船舶，高效储能，碳捕集、利用与封存，零碳工业流程再造和农林渔碳增汇等。另一方面，应重点加快化工、石化、钢铁、有色金属、纺织、轻工、建材等行业的绿色化改造，引导工业企业加大可再生能源使用，建设绿色数据中心，提高管理信息化水平，促进工业企业的全要素、全流程绿色化及智能化改造提升，促进区域生态环境质量的提高。

2. 优化产业结构与布局，打造绿色先进制造业集群

围绕落实《产业发展与转移指导目录》，全力推进产业转移到符合环保升级、区位优势、资源禀赋、总体降耗等要求的区域。具体而言，一方面，应重点推进战略性新兴产业发展，尤其是加快完善以新能源汽车和智能网联汽车为代表的产业体系，提升该产业体系涉及的汽车芯片、软件系统、关键零部件和基础材料等产业链的水平与价值，加快充电桩、换电站等相关基础设施的建设和运营，全力建设新能源汽车动力电池回收利用体系。同时，从纺织、冶炼等传统制造业着手，减少含碳能源和含碳资源的使用。一是重点创新和利用高效电热转化技术、高效热传导技术、高效加热融化技术、再生面料技术，以及碳纤维复合材料技术等，降低纺织业的含碳能源资源消耗和碳排放量；二是重点创新和利用氢能冶炼、氧气高炉和非高炉冶炼，以及大宗工业固体废物综合利用技术等，降低冶炼行业的含碳能源资源消耗和碳排放量。另一方面，应重点引导和支持工业企业参与矿山修复，盘活废弃矿山和工业遗址等搁浅资产，引导和督促钢铁、建

材、化工和有色金属等“高投入、高消耗、高污染”的工业企业改造迁建和退城入园，并依托本地区或邻近区域的优势产业集聚区，打造一批先进制造业集群和绿色工业园区。在园区内实施能源需求侧改革，鼓励清洁能源逐步代替传统化石能源，并且积极推广先进适用工艺技术设备，建设一批工业资源综合利用基地，从而提升制造业绿色高质量发展水平，促进区域生态环境优化。

3. 构建绿色低碳制造服务体系，加强绿色低碳国际经贸合作

构建绿色低碳制造服务体系和加强绿色低碳国际经贸合作是促进制造业绿色低碳转型、实现制造业绿色高质量发展的内在要求和重要保障。根据2021年9月3日发布的《关于加强产融合作推动工业绿色发展的指导意见》，一方面，应重点发展能源计量、监测、诊断、评估，以及工业节水与水处理系统集成服务、环境污染第三方治理、环境综合治理托管等专业化节能环保服务。针对汽车、纺织、家电等产品的生产消费、周转更新、回收处理与再利用，大力发展基于“互联网+”“智能+”的回收利用与共享服务新模式。培育一批绿色制造服务供应商，提供产品绿色设计与制造一体化、工厂数字化绿色提升等方案。另一方面，应以碳中和为导向，制定重点行业碳达峰目标、任务及路线图，支持智能光伏、新能源汽车等产业发挥示范引领作用。鼓励有条件的地方建设中外合作绿色工业园区，推动绿色技术创新成果在国内转化落地。加强煤电行业联控，促进产业产能优化升级。建设绿色综合服务平台和共性技术平台，推动中国新型绿色技术装备“走出去”和标准国际化。

（三）推动交通运输业绿色低碳转型是优化区域生态环境的重要支撑

交通运输业是产生大气污染和碳排放的主要领域之一，对全国整体实现“双碳”战略目标具有重要影响。2021年10月14日，习近平在第二届联合国全球可持续交通大会上指出，中国新能源汽车占全球总量一半以上，要加快形成绿色低碳交通运输方式，加强绿色基础设施建设，推广新能源、智能

化、数字化、轻量化交通装备，鼓励引导绿色出行，让交通更加环保、出行更加低碳。[①] 交通运输领域的节能减排主要包括两个方向，一是推动交通运输的信息化、智能化建设，具体包括“互联网+公共交通”、“互联网+物流配送”、高速公路ETC系统等；二是通过使用新能源、清洁燃料，减少交通工具污染物排放，具体包括推广新能源、清洁燃料汽车等。因此，在“双碳”战略目标下，我国交通运输领域要加快绿色低碳转型和高质量发展，必须重点关注交通基础设施建设、交通运输体系构建、交通运输工具装备等方面的绿色低碳转型，力争率先实现碳达峰。

1. 加快建设绿色低碳交通基础设施

建设绿色低碳交通基础设施是实现交通运输领域绿色低碳目标的基本前提。“双碳”战略目标下，一方面，未来我国应该将绿色低碳理念贯穿交通基础设施规划、建设、运营和维护全过程，降低全生命周期能耗和碳排放。加快城市轨道交通、公交专用道、快速公交系统等大容量公共交通基础设施建设，加强自行车专用道和行人步道等城市慢行系统建设。积极开展交通基础设施绿色化提升改造，统筹利用综合运输通道线位、土地、空域等资源，加大岸线、锚地等资源整合力度，提高利用效率。另一方面，未来我国应该重点加快交通体系的智能化、数字化、电动化、网联化和共享化建设，以此有效推进交通用能低碳化转型，打破交通用能中油品占据主导地位的局面，形成多元化交通用能新格局。全面有序推进充电桩、配套电网、加注（气）站、加氢站等基础设施建设，提升城市公共交通基础设施水平。

2. 加快构建绿色低碳交通运输体系

构建绿色低碳交通运输体系是实现交通运输领域绿色低碳目标的重要保障。2021年10月24日，国务院发布的《2030年前碳达峰行动方案》中明确要求：“十四五”时期，我国集装箱铁水联运量年均增长15%以上；到

① 《习近平在第二届联合国全球可持续交通大会开幕式上的主旨讲话（全文）》，中国政府网，2021年10月14日，http：//www. gov. cn/xinwen/2021－10/14/content_ 5642639. htm。

2030 年，我国城区常住人口 100 万以上的城市绿色出行比例不低于 70%。因此，一方面，未来我国应该重点发展智能交通，推动不同运输方式合理分工、有效衔接，降低空载率和不合理客货运周转量。大力发展以铁路、水路为骨干的多式联运，推进工矿企业、港口、物流园区的铁路专用线建设，加快内河高等级航道网建设，加快大宗货物和中长距离货物运输“公转铁”“公转水”。加快先进适用技术应用，提升民航运行管理效率，引导航空企业加强智慧运行，实现系统化节能降碳。另一方面，未来我国应重点加快城乡物流配送体系建设，创新绿色低碳、集约高效的配送模式。打造高效衔接、快捷舒适的公共交通服务体系，积极引导公众选择绿色低碳交通方式。此外，通过综合运用法律、经济、技术、行政等多种手段，加大对城市交通拥堵的治理力度。

3. 积极推动交通运输工具装备绿色低碳转型

交通运输工具装备绿色低碳转型是绿色低碳交通运输体系的重要构成，也是减少交通碳排放的重要切入口，如道路交通运输的碳减排在很大程度上依赖新能源汽车对传统燃油车的替代。2021 年 10 月 24 日，国务院发布的《2030 年前碳达峰行动方案》中明确要求：到 2030 年，我国当年新增新能源、清洁能源动力的交通工具比例达到 40% 左右，营运交通工具单位换算周转量碳排放强度比 2020 年下降 9.5% 左右，国家铁路单位换算周转量综合能耗比 2020 年下降 10%，陆路交通运输石油消费力争 2030 年前达到峰值。因此，根据“双碳”战略目标的要求，一方面，未来我国应该重点扩大电力、氢能、天然气、先进生物液体燃料等新能源、清洁能源在交通运输领域的应用。大力发展新能源和清洁能源汽车，逐步降低传统燃油汽车在新车生产、新车销售和汽车保有量中的占比，推动城市公共服务车辆电动化，推广电力、氢燃料、液化天然气动力重型货运车辆。另一方面，未来我国应该重点提升铁路系统电气化水平，加快老旧船舶更新改造，加快淘汰高耗能高排放老旧船舶，发展电动、液化天然气动力船舶，深入推进船舶靠港使用岸电，因地制宜开展沿海、内河绿色智能船舶示范应用。提升机场运行电动化智能化水平，发展新能源航空器。

四 “双碳”战略下中国区域生态环境优化的主要障碍

（一）以重化工为主的产业结构短期内很难根本改变

在2020年5月25日的全国两会第二场“部长通道”上，生态环境部部长黄润秋明确表示我国以重化工为主的产业结构没有根本改变。通过对我国重化工行业现状的分析发现，其产业结构短期难以改变的原因主要有以下四个方面。

1. 重化工业占比过高

重化工业是我国工业体系的支柱，也是国民经济实现现代化的强大物质基础。目前我国仍处于中高速发展阶段，重化工业作为保障国民经济发展的支柱产业之一，仍具有较大的发展潜力。根据《中国统计年鉴（2021）》，2020年我国三大产业的结构为7.7∶37.8∶54.5，其中以重化工业为主的第二产业占比依旧很高，加大了产业结构调整的阻力。

2. 化工产品产能过剩

中国现在为全球最大的化工生产国，化工产值规模约占全球的36%，居世界第一。与此同时，中国化工也面临产能过剩的严峻挑战。国家统计局发布的数据显示，2021年我国前三个季度的工业产能利用率为77.6%，同比增长4.5%，依旧存在产能过剩的现象。中国化工信息中心咨询CEO黄音国也指出，如今大化工项目过多，2025年左右会出现大量的产能过剩，而产能过剩又会导致环保问题发生。

3. 化工产业结构偏向低端

我国成为化工强国的必经之路是化工产业结构向高质量发展。[①] 长期以来，我国化工行业的主要矛盾是结构性矛盾，一方面，大量低端产品出现产

① 孙天阳：《中国化工产业“十三五”发展回顾与“十四五”展望》，《经济问题》2021年第7期。

能过剩现象，存在市场化程度不高、政府干预过多、环境污染等问题；另一方面，研发投入不足，高端化学用品、新型化工材料的自给率过低，过度依赖进口。目前我国精细化工产品的品种较少，仅占全球的20%左右。2020年，中国精细化工行业市场规模增长率同比减少2.42%，且精细化工行业的核心技术与国际先进水平存在较大差距，同时高端化学品几乎被国外垄断，进一步制约了下游行业尤其是战略性新兴行业的发展。

4. 中小型化工企业过多

我国化工企业绝大多数是中小型企业，多而不强，企业同质化现象严重，产能落后。且我国化工行业中领军企业较少，缺乏大型跨国公司，2021年仅有19家中国能源化工企业进入世界500强。因此，我国化工行业长期面临全球范围内竞争力不足、科研创新水平不高、高端化学品研发能力较弱等问题，不利于重化工行业的高质量发展。

（二）以煤为主的能源结构短期内难以根本改变

2021年9月下旬，我国多地出现了拉闸限电这一多年不见的现象。从供求关系来看，一方面，随着我国经济的复苏，若干领域（包括电力、钢铁、建材和化工）出现高耗能需求；另一方面，全国性煤炭紧缺进一步加剧了电力供应不足的问题。这一现象的背后也反映出煤炭在我国一次能源供应中占据的主导地位。据预测，未来15年电力行业以及化工行业对煤炭的需求量将持续增加。[①] 抛开疫情的影响，我国煤炭的基础性地位长期未变的原因也是多方面的。

1. 煤炭资源丰富，煤炭消费量增加

我国能源资源禀赋的特点是富煤、缺油、少气。2020年，我国煤炭的探明储量为14319700万吨，位居世界前列。国家统计局发布的数据显示，2020年，我国能源消费总量为49.8亿吨标准煤，比上年增长2.2%，

① 兰君：《中国煤炭产业转型升级与空间布局优化研究》，硕士学位论文，中国地质大学（北京），2019。

其中煤炭消费量占能源消费总量的比重为56.8%，同比下降0.9%，但是煤炭消费总量相比2019年增长了0.6%。[①] 2021年《bp世界能源统计年鉴》显示，我国是世界上最大的能源消费国和煤炭消费国，2020年，我国煤炭消费量约占全球煤炭消费量的54.3%，是美国的8.9倍；煤炭产量占全球煤炭产量的50.4%，是美国的8.1倍。[②] 同年，我国煤炭进口增长超过6.6艾焦，为2014年以来的最高水平。可以看出，即使在绿色发展和"双碳"战略的背景下，目前煤炭在我国能源结构中依旧占据着难以动摇的主体地位。

2. 现代煤化工行业趋于成熟

煤化工是以煤为主要原料，经化学加工使煤转化为气体、液体和固体燃料以及化学品的过程。经过近20年的发展，我国现代煤化工行业整体技术处于世界领先水平，[③] 如具有自主知识产权的煤直（间）接液化、煤气化、甲醇制烯烃、甲醇制芳烃、煤制芳烃和煤制乙醇等，煤制油、煤制天然气、煤制烯烃、煤制乙二醇基本实现产业化，部分煤化工项目还实现了"近零排放"。相比于其他国家，我国在发展现代煤化工行业方面更具比较优势，而煤作为现代煤化工行业的关键能源，其基础性地位更加凸显。

3. 油气资源受限

我国石油和天然气的自给能力不强，2020年我国石油产量占全球的4.7%，天然气产量占全球的5.0%。2021年《bp世界能源统计年鉴》显示，我国已经是油气进口第一大国，2020年我国石油进口依存度为73%，天然气进口依存度为41%。[④] 可以看出，我国油气资源的匮乏以及对进口的

---

① 《2020年全国原煤产量39亿吨　煤炭消费量增长0.6%》，国家发展和改革委员会网站，2021年3月30日，https://www.ndrc.gov.cn/xwdt/ztzl/nybzgzzl/gnjnybz/202103/t20210330_1270959.html? code=&state=123。

② 《〈bp世界能源统计年鉴〉2021年版》，bp中国网，2021年7月8日，https://www.bp.com.cn/zh_cn/china/home/news/reports/statistical-review-2021.html。

③ 王强、徐向阳：《"双碳"背景下现代煤化工发展路径研究》，《现代化工》2021年第11期。

④ 《〈bp世界能源统计年鉴〉2021年版》，bp中国网，2021年7月8日，https://www.bp.com.cn/zh_cn/china/home/news/reports/statistical-review-2021.html。

高度依赖很难改变目前以煤炭为主的能源结构格局。

4. 非化石能源转型存在多方面挑战

非化石能源在替代传统化石能源方面具有举足轻重的作用。国务院印发的《2030 年前碳达峰行动方案》中明确表示，到 2025 年，非化石能源消费比重达到 20% 左右，到 2030 年达到 25% 左右。相关数据显示，2020 年我国非化石能源占比仅为 14.8%。在 2021 年可持续发展论坛上，与会专家就能源转型中桎梏非化石能源发展的问题进行了探讨。专家认为，非化石能源的高成本问题是能源转型的主要挑战。国务院发展研究中心资源与环境政策研究所所长高世楫表示，归根结底还是技术不成熟，导致当前非化石能源的经济性不够。虽然非化石能源未来的发展潜力巨大，但我国多年来对高碳路径的依赖惯性很难在短期内改变。

（三）污染物排放的形势仍然较为严峻

近年来，我国在加强环境保护管理方面出台了一系列政策措施，生态环境质量持续改善。不断加大污染治理力度，推动产业结构调整，改造提升传统产业，淘汰落后产能，开展重点区域秋冬季大气污染综合治理攻坚行动，蓝天、碧水、净土保卫战取得积极进展。与此同时，我国生态环境形势依然十分严峻，长期积累的环境问题尚未完全解决，新的环境问题又不断产生。发达国家上百年工业化过程中分阶段出现的环境问题，在我国已集中出现。

碳达峰、碳中和的本质是实现更经济、更清洁、更安全的能源结构。我国的生态环境问题根本上是高碳的能源结构和高碳的产业结构导致的污染物排放问题。在碳中和过程中，碳排放量占比最高的能源行业首当其冲。我国能源结构以高碳的化石能源为主，化石能源占比约为 85%，其中一半以上是煤炭。作为碳排放的主要来源，推动碳减排就必须推动以化石能源为主的能源结构转型。2020 年，我国能源消费总量为 49.8 亿吨标准煤，其中化石能源消费总量约为 41.9 亿吨标准煤，占比约为 84.1%，非化石能源消费占比约为 15.9%。中国是全球最大的煤炭生产和消费国，是仅次于美国的第二大电力生产和消费国，在我国耗煤最多的正是电力行业，大规模的火电发展，导致大量二氧化碳排放，对环境造成巨大的破坏。随着世界各国对气候变暖问题的日益重视，中国在温室气体减排方面面临前所未有的国际压力。尽管中国在过去关停的小火电装机容量相当于整个澳大利亚的电力装机容量，每年可以减少 1.1 亿吨的二氧化碳排放，但当前污染物排放形势仍然严峻。

从我国温室气体排放结构来看，根据世界资源研究所（WRI）发布的数据，2018 年，我国各类活动产生的温室气体排放总量约为 123.5 亿吨，如果考虑到土地利用变化与林业碳汇的负排放，总的净排放量约为 117.1 亿吨。在总的温室气体排放中，能源使用产生的温室气体排放量占比达 83.5%，工业过程和农业活动的排放量占比分别为 9.4% 和 5.4%。如果进一步按能源使用部门来划分，电力和热力部门能源使用产生的温室气体排放量最大，占总排放量的 42.2%；制造业和建筑业用能排放量位列第二，占总排放量的 21.6%。在我国各类温室气体排放中，二氧化碳排放量最高，占比为 83.4%，其中，能源使用产生的二氧化碳排放占据主要地位，排放量占比达 92.4%。我国大范围雾霾天气频发，且冬半年中出现雾霾天气的频率明显高于夏半年，燃煤无疑是主要污染源之一。但是二氧化碳并不是唯一需要控制的温室气体。甲烷、氧化亚氮和氢氟碳化合物等气体对气候升温的作用也很大。例如，以 100 年为单位，由泄漏的天然气和源自农业及垃圾填埋场的甲烷造成的地球变暖强度是同等量二氧化碳造成强度的 28 倍。如果不加以控制，这些气体可能会导致地球升温到不可逆转的临界点。因此，我国高度依赖化石能源的发展模式，使我国污染物排放的形势更加严峻。

（四）生态文明制度体系尚未完全建立

2013 年 11 月，习近平在《关于〈中共中央关于全面深化改革若干重大问题的决定〉的说明》中指出："我国生态环境保护中存在的一些突出问题，一定程度上与体制不健全有关。"2013 年 12 月，习近平在中央经济工作会议上指出："三中全会明确了生态文明领域改革目标和方向，但基础性制度建设比较薄弱，形成总体方案需要做些功课。"2018 年 5 月，习近平在全国生态环境保护大会上指出："我国生态环境保护中存在的突出问题大多同体制不健全、制度不严格、法治不严密、执行不到位、惩处不得力有关。"建设生态文明制度体系显得尤为重要。[①] 诚然，我国自改革开放以来在生态环境保护方面取得了显著成效，但体制机制上依旧存在一些问题，具体表现在以下几个方面。

1. 相关基础性法律制度不完善

相关基础性法律制度不完善，导致下游制度依据不足，进而对整个制度链效能产生影响。例如我国排污权、碳排放权交易刚刚起步，还没有真正建立完善的市场交易机制，在实践中存在总量控制指标难以确定和指标原始分配难以做到公平的问题。以行政区域为单元分解排放总量指标、核算考核总量减排，涉及排污单位的范围较小，排污总量基数不清，使总量控制的指标难以确定。由于总量控制难以有效实现，各地区制定配额有偿分配方式和定价方法不统一、不规范，排污权交易难以建立真正的市场机制，难以真实反映排污权价值。

2. 生态环境保护的行政管理体制不健全

在地方实践中，部门分割、权责不清导致"九龙治水"、生态环境保护效率低下的现象普遍存在，资源、环境和生态管理部门职能分工不合理。在我国，资源管理、环境保护分属不同部门主管，生态保护职责只能分散在许多部门中。由于资源、环境、生态三者之间存在不可分割的联系，部门之间协调、合作较难，这种分散管理模式存在诸多弊端，地方政府难以落实环境保护责任制。例如，在一个完整的自然生态保护系统中，管林地的部门不管水资源，管水资源的部门不管水生态环境，管水生态环境的部门则不管水安全等。

① 习近平：《关于〈中共中央关于全面深化改革若干重大问题的决定〉的说明》，《学理论》2014 年第 1 期；《生态文明体制改革迈新步》，中国共产党新闻网，2016 年 3 月 2 日，http://theory.people.com.cn/n1/2016/0302/c83846-28165757.html；《让绿水青山造福人民泽被子孙——习近平总书记关于生态文明建设重要论述综述》，中国政府网，2021 年 6 月 3 日，http://www.gov.cn/xinwen/2021-06/03/content_5615092.htm。

3. 生态文明制度的“督政”职能发挥不畅

现行环保体制的突出问题之一是“难以落实对地方政府及其相关部门的监督责任”。[①] 长期以来，我国的地方环保部门既没有被赋予完整的执法主体资格，也未能有效发挥对政府及其相关部门履行生态文明建设责任的“督政”职能。在环保系统内部存在“查企”的执法职能与“督政”的监察职能混为一谈的现象。由于缺乏有效的约束性压力，一些地方党政领导干部在实践中难以自觉承担生态环境保护的政治责任。

4. 公众参与生态文明建设的机制尚未建立

公众对生态文明建设的认识缺乏深度和广度，参与程度较低。归根结底是由于公众参与决策过程多为间接、滞后的参与，往往是在决策基本完成后通过调查问卷、写书面意见和建议等方式向相关主管部门表达看法。决策过程没有完全公开透明，且不能及时收到反馈。大多数情况下，各方利益群体在决策时没有合适的渠道进行协商，决策参与者的意愿和价值观不能被准确反映。

五　“双碳”战略引领中国区域生态环境优化的对策建议

在2021年3月的中央财经委员会第九次会议上，习近平指出，实现碳达峰、碳中和是一场广泛而深刻的经济社会系统性变革，要把碳达峰、碳中和纳入生态文明建设整体布局。生态文明建设是我国“五位一体”总体布局和“四个全面”战略布局的重要内容，是中国特色社会主义事业的基础、底色和底线，生态文明建设不是孤立的，而是与政治、经济、文化、社会等其他方面的建设相互分工、相互协调、相互促进。把碳达峰、碳中和纳入生态文明建设整体布局，实际上就是以系统、整体和大局的视野把碳达峰、碳

① 《核心观丨实现碳达峰、碳中和是一场系统性变革》，“中国日报网”百家号，2021年3月19日，https：//baijiahao. baidu. com/s？id = 1694625481172418398&wfr = spider&for = pc。

中和纳入中国特色社会主义事业，纳入建设社会主义现代化强国的进程。因此，“双碳”战略与区域生态环境优化在本质上是一致的，只是在生态文明建设中的分工和角色不同而已。我国生态文明建设已经取得了巨大成效，生态环境治理力度前所未有，生态文明体制改革持续深化，能源结构加速转型，碳排放强度持续下降。截至2020年底，我国单位GDP二氧化碳排放与2005年相比，下降超过48%，超额完成了之前设定的下降40%～45%的目标，清洁能源消费占能源消费的比重超过24%。但也要看到，我国工业化、城镇化尚未完成，节能减排压力较大，绿色技术创新能力偏弱，新能源、新产业发展不足等，我国生态文明建设任重而道远。

在生态文明建设体系中，“双碳”战略更多表现为手段和过程，“区域生态环境优化”更多表现为结果，区域生态环境优化不能落在理念和口号上，而是要有行动路径，这一行动也不是盲目和遥遥无期的，要有明确的计划表和路线图。“双碳”战略是中央做出的重大战略决策，并且形成了“1＋N”政策体系的统一部署，是着眼于全局和长远的顶层设计，也有明确的阶段性目标和长远性目标安排，还有产业、行业、消费领域的具体行动指南。“双碳”目标作为中国向世界的承诺以及社会主义现代化建设的加速器，必将从空间和过程的体系化，以及宏观、中观、微观等不同层面对我国区域生态环境优化起到引领性作用。

（一）从空间上，强化区域节能降碳合作，推动区域生态环境协同治理

生态环境是公共物品，具有很强的外部效应，同时生态环境又具有整体性和联通性，无法进行人为分割，一个国家或地区生态环境优化会惠及周边国家和地区，同样，一个国家或地区生态环境恶化也会蔓延到其他国家和地区。全球二氧化碳排放量的不断增加是历史上发达国家工业化过程中无节制的排放累积、新兴发展中国家工业化进程中排放量不断加大的结果，二氧化碳增加导致的温室效应、全球气候变暖、极端天气、自然灾害等已在全球蔓延，无一国家和地区可以幸免。因此，“双碳”战略目标的实现必须加强从国际到区域层面的合作，推动区域生态环境协同治理，共享生态环境优化的

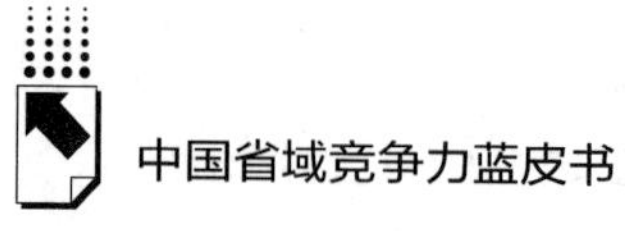

成果。

从国际来看，中国做出的“双碳”承诺既是作为发展中国家的表率和担当，也是为积极推动全球气候治理合作所做的努力。各个国家和地区要信守承诺，遵守《联合国气候变化框架公约》以及《巴黎协定》的原则和要求，坚持多边主义、坚持承担共同但有区别的责任，构建公平合理、合作共赢的全球气候治理体制机制。发达国家要履行承诺，积极承担碳排放的历史责任，为发展中国家提供应对气候变化的资金、技术等方面的援助和支持，帮助这些国家在发展中实现绿色低碳转型。各个国家要加强经验、知识、技术的交流和分享，联合开展节能减碳方面的关键核心技术攻关，突破节能降碳瓶颈，也为我国“双碳”目标实现提供良好的国际合作环境。

从区域来看，我国各地区的生态环境不平衡，区域性、结构性污染问题依然突出，“双碳”战略的推进必须着眼于全国一盘棋，打破行政边界，强化区域之间的协同治理。如可以把节能降碳行动融入我国区域发展战略中，京津冀城市群、长江经济带、粤港澳大湾区等地区可以联合构建大气污染联防联控常态化机制，着力解决区域性的碳排放突出问题，打造节能降碳、绿色发展示范区，并且对周边区域和落后地区产生持续的扩散和溢出效应。积极推进城乡环境共治，补齐农村生态环境治理短板，统筹推进绿色城镇化和绿色乡村振兴，形成城乡生态环境治理一体化格局。此外，还要把生态环境保护与国土空间规划有效对接，按照国土空间不同功能和用途实行分区分类系统化、精准化管控，保证生态环境保护原则贯穿各项规划实施，形成全国生态环境持续优化大格局。

从省域来看，“双碳”目标提出后，必将需要各个省（区、市）进行目标任务分解和细化，各个地方也要着眼于自身的资源能源结构和产业结构特征，制定适合本地区的节能降碳目标和路径，一方面要实现经济高质量发展，另一方面要形成具有地方特色的低碳发展优势。当前各个省（区、市）着眼于“双碳”战略纷纷制定了“十四五”发展目标和任务，如北京提出要打造应对气候变化的“北京示范”，河北提出要打造塞罕坝生态文明建设示范区，山东提出要着力打造山东半岛“氢动走廊”，青海提出要建成国家重要的新型能源产业基地，西藏提出要建成国家清洁可再生能源利用示范区，等等。各个省（区、市）具体目标与细则的出台和实施不仅因地制宜地推动了生态环境治理，而且充分发挥各地优势，形成了推动区域生态环境优化的合力。

（二）从过程上，加强从源头到生产再到消费的全程节能减碳，夯实区域生态环境优化基础

当前，我国碳排放主要集中在电力、热力生产供应业，其排放量占比在50%左右，主要是因为我国发电中火电所占比重大，而火电的主要燃料是煤炭、石油和天然气等化石燃料。除了能源供给领域外，制造业的黑色金属冶炼及压延加工业、非金属矿制品业，服务业中的交通运输、仓储及邮电业也是碳排放量较大的产业部门。此外，家庭在能源、食物、服务等消费过程中也会产生较大的碳排放量。因此，“双碳”战略的实施应贯穿于生产到消费的全过程，要把源头控制和末端治理有效地对接起来，从根本上夯实区域生态环境优化的基础。

首先，要从源头上加快我国能源结构调整。能源供给结构调整决定后端产业发展和能源消费结构转变，也是控制碳排放的源头。大力推进新能源设施建设，特别是在沙漠、戈壁、荒漠等地区建设大型风电、光伏基地，增强低碳清洁能源的供给能力，逐步推进以煤炭为主的能源结构向多元化能源构成转变。推进工业领域的天然气代煤和电代煤，有效降低煤炭在工业生产中的使用量。提升能源的使用效率，如可以充分利用燃煤电厂的余热进行取暖，将其转化为热能；积极推进建筑节能，加大对地热能的开发和利用，将地热能转化为供暖使用，减少冬季北方供暖的煤炭供给压力。建设低碳高效的交通运输体系，提高铁路、水路在承运中的比重，发展多式联运，加快发展新能源和清洁能源交通工具。大力开展新能源开发和能源高效清洁利用转化的关键技术攻关，为能源结构调整提供有效的技术支撑。当然，能源结构调整要遵循化石能源有序降低的规律，在短期内仍要注重煤炭、煤电的兜底保供作用。

其次，要从过程上加快我国产业结构调整。我国工业化进程中，工业是二氧化碳排放的主要产业部门，据统计，2011～2018年，我国工业二氧化碳排放量年平均占比约为70%。而从二氧化碳排放量的增长率来看，近年来，第三产业碳排放量的增长速度最快，2011～2018年，其增速约为50.43%，超过第一产业（14.41%）和第二产业（12.58%）的增速。因此，要统筹做好各产业节能降碳的总体部署，加快构建节能降耗产业体系，运用先进的环保技术改造传统产业，推进产业链和供应链的低碳化。将数字经济、人工智能、互联网、5G等先进技术与能源产业链、人才链、创新链深度融合，形成集研发与运用于一体的新兴产业创新发展格局。面向国家重大战略产业化目标，大力开展新能源汽车、智能电网技术装备、能源智能化开采技术装备、能源高效利用与节能技术、可再生能源与氢能技术等关键核心技术攻关，为产业结构优化和质量提升提供充足的技术保障。

最后，要从末端上促进我国消费结构调整。随着我国城市化进程加快，汽车和家用电器等能耗型产品的普及度不断提高，拥有量和使用量大幅增加，居民用能量也随之提升，居民生活能源消耗逐渐成为我国碳排放的主要渠道。一方面要促进我国消费结构升级，另一方面又要控制和减少消费端的碳排放量，因此，在推动我国产品节能技术创新的同时，也要提升整个社会的节能环保意识。加强生态环境保护教育，利用媒体、互联网、社区等各种渠道宣传低碳生活方式，创建一批绿色家庭、绿色社区、绿色学校，使广大民众了解什么是低碳生活，以及如何做到低碳生活。可以制定绿色消费指南，引导广大民众合理消费，抵制资源能源浪费行为，确保低碳理念贯穿从意识到行动的全过程。此外，还要统筹推进城镇绿色发展和乡村绿色振兴，形成城乡低碳绿色发展新格局。

（三）从保障上，完善加快实现“双碳”目标的软硬基础设施建设，为区域生态环境优化提供有力支撑

长期以来，我国一些大型基础设施建设占用生态空间，“三废”排放管理不到位，破坏了生物的生存空间等。“十四五”规划在部署基础设施体系

建设时提到，要“打造系统完备、高效实用、智能绿色、安全可靠的现代化基础设施体系”，其中，“智能绿色”体现了我国现代化基础设施建设要充分考虑节能降耗、环境保护、污染防治、节约能源等要求，同时也要把数字化与绿色化深度融合，发挥新型基础设施促进重点用能领域的能源优化、成本优化、决策控制等积极作用，实现碳资产数字化管理和碳排放追踪，对“双碳”目标实现开展更加精准和精细化的管理。此外，资金、技术、人才等要素是实现“双碳”目标的重要投入保障，构成了软支撑体系。既要重视外在的硬基础设施建设，也要注重内在的软基础设施支撑，共同保障我国区域“双碳”目标的顺利实现。

首先，严格制定和实施基础设施建设的绿色化标准。根据资源环境空间的分布特征和基础设施建设的不同类别分别制定不同的绿色化准入标准，实行严格的绿色评价，建设节能交通、节能建筑、节能电力等。按照最新的要求和标准加强对传统基础设施和技术装备绿色化、低碳化提标改造，该淘汰的淘汰，该新建的新建，特别是要对新建基础设施进行低碳规划。在市政基础设施建设上开展全过程绿色评价，推广绿色施工模式，特别是要注重把市政基础设施与生态景观、绿地系统、生态廊道等的建设同修复相结合，一方面有利于打造优美的城市生态空间，提高居民的生活品质，另一方面有利于恢复和提升生态系统功能，使经济发展与生态环境保护更加融洽。

其次，推动新型基础设施低碳绿色发展。新型基础设施不仅是节能降碳的重要领域，也是赋能多个行业“双碳”目标的重要动力源泉。随着新型基础设施建设的快速推进，大数据中心、5G基站、通信网络等的耗电量将持续上升，优化布局新型基础设施、提高新型基础设施建设能效、加大新能源支撑力度对新型基础设施的低碳绿色发展至关重要。在数据中心建设上，引导大型和超大型数据中心集中布局在国家枢纽阶段数据中心范围内，避免盲目重复建设；东部地区如后台加工、存储备份等非实时算力需求，可以向西部风能、光能等资源富集地区转移，以更有效地利用新能源。在数据中心运转上，要提高服务器的利用率，采用先进制冷技术，降低供电系统的电能损耗，对数据中心的温度、电压、电流、功率等数据进行实时监测，开展系

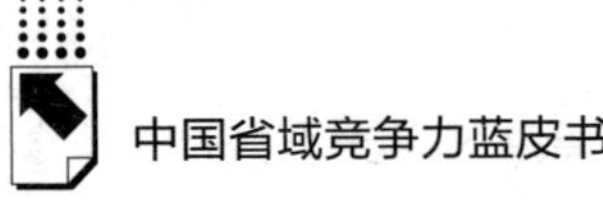

统化管理。在5G基站建设上，大力推进绿色基站建设，推广自然冷源等配套设施，提升基站供电系统能效。在通信网络建设上，打造全光纤传送网，大幅降低由于光电转换而导致的能耗损失。着力打造“一张物理网、多张逻辑业务网”，减少由于网络节点过多而造成的能耗损失。同时，要发挥大数据、互联网、人工智能等新型基础设施的互联互通作用，推进各项设备的智能化、自动化开关运行控制，有效降低非工作时间能耗。

最后，完善要素保障支撑体系。环境治理、生态修复以及碳减排的控制需要大量的资金投入，这些资金投入大部分依靠社会资本，因此要积极推动以绿色投资为导向的绿色金融发展，开展碳基金、碳资产质押贷款、碳资产授信、碳保险等各项碳金融服务，促进碳金融产品创新，更好地发挥碳金融体系对区域环境优化的投融资作用。要积极培养既懂低碳发展、绿色发展、生态环境保护理论，又知晓生态环境保护前沿技术，还对互联网、人工智能等现代信息技术有一定了解的通用型、复合型人才，为“双碳”目标实现提供智力支持。围绕“双碳”目标核心技术、生态环境保护关键技术积极布局创新，力争取得关键性技术突破，为区域生态环境优化提供技术支撑。此外，还要加强顶层设计，着眼于全国一盘棋，确保区域生态环境优化的有序推进。

Ⅳ 附 录

Appendices

B.38

附录1

中国省域经济综合竞争力评价指标体系（2022）

二级指标（9个）	权重	三级指标（25个）	权重	四级指标（210个）	权重
B1		C11		（12个）	
宏观经济竞争力（27个）	0.15	经济实力竞争力	0.4	地区生产总值	0.105
				地区生产总值增长率	0.095
				人均地区生产总值	0.098
				财政总收入	0.090
				财政总收入增长率	0.088
				人均财政总收入	0.088
				固定资产投资额	0.095
				固定资产投资额增长率	0.080
				人均固定资产投资额	0.077
				全社会消费品零售总额	0.080
				全社会消费品零售总额增长率	0.052
				人均全社会消费品零售总额	0.052

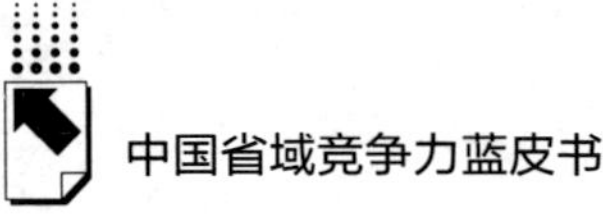

续表

二级指标（9个）	权重	三级指标（25个）	权重	四级指标（210个）	权重
宏观经济竞争力（27个）	0.15	C12		（6个）	
		经济结构竞争力	0.3	产业结构优化度	0.188
				所有制经济结构优化度	0.178
				城乡经济结构优化度	0.187
				就业结构优化度	0.158
				实体经济结构优化度	0.131
				贸易结构优化度	0.158
		C13		（9个）	
		经济外向度竞争力	0.3	进出口总额	0.150
				进出口增长率	0.100
				出口总额	0.120
				出口增长率	0.100
				实际 FDI	0.120
				实际 FDI 增长率	0.100
				外贸依存度	0.080
				外资企业数	0.080
				对外直接投资额	0.150
B2		C21		（10个）	
产业经济竞争力（40个）	0.125	农业竞争力	0.2	农业增加值	0.115
				农业增加值增长率	0.096
				人均农业增加值	0.102
				农民人均纯收入	0.116
				农民人均纯收入增长率	0.095
				农产品出口占农林牧渔总产值比重	0.088
				人均主要农产品产量	0.092
				农业机械化水平	0.092
				农村人均用电量	0.102
				财政支农资金比重	0.102
		C22		（10个）	
		工业竞争力	0.3	工业增加值	0.163
				工业增加值增长率	0.098
				人均工业增加值	0.143
				工业资产总额	0.138
				工业资产总额增长率	0.083

续表

二级指标（9个）	权重	三级指标（25个）	权重	四级指标（210个）	权重
产业经济竞争力（40个）	0.125	工业竞争力	0.3	规模以上工业主营业务收入	0.073
				工业成本费用率	0.076
				规模以上工业利润总额	0.089
				工业全员劳动生产率	0.073
				工业收入利润率	0.064
		C23		（10个）	
		服务业竞争力	0.25	服务业增加值	0.110
				服务业增加值增长率	0.090
				人均服务业增加值	0.110
				服务业从业人员数	0.090
				限额以上批发零售企业主营业务收入	0.100
				限额以上批零企业利税率	0.100
				限额以上餐饮企业利税率	0.100
				旅游外汇收入	0.100
				商品房销售收入	0.100
				电子商务销售额	0.100
		C24		（10个）	
		企业竞争力	0.25	规模以上工业企业数	0.135
				规模以上企业平均资产	0.089
				规模以上企业平均收入	0.101
				规模以上企业平均利润	0.085
				规模以上企业劳动效率	0.101
				城镇就业人员平均工资	0.090
				新产品销售收入占主营业务收入比重	0.080
				产品质量抽查合格率	0.098
				工业企业 R&D 经费投入强度	0.119
				全国500强企业数	0.102
B3		C31		（9个）	
可持续发展竞争力（24个）	0.1	资源竞争力	0.325	人均国土面积	0.108
				人均可使用海域和滩涂面积	0.100
				人均年水资源量	0.097
				耕地面积	0.110
				人均耕地面积	0.144
				人均牧草地面积	0.099

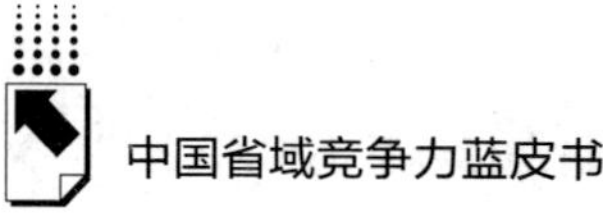

续表

二级指标（9个）	权重	三级指标（25个）	权重	四级指标（210个）	权重
可持续发展竞争力（24个）	0.1	资源竞争力	0.325	主要能源矿产基础储量	0.116
				人均主要能源矿产基础储量	0.117
				人均森林储积量	0.109
		C32		（8个）	
		环境竞争力	0.325	森林覆盖率	0.185
				人均废水排放量	0.110
				人均工业废气排放量	0.110
				人均工业固体废物排放量	0.110
				人均治理工业污染投资额	0.100
				一般工业固体废物综合利用率	0.100
				生活垃圾无害化处理率	0.100
				自然灾害直接经济损失额	0.185
		C33		（7个）	
		人力资源竞争力	0.35	常住人口增长率	0.185
				15～64岁人口比例	0.145
				文盲率	0.110
				大专以上教育程度人口比例	0.165
				平均受教育程度	0.155
				人口健康素质	0.100
				职业学校毕业生数	0.145
B4		C41		（12个）	
财政金融竞争力（22个）	0.1	财政竞争力	0.55	地方财政收入	0.079
				地方财政支出	0.084
				地方财政收入占GDP比重	0.079
				地方财政支出占GDP比重	0.103
				税收收入占GDP比重	0.090
				税收收入占财政总收入比重	0.084
				人均地方财政收入	0.084
				人均地方财政支出	0.084
				人均税收收入	0.079
				地方财政收入增长率	0.080
				地方财政支出增长率	0.080
				税收收入增长率	0.078
		C42		（10个）	

续表

二级指标（9个）	权重	三级指标（25个）	权重	四级指标（210个）	权重
财政金融竞争力（22个）	0.1	金融竞争力	0.45	存款余额	0.110
				人均存款余额	0.110
				贷款余额	0.110
				人均贷款余额	0.110
				中长期贷款占贷款余额比重	0.090
				保险费净收入	0.110
				保险密度	0.080
				保险深度	0.080
				国内上市公司数	0.080
				国内上市公司市值	0.120
B5		C51		（9个）	
知识经济竞争力（29个）	0.125	科技竞争力	0.425	R&D 人员	0.180
				R&D 经费	0.090
				R&D 经费投入强度	0.090
				发明专利授权量	0.110
				技术市场成交合同金额	0.110
				财政科技支出占地方财政支出比重	0.090
				高技术产业主营业务收入	0.110
				高技术产业收入占工业增加值比重	0.110
				高技术产品出口额占商品出口额比重	0.110
		C52		（10个）	
		教育竞争力	0.425	教育经费	0.160
				教育经费占 GDP 比重	0.090
				人均教育经费	0.160
				公共教育经费占财政支出比重	0.090
				人均文化教育支出	0.060
				万人中小学学校数	0.050
				万人中小学专任教师数	0.050
				高等学校数	0.080
				高校专任教师数	0.130
				万人高等学校在校学生数	0.130
		C53		（10个）	
		文化竞争力	0.15	文化制造业营业收入	0.08
				文化批发零售业营业收入	0.13

续表

二级指标（9个）	权重	三级指标（25个）	权重	四级指标（210个）	权重
知识经济竞争力（29个）	0.125	文化竞争力	0.15	文化服务业企业营业收入	0.13
				图书和期刊出版数	0.10
				电子出版物品种	0.10
				印刷用纸量	0.10
				城镇居民人均文化娱乐支出	0.10
				农村居民人均文化娱乐支出	0.10
				城镇居民人均文化娱乐支出占消费性支出比重	0.08
				农村居民人均文化娱乐支出占消费性支出比重	0.08
B6		C61		（9个）	
发展环境竞争力（18个）	0.1	基础设施竞争力	0.55	铁路网线密度	0.13
				公路网线密度	0.13
				人均内河航道里程	0.09
				全社会旅客周转量	0.12
				全社会货物周转量	0.12
				人均邮电业务总量	0.102
				电话普及率	0.101
				网站域名数	0.095
				人均耗电量	0.112
		C62		（9个）	
		软环境竞争力	0.45	外资企业数增长率	0.110
				万人外资企业数	0.130
				个体私营企业数增长率	0.110
				万人个体私营企业数	0.130
				万人商标注册件数	0.110
				政府网站数	0.080
				交通事故直接财产损失	0.080
				罚没收入占财政收入比重	0.130
				社会捐赠站点数	0.120
B7		C71		（5个）	
政府作用竞争力（16个）	0.1	政府发展经济竞争力	0.366	财政支出用于基本建设投资比重	0.202
				财政支出对 GDP 增长的拉动	0.201
				政府公务员对经济的贡献	0.196

续表

二级指标（9个）	权重	三级指标（25个）	权重	四级指标（210个）	权重
政府作用竞争力（16个）	0.1	政府发展经济竞争力	0.366	政府消费对民间消费的拉动	0.197
				财政投资对社会投资的拉动	0.204
		C72		（5个）	
		政府规调经济竞争力	0.317	物价调控	0.209
				调控城乡消费差距	0.211
				统筹经济社会发展	0.190
				规范税收	0.200
				工业生产出厂价格指数	0.190
		C73		（6个）	
		政府保障经济竞争力	0.317	城镇职工养老保险收支比	0.132
				医疗保险覆盖率	0.202
				养老保险覆盖率	0.202
				失业保险覆盖率	0.202
				最低工资标准	0.138
				城镇登记失业率	0.124
B8		C81		（6个）	
发展水平竞争力（18个）	0.1	工业化进程竞争力	0.366	工业增加值占 GDP 比重	0.125
				工业增加值增长率	0.115
				高技术产业占工业增加值比重	0.215
				高技术产品占商品出口额比重	0.195
				数字经济应用	0.155
				工农业增加值比值	0.195
		C82		（6个）	
		城市化进程竞争力	0.317	城镇化率	0.28
				城镇居民人均可支配收入	0.26
				城市平均建成区面积比重	0.18
				人均拥有道路面积	0.09
				人均日生活用水量	0.09
				人均公共绿地面积	0.10
		C83		（6个）	
		市场化进程竞争力	0.317	非公有制经济产值占全社会总产值比重	0.212
				社会投资占投资总额比重	0.191
				私有和个体企业从业人员比重	0.176
				亿元以上商品市场成交额	0.116

续表

二级指标（9个）	权重	三级指标（25个）	权重	四级指标（210个）	权重
发展水平竞争力（18个）	0.1	市场化进程竞争力	0.317	亿元以上商品市场成交额占全社会消费品零售总额比重	0.112
				居民消费支出占总消费支出比重	0.193
B9		C91		（8个）	
统筹协调竞争力（16个）	0.1	统筹发展竞争力	0.55	社会劳动生产率	0.160
				能源消耗下降率	0.120
				万元GDP综合能耗下降率	0.160
				非农用地产出率	0.150
				居民收入占GDP比重	0.100
				二三产业增加值比例	0.110
				固定资产投资额占GDP比重	0.100
				固定资产投资增长率	0.100
		C92		（8个）	
		协调发展竞争力	0.45	资源竞争力与宏观经济竞争力比差	0.125
				环境竞争力与宏观经济竞争力比差	0.125
				人力资源竞争力与宏观经济竞争力比差	0.125
				资源竞争力与工业竞争力比差	0.125
				环境竞争力与工业竞争力比差	0.125
				城乡居民家庭人均收入比差	0.125
				城乡居民人均消费支出比差	0.125
				全社会消费品零售总额与外贸出口总额比差	0.125

B.39
附录2
2020年中国省域经济综合竞争力评价指标得分和排名情况

一 2020年中国省域宏观经济竞争力及三级指标得分和排名情况

地区	指标得分				指标排名			
	经济实力竞争力	经济结构竞争力	经济外向度竞争力	宏观经济竞争力	经济实力竞争力	经济结构竞争力	经济外向度竞争力	宏观经济竞争力
北　京	47.5	60.5	28.3	45.6	9	6	7	8
天　津	33.1	62.9	24.2	39.4	19	2	11	14
河　北	39.0	61.2	21.9	40.5	15	4	17	12
山　西	27.9	41.3	15.4	28.2	23	27	23	26
内蒙古	27.4	49.9	14.9	30.4	24	19	26	22
辽　宁	27.2	48.2	18.7	31.0	25	22	21	21
吉　林	28.2	39.7	15.1	27.7	21	29	24	28
黑龙江	22.3	55.0	14.9	29.9	29	13	25	25
上　海	53.1	56.6	47.8	52.5	5	12	2	5
江　苏	77.8	57.0	46.4	62.1	1	11	3	2
浙　江	60.2	74.6	42.8	59.3	4	1	4	3
安　徽	52.1	54.2	25.4	44.7	7	14	10	9
福　建	52.5	61.8	25.8	47.3	6	3	9	6
江　西	43.3	59.6	23.4	42.2	12	8	12	10
山　东	62.3	60.1	36.4	53.9	3	7	5	4

续表

地区	指标得分				指标排名			
	经济实力竞争力	经济结构竞争力	经济外向度竞争力	宏观经济竞争力	经济实力竞争力	经济结构竞争力	经济外向度竞争力	宏观经济竞争力
河　南	45.2	51.7	23.2	40.6	11	15	13	11
湖　北	25.2	57.2	23.2	34.2	27	10	14	18
湖　南	51.5	60.5	23.0	45.7	8	5	16	7
广　东	63.4	58.7	81.9	67.5	2	9	1	1
广　西	39.2	48.6	21.7	36.7	14	21	18	17
海　南	28.0	51.4	36.3	37.5	22	16	6	16
重　庆	42.2	49.3	23.0	38.6	13	20	15	15
四　川	47.4	42.5	26.3	39.6	10	26	8	13
贵　州	34.1	42.9	18.4	32.0	18	25	22	20
云　南	36.2	40.2	20.2	32.6	17	28	19	19
西　藏	19.7	46.8	0.1	22.0	31	23	31	31
陕　西	38.2	31.1	19.2	30.4	16	30	20	24
甘　肃	25.5	28.7	13.6	22.9	26	31	27	30
青　海	22.1	43.6	6.9	24.0	30	24	30	29
宁　夏	24.7	51.1	8.5	27.8	28	17	29	27
新　疆	30.8	50.8	9.4	30.4	20	18	28	23

二　2020年中国省域产业经济竞争力及三级指标得分和排名情况

地区	指标得分					指标排名				
	农业竞争力	工业竞争力	服务业竞争力	企业竞争力	产业经济竞争力	农业竞争力	工业竞争力	服务业竞争力	企业竞争力	产业经济竞争力
北　京	23.2	30.7	45.8	76.2	44.4	30	17	5	1	6
天　津	21.3	23.6	21.3	36.1	25.7	31	25	20	8	22
河　北	42.7	32.0	21.4	28.7	30.7	8	11	19	15	12
山　西	26.4	31.9	15.2	24.2	24.7	28	12	24	20	24

续表

地区	指标得分					指标排名				
	农业竞争力	工业竞争力	服务业竞争力	企业竞争力	产业经济竞争力	农业竞争力	工业竞争力	服务业竞争力	企业竞争力	产业经济竞争力
内蒙古	46.1	30.1	11.4	37.9	30.6	4	18	29	7	14
辽　宁	36.2	25.6	16.5	30.7	26.7	18	22	23	12	20
吉　林	38.2	19.8	11.9	23.7	22.5	16	26	27	23	26
黑龙江	56.0	16.0	7.2	13.1	21.1	1	30	31	31	29
上　海	30.5	41.3	51.1	53.8	44.7	27	6	3	2	4
江　苏	52.8	71.2	54.1	50.8	58.1	2	1	2	4	2
浙　江	39.6	53.2	47.4	46.3	47.3	14	3	4	5	3
安　徽	39.7	36.3	29.6	32.8	34.4	13	7	11	10	9
福　建	38.3	41.9	33.3	31.1	36.3	15	5	8	11	7
江　西	32.0	30.0	26.1	28.8	29.1	23	19	15	14	17
山　东	49.7	46.8	40.5	41.4	44.5	3	4	6	6	5
河　南	46.0	32.7	31.4	24.0	32.9	5	10	9	22	11
湖　北	33.3	31.7	24.2	30.3	29.8	21	14	16	13	16
湖　南	42.3	31.7	31.2	28.6	32.9	9	13	10	16	10
广　东	43.7	67.8	72.4	52.0	60.2	7	2	1	3	1
广　西	40.0	24.5	23.6	16.7	25.4	11	24	18	30	23
海　南	34.0	14.6	19.7	24.2	22.2	19	31	22	21	27
重　庆	31.1	29.2	28.7	33.7	30.6	25	20	13	9	13
四　川	44.5	35.0	37.5	27.3	35.6	6	8	7	17	8
贵　州	37.3	27.0	29.0	18.7	27.5	17	21	12	28	19
云　南	39.8	30.7	26.6	26.3	30.4	12	16	14	19	15
西　藏	33.4	33.8	20.1	18.2	26.4	20	9	21	29	21
陕　西	32.6	31.2	24.1	27.0	28.7	22	15	17	18	18
甘　肃	31.8	19.2	13.4	22.6	21.1	24	27	25	25	28
青　海	26.3	17.1	8.6	20.8	17.7	29	29	30	27	31
宁　夏	30.9	17.5	11.7	23.7	20.3	26	28	28	24	30
新　疆	41.0	25.2	12.6	20.9	24.1	10	23	26	26	25

三　2020年中国省域可持续发展竞争力及三级指标得分和排名情况

地区	指标得分				指标排名			
	资源竞争力	环境竞争力	人力资源竞争力	可持续发展竞争力	资源竞争力	环境竞争力	人力资源竞争力	可持续发展竞争力
北　京	0.3	66.4	67.1	45.2	31	16	1	11
天　津	3.1	68.4	51.8	41.4	29	13	7	22
河　北	10.6	68.3	47.6	42.3	23	14	12	21
山　西	29.8	65.2	44.7	46.5	5	21	17	6
内蒙古	49.3	56.1	47.0	50.7	1	30	13	2
辽　宁	17.6	60.4	51.0	43.2	9	25	9	17
吉　林	20.3	65.3	42.5	42.7	7	20	22	19
黑龙江	39.4	66.1	44.3	49.8	3	17	18	4
上　海	0.9	66.1	59.5	42.6	30	18	4	20
江　苏	10.8	72.9	54.5	46.3	21	10	5	7
浙　江	8.2	86.1	60.2	51.7	27	1	3	1
安　徽	12.2	58.2	44.0	38.3	17	28	19	27
福　建	14.7	85.8	46.1	48.8	15	2	15	5
江　西	11.7	70.7	37.8	40.0	19	11	29	24
山　东	14.0	70.5	53.7	46.2	16	12	6	9
河　南	9.1	73.1	49.8	44.1	25	9	10	14
湖　北	12.0	67.2	41.9	40.4	18	15	23	23
湖　南	10.9	74.0	45.8	43.6	20	8	16	16
广　东	8.1	76.6	64.5	50.1	28	4	2	3
广　西	15.1	76.4	40.8	44.0	13	5	26	15
海　南	17.7	80.5	41.0	46.2	8	3	25	8
重　庆	8.4	62.4	48.3	39.9	26	23	11	25
四　川	15.6	61.3	51.4	43.0	12	24	8	18
贵　州	15.1	65.9	36.3	39.0	14	19	30	26
云　南	17.6	75.6	43.8	45.6	10	6	20	10
西　藏	44.7	59.1	21.7	37.9	2	27	31	30
陕　西	10.7	74.7	46.8	44.1	22	7	14	13
甘　肃	15.7	60.3	38.7	38.3	11	26	28	28
青　海	26.0	46.7	40.2	37.7	6	31	27	31
宁　夏	9.3	63.3	41.2	38.0	24	22	24	29
新　疆	33.1	56.3	43.1	44.2	4	29	21	12

四　2020年中国省域财政金融竞争力及三级指标得分和排名情况

地区	指标得分			指标排名		
	财政竞争力	金融竞争力	财政金融竞争力	财政竞争力	金融竞争力	财政金融竞争力
北　京	59.1	74.2	65.9	2	1	1
天　津	33.0	29.3	31.4	16	9	9
河　北	35.8	26.4	31.6	13	11	8
山　西	37.2	19.7	29.3	11	19	12
内蒙古	37.6	18.2	28.9	10	21	13
辽　宁	34.7	15.3	26.0	14	27	21
吉　林	30.3	20.2	25.7	20	17	22
黑龙江	28.1	19.8	24.4	27	18	26
上　海	67.6	56.3	62.5	1	3	2
江　苏	50.6	51.5	51.0	5	4	4
浙　江	51.3	49.6	50.5	4	5	5
安　徽	30.0	22.4	26.6	21	16	19
福　建	29.2	24.9	27.3	24	13	17
江　西	32.7	18.4	26.2	17	20	20
山　东	37.6	35.4	36.6	9	6	6
河　南	29.8	25.2	27.7	23	12	16
湖　北	19.3	27.0	22.8	31	10	30
湖　南	29.9	15.2	23.3	22	28	28
广　东	51.8	70.5	60.2	3	2	3
广　西	25.6	35.2	29.9	29	7	10
海　南	36.4	15.8	27.1	12	26	18
重　庆	26.8	23.3	25.2	28	14	23
四　川	38.7	30.8	35.1	8	8	7
贵　州	24.2	8.7	17.2	30	31	31
云　南	31.6	16.0	24.6	18	25	25
西　藏	43.4	13.3	29.9	6	30	11
陕　西	33.2	22.9	28.5	15	15	14
甘　肃	31.1	17.7	25.1	19	22	24
青　海	40.4	13.5	28.3	7	29	15
宁　夏	29.1	16.2	23.3	25	24	29
新　疆	28.5	17.7	23.6	26	23	27

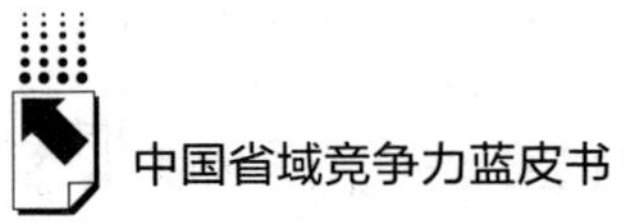

五　2020年中国省域知识经济竞争力及三级指标得分和排名情况

地区	指标得分				指标排名			
	科技竞争力	教育竞争力	文化竞争力	知识经济竞争力	科技竞争力	教育竞争力	文化竞争力	知识经济竞争力
北　京	44.4	53.6	51.3	49.3	3	1	6	3
天　津	21.0	34.5	19.2	26.5	12	8	29	13
河　北	14.9	33.9	32.6	25.6	17	9	13	14
山　西	14.2	27.3	22.6	21.0	18	18	25	19
内蒙古	10.4	19.7	24.4	16.5	22	30	23	27
辽　宁	13.8	27.8	26.9	21.7	19	17	19	18
吉　林	7.6	27.3	26.7	18.8	27	19	20	22
黑龙江	7.2	24.4	21.1	16.6	28	24	28	26
上　海	33.0	36.1	55.5	37.7	5	6	5	6
江　苏	56.4	45.8	64.3	53.1	2	3	2	2
浙　江	41.3	35.8	63.1	42.2	4	7	3	4
安　徽	26.3	29.7	34.3	28.9	8	15	11	11
福　建	20.3	26.9	30.1	24.6	13	20	15	16
江　西	15.5	32.5	33.6	25.4	16	13	12	15
山　东	31.8	39.7	58.4	39.2	6	5	4	5
河　南	24.8	43.2	37.3	34.5	9	4	9	7
湖　北	26.6	33.8	34.7	30.9	7	10	10	8
湖　南	20.1	31.7	48.6	29.3	14	14	7	10
广　东	71.0	49.7	69.6	61.7	1	2	1	1
广　西	9.3	26.9	31.0	20.0	23	21	14	20
海　南	4.3	21.0	23.7	14.3	29	28	24	28
重　庆	18.2	26.5	29.1	23.4	15	22	17	17
四　川	23.2	33.6	40.1	30.1	11	11	8	9
贵　州	11.6	23.0	26.4	18.7	21	25	21	23
云　南	8.4	27.9	29.7	19.9	24	16	16	21
西　藏	2.8	21.0	0.5	10.2	31	27	31	31
陕　西	24.7	32.7	27.6	28.5	10	12	18	12
甘　肃	8.4	24.8	26.3	18.1	25	23	22	25
青　海	3.3	20.2	15.6	12.3	30	29	30	30
宁　夏	7.9	17.0	21.9	13.9	26	31	26	29
新　疆	13.7	22.1	21.9	18.5	20	26	27	24

六　2020年中国省域发展环境竞争力及三级指标得分和排名情况

地区	指标得分			指标排名		
	基础设施竞争力	软环境竞争力	发展环境竞争力	基础设施竞争力	软环境竞争力	发展环境竞争力
北　京	46.4	24.8	36.7	5	25	7
天　津	36.8	31.7	34.5	6	14	8
河　北	29.8	24.1	27.3	12	27	17
山　西	22.9	22.4	22.7	20	29	25
内蒙古	22.6	29.9	25.9	22	15	19
辽　宁	24.5	29.0	26.6	16	17	18
吉　林	16.0	29.8	22.2	28	16	26
黑龙江	10.3	62.8	33.9	30	1	9
上　海	65.5	55.2	60.9	1	3	1
江　苏	50.9	56.2	53.3	3	2	2
浙　江	47.5	38.2	43.3	4	7	3
安　徽	32.8	45.7	38.6	9	5	5
福　建	31.2	26.0	28.9	10	23	15
江　西	24.2	43.7	33.0	17	6	13
山　东	35.5	31.7	33.8	7	13	10
河　南	34.7	32.4	33.7	8	12	11
湖　北	26.5	37.4	31.4	14	8	14
湖　南	26.9	50.2	37.4	13	4	6
广　东	58.2	24.9	43.2	2	24	4
广　西	20.0	28.5	23.8	24	18	23
海　南	20.7	36.5	27.8	23	11	16
重　庆	30.5	36.8	33.4	11	10	12
四　川	22.8	23.9	23.3	21	28	24
贵　州	25.0	26.1	25.5	15	22	20
云　南	16.9	18.2	17.5	27	31	31
西　藏	4.4	37.2	19.2	31	9	29
陕　西	23.7	24.7	24.2	18	26	22
甘　肃	15.0	28.0	20.9	29	19	28
青　海	18.4	26.8	22.2	25	21	27
宁　夏	23.3	28.0	25.4	19	20	21
新　疆	17.2	19.3	18.1	26	30	30

七　2020年中国省域政府作用竞争力及三级指标得分和排名情况

地区	指标得分				指标排名			
	政府发展经济竞争力	政府规调经济竞争力	政府保障经济竞争力	政府作用竞争力	政府发展经济竞争力	政府规调经济竞争力	政府保障经济竞争力	政府作用竞争力
北　京	36.7	54.1	69.2	55.2	17	12	1	6
天　津	48.6	63.3	53.4	57.9	7	6	10	4
河　北	37.3	52.7	47.8	48.1	16	15	13	14
山　西	24.0	47.3	29.0	35.3	28	23	27	28
内蒙古	25.0	54.0	40.1	41.6	26	14	16	21
辽　宁	32.0	50.7	68.8	52.1	20	17	2	10
吉　林	31.2	43.6	40.4	40.2	21	26	15	23
黑龙江	27.1	69.2	48.1	50.5	23	2	12	12
上　海	55.7	66.0	58.7	63.1	3	5	7	1
江　苏	62.5	49.4	53.8	58.0	2	19	9	3
浙　江	51.0	61.6	60.2	60.3	6	7	5	2
安　徽	52.6	49.8	29.9	46.9	4	18	25	17
福　建	64.8	56.0	36.2	55.7	1	8	19	5
江　西	35.4	45.2	20.9	36.1	18	25	28	27
山　东	51.8	36.5	47.3	47.3	5	30	14	15
河　南	42.2	41.2	29.6	39.9	10	28	26	25
湖　北	40.0	47.4	38.3	44.1	12	22	18	20
湖　南	41.5	48.7	36.1	44.4	11	20	20	19
广　东	45.8	43.0	67.9	54.0	8	27	3	8
广　西	38.1	48.1	30.3	41.1	13	21	24	22
海　南	24.9	69.0	55.1	51.9	27	3	8	11
重　庆	45.5	51.1	61.1	54.7	9	16	4	7
四　川	37.8	46.8	51.1	47.2	14	24	11	16
贵　州	27.0	54.0	32.9	40.1	24	13	22	24
云　南	35.3	33.0	32.2	35.2	19	31	23	29
西　藏	15.3	39.9	18.8	26.1	31	29	29	31
陕　西	37.5	55.1	34.1	44.7	15	9	21	18
甘　肃	19.9	55.1	17.0	32.8	30	10	31	30
青　海	27.8	54.8	18.7	36.2	22	11	30	26
宁　夏	23.7	68.9	59.4	52.7	29	4	6	9
新　疆	25.0	77.4	39.9	50.1	25	1	17	13

八　2020年中国省域发展水平竞争力及三级指标得分和排名情况

地区	指标得分				指标排名			
	工业化进程竞争力	城市化进程竞争力	市场化进程竞争力	发展水平竞争力	工业化进程竞争力	城市化进程竞争力	市场化进程竞争力	发展水平竞争力
北　京	64. 5	80. 6	34. 4	60. 1	1	1	30	2
天　津	39. 8	55. 0	56. 1	49. 8	7	3	12	6
河　北	18. 2	33. 7	71. 5	40. 0	24	21	2	13
山　西	32. 5	32. 6	43. 6	36. 1	9	24	25	21
内蒙古	18. 4	40. 1	46. 3	34. 1	23	10	23	23
辽　宁	24. 2	35. 4	62. 1	39. 8	16	18	5	14
吉　林	20. 2	25. 1	47. 9	30. 5	21	31	21	27
黑龙江	13. 0	37. 7	52. 3	33. 3	29	14	17	24
上　海	61. 9	76. 9	47. 3	62. 0	2	2	22	1
江　苏	41. 2	54. 4	70. 5	54. 7	6	4	3	3
浙　江	29. 3	53. 3	72. 3	50. 6	13	6	1	5
安　徽	25. 2	38. 1	53. 0	38. 1	15	13	15	18
福　建	30. 2	48. 2	49. 0	41. 9	11	7	20	9
江　西	29. 5	41. 2	58. 7	42. 5	12	9	8	8
山　东	23. 9	39. 0	60. 7	40. 4	17	12	6	12
河　南	31. 0	32. 0	56. 2	39. 3	10	25	11	16
湖　北	26. 6	35. 0	50. 3	36. 8	14	19	19	20
湖　南	23. 3	37. 5	63. 9	40. 7	19	15	4	11
广　东	49. 4	53. 7	57. 9	53. 5	3	5	9	4
广　西	22. 5	32. 9	57. 2	36. 8	20	23	10	19
海　南	15. 1	33. 9	52. 4	32. 9	27	20	16	25
重　庆	45. 3	36. 7	53. 0	45. 1	4	17	14	7
四　川	37. 1	33. 6	54. 3	41. 5	8	22	13	10
贵　州	23. 6	31. 2	44. 2	32. 6	18	26	24	26
云　南	16. 0	26. 0	40. 4	26. 9	26	29	27	30
西　藏	7. 5	25. 5	25. 3	18. 8	31	30	31	31
陕　西	43. 7	37. 0	37. 4	39. 6	5	16	29	15
甘　肃	17. 8	29. 9	39. 3	28. 4	25	27	28	28
青　海	14. 8	28. 7	40. 7	27. 4	28	28	26	29
宁　夏	19. 0	48. 1	52. 0	38. 7	22	8	18	17
新　疆	12. 7	39. 2	58. 7	35. 7	30	11	7	22

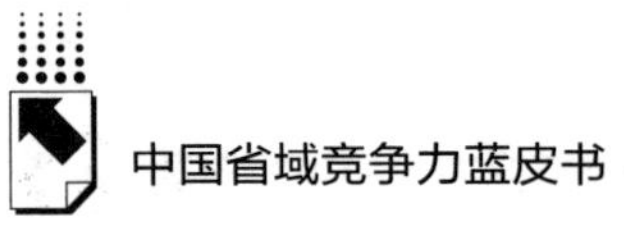

九　2020年中国省域统筹协调竞争力及三级指标得分和排名情况

地区	指标得分			指标排名		
	统筹发展竞争力	协调发展竞争力	统筹协调竞争力	统筹发展竞争力	协调发展竞争力	统筹协调竞争力
北　京	81.1	52.9	68.4	2	23	1
天　津	59.8	60.0	59.9	8	19	5
河　北	34.1	65.0	48.0	19	6	20
山　西	41.6	75.7	56.9	16	1	8
内蒙古	31.1	63.1	45.5	29	12	21
辽　宁	27.7	61.6	43.0	28	16	25
吉　林	28.2	62.8	43.8	31	14	23
黑龙江	35.0	52.1	42.7	25	24	26
上　海	77.0	46.1	63.1	1	27	3
江　苏	60.6	68.1	64.0	4	5	2
浙　江	36.4	70.2	51.6	5	3	12
安　徽	35.6	71.9	51.9	17	2	9
福　建	57.2	64.0	60.2	6	10	4
江　西	38.5	63.1	49.5	20	13	16
山　东	41.3	64.7	51.8	13	9	11
河　南	38.4	68.3	51.9	7	4	10
湖　北	52.2	64.9	57.9	9	7	6
湖　南	42.5	60.3	50.5	11	18	15
广　东	55.6	60.5	57.8	3	17	7
广　西	26.9	64.8	44.0	26	8	22
海　南	40.3	57.7	48.1	22	20	18
重　庆	51.5	50.8	51.2	10	25	13
四　川	40.7	63.2	50.8	15	11	14
贵　州	34.6	53.6	43.1	24	22	24
云　南	29.9	45.8	37.1	23	28	28
西　藏	31.9	47.6	38.9	27	26	27
陕　西	42.0	55.7	48.1	18	21	19
甘　肃	30.8	41.5	35.6	14	30	31
青　海	33.8	41.0	37.0	12	31	29
宁　夏	31.0	43.2	36.5	30	29	30
新　疆	37.2	62.0	48.3	21	15	17

十 2020年中国省经济综合竞争力及二级指标得分和排名情况

地区	指标得分										指标排名									
	宏观经济竞争力	产业经济竞争力	可持续发展竞争力	财政金融竞争力	知识经济竞争力	发展环境竞争力	政府作用竞争力	发展水平竞争力	统筹协调竞争力	经济综合竞争力	宏观经济竞争力	产业经济竞争力	可持续发展竞争力	财政金融竞争力	知识经济竞争力	发展环境竞争力	政府作用竞争力	发展水平竞争力	统筹协调竞争力	经济综合竞争力
北 京	45.6	44.4	45.2	65.9	49.3	36.7	55.2	60.1	68.4	51.7	8	6	11	1	3	7	6	2	1	4
天 津	39.4	25.7	41.4	31.4	26.5	34.5	57.9	49.8	59.9	39.9	14	22	22	9	13	8	4	6	5	8
河 北	40.5	30.7	42.3	31.6	25.6	27.3	48.1	40.0	48.0	36.8	12	12	21	8	14	17	14	13	20	15
山 西	28.2	24.7	46.5	29.3	21.0	22.7	35.3	36.1	56.9	32.6	26	24	6	12	19	25	28	21	8	21
内蒙古	30.4	30.6	50.7	28.9	16.5	25.9	41.6	34.1	45.5	33.1	22	14	2	13	27	19	21	23	21	20
辽 宁	31.0	26.7	43.2	26.0	21.7	26.6	52.1	39.8	43.0	33.7	21	20	17	21	18	18	10	14	25	18
吉 林	27.7	22.5	42.7	25.7	18.8	22.2	40.2	30.5	43.8	29.8	28	26	19	22	22	26	23	27	23	28
黑龙江	29.9	21.1	49.8	24.4	16.6	33.9	50.5	33.3	42.7	30.3	25	29	4	26	26	9	12	24	26	26
上 海	52.5	44.7	42.6	62.5	37.7	60.9	63.1	62.0	63.1	53.6	5	4	20	2	6	1	1	1	3	3
江 苏	62.1	58.1	46.3	51.0	53.1	53.3	58.0	54.7	64.0	55.9	2	2	7	4	2	2	3	3	2	2
浙 江	59.3	47.3	51.7	50.5	42.2	43.3	60.3	50.6	51.6	50.9	3	3	1	5	4	3	2	5	12	5
安 徽	44.7	34.4	38.3	26.6	28.9	38.6	46.9	38.1	51.9	37.8	9	9	27	19	11	5	17	18	9	11
福 建	47.3	36.3	48.8	27.3	24.6	28.9	55.7	41.9	60.2	41.0	6	7	5	17	16	15	5	9	4	7
江 西	42.2	29.1	40.0	26.2	25.4	33.0	36.1	42.5	49.5	35.9	10	17	24	20	15	13	27	8	16	16

续表

地区	指标得分										指标排名									
	宏观经济竞争力	产业经济竞争力	可持续发展竞争力	财政金融竞争力	知识经济竞争力	发展环境竞争力	政府作用竞争力	发展水平竞争力	统筹协调竞争力	经济综合竞争力	宏观经济竞争力	产业经济竞争力	可持续发展竞争力	财政金融竞争力	知识经济竞争力	发展环境竞争力	政府作用竞争力	发展水平竞争力	统筹协调竞争力	经济综合竞争力
山东	53.9	44.5	46.2	36.6	39.2	33.8	47.3	40.4	51.8	44.2	4	5	9	6	5	10	15	12	11	6
河南	40.6	32.9	44.1	27.7	34.5	33.7	39.9	39.3	51.9	38.2	11	11	14	16	7	11	25	16	10	9
湖北	34.2	29.8	40.4	22.8	30.9	31.4	44.1	36.8	57.9	36.9	18	16	23	30	8	14	20	20	6	14
湖南	45.7	32.9	43.6	23.3	29.3	37.4	44.4	40.7	50.5	37.7	7	10	16	28	10	6	19	11	15	12
广东	67.5	60.2	50.1	60.2	61.7	43.2	54.0	53.5	57.8	57.2	1	1	3	3	1	4	8	4	7	1
广西	36.7	25.4	44.0	29.9	20.0	23.8	41.1	36.8	44.0	31.9	17	23	15	10	20	23	22	19	22	22
海南	37.5	22.2	46.2	27.1	14.3	27.8	51.9	32.9	48.1	33.6	16	27	8	18	28	16	11	25	18	19
重庆	38.6	30.6	39.9	25.2	23.4	33.4	54.7	45.1	51.2	37.5	15	13	25	23	17	12	7	7	13	13
四川	39.6	35.6	43.0	35.1	30.1	23.3	47.2	41.5	50.8	38.2	13	8	18	7	9	24	16	10	14	10
贵州	32.0	27.5	39.0	17.2	18.7	25.5	40.1	32.6	43.1	30.3	20	19	26	31	23	20	24	26	24	25
云南	32.6	30.4	45.6	24.6	19.9	17.5	35.2	26.9	37.1	30.4	19	15	10	25	21	31	29	30	28	24
西藏	22.0	26.4	37.9	29.9	10.2	19.2	26.1	18.8	38.9	25.0	31	21	30	11	31	29	31	31	27	31
陕西	30.4	28.7	44.1	28.5	28.5	24.2	44.7	39.6	48.1	34.6	24	18	13	14	12	22	18	15	19	17
甘肃	22.9	21.1	38.3	25.1	18.1	20.9	32.8	28.4	35.6	26.2	30	28	28	24	25	28	30	28	31	30
青海	24.0	17.7	37.7	28.3	12.3	22.2	36.2	27.4	37.0	26.4	29	31	31	15	30	27	26	29	29	29
宁夏	27.8	20.3	38.0	23.3	13.9	25.4	52.7	38.7	36.5	29.9	27	30	29	29	29	21	9	17	30	27
新疆	30.4	24.1	44.2	23.6	18.5	18.1	50.1	35.7	48.3	31.9	23	25	12	27	24	30	13	22	17	23

B.40
附录3
2020年中国31个省份主要经济指标数据

统计资料（Ⅰ）

地区	GDP（亿元）	GDP 增长率（%）	人均 GDP（元）	第一产业增加值（亿元）	第二产业增加值（亿元）	第三产业增加值（亿元）
北　京	36103	1.2	164889	110	5716	30279
天　津	14084	1.5	101614	218	4804	9069
河　北	36207	3.9	48564	4113	13597	18730
山　西	17652	3.6	50528	1000	7675	9030
内蒙古	17360	0.2	72062	2056	6868	8467
辽　宁	25115	0.6	58872	2370	9401	13429
吉　林	12311	2.4	50800	1601	4326	6432
黑龙江	13699	1	42635	3526	3484	6777
上　海	38701	1.7	155768	110	10289	28308
江　苏	102719	3.7	121231	4868	44226	53956
浙　江	64613	3.6	100620	2225	26413	36031
安　徽	38681	3.9	63426	3353	15672	19824
福　建	43904	3.3	105818	2833	20329	20843
江　西	25692	3.8	56871	2328	11085	12365
山　东	73129	3.6	72151	5749	28612	39153
河　南	54997	1.3	55435	5600	22875	26768
湖　北	43443	-5	74440	4359	17024	22288
湖　南	41781	3.8	62900	4462	15938	21603

续表

地区	GDP（亿元）	GDP 增长率（%）	人均 GDP（元）	第一产业增加值（亿元）	第二产业增加值（亿元）	第三产业增加值（亿元）
广 东	110761	2.3	88210	4916	43450	62541
广 西	22157	3.7	44309	3665	7108	11492
海 南	5532	3.5	55131	1178	1055	3341
重 庆	25003	3.9	78170	1837	9992	13207
四 川	48599	3.8	58126	5701	17571	25471
贵 州	17827	4.5	46267	2676	6212	9075
云 南	24522	4	51975	3663	8288	12635
西 藏	1903	7.8	52345	155	798	954
陕 西	26182	2.2	66292	2382	11363	12552
甘 肃	9017	3.9	35995	1237	2852	4967
青 海	3006	1.5	50819	339	1144	1528
宁 夏	3921	3.9	54528	356	1609	1974
新 疆	13798	3.4	53593	2098	4744	7072

统计资料（Ⅱ）

地区	地方财政收入（亿元）	固定资产投资（亿元）	全社会消费品零售总额（亿元）	进出口总额（亿元）	出口总额（亿元）	实际 FDI（亿美元）
北 京	5484	7885	13716	7972	2048	6469
天 津	1923	12412	3583	8712	2812	3064
河 北	3826	38906	12705	6921	3460	2254
山 西	2297	7718	6746	1518	982	926
内蒙古	2051	10561	4760	1423	452	561
辽 宁	2656	7127	8961	8194	3186	4157
吉 林	1085	12253	3824	1356	323	708
黑龙江	1153	11855	5092	1422	376	1686
上 海	7046	8835	15933	33132	11585	10334
江 苏	9059	59227	37086	47397	27534	13697
浙 江	7248	39373	26630	32214	24379	5893
安 徽	3216	37580	18334	5210	3312	3227
福 建	3079	31073	18626	11914	7676	3153

续表

地区	地方财政收入（亿元）	固定资产投资（亿元）	全社会消费品零售总额（亿元）	进出口总额（亿元）	出口总额（亿元）	实际 FDI（亿美元）
江　西	2508	28999	10372	3531	2429	1331
山　东	6560	54643	29248	24461	12417	12073
河　南	4169	54206	22503	7178	4538	1119
湖　北	2512	32204	17985	4266	2641	2371
湖　南	3009	41663	16258	3312	2124	2149
广　东	12924	49781	40208	83437	52297	21672
广　西	1717	25931	7831	4615	1467	2894
海　南	816	3641	1975	1147	278	27450
重　庆	2095	20597	11787	5810	3809	1239
四　川	4261	39244	20825	8115	4553	2963
贵　州	1787	18704	7833	517	409	836
云　南	2117	24697	9793	2375	1177	1424
西　藏	221	2237	746	19	17	29
陕　西	2257	28061	9606	3551	1850	1833
甘　肃	875	6433	3632	394	125	259
青　海	298	3842	877	22	13	78
宁　夏	419	2845	1301	203	155	270
新　疆	1477	10775	3063	1877	855	320

统计资料（Ⅲ）

地区	公共教育经费（亿元）	金融机构存款余额（亿元）	旅游外汇收入（百万美元）	铁路营业里程（公里）	公路里程（公里）	耕地面积（千公顷）	森林覆盖率（%）
北　京	1479	188082	5192	1404	22264	94	43.8
天　津	627	34145	1183	1186	16411	330	12.1
河　北	1992	80895	740	7941	204737	6034	26.8
山　西	986	42497	410	6251	144323	3870	20.5
内蒙古	811	24970	1340	14190	210217	11497	22.1
辽　宁	1059	67988	1739	6627	130899	5182	39.2
吉　林	678	27246.5	615	5043	107848	7499	41.5
黑龙江	812	31611	646	6781	168119	17195	43.8

续表

地区	公共教育经费（亿元）	金融机构存款余额（亿元）	旅游外汇收入（百万美元）	铁路营业里程（公里）	公路里程（公里）	耕地面积（千公顷）	森林覆盖率（%）
上　海	1413	155865	8244	491	12917	162	14.0
江　苏	3109	172580	4744	4174	158101	4090	15.2
浙　江	2734	152234	2668	3159	123080	1291	59.4
安　徽	1638	59898	3388	5287	236483	5547	28.7
福　建	1343	56387	3398	3779	110118	932	66.8
江　西	1454	43608	865	4917	210641	2722	61.2
山　东	2900	118349	3413	6924	286814	6462	17.5
河　南	2669	76446	947	6519	270271	7514	24.1
湖　北	1607	67159	2654	5185	289612	4769	39.6
湖　南	1775	57912	2251	5646	241138	3629	49.7
广　东	4919	267638	20521	4871	221873	1902	53.5
广　西	1437	346666	3511	5206	131642	3308	60.2
海　南	424	10312.5	972	1033	40163	487	57.4
重　庆	1144	42854	2525	2356	180796	1870	43.1
四　川	2255	90351	2024	5312	394371	5227	38.0
贵　州	1362	28276	345	3873	206693	3473	43.8
云　南	1483	35504	5147	4220	292479	5396	55.0
西　藏	288	5418	279	785	118238	442	12.1
陕　西	1249	49449	3368	5589	180660	2934	43.1
甘　肃	800	20993	59	5113	155957	5210	11.3
青　海	289	6303	33	2975	85131	564	5.8
宁　夏	253	7136	69	1663	36901	1195	12.6
新　疆	1021	24825	454	7831	209220	7039	4.9

统计资料（Ⅳ）

	年末人口（万人）	常住人口增长率（‰）	城镇化率（%）	平均受教育程度（年）	城镇登记失业率（%）	居民消费品零售价格指数（%）	城镇居民人均可支配收入（元）	农村居民人均可支配收入（元）
北　京	2189	-1	87.6	12.6	2.6	101.7	75602	30126
天　津	1387	2	84.7	11.3	3.6	102	47659	25691
河　北	7464	17	60.7	9.8	3.5	102.1	37286	16467

续表

	年末人口（万人）	常住人口增长率（‰）	城镇化率（%）	平均受教育程度（年）	城镇登记失业率（%）	居民消费品零售价格指数（%）	城镇居民人均可支配收入（元）	农村居民人均可支配收入（元）
山　西	3490	-7	62.5	10.5	3.1	102.9	34793	13878
内蒙古	2403	-12	67.5	10.1	3.8	101.9	41353	16567
辽　宁	4255	-22	72.1	10.3	4.6	102.4	40376	17450
吉　林	2399	-49	62.6	10.2	3.4	102.3	33396	16067
黑龙江	3171	-50	65.6	9.9	3.4	102.3	31115	16168
上　海	2488	7	89.3	11.8	3.7	101.7	76437	34911
江　苏	8477	8	73.4	10.2	3.2	102.5	53102	24198
浙　江	6468	93	72.2	9.8	2.8	102.3	62699	31930
安　徽	6105	13	58.3	9.4	2.8	102.7	39442	16620
福　建	4161	24	68.8	9.7	3.8	102.2	47160	20880
江　西	4519	3	60.4	9.7	3.2	102.6	38556	16981
山　东	10165	59	63.1	9.8	3.1	102.8	43726	18753
河　南	9941	40	55.4	9.8	3.2	102.8	34750	16108
湖　北	5745	-60	62.9	10.0	3.4	102.7	36706	16306
湖　南	6645	5	58.8	9.9	2.7	102.3	41698	16585
广　东	12624	135	74.2	10.4	2.5	102.6	50257	20143
广　西	5019	37	54.2	9.5	2.8	102.8	35859	14815
海　南	1012	17	60.3	10.1	2.8	102.3	37097	16279
重　庆	3209	21	69.5	9.8	4.5	102.3	40006	16361
四　川	8371	20	56.7	9.2	3.6	103.2	38253	15929
贵　州	3858	10	53.2	8.8	3.8	102.6	36096	11642
云　南	4722	8	50.1	8.8	3.9	103.6	37500	12842
西　藏	366	5	35.7	6.8	2.9	102.2	41156	14598
陕　西	3955	11	62.7	10.3	3.6	102.5	37868	13316
甘　肃	2501	-8	52.2	9.1	3.3	102	33822	10344
青　海	593	3	60.1	8.9	2.1	102.6	35506	12342
宁　夏	721	4	65.0	9.8	3.9	101.5	35720	13889
新　疆	2590	31	56.5	10.1	2.4	101.5	34838	14056

B.41

参考文献

《习近平谈治国理政》(第一、二、三卷),外文出版社,2014。

《习近平总书记系列重要讲话单行本汇编》,人民出版社,2017。

《决胜全面建成小康社会夺取新时代中国特色社会主义伟大胜利——在中国共产党第十九次全国代表大会上的报告》,人民出版社,2017。

《在庆祝中华人民共和国成立70周年大会上的讲话》,人民出版社,2019。

中共中央宣传部编著《习近平新时代中国特色社会主义思想学习纲要》,学习出版社、人民出版社,2019。

《在企业家座谈会上的讲话》,人民出版社,2020。

《在经济社会领域专家座谈会上的讲话》,人民出版社,2020。

《习近平在深入推动长江经济带发展座谈会上的讲话》,中国政府网,2019年8月31日,http://www.gov.cn/xinwen/2019-08/31/content_5426136.htm。

中共中央文献研究室编《习近平关于社会主义生态文明建设论述摘编》,中央文献出版社,2017。

《〈中共中央关于制定国民经济和社会发展第十四个五年规划和二〇三五年远景目标的建议〉辅导读本》,人民出版社,2020。

《中国共产党第十九届中央委员会第六次全体会议公报》,中国政府网,2021年11月11日,http://www.gov.cn/xinwen/2021-11/11/content_5650329.htm。

李克强:《十三届全国人大四次会议〈政府工作报告〉》,"新华网"百家号,2021年3月5日,https://baijiahao.baidu.com/s?id=1726231346932880058&wfr=spider&for=pc。

《〈中共中央关于坚持和完善中国特色社会主义制度、推进国家治理体系和治理能力现代化若干重大问题的决定〉辅导读本》，人民出版社，2019。

《中共中央关于党的百年奋斗重大成就和历史经验的决议（全文）》，中国政府网，2021年11月16日，http：//www.gov.cn/zhengce/2021-11/16/content_5651269.htm。

《中国统计年鉴2021》，中国统计出版社，2021。

《2021中国区域金融运行报告》，中国人民银行网站，2021年6月8日，http：//www.pbc.gov.cn/goutongjiaoliu/113456/113469/4264899/index.html。

《2020年新闻出版产业分析报告》，国家新闻出版署网站，2021年12月，https：//www.nppa.gov.cn/nppa/upload/files/2021/12/910c52660b947756。

《中共中央 国务院印发〈长江三角洲区域一体化发展规划纲要〉》，中国政府网，2019年12月1日，http：//www.gov.cn/zhengce/2019-12/01/content_5457442.htm？_zbs_baidu_bk。

《中共中央 国务院办公厅印发〈关于加强金融服务民营企业的若干意见〉》，中国政府网，2019年2月14日，http：//www.gov.cn/zhengce/2019-02/14/content_5365818.htm。

赵弘主编《区域蓝皮书中国区域经济发展报告（2018～2019）》，社会科学文献出版社，2019。

李干杰：《十八大以来我国生态环境保护实现五个"前所未有"》，人民网，2017年10月23日。

《第47次〈中国互联网络发展状况统计报告〉（全文）》，中国互联网信息中心网站，2021年2月3日，http：//www.cac.gov.cn/2021-02/03/c_/613923423079314.htm。

《七部委发布〈关于构建绿色金融体系的指导意见〉》，中国政府网，2016年9月1日，http：//www.gov.cn/xinwen/2016-09/01/content_5104132.htm。

《中共中央 国务院关于建立健全城乡融合发展体制机制和政策体系的意见》，中国政府网，2019年5月5日，http：//www.gov.cn/zhengce/2019-05/05/content_5388880.htm。

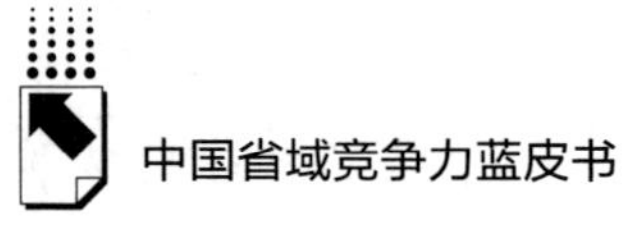

迟福林：《以实体经济为重点深化供给侧结构性改革》，《经济日报》2017年11月17日。

《2020年度中国对外直接投资统计公报》，中国商务出版社，2021。

刘志彪：《建设现代化经济体系的基本框架、路径与方略》，《长江产经智库》2017年10月21日。

汪洋：《推动形成全面开放新格局》，《人民日报》2017年11月10日。

蔡奇：《推动京津冀协同发展》，《人民日报》2017年11月20日。

《以"一带一路"形成区域开放新格局》，《上海证券报》2017年5月12日。

侯永志：《从区域角度来看经济增长的"新动能"》，《中国经济时报》2017年4月24日。

高国力：《深入实施区域协调发展战略》，《经济日报》2017年11月3日。

于涛：《以人才优先发展引领产业转型升级》，《党建研究》2017年第1期。

史丹、江飞涛、贺俊：《调整完善产业政策的思路与建议》，《经济日报》2017年8月9日。

黄群慧、余菁、王涛：《培育世界一流企业：国际经验与中国情境》，《中国工业经济》2017年第11期。

汪洋：《推动形成全面开放新格局》，《人民日报》2017年11月10日。

麦肯锡：《中国人工智能的未来之路》，中国发展高层论坛，2017。

李建平等主编《中国省域经济综合竞争力发展报告（2005～2006）》，社会科学文献出版社，2007。

李建平等主编《中国省域经济综合竞争力发展报告（2018～2019）》，社会科学文献出版社，2020。

李建平等：《中国经济60年发展报告（1949～2009）》，经济科学出版社，2009。

李建平等主编《中国省域环境竞争力发展报告（2005～2009）》，社会科学文献出版社，2010。

李建平等主编《中国省域环境竞争力发展报告（2009~2010）》，社会科学文献出版社，2011。

李建平等主编《“十二五”中期中国省域环境竞争力发展报告》，社会科学文献出版社，2014。

李建平等主编《全球环境竞争力发展报告（2013）》，社会科学文献出版社，2014。

李建平等主编《全球环境竞争力发展报告（2015）》，社会科学文献出版社，2015。

黄茂兴：《中国在二十国集团中的创新竞争力提升研究》，人民出版社，2020。

李闽榕、李建平、黄茂兴：《中国省域经济综合竞争力预测研究报告（2009~2012）》，社会科学文献出版社，2010。

李闽榕、李建平、黄茂兴：《中国省域经济综合竞争力评价与预测研究》，社会科学文献出版社，2007。

李闽榕：《中国省域经济综合竞争力研究报告（1998~2004）》，社会科学文献出版社，2006。

黄茂兴：《中国省域经济热点问题研究》，经济科学出版社，2014。

黄茂兴等编著《中国共产党百年经济实践与辉煌成就（1921-2021年）》，经济科学出版社，2021。

黄茂兴：《二十国集团与全球经济治理研究》，经济科学出版社，2021。

付文军：《习近平发展实体经济重要论述研究》，《上海经济研究》2000年第4期。

张建三、冯国兴、张艳鹤：《中小企业双碳相关技术创新：困境与对策》，《科技管理研究》2013年第33期。

戴桂林、于晶：《双碳人才培养所面临的问题与研究》，《北方经贸》2011年第5期。

任晓莉：《“双碳”目标下我国区域创新发展不平衡的问题及其矫正》，

《中州学刊》2021 年第 10 期。

王一鸣：《中国碳达峰碳中和目标下的绿色低碳转型：战略与路径》，《全球化》2021 年第 6 期。

伍爱群、李琦芬：《推进我国双碳工作若干问题的思考》，《科学发展》2021 年第 12 期。

黄珍、贾明、刘慧：《双碳目标下高校建设“低碳科技与管理”专业的探索》，《新文科教育研究》2021 年第 4 期。

于宏源、余博闻：《低碳经济背景下的全球气候治理新趋势》，《国际问题研究》2016 年第 5 期。

王佳宁、罗重谱：《新时代中国区域协调发展战略论纲》，《改革》2017 年第 12 期。

孙久文：《论新时代区域协调发展战略的发展与创新》，《国家行政学院学报》2018 年第 4 期。

杨德伟、郭瑞芳：《碳达峰碳中和的发展背景和实现路径》，《河北经贸大学学报》2021 年第 5 期。

吕薇：《新时代中国创新驱动发展战略论纲》，《改革》2018 年第 2 期。

马丽梅、史丹、裴庆冰：《中国能源低碳转型（2015—2050）：可再生能源发展与可行路径》，《中国人口·资源与环境》2018 年第 2 期。

李清怡、谢孟鑫、舒克盛：《城镇化、气候变化和能源转型的关系研究》，《管理现代化》2021 年第 6 期。

杨蕙馨、焦勇：《新旧动能转换的理论探索与实践研判》，《经济与管理研究》2018 年第 7 期。

郭新春：《新发展阶段全面绿色转型的六个维度》，《人民论坛》2021 年第 15 期。

安树民、官秀玲、冯贝贝：《英国绿色投资银行助力经济转型的经验分析》，《全球科技经济瞭望》2016 年第 10 期。

曾胜、张明龙：《绿色投资、碳排放强度与经济高质量发展——采用空间计量模型的非线性关系检验》，《西部论坛》2021 年第 5 期。

王灿：《碳中和愿景下的低碳转型之路》，《中国环境管理》2021 年第 1 期。

刘仁厚等：《中国科技创新支撑碳达峰、碳中和的路径研究》，《广西社会科学》2021 年第 8 期。

郭士伊、刘文强、赵卫东：《调整产业结构降低碳排放强度的国际比较及经验启示》，《中国工程科学》2021 年第 6 期。

何毅亭：《我国发展环境面临深刻复杂变化》，《学习月刊》2020 年第 12 期。

徐礼伯、武蓓、张雪平：《产业结构升级的内在机理与遵循之策——兼论供给侧改革的着力点》，《现代经济探讨》2016 年第 9 期。

刘名远：《中国产业结构高度化的供给侧结构性改革研究》，《宏观经济研究》2018 年第 6 期。

赵波等：《政府转型、公共服务与制造业转型升级》，《产经评论》2019 年第 6 期。

唐辉亮：《对外贸易结构优化对产业转型升级的影响研究》，《老区建设》2018 年第 12 期。

Axèle Giroud, and Inge Ivarsson, "World Investment Report 2020: International production beyond the pandemic," *Journal of International Business Policy* 4 (2020).

R. Baldwin, "Managing the Noodle Bowl: The Fragility of East Asi an Regionalism," *CEPR Discussion Papers* 5561 (2006).

K. Wagner, A. Taylor, H. Zablit et al., "*The Most Innovative Companies 2014: Breaking Through is Hard to do*," Boston Consulting Group, 2014.

World Economic Forum, *Global Competitiveness Report 2019*, 2019.

World Economic Forum, *Global Competitiveness Report Special Edition 2020*, 2020.

B.42
后　记

本书是课题组发布的第十六部“中国省域竞争力蓝皮书”。16 年来，在各方的关怀和支持下，“中国省域竞争力蓝皮书”持续得到了社会各界的关注和认可，产生了积极的社会反响。值得一提的是，2013 年 8 月，由中国社会科学院主办的“第十四次全国皮书年会”公布了首批中国社会科学院以外授权使用“中国社会科学院创新工程学术出版项目”标识的优秀皮书，“中国省域竞争力蓝皮书”光荣入列，这是对这部蓝皮书的重要褒奖。承蒙社会各界的关心和鼓励，我们必将继续奋力前行。

本书是全国经济综合竞争力研究中心 2021 年重点项目研究成果、全国中国特色社会主义政治经济学研究中心（福建师范大学）2021 年重点项目研究成果、教育部科技委战略研究基地（福建师范大学世界创新竞争力研究中心）2021 年重点项目研究成果、中智科学技术评价研究中心 2021 年重点项目研究成果、中央组织部资助的首批青年拔尖人才支持计划（组厅字〔2013〕33 号）的阶段性成果、中宣部 2014 年全国文化名家暨“四个一批”人才工程（中宣办发〔2015〕49 号）2021 年资助的阶段性研究成果、福建省第一批重点智库建设试点单位和福建省首批高校特色新型智库——福建师范大学综合竞争力与国家发展战略研究院 2021 年研究成果、福建省社会科学研究基地——福建师范大学竞争力研究中心 2021 年重大项目研究成果、福建省高校哲学社会科学学科基础理论研究创新团队——福建师范大学竞争力基础理论研究创新团队 2021 年资助的阶段性研究成果和福建师范大学创新团队建设计划 2021 年资助的阶段性研究成果，以及福建省“双一流”建设学科福建师范大学理论经济学学科 2021 年重大研究成果。

自2007年起，由全国经济综合竞争力研究中心福建师范大学分中心具体承担研究的“中国省域经济综合竞争力发展报告”，已由社会科学文献出版社正式出版了15部，分别于2007年、2008年、2009年、2010年、2011年、2012年、2013年、2014年、2015年、2016年、2017年、2018年、2019年、2020年和2021年全国“两会”期间或前夕在中国社会科学院举行新闻发布会，引起了各级政府、学术界和海内外新闻媒体的高度关注，产生了强烈的社会反响。为了全面贯彻落实党的十九大和十九届二中、三中、四中、五中、六中全会及2021年中央经济工作会议精神，结合国内外经济形势对我国各省域经济发展的影响，特别是新发展格局对中国省域经济综合竞争力的影响，进一步深化对中国省域经济综合竞争力问题研究，在社会科学文献出版社等单位的大力支持下，全国经济综合竞争力研究中心福建师范大学分中心具体承担了《中国省域经济综合竞争力发展报告（2020～2021）：“双碳”战略下中国区域经济发展探索》的研究工作，福建师范大学原校长李建平教授亲自担任课题组组长和本书的主编之一，直接指导和参与了本书的研究和审订书稿工作；本书主编之一、福建省新闻出版广电局原党组书记、中智科学技术评价研究中心理事长、福建师范大学兼职教授李闽榕博士指导、参与了本书的研究和书稿统改、审订工作；中国农村劳动力资源开发研究会秘书长苏宏文同志为本书的顺利完成积极创造了条件；黄茂兴教授为本课题的研究从课题策划到最终完稿做了大量具体工作。

2021年3月以来，课题组着手对省域经济综合竞争力的创新内容、主攻方向、评价方法等问题展开了比较全面和深入的研究，跟踪研究2019～2020年中国各省份经济发展动态和指标数据，研究对象涉及全国31个省份，本书70多万字，数据采集、录入和分析工作庞杂而艰巨，采集、录入基础数据1.2万个，计算、整理和分析数据4万多个，共制作简图100多幅、统计表格500多个。这是一项复杂艰巨的工程，课题组的各位研究人员为完成这项工程付出了艰辛劳动，在此谨向全力支持并参与本项目研究的李军军博士（承担本书第一部分总报告和第二部分第1～2章，共计

6.40 万字[①])、林寿富博士（承担本书第二部分第 3～5 章和第三部分“专题 5”部分内容，共计 3.55 万字）、叶琪博士（承担本书第二部分第 6～8 章和第三部分“专题 5”部分内容，共计 3.53 万字）、陈洪昭博士（承担本书第二部分第 9～10 章和第三部分“专题 1”部分内容，共计 2.65 万字）、王珍珍博士（承担本书第二部分第 11～12 章和第三部分“专题 4”部分内容，共计 2.32 万字）、余官胜博士（承担本书第二部分第 13 章和第三部分“专题 1”部分内容，共计 2.52 万字）、陈伟雄博士（承担本书第二部分第 14～15 章和第三部分“专题 1”部分内容，共计 2.51 万字）、张宝英博士（承担本书第二部分第 16～17 章和第三部分“专题 1”部分内容，共计 3.11 万字）、唐杰博士（承担本书第二部分第 18 章和第三部分“专题 5”部分内容，共计 1.78 万字）、黄新焕博士（承担本书第二部分第 19 章和第三部分“专题 3”部分内容，共计 1.62 万字）、郑蔚博士（承担本书第二部分第 20 章和第三部分“专题 4”部分内容，共计 1.80 万字）、易小丽博士（承担本书第二部分第 21 章和第三部分“专题 2”部分内容，共计 1.98 万字）、白华博士（承担本书第二部分第 22 章和第三部分“专题 2”部分内容，共计 1.56 万字）、周利梅博士（承担本书第二部分第 23 章和第三部分“专题 4”部分内容，共计 1.45 万字）、郑清英博士（承担本书第二部分第 24 章和第三部分“专题 3”部分内容，共计 1.53 万字）、李成宇博士（承担本书第二部分第 25 章和第三部分“专题 3”部分内容，共计 1.56 万字）、韩莹博士（承担本书第二部分第 26 章和第三部分“专题 4”部分内容，共计 1.25 万字）、陈莹博士（承担本书第二部分第 27 章和第三部分“专题 3”部分内容，共计 1.35 万字）、程俊恒博士（承担本书第二部分第 28 章和第三部分“专题 2”部分内容，共计 1.45 万字）、吴武林博士（承担本书第二部分第 29 章和第三部分“专题 2”部分内容，共计 1.38 万字）、刘竹青博士（承担本书第二部分第 30 章和第三部分“专题 1”部分内容，共计 1.20 万字）、

① 此处字数按 Word 文件统计，仅作为课题组成员分工依据，与出版后的版面字数统计有区别，下同。

蔡菲莹博士（承担本书第二部分第 31 章和第三部分“专题 1”部分内容，共计 1.18 万字），以及博（硕）士研究生张建威、李屹、陈贤龙、薛圣杨、贺清、黄滢虹、张文馨、贺晓波、李薇、周莹、吴春涛、孙黎、马红民、汪任壬、李瑞瑶、肖蕾等同志表示深深的谢意。他们放弃节假日休息时间，每天坚持工作 10 多个小时，为本报告的数据采集、测算等做了许多细致的工作。

本书也是福建师范大学与福建省人民政府发展研究中心共同组织实施的福建省研究生教育创新基地建设项目——福建省政治经济学研究生教育创新基地的阶段性成果。福建师范大学经济学院各年级研究生积极参加本项目的研究，增强了科研意识，提高了创新能力，福建师范大学经济学院通过这种方式使本院研究生的培养质量有了很大提高。

本书还直接或间接引用、参考了其他研究者的相关研究文献，对这些文献的作者表示诚挚的感谢。

社会科学文献出版社社长王利民、原社长谢寿光，政法传媒分社社长王绯以及责任编辑黄金平，为本书的出版提出了很好的修改意见，付出了辛苦的劳动，在此一并向他们表示由衷的谢意。

由于时间仓促，本书难免存在疏漏和不足，敬请读者批评指正。

本书编委会

2022 年 1 月

皮书

智库成果出版与传播平台

✤ 皮书定义 ✤

皮书是对中国与世界发展状况和热点问题进行年度监测，以专业的角度、专家的视野和实证研究方法，针对某一领域或区域现状与发展态势展开分析和预测，具备前沿性、原创性、实证性、连续性、时效性等特点的公开出版物，由一系列权威研究报告组成。

✤ 皮书作者 ✤

皮书系列报告作者以国内外一流研究机构、知名高校等重点智库的研究人员为主，多为相关领域一流专家学者，他们的观点代表了当下学界对中国与世界的现实和未来最高水平的解读与分析。截至 2021 年底，皮书研创机构逾千家，报告作者累计超过 10 万人。

✤ 皮书荣誉 ✤

皮书作为中国社会科学院基础理论研究与应用对策研究融合发展的代表性成果，不仅是哲学社会科学工作者服务中国特色社会主义现代化建设的重要成果，更是助力中国特色新型智库建设、构建中国特色哲学社会科学“三大体系”的重要平台。皮书系列先后被列入“十二五”“十三五”“十四五”时期国家重点出版物出版专项规划项目；2013~2022 年，重点皮书列入中国社会科学院国家哲学社会科学创新工程项目。

权威报告·连续出版·独家资源

皮书数据库

ANNUAL REPORT(YEARBOOK) DATABASE

分析解读当下中国发展变迁的高端智库平台

所获荣誉

- 2020年，入选全国新闻出版深度融合发展创新案例
- 2019年，入选国家新闻出版署数字出版精品遴选推荐计划
- 2016年，入选“十三五”国家重点电子出版物出版规划骨干工程
- 2013年，荣获“中国出版政府奖·网络出版物奖”提名奖
- 连续多年荣获中国数字出版博览会“数字出版·优秀品牌”奖

皮书数据库

“社科数托邦”
微信公众号

www.pishu.com.cn

成为会员

登录网址www.pishu.com.cn访问皮书数据库网站或下载皮书数据库APP，通过手机号码验证或邮箱验证即可成为皮书数据库会员。

会员福利

- 已注册用户购书后可免费获赠100元皮书数据库充值卡。刮开充值卡涂层获取充值密码，登录并进入“会员中心”—“在线充值”—“充值卡充值”，充值成功即可购买和查看数据库内容。
- 会员福利最终解释权归社会科学文献出版社所有。

数据库服务热线：400-008-6695
数据库服务QQ：2475522410
数据库服务邮箱：database@ssap.cn
图书销售热线：010-59367070/7028
图书服务QQ：1265056568
图书服务邮箱：duzhe@ssap.cn

社会科学文献出版社 SOCIAL SCIENCES ACADEMIC PRESS (CHINA) 皮书系列
卡号：114235215371
密码：

中国社会发展数据库（下设 12 个专题子库）

紧扣人口、政治、外交、法律、教育、医疗卫生、资源环境等 12 个社会发展领域的前沿和热点，全面整合专业著作、智库报告、学术资讯、调研数据等类型资源，帮助用户追踪中国社会发展动态、研究社会发展战略与政策、了解社会热点问题、分析社会发展趋势。

中国经济发展数据库（下设 12 专题子库）

内容涵盖宏观经济、产业经济、工业经济、农业经济、财政金融、房地产经济、城市经济、商业贸易等12个重点经济领域，为把握经济运行态势、洞察经济发展规律、研判经济发展趋势、进行经济调控决策提供参考和依据。

中国行业发展数据库（下设 17 个专题子库）

以中国国民经济行业分类为依据，覆盖金融业、旅游业、交通运输业、能源矿产业、制造业等 100 多个行业，跟踪分析国民经济相关行业市场运行状况和政策导向，汇集行业发展前沿资讯，为投资、从业及各种经济决策提供理论支撑和实践指导。

中国区域发展数据库（下设 4 个专题子库）

对中国特定区域内的经济、社会、文化等领域现状与发展情况进行深度分析和预测，涉及省级行政区、城市群、城市、农村等不同维度，研究层级至县及县以下行政区，为学者研究地方经济社会宏观态势、经验模式、发展案例提供支撑，为地方政府决策提供参考。

中国文化传媒数据库（下设 18 个专题子库）

内容覆盖文化产业、新闻传播、电影娱乐、文学艺术、群众文化、图书情报等 18 个重点研究领域，聚焦文化传媒领域发展前沿、热点话题、行业实践，服务用户的教学科研、文化投资、企业规划等需要。

世界经济与国际关系数据库（下设 6 个专题子库）

整合世界经济、国际政治、世界文化与科技、全球性问题、国际组织与国际法、区域研究 6 大领域研究成果，对世界经济形势、国际形势进行连续性深度分析，对年度热点问题进行专题解读，为研判全球发展趋势提供事实和数据支持。